David Levi

**The Festival prayers according to the ritual of the German and Polish Jews**

David Levi

**The Festival prayers according to the ritual of the German and Polish Jews**

ISBN/EAN: 9783337135744

Printed in Europe, USA, Canada, Australia, Japan

Cover: Foto ©Lupo / pixelio.de

More available books at **www.hansebooks.com**

# מחזור מכל השנה
## כמנהג פולין:

## The Festival Prayers,
### ACCORDING TO THE RITUAL OF
## The German and Polish Jews.

WITH THE ORIGINAL TRANSLATION OF THE LATE
DAVID LEVI.

---

VOL. V.

### מחזור של פסח:

SERVICE FOR THE FEAST OF PASSOVER.

---

LONDON:
PRINTED AND PUBLISHED BY H. ABRAHAMS,
35, ST. MARY AXE, CITY.

5620—1859.

**On entering the Synagogue, bow towards the Ark, and say the following :—**

מה טבו "How goodly are thy tents, O Jacob, thy tabernacles, O Israel! And in the greatness of thy benevolence, will I enter thy house; in reverence of thee, will I bow down towards the temple of thy holiness. O Lord! I love the habitation of thy house, and the dwelling-place of thy glory. I therefore will prostrate myself, bow down, and bend the knee before the Lord my maker. And I will offer my prayer unto thee, O Lord! in an acceptable time: in thine abundant mercy, O God! answer me, in the truth of thy salvation."

מַה־טֹּבוּ אֹהָלֶיךָ יַעֲקֹב
מִשְׁכְּנֹתֶיךָ יִשְׂרָאֵל׃ וַאֲנִי
בְּרֹב חַסְדְּךָ אָבוֹא בֵיתֶךָ
אֶשְׁתַּחֲוֶה אֶל־הֵיכַל קָדְשְׁךָ
בְּיִרְאָתֶךָ׃ יְיָ אָהַבְתִּי מְעוֹן
בֵּיתֶךָ וּמְקוֹם מִשְׁכַּן כְּבוֹדֶךָ׃
וַאֲנִי אֶשְׁתַּחֲוֶה וְאֶכְרָעָה
אֶבְרְכָה לִפְנֵי־יְיָ עֹשִׂי׃ וַאֲנִי
תְפִלָּתִי לְךָ יְיָ עֵת רָצוֹן
אֱלֹהִים בְּרָב־חַסְדֶּךָ עֲנֵנִי
בֶּאֱמֶת יִשְׁעֶךָ׃

# מעריב ליל ראשון של פסח׃

If the Festival happens on Friday Evening, say from מזמור to ימים.

צב מִזְמוֹר שִׁיר לְיוֹם הַשַּׁבָּת׃ טוֹב לְהוֹדוֹת לַיָי וּלְזַמֵּר
לְשִׁמְךָ עֶלְיוֹן׃ לְהַגִּיד בַּבֹּקֶר חַסְדֶּךָ וֶאֱמוּנָתְךָ בַּלֵּילוֹת׃ עֲלֵי
עָשׂוֹר וַעֲלֵי־נָבֶל עֲלֵי הִגָּיוֹן בְּכִנּוֹר׃ כִּי שִׂמַּחְתַּנִי יְיָ בְּפָעֳלֶךָ
בְּמַעֲשֵׂי יָדֶיךָ אֲרַנֵּן׃ מַה־גָּדְלוּ מַעֲשֶׂיךָ יְיָ מְאֹד עָמְקוּ מַחְשְׁבֹתֶיךָ׃
אִישׁ בַּעַר לֹא יֵדָע וּכְסִיל לֹא־יָבִין אֶת־זֹאת׃ בִּפְרֹחַ רְשָׁעִים ׀
כְּמוֹ־עֵשֶׂב וַיָּצִיצוּ כָּל־פֹּעֲלֵי אָוֶן לְהִשָּׁמְדָם עֲדֵי־עַד׃ וְאַתָּה מָרוֹם
לְעוֹלָם יְיָ׃ כִּי הִנֵּה אֹיְבֶיךָ יְיָ כִּי־הִנֵּה אֹיְבֶיךָ יֹאבֵדוּ יִתְפָּרְדוּ
כָּל־פֹּעֲלֵי אָוֶן׃ וַתָּרֶם כִּרְאֵים קַרְנִי בַּלֹּתִי בְּשֶׁמֶן רַעֲנָן׃ וַתַּבֵּט
עֵינִי בְּשׁוּרָי בַּקָּמִים עָלַי מְרֵעִים תִּשְׁמַעְנָה אָזְנָי׃ צַדִּיק כַּתָּמָר
יִפְרָח כְּאֶרֶז בַּלְּבָנוֹן יִשְׂגֶּה׃ שְׁתוּלִים בְּבֵית יְיָ בְּחַצְרוֹת אֱלֹהֵינוּ
יַפְרִיחוּ׃ עוֹד יְנוּבוּן בְּשֵׂיבָה דְּשֵׁנִים וְרַעֲנַנִּים יִהְיוּ׃ לְהַגִּיד
כִּי־יָשָׁר יְיָ צוּרִי וְלֹא־עַוְלָתָה בּוֹ׃

צג יְיָ מָלָךְ גֵּאוּת לָבֵשׁ לָבֵשׁ יְיָ עֹז הִתְאַזָּר אַף־תִּכּוֹן תֵּבֵל
בַּל־תִּמּוֹט׃ נָכוֹן כִּסְאֲךָ מֵאָז מֵעוֹלָם אָתָּה׃ נָשְׂאוּ נְהָרוֹת ׀
יְיָ נָשְׂאוּ נְהָרוֹת קוֹלָם יִשְׂאוּ נְהָרוֹת דָּכְיָם׃ מִקֹּלוֹת ׀ מַיִם רַבִּים
אַדִּירִים מִשְׁבְּרֵי־יָם אַדִּיר בַּמָּרוֹם יְיָ׃ עֵדֹתֶיךָ ׀ נֶאֶמְנוּ מְאֹד
לְבֵיתְךָ נַאֲוָה־קֹּדֶשׁ יְיָ לְאֹרֶךְ יָמִים׃

# EVENING SERVICE
### FOR THE
# FEAST OF PASSOVER.

---

#### PSALM xcii.

מזמור שיר ליום השבת A PSALM OR SONG FOR THE SABBATH DAY.—It is good to give thanks unto the Lord, to sing praises unto thy name, O most High; To declare thy loving kindness in the morning, and thy faithfulness in the night. Upon a ten-stringed instrument, and upon a psaltery; and with a solemn sound upon the harp. For thou, O Lord! hast made me glad with thy *wonderful* works; I, *therefore*, will triumph in the works of thy hands. How great, O Lord! are thy works! thy thoughts are exceeding profound. An ignorant man knoweth *it* not; neither doth a fool understand this. When the wicked spring up like grass, and the workers of iniquity flourish; *it is* that they may be destroyed for ever. But thou, O Lord! *art* exalted for evermore. For lo! thine enemies O Lord! for lo! thine enemies shall perish; all the workers of iniquity shall be scattered. My horn *thou* makest to rise like that of a unicorn; my age *thou annointest* with fresh oil. Mine eyes shall also see *my desire* on mine enemies: and my ears shall hear *it* of the wicked who rise up against me. The righteous shall flourish like the palm-tree: he shall grow like the cedars in Lebanon, which are planted in the house of the Lord, and flourish in the courts of our God! They shall bring forth fruit in old age; they shall be fat and flourishing. To shew that the Lord *is* upright; he *is* my rock and *there is* no unrighteousness in him.

#### PSALM xciii.

יי מלך The Lord reigneth beautifully attired; with majesty hath the Lord clothed and girt himself; he hath also fixed the unalterable order of the universe. Thy throne, O Lord! is established since the creation; but thy existence is from eternity. Though the floods, O Lord! lift up their presumptuous heads; though they lift up their voices, and the floods issue dreadful sounds; yet mightier than the voice of the assembled waters, than the powerful billows of the ocean, art thou in thine eminence, O Lord; thy testimonies are exceeding stable; holiness decorates thy temple, O Lord! unto the utmost length of time.

During the time the Reader chaunts בָּרְכוּ the Congregation say יִתְבָּרַךְ

חזן בָּרְכוּ אֶת יְיָ הַמְבֹרָךְ :

קהל וחזן בָּרוּךְ יְיָ הַמְבֹרָךְ לְעוֹלָם וָעֶד :

יִתְבָּרַךְ וְיִשְׁתַּבַּח וְיִתְפָּאַר וְיִתְרוֹמַם וְיִתְנַשֵּׂא שְׁמוֹ שֶׁל מֶלֶךְ מַלְכֵי הַמְּלָכִים הַקָּדוֹשׁ בָּרוּךְ הוּא שֶׁהוּא רִאשׁוֹן וְהוּא אַחֲרוֹן וּמִבַּלְעָדָיו אֵין אֱלֹהִים סֹלּוּ לָרֹכֵב בָּעֲרָבוֹת בְּיָהּ שְׁמוֹ וְעִלְזוּ לְפָנָיו וּשְׁמוֹ מְרוֹמָם עַל כָּל בְּרָכָה וּתְהִלָּה : בָּרוּךְ שֵׁם כְּבוֹד מַלְכוּתוֹ לְעוֹלָם וָעֶד : יְהִי שֵׁם יְיָ מְבֹרָךְ מֵעַתָּה וְעַד עוֹלָם :

בָּרוּךְ אַתָּה יְיָ אֱלֹהֵינוּ מֶלֶךְ הָעוֹלָם · אֲשֶׁר בִּדְבָרוֹ מַעֲרִיב עֲרָבִים בְּחָכְמָה פּוֹתֵחַ שְׁעָרִים וּבִתְבוּנָה מְשַׁנֶּה עִתִּים וּמַחֲלִיף אֶת הַזְּמַנִּים וּמְסַדֵּר אֶת הַכּוֹכָבִים · בְּמִשְׁמְרוֹתֵיהֶם בָּרָקִיעַ כִּרְצוֹנוֹ בּוֹרֵא יוֹם וָלָיְלָה גּוֹלֵל אוֹר מִפְּנֵי חֹשֶׁךְ וְחֹשֶׁךְ מִפְּנֵי אוֹר · וּמַעֲבִיר יוֹם וּמֵבִיא לָיְלָה · וּמַבְדִּיל בֵּין יוֹם וּבֵין לָיְלָה יְיָ צְבָאוֹת שְׁמוֹ · אֵל חַי וְקַיָּם תָּמִיד יִמְלוֹךְ עָלֵינוּ לְעוֹלָם וָעֶד :

לֵיל שִׁמֻּרִים אוֹתוֹ אֵל חָצָה · בַּחֲצוֹת לַיְלָה בְּתוֹךְ מִצְרַיִם כְּיָצָא · גִּבּוֹר עַל אֱדוֹם יַחֲצֶנּוּ כְּחָצָה · דּוֹד מַעֲרִיב עֶרֶב וּנְזַמְּרֶנּוּ בְּנֶפֶשׁ חֲפֵצָה : בָּרוּךְ אַתָּה יְיָ הַמַּעֲרִיב עֲרָבִים :

אַהֲבַת עוֹלָם בֵּית יִשְׂרָאֵל עַמְּךָ אָהָבְתָּ · תּוֹרָה וּמִצְוֹת חֻקִּים וּמִשְׁפָּטִים · אוֹתָנוּ לִמַּדְתָּ · עַל כֵּן יְיָ אֱלֹהֵינוּ בְּשָׁכְבֵנוּ וּבְקוּמֵנוּ נָשִׂיחַ בְּחֻקֶּיךָ · וְנִשְׂמַח בְּדִבְרֵי תוֹרָתֶךָ וּבְמִצְוֹתֶיךָ לְעוֹלָם וָעֶד · כִּי הֵם חַיֵּינוּ וְאֹרֶךְ יָמֵינוּ וּבָהֶם נֶהְגֶּה יוֹמָם וָלָיְלָה · וְאַהֲבָתְךָ אַל תָּסִיר מִמֶּנּוּ לְעוֹלָמִים :

*Reader*. Bless ye the Lord, who is ever blessed.

*Congregation answer.*

ברוך Blessed be the Lord, who is blessed for ever and evermore.

ברוך אתה Blessed art thou, O Eternal, our God! King of the universe, who with thy word causeth the twilight of the evening, with wisdom openeth the gates of the heavens, and with understanding altereth the seasons, changeth the times, regulateth the stars, and placeth them in their circular motion in the firmament, according to thy will. Thus hast thou created day and night; thou rollest the light apart, because of the darkness; and the darkness because of the light: and passeth away the day and bringest night; and maketh a division between day and night. Eternal! Lord of Hosts! is thy name. O Omnipotent, living, and ever-existing God! reign over us, continually, and for evermore.

יתברך Blessed, praised, glorified, extolled, and exalted, shall be the holy name, of the Supreme King of Kings! blessed is he; for he is the first and the last, and besides him there is no God. Extol him who causeth the uppermost sphere to move by his name JAH! Rejoice before him; for his name is exalted above all blessing and praise. Blessed be the name of the glory of his kingdom for ever and ever. Blessed be the name of the Lord from henceforth and for evermore.

ליל שמרים God divided the night of preservation, when in the midst of the night, he went forth, through *the land of* Egypt; may the mighty *God* also divide it concerning Edom: the beloved God causeth the evening to advance gradually; we will praise him with a willing mind. Blessed art thou O Lord! who causest the twilight of the evening.

אהבת עולם With eternal love hast thou loved the house of Israel, thy people; thou hast taught us laws, commandments, statutes, and judgments; therefore, O Lord, our God! when we lie down, and when we rise up, we will discourse of thy statutes, and we will rejoice in the words of thy law, and in thy commandments for ever and ever; for they are our life, and the prolongation of our days, and in them we will meditate day and night. Therefore, we beseech thee, withdraw not thy love from us for ever.

לֵיל שִׁמֻּרִים הוּא זֶה הַלַּיְלָה · וְעִתְּדוּ אֵל בְּאֹמֶר בַּחֲצוֹת הַלַּיְלָה · זֶה אֲשֶׁר הוּא לוֹ יוֹם וְלוֹ לַיְלָה חוֹק אַהֲבָתוֹ יִזְכּוֹר לְנִינֵי חֵלֶק לַיְלָה : בָּרוּךְ אַתָּה יְיָ אוֹהֵב עַמּוֹ יִשְׂרָאֵל :

שְׁמַע יִשְׂרָאֵל יְהוָה אֱלֹהֵינוּ יְהוָה · אֶחָד :

בָּרוּךְ שֵׁם כְּבוֹד מַלְכוּתוֹ לְעוֹלָם וָעֶד :

וְאָהַבְתָּ אֵת יְהוָה אֱלֹהֶיךָ בְּכָל־לְבָבְךָ וּבְכָל־נַפְשְׁךָ וּבְכָל־מְאֹדֶךָ : וְהָיוּ הַדְּבָרִים הָאֵלֶּה אֲשֶׁר אָנֹכִי מְצַוְּךָ הַיּוֹם עַל־לְבָבֶךָ : וְשִׁנַּנְתָּם לְבָנֶיךָ וְדִבַּרְתָּ בָּם בְּשִׁבְתְּךָ בְּבֵיתֶךָ וּבְלֶכְתְּךָ בַדֶּרֶךְ וּבְשָׁכְבְּךָ וּבְקוּמֶךָ : וּקְשַׁרְתָּם לְאוֹת עַל־יָדֶךָ וְהָיוּ לְטֹטָפֹת בֵּין עֵינֶיךָ : וּכְתַבְתָּם עַל־מְזֻזוֹת בֵּיתֶךָ וּבִשְׁעָרֶיךָ :

וְהָיָה אִם־שָׁמֹעַ תִּשְׁמְעוּ אֶל־מִצְוֹתַי אֲשֶׁר אָנֹכִי מְצַוֶּה אֶתְכֶם הַיּוֹם לְאַהֲבָה אֶת־יְהוָה אֱלֹהֵיכֶם וּלְעָבְדוֹ בְּכָל־לְבַבְכֶם וּבְכָל־נַפְשְׁכֶם : וְנָתַתִּי מְטַר־אַרְצְכֶם בְּעִתּוֹ יוֹרֶה וּמַלְקוֹשׁ וְאָסַפְתָּ דְגָנֶךָ וְתִירֹשְׁךָ וְיִצְהָרֶךָ : וְנָתַתִּי עֵשֶׂב בְּשָׂדְךָ לִבְהֶמְתֶּךָ וְאָכַלְתָּ וְשָׂבָעְתָּ : הִשָּׁמְרוּ לָכֶם פֶּן־יִפְתֶּה לְבַבְכֶם וְסַרְתֶּם וַעֲבַדְתֶּם אֱלֹהִים אֲחֵרִים וְהִשְׁתַּחֲוִיתֶם לָהֶם : וְחָרָה אַף־יְהוָה בָּכֶם וְעָצַר אֶת־הַשָּׁמַיִם וְלֹא־יִהְיֶה מָטָר וְהָאֲדָמָה לֹא תִתֵּן אֶת־יְבוּלָהּ וַאֲבַדְתֶּם מְהֵרָה מֵעַל הָאָרֶץ הַטֹּבָה אֲשֶׁר יְהוָה נֹתֵן לָכֶם : וְשַׂמְתֶּם אֶת־דְּבָרַי אֵלֶּה עַל־לְבַבְכֶם וְעַל־נַפְשְׁכֶם וּקְשַׁרְתֶּם אֹתָם לְאוֹת עַל־יֶדְכֶם וְהָיוּ לְטוֹטָפֹת בֵּין עֵינֵיכֶם : וְלִמַּדְתֶּם אֹתָם אֶת־בְּנֵיכֶם לְדַבֵּר בָּם בְּשִׁבְתְּךָ בְּבֵיתֶךָ וּבְלֶכְתְּךָ

ליל שמרים This night is called the night of preservation, God prepared it, when he said, in the midst of the night; this is he to whom appertaineth *both* day and night: may he remember the statute of his love to the offspring of him *(Abraham)* who divided his servants at night. Blessed art thou, O Eternal! thou lovest thy people Israel.

שמע ישראל Hear, O Israel, the Lord our God! the Lord is one. Blessed be the name of the glory of his kingdom for ever and ever, And thou shalt love the Lord thy God with all thy heart, and with all thy soul, and with all thy might. And these words which I command thee this day, shall be in thy heart. And thou shalt teach them diligently unto thy children, and shalt speak of them when thou sittest in thy house, and when thou walkest by the way; when thou liest down, and when thou risest up. And thou shalt bind them for a sign upon thy hand, and they shall be as frontlets between thy eyes. And thou shalt write them upon the door-posts of thy house, and upon thy gates.

והיה אם שמע And it shall come to pass, that if ye will hearken diligently unto my commandments, which I command you this day, to love the Lord your God, and to serve him with all your heart and with all your soul: then will I send rain for your land in its due season, the first rain, and the latter rain, that thou mayest gather in thy corn, thy wine, and thine oil. And I will give grass in thy fields for thy cattle, and thou shalt eat and be satisfied. Take heed of yourselves, lest your heart be deceived, and ye turn aside, and serve other gods, and worship them. For then the Lord's wrath will be kindled against you, and he will shut up the heavens, that there be no rain, and the land will not yield her fruit, and ye shall perish quickly from off the goodly land which the Lord giveth you. Therefore, shall ye lay up these my words in your heart, and in your soul, and bind them for a sign upon your hand, and they shall be as frontlets, between your eyes. And ye shall teach them to your children, speaking of them

בַּדֶּרֶךְ וּבְשָׁכְבְּךָ וּבְקוּמֶךָ: וּכְתַבְתָּם עַל־מְזוּזוֹת בֵּיתֶךָ וּבִשְׁעָרֶיךָ: לְמַעַן יִרְבּוּ יְמֵיכֶם וִימֵי בְנֵיכֶם עַל הָאֲדָמָה אֲשֶׁר נִשְׁבַּע יְהוָה לַאֲבֹתֵיכֶם לָתֵת לָהֶם כִּימֵי הַשָּׁמַיִם עַל־הָאָרֶץ:

וַיֹּאמֶר יְהוָה אֶל־מֹשֶׁה לֵּאמֹר: דַּבֵּר אֶל־בְּנֵי יִשְׂרָאֵל וְאָמַרְתָּ אֲלֵהֶם וְעָשׂוּ לָהֶם צִיצִת עַל־כַּנְפֵי בִגְדֵיהֶם לְדֹרֹתָם וְנָתְנוּ עַל־צִיצִת הַכָּנָף פְּתִיל תְּכֵלֶת: וְהָיָה לָכֶם לְצִיצִת וּרְאִיתֶם אֹתוֹ וּזְכַרְתֶּם אֶת־כָּל־מִצְוֹת יְהוָה וַעֲשִׂיתֶם אֹתָם וְלֹא־תָתוּרוּ אַחֲרֵי לְבַבְכֶם וְאַחֲרֵי עֵינֵיכֶם אֲשֶׁר־אַתֶּם זֹנִים אַחֲרֵיהֶם: לְמַעַן תִּזְכְּרוּ וַעֲשִׂיתֶם אֶת־כָּל־מִצְוֹתָי וִהְיִיתֶם קְדֹשִׁים לֵאלֹהֵיכֶם: אֲנִי יְהוָה אֱלֹהֵיכֶם אֲשֶׁר הוֹצֵאתִי אֶתְכֶם מֵאֶרֶץ מִצְרַיִם לִהְיוֹת לָכֶם לֵאלֹהִים אֲנִי יְהוָה אֱלֹהֵיכֶם:

אֱמֶת וֶאֱמוּנָה כָּל־זֹאת וְקַיָּם עָלֵינוּ כִּי הוּא יְיָ אֱלֹהֵינוּ וְאֵין זוּלָתוֹ וַאֲנַחְנוּ יִשְׂרָאֵל עַמּוֹ הַפּוֹדֵנוּ מִיַּד־מְלָכִים מַלְכֵּנוּ הַגּוֹאֲלֵנוּ מִכַּף כָּל־הֶעָרִיצִים הָאֵל הַנִּפְרָע לָנוּ מִצָּרֵינוּ וְהַמְשַׁלֵּם גְּמוּל לְכָל־אוֹיְבֵי נַפְשֵׁנוּ הָעֹשֶׂה גְדֹלוֹת עַד־אֵין חֵקֶר נִסִּים וְנִפְלָאוֹת עַד־אֵין מִסְפָּר: הַשָּׂם נַפְשֵׁנוּ בַּחַיִּים וְלֹא־נָתַן לַמּוֹט רַגְלֵנוּ הַמַּדְרִיכֵנוּ עַל־בָּמוֹת אוֹיְבֵינוּ וַיָּרֶם קַרְנֵנוּ עַל־כָּל־שׂוֹנְאֵינוּ: הָעֹשֶׂה־לָּנוּ נִסִּים וּנְקָמָה בְּפַרְעֹה אוֹתוֹת וּמוֹפְתִים בְּאַדְמַת בְּנֵי־חָם: הַמַּכֶּה בְעֶבְרָתוֹ כָּל בְּכוֹרֵי מִצְרָיִם וַיּוֹצֵא אֶת־עַמּוֹ יִשְׂרָאֵל מִתּוֹכָם לְחֵרוּת עוֹלָם: הַמַּעֲבִיר בָּנָיו בֵּין גִּזְרֵי יַם־סוּף אֶת־רוֹדְפֵיהֶם וְאֶת־שׂוֹנְאֵיהֶם בִּתְהוֹמוֹת טִבַּע: וְרָאוּ בָנָיו גְּבוּרָתוֹ שִׁבְּחוּ וְהוֹדוּ לִשְׁמוֹ וּמַלְכוּתוֹ בְּרָצוֹן קִבְּלוּ עֲלֵיהֶם· מֹשֶׁה וּבְנֵי יִשְׂרָאֵל לְךָ עָנוּ שִׁירָה:

when thou sittest in thy house, and when thou walkest by the way, when thou liest down, and when thou risest up. And thou shalt write them upon the door-posts of thy house, and upon thy gates. That your days may be multiplied, and the days of your children, in the land which the Lord sware unto your fathers, to give them, as the days of heaven upon the earth.

ויאמר And the Lord spake unto Moses, saying, speak unto the children of Israel, and bid them to make themselves fringes on the borders of their garments, throughout their generations, and that they put upon the fringes of the borders a thread of blue. And it shall be unto you for a fringe, that ye may look upon it, and remember all the commandments of the Lord, and do them; and that ye seek not after the inclinations of your heart, and the delight of your eyes, in pursuit of which ye have been led astray. That ye may remember, and do all my commandments, and be holy unto your God. I am the Lord your God, who brought you out of the land of Egypt, to be your God; I am the Lord your God.

אמת ואמונה All this is truth and certainty, and irrefutable; that the Eternal is our God, and besides him there is none; we [Israel] are his people whom he hath redeemed from the hands of kings: he is our King, who hath delivered us from the power of tyrants; he is the Almighty, who hath avenged us on our adversaries, and who gave a just reward unto ll our enemies; who doeth great things, which cannot be invstigated; yea, wonders and miracles without number; who did keep us alive, and suffered not our feet to slip; he caused us to tread on the high places of our enemies, and exalted our horn over all our adversaries. For our sake, he performed miracles, and was revenged on Pharoah; he performed p odigies and tokens in the land of the children of Ham; who in his wrath smote all the first-born in Egypt, and brought out his people Israel from amongst them unto perpetual liberty, and conducted his children between the divisions of the Red Sea. Their pursuers, and their enemies, he caused to sink in the deep; his children did see his mighty power; they praised his name, and with pleasure and cheerfulness they acknowledged him their Sovereign. Moses and the children of Israel, sang unto thee.

פֶּסַח אָכְלוּ פְּחוּזִים · (נ"א חוּפְזִים) וְנִפְלָאוֹת חוֹזִים ·
בִּימֵי חַג פֶּסַח :

פֶּסַח בָּנוּ לִשְׁמוֹר לְדוֹרוֹת · פִּנֵּי לָנוּ לְהוֹרוֹת · כִּימֵי חַג פֶּסַח :

פֶּסַח גָּזַר עִנּוּי אֱמוּנִים · אַרְבַּע מֵאוֹת נִמְנִים · בִּימֵי חַג פֶּסַח :

פֶּסַח דַּת שְׁבוּעִים יְמַלֵּא · וְיוֹם נָקָם יְגַלֶּה · כִּימֵי חַג פֶּסַח :

פֶּסַח הָרַג בְּכוֹרֵי חָם · וּבֵן בְּכוֹרוֹ רִחַם · בִּימֵי חַג פֶּסַח :

פֶּסַח וַעַד לִשְׁפּוֹט מַרְשִׁיעִים · וּלְהַעֲלוֹת לְצִיּוֹן מוֹשִׁיעִים ·
כִּימֵי חַג פֶּסַח :

פֶּסַח זֶמֶר בְּנוֹף נָתַן · לִגְאוֹל בְּנֵי אֵיתָן · בִּימֵי חַג פֶּסַח :

פֶּסַח חֶרֶב חַדָּה עַל אֱדוֹם · בְּיַד צַח וְאָדוֹם · כִּימֵי חַג פֶּסַח :

פֶּסַח טְבִיחַת נִינֵי כוּשׁ · וְהוֹצִיא עַמּוֹ בִּרְכוּשׁ · בִּימֵי חַג פֶּסַח :

פֶּסַח יְדִידוּת קֵן שְׁדוּדָה · כַּנֵּס אוֹם נְדוּדָה · כִּימֵי חַג פֶּסַח :

פֶּסַח כָּרַת לִשְׁמוֹ מִסִּים · וְהוֹצִיא עַמּוֹ בְּנִסִּים · בִּימֵי חַג פֶּסַח :

פֶּסַח לוֹחֲצֵנוּ יִלְחַץ · וִירַפְּאֵנוּ מִמַּחַץ · כִּימֵי חַג פֶּסַח :

פֶּסַח מִלֵּא הֲמוֹן הֲרֵיקָה וְהִסִּיעַ גֶּפֶן שׂוֹרֵקָה · בִּימֵי חַג פֶּסַח :

פֶּסַח נְגִידוּת צַר יַשְׁפִּיל · וְגִיל עַמּוֹ יַכְפִּיל · כִּימֵי חַג פֶּסַח :

פֶּסַח סִגֵּר זֵדִים לַדֶּבֶר · וְרִפָּה עַמּוֹ מִשֶּׁבֶר · בִּימֵי חַג פֶּסַח :

פֶּסַח עֲבוּר כָּל גּוֹי שָׁמוּר · וְנָקָם עַמּוֹ כָּאָמוּר · כִּימֵי חַג פֶּסַח :

פֶּסַח פַּחֵד בָּתֵּי מִצְרִים · וּבֵן בְּעָנוּי נוֹצְרִים · בִּימֵי חַג פֶּסַח :

פֶּסַח צְפִירַת צַר לַעֲלוּקָה · כַּנֵּס אוֹם חֲקוּקָה · כִּימֵי חַג פֶּסַח :

פסח They ate the passover in haste, and saw wonders in the days of the festival of the passover.

We *are bound* to observe the Passover throughout all our generations  O turn to us, and shew us wonders, as in the days of the passover.

On the passover, he decreed the affliction of the faithful, to the number of four hundred *years*. *In the days, &c.*

On the passover, may he fulfil the decree of the *weeks;* and reveal the day of vengeance, *as in the days, &c.*

On the passover, he slew the first-born of HAM, but had Mercy on his own first-born. *In the days, &c.*

The passover is appointed to judge the wicked; and to cause the saviours to go up to Zion, *as in the days, &c.*

On the passover, the destruction of NOPH was decreed, to redeem the children of ETHAN (Abraham). *In the days, &c.*

On the passover, a sharp sword shall fall on Edom, by the hand of him who is white and ruddy, *as in the days, &c.*

On the passover, he slaughtered the posterity of CUSH (the Egyptians); and brought forth his people with spoil. *In the days, &c.*

On the passover, gather the scattered people into the beloved nest (Jerusalem), that now is desolate, *as in the days, &c.*

On the passover, he cut off those that appointed task-masters, and brought his people out with wonders. *In the days. &c.*

On the passover, he will crush those who oppress us, and heal us of our wounds, *as in the days, &c.*

On the passover, he destroyed the empty multitude, (the Egyptians); and brought out the choice vine (Israel.) *In the days, &c.*

On the passover, may he bring down the pride of the oppressor; and double the joy of his people, *as in the days, &c.*

On the passover, he delivered the proud to destruction; and healed his people of their bruise. *In the days, &c.*

The passover is observed for the sake of every nation to avenge his people, according to his promise, *as in the days, &c.*

On the passover, he terrified the houses of the Egyptians; and had regard to the affliction of those that observe *the precepts. In the days, &c.*

On the passover, he will cast the glory of the adversary into the pit, *and* assemble the people that observe his statutes, *as in the days, &c.*

פֶּסַח קָשַׁר לְצַר לְאַבְדָה · וְגַאַל יְדִידִים מֵעֲבוֹדָה · בִּימֵי חַ״פֶּ :

פֶּסַח רָמִים וְדִים תְּהָרוֹס · וְרַעְיָתְךָ תְּאָרֵשׁ · כִּימֵי חַג פֶּסַח :

פֶּסַח שַׁת בְּכָל בֵּית יְלִיל · בְּצֵאתוֹ בַּחֲצוֹת לֵיל · בִּימֵי חַג פֶּסַח :

פֶּסַח תִּכֵּן וְהוּחַק לְאוֹת · לְהַרְאֵנוּ בּוֹ נִפְלָאוֹת · כִּימֵי חַג פֶּסַח :

פֶּסַח תְּהִלָּה לְשֵׁם שׁוֹכֵן שְׁחָקִים · תְּקָפוֹ יַבִּיעוּ קְרוֹבִים וּרְחוֹקִים · תּוֹקֶף כְּבוֹדוֹ בַּיָּם מְחוֹקְקִים · שִׁיר וְתִשְׁבָּחוֹת מְשׁוֹרְרִים וּמְשַׂחֲקִים : בְּגִילָה בְּרִנָּה בְּשִׂמְחָה רַבָּה וְאָמְרוּ כֻלָּם :

מִי כָמֹכָה בָּאֵלִים יְיָ · מִי כָּמֹכָה נֶאְדָּר בַּקֹּדֶשׁ · נוֹרָא תְהִלֹּת עֹשֵׂה פֶלֶא : מַלְכוּתְךָ רָאוּ בָנֶיךָ · בּוֹקֵעַ יָם לִפְנֵי מֹשֶׁה :

לֵיל שִׁמֻּרִים סִימָן הוּא לֶעָתִיד לָבוֹא · עֶלְיוֹן כִּי בָא יָבֹא · פָּקוֹד יִפְקוֹד עַם קְרוֹבוֹ · צוּרֵנוּ הוּא נָגִילָה וְנִשְׂמְחָה בּוֹ : זֶה צוּר יִשְׁעֵנוּ פָּצוּ פֶּה וְאָמְרוּ :

יְיָ יִמְלֹךְ לְעוֹלָם וָעֶד : וְנֶאֱמַר כִּי פָדָה יְיָ אֶת יַעֲקֹב · וּגְאָלוֹ מִיַּד חָזָק מִמֶּנּוּ :

לֵיל שִׁמֻּרִים קְרָאוֹ נוֹרָא עֲלִילָה · כִּי בוֹ שָׁבַר מוֹטוֹת עֲגָלָה · רָעוֹץ יִרְעוֹץ אוֹם מַדְקָה וְאָכְלָה · יוֹסִיף שֵׁנִית בּוֹ לְהַגְאֵלָה · בָּרוּךְ אַתָּה יְיָ מֶלֶךְ צוּר יִשְׂרָאֵל וְגוֹאֲלוֹ · (נ״א גָּאַל יִשְׂרָאֵל :)

הַשְׁכִּיבֵנוּ יְיָ אֱלֹהֵינוּ לְשָׁלוֹם · וְהַעֲמִידֵנוּ מַלְכֵּנוּ לְחַיִּים · וּפְרוֹס עָלֵינוּ סֻכַּת שְׁלוֹמֶךָ · וְתַקְּנֵנוּ בְּעֵצָה טוֹבָה מִלְּפָנֶיךָ · וְהוֹשִׁיעֵנוּ לְמַעַן שְׁמֶךָ : וְהָגֵן בַּעֲדֵנוּ · וְהָסֵר מֵעָלֵינוּ אוֹיֵב דֶּבֶר

On the passover, he bound the enemy to destroy him; and redeemed the beloved from bondage. *In the days, &c.*

On the passover, he overthrew the proud and lofty; and betrothed his love (Israel), *as in the days, &c.*

On the passover, he caused lamentation in every house, when he went forth in the midst of the night. *In the days, &c.*

The passover was established, and appointed *as a* sign; thereon to shew us wonders, *as in the days, &c.*

פסח On the passover, *they offered* praise to the name of him who dwelleth in the heavens; those that were far and near declared his Omnipotence; his mighty glory was engraven at the sea; when they joyfully sang, song and praise; *and* with gladness, song, and abundant joy, they unanimously proclaimed.

מי כמכה Who is like unto thee, O Lord! among the mighty! Who is like unto thee, glorious in holiness, tremendous in praises, working miracles!

מלכותך Thy kingdom thy children beheld, *when* thou didst divide the sea for Moses.

ליל שמרים The night of preservation is a sign for the latter times; that the Most High will assuredly come, *and* certainly visit the people that is near to him; *he is* our Rock: we will be glad and rejoice with him; this is the Rock of our salvation; thus they proclaimed and said.

יי The Lord will reign for ever and ever.

ונאמר And it is written, for the Lord hath redeemed Jacob, and delivered him from the hand of him that was stronger than he.

ליל שמרים He who is tremendous in works, called *it* the night of preservation; for thereon he broke the bands of (Egypt); he will break in pieces the people that stamp on, and devour all; *when* he shall redeem *his people* on it, the second time. Blessed art thou O Lord! *who art* the King, Rock, and Redeemer, of Israel. *(Some Read,)* who hath redeemed Israel.

השכיבנו O Lord, our God! cause us to lie down in peace, and raise us up, O our King! in perfect health. O spread thy pavilion of peace over us, uphold us with thy good counsel, and help us for thy name sake. Protect us, and remove far from us, foes, pestilence, war, famine, and grief; and remove

וְחֶרֶב וְרָעָב וְיָגוֹן · וְהָסֵר שָׂטָן מִלְּפָנֵינוּ וּמֵאַחֲרֵינוּ · וּבְצֵל כְּנָפֶיךָ תַּסְתִּירֵנוּ: כִּי אֵל שׁוֹמְרֵנוּ וּמַצִּילֵנוּ אָתָּה · כִּי אֵל מֶלֶךְ חַנּוּן וְרַחוּם אָתָּה · וּשְׁמוֹר צֵאתֵנוּ וּבוֹאֵנוּ לְחַיִּים וּלְשָׁלוֹם מֵעַתָּה וְעַד עוֹלָם: וּפְרוֹס עָלֵינוּ סֻכַּת שְׁלוֹמֶךָ:

לֵיל שִׁמֻּרִים שִׁמְעוּ לְעַם אֲהוּבִים · אֲשֶׁר הִצִּיל מִיַּד לְהָבִים · תְּשׁוּעָה הִיא לְבַת רַבִּים · בְּנַחַת וְשָׁלוֹם בְּלִי פַחַד שׁוֹכְבִים: בָּרוּךְ אַתָּה יְיָ [הַ]פּוֹרֵס סֻכַּת שָׁלוֹם עָלֵינוּ וְעַל כָּל עַמּוֹ יִשְׂרָאֵל וְעַל יְרוּשָׁלָיִם:

(On the Sabbath say, from ושמרו to וינפש.)

[וְשָׁמְרוּ בְנֵי־יִשְׂרָאֵל אֶת־הַשַּׁבָּת לַעֲשׂוֹת אֶת־הַשַּׁבָּת לְדֹרֹתָם בְּרִית עוֹלָם: בֵּינִי וּבֵין בְּנֵי יִשְׂרָאֵל אוֹת הִוא לְעֹלָם · כִּי־שֵׁשֶׁת יָמִים עָשָׂה יְיָ אֶת־הַשָּׁמַיִם וְאֶת־הָאָרֶץ וּבַיּוֹם הַשְּׁבִיעִי שָׁבַת וַיִּנָּפַשׁ:]

וַיְדַבֵּר משֶׁה אֶת מוֹעֲדֵי יְיָ אֶל בְּנֵי יִשְׂרָאֵל:

קהל וְעַתָּה יִגְדַּל נָא כֹּחַ אֲדֹנָי כַּאֲשֶׁר דִּבַּרְתָּ לֵאמֹר · זְכֹר רַחֲמֶיךָ יְיָ וַחֲסָדֶיךָ כִּי מֵעוֹלָם הֵמָּה:

יִתְגַּדַּל וְיִתְקַדַּשׁ שְׁמֵהּ רַבָּא · בְּעָלְמָא דִּי־בְרָא כִרְעוּתֵהּ וְיַמְלִיךְ מַלְכוּתֵהּ · בְּחַיֵּיכוֹן וּבְיוֹמֵיכוֹן וּבְחַיֵּי דְכָל בֵּית יִשְׂרָאֵל · בַּעֲגָלָא וּבִזְמַן קָרִיב וְאִמְרוּ אָמֵן:

קהל אָמֵן יְהֵא שְׁמֵהּ רַבָּא מְבָרַךְ לְעָלַם וּלְעָלְמֵי עָלְמַיָּא: יִתְבָּרַךְ שְׁמוֹ וְיִתְעַלֶּה זִכְרוֹ לָעַד וּלְנֵצַח נְצָחִים:

יִתְבָּרַךְ וְיִשְׁתַּבַּח וְיִתְפָּאַר וְיִתְרוֹמַם וְיִתְנַשֵּׂא וְיִתְהַדָּר וְיִתְעַלֶּה וְיִתְהַלָּל שְׁמֵהּ דְּקוּדְשָׁא בְּרִיךְ הוּא · לְעֵלָּא מִן כָּל בִּרְכָתָא וְשִׁירָתָא · תֻּשְׁבְּחָתָא וְנֶחָמָתָא · דַּאֲמִירָן בְּעָלְמָא וְאִמְרוּ אָמֵן:

the enticer (satan) from being about us; and conceal us under the shadow of thy wings; for thou, O God, art our guardian and deliverer; thou, O Omnipotent! art a merciful and gracious King! Preserve our going forth and coming in, to life and peace, now and for evermore.

ופרוס O spread over us the tabernacle of thy peace.

ליל שמרים The night of observation, he made known to the beloved people, that he redeemed from the power of the Egyptians; may he grant salvation to the populous city (Jerusalem); that without dread, they may dwell in peace and tranquility. Blessed art thou, O Lord! who spreadeth the tabernacle of peace over us, and over all his people Israel, and over Jerusalem.

[ושמרו And the children of Israel shall keep the sabbath, observing the sabbath throughout their generations, for a perpetual covenant. It is a sign between me and the children of Israel for ever; for in six days the Lord made heaven and earth, and on the seventh day he rested and was refreshed.]

וידבר And Moses declared the solemn feasts of the Lord, unto the children of Israel.

ועתה *Cong.* O may the mighty power of the Lord be now magnified, as thou hast declared, saying, O Lord! remember thy tender mercies, and thy loving kindnesses, for they have been of old.

יתגדל May his great name be exalted, and sanctified throughout the world, which he hath created according to his will. May he establish his kingdom in your life-time, and in your days, and in the life-time of the whole house of Israel; speedily, and in a short time; and say ye, Amen.

אמן *Cong.* Amen. May his great name be blessed and glorified for ever and ever. His name and memorial shall also be exalted for ever and ever.

יתברך May his hallowed name be praised, glorified, exalted, magnified, honoured, and most excellently adored. Blessed is he, far exceeding all blessings, hymns, praises and beatitudes, that are repeated throughout the world; and say ye, Amen.

אֲדֹנָי שְׂפָתַי תִּפְתָּח וּפִי יַגִּיד תְּהִלָּתֶךָ :

בָּרוּךְ אַתָּה יְיָ אֱלֹהֵינוּ וֵאלֹהֵי אֲבוֹתֵינוּ אֱלֹהֵי אַבְרָהָם אֱלֹהֵי יִצְחָק וֵאלֹהֵי יַעֲקֹב הָאֵל הַגָּדוֹל הַגִּבּוֹר וְהַנּוֹרָא אֵל עֶלְיוֹן · גּוֹמֵל חֲסָדִים טוֹבִים · וְקוֹנֵה הַכֹּל וְזוֹכֵר חַסְדֵי אָבוֹת וּמֵבִיא גוֹאֵל לִבְנֵי בְנֵיהֶם לְמַעַן שְׁמוֹ בְּאַהֲבָה : מֶלֶךְ עוֹזֵר וּמוֹשִׁיעַ וּמָגֵן · בָּרוּךְ אַתָּה יְיָ מָגֵן אַבְרָהָם :

אַתָּה גִּבּוֹר לְעוֹלָם אֲדֹנָי · מְחַיֵּה מֵתִים אַתָּה רַב לְהוֹשִׁיעַ ·

**On the First Night of the Feast say:—**

(מַשִּׁיב הָרוּחַ וּמוֹרִיד הַגָּשֶׁם ·)

מְכַלְכֵּל חַיִּים בְּחֶסֶד · מְחַיֵּה מֵתִים בְּרַחֲמִים רַבִּים · סוֹמֵךְ נוֹפְלִים · וְרוֹפֵא חוֹלִים · וּמַתִּיר אֲסוּרִים · וּמְקַיֵּם אֱמוּנָתוֹ לִישֵׁנֵי עָפָר · מִי כָמוֹךָ בַּעַל גְּבוּרוֹת · וּמִי דוֹמֶה לָּךְ · מֶלֶךְ מֵמִית וּמְחַיֶּה וּמַצְמִיחַ יְשׁוּעָה : וְנֶאֱמָן אַתָּה לְהַחֲיוֹת מֵתִים : בָּרוּךְ אַתָּה יְיָ · מְחַיֵּה הַמֵּתִים :

אַתָּה קָדוֹשׁ וְשִׁמְךָ קָדוֹשׁ · וּקְדוֹשִׁים בְּכָל־יוֹם יְהַלְלוּךָ סֶּלָה · בָּרוּךְ אַתָּה יְיָ הָאֵל הַקָּדוֹשׁ :

אַתָּה בְחַרְתָּנוּ מִכָּל הָעַמִּים · אָהַבְתָּ אוֹתָנוּ וְרָצִיתָ בָּנוּ · וְרוֹמַמְתָּנוּ מִכָּל הַלְּשׁוֹנוֹת · וְקִדַּשְׁתָּנוּ בְּמִצְוֹתֶיךָ · וְקֵרַבְתָּנוּ מַלְכֵּנוּ לַעֲבוֹדָתֶךָ · וְשִׁמְךָ הַגָּדוֹל וְהַקָּדוֹשׁ עָלֵינוּ קָרָאתָ :

**If the Eve of the Holy-Day be on Saturday Night, say from ותודיענו to בקדשתך.**

[וַתּוֹדִיעֵנוּ יְיָ אֱלֹהֵינוּ אֶת מִשְׁפְּטֵי צִדְקֶךָ וַתְּלַמְּדֵנוּ לַעֲשׂוֹת בָּהֶם חֻקֵּי רְצוֹנֶךָ וַתִּתֶּן לָנוּ יְיָ אֱלֹהֵינוּ מִשְׁפָּטִים יְשָׁרִים וְתוֹרוֹת אֱמֶת חֻקִּים וּמִצְוֹת טוֹבִים וַתַּנְחִילֵנוּ זְמַנֵּי שָׂשׂוֹן וּמוֹעֲדֵי קֹדֶשׁ וְחַגֵּי נְדָבָה וַתּוֹרִישֵׁנוּ קְדֻשַּׁת שַׁבָּת וּכְבוֹד מוֹעֵד וַחֲגִיגַת הָרֶגֶל

אדני שפתי O Lord! open thou my lips, and my mouth shall declare thy praise.

ברוך אתה יי Blessed art thou, O Lord, our God, and the God of our ancestors, the God of Abraham, the God of Isaac, and the God of Jacob; the great, mighty and tremendous, God, the most High God, who bestowest gracious favours; Possessor of all things, who rememberest the piety of the patriarchs, and wilt in love send a Redeemer to their posterity, for the sake of his name. O King, thou art our Supporter, our Saviour, and our Shield. Blessed art thou, O Lord! the Shield of Abraham.

אתה גבור Thou, O Lord! art mighty for ever; it is thou who revivest the dead, and art mighty to save. *( Who causest the wind to blow and the rain to descend.)* Who sustainest the living with beneficence, and with great mercy quickenest the dead; supportest the fallen, and healest the sick; thou settest at liberty those who are bound, and wilt accomplish thy faith unto those who sleep in the dust. Who is like unto thee, O Lord! of mighty acts? Or who can be compared unto thee, O King! who killest and restorest to life, and causest salvation to flourish!

Thou art also faithful to revive the dead. Blessed art thou, O Lord! who revivest the dead.

אתה קדוש Thou art holy, and thy name is holy, and the saints praise thee daily. Selah. Blessed art thou, O Lord! the holy God!

אתה בחרתנו Thou hast chosen us from all people; thou hast loved us, and hast delighted in us, and exalted us above all nations, and sanctified us with thy commandments, and brought us near unto thy service, O our King! and hast called us by thy great and holy name.

ותודיענו Thou, O Eternal, our God! causest us to know thy excellent judgments, and didst teach us statutes, how to act agreeably to thy will; thou, O Eternal, our God! didst also give us perfect ordinances, a law of truth, and wholesome statutes, and precepts; thou causest us to possess joyful seasons, holy days and festivals, for free-will offerings; thou causest us to inherit the sanctity of the sabbath day, and the dignity of the festivals, and commandest the solemnization thereof. Thou, O Eternal, our God! hast made a division between holy and not holy, between light and darkness,

## מעריב ליל ראשון של פסח:

וַתַּבְדֵּל יְיָ אֱלֹהֵינוּ בֵּין קֹדֶשׁ לְחֹל בֵּין אוֹר לְחשֶׁךְ בֵּין יִשְׂרָאֵל לָעַמִּים בֵּין יוֹם הַשְּׁבִיעִי לְשֵׁשֶׁת יְמֵי הַמַּעֲשֶׂה בֵּין קְדֻשַּׁת שַׁבָּת לִקְדֻשַּׁת יוֹם טוֹב הִבְדַּלְתָּ וְאֶת יוֹם הַשְּׁבִיעִי מִשֵּׁשֶׁת יְמֵי הַמַּעֲשֶׂה קִדַּשְׁתָּ ּ הִבְדַּלְתָּ וְקִדַּשְׁתָּ אֶת עַמְּךָ יִשְׂרָאֵל בִּקְדֻשָּׁתֶךָ:

וַתִּתֶּן לָנוּ יְיָ אֱלֹהֵינוּ בְּאַהֲבָה [שבתות למנוחה ג מוֹעֲדִים לְשִׂמְחָה. חַגִּים וּזְמַנִּים לְשָׂשׂוֹן. אֶת יוֹם [השבת הזה ואת יום] חַג הַמַּצּוֹת הַזֶּה זְמַן חֵרוּתֵנוּ: [באהבה] מִקְרָא קֹדֶשׁ זֵכֶר לִיצִיאַת מִצְרָיִם:

אֱלֹהֵינוּ וֵאלֹהֵי אֲבוֹתֵינוּ. יַעֲלֶה וְיָבֹא וְיַגִּיעַ וְיֵרָאֶה וְיֵרָצֶה וְיִשָּׁמַע וְיִפָּקֵד וְיִזָּכֵר זִכְרוֹנֵנוּ וּפִקְדּוֹנֵנוּ וְזִכְרוֹן אֲבוֹתֵינוּ וְזִכְרוֹן מָשִׁיחַ בֶּן דָּוִד עַבְדֶּךָ. וְזִכְרוֹן יְרוּשָׁלַיִם עִיר קָדְשֶׁךָ. וְזִכְרוֹן כָּל עַמְּךָ בֵּית יִשְׂרָאֵל לְפָנֶיךָ לִפְלֵיטָה לְטוֹבָה לְחֵן וּלְחֶסֶד וּלְרַחֲמִים לְחַיִּים וּלְשָׁלוֹם בְּיוֹם [השבת הזה וביום] חַג הַמַּצּוֹת הַזֶּה. זָכְרֵנוּ יְיָ אֱלֹהֵינוּ בּוֹ לְטוֹבָה. וּפָקְדֵנוּ בוֹ לִבְרָכָה. וְהוֹשִׁיעֵנוּ בוֹ לְחַיִּים: וּבִדְבַר יְשׁוּעָה וְרַחֲמִים. חוּס וְחָנֵּנוּ וְרַחֵם עָלֵינוּ וְהוֹשִׁיעֵנוּ. כִּי אֵלֶיךָ עֵינֵינוּ. כִּי אֵל מֶלֶךְ חַנּוּן וְרַחוּם אָתָּה:

וְהַשִּׂיאֵנוּ יְיָ אֱלֹהֵינוּ אֶת בִּרְכַּת מוֹעֲדֶיךָ. לְחַיִּים וּלְשָׁלוֹם. לְשִׂמְחָה וּלְשָׂשׂוֹן. כַּאֲשֶׁר רָצִיתָ וְאָמַרְתָּ לְבָרְכֵנוּ: [בשבת אלהינו ואלהי אבותינו רצה במנוחתינו] קַדְּשֵׁנוּ בְּמִצְוֹתֶיךָ. וְתֵן חֶלְקֵנוּ בְּתוֹרָתֶךָ. שַׂבְּעֵנוּ מִטּוּבֶךָ. וְשַׂמְּחֵנוּ בִּישׁוּעָתֶךָ. וְטַהֵר לִבֵּנוּ לְעָבְדְּךָ בֶּאֱמֶת. וְהַנְחִילֵנוּ יְיָ אֱלֹהֵינוּ [באהבה וברצון] בְּשִׂמְחָה וּבְשָׂשׂוֹן [שבת ו] מוֹעֲדֵי קָדְשֶׁךָ. וְיִשְׂמְחוּ בְךָ יִשְׂרָאֵל אוֹהֲבֵי [נ״א כְּמְקַדְשֵׁי] שְׁמֶךָ. בָּרוּךְ אַתָּה יְיָ מְקַדֵּשׁ [השבת ו] יִשְׂרָאֵל וְהַזְּמַנִּים:

between Israel and other nations, between the seventh day and the six working days; thou didst also discriminate between the sanctity of the sabbath-day, and the sanctity of other holy days, and consecrated the sabbath-day in preference to the six working days: thou also separatest thy people Israel, and didst sanctify them with thy holiness.]

ותתן לנו And with love hast thou given us, O Lord, our God! [*on the sabbath, say,* the sabbaths for rest, and] solemn days for joy; festivals and seasons for gladness; even [*on the sabbath say,* this day of rest, and] this day of the feast of unleavened bread, the season of our freedom; a holy convocation (in love) in commemoration of the departure from Egypt.

אלהינו Our God, and the God of our fathers, mayest thou be pleased to grant that our memorial, and the memorial of our fathers, the memorial of the Messiah, the son of David, thy servant, and the memorial of Jerusalem, thy holy city, and the memorial of all thy people, the house of Israel, may ascend, come, approach, be seen, accepted, heard, visited, and remembered in thy presence for the obtaining a happy deliverance, with favour, grace, and mercy, to life, and peace, [*on the sabbath, say,* on this sabbath-day, and] on this day of the feast of unleavened bread; O Lord our God! remember us thereon for good: visit us with a blessing, and save us to enjoy life, and with the word of salvation and mercy, have compassion, and be gracious unto us. O have mercy upon us, and save us, for our eyes are continually towards thee; for thou, O God! art a merciful and gracious King.

והשיאנו O Eternal God! cause us to receive the blessing of thy solemn feasts, to a happy life, peace, joy, and gladness, as thou hast been pleased to declare that thou wilt bless us. [*On the sabbath, say,* our God, and the God of our fathers, be pleased to accept our rest.] O sanctify us with thy commandments; and let thy law be our portion. O satisfy us with thy goodness; rejoice us with thy salvation, and purify our hearts to serve thee in truth; and cause us, O Lord, our God! to inherit [*on the sabbath, say,* with love and delight,] with joy and gladness, *on the sabbath, say,* the sabbath, and] thy holy festivals; and grant that all Israel, who sanctify thy name may rejoice thereon. Blessed art thou, O Lord! who sanctifieth [*on the sabbath, add,* the sabbath, and] Israel, and the seasons.

## מעריב ליל ראשון של פסח :

רְצֵה יְיָ אֱלֹהֵינוּ בְּעַמְּךָ יִשְׂרָאֵל וּבִתְפִלָּתָם · וְהָשֵׁב אֶת הָעֲבוֹדָה לִדְבִיר בֵּיתֶךָ · וְאִשֵּׁי יִשְׂרָאֵל וּתְפִלָּתָם · בְּאַהֲבָה תְקַבֵּל בְּרָצוֹן · וּתְהִי לְרָצוֹן תָּמִיד · עֲבוֹדַת יִשְׂרָאֵל עַמֶּךָ :

וְתֶחֱזֶינָה עֵינֵינוּ בְּשׁוּבְךָ לְצִיּוֹן בְּרַחֲמִים · בָּרוּךְ אַתָּה יְיָ · הַמַּחֲזִיר שְׁכִינָתוֹ לְצִיּוֹן :

מוֹדִים אֲנַחְנוּ לָךְ · שָׁאַתָּה הוּא יְיָ אֱלֹהֵינוּ וֵאלֹהֵי אֲבוֹתֵינוּ לְעוֹלָם וָעֶד · צוּר חַיֵּינוּ · מָגֵן יִשְׁעֵנוּ אַתָּה הוּא לְדוֹר וָדוֹר · נוֹדֶה לְּךָ וּנְסַפֵּר תְּהִלָּתֶךָ · עַל חַיֵּינוּ הַמְּסוּרִים בְּיָדֶךָ · וְעַל נִשְׁמוֹתֵינוּ הַפְּקוּדוֹת לָךְ · וְעַל נִסֶּיךָ שֶׁבְּכָל יוֹם עִמָּנוּ · וְעַל נִפְלְאוֹתֶיךָ וְטוֹבוֹתֶיךָ : שֶׁבְּכָל עֵת עֶרֶב וָבֹקֶר וְצָהֳרָיִם · הַטּוֹב כִּי לֹא כָלוּ רַחֲמֶיךָ · וְהַמְרַחֵם כִּי לֹא תַמּוּ חֲסָדֶיךָ · מֵעוֹלָם קִוִּינוּ לָךְ :

וְעַל־כֻּלָּם יִתְבָּרַךְ וְיִתְרוֹמַם שִׁמְךָ מַלְכֵּנוּ תָּמִיד לְעוֹלָם וָעֶד :

וְכֹל הַחַיִּים יוֹדוּךָ סֶּלָה וִיהַלְלוּ אֶת שִׁמְךָ בֶּאֱמֶת הָאֵל יְשׁוּעָתֵנוּ וְעֶזְרָתֵנוּ סֶלָה · בָּרוּךְ אַתָּה יְיָ · הַטּוֹב שִׁמְךָ וּלְךָ נָאֶה לְהוֹדוֹת :

שָׁלוֹם רָב עַל יִשְׂרָאֵל עַמְּךָ תָּשִׂים לְעוֹלָם כִּי אַתָּה הוּא מֶלֶךְ אָדוֹן לְכָל הַשָּׁלוֹם וְטוֹב בְּעֵינֶיךָ לְבָרֵךְ אֶת־עַמְּךָ יִשְׂרָאֵל בְּכָל־עֵת וּבְכָל־שָׁעָה בִּשְׁלוֹמֶךָ : בָּרוּךְ אַתָּה יְיָ · הַמְבָרֵךְ אֶת עַמּוֹ יִשְׂרָאֵל בַּשָּׁלוֹם :

אֱלֹהַי נְצוֹר לְשׁוֹנִי מֵרָע וּשְׂפָתַי מִדַּבֵּר מִרְמָה וְלִמְקַלְלַי נַפְשִׁי תִדּוֹם · וְנַפְשִׁי כֶּעָפָר לַכֹּל תִּהְיֶה : פְּתַח לִבִּי בְּתוֹרָתֶךָ · וּבְמִצְוֹתֶיךָ תִּרְדּוֹף נַפְשִׁי · וְכֹל הַחוֹשְׁבִים עָלַי רָעָה · מְהֵרָה הָפֵר עֲצָתָם · וְקַלְקֵל מַחֲשַׁבְתָּם עֲשֵׂה לְמַעַן שְׁמֶךָ · עֲשֵׂה לְמַעַן

רצה O Lord, our God! let thy people Israel, and their prayers be acceptable to thee. Restore the service to the oracle of thine house; so that the burnt-offerings of Israel, and their prayers, may be speedily accepted by thee with love and favour; and the worship of thy people Israel be ever pleasing unto thee.

ותחזינה עינינו O that our eyes may behold thy return to Zion with mercy. Blessed art thou, O Lord! who restoreth thy divine presence unto Zion.

מודים We adore thee, for thou art the Lord, our God! and the God of our ancestors for evermore. Thou art the Rock of our life, and the shield of our salvation; in all generations will we render thanks unto thee, and declare thy praise, for our life, which is delivered into thine hand, and for our souls which are ever deposited with thee, and for thy miracles which we daily experience, and for thy wonders, and thy kindnesses which are at all times exercised towards us, at morn, noon, and even. Thou art good, for thy compassion never faileth; thou alone art merciful, for thy kindness never ceaseth; we for evermore put our trust in thee.

ועל כלם And for all these mercies, may thy name, O our King! be continually praised, and highly exalted for ever and ever.

וכל החיים And all the living shall for ever give thanks unto thee, and in truth praise thy name, God of our salvation, and our help. Blessed art thou O Lord, for goodness is thy name, *and* unto thee it is proper to give thanks.

שלום רב O grant unto thy people Israel everlasting peace; for thou, O King! art the Lord of peace: may it please thee to bless thy people Israel, at all times, with thy peace. Blessed art thou, O Lord! who blesseth his people Israel with peace.

אלהי נצור O my God, be pleased to guard my tongue from evil, and my lips from uttering deceit. And be thou silent, O my soul, to those who curse me; and grant that my soul may be humble as the dust to every one. Open my heart to receive thy law, and my soul to pursue thy commandments. Speedily I beseech thee, frustrate the devices, and destroy the machinations of all those who imagine evil against me. O grant it for thy name; grant it for thy right hand; grant it for thy holiness;

יְמִינֶךָ · עֲשֵׂה לְמַעַן קְדֻשָּׁתֶךָ · עֲשֵׂה לְמַעַן תּוֹרָתֶךָ · לְמַעַן יֵחָלְצוּן יְדִידֶיךָ · הוֹשִׁיעָה יְמִינְךָ וַעֲנֵנִי: יִהְיוּ לְרָצוֹן אִמְרֵי פִי וְהֶגְיוֹן לִבִּי לְפָנֶיךָ יְיָ צוּרִי וְגוֹאֲלִי: עֹשֶׂה שָׁלוֹם בִּמְרוֹמָיו הוּא יַעֲשֶׂה שָׁלוֹם עָלֵינוּ וְעַל כָּל יִשְׂרָאֵל וְאִמְרוּ אָמֵן:

יְהִי רָצוֹן לְפָנֶיךָ יְיָ אֱלֹהֵינוּ וֵאלֹהֵי אֲבוֹתֵינוּ שֶׁיִּבָּנֶה בֵּית הַמִּקְדָּשׁ בִּמְהֵרָה בְיָמֵינוּ וְתֵן חֶלְקֵנוּ בְּתוֹרָתֶךָ: וְשָׁם נַעֲבָדְךָ בְּיִרְאָה כִּימֵי עוֹלָם וּכְשָׁנִים קַדְמוֹנִיּוֹת: וְעָרְבָה לַייָ מִנְחַת יְהוּדָה וִירוּשָׁלָיִם כִּימֵי עוֹלָם וּכְשָׁנִים קַדְמוֹנִיּוֹת:

**On Friday Night say, from ויכלו to מקדש השבת.**

[וַיְכֻלּוּ הַשָּׁמַיִם וְהָאָרֶץ וְכָל־צְבָאָם · וַיְכַל אֱלֹהִים בַּיּוֹם הַשְּׁבִיעִי מְלַאכְתּוֹ אֲשֶׁר עָשָׂה · וַיִּשְׁבֹּת בַּיּוֹם הַשְּׁבִיעִי מִכָּל־מְלַאכְתּוֹ אֲשֶׁר עָשָׂה: וַיְבָרֶךְ אֱלֹהִים אֶת־יוֹם הַשְּׁבִיעִי וַיְקַדֵּשׁ אֹתוֹ · כִּי בוֹ שָׁבַת מִכָּל־מְלַאכְתּוֹ אֲשֶׁר־בָּרָא אֱלֹהִים לַעֲשׂוֹת:

בָּרוּךְ אַתָּה יְיָ אֱלֹהֵינוּ וֵאלֹהֵי אֲבוֹתֵינוּ אֱלֹהֵי אַבְרָהָם אֱלֹהֵי יִצְחָק וֵאלֹהֵי יַעֲקֹב הָאֵל הַגָּדוֹל הַגִּבּוֹר וְהַנּוֹרָא אֵל עֶלְיוֹן · קֹנֵה שָׁמַיִם וָאָרֶץ:

מָגֵן אָבוֹת בִּדְבָרוֹ מְחַיֵּה מֵתִים בְּמַאֲמָרוֹ הָאֵל הַקָּדוֹשׁ שֶׁאֵין כָּמוֹהוּ · הַמֵּנִיחַ לְעַמּוֹ בְּיוֹם שַׁבַּת קָדְשׁוֹ כִּי בָם רָצָה לְהָנִיחַ לָהֶם · לְפָנָיו נַעֲבוֹד בְּיִרְאָה וָפַחַד וְנוֹדֶה לִשְׁמוֹ בְּכָל־יוֹם תָּמִיד מֵעֵין הַבְּרָכוֹת · אֵל הַהוֹדָאוֹת אֲדוֹן הַשָּׁלוֹם מְקַדֵּשׁ הַשַּׁבָּת וּמְבָרֵךְ שְׁבִיעִי וּמֵנִיחַ בִּקְדֻשָּׁה לְעַם מְדֻשְּׁנֵי עֹנֶג זֵכֶר לְמַעֲשֵׂה בְרֵאשִׁית:

אֱלֹהֵינוּ וֵאלֹהֵי אֲבוֹתֵינוּ · רְצֵה בִמְנוּחָתֵנוּ · קַדְּשֵׁנוּ בְּמִצְוֹתֶיךָ · וְתֵן חֶלְקֵנוּ בְּתוֹרָתֶךָ · שַׂבְּעֵנוּ מִטּוּבֶךָ · וְשַׂמְּחֵנוּ בִּישׁוּעָתֶךָ · וְטַהֵר לִבֵּנוּ לְעָבְדְּךָ בֶּאֱמֶת · וְהַנְחִילֵנוּ יְיָ אֱלֹהֵינוּ

grant it for thy law, that thy beloved may be delivered. O save me with thy right hand, and answer me. May the words of my mouth, and the meditations of my heart, be acceptable in thy presence, O Lord! who art my Rock and Redeemer. May he who maketh peace in his high heavens, grant peace unto us, and all Israel; and say ye, Amen.

יהי רצון Let it be acceptable before thee, O Lord, our God! and the God of our Fathers, that the holy temple may speedily be rebuilt in our days; and let our portion be in thy law. And there we will serve thee in reverence, as in ancient days, and in former years. And may the offering of Judah and Jerusalem be pleasant unto the Lord, as in ancient days and in former years.

ויכלו השמים והארץ And the heavens and the earth were finished, and all their host. And on the seventh day God ended his work which he had made; and he rested on the seventh day from all his work which he had made. And God blessed the seventh day, and sanctified it; because he thereon rested from all his work, which God created and made.

ברוך אתה יי Blessed art thou, O Lord, our God, and the God of our ancestors, the God of Abraham, the God of Isaac, and the God of Jacob; the great, mighty and tremendous, God! the most high God! Creator of the heaven and the earth.

מגן אבות *He was* the Shield of our ancestors with his word; he revived the dead at his command; *he is* the omnipotent King! for there is none like unto him, who granteth rest unto his people on the holy sabbath; for delighting in them, he was pleased to grant them rest; we, therefore, will worship him with reverential awe, and will continually praise his name daily, the source of all blessings! the God to whom thanksgivings are due! the Lord of peace, who sanctified the sabbath, and blessed the seventh day, and granteth holy rest to his people, enjoying the delicacies of delight, as a memorial of the work of the creation.

אלהינו Our God and the God of our fathers, we beseech thee to be pleased with our day of rest. O sanctify us with thy commandments, and let thy law be our portion; sanctify us with thy goodness, rejoice our souls with thy salvation, and purify our hearts to serve thee in truth, and cause us, O Lord

בְּאַהֲבָה וּבְרָצוֹן שַׁבַּת קָדְשֶׁךָ ׃ וְיִשְׂמְחוּ בְךָ יִשְׂרָאֵל אוֹהֲבֵי שְׁמֶךָ (נ״א וְיָנוּחוּ בָהּ יִשְׂרָאֵל מְקַדְּשֵׁי שְׁמֶךָ) בָּרוּךְ אַתָּה יְיָ׳ מְקַדֵּשׁ הַשַּׁבָּת׃]

קהל וְעַתָּה יִגְדַּל נָא כֹּחַ אֲדֹנָי כַּאֲשֶׁר דִּבַּרְתָּ לֵאמֹר ׃ זְכֹר רַחֲמֶיךָ יְיָ וַחֲסָדֶיךָ כִּי מֵעוֹלָם הֵמָּה׃

יִתְגַּדַּל וְיִתְקַדַּשׁ שְׁמֵהּ רַבָּא ׃ בְּעָלְמָא דִּי־בְרָא כִרְעוּתֵהּ וְיַמְלִיךְ מַלְכוּתֵהּ ׃ בְּחַיֵּיכוֹן וּבְיוֹמֵיכוֹן וּבְחַיֵּי דְכָל בֵּית יִשְׂרָאֵל ׃ בַּעֲגָלָא וּבִזְמַן קָרִיב וְאִמְרוּ אָמֵן׃

קהל אָמֵן יְהֵא שְׁמֵהּ רַבָּא מְבָרַךְ לְעָלַם וּלְעָלְמֵי עָלְמַיָּא׃ יִתְבָּרַךְ שְׁמוֹ וְיִתְעַלֶּה זִכְרוֹ לָעַד וּלְנֵצַח נְצָחִים׃

יִתְבָּרַךְ וְיִשְׁתַּבַּח וְיִתְפָּאַר וְיִתְרוֹמַם וְיִתְנַשֵּׂא וְיִתְהַדָּר וְיִתְעַלֶּה וְיִתְהַלָּל שְׁמֵהּ דְּקוּדְשָׁה בְּרִיךְ הוּא ׃ לְעֵילָּא מִן כָּל בִּרְכָתָא וְשִׁירָתָא ׃ תֻּשְׁבְּחָתָא וְנֶחֱמָתָא ׃ דַּאֲמִירָן בְּעָלְמָא וְאִמְרוּ אָמֵן׃

קהל קַבֵּל בְּרַחֲמִים וּבְרָצוֹן אֶת תְּפִלָּתֵנוּ׃

תִּתְקַבֵּל צְלוֹתְהוֹן וּבָעוּתְהוֹן דְּכָל בֵּית יִשְׂרָאֵל קֳדָם אֲבוּהוֹן דִּי בִשְׁמַיָּא וְאִמְרוּ אָמֵן׃

קהל יְהִי שֵׁם יְיָ מְבֹרָךְ מֵעַתָּה וְעַד עוֹלָם׃

יְהֵא שְׁלָמָא רַבָּא מִן־שְׁמַיָּא וְחַיִּים עָלֵינוּ וְעַל־כָּל־יִשְׂרָאֵל וְאִמְרוּ אָמֵן׃

קהל עֶזְרִי מֵעִם יְיָ עֹשֵׂה שָׁמַיִם וָאָרֶץ׃

עֹשֶׂה שָׁלוֹם בִּמְרוֹמָיו ׃ הוּא יַעֲשֶׂה שָׁלוֹם ׃ עָלֵינוּ וְעַל כָּל יִשְׂרָאֵל ׃ וְאִמְרוּ אָמֵן׃

our God! to inherit thy holy sabbath with love and delight; and grant that all Israel, who sanctify thy name, may have rest thereon. Blessed art thou, O Lord! who sanctifieth the sabbath.

ועתה *Cong.* O may the mighty power of the Lord be now magnified, as thou hast declared, saying, O Lord! remember thy tender mercies, and thy loving kindnesses, for they have been of old.

יתגדל May his great name be exalted, and sanctified throughout the world, which he hath created according to his will. May he establish his kingdom in your life-time, and in your days, and in the life-time of the whole house of Israel; speedily, and in a short time; and say ye, Amen.

אמן *Cong.* Amen. May his great name be blessed and glorified for ever and ever. His name and memorial shall also be exalted for ever and ever.

יתברך May his hallowed name be praised, glorified, exalted, magnified, honoured, and most excellently adored. Blessed is he, far exceeding all blessings, hymns, praises and beatitudes, that are repeated throughout the world; and say ye, Amen.

קבל *Cong.* May our prayers be accepted with mercy and kindness.

תתקבל May the prayers and supplications of the whole house of Israel, be accepted in the presence of their Father, who is in heaven; and say ye, Amen.

יהי שם *Cong.* Blessed be the name of the Lord, from henceforth and for evermore.

יהא שלמא May the fulness of peace from heaven, *with* life, be *granted* unto us, and all Israel; and say ye, Amen.

עזרי *Cong.* My help *is* from the Lord, who made heaven and earth.

עשה שלום May he who maketh peace in his high heavens, bestow peace on us, and all Israel; and say ye, Amen.

עָלֵינוּ לְשַׁבֵּחַ לַאֲדוֹן הַכֹּל לָתֵת גְּדֻלָּה לְיוֹצֵר בְּרֵאשִׁית · שֶׁלֹּא עָשָׂנוּ כְּגוֹיֵי הָאֲרָצוֹת · וְלֹא שָׂמָנוּ כְּמִשְׁפְּחוֹת הָאֲדָמָה · שֶׁלֹּא שָׂם חֶלְקֵנוּ כָּהֶם · וְגוֹרָלֵנוּ כְּכָל הֲמוֹנָם : וַאֲנַחְנוּ כּוֹרְעִים וּמִשְׁתַּחֲוִים וּמוֹדִים לִפְנֵי מֶלֶךְ מַלְכֵי הַמְּלָכִים הַקָּדוֹשׁ בָּרוּךְ הוּא שֶׁהוּא נוֹטֶה שָׁמַיִם · וְיוֹסֵד אָרֶץ · וּמוֹשַׁב יְקָרוֹ בַּשָּׁמַיִם מִמַּעַל · וּשְׁכִינַת עֻזּוֹ בְּגָבְהֵי מְרוֹמִים : הוּא אֱלֹהֵינוּ אֵין עוֹד (אַחֵר) אֱמֶת מַלְכֵּנוּ · אֶפֶס זוּלָתוֹ · כַּכָּתוּב בְּתוֹרָתוֹ וְיָדַעְתָּ הַיּוֹם וַהֲשֵׁבֹתָ אֶל־לְבָבֶךָ · כִּי יְיָ הוּא הָאֱלֹהִים בַּשָּׁמַיִם מִמַּעַל וְעַל הָאָרֶץ מִתָּחַת אֵין עוֹד :

עַל כֵּן נְקַוֶּה לְךָ יְיָ אֱלֹהֵינוּ · לִרְאוֹת מְהֵרָה בְּתִפְאֶרֶת עֻזֶּךָ · לְהַעֲבִיר גִּלּוּלִים מִן הָאָרֶץ · וְהָאֱלִילִים כָּרוֹת יִכָּרֵתוּן · לְתַקֵּן עוֹלָם בְּמַלְכוּת שַׁדַּי · וְכָל בְּנֵי בָשָׂר יִקְרְאוּ בִשְׁמֶךָ · לְהַפְנוֹת אֵלֶיךָ כָּל־רִשְׁעֵי אָרֶץ · יַכִּירוּ וְיֵדְעוּ כָּל־יוֹשְׁבֵי תֵבֵל כִּי לְךָ תִּכְרַע כָּל־בֶּרֶךְ · תִּשָּׁבַע כָּל־לָשׁוֹן : לְפָנֶיךָ יְיָ אֱלֹהֵינוּ יִכְרְעוּ וְיִפּוֹלוּ · וְלִכְבוֹד שִׁמְךָ יְקָר יִתֵּנוּ · וִיקַבְּלוּ כֻלָּם אֶת עוֹל מַלְכוּתֶךָ · וְתִמְלוֹךְ עֲלֵיהֶם מְהֵרָה לְעוֹלָם וָעֶד · כִּי הַמַּלְכוּת שֶׁלְּךָ הִיא · וּלְעוֹלְמֵי עַד תִּמְלוֹךְ בְּכָבוֹד · כַּכָּתוּב בְּתוֹרָתֶךָ יְיָ יִמְלֹךְ לְעוֹלָם וָעֶד :

וְנֶאֱמַר וְהָיָה יְיָ לְמֶלֶךְ עַל־כָּל־הָאָרֶץ בַּיּוֹם הַהוּא יִהְיֶה יְיָ אֶחָד וּשְׁמוֹ אֶחָד :

(קדיש יתום) and then say יגדל (page 15.)

days. Thou didst also discriminate between the sanctity of the sabbath-day, and the sanctity of the other holy days; and consecratest the sabbath-day in preference to the six working days; thou also separatest thy people Israel, and didst sanctify them with thy holiness. Blessed art thou, O Eternal! who maketh a distinction between holy and not holy.

ברוך Blessed art thou, O Lord, our God, King of the universe, who hast preserved us alive, sustained us, and brought us to *enjoy* this season.

---

עלינו לשבח It is peculiarly our duty to praise the Lord of all; to ascribe greatness to him who formed the world in the beginning; since he hath not made us like the nations of the different countries, nor placed us like the families of the earth; neither hath he appointed our portion like their's nor our lot like their multitude. But we bend the knee, prostrate ourselves and worship the supreme King of kings; the most Holy and blessed is He, who stretched out the heavens, and laid the foundation of the earth; the residence of whose glory is in the heavens above, and the Divine Majesty of his power in the highest heavens. He is our God, and there is no other. Our King is TRUTH, and there is none besides him; as it is written in thy law, know, therefore, this day, and reflect in thine heart, that the Lord he is God, in heaven above, and on the earth beneath; there is none else.

על כן נקוה לך We, therefore, hope in thee, O Lord, our God! speedily to behold thy glorious power, remove the abominations out of the earth, and cause all the idols to be utterly destroyed, and establish the universe under the sole dominion of the Almighty; so that all flesh may invoke thy name; all the wicked of the earth turn unto thee; and all the inhabitants of the world together know and acknowledge, that unto thee every knee must bow, and every tongue swear; before thee, O Lord, our God! they shall kneel and fall prostrate; they shall ascribe honour to thy glorious name; and all of them shall willingly submit to the power of thy dominion. Deign thou, therefore, to reign over them speedily for ever and ever; for the kingdom is thine, and thou shalt eternally reign in glory; as it is written in thy law, the Lord shall reign for ever and ever. It is also said, that the Eternal shall be King over all the earth; in that day the Lord alone shall be acknowledged a unity, and his name be unity.

# תפלת שחרית :

On entering the Synagogue, bow towards the Ark, and say the following.

מַה־טֹּבוּ אֹהָלֶיךָ יַעֲקֹב מִשְׁכְּנֹתֶיךָ יִשְׂרָאֵל: וַאֲנִי בְּרֹב חַסְדְּךָ אָבוֹא בֵיתֶךָ אֶשְׁתַּחֲוֶה אֶל־הֵיכַל קָדְשְׁךָ בְּיִרְאָתֶךָ: יְיָ אָהַבְתִּי מְעוֹן בֵּיתֶךָ וּמְקוֹם מִשְׁכַּן כְּבוֹדֶךָ: וַאֲנִי אֶשְׁתַּחֲוֶה וְאֶכְרָעָה אֶבְרְכָה לִפְנֵי־יְיָ עֹשִׂי: וַאֲנִי תְפִלָּתִי־לְךָ ׀ יְיָ עֵת רָצוֹן אֱלֹהִים בְּרָב־חַסְדֶּךָ עֲנֵנִי בֶּאֱמֶת יִשְׁעֶךָ:

Before the Service, say the following.

אֲנִי קְרָאתִיךָ כִי־תַעֲנֵנִי אֵל הַט־אָזְנְךָ לִי שְׁמַע אִמְרָתִי: אֲנִי בְּצֶדֶק אֶחֱזֶה פָנֶיךָ אֶשְׂבְּעָה בְהָקִיץ תְּמוּנָתֶךָ: וַאֲנִי עָלֶיךָ בָטַחְתִּי יְיָ אָמַרְתִּי אֱלֹהַי אָתָּה: שְׁמַע קוֹל תַּחֲנוּנַי בְּשַׁוְּעִי אֵלֶיךָ בְּנָשְׂאִי יָדַי אֶל־דְּבִיר קָדְשֶׁךָ: יְיָ אֱלֹהָי שִׁוַּעְתִּי אֵלֶיךָ וַתִּרְפָּאֵנִי: אֵלֶיךָ יְיָ אֶקְרָא וְאֶל־אֲדֹנָי אֶתְחַנָּן: הָאִירָה פָנֶיךָ עַל־עַבְדֶּךָ הוֹשִׁיעֵנִי בְחַסְדֶּךָ: כִּי־לְךָ יְיָ הוֹחָלְתִּי אַתָּה תַעֲנֶה אֲדֹנָי אֱלֹהָי: שִׁמְעָה תְפִלָּתִי ׀ יְיָ וְשַׁוְעָתִי ׀ הַאֲזִינָה אֶל־דִּמְעָתִי אַל־תֶּחֱרַשׁ: שְׁמַע־יְיָ וְחָנֵּנִי יְיָ הֱיֵה ׀ עֹזֵר לִי:

שִׁיר הַמַּעֲלוֹת לְדָוִד שָׂמַחְתִּי בְּאֹמְרִים לִי בֵּית יְיָ נֵלֵךְ: שֹׂשׂ אָנֹכִי עַל־אִמְרָתֶךָ כְּמוֹצֵא שָׁלָל רָב: הַקְשִׁיבָה לְקוֹל שַׁוְעִי מַלְכִּי וֵאלֹהָי כִּי אֵלֶיךָ אֶתְפַּלָּל: יְיָ בֹּקֶר תִּשְׁמַע קוֹלִי בֹּקֶר אֶעֱרָךְ־לְךָ וַאֲצַפֶּה: אֲנִי קְרָאתִיךָ כִי־תַעֲנֵנִי אֵל הַט־אָזְנְךָ לִי שְׁמַע אִמְרָתִי: רַגְלִי עָמְדָה בְמִישׁוֹר בְּמַקְהֵלִים אֲבָרֵךְ יְיָ:

# MORNING SERVICE.

*On entering the Synagogue, bow towards the Ark, and say the following.*

מה טבו "How goodly are thy tents, O Jacob! thy tabernacles, O Israel! And in the greatness of thy benevolence, will I enter thy house; in reverence of thee, will I bow down towards the temple of thy holiness. O Lord! I love the habitation of thy house, and the dwelling-place of thy glory. I therefore will prostrate myself, bow down, and bend the knee before the Lord my maker. And I will offer my prayer unto thee, O Lord! in an acceptable time: in thine abundant mercy, O God! answer me in the truth of thy salvation."

*Before the Service, say the following.*

אני קראתיך "I call on thee, for thou wilt answer me, O God; incline thine ear unto me, and hear my speech. In righteousness shall I see thy face, and be satisfied in contemplating thy similitude. And I put my trust in thee, O Lord! I have said, Thou art my God. Hear the voice of my supplications, when I cry unto thee, when I lift up my hands to thy holy dwelling. O Lord, my God! I cried unto thee, and thou hast healed me. Upon thee, O Lord! will I call; and unto the Lord will I make supplication. Cause thy face to shine upon thy servant, save me in thy loving-kindness. Unto thee, O Lord! do I hope; answer thou me, O Lord, my God. Hear my prayer, O Lord! and give ear to my cry; be not silent to my tears. Hear, O Lord! and be gracious unto me; O Lord! be thou my help."

שיר המעלות "A Song of Degrees of David.—I rejoiced when they said unto me, Let us go into the house of the Lord. I rejoice at thy word, as one who findeth great spoil. Hearken unto the voice of my cry, my King, and my God! when I pray unto thee. In the morning, O Lord! thou wilt hear my voice; in the morning will I address my prayer unto thee, and will hope. I call on thee, because thou wilt answer me, O God; incline thine ear unto me, and hear my words. My feet stand in the straight path; in the assembly will I praise the Lord."

יִגְדַּל אֱלֹהִים חַי וְיִשְׁתַּבַּח · נִמְצָא וְאֵין עֵת אֶל־מְצִיאוּתוֹ׃
אֶחָד וְאֵין יָחִיד כְּיִחוּדוֹ · נֶעְלָם וְגַם אֵין סוֹף לְאַחְדּוּתוֹ׃
אֵין לוֹ דְמוּת הַגּוּף וְאֵינוֹ גוּף · לֹא נַעֲרוֹךְ אֵלָיו קְדֻשָּׁתוֹ׃
קַדְמוֹן לְכָל־דָּבָר אֲשֶׁר נִבְרָא · רִאשׁוֹן וְאֵין רֵאשִׁית לְרֵאשִׁיתוֹ׃
הִנּוֹ אֲדוֹן עוֹלָם לְכָל־נוֹצָר · יוֹרֶה גְדֻלָּתוֹ וּמַלְכוּתוֹ׃
שֶׁפַע נְבוּאָתוֹ נְתָנוֹ · אֶל־אַנְשֵׁי סְגֻלָּתוֹ וְתִפְאַרְתּוֹ׃
לֹא קָם בְּיִשְׂרָאֵל כְּמֹשֶׁה עוֹד · נָבִיא וּמַבִּיט אֶת־תְּמוּנָתוֹ׃
תּוֹרַת אֱמֶת נָתַן לְעַמּוֹ אֵל · עַל־יַד נְבִיאוֹ נֶאֱמַן בֵּיתוֹ
לֹא יַחֲלִיף הָאֵל וְלֹא יָמִיר · דָּתוֹ לְעוֹלָמִים לְזוּלָתוֹ׃
צוֹפֶה וְיוֹדֵעַ סְתָרֵינוּ · מַבִּיט לְסוֹף דָּבָר בְּקַדְמוּתוֹ׃
גּוֹמֵל לְאִישׁ חֶסֶד כְּמִפְעָלוֹ · נוֹתֵן לְרָשָׁע רָע כְּרִשְׁעָתוֹ׃
יִשְׁלַח לְקֵץ יָמִין מְשִׁיחֵנוּ · לִפְדּוֹת מְחַכֵּי קֵץ יְשׁוּעָתוֹ׃
מֵתִים יְחַיֶּה אֵל בְּרֹב־חַסְדּוֹ · בָּרוּךְ עֲדֵי־עַד שֵׁם תְּהִלָּתוֹ׃

אֲדוֹן עוֹלָם אֲשֶׁר מָלַךְ · בְּטֶרֶם כָּל־יְצִיר נִבְרָא׃
לְעֵת נַעֲשָׂה בְחֶפְצוֹ כֹּל · אֲזַי מֶלֶךְ שְׁמוֹ נִקְרָא׃
וְאַחֲרֵי כִּכְלוֹת הַכֹּל · לְבַדּוֹ יִמְלוֹךְ נוֹרָא׃
וְהוּא הָיָה וְהוּא הֹוֶה · וְהוּא יִהְיֶה בְּתִפְאָרָה׃
וְהוּא אֶחָד וְאֵין שֵׁנִי · לְהַמְשִׁיל לוֹ לְהַחְבִּירָה׃
בְּלִי רֵאשִׁית בְּלִי תַכְלִית · וְלוֹ הָעֹז וְהַמִּשְׂרָה׃
וְהוּא אֵלִי וְחַי גֹּאֲלִי · וְצוּר חֶבְלִי בְּעֵת צָרָה׃
וְהוּא נִסִּי וּמָנוֹס לִי · מְנָת כּוֹסִי בְּיוֹם אֶקְרָא׃
בְּיָדוֹ אַפְקִיד רוּחִי · בְּעֵת אִישַׁן וְאָעִירָה׃
וְעִם רוּחִי גְוִיָּתִי · אֲדֹנָי לִי וְלֹא אִירָא׃

בָּרוּךְ אַתָּה יְיָ אֱלֹהֵינוּ מֶלֶךְ הָעוֹלָם אֲשֶׁר קִדְּשָׁנוּ בְּמִצְוֹתָיו וְצִוָּנוּ עַל נְטִילַת יָדַיִם׃

**יגדל** 1. Extolled be the living God, and praised be he; He existeth, but his existence is not bounded by time. 2. He is ONE, but there is no unity like unto his unity; He is incomprehensible, and also his unity is unending. 3. He hath no material form, he is incorporeal, and we cannot compare his holiness to aught that is. 4. He existed before all things that are created; he is the first, but there is no beginning to his existence. 5. Behold! he is the Lord of the world; and through all the creation evinceth his mighty power and dominion. 6. The inspiration of his prophecy did he bestow on the men of his peculiar and glorious people. 7. There never arose a prophet in Israel, like unto Moses, who beheld God's similitude. 8. A true law hath God given to his people, by the hand of his prophet who was faithful in his house. 9. God will never alter nor change his law for any other. 10. He beholdeth and knoweth all our secrets; for he vieweth the end of a thing at its commencement. 11. He bestoweth kindness on man according to his deeds, and sendeth evil unto the wicked according to his wickedness. 12. At the end of days will he send our anointed, to redeem those who hope for the accomplishment of his salvation. 13. The dead will God revive in his great mercy; blessed be his glorious name, praised for evermore.

אדון עולם We adore the Lord of the universe, who reigned before everything that is formed was created. At the time that all was finished according to his pleasure, then was his name proclaimed as King. And after all things shall have ceased to exist, he alone will reign tremendous. For he ever was, is now, and will eternally exist in glory. And he is ONE, nor is there a second to be compared or associated with him. He is without beginning and without end, and to him alone appertain power and dominion. He is my God, and my living Redeemer, and the Rock of my portion on the day of distress. He is also my standard, and my refuge, the portion of my cup when I call. Into his hands do I commit my spirit, when I fall asleep, and when I awake; and with my spirit my body also; for the Lord is with me, and I will not fear.

ברוך אתה Blessed art thou, O Lord, our God! King of the universe, who hast sanctified us with thy commandments, and commanded us to wash our hands.

בָּרוּךְ אַתָּה יְיָ אֱלֹהֵינוּ מֶלֶךְ הָעוֹלָם אֲשֶׁר יָצַר אֶת הָאָדָם בְּחָכְמָה וּבָרָא בוֹ נְקָבִים נְקָבִים חֲלוּלִים חֲלוּלִים גָּלוּי וְיָדוּעַ לִפְנֵי כִסֵּא כְבוֹדֶךָ שֶׁאִם יִפָּתֵחַ אֶחָד מֵהֶם אוֹ יִסָּתֵם אֶחָד מֵהֶם אִי אֶפְשַׁר לְהִתְקַיֵּם וְלַעֲמוֹד לְפָנֶיךָ · בָּרוּךְ אַתָּה יְיָ רוֹפֵא כָל בָּשָׂר וּמַפְלִיא לַעֲשׂוֹת :

בָּרוּךְ אַתָּה יְיָ אֱלֹהֵינוּ מֶלֶךְ הָעוֹלָם אֲשֶׁר קִדְּשָׁנוּ בְּמִצְוֹתָיו וְצִוָּנוּ לַעֲסוֹק בְּדִבְרֵי תוֹרָה :

וְהַעֲרֶב־נָא יְיָ אֱלֹהֵינוּ אֶת־דִּבְרֵי תוֹרָתְךָ בְּפִינוּ וּבְפִי עַמְּךָ בֵּית יִשְׂרָאֵל : וְנִהְיֶה אֲנַחְנוּ וְצֶאֱצָאֵינוּ וְצֶאֱצָאֵי עַמְּךָ בֵּית יִשְׂרָאֵל : כֻּלָּנוּ יוֹדְעֵי שְׁמֶךָ וְלוֹמְדֵי תוֹרָתֶךָ · בָּרוּךְ אַתָּה יְיָ הַמְלַמֵּד תּוֹרָה לְעַמּוֹ יִשְׂרָאֵל :

בָּרוּךְ אַתָּה יְיָ אֱלֹהֵינוּ מֶלֶךְ הָעוֹלָם אֲשֶׁר בָּחַר בָּנוּ מִכָּל־הָעַמִּים · וְנָתַן לָנוּ אֶת תּוֹרָתוֹ · בָּרוּךְ אַתָּה יְיָ נוֹתֵן הַתּוֹרָה :

יְבָרֶכְךָ יְיָ וְיִשְׁמְרֶךָ · יָאֵר יְיָ פָּנָיו אֵלֶיךָ וִיחֻנֶּךָּ · יִשָּׂא יְיָ פָּנָיו אֵלֶיךָ וְיָשֵׂם לְךָ שָׁלוֹם :

אֵלּוּ דְבָרִים שֶׁאֵין לָהֶם שִׁעוּר הַפֵּאָה וְהַבִּכּוּרִים וְהָרֵאָיוֹן וּגְמִילוּת חֲסָדִים וְתַלְמוּד תּוֹרָה : אֵלּוּ דְבָרִים שֶׁאָדָם אוֹכֵל פֵּרוֹתֵיהֶם בָּעוֹלָם הַזֶּה וְהַקֶּרֶן קַיֶּמֶת לָעוֹלָם הַבָּא : וְאֵלּוּ הֵן כִּבּוּד אָב וָאֵם · וּגְמִילוּת חֲסָדִים וְהַשְׁכָּמַת בֵּית הַמִּדְרָשׁ שַׁחֲרִית וְעַרְבִית וְהַכְנָסַת אוֹרְחִים וּבִקּוּר חוֹלִים וְהַכְנָסַת כַּלָּה וְהַלְוָיַת הַמֵּת וְעִיּוּן תְּפִלָּה וַהֲבָאַת שָׁלוֹם בֵּין אָדָם לַחֲבֵירוֹ וְתַלְמוּד תּוֹרָה כְּנֶגֶד כֻּלָּם :

אֱלֹהַי נְשָׁמָה שֶׁנָּתַתָּ בִּי טְהוֹרָה הִיא · אַתָּה בְרָאתָהּ אַתָּה יְצַרְתָּהּ אַתָּה נְפַחְתָּהּ בִּי · וְאַתָּה מְשַׁמְּרָהּ בְּקִרְבִּי · וְאַתָּה עָתִיד לִטְּלָהּ מִמֶּנִּי וּלְהַחֲזִירָהּ בִּי לֶעָתִיד לָבוֹא : כָּל־זְמַן שֶׁהַנְּשָׁמָה בְקִרְבִּי · מוֹדֶה אֲנִי לְפָנֶיךָ יְיָ אֱלֹהַי וֵאלֹהֵי אֲבוֹתַי ·

ברוך אתה Blessed art thou, O Lord, our God! King of the universe, who hast formed man in wisdom; and created in him openings and tubes of various kinds. It is revealed, and known before the throne of thy glory, that if but one of them were opened, or stopped, it would be impossible for any to exist, or to abide before thee. Blessed art thou, O Lord! who healest all flesh, and workest wonderful things.

ברוך אתה Blessed art thou, O Lord, our God! King of the universe, who hast sanctified us with thy commandments, and hast commanded us to study the words of the law.

והערב נא We beseech thee, O Lord, our God! to make the words of thy law pleasant in our mouths, and in the mouths of thy people, the house of Israel; so that we, our offspring, and the offspring of thy people, the house of Israel, may all know thy name, and study thy law for its own sake. Blessed art thou, O Lord! who teachest the law to thy people Israel.

ברוך אתה Blessed art thou, O Lord, our God! King of the universe, who hast chosen us from all nations, and hast given us thy law. Blessed art thou, O Lord! the giver of the law.

יברכך "The Lord bless and preserve thee! the Lord let his face shine upon thee, and be gracious unto thee; the Lord lift up his countenance unto thee, and give the peace."

אלו דברים These are the things which have no fixed limitation by the law; viz. the corner of the field: the first-fruits, the offering on appearing at the temple during the festivals; acts of beneficence, and the study of the law of God. These are the commandments whereof the man that performeth them enjoys the fruits in this world, whilst the principal remaineth for the future one; viz. honouring father and mother; acts of beneficence; early attendance at the colleges both morning and evening; entertaining strangers; visiting the sick; portioning dowerless brides; attending the dead to the grave; devotion at prayers; and making peace between man and man; but the study of the law of God is equivalent to them all.

אלהי My God! the soul which thou hast placed within me is pure; thou hast created, formed, and breathed it into me; thou also preservest it within me; thou wilt hereafter take it from me, and restore it unto me in futurity. All the while that the soul continueth within me, I acknowledge before thee, O Lord, my God, and the God of my fathers! that thou art Sove-

רִבּוֹן כָּל הַמַּעֲשִׂים אֲדוֹן כָּל־הַנְּשָׁמוֹת׃ בָּרוּךְ אַתָּה יְיָ הַמַּחֲזִיר נְשָׁמוֹת לִפְגָרִים מֵתִים׃

בָּרוּךְ אַתָּה יְיָ אֱלֹהֵינוּ מֶלֶךְ הָעוֹלָם אֲשֶׁר נָתַן לַשֶּׂכְוִי בִינָה לְהַבְחִין בֵּין יוֹם וּבֵין לָיְלָה׃

בָּרוּךְ אַתָּה יְיָ אֱלֹהֵינוּ מֶלֶךְ הָעוֹלָם שֶׁלֹּא עָשַׂנִי גּוֹי׃

בָּרוּךְ אַתָּה יְיָ אֱלֹהֵינוּ מֶלֶךְ הָעוֹלָם שֶׁלֹּא עָשַׂנִי עָבֶד׃

בָּרוּךְ אַתָּה יְיָ אֱלֹהֵינוּ מֶלֶךְ הָעוֹלָם שֶׁלֹּא עָשַׂנִי אִשָּׁה׃

[The Women say:]—בָּרוּךְ אַתָּה יְיָ אֱלֹהֵינוּ מֶלֶךְ הָעוֹלָם שֶׁעָשַׂנִי כִּרְצוֹנוֹ׃

בָּרוּךְ אַתָּה יְיָ אֱלֹהֵינוּ מֶלֶךְ הָעוֹלָם פּוֹקֵחַ עִוְרִים׃

בָּרוּךְ אַתָּה יְיָ אֱלֹהֵינוּ מֶלֶךְ הָעוֹלָם מַלְבִּישׁ עֲרֻמִּים׃

בָּרוּךְ אַתָּה יְיָ אֱלֹהֵינוּ מֶלֶךְ הָעוֹלָם מַתִּיר אֲסוּרִים׃

בָּרוּךְ אַתָּה יְיָ אֱלֹהֵינוּ מֶלֶךְ הָעוֹלָם זוֹקֵף כְּפוּפִים׃

בָּרוּךְ אַתָּה יְיָ אֱלֹהֵינוּ מֶלֶךְ הָעוֹלָם רוֹקַע הָאָרֶץ עַל־הַמָּיִם׃

בָּרוּךְ אַתָּה יְיָ אֱלֹהֵינוּ מֶלֶךְ הָעוֹלָם אֲשֶׁר הֵכִין מִצְעֲדֵי־גָבֶר׃

בָּרוּךְ אַתָּה יְיָ אֱלֹהֵינוּ מֶלֶךְ הָעוֹלָם שֶׁעָשָׂה לִי כָּל־צָרְכִּי׃

בָּרוּךְ אַתָּה יְיָ אֱלֹהֵינוּ מֶלֶךְ הָעוֹלָם אוֹזֵר יִשְׂרָאֵל בִּגְבוּרָה׃

בָּרוּךְ אַתָּה יְיָ אֱלֹהֵינוּ מֶלֶךְ הָעוֹלָם עוֹטֵר יִשְׂרָאֵל בְּתִפְאָרָה׃

בָּרוּךְ אַתָּה יְיָ אֱלֹהֵינוּ מֶלֶךְ הָעוֹלָם הַנּוֹתֵן לַיָּעֵף כֹּחַ׃

בָּרוּךְ אַתָּה יְיָ אֱלֹהֵינוּ מֶלֶךְ הָעוֹלָם הַמַּעֲבִיר שֵׁנָה מֵעֵינַי וּתְנוּמָה מֵעַפְעַפָּי׃

וִיהִי רָצוֹן מִלְּפָנֶיךָ יְיָ אֱלֹהֵינוּ וֵאלֹהֵי אֲבוֹתֵינוּ שֶׁתַּרְגִּילֵנוּ בְּתוֹרָתֶךָ וְדַבְּקֵנוּ בְּמִצְוֹתֶיךָ · וְאַל תְּבִיאֵנוּ לֹא לִידֵי חֵטְא וְלֹא־לִידֵי עֲבֵירָה וְעָוֹן וְלֹא־לִידֵי נִסָּיוֹן · וְלֹא־לִידֵי בִזָּיוֹן · וְאַל יַשְׁלֶט בָּנוּ יֵצֶר הָרָע · וְהַרְחִיקֵנוּ מֵאָדָם רָע וּמֵחָבֵר רָע · וְדַבְּקֵנוּ בְּיֵצֶר טוֹב וּבְמַעֲשִׂים טוֹבִים · וְכוֹף אֶת יִצְרֵנוּ לְהִשְׁתַּעְבֶּד־לָךְ · וּתְנֵנוּ הַיּוֹם וּבְכָל־יוֹם לְחֵן וּלְחֶסֶד וּלְרַחֲמִים בְּעֵינֶיךָ · וּבְעֵינֵי כָל־רוֹאֵינוּ

reign of all creatures, and Lord of all souls. Blessed art thou, O Lord! who restorest the souls unto the bodies of the dead.

Blessed art thou, O Lord, our God! King of the universe, who givest to the cock knowledge, to distinguish between day and night.

Blessed art thou, O Lord, our God! King of the nniverse, who hast not made me a heathen.

Blessed art thou, O Lord, our God! King of the universe, who hast not made me a slave.

Blessed art thou, O Lord, our God! King of the universe, who hast not made me a woman.

(THE WOMEN SAY,)

Blessed art thou, O Lord, our God! King of the universe, who hast made me according to thy will.

Blessed art thou, O Lord, our God! King of the universe, who openest the eyes of the blind.

Blessed art thou, O Lord, our God! King of the universe who clothest the naked.

Blessed art thou, O Lord, our God! King of the universe, who settest at liberty those who are bound.

Blessed art thou, O Lord, our God! King of the universe, who raisest those who are bowed down.

Blessed art thou, O Lord, our God! King of the universe, who expandest the earth above the waters.

Blessed art thou, O Lord, our God! King of the universe, who providest for all my wants.

Blessed art thou, O Lord, our God! King of the universe, who ordainest the steps of man.

Blessed art thou, O Lord, our God! King of the universe, who girdest Israel with might.

Blessed art thou, O Lord, our God! King of the universe, who crownest Israel with glory.

Blessed art thou, O Lord, our God! King of the universe, who givest strength to the weary.

Blessed art thou, O Lord, our God! King of the universe, who removest sleep from my eyes, and slumber from my eyelids.

ויהי רצון And may it be acceptable in thy presence, O Lord, our God! and God of our fathers, to cause us to walk in thy law, and to adhere to thy precepts: and lead us not into the power of sin, transgression, iniquity, temptation, or contempt; also suffer not the evil imagination to have dominion over us; and keep us far from bad men and wicked associates? and cause us to adhere to our virtuous inclination, and to practice good deeds; humbling our will that it may be subservient

וְתִגְמְלֵנוּ חֲסָדִים טוֹבִים : בָּרוּךְ אַתָּה יְיָ גּוֹמֵל חֲסָדִים טוֹבִים לְעַמּוֹ יִשְׂרָאֵל :

יְהִי רָצוֹן מִלְּפָנֶיךָ יְיָ אֱלֹהַי וֵאלֹהֵי אֲבוֹתַי · שֶׁתַּצִּילֵנִי הַיּוֹם וּבְכָל־יוֹם · מֵעַזֵּי פָנִים וּמֵעַזּוּת פָּנִים · מֵאָדָם רָע וּמֵחָבֵר רָע וּמִשָּׁכֵן רָע וּמִפֶּגַע רָע · וּמִשָּׂטָן הַמַּשְׁחִית · מִדִּין קָשֶׁה · וּמִבַּעַל דִּין קָשֶׁה · בֵּין שֶׁהוּא בֶן־בְּרִית · וּבֵין שֶׁאֵינוֹ בֶן־בְּרִית :

לְעוֹלָם יְהֵא אָדָם יְרֵא שָׁמַיִם בַּסֵּתֶר כְּבַגָּלוּי וּמוֹדֶה עַל־הָאֱמֶת וְדוֹבֵר אֱמֶת בִּלְבָבוֹ וְיַשְׁכֵּם וְיֹאמַר :

רִבּוֹן כָּל־הָעוֹלָמִים · לֹא עַל־צִדְקוֹתֵינוּ אֲנַחְנוּ מַפִּילִים תַּחֲנוּנֵינוּ לְפָנֶיךָ · כִּי עַל־רַחֲמֶיךָ הָרַבִּים · מָה־אָנוּ מֶה־חַיֵּינוּ מֶה־חַסְדֵּנוּ מַה־צִּדְקוֹתֵינוּ מַה־יְּשׁוּעָתֵנוּ מַה־כֹּחֵנוּ מַה־גְּבוּרָתֵנוּ : מַה־נֹּאמַר לְפָנֶיךָ יְיָ אֱלֹהֵינוּ וֵאלֹהֵי אֲבוֹתֵינוּ · הֲלֹא כָל־הַגִּבּוֹרִים כְּאַיִן לְפָנֶיךָ · וְאַנְשֵׁי הַשֵּׁם כְּלֹא הָיוּ וַחֲכָמִים כִּבְלִי מַדָּע וּנְבוֹנִים כִּבְלִי הַשְׂכֵּל כִּי רוֹב מַעֲשֵׂיהֶם תֹּהוּ · וִימֵי חַיֵּיהֶם הֶבֶל לְפָנֶיךָ · וּמוֹתַר הָאָדָם מִן־הַבְּהֵמָה אָיִן · כִּי הַכֹּל הָבֶל :

אֲבָל אֲנַחְנוּ עַמְּךָ בְּנֵי בְרִיתֶךָ · בְּנֵי אַבְרָהָם אֹהַבְךָ · שֶׁנִּשְׁבַּעְתָּ לוֹ בְּהַר הַמּוֹרִיָּה · זֶרַע יִצְחָק יְחִידוֹ שֶׁנֶּעֱקַד עַל־גַּבֵּי הַמִּזְבֵּחַ · עֲדַת יַעֲקֹב בִּנְךָ בְּכוֹרֶךָ · שֶׁמֵּאַהֲבָתְךָ שֶׁאָהַבְתָּ אוֹתוֹ · וּמִשִּׂמְחָתְךָ שֶׁשָּׂמַחְתָּ־בּוֹ קָרָאתָ אֶת־שְׁמוֹ יִשְׂרָאֵל וִישֻׁרוּן :

לְפִיכָךְ אֲנַחְנוּ חַיָּבִים לְהוֹדוֹת לְךָ · וּלְשַׁבֵּחֲךָ וּלְפָאֶרְךָ וּלְבָרֵךְ וּלְקַדֵּשׁ וְלָתֵת־שֶׁבַח וְהוֹדָיָה לִשְׁמֶךָ : אַשְׁרֵינוּ מַה־טּוֹב חֶלְקֵנוּ וּמַה־נָּעִים גּוֹרָלֵנוּ וּמַה־יָּפָה יְרֻשָּׁתֵנוּ : אַשְׁרֵינוּ שֶׁאֲנוּ מַשְׁכִּימִים וּמַעֲרִיבִים עֶרֶב וָבֹקֶר וְאוֹמְרִים פַּעֲמַיִם בְּכָל־יוֹם : שְׁמַע יִשְׂרָאֵל יְיָ אֱלֹהֵינוּ יְיָ ׀ אֶחָד : בָּרוּךְ שֵׁם כְּבוֹד מַלְכוּתוֹ לְעוֹלָם וָעֶד :

unto thee. O grant us this and every other day grace, favour, and mercy, in thy sight, and in the sight of all that behold us; and bestow on us gracious favours. Blessed art thou, O Lord! who bestowest gracious favours on thy people Israel.

יהי רצון May it be acceptable in thy presence, O Lord, my God! and God of my fathers, to deliver me this and every other day from hardened and impudent faces; from bad men, from evil associates, from evil neighbours, from evil occurrences, and from every destructive seduction; from an oppressive lawsuit, and an implacable opponent, whether he be, or not, a son of the covenant.

לעולם יהא אדם Man should ever fear God, as well in private as in public; confess the truth, and speak the truth, as it is in his heart; let him rise early and pray:—

רבון כל העולמים Sovereign of all worlds! we presume not to present our supplications before thee, relying on our righteousness, but because of thy abundant mercies. What are we? What is our life? What is our goodness? What is our righteousness? What is our help? What is our power? What is our might? What then shall we say in thy presence O Lord, our God; and the God of our fathers? Are not the mighty ones as naught before thee? men of renown, as if they had not existed? wise men, as if they were without knowledge? and the intelligent, as if void of understanding? For the majority of their actions is emptiness, and the days of their life are but vanity in thy presence: even the pre-eminence of man over the beast, is naught; for all is vanity.

אבל אנחנו But we are thy people, the children of thy covenant; the children of Abraham thy beloved, to whom thou didst swear on Mount Moriah; the seed of Isaac his only son, who was bound upon the altar; the congregation of Jacob thy first-born son, whom, from the love wherewith thou didst love him, and the joy wherewith thou didst rejoice in him, thou hast called Israel and Jeshurun.

לפיכך We, therefore, are in duty bound to give thanks unto thee; to praise, glorify, bless, and sanctify thee; and to offer praise and thanksgiving to thy name. O happy are we! How goodly is our portion! How pleasant is our lot! How beautiful is our inheritance! O happy are we, that we rise early in the morning, and attend late in the evening, and proclaim twice daily.—"Hear, O Israel! the Lord, our God, the Lord is ONE." Blessed be the name of the glory of his kingdom for ever and ever.

## תפלת שחרית:

אַתָּה הוּא עַד שֶׁלֹּא בָרָאתָ אֶת־הָעוֹלָם · וְאַתָּה הוּא לְאַחַר שֶׁבָּרָאתָ אֶת הָעוֹלָם · אַתָּה אֵל בָּעוֹלָם הַזֶּה וְאַתָּה אֵל לָעוֹלָם הַבָּא קַדֵּשׁ אֶת שִׁמְךָ עַל מַקְדִּישֵׁי שְׁמֶךָ וְקַדֵּשׁ אֶת־שִׁמְךָ בְּעוֹלָמֶךָ וּבִישׁוּעָתְךָ תָּרִים וְתַגְבִּיהַּ קַרְנֵנוּ · בָּרוּךְ אַתָּה יְיָ מְקַדֵּשׁ אֶת־שִׁמְךָ בָּרַבִּים :

אַתָּה הוּא יְיָ אֱלֹהֵינוּ בַּשָּׁמַיִם וּבָאָרֶץ וּבִשְׁמֵי הַשָּׁמַיִם הָעֶלְיוֹנִים · אֱמֶת אַתָּה הוּא רִאשׁוֹן · וְאַתָּה הוּא אַחֲרוֹן · וּמִבַּלְעָדֶיךָ אֵין אֱלֹהִים · קַבֵּץ קוֹיֶךָ מֵאַרְבַּע כַּנְפוֹת הָאָרֶץ יַכִּירוּ וְיֵדְעוּ כָּל־בָּאֵי עוֹלָם כִּי אַתָּה־הוּא הָאֱלֹהִים לְבַדְּךָ לְכֹל מַמְלְכוֹת הָאָרֶץ · אַתָּה עָשִׂיתָ אֶת־הַשָּׁמַיִם וְאֶת־הָאָרֶץ אֶת־הַיָּם וְאֶת־כָּל־אֲשֶׁר בָּם · וּמִי בְּכָל־מַעֲשֵׂה יָדֶיךָ בָּעֶלְיוֹנִים אוֹ בַתַּחְתּוֹנִים שֶׁיֹּאמַר לְךָ מַה־תַּעֲשֶׂה · אָבִינוּ שֶׁבַּשָּׁמַיִם עֲשֵׂה עִמָּנוּ חֶסֶד בַּעֲבוּר שִׁמְךָ הַגָּדוֹל שֶׁנִּקְרָא עָלֵינוּ וְקַיֶּם לָנוּ יְיָ אֱלֹהֵינוּ מַה־שֶּׁכָּתוּב · בָּעֵת הַהִיא אָבִיא אֶתְכֶם וּבָעֵת קַבְּצִי אֶתְכֶם כִּי־אֶתֵּן אֶתְכֶם לְשֵׁם וְלִתְהִלָּה בְּכֹל עַמֵּי הָאָרֶץ בְּשׁוּבִי אֶת־שְׁבוּתֵיכֶם לְעֵינֵיכֶם אָמַר יְיָ :

וַיְדַבֵּר יְהֹוָה אֶל־מֹשֶׁה לֵּאמֹר : צַו אֶת־בְּנֵי יִשְׂרָאֵל וְאָמַרְתָּ אֲלֵהֶם אֶת־קָרְבָּנִי לַחְמִי לְאִשַּׁי רֵיחַ נִיחֹחִי תִּשְׁמְרוּ לְהַקְרִיב לִי בְּמוֹעֲדוֹ : וְאָמַרְתָּ לָהֶם זֶה הָאִשֶּׁה אֲשֶׁר תַּקְרִיבוּ לַיהוָֹה כְּבָשִׂים בְּנֵי־שָׁנָה תְמִימִם שְׁנַיִם לַיּוֹם עֹלָה תָמִיד : אֶת־הַכֶּבֶשׂ אֶחָד תַּעֲשֶׂה בַבֹּקֶר וְאֵת הַכֶּבֶשׂ הַשֵּׁנִי תַּעֲשֶׂה בֵּין הָעַרְבָּיִם : וַעֲשִׂירִית הָאֵיפָה סֹלֶת לְמִנְחָה בְּלוּלָה בְּשֶׁמֶן כָּתִית רְבִיעִת הַהִין : עֹלַת תָּמִיד הָעֲשֻׂיָה בְּהַר סִינַי לְרֵיחַ נִיחֹחַ אִשֶּׁה לַיהוָֹה : וְנִסְכּוֹ רְבִיעִת הַהִין לַכֶּבֶשׂ הָאֶחָד בַּקֹּדֶשׁ הַסֵּךְ נֶסֶךְ שֵׁכָר לַיהוָֹה :

אתה הוא Thou wast the same before the world was created, and thou art the same after the world was created. Thou art the one in this world, and thou art the same in the future world. Sanctify thy name through those who sanctify thy name; sanctify also thy name in thy world; and through thy salvation, exalt and raise on high our horn of government. Blessed art thou, O Lord! who sanctifiest thy name before the whole world.

אתה הוא יי Thou art the Lord, our God, in heaven, and on the earth; and in the highest heavens; it is true that thou art the first, and thou art the last, and besides thee, there is no god. O gather those who hope in thee from the four corners of the earth; that all the inhabitants of the world may know and acknowledge, that thou alone art God over all the kingdoms of the earth. Thou hast made the heavens and the earth, the sea, and all that is in them; and who is there among all the works of thy hands, either in the uppermost or nethermost parts, that can say unto thee, What doest thou? Our Father! who art in heaven, we beseech thee to act graciously unto us, for the sake of thy great name, by which we are called; and confirm unto us, O Lord! our God, what is written, "At that time, when I will bring you again, and at that time when I assemble you, I will appoint you for a name, and a praise among all the people of the earth: when I bring back your captivity before your eyes, saith the Lord.'

וידבר And the Lord spoke unto Moses, saying, Command the children of Israel, and say unto them, My offering, my bread for my sacrifices consumed by fire, for a sweet savour unto me, shalt ye observe to offer unto me in its due season. Say also unto them, This is the offering made by fire which ye shall offer unto the Lord: two sheep of the first year without blemish, every day, for a continual burnt-offering. The one sheep shalt thou offer in the morning, and the other sheep shalt thou offer toward evening; and a tenth part of an ephah of fine flour for a meat-offering, mingled with the fourth part of a hin of beaten oil. It is a continual burnt-offering, which was ordained on Mount Sinai, for a sweet savour, an offering made by fire unto the Lord. And the drink-offering thereof shall be the fourth part of a hin for the one sheep: in the holy place shalt thou cause the strong wine to be poured out for a drink-offering to the Lord. And the other sheep shalt

וְאֵת הַכֶּבֶשׂ הַשֵּׁנִי תַּעֲשֶׂה בֵּין הָעַרְבָּיִם כְּמִנְחַת הַבֹּקֶר וּכְנִסְכּוֹ תַּעֲשֶׂה אִשֵּׁה רֵיחַ נִיחֹחַ לַיהוָה:

וְשָׁחַט אֹתוֹ עַל יֶרֶךְ הַמִּזְבֵּחַ צָפֹנָה לִפְנֵי יְהוָה:

**On the Sabbath say as follows.**

וּבְיוֹם הַשַּׁבָּת שְׁנֵי־כְבָשִׂים בְּנֵי־שָׁנָה תְּמִימִם וּשְׁנֵי עֶשְׂרֹנִים סֹלֶת מִנְחָה בְּלוּלָה בַשֶּׁמֶן וְנִסְכּוֹ: עֹלַת שַׁבַּת בְּשַׁבַּתּוֹ עַל־עֹלַת הַתָּמִיד וְנִסְכָּהּ:

אֵיזֶהוּ מְקוֹמָן שֶׁל־זְבָחִים· קָדְשֵׁי קָדָשִׁים שְׁחִיטָתָן בַּצָּפוֹן· פַּר וְשָׂעִיר שֶׁל־יוֹם הַכִּפּוּרִים· שְׁחִיטָתָן בַּצָּפוֹן· וְקִבּוּל דָּמָן בִּכְלֵי שָׁרֵת בַּצָּפוֹן· וְדָמָן טָעוּן הַזָּיָה עַל־בֵּין הַבַּדִּים וְעַל־הַפָּרֹכֶת וְעַל־מִזְבַּח הַזָּהָב· מַתָּנָה אַחַת מֵהֶן מְעַכָּבֶת שְׁיָרֵי הַדָּם הָיָה שׁוֹפֵךְ עַל יְסוֹד מַעֲרָבִי שֶׁל מִזְבַּח הַחִיצוֹן· אִם־לֹו נָתַן לֹא עִכֵּב: פָּרִים הַנִּשְׂרָפִים וּשְׂעִירִים הַנִּשְׂרָפִים שְׁחִיטָתָן בַּצָּפוֹן וְקִבּוּל דָּמָן בִּכְלֵי שָׁרֵת בַּצָּפוֹן וְדָמָן טָעוּן הַזָּיָה עַל הַפָּרֹכֶת וְעַל מִזְבַּח הַזָּהָב מַתָּנָה אַחַת מֵהֶן מְעַכָּבֶת· שְׁיָרֵי הַדָּם הָיָה שׁוֹפֵךְ עַל יְסוֹד מַעֲרָבִי שֶׁל מִזְבַּח הַחִיצוֹן אִם לֹא נָתַן לֹא עִכֵּב· אֵלּוּ וָאֵלּוּ נִשְׂרָפִין בְּבֵית הַדָּשֶׁן· חַטֹּאת הַצִּבּוּר וְהַיָּחִיד· אֵלּוּ הֵן חַטֹּאת הַצִּבּוּר· שְׂעִירֵי רָאשֵׁי חֳדָשִׁים וְשֶׁל־מוֹעֲדוֹת· שְׁחִיטָתָן בַּצָּפוֹן וְקִבּוּל דָּמָן בִּכְלֵי שָׁרֵת בַּצָּפוֹן וְדָמָן טָעוּן אַרְבַּע מַתָּנוֹת עַל אַרְבַּע קְרָנוֹת· כֵּיצַד עָלָה בַכֶּבֶשׁ וּפָנָה לַסּוֹבֵב וּבָא־לוֹ לְקֶרֶן דְּרוֹמִית מִזְרָחִית· מִזְרָחִית צְפוֹנִית· צְפוֹנִית מַעֲרָבִית· מַעֲרָבִית דְּרוֹמִית· שְׁיָרֵי הַדָּם הָיָה שׁוֹפֵךְ עַל יְסוֹד דְּרוֹמִי· וְנֶאֱכָלִין לִפְנִים מִן־הַקְּלָעִים לְזִכְרֵי כְהֻנָּה בְּכָל מַאֲכָל· לְיוֹם וָלַיְלָה עַד חֲצוֹת: הָעוֹלָה קֹדֶשׁ קָדָשִׁים שְׁחִיטָתָהּ בַּצָּפוֹן וְקִבּוּל דָּמָהּ בִּכְלֵי שָׁרֵת בַּצָּפוֹן וְדָמָהּ טָעוּן שְׁתֵּי מַתָּנוֹת שֶׁהֵן אַרְבַּע

thou offer toward evening, as the meat-offering of the morning, and as the drink-offering thereof thou shalt offer it, an offering made by fire of a sweet savour unto the Lord. ("And he shall kill it on the side of the altar, northward, before the Lord.")

*On the Sabbath, say as follows.*

וביום השבת "And on the Sabbath day, two sheep of the first year without blemish, and two tenth parts of an ephah of fine flour for a meat-offering mingled with oil, and the drink-offering thereof. This is the burnt-offering of every sabbath, besides the continual burnt-offering, and its drink-offering."

איזהו מקומן Which are the places where the offerings were slaughtered? The most holy of them were slain on the north side; the bull and the he-goat for the day of atonement, were slain on the north side; the blood thereof was received in the vessels of service on the north side; their blood required sprinkling, between the staves, upon the veil, and the golden altar; one sprinkling omitted, impeded the atonement; the remaining blood the priest poured on the bottom of the outer altar (that of burnt offering), on the west side thereof; if omitted, the atonement was not impeded. The bulls and the he-goats, which were wholly burnt, were slaughtered on the north side, and their blood was there received in the vessels of service. Their blood also required sprinkling upon the veil and the golden altar: one sprinkling omitted, impeded the atonement. The remaining blood was poured on the bottom of the outer altar on the west side thereof; if omitted, the atonement was not impeded. These, as well as the preceding offerings, were burnt in the repository of ashes. The sin-offerings of the whole congregation, as well as an individual: these are the sin-offerings of the whole congregation—the he-goats of the new moon, as also of the other festivals—were slaughtered on the north side, and their blood was received in the vessels of service there; and their blood required four sprinklings on the four horns of the outer altar. It was performed after this manner:—the priest went up the ascent, and turned towards the circuit, and came to the southeast corner, then to the northeast, so on to the northwest, and from thence to the southwest; the remaining blood was poured out at the south side of the bottom of the outer altar; these were eaten only by the males of the priesthood, within the hangings of the court, dressed after any manner, for that day only, until midnight. The burnt-offering is one of the most holy: it was slain on the north side; and its blood was there

## תפלת שחרית:

וּמְעוּנָה הֻפְשַׁט וְנִתּוּחַ וְכָלִיל לָאִשִּׁים: זִבְחֵי שַׁלְמֵי צִבּוּר וַאֲשָׁמוֹת ּ אֵלּוּ הֵן אֲשָׁמוֹת ּ אֲשַׁם גְּזֵילוֹת אֲשַׁם מְעִילוֹת אֲשַׁם שִׁפְחָה חֲרוּפָה אֲשַׁם נָזִיר אֲשַׁם מְצוֹרָע אָשָׁם תָּלוּי ּ שְׁחִיטָתָן בַּצָּפוֹן וְקִבּוּל דָּמָן בִּכְלִי שָׁרֵת בַּצָּפוֹן וְדָמָן טָעוּן שְׁתֵּי מַתָּנוֹת שֶׁהֵן אַרְבַּע ּ וְנֶאֱכָלִין לִפְנִים מִן הַקְּלָעִים לְזִכְרֵי כְהֻנָּה ּ בְּכָל־מַאֲכָל לְיוֹם וָלַיְלָה עַד חֲצוֹת:

הַתּוֹדָה וְאֵיל נָזִיר קָדָשִׁים קַלִּים שְׁחִיטָתָן בְּכָל מָקוֹם בָּעֲזָרָה וְדָמָן טָעוּן שְׁתֵּי מַתָּנוֹת שֶׁהֵן אַרְבַּע ּ וְנֶאֱכָלִין בְּכָל הָעִיר לְכָל אָדָם בְּכָל מַאֲכָל ּ לְיוֹם וָלַיְלָה עַד חֲצוֹת: הַמּוּרָם מֵהֶם כַּיּוֹצֵא בָהֶם ּ אֶלָּא שֶׁהַמּוּרָם נֶאֱכָל לַכֹּהֲנִים לִנְשֵׁיהֶם וְלִבְנֵיהֶם וּלְעַבְדֵיהֶם ּ שְׁלָמִים קָדָשִׁים קַלִּים שְׁחִיטָתָן בְּכָל־מָקוֹם בָּעֲזָרָה וְדָמָן טָעוּן שְׁתֵּי מַתָּנוֹת שֶׁהֵן אַרְבַּע ּ וְנֶאֱכָלִין בְּכָל־הָעִיר לְכָל־אָדָם בְּכָל־מַאֲכָל ּ לִשְׁנֵי יָמִים וְלַיְלָה אֶחָד: הַמּוּרָם מֵהֶם כַּיּוֹצֵא בָהֶם ּ אֶלָּא שֶׁהַמּוּרָם נֶאֱכָל לַכֹּהֲנִים לִנְשֵׁיהֶם וְלִבְנֵיהֶם וּלְעַבְדֵיהֶם: הַבְּכוֹר וְהַמַּעֲשֵׂר וְהַפֶּסַח קָדָשִׁים קַלִּים שְׁחִיטָתָן בְּכָל־מָקוֹם בָּעֲזָרָה וְדָמָן טָעוּן מַתָּנָה אַחַת ּ וּבִלְבַד שֶׁיִּתֵּן כְּנֶגֶד הַיְסוֹד: שִׁנָּה בַּאֲכִילָתָן הַבְּכוֹר נֶאֱכָל לַכֹּהֲנִים וְהַמַּעֲשֵׂר לְכָל־אָדָם וְנֶאֱכָלִין בְּכָל־הָעִיר בְּכָל־מַאֲכָל ּ לִשְׁנֵי יָמִים וְלַיְלָה אֶחָד ּ הַפֶּסַח אֵינוֹ נֶאֱכָל אֶלָּא בַלַּיְלָה ּ וְאֵינוֹ נֶאֱכָל אֶלָּא עַד־חֲצוֹת ּ וְאֵינוֹ נֶאֱכָל אֶלָּא לִמְנוּיָו ּ וְאֵינוֹ נֶאֱכָל אֶלָּא צָלִי:

רַבִּי יִשְׁמָעֵאל אוֹמֵר ּ בִּשְׁלֹשׁ עֶשְׂרֵה מִדּוֹת הַתּוֹרָה נִדְרֶשֶׁת:

א
מִקַּל וָחוֹמֶר:

ב
וּמִגְּזֵרָה שָׁוָה:

received in the vessels of service; the blood required two sprinklings, and it was so sprinkled as to produce four, it was necessary to flay and dismember it, and to consume it totally by fire. The peace-offerings of the whole congregation, and the trespass-offerings:—these are the trespass-offerings the trespass offering for theft—the trespass-offering for appropriating sanctified things to his own use—for carnally knowing a betrothed handmaid—the trespass-offering brought by the Nazarite for defiling himself with a dead body—of the leper—and for a doubtful sin:—these were slaughtered on the north side, and the blood was there received in the vessels of service; the blood required two sprinklings, which produced four; these were eaten only within the hangings by the males of the priesthood dressed after any manner, for that day only until midnight.

התודה The thanksgiving-offering, and the ram of the Nazarite (i. e. when the time of his vows had expired) were sacred in a less degree; they might be killed in any part of the court; and their blood also required two sprinklings, which produced four; they might be eaten in any part of the city, by any person, dressed after any manner, the whole of that day until midnight. With the portion of them which appertaineth to the priests, the same was observed, save only that it was to be eaten by the priests, their wives their children, and their servants. Peace-offerings are also sacred in a less degree; they might be killed in any part of the court; and their blood required two sprinklings, which produced four; they might be eaten in any part of the city, by any person, dressed after any manner for two days, and one night. The portion thereof which appertaineth to the priests, was like the rest, save only, that it was to be eaten by the priests, their wives, their children, and their servants. The first born, the tithes of beasts, and the paschal lamb, were sacred in a less degree: they might be killed in any part of the court; and their blood required only one sprinkling, but it must be sprinkled towards the bottom of the altar. There was a distinction in the eating of them; for the first-born was eaten by the priests only, and the tithe by all persons; they were also eaten in any part of the city, dressed after any manner for two days and one night. The paschal lamb was to be eaten at night only, but not later than midnight; neither was it to be eaten but by those that were numbered and appointed for it; nor was it to be eaten dressed in any other manner than roasted.

רבי ישמעאל Rabbi Ishmael says, that the law is to be expounded by thirteen rules; viz.

1. By inferences from minor to major: and the reverse from major to minor.

2. A decision deduced from an agreement, or similarity of phrases in texts.

ג

מִבִּנְיַן אָב מִכָּתוּב אֶחָד · וּמִבִּנְיַן אָב מִשְּׁנֵי כְתוּבִים :

ד

מִכְּלָל וּפְרָט :

ה

וּמִפְּרָט וּכְלָל :

ו

כְּלָל וּפְרָט וּכְלָל אִי אַתָּה דָן אֶלָּא כְּעֵין הַפְּרָט :

ז

מִכְּלָל שֶׁהוּא צָרִיךְ לִפְרָט · וּמִפְּרָט שֶׁהוּא צָרִיךְ לִכְלָל :

ח

כָּל־דָּבָר שֶׁהָיָה בִּכְלָל וְיָצָא מִן־הַכְּלָל לְלַמֵּד · לֹא לְלַמֵּד עַל־
עַצְמוֹ יָצָא אֶלָּא לְלַמֵּד עַל־הַכְּלָל כֻּלּוֹ יָצָא :

ט

כָּל־דָּבָר שֶׁהָיָה בִּכְלָל וְיָצָא לִטְעוֹן טוֹעַן אֶחָד שֶׁהוּא כְעִנְיָנוֹ
יָצָא לְהָקֵל וְלֹא לְהַחֲמִיר :

י

כָּל־דָּבָר שֶׁהָיָה בִּכְלָל וְיָצָא לִטְעוֹן טוֹעַן אַחֵר שֶׁלֹּא כְעִנְיָנוֹ
יָצָא לְהָקֵל וּלְהַחֲמִיר :

יא

כָּל־דָּבָר שֶׁהָיָה בִּכְלָל וְיָצָא לִדּוֹן בַּדָּבָר הֶחָדָשׁ אִי אַתָּה יָכוֹל
לְהַחֲזִירוֹ לִכְלָלוֹ עַד שֶׁיַּחֲזִירֶנּוּ הַכָּתוּב לִכְלָלוֹ בְּפֵרוּשׁ :

יב

דָּבָר הַלָּמֵד מֵעִנְיָנוֹ · וְדָבָר הַלָּמֵד מִסּוֹפוֹ :

יג

וְכֵן שְׁנֵי כְתוּבִים הַמַּכְחִישִׁים זֶה אֶת־זֶה עַד־שֶׁיָּבוֹא הַכָּתוּב
הַשְּׁלִישִׁי וְיַכְרִיעַ בֵּינֵיהֶם :

3. From the principal constitution contained in one verse, and from the principal constitution deduced from two verses.

4. From comparing a general description with its specified particular.

5. From a particular text, followed by a general one.

6. Precepts treated of, first in general, and then in particular, and again in general, thou must not adjudge, but according to the tenor of the particular specification.

7. From a general description that requires a particular, specific text to explain it; and from a particular text that requires a general one.

8. Whatever was comprehended under a general description, and is afterwards particularly excepted therefrom, in order to teach us something concerning it: the exception is not given for its own sake only, but also effects the whole general term.

9. And whatever was included in a general description and is afterwards excepted, to prove an argument similar to its subject, tends to alleviate, but does not aggravate.

10. And whatever was included in a general description, and is afterwards excepted, to prove an argument similar to its subject, serves both to alleviate and aggravate.

11. And every thing included in a general description, and afterwards excepted, to determine a new matter, cannot be restored to the general term, unless it be by being expressly mentioned in the text.

12. And whatever is deduced from the subject itself; and a thing deduced from the end of the text.

13. And thus, when two texts contradict each other, we cannot determine the sense until a third is produced, which reconciles them.

יְהִי רָצוֹן לְפָנֶיךָ יְיָ אֱלֹהֵינוּ וֵאלֹהֵי אֲבוֹתֵינוּ שֶׁיִּבָּנֶה בֵּית הַמִּקְדָּשׁ בִּמְהֵרָה בְיָמֵינוּ וְתֵן חֶלְקֵנוּ בְּתוֹרָתֶךָ: וְשָׁם נַעֲבָדְךָ בְּיִרְאָה כִּימֵי עוֹלָם וּכְשָׁנִים קַדְמוֹנִיּוֹת:

בָּרוּךְ שֶׁאָמַר וְהָיָה הָעוֹלָם· בָּרוּךְ הוּא· בָּרוּךְ עוֹשֶׂה בְרֵאשִׁית· בָּרוּךְ אוֹמֵר וְעוֹשֶׂה· בָּרוּךְ גּוֹזֵר וּמְקַיֵּם· בָּרוּךְ מְרַחֵם עַל הָאָרֶץ· בָּרוּךְ מְרַחֵם עַל הַבְּרִיּוֹת· בָּרוּךְ מְשַׁלֵּם שָׂכָר טוֹב לִירֵאָיו· בָּרוּךְ חַי לָעַד וְקַיָּם לָנֶצַח· בָּרוּךְ פּוֹדֶה וּמַצִּיל בָּרוּךְ שְׁמוֹ· בָּרוּךְ אַתָּה יְיָ אֱלֹהֵינוּ מֶלֶךְ הָעוֹלָם· הָאֵל הָאָב הָרַחֲמָן הַמְהֻלָּל בְּפִי עַמּוֹ מְשֻׁבָּח וּמְפֹאָר בִּלְשׁוֹן חֲסִידָיו וַעֲבָדָיו· וּבְשִׁירֵי דָוִד עַבְדֶּךָ נְהַלֶּלְךָ יְיָ אֱלֹהֵינוּ בִּשְׁבָחוֹת וּבִזְמִירוֹת נְגַדֶּלְךָ וּנְשַׁבֵּחֲךָ וּנְפָאֶרְךָ וְנַזְכִּיר שִׁמְךָ וְנַמְלִיכְךָ מַלְכֵּנוּ אֱלֹהֵינוּ יָחִיד חֵי הָעוֹלָמִים· מֶלֶךְ מְשֻׁבָּח וּמְפֹאָר עֲדֵי־עַד שְׁמוֹ הַגָּדוֹל· בָּרוּךְ אַתָּה יְיָ מֶלֶךְ מְהֻלָּל בַּתִּשְׁבָּחוֹת:

הוֹדוּ לַייָ קִרְאוּ בִשְׁמוֹ הוֹדִיעוּ בָעַמִּים עֲלִילֹתָיו: שִׁירוּ לוֹ זַמְּרוּ־לוֹ שִׂיחוּ בְּכָל־נִפְלְאֹתָיו: הִתְהַלְלוּ בְּשֵׁם קָדְשׁוֹ יִשְׂמַח לֵב מְבַקְשֵׁי יְיָ: דִּרְשׁוּ יְיָ וְעֻזּוֹ בַּקְּשׁוּ פָנָיו תָּמִיד: זִכְרוּ נִפְלְאֹתָיו אֲשֶׁר עָשָׂה מֹפְתָיו וּמִשְׁפְּטֵי־פִיהוּ: זֶרַע יִשְׂרָאֵל עַבְדּוֹ בְּנֵי יַעֲקֹב בְּחִירָיו: הוּא יְיָ אֱלֹהֵינוּ בְּכָל־הָאָרֶץ מִשְׁפָּטָיו: זִכְרוּ לְעוֹלָם בְּרִיתוֹ דָּבָר צִוָּה לְאֶלֶף דּוֹר: אֲשֶׁר כָּרַת אֶת־אַבְרָהָם וּשְׁבוּעָתוֹ לְיִצְחָק: וַיַּעֲמִידֶהָ לְיַעֲקֹב לְחֹק לְיִשְׂרָאֵל בְּרִית עוֹלָם: לֵאמֹר לְךָ אֶתֵּן אֶרֶץ־כְּנָעַן חֶבֶל נַחֲלַתְכֶם: בִּהְיוֹתְכֶם מְתֵי מִסְפָּר כִּמְעַט וְגָרִים בָּהּ: וַיִּתְהַלְּכוּ מִגּוֹי אֶל־גּוֹי וּמִמַּמְלָכָה אֶל־עַם אַחֵר: לֹא־הִנִּיחַ לְאִישׁ לְעָשְׁקָם וַיּוֹכַח עֲלֵיהֶם מְלָכִים: אַל־

יהי רצון May it be acceptable before thee, O Lord, our God! and God of our fathers, that the holy temple may be speedily rebuilt in our days, and let our portion be in thy law. And there will we serve thee in reverence, as in ancient days, and as in former years. "And may the offering of Judah and Jerusalem be pleasant unto the Lord, as in ancient days, and in former years."

ברוך שאמר Blessed is he who only spoke, and the world existed; blessed is he. Blessed is he who created the world in the beginning. Blessed is he who sayeth and performeth. Blessed is he who ordaineth and establisheth. Blessed is he who hath compassion on the earth. Blessed is he who hath compassion on all creatures. Blessed is he who rendereth a good reward to those that fear him. Blessed is he who liveth for ever and existeth everlastingly. Blessed is he who redeemeth and delivereth; blessed is his name.—Blessed art thou, O Lord, our God! King of the universe, Almighty, Father, Merciful! who art praised by the mouth of thy people, extolled and glorified by the tongue of thy pious ones and servants. And therefore with the songs of David, thy servant, will we praise thee, O Lord, our God! the only One who livest eternally; the King, whose great name is extolled and glorified for ever and ever. Blessed art thou, O Lord! King adored with praises.

הודו ליי O give thanks unto the Lord; call on his holy name; make known his deeds among the people. Sing, and chant hymns unto him: proclaim ye all his wonderous works. Glory in his holy name; let the heart of them rejoice who seek the Lord. Seek ye the Lord, and his strength; seek his favour ever more. Remember his miracles that he hath done, his wonders and the judgments of his mouth. O ye the seed of Israel, his servant; the children of Jacob, his chosen people. He is the Lord our God; his judgments are in all the earth. Remember ye his covenant for ever; the word which he commanded to a thousand generations. Which he covenanted with Abraham, and likewise his oath unto Isaac. And he confirmed the same to Jacob for a statute, to Israel for an everlasting covenant. Saying, Unto thee will I give the land of Canaan, the portion of your inheritance. Whilst ye were but few in number, yea, very few, and strangers in the land. When they went from one nation to another, from one kingdom to another people, he suffered no man to oppress them: yea, he reproved kings for their sake, saying, Touch not my anointed,

תִּגְּעוּ בִּמְשִׁיחָי וּבִנְבִיאַי אַל־תָּרֵעוּ : שִׁירוּ לַיְיָ כָּל־הָאָרֶץ בַּשְּׂרוּ
מִיּוֹם־אֶל־יוֹם יְשׁוּעָתוֹ : סַפְּרוּ בַגּוֹיִם אֶת־כְּבוֹדוֹ בְּכָל־הָעַמִּים
נִפְלְאֹתָיו : כִּי גָדוֹל יְיָ וּמְהֻלָּל מְאֹד וְנוֹרָא הוּא עַל־כָּל־אֱלֹהִים :
כִּי כָּל־אֱלֹהֵי הָעַמִּים אֱלִילִים וַייָ שָׁמַיִם עָשָׂה : הוֹד וְהָדָר לְפָנָיו
עֹז וְחֶדְוָה בִּמְקֹמוֹ : הָבוּ לַיְיָ מִשְׁפְּחוֹת עַמִּים הָבוּ לַיְיָ כָּבוֹד וָעֹז :
הָבוּ לַיְיָ כְּבוֹד שְׁמוֹ שְׂאוּ מִנְחָה וּבֹאוּ לְפָנָיו הִשְׁתַּחֲווּ לַיְיָ
בְּהַדְרַת־קֹדֶשׁ : חִילוּ מִלְּפָנָיו כָּל־הָאָרֶץ אַף־תִּכּוֹן תֵּבֵל בַּל־
תִּמּוֹט : יִשְׂמְחוּ הַשָּׁמַיִם וְתָגֵל הָאָרֶץ וְיֹאמְרוּ בַגּוֹיִם יְיָ מָלָךְ :
יִרְעַם הַיָּם וּמְלוֹאוֹ יַעֲלֹץ הַשָּׂדֶה וְכָל־אֲשֶׁר־בּוֹ : אָז יְרַנְּנוּ עֲצֵי
הַיָּעַר מִלִּפְנֵי יְיָ כִּי־בָא לִשְׁפּוֹט אֶת־הָאָרֶץ : הוֹדוּ לַיְיָ כִּי טוֹב
כִּי לְעוֹלָם חַסְדּוֹ : וְאִמְרוּ הוֹשִׁיעֵנוּ אֱלֹהֵי יִשְׁעֵנוּ וְקַבְּצֵנוּ וְהַצִּילֵנוּ
מִן־הַגּוֹיִם לְהוֹדוֹת לְשֵׁם קָדְשֶׁךָ לְהִשְׁתַּבֵּחַ בִּתְהִלָּתֶךָ : בָּרוּךְ יְיָ
אֱלֹהֵי יִשְׂרָאֵל מִן־הָעוֹלָם וְעַד־הָעֹלָם וַיֹּאמְרוּ כָל־הָעָם אָמֵן
וְהַלֵּל לַיְיָ : רוֹמְמוּ יְיָ אֱלֹהֵינוּ וְהִשְׁתַּחֲווּ לַהֲדֹם רַגְלָיו קָדוֹשׁ
הוּא : רוֹמְמוּ יְיָ אֱלֹהֵינוּ וְהִשְׁתַּחֲווּ לְהַר קָדְשׁוֹ כִּי קָדוֹשׁ יְיָ
אֱלֹהֵינוּ : וְהוּא רַחוּם יְכַפֵּר עָוֹן וְלֹא יַשְׁחִית וְהִרְבָּה לְהָשִׁיב
אַפּוֹ וְלֹא יָעִיר כָּל־חֲמָתוֹ : אַתָּה יְיָ לֹא־תִכְלָא רַחֲמֶיךָ מִמֶּנִּי
חַסְדְּךָ וַאֲמִתְּךָ תָּמִיד יִצְּרוּנִי : זְכֹר רַחֲמֶיךָ יְיָ וַחֲסָדֶיךָ כִּי מֵעוֹלָם
הֵמָּה : תְּנוּ עֹז לֵאלֹהִים עַל־יִשְׂרָאֵל גַּאֲוָתוֹ וְעֻזּוֹ בַּשְּׁחָקִים : נוֹרָא
אֱלֹהִים מִמִּקְדָּשֶׁיךָ אֵל יִשְׂרָאֵל הוּא נוֹתֵן עֹז וְתַעֲצֻמוֹת לָעָם
בָּרוּךְ אֱלֹהִים : אֵל־נְקָמוֹת יְיָ אֵל נְקָמוֹת הוֹפִיעַ : הִנָּשֵׂא
שֹׁפֵט הָאָרֶץ הָשֵׁב גְּמוּל עַל־גֵּאִים : לַיְיָ הַיְשׁוּעָה עַל־עַמְּךָ
בִרְכָתֶךָ סֶּלָה : יְיָ צְבָאוֹת עִמָּנוּ מִשְׂגָּב־לָנוּ אֱלֹהֵי יַעֲקֹב סֶלָה :
יְיָ צְבָאוֹת אַשְׁרֵי אָדָם בֹּטֵחַ בָּךְ : יְיָ הוֹשִׁיעָה הַמֶּלֶךְ יַעֲנֵנוּ

and do my prophets no harm. Let all the earth sing unto the Lord; proclaim his salvation from day to day. Declare his glory among the nations, his wonders among all people. For the Lord is great, and exalted in praise; and he is fearful above all gods. For all the gods of the nations are idols; but the Lord hath made the heavens. Honour and majesty are in his presence; strength and gladness are in his place. Ascribe unto the Lord, O ye families of the nations, ascribe unto the Lord glory and might. Ascribe unto the Lord the glory due unto his name; bring an offering, and come into his presence; worship the Lord in the glorious sanctuary. Let all the earth tremble before him, who hath fixed the foundations of the world, that it might not be moved. Let the heavens rejoice, and the earth be glad: and they shall say among the nations, The Lord reigneth. Let the sea, and its full domains, roar; let the field, and all that is therein, rejoice. Then shall the trees of the wood shout, because of the presence of the Lord, when he cometh to judge the earth. O give thanks unto the Lord, for he is good; because his mercy endureth for ever. And say ye, Save us, O God of our salvation, and gather us from the nations, that we may give thanks to thy holy name, and glory in thy praise. Blessed be the name of the Lord God of Israel for ever and ever: and all the people said, Amen, and praised the Lord. "Extol ye the Lord our God, and bow down at his footstool, for he is holy. Extol ye the Lord our God! and worship at his holy mount; for the Lord our God is holy. And he being merciful, forgiveth iniquity, and destroyeth not; yea, he frequently turneth away his anger, and awakeneth not all his wrath. O Lord! withhold not thy tender mercies from me: let thy loving-kindness and thy truth preserve me continually. O Lord! remember thy tender mercies, and thy loving-kindness; for they have been of old. Ascribe ye power unto God; his excellency is over Israel; and his strength is in the skies. O God! thou art tremendous from thy holy residence; O God of Israel, thou art he who givest strength and power unto thy people: blessed be God. O God of vengeance, Lord, O God of vengeance, shine forth. Exalt thyself, O Judge of the earth; render retribution to the proud. Salvation belongeth unto the Lord: thy blessing be upon thy people. Selah. The Lord of Hosts is with us, the God of Jacob is refuge unto us. Selah. O Lord of Hosts! happy is the man that trusteth in thee. O Lord, save us, answer us, O King! when we call. O save thy people, and bless thy

בְּיוֹם־קָרְאֵנוּ׃ הוֹשִׁיעָה אֶת עַמֶּךָ וּבָרֵךְ אֶת־נַחֲלָתֶךָ וּרְעֵם וְנַשְּׂאֵם עַד־הָעוֹלָם׃ נַפְשֵׁנוּ חִכְּתָה לַיְיָ עֶזְרֵנוּ וּמָגִנֵּנוּ הוּא׃ כִּי־בוֹ יִשְׂמַח לִבֵּנוּ כִּי בְשֵׁם קָדְשׁוֹ בָטָחְנוּ׃ יְהִי־חַסְדְּךָ יְיָ עָלֵינוּ כַּאֲשֶׁר יִחַלְנוּ לָךְ׃ הַרְאֵנוּ יְיָ חַסְדֶּךָ וְיֶשְׁעֲךָ תִּתֶּן־לָנוּ׃ קוּמָה עֶזְרָתָה לָּנוּ וּפְדֵנוּ לְמַעַן חַסְדֶּךָ׃ אָנֹכִי יְיָ אֱלֹהֶיךָ הַמַּעַלְךָ מֵאֶרֶץ מִצְרָיִם הַרְחֶב־פִּיךָ וַאֲמַלְאֵהוּ׃ אַשְׁרֵי הָעָם שֶׁכָּכָה לּוֹ אַשְׁרֵי הָעָם שֶׁיְיָ אֱלֹהָיו׃ וַאֲנִי בְּחַסְדְּךָ בָטַחְתִּי יָגֵל לִבִּי בִּישׁוּעָתֶךָ אָשִׁירָה לַיְיָ כִּי גָמַל עָלָי׃

יט לַמְנַצֵּחַ מִזְמוֹר לְדָוִד׃ הַשָּׁמַיִם מְסַפְּרִים כְּבוֹד־אֵל וּמַעֲשֵׂה יָדָיו מַגִּיד הָרָקִיעַ׃ יוֹם לְיוֹם יַבִּיעַ אֹמֶר וְלַיְלָה לְּלַיְלָה יְחַוֶּה־דָּעַת׃ אֵין אֹמֶר וְאֵין דְּבָרִים בְּלִי נִשְׁמָע קוֹלָם׃ בְּכָל־הָאָרֶץ יָצָא קַוָּם וּבִקְצֵה תֵבֵל מִלֵּיהֶם לַשֶּׁמֶשׁ שָׂם אֹהֶל בָּהֶם׃ וְהוּא כְּחָתָן יֹצֵא מֵחֻפָּתוֹ יָשִׂישׂ כְּגִבּוֹר לָרוּץ אֹרַח׃ מִקְצֵה הַשָּׁמַיִם מוֹצָאוֹ וּתְקוּפָתוֹ עַל־קְצוֹתָם וְאֵין נִסְתָּר מֵחַמָּתוֹ׃ תּוֹרַת יְיָ תְּמִימָה מְשִׁיבַת נָפֶשׁ עֵדוּת יְיָ נֶאֱמָנָה מַחְכִּימַת פֶּתִי׃ פִּקּוּדֵי יְיָ יְשָׁרִים מְשַׂמְּחֵי־לֵב מִצְוַת יְיָ בָּרָה מְאִירַת עֵינָיִם׃ יִרְאַת יְיָ טְהוֹרָה עוֹמֶדֶת לָעַד מִשְׁפְּטֵי־יְיָ אֱמֶת צָדְקוּ יַחְדָּו׃ הַנֶּחֱמָדִים מִזָּהָב וּמִפַּז רָב וּמְתוּקִים מִדְּבַשׁ וְנֹפֶת צוּפִים׃ גַּם־עַבְדְּךָ נִזְהָר בָּהֶם בְּשָׁמְרָם עֵקֶב רָב׃ שְׁגִיאוֹת מִי־יָבִין מִנִּסְתָּרוֹת נַקֵּנִי׃ גַּם מִזֵּדִים חֲשֹׂךְ עַבְדֶּךָ אַל־יִמְשְׁלוּ־בִי אָז אֵיתָם וְנִקֵּיתִי מִפֶּשַׁע רָב׃ יִהְיוּ לְרָצוֹן אִמְרֵי־פִי וְהֶגְיוֹן לִבִּי לְפָנֶיךָ יְהֹוָה צוּרִי וְגֹאֲלִי׃

לד לְדָוִד בְּשַׁנּוֹתוֹ אֶת־טַעְמוֹ לִפְנֵי אֲבִימֶלֶךְ וַיְגָרְשֵׁהוּ וַיֵּלַךְ׃ אֲבָרְכָה אֶת־יְיָ בְּכָל־עֵת תָּמִיד תְּהִלָּתוֹ בְּפִי׃ בַּיְיָ

inheritance: and guide and exalt them for ever. Our soul waiteth for the Lord: he is our help and our shield. For our hearts shall rejoice in him,; because we have trusted in his holy name. Let thy mercy, O Lord! be upon us, according as we hope in thee. O Lord! shew us thy mercy, and grant us thy salvation. Arise for our help, and redeem us for thy mercy's sake. I am the Lord thy God, who brought thee out of the land of Egypt; declare thy wants, and I will satisfy them. Happy the people who are thus favoured! happy the people whose God is the Lord! And as I have trusted in thy mercy, my heart shall rejoice in thy salvation. I will sing unto the Lord, because he hath dealt bountifully with me."

PSALM. xix.

למנצח TO THE CHIEF MUSICIAN, A PSALM OF DAVID. The heavens declare the glory of God: and the firmament telleth the works of his hands. Day unto day uttereth speech; and night unto night sheweth knowledge. There is no speech, nor language where their voice is not heard. But their melody extendeth through all the earth, and to the end of the world their word. For the sun he hath set a tabernacle among them; and he goeth out like a bridegroom from his chamber, and rejoiceth, like a strong man, to run his course. His going forth is from the end of the heaven, and his circuit unto the ends thereof; and there is nothing hidden from his heart. The law of the Lord is perfect, quieting the soul: the testimony of the Lord is sure, making the simple wise. The statutes of the Lord are right, rejoicing the heart: the commandment of the Lord is clear, enlightening the eyes. The fear of the Lord is pure, enduring for ever: the judgments of the Lord are true, and uniformly just. They are to be desired more than gold and much fine gold; they are sweeter than honey, and dropping of honeycombs. Moreover, thy servant is admonished by them; and in keeping of them there is great reward. Who can guard against errors? O cleanse me from secret faults. Withhold thy servant also from presumptuous sins, let them not have dominion over me: then shall I be upright, and I shall be clear from any great transgression. Let the words of my mouth, and the meditation of my heart, be acceptable before thee, O Lord! my Rock, and my Redeemer.

PSALM. xxxiv.

לדוד A PSALM OF DAVID, WHEN HE DISGUISED HIS REASON, BEFORE ABIMELECH, WHO THEN DROVE HIM AWAY, AND HE DEPARTED.—I will bless the Lord at all times; his praise shall be continually in my mouth. My soul shall boast itself in the Lord: the humble shall hear it, and be glad.

תִּתְהַלֵּל נַפְשִׁי יִשְׁמְעוּ עֲנָוִים וְיִשְׂמָחוּ: גַּדְּלוּ לַיְיָ אִתִּי וּנְרוֹמְמָה
שְׁמוֹ יַחְדָּו: דָּרַשְׁתִּי אֶת־יְיָ וְעָנָנִי וּמִכָּל־מְגוּרוֹתַי הִצִּילָנִי:
הִבִּיטוּ אֵלָיו וְנָהָרוּ וּפְנֵיהֶם אַל־יֶחְפָּרוּ: זֶה עָנִי קָרָא וַיְיָ שָׁמֵעַ
וּמִכָּל־צָרוֹתָיו הוֹשִׁיעוֹ: חֹנֶה מַלְאַךְ יְיָ סָבִיב לִירֵאָיו וַיְחַלְּצֵם:
טַעֲמוּ וּרְאוּ כִּי־טוֹב יְיָ אַשְׁרֵי הַגֶּבֶר יֶחֱסֶה־בּוֹ: יְראוּ אֶת־יְיָ
קְדשָׁיו כִּי־אֵין מַחְסוֹר לִירֵאָיו: כְּפִירִים רָשׁוּ וְרָעֵבוּ וְדֹרְשֵׁי יְיָ
לֹא־יַחְסְרוּ כָל־טוֹב: לְכוּ־בָנִים שִׁמְעוּ־לִי יִרְאַת יְיָ אֲלַמֶּדְכֶם:
מִי־הָאִישׁ הֶחָפֵץ חַיִּים אֹהֵב יָמִים לִרְאוֹת טוֹב: נְצֹר לְשׁוֹנְךָ
מֵרָע וּשְׂפָתֶיךָ מִדַּבֵּר מִרְמָה: סוּר מֵרָע וַעֲשֵׂה־טוֹב בַּקֵּשׁ שָׁלוֹם
וְרָדְפֵהוּ: עֵינֵי יְיָ אֶל־צַדִּיקִים וְאָזְנָיו אֶל־שַׁוְעָתָם: פְּנֵי יְיָ בְּעֹשֵׂה
רָע לְהַכְרִית מֵאֶרֶץ זִכְרָם: צָעֲקוּ וַיְיָ שָׁמֵעַ וּמִכָּל־צָרוֹתָם הִצִּילָם:
קָרוֹב יְיָ לְנִשְׁבְּרֵי־לֵב וְאֶת־דַּכְּאֵי־רוּחַ יוֹשִׁיעַ: רַבּוֹת רָעוֹת צַדִּיק
וּמִכֻּלָּם יַצִּילֶנּוּ יְיָ: שֹׁמֵר כָּל־עַצְמוֹתָיו אַחַת מֵהֵנָּה לֹא נִשְׁבָּרָה:
תְּמוֹתֵת רָשָׁע רָעָה וְשֹׂנְאֵי צַדִּיק יֶאְשָׁמוּ: פֹּדֶה יְיָ נֶפֶשׁ עֲבָדָיו
וְלֹא יֶאְשְׁמוּ כָּל הַחֹסִים בּוֹ:

צ תְּפִלָּה לְמֹשֶׁה אִישׁ־הָאֱלֹהִים אֲדֹנָי מָעוֹן אַתָּה הָיִיתָ לָּנוּ
בְּדֹר וָדֹר: בְּטֶרֶם ׀ הָרִים יֻלָּדוּ וַתְּחוֹלֵל אֶרֶץ וְתֵבֵל וּמֵעוֹלָם
עַד־עוֹלָם אַתָּה־אֵל: תָּשֵׁב אֱנוֹשׁ עַד־דַּכָּא וַתֹּאמֶר שׁוּבוּ בְנֵי־
אָדָם: כִּי אֶלֶף שָׁנִים בְּעֵינֶיךָ כְּיוֹם אֶתְמוֹל כִּי יַעֲבֹר וְאַשְׁמוּרָה
בַלָּיְלָה: זְרַמְתָּם שֵׁנָה יִהְיוּ בַּבֹּקֶר כֶּחָצִיר יַחֲלֹף: בַּבֹּקֶר יָצִיץ
וְחָלָף לָעֶרֶב יְמוֹלֵל וְיָבֵשׁ: כִּי־כָלִינוּ בְאַפֶּךָ וּבַחֲמָתְךָ נִבְהָלְנוּ:
שַׁתָּ עֲוֹנֹתֵינוּ לְנֶגְדֶּךָ עֲלֻמֵנוּ לִמְאוֹר פָּנֶיךָ: כִּי כָל־יָמֵינוּ פָּנוּ

O magnify the Lord with me, and let u
together. I sought the Lord, and he ans
delivered me from all my fears. They looke
were enlightened, and their faces were not
poor man cried, and the Lord heard him; and
all his troubles. The angel of the Lord e
about those who fear him, and delivereth th
and see that the Lord is good: happy is the 
in him. O fear the Lord, ye his saints; for
to those who fear him. Young lions do lack ar
but they who seek the Lord shall not want a
ye children, hearken unto me: I will teac
the Lord. Who is the man that desireth life,
days, that he may see happiness? Keep t
evil, and thy lips from speaking guile. Depa
do good; seek peace, and pursue it. The
are upon the righteous, and his ears are ope
But the anger of the Lord is against those w
off their remembrance from the earth. But t
and the Lord heareth, and delivereth the
troubles. The Lord is nigh unto the brok
saveth those who are of a contrite spirit.
afflictions overtake the righteous: the Lord
from them all. He guardeth all his bones
of them is broken. The evil of the wick
and they who hate the righteous shall not
The Lord redeemeth the soul of his serva
those who trust in him shall be desolate.

PSALM XC.

תפלה למשה A PRAYER OF MOSES, THE
O Lord! thou hast been our stronghold
generations. Before the mountains were
ever thou hadst formed the earth and the w
everlasting to everlasting, thou art God. T
to contrition; and sayest, Return, ye child
a thousand years in thy sight are but as ye
passed; and as a watch in the night. T
away as a flood, they are as in sleep: in
are like grass which changeth. In the morn
and is nourished: in the evening it is cut do
Thus are we consumed by thy anger, an
wrath. Thou hast set our iniquities before th
in the light of thy countenance. For all ou
away in thy wrath; we spend our years as

בְּעֶבְרָתֶךָ כִּלִּינוּ שָׁנֵינוּ כְמוֹ־הֶגֶה : יְמֵי שְׁנוֹתֵינוּ בָהֶם שִׁבְעִים שָׁנָה וְאִם בִּגְבוּרוֹת ׀ שְׁמוֹנִים שָׁנָה וְרָהְבָּם עָמָל וָאָוֶן כִּי־גָז חִישׁ וַנָּעֻפָה : מִי־יוֹדֵעַ עֹז אַפֶּךָ וּכְיִרְאָתְךָ עֶבְרָתֶךָ : לִמְנוֹת יָמֵינוּ כֵּן הוֹדַע וְנָבִא לְבַב חָכְמָה : שׁוּבָה יְיָ עַד־מָתָי וְהִנָּחֵם עַל־עֲבָדֶיךָ : שַׂבְּעֵנוּ בַבֹּקֶר חַסְדֶּךָ וּנְרַנְּנָה וְנִשְׂמְחָה בְּכָל־יָמֵינוּ : שַׂמְּחֵנוּ כִּימוֹת עִנִּיתָנוּ שְׁנוֹת רָאִינוּ רָעָה : יֵרָאֶה אֶל־עֲבָדֶיךָ פָעֳלֶךָ וַהֲדָרְךָ עַל־בְּנֵיהֶם :

וִיהִי נֹעַם ׀ אֲדֹנָי אֱלֹהֵינוּ עָלֵינוּ וּמַעֲשֵׂה יָדֵינוּ כּוֹנְנָה עָלֵינוּ וּמַעֲשֵׂה יָדֵינוּ כּוֹנְנֵהוּ :

צא יֹשֵׁב בְּסֵתֶר עֶלְיוֹן בְּצֵל שַׁדַּי יִתְלוֹנָן : אֹמַר לַיְיָ מַחְסִי וּמְצוּדָתִי אֱלֹהַי אֶבְטַח־בּוֹ : כִּי הוּא יַצִּילְךָ מִפַּח יָקוּשׁ מִדֶּבֶר הַוּוֹת : בְּאֶבְרָתוֹ ׀ יָסֶךְ לָךְ וְתַחַת כְּנָפָיו תֶּחְסֶה צִנָּה וְסֹחֵרָה אֲמִתּוֹ : לֹא־תִירָא מִפַּחַד לָיְלָה מֵחֵץ יָעוּף יוֹמָם : מִדֶּבֶר בָּאֹפֶל יַהֲלֹךְ מִקֶּטֶב יָשׁוּד צָהֳרָיִם : יִפֹּל מִצִּדְּךָ ׀ אֶלֶף וּרְבָבָה מִימִינֶךָ אֵלֶיךָ לֹא יִגָּשׁ : רַק בְּעֵינֶיךָ תַבִּיט וְשִׁלֻּמַת רְשָׁעִים תִּרְאֶה : כִּי־אַתָּה יְיָ מַחְסִי עֶלְיוֹן שַׂמְתָּ מְעוֹנֶךָ : לֹא־תְאֻנֶּה אֵלֶיךָ רָעָה וְנֶגַע לֹא־יִקְרַב בְּאָהֳלֶךָ : כִּי מַלְאָכָיו יְצַוֶּה־לָּךְ לִשְׁמָרְךָ בְּכָל־דְּרָכֶיךָ : עַל־כַּפַּיִם יִשָּׂאוּנְךָ פֶּן־תִּגֹּף בָּאֶבֶן רַגְלֶךָ : עַל־שַׁחַל וָפֶתֶן תִּדְרֹךְ תִּרְמֹס כְּפִיר וְתַנִּין : כִּי בִי חָשַׁק וַאֲפַלְּטֵהוּ אֲשַׂגְּבֵהוּ כִּי־יָדַע שְׁמִי : יִקְרָאֵנִי ׀ וְאֶעֱנֵהוּ עִמּוֹ אָנֹכִי בְצָרָה אֲחַלְּצֵהוּ וַאֲכַבְּדֵהוּ : אֹרֶךְ יָמִים אַשְׂבִּיעֵהוּ וְאַרְאֵהוּ בִּישׁוּעָתִי :

The days of our years of life are seventy years: and if by **extraordinary** vigour, we see fourscore years, yet is their essence labour and sorrow; for our life is soon cut off, and we flee away. Who knoweth the power of thy anger? even according to thy fear, so is thy wrath. Teach us to number our days, that we may apply our hearts to wisdom. Return unto us, O Lord! how long wilt thou cast us off? O repent thee concerning thy servants. O satisfy us early with thy mercy; that we may rejoice, and be glad all our days. Make us rejoice, according to the days wherein thou hast afflicted us; and the years in which we have seen evil. Let thy work of salvation appear to thy servants, and thy glory unto their children.

ויהי נעם And let the beauty of the Lord, our God, be upon us: and establish thou the work of our hands upon us; yea, the work of our hands establish thou it.

###### Psalm xci.

ישב בסתר עליון He who dwelleth within the secret place of the Most High, shall abide under the shadow of the Almighty. I say of the Lord, who is my refuge and my fortress, my God, in whom I trust, that he will surely deliver thee from the fowler's snare, and from the destructive pestilence. He will cover thee with his pinion, and under his wings thou wilt find refuge, his truth shall be thy shield and buckler. Thou shalt not be afraid of the terrors of the night, nor of the arrow that flieth by day; nor of the pestilence that stalketh in the darkness; nor of the destruction that wasteth at noon-day. On thy side a thousand shall fall, and ten thousand at thy right hand, but it shall not come nigh unto thee. Thou shalt only behold with thy eyes, and see the retribution of the wicked. Because thou hast made the Lord, who is my refuge, even the Most High, thy stronghold. No evil shall befall thee, neither shall any plague approach thy dwelling. For he will give his angels charge concerning thee, to guard thee in all thy ways. They shall bear thee on their hands, lest thou dash thy foot against a stone. On the fierce lion and asp shalt thou tread: the young lion and the serpent shalt thou trample under foot. "Because he hath fixed his desire upon me, therefore will I deliver him: I will set him on high, because he hath known my name. When he calleth upon me, I will answer him: I will be with him in trouble I will deliver him, and grant him honour. With length of days will I satisfy him, and grant him my salvation." "With length of days will I satisfy him, and grant him my salvation."

קלה הַלְלוּיָהּ ׀ הַלְלוּ אֶת־שֵׁם יְיָ הַלְלוּ עַבְדֵי יְיָ: שֶׁעֹמְדִים בְּבֵית יְיָ בְּחַצְרוֹת בֵּית אֱלֹהֵינוּ: הַלְלוּיָהּ כִּי־טוֹב יְיָ זַמְּרוּ לִשְׁמוֹ כִּי נָעִים: כִּי־יַעֲקֹב בָּחַר לוֹ יָהּ יִשְׂרָאֵל לִסְגֻלָּתוֹ: כִּי אֲנִי יָדַעְתִּי כִּי־גָדוֹל יְיָ וַאֲדֹנֵינוּ מִכָּל־אֱלֹהִים: כֹּל אֲשֶׁר־חָפֵץ יְיָ עָשָׂה בַּשָּׁמַיִם וּבָאָרֶץ בַּיַּמִּים וְכָל־תְּהֹמוֹת: מַעֲלֶה נְשִׂאִים מִקְצֵה הָאָרֶץ בְּרָקִים לַמָּטָר עָשָׂה מוֹצֵא רוּחַ מֵאוֹצְרוֹתָיו: שֶׁהִכָּה בְּכוֹרֵי מִצְרָיִם מֵאָדָם עַד־בְּהֵמָה: שָׁלַח ׀ אוֹתֹת וּמֹפְתִים בְּתוֹכֵכִי מִצְרָיִם בְּפַרְעֹה וּבְכָל־עֲבָדָיו: שֶׁהִכָּה גּוֹיִם רַבִּים וְהָרַג מְלָכִים עֲצוּמִים: לְסִיחוֹן ׀ מֶלֶךְ הָאֱמֹרִי וּלְעוֹג מֶלֶךְ הַבָּשָׁן וּלְכֹל מַמְלְכוֹת כְּנָעַן: וְנָתַן אַרְצָם נַחֲלָה נַחֲלָה לְיִשְׂרָאֵל עַמּוֹ: יְיָ שִׁמְךָ לְעוֹלָם יְיָ זִכְרְךָ לְדֹר־וָדֹר: כִּי־יָדִין יְיָ עַמּוֹ וְעַל־עֲבָדָיו יִתְנֶחָם: עֲצַבֵּי הַגּוֹיִם כֶּסֶף וְזָהָב מַעֲשֵׂה יְדֵי אָדָם: פֶּה־לָהֶם וְלֹא יְדַבֵּרוּ עֵינַיִם לָהֶם וְלֹא יִרְאוּ: אָזְנַיִם לָהֶם וְלֹא יַאֲזִינוּ אַף אֵין יֶשׁ־רוּחַ בְּפִיהֶם: כְּמוֹהֶם יִהְיוּ עֹשֵׂיהֶם כֹּל אֲשֶׁר־בֹּטֵחַ בָּהֶם: בֵּית יִשְׂרָאֵל בָּרְכוּ אֶת־יְיָ: בֵּית אַהֲרֹן בָּרְכוּ אֶת־יְיָ: בֵּית הַלֵּוִי בָּרְכוּ אֶת־יְיָ יִרְאֵי יְיָ בָּרְכוּ אֶת־יְיָ: בָּרוּךְ יְיָ ׀ מִצִּיּוֹן שֹׁכֵן יְרוּשָׁלָיִם הַלְלוּיָהּ:

| | |
|---|---|
| קלו הוֹדוּ לַיְיָ כִּי־טוֹב | כִּי לְעוֹלָם חַסְדּוֹ: |
| הוֹדוּ לֵאלֹהֵי הָאֱלֹהִים | כִּי לְעוֹלָם חַסְדּוֹ: |
| הוֹדוּ לַאֲדֹנֵי הָאֲדֹנִים | כִּי לְעוֹלָם חַסְדּוֹ: |
| לְעֹשֵׂה נִפְלָאוֹת גְּדֹלוֹת לְבַדּוֹ | כִּי לְעוֹלָם חַסְדּוֹ: |
| לְעֹשֵׂה הַשָּׁמַיִם בִּתְבוּנָה | כִּי לְעוֹלָם חַסְדּוֹ: |
| לְרֹקַע הָאָרֶץ עַל־הַמָּיִם | כִּי לְעוֹלָם חַסְדּוֹ: |

## MORNING SERVICE.

#### Psalm cxxxv.

הללויה Praise ye the Lord; praise ye the name of the Lord; praise him, O ye servants of the Lord, who stand in the house of the Lord, in the courts of the house of our God. Praise ye the Lord, for the Lord is good; sing praises unto his name, for it is comely. For the Lord hath chosen Jacob for himself; and Israel for his peculiar treasure. For I know that the Lord is great, and that our Lord is above all powers. The Lord hath done whatsoever he pleased, in heaven and in earth, in the seas, and all the depths. He causeth vapours to ascend from the ends of the earth; he tempereth lightning with rain; he bringeth forth the wind from his treasures. It is he who smote the first-born of Egypt, from man to beast. He sent signs and wonders into the midst of Egypt; upon Pharoah, and all his servants. It is he who smote great nations, and slew mighty kings. Even Sihon, king of the Amorites, and Og, king of Bashan, and all the kingdoms of Canaan. And give their land for a heritage, a heritage unto his people Israel. Thy name, O Lord! endureth for ever; thy memorial, O Lord! throughout all generations. For the Lord will judge his people, and repent himself concerning his servants. But the idols of the nations are silver and gold, the work of men's hands. They have a mouth, but speak not; they have eyes, but see not. They have ears, but hear not; neither is there any breath in their mouth. They who make them, shall be like them, and every one who trusteth in them. Bless the Lord, O ye house of Israel! Bless the Lord, O ye house of Aaron! Bless the Lord, O ye house of Levi! Bless the Lord, ye who fear the Lord. Blessed be the Lord from Zion, who dwelleth in Jerusalem! Hallelujah.

#### Psalm cxxxvi.

הודו לײ כי טוב O give thanks unto the Lord, for he is good; for his mercy endureth for ever.

O give thanks to the God of gods; for his mercy endureth for ever.

O give thanks to the Lord of lords; for his mercy endureth for ever.

To him who alone performeth great wonders; for his mercy endureth for ever.

To him who with understanding made the heavens; for his mercy endureth for ever.

To him who stretched out the earth above the waters; for his mercy endureth for ever.

לְעֹשֵׂה אוֹרִים גְּדֹלִים כִּי לְעוֹלָם חַסְדּוֹ:
אֶת־הַשֶּׁמֶשׁ לְמֶמְשֶׁלֶת בַּיּוֹם כִּי לְעוֹלָם חַסְדּוֹ:
אֶת־הַיָּרֵחַ וְכוֹכָבִים לְמֶמְשְׁלוֹת בַּלָּיְלָה כִּי לְעוֹלָם חַסְדּוֹ:
לְמַכֵּה מִצְרַיִם בִּבְכוֹרֵיהֶם כִּי לְעוֹלָם חַסְדּוֹ:
וַיּוֹצֵא יִשְׂרָאֵל מִתּוֹכָם כִּי לְעוֹלָם חַסְדּוֹ:
בְּיָד חֲזָקָה וּבִזְרוֹעַ נְטוּיָה כִּי לְעוֹלָם חַסְדּוֹ:
לְגֹזֵר יַם־סוּף לִגְזָרִים כִּי לְעוֹלָם חַסְדּוֹ:
וְהֶעֱבִיר יִשְׂרָאֵל בְּתוֹכוֹ כִּי לְעוֹלָם חַסְדּוֹ:
וְנִעֵר פַּרְעֹה וְחֵילוֹ בְיַם־סוּף כִּי לְעוֹלָם חַסְדּוֹ:
לְמוֹלִיךְ עַמּוֹ בַּמִּדְבָּר כִּי לְעוֹלָם חַסְדּוֹ:
לְמַכֵּה מְלָכִים גְּדֹלִים כִּי לְעוֹלָם חַסְדּוֹ:
וַיַּהֲרֹג מְלָכִים אַדִּירִים כִּי לְעוֹלָם חַסְדּוֹ:
לְסִיחוֹן מֶלֶךְ הָאֱמֹרִי כִּי לְעוֹלָם חַסְדּוֹ:
וּלְעוֹג מֶלֶךְ הַבָּשָׁן כִּי לְעוֹלָם חַסְדּוֹ:
וְנָתַן אַרְצָם לְנַחֲלָה כִּי לְעוֹלָם חַסְדּוֹ:
נַחֲלָה לְיִשְׂרָאֵל עַבְדּוֹ כִּי לְעוֹלָם חַסְדּוֹ:
שֶׁבְּשִׁפְלֵנוּ זָכַר לָנוּ כִּי לְעוֹלָם חַסְדּוֹ:
וַיִּפְרְקֵנוּ מִצָּרֵינוּ כִּי לְעוֹלָם חַסְדּוֹ:
נֹתֵן לֶחֶם לְכָל־בָּשָׂר כִּי לְעוֹלָם חַסְדּוֹ:
הוֹדוּ לְאֵל הַשָּׁמָיִם כִּי לְעוֹלָם חַסְדּוֹ:

לג רַנְּנוּ צַדִּיקִים בַּיְיָ לַיְשָׁרִים נָאוָה תְהִלָּה: הוֹדוּ לַייָ
בְּכִנּוֹר בְּנֵבֶל עָשׂוֹר זַמְּרוּ־לוֹ: שִׁירוּ־לוֹ שִׁיר חָדָשׁ הֵיטִיבוּ

To him who made great lights; for his mercy endureth for ever.

Who formed the sun to rule by day; for his mercy endureth for ever.

The moon and stars to rule by night; for his mercy endureth for ever.

To him who smote the Egyptians in their first-born: for his mercy endureth for ever.

And brought Israel from among them; for his mercy endureth for ever.

With a mighty hand and a stretched-out arm; for his mercy endureth for ever.

To him who divided the Red Sea into parts; for his mercy endureth for ever.

And caused Israel to pass through the midst of it; for his mercy endureth for ever.

But overthrew Pharoah and his host in the Red Sea; for his mercy endureth for ever.

To him who led his people through the wilderness; for his mercy endureth for ever.

To him who smote great kings; for his mercy endureth for ever.

To him who slew mighty kings; for his mercy endureth for ever.

Even Sihon, king of the Amorites; for his mercy endureth for ever.

And Og, king of Bashan; for his mercy endureth for ever.

And gave their land for an inheritance; for his mercy endureth for ever.

Even an inheritance to his servant Israel; for his mercy endureth for ever.

Who remembered us in our low estate; for his mercy endureth for ever.

And redeemed us from our oppressors; for his mercy endureth for ever.

Who giveth food to all flesh; for his mercy endureth for ever.

O give thanks unto the God of heaven; for his mercy endureth for ever.

PSALM. XXXIII.

רננו צדיקים בײ Rejoice in the Lord, O ye righteous; for to the upright praise is comely. Praise ye the Lord with the harp: sing unto him with the ten-stringed psaltery. Sing unto him a new hymn, let the trumpet utter a melodious

נַגְּנוּ בִּתְרוּעָה: כִּי־יָשָׁר דְּבַר־יְיָ וְכָל־מַעֲשֵׂהוּ בֶּאֱמוּנָה: אֹהֵב צְדָקָה וּמִשְׁפָּט חֶסֶד יְיָ מָלְאָה הָאָרֶץ: בִּדְבַר יְיָ שָׁמַיִם נַעֲשׂוּ וּבְרוּחַ פִּיו כָּל־צְבָאָם: כֹּנֵס כַּנֵּד מֵי הַיָּם נֹתֵן בְּאוֹצָרוֹת תְּהוֹמוֹת: יִירְאוּ מֵיְיָ כָּל־הָאָרֶץ מִמֶּנּוּ יָגוּרוּ כָּל יוֹשְׁבֵי תֵבֵל: כִּי הוּא אָמַר וַיֶּהִי הוּא צִוָּה וַיַּעֲמוֹד: יְיָ הֵפִיר עֲצַת גּוֹיִם הֵנִיא מַחְשְׁבוֹת עַמִּים: עֲצַת יְיָ לְעוֹלָם תַּעֲמֹד מַחְשְׁבוֹת לִבּוֹ לְדֹר וָדֹר: אַשְׁרֵי הַגּוֹי אֲשֶׁר־יְיָ אֱלֹהָיו הָעָם בָּחַר לְנַחֲלָה לוֹ: מִשָּׁמַיִם הִבִּיט יְיָ רָאָה אֶת־כָּל־בְּנֵי הָאָדָם: מִמְּכוֹן־שִׁבְתּוֹ הִשְׁגִּיחַ אֶל כָּל־יֹשְׁבֵי הָאָרֶץ: הַיֹּצֵר יַחַד לִבָּם הַמֵּבִין אֶל־כָּל מַעֲשֵׂיהֶם: אֵין הַמֶּלֶךְ נוֹשָׁע בְּרָב־חָיִל גִּבּוֹר לֹא יִנָּצֵל בְּרָב־כֹּחַ: שֶׁקֶר הַסּוּס לִתְשׁוּעָה וּבְרֹב חֵילוֹ לֹא יְמַלֵּט: הִנֵּה עֵין יְיָ אֶל־יְרֵאָיו לַמְיַחֲלִים לְחַסְדּוֹ: לְהַצִּיל מִמָּוֶת נַפְשָׁם וּלְחַיּוֹתָם בָּרָעָב: נַפְשֵׁנוּ חִכְּתָה לַיְיָ עֶזְרֵנוּ וּמָגִנֵּנוּ הוּא: כִּי־בוֹ יִשְׂמַח לִבֵּנוּ כִּי בְשֵׁם קָדְשׁוֹ בָטָחְנוּ: יְהִי חַסְדְּךָ יְיָ עָלֵינוּ כַּאֲשֶׁר יִחַלְנוּ לָךְ:

צב מִזְמוֹר שִׁיר לְיוֹם הַשַּׁבָּת: טוֹב לְהוֹדוֹת לַיְיָ וּלְזַמֵּר לְשִׁמְךָ עֶלְיוֹן: לְהַגִּיד בַּבֹּקֶר חַסְדֶּךָ וֶאֱמוּנָתְךָ בַּלֵּילוֹת: עֲלֵי עָשׂוֹר וַעֲלֵי־נָבֶל עֲלֵי הִגָּיוֹן בְּכִנּוֹר: כִּי שִׂמַּחְתַּנִי יְיָ בְּפָעֳלֶךָ בְּמַעֲשֵׂי יָדֶיךָ אֲרַנֵּן: מַה־גָּדְלוּ מַעֲשֶׂיךָ יְיָ מְאֹד עָמְקוּ מַחְשְׁבֹתֶיךָ: אִישׁ בַּעַר לֹא יֵדָע וּכְסִיל לֹא־יָבִין אֶת־זֹאת: בִּפְרֹחַ רְשָׁעִים כְּמוֹ־עֵשֶׂב וַיָּצִיצוּ כָּל־פֹּעֲלֵי אָוֶן לְהִשָּׁמְדָם עֲדֵי־עַד: וְאַתָּה מָרוֹם לְעֹלָם יְיָ: כִּי הִנֵּה אֹיְבֶיךָ יְיָ כִּי־הִנֵּה אֹיְבֶיךָ יֹאבֵדוּ יִתְפָּרְדוּ

sound. For the word of the Lord is right: and all his works are done in truth. He loveth righteousness and justice; the earth is full of the mercy of the Lord. By the word of the Lord were the heavens made; and all their host with the breath of his mouth. He gathereth together as a heap the waters of the sea: he layeth up the depths in storehouses. Let all the earth fear the Lord: let all the inhabitants of the world stand in awe of him. For he spoke, and it was done: he commanded, and it was established. The Lord frustrateth the counsel of the nations: he annihilateth the devices of the people. The counsel of the Lord shall stand for ever; and the purposes of his heart to all generations. Happy is the nation whose God is the Lord: the people whom he hath chosen for his own heritage. The Lord looketh down from heaven; he beholdeth all the sons of men. From the place of his residence he superintendeth all the inhabitants of the earth. He fashioneth all their hearts, and understandeth all their works. A king is not saved by the multitude of a host: neither doth the mighty man escape by the greatness of his strength. Vain is the horse for safety; he shall not deliver any by his great strength. Behold! the eye of the Lord is upon those who fear him; upon those who hope for his mercy; to deliver their soul from death; and to keep them alive in time of famine. Our soul waiteth for the Lord: he is our help and our shield. For in him our hearts shall rejoice: because we have trusted in his holy name. Let thy mercy, O Lord! be with us, according as we hope in thee.

PSALM xcii.

מזמור שיר ליום השבת A PSALM AND SONG FOR THE SABBATH DAY.—It is good to give thanks unto the Lord, and to sing praises unto thy name, O Most High! to declare thy loving-kindness in the morning, and thy faithfulness in the night. Upon the ten-stringed instrument, and upon the psaltery, aud with the sweet sound of the harp. For thou O Lord! hast made me glad with thy wonderful works: I therefore, will triumph in the works of thy hands. How great, O Lord! are thy works; thy thoughts are exceeding profound. A brutish man knoweth it not; neither doth a fool understand this. When the wicked spring up like grass, and all the workers of iniquity flourish; it is that they may be destroyed for ever. But thou, O Lord! art exalted for evermore. For lo! thy enemies, O Lord! for lo! thy enemies shall perish; all the workers of iniquity shall be scattered. But thou wilt

תפלת שחרית:

כָּל־פֹּעֲלֵי אָוֶן: וַתָּרֶם כִּרְאֵים קַרְנִי בַּלֹּתִי בְּשֶׁמֶן רַעֲנָן: וַתַּבֵּט עֵינִי בְּשׁוּרָי בַּקָּמִים עָלַי מְרֵעִים תִּשְׁמַעְנָה אָזְנָי: צַדִּיק כַּתָּמָר יִפְרָח כְּאֶרֶז בַּלְּבָנוֹן יִשְׂגֶּה: שְׁתוּלִים בְּבֵית יְיָ בְּחַצְרוֹת אֱלֹהֵינוּ יַפְרִיחוּ: עוֹד יְנוּבוּן בְּשֵׂיבָה דְּשֵׁנִים וְרַעֲנַנִּים יִהְיוּ: לְהַגִּיד כִּי־יָשָׁר יְיָ ׳ צוּרִי וְלֹא־עַוְלָתָה בּוֹ :

צג יְיָ מָלָךְ גֵּאוּת לָבֵשׁ לָבֵשׁ יְיָ עֹז הִתְאַזָּר אַף־תִּכּוֹן תֵּבֵל בַּל־תִּמּוֹט: נָכוֹן כִּסְאֲךָ מֵאָז מֵעוֹלָם אָתָּה: נָשְׂאוּ נְהָרוֹת ׳ יְיָ נָשְׂאוּ נְהָרוֹת קוֹלָם יִשְׂאוּ נְהָרוֹת דָּכְיָם: מִקֹּלוֹת ׳ מַיִם רַבִּים אַדִּירִים מִשְׁבְּרֵי־יָם אַדִּיר בַּמָּרוֹם יְיָ: עֵדֹתֶיךָ ׳ נֶאֶמְנוּ מְאֹד לְבֵיתְךָ נַאֲוָה־קֹדֶשׁ יְיָ לְאֹרֶךְ יָמִים :

יְהִי כְבוֹד יְיָ לְעוֹלָם יִשְׂמַח יְיָ בְּמַעֲשָׂיו: יְהִי שֵׁם יְיָ מְבֹרָךְ מֵעַתָּה וְעַד־עוֹלָם: מִמִּזְרַח־שֶׁמֶשׁ עַד־מְבוֹאוֹ מְהֻלָּל שֵׁם יְיָ: רָם עַל־כָּל־גּוֹיִם ׀ יְיָ עַל הַשָּׁמַיִם כְּבוֹדוֹ: יְיָ שִׁמְךָ לְעוֹלָם יְיָ זִכְרְךָ לְדֹר־וָדֹר: יְיָ בַּשָּׁמַיִם הֵכִין כִּסְאוֹ וּמַלְכוּתוֹ בַּכֹּל מָשָׁלָה: יִשְׂמְחוּ הַשָּׁמַיִם וְתָגֵל הָאָרֶץ וְיֹאמְרוּ בַגּוֹיִם יְיָ מָלָךְ: יְיָ מֶלֶךְ יְיָ מָלָךְ יְיָ יִמְלֹךְ לְעוֹלָם וָעֶד: יְיָ מֶלֶךְ עוֹלָם וָעֶד אָבְדוּ גוֹיִם מֵאַרְצוֹ: יְיָ הֵפִיר עֲצַת גּוֹיִם הֵנִיא מַחְשְׁבוֹת עַמִּים: רַבּוֹת מַחֲשָׁבוֹת בְּלֶב־אִישׁ וַעֲצַת יְיָ הִיא תָקוּם: עֲצַת יְיָ לְעוֹלָם תַּעֲמֹד מַחְשְׁבוֹת לִבּוֹ לְדֹר וָדֹר: כִּי הוּא אָמַר וַיֶּהִי הוּא צִוָּה וַיַּעֲמֹד: כִּי־בָחַר יְיָ בְּצִיּוֹן אִוָּהּ לְמוֹשָׁב לוֹ: כִּי־יַעֲקֹב בָּחַר לוֹ יָהּ יִשְׂרָאֵל לִסְגֻלָּתוֹ: כִּי ׳ לֹא־יִטֹּשׁ יְיָ עַמּוֹ וְנַחֲלָתוֹ לֹא יַעֲזֹב ׳ וְהוּא רַחוּם ׀ יְכַפֵּר עָוֹן וְלֹא ׳ יַשְׁחִית וְהִרְבָּה לְהָשִׁיב אַפּוֹ וְלֹא יָעִיר כָּל־חֲמָתוֹ: יְיָ הוֹשִׁיעָה הַמֶּלֶךְ יַעֲנֵנוּ בְיוֹם־קָרְאֵנוּ:

exalt my horn, like the horn of a Reëm: I shall be anointed with fresh oil. My eyes shall also see the end of my enemies; and my ears shall hear it of the wicked, who rise up against me. The righteous shall flourish like the palm-tree; he shall grow like the cedar in Lebanon. They shall be planted in the house of the Lord; in the courts of our God shall they flourish. They shall still bring forth fruit in old age; they shall be fat and flourishing. To show that the Lord is upright; he is my Rock, and there is no unrighteousness in him.

**Psalm xciii.**

יי מלך The Lord reigneth, clothed with majesty; the Lord hath clothed and girt himself with power; he hath also fixed the unalterable order of the universe. Thy throne, O Lord! is established from all antiquity: thy existence is from all eternity. Though the floods, O Lord! lift up their head, though they lift up their voice, and the floods raise up their waves; yet, mightier than the voice of the assembled waters, than the powerful billows of the ocean, art thou in thy eminence, O Lord! Thy testimonies are exceeding stable: holiness will grace thy house, O Lord! unto the utmost length of days.

יהי כבוד "The glory of the Lord shall endure for ever; the Lord rejoiceth in his works. Blessed be the name of the Lord from henceforth, and for evermore. From the rising of the sun unto the going down thereof, the Lord's name is praised. High above all the nations is the Lord, and his glory is above the heavens. Thy name O Lord! endureth for ever; and the memorial of thee, O Lord! throughout all generations. In heaven hath the Lord prepared his throne; and his kingdom hath dominion over all. Let the heavens be glad, and the earth rejoice; and they shall say among the nations, The Lord hath reigned. The Lord reigneth; the Lord hath reigned; the Lord shall reign for ever and ever. The Lord is King for ever and ever; the heathen have perished out of his land. The Lord frustrateth the counsel of the nations; he annihilateth the devices of the people. Various are the imaginations in the heart of man; but it is the counsel of the Lord alone that shall stand. The counsel of the Lord shall stand for ever: and the purposes of his heart to all generations. For he spoke, and it was done; he commanded, and it was established. For the Lord hath chosen Zion: he hath desired it for his habitation. Because the Lord hath chosen Jacob unto himself, and Israel for his peculiar treasure. For the Lord will not abandon his people, neither will he forsake his inheritance. But he being merciful, forgiveth iniquity, and destroyeth not: yea, he frequently turneth his anger away, and awakeneth not all his wrath. Save us, O Lord! hear us, O King! when we call."

אַשְׁרֵי יוֹשְׁבֵי בֵיתֶךָ עוֹד יְהַלְלוּךָ סֶּלָה׃
אַשְׁרֵי הָעָם שֶׁכָּכָה לּוֹ אַשְׁרֵי הָעָם שֶׁיְיָ אֱלֹהָיו׃

קמה תְּהִלָּה לְדָוִד אֲרוֹמִמְךָ אֱלוֹהַי הַמֶּלֶךְ וַאֲבָרְכָה שִׁמְךָ לְעוֹלָם וָעֶד׃ בְּכָל־יוֹם אֲבָרְכֶךָּ וַאֲהַלְלָה שִׁמְךָ לְעוֹלָם וָעֶד׃ גָּדוֹל יְיָ וּמְהֻלָּל מְאֹד וְלִגְדֻלָּתוֹ אֵין חֵקֶר׃ דּוֹר לְדוֹר יְשַׁבַּח מַעֲשֶׂיךָ וּגְבוּרֹתֶיךָ יַגִּידוּ׃ הֲדַר כְּבוֹד הוֹדֶךָ וְדִבְרֵי נִפְלְאֹתֶיךָ אָשִׂיחָה׃ וֶעֱזוּז נוֹרְאוֹתֶיךָ יֹאמֵרוּ וּגְדֻלָּתְךָ אֲסַפְּרֶנָּה׃ זֵכֶר רַב־טוּבְךָ יַבִּיעוּ וְצִדְקָתְךָ יְרַנֵּנוּ׃ חַנּוּן וְרַחוּם יְיָ אֶרֶךְ אַפַּיִם וּגְדָל־חָסֶד׃ טוֹב יְיָ לַכֹּל וְרַחֲמָיו עַל־כָּל־מַעֲשָׂיו׃ יוֹדוּךָ יְיָ כָּל־מַעֲשֶׂיךָ וַחֲסִידֶיךָ יְבָרְכוּכָה׃ כְּבוֹד מַלְכוּתְךָ יֹאמֵרוּ וּגְבוּרָתְךָ יְדַבֵּרוּ׃ לְהוֹדִיעַ לִבְנֵי הָאָדָם גְּבוּרֹתָיו וּכְבוֹד הֲדַר מַלְכוּתוֹ׃ מַלְכוּתְךָ מַלְכוּת כָּל עֹלָמִים וּמֶמְשַׁלְתְּךָ בְּכָל־דּוֹר וָדֹר׃ סוֹמֵךְ יְיָ לְכָל־הַנֹּפְלִים וְזוֹקֵף לְכָל־הַכְּפוּפִים׃ עֵינֵי כֹל אֵלֶיךָ יְשַׂבֵּרוּ וְאַתָּה נוֹתֵן־לָהֶם אֶת אָכְלָם בְּעִתּוֹ׃ פּוֹתֵחַ אֶת־יָדֶךָ וּמַשְׂבִּיעַ לְכָל־חַי רָצוֹן׃ צַדִּיק יְיָ בְּכָל־דְּרָכָיו וְחָסִיד בְּכָל־מַעֲשָׂיו׃ קָרוֹב יְיָ לְכָל־קֹרְאָיו לְכֹל אֲשֶׁר יִקְרָאֻהוּ בֶאֱמֶת׃ רְצוֹן יְרֵאָיו יַעֲשֶׂה וְאֶת־שַׁוְעָתָם יִשְׁמַע וְיוֹשִׁיעֵם׃ שׁוֹמֵר יְיָ אֶת־כָּל־אֹהֲבָיו וְאֵת כָּל־הָרְשָׁעִים יַשְׁמִיד׃ תְּהִלַּת יְיָ יְדַבֶּר פִּי וִיבָרֵךְ כָּל־בָּשָׂר שֵׁם קָדְשׁוֹ לְעוֹלָם וָעֶד׃ וַאֲנַחְנוּ נְבָרֵךְ יָהּ מֵעַתָּה וְעַד־עוֹלָם הַלְלוּיָהּ׃

קמו הַלְלוּיָהּ הַלְלִי נַפְשִׁי אֶת־יְיָ׃ אֲהַלְלָה יְיָ בְּחַיָּי אֲזַמְּרָה לֵאלֹהַי בְּעוֹדִי׃ אַל־תִּבְטְחוּ בִנְדִיבִים בְּבֶן־אָדָם ׳ שֶׁאֵין לוֹ תְשׁוּעָה׃ תֵּצֵא רוּחוֹ יָשֻׁב לְאַדְמָתוֹ בַּיּוֹם הַהוּא אָבְדוּ

אשרי יושבי ביתך "Happy are they that dwell in thy house; they will be continually praising thee. Selah. Happy the people who are thus! Happy the people whose God is the Lord!"

##### Psalm cxlv.

David's Psalm of Praise.—I will extol thee, my God, O King! and I will bless thy name for ever and ever. Every day will I bless thee, and I will praise thy name for ever and ever. The Lord is great, and exalted in praise, and his greatness is unsearchable. One generation shall praise thy works to another, and shall declare thy mighty acts. I will speak of the glorious honour of thy majesty, and of thy wondrous works. And men shall speak of the might of thy tremendous acts; and thy greatness will I declare. The memorial of thy abundant goodness shall they perpetually utter, and shall sing of thy righteousness. The Lord is gracious, and full of compassion; long-suffering, and of great mercy. The Lord is good to all; and his mercies are over all his works. All thy works shall praise thee, O Lord! and thy pious servants shall bless thee. They shall speak of the glory of thy kingdom, and talk of thy power. To make known his mighty acts to the sons of men, and the glorious majesty of his kingdom. Thy kingdom is an everlasting kingdom, and thy dominion subsisteth throughout all generations. The Lord upholdeth all who fall, and raiseth up all those who are bowed down. The eyes of all wait upon thee, and thou givest them their food in due season. Thou openest thy hand, and satisfieth the desire of every living thing. The Lord is righteous in all his ways, and beneficent in all his works. The Lord is near unto all those who call upon him, to all who call upon him in truth. He will fulfil the desire of those who fear him; he will also hear their cry, and save them. The Lord preserveth all those who love him: but he will destroy all the wicked. My mouth shall utter the praise of the Lord: and let all flesh bless his holy name for ever and ever. "As for us, we will bless the Lord from henceforth, and for ever. Hallelujah."

##### Psalm cxlvi.

הללויה הללי נפשי Praise ye the Lord. Praise the Lord, O my soul! I will praise the Lord whilst I live; I will sing praises unto my God whilst I exist. Put not your trust in princes, nor in the son of man, in whom there is no salvation. His spirit goeth away, he returneth to his native earth; in that very day his thoughts perish. But happy is he who hath the

עֶשְׁתֹּנֹתָיו: אַשְׁרֵי שֶׁאֵל יַעֲקֹב בְּעֶזְרוֹ שִׂבְרוֹ עַל־יְיָ אֱלֹהָיו:
עֹשֶׂה שָׁמַיִם וָאָרֶץ אֶת־הַיָּם וְאֶת־כָּל־אֲשֶׁר־בָּם הַשֹּׁמֵר אֱמֶת
לְעוֹלָם: עֹשֶׂה מִשְׁפָּט ׀ לַעֲשׁוּקִים נֹתֵן לֶחֶם לָרְעֵבִים יְיָ מַתִּיר
אֲסוּרִים: יְיָ פֹּקֵחַ עִוְרִים יְיָ זֹקֵף כְּפוּפִים יְיָ אֹהֵב צַדִּיקִים: יְיָ
שֹׁמֵר אֶת־גֵּרִים יָתוֹם וְאַלְמָנָה יְעוֹדֵד וְדֶרֶךְ רְשָׁעִים יְעַוֵּת: יִמְלֹךְ
יְיָ ׀ לְעוֹלָם אֱלֹהַיִךְ צִיּוֹן לְדֹר וָדֹר הַלְלוּיָהּ:

קמז הַלְלוּיָהּ ׀ כִּי־טוֹב זַמְּרָה אֱלֹהֵינוּ כִּי־נָעִים נָאוָה
תְהִלָּה: בּוֹנֵה יְרוּשָׁלַםִ יְיָ נִדְחֵי יִשְׂרָאֵל יְכַנֵּס: הָרֹפֵא לִשְׁבוּרֵי
לֵב וּמְחַבֵּשׁ לְעַצְּבוֹתָם: מוֹנֶה מִסְפָּר לַכּוֹכָבִים לְכֻלָּם שֵׁמוֹת
יִקְרָא: גָּדוֹל אֲדוֹנֵינוּ וְרַב־כֹּחַ לִתְבוּנָתוֹ אֵין מִסְפָּר: מְעוֹדֵד
עֲנָוִים יְיָ מַשְׁפִּיל רְשָׁעִים עֲדֵי־אָרֶץ: עֱנוּ לַייָ בְּתוֹדָה זַמְּרוּ
לֵאלֹהֵינוּ בְכִנּוֹר: הַמְכַסֶּה שָׁמַיִם ׀ בְּעָבִים הַמֵּכִין לָאָרֶץ מָטָר
הַמַּצְמִיחַ הָרִים חָצִיר: נוֹתֵן לִבְהֵמָה לַחְמָהּ לִבְנֵי עֹרֵב אֲשֶׁר
יִקְרָאוּ ׀ לֹא בִגְבוּרַת הַסּוּס יֶחְפָּץ לֹא־בְשׁוֹקֵי הָאִישׁ יִרְצֶה:
רוֹצֶה יְיָ אֶת־יְרֵאָיו אֶת־הַמְיַחֲלִים לְחַסְדּוֹ: שַׁבְּחִי יְרוּשָׁלַםִ אֶת־
יְיָ הַלְלִי אֱלֹהַיִךְ צִיּוֹן: כִּי־חִזַּק בְּרִיחֵי שְׁעָרָיִךְ בֵּרַךְ בָּנַיִךְ
בְּקִרְבֵּךְ: הַשָּׂם גְּבוּלֵךְ שָׁלוֹם חֵלֶב חִטִּים יַשְׂבִּיעֵךְ: הַשֹּׁלֵחַ
אִמְרָתוֹ אָרֶץ עַד־מְהֵרָה יָרוּץ דְּבָרוֹ: הַנֹּתֵן שֶׁלֶג כַּצָּמֶר כְּפוֹר
כָּאֵפֶר יְפַזֵּר: מַשְׁלִיךְ קַרְחוֹ כְפִתִּים לִפְנֵי קָרָתוֹ מִי יַעֲמֹד:
יִשְׁלַח־דְּבָרוֹ וְיַמְסֵם יַשֵּׁב רוּחוֹ יִזְּלוּ־מָיִם: מַגִּיד דְּבָרָו לְיַעֲקֹב
חֻקָּיו וּמִשְׁפָּטָיו לְיִשְׂרָאֵל: לֹא עָשָׂה כֵן ׀ לְכָל־גּוֹי וּמִשְׁפָּטִים
בַּל־יְדָעוּם הַלְלוּיָהּ:

קמח הַלְלוּיָהּ ׀ הַלְלוּ אֶת־יְיָ מִן־הַשָּׁמַיִם הַלְלוּהוּ בַּמְּרוֹמִים:
הַלְלוּהוּ כָל־מַלְאָכָיו הַלְלוּהוּ כָּל־צְבָאָו: הַלְלוּהוּ שֶׁמֶשׁ וְיָרֵחַ

God of Jacob for his help, whose hope is in the Lord his God. Who made heaven and earth, the sea, and all that is therein, who keepeth truth for ever, who executeth judgment for the oppressed; and giveth food to the hungry. The Lord looseneth the prisoners; the Lord openeth the eyes of the blind; the Lord raiseth those who are bowed down; the Lord loveth the righteous. The Lord protecteth strangers; he relieveth the fatherless and the widow; but the way of the wicked he overthroweth. The Lord shall reign for ever, even thy God, O Zion! unto all generations. Hallelujah.

PSALM CXLVII.

הללויה כי טוב Praise ye the Lord; for it is good to sing praises unto our God; for such praise is pleasant and agreeable. The Lord doth build up Jerusalem; he will gather together the outcasts of Israel. He it is who healeth the broken-hearted, and bindeth up their wounds. He telleth the number of the stars; he calleth them all by their names. Great is our Lord, and great his power; his understanding is infinite. The Lord lifteth up the meek: he casteth the wicked down to the ground. Sing unto the Lord with thanksgiving; sing praises unto our God with the harp; who covereth the heavens with clouds, who prepareth rain for the earth, who causeth herbage to sprout upon the mountains. He giveth to the beast his food; and to the young ravens when they cry. He delighteth not in the strength of the horse: neither taketh he pleasure in the swiftness of man. The Lord taketh pleasure in them that fear him, in those that hope in his mercy. Praise the Lord, O Jerusalem! praise thy God, O Zion! for he hath strengthened the bars of thy gates; he hath blessed thy children in the midst of thee. He also maketh peace in thy border, and filleth thee with choice wheat. He sendeth forth his decree upon earth; and his word pervadeth quickly. He maketh the snow descend like wool; he scattereth the hoar-frost like ashes. He casteth forth his ice like morsels; who can withstand his cold? He sendeth out his word, and melteth them: he causeth his wind to blow, and the waters flow. He declareth his words unto Jacob, his statutes and his judgments unto Israel. He hath not dealt so with any nation: and his judgments they do not know. Hallelujah.

PSALM CXLVIII.

הללויה הללו את יי Praise ye the Lord. Praise ye the Lord from the heavens; praise him in the heights; praise ye him all his angels; praise ye him all his hosts. Praise him,

הַלְלוּהוּ כָּל־כּוֹכְבֵי אוֹר : הַלְלוּהוּ שְׁמֵי הַשָּׁמָיִם וְהַמַּיִם אֲשֶׁר ׀
מֵעַל הַשָּׁמָיִם : יְהַלְלוּ אֶת־שֵׁם יְיָ כִּי הוּא צִוָּה וְנִבְרָאוּ :
וַיַּעֲמִידֵם לָעַד לְעוֹלָם חָק־נָתַן וְלֹא יַעֲבוֹר : הַלְלוּ אֶת־יְיָ מִן
הָאָרֶץ תַּנִּינִים וְכָל־תְּהֹמוֹת : אֵשׁ וּבָרָד שֶׁלֶג וְקִיטוֹר רוּחַ סְעָרָה
עֹשָׂה דְבָרוֹ : הֶהָרִים וְכָל־גְּבָעוֹת עֵץ פְּרִי וְכָל־אֲרָזִים : הַחַיָּה
וְכָל־בְּהֵמָה רֶמֶשׂ וְצִפּוֹר כָּנָף : מַלְכֵי־אֶרֶץ וְכָל־לְאֻמִּים שָׂרִים
וְכָל־שֹׁפְטֵי אָרֶץ : בַּחוּרִים וְגַם־בְּתוּלוֹת זְקֵנִים עִם־נְעָרִים :
יְהַלְלוּ ׀ אֶת־שֵׁם יְיָ כִּי־נִשְׂגָּב שְׁמוֹ לְבַדּוֹ הוֹדוֹ עַל־אֶרֶץ וְשָׁמָיִם :
וַיָּרֶם קֶרֶן ׀ לְעַמּוֹ תְּהִלָּה לְכָל־חֲסִידָיו לִבְנֵי יִשְׂרָאֵל עַם קְרוֹבוֹ
הַלְלוּיָהּ :

קמט הַלְלוּיָהּ ׀ שִׁירוּ לַייָ שִׁיר חָדָשׁ תְּהִלָּתוֹ בִּקְהַל חֲסִידִים :
יִשְׂמַח־יִשְׂרָאֵל בְּעֹשָׂיו בְּנֵי צִיּוֹן יָגִילוּ בְמַלְכָּם : יְהַלְלוּ שְׁמוֹ
בְמָחוֹל בְּתֹף וְכִנּוֹר יְזַמְּרוּ־לוֹ : כִּי־רוֹצֶה יְיָ בְּעַמּוֹ יְפָאֵר עֲנָוִים
בִּישׁוּעָה : יַעְלְזוּ חֲסִידִים בְּכָבוֹד יְרַנְּנוּ עַל־מִשְׁכְּבוֹתָם : רוֹמְמוֹת
אֵל בִּגְרוֹנָם וְחֶרֶב פִּיפִיּוֹת בְּיָדָם : לַעֲשׂוֹת נְקָמָה בַּגּוֹיִם תּוֹכֵחוֹת
בַּלְאֻמִּים : לֶאְסֹר מַלְכֵיהֶם בְּזִקִּים וְנִכְבְּדֵיהֶם בְּכַבְלֵי בַרְזֶל :
לַעֲשׂוֹת בָּהֶם ׀ מִשְׁפָּט כָּתוּב הָדָר הוּא לְכָל־חֲסִידָיו הַלְלוּיָהּ :

קנ הַלְלוּיָהּ ׀ הַלְלוּ־אֵל בְּקָדְשׁוֹ הַלְלוּהוּ בִּרְקִיעַ עֻזּוֹ :
הַלְלוּהוּ בִגְבוּרֹתָיו הַלְלוּהוּ כְּרֹב גֻּדְלוֹ : הַלְלוּהוּ בְּתֵקַע שׁוֹפָר
הַלְלוּהוּ בְּנֵבֶל וְכִנּוֹר : הַלְלוּהוּ בְתֹף וּמָחוֹל הַלְלוּהוּ בְּמִנִּים
וְעוּגָב : הַלְלוּהוּ בְצִלְצְלֵי־שָׁמַע הַלְלוּהוּ בְּצִלְצְלֵי תְרוּעָה :
כֹּל הַנְּשָׁמָה תְּהַלֵּל יָהּ הַלְלוּיָהּ : כ״ה״ת״י״ה

ye sun and moon; praise him, all ye stars of light. Praise him, ye heavens of heavens, and ye waters that float in the upper regions of the sky. Let them praise the name of the Lord; for he commanded, and they were created. He also established them for ever and ever; he made a decree which shall not pass away. Praise the Lord from the earth, also ye whales, and all the inhabitants of the great abyss. Fire and hail, snow and vapours, and the stormy wind, fulfilling his word. Ye mountains and all hills, fruitful trees and all cedars. Ye beasts and all cattle, creeping things, and winged fowl. Kings of the earth, and all people; princes, and judges of the earth. Both young men and maidens, old men and children. Let them all praise the name of the Lord; for his name alone is exalted, his glory is over the earth and the heavens. He will also exalt the horn of his people, the praise of all his saints; even of the children of Israel, a people near unto him. Hallelujah.

###### PSALM CXLIX.

הללויה שירו לײ Praise ye the Lord. Sing unto the Lord a new song, and his praise in the congregation of saints. Let Israel rejoice in him who made him; let the children of Zion rejoice in their King. Let them praise his name in the dance; let them sing praises unto him with the timbrel and harp. For the Lord taketh pleasure in his people; he will adorn the meek with salvation. Let the saints be joyful in glory; let them sing aloud upon their beds. The exalted praises of God are in their mouth, and a two-edged sword is in their hand; to execute vengeance upon the nations, and chasetisement upon the people; to bind their kings with chains, and their nobles with fetters of iron; to execute upon them the written judgment; this honour have all his pious servants. Hallelujah.

###### PSALM CL.

הללויה הללו אל בקדשו Praise ye the Lord. Praise God in his sanctuary; praise him in the firmament of his power. Praise him for his mighty acts; praise him according to his excellent greatness. Praise him with the sound of the trumpet; praise him with the psaltery and harp. Praise him with the timbrel and dance; praise him with stringed instruments and organs. Praise him upon the harmonious cymbals; praise him upon the high-sounding cymbals. Let every thing that hath breath, praise the Lord. Hallelujah. Let every thing that hath breath, praise the Lord. Hallelujah.

בָּרוּךְ יְיָ לְעוֹלָם אָמֵן וְאָמֵן: בָּרוּךְ יְיָ מִצִּיּוֹן שֹׁכֵן יְרוּשָׁלָיִם הַלְלוּיָהּ: בָּרוּךְ יְיָ אֱלֹהִים אֱלֹהֵי יִשְׂרָאֵל עֹשֵׂה נִפְלָאוֹת לְבַדּוֹ: וּבָרוּךְ שֵׁם כְּבוֹדוֹ לְעוֹלָם וְיִמָּלֵא כְבוֹדוֹ אֶת־כָּל־הָאָרֶץ אָמֵן וְאָמֵן:

וַיְבָרֶךְ דָּוִיד אֶת־יְיָ לְעֵינֵי כָּל־הַקָּהָל וַיֹּאמֶר דָּוִיד בָּרוּךְ אַתָּה יְיָ אֱלֹהֵי יִשְׂרָאֵל אָבִינוּ מֵעוֹלָם וְעַד־עוֹלָם: לְךָ יְיָ הַגְּדֻלָּה וְהַגְּבוּרָה וְהַתִּפְאֶרֶת וְהַנֵּצַח וְהַהוֹד כִּי־כֹל בַּשָּׁמַיִם וּבָאָרֶץ לְךָ יְיָ הַמַּמְלָכָה וְהַמִּתְנַשֵּׂא לְכֹל לְרֹאשׁ: וְהָעֹשֶׁר וְהַכָּבוֹד מִלְּפָנֶיךָ וְאַתָּה מוֹשֵׁל בַּכֹּל וּבְיָדְךָ כֹּחַ וּגְבוּרָה וּבְיָדְךָ לְגַדֵּל וּלְחַזֵּק לַכֹּל: וְעַתָּה אֱלֹהֵינוּ מוֹדִים אֲנַחְנוּ לָךְ וּמְהַלְלִים לְשֵׁם תִּפְאַרְתֶּךָ: אַתָּה הוּא יְיָ לְבַדֶּךָ אַתָּה עָשִׂיתָ אֶת־הַשָּׁמַיִם שְׁמֵי־הַשָּׁמַיִם וְכָל־צְבָאָם הָאָרֶץ וְכָל־אֲשֶׁר עָלֶיהָ הַיַּמִּים וְכָל־אֲשֶׁר בָּהֶם וְאַתָּה מְחַיֶּה אֶת־כֻּלָּם וּצְבָא הַשָּׁמַיִם לְךָ מִשְׁתַּחֲוִים: אַתָּה הוּא יְיָ הָאֱלֹהִים אֲשֶׁר בָּחַרְתָּ בְּאַבְרָם וְהוֹצֵאתוֹ מֵאוּר כַּשְׂדִּים וְשַׂמְתָּ שְׁמוֹ אַבְרָהָם: וּמָצָאתָ אֶת־לְבָבוֹ נֶאֱמָן לְפָנֶיךָ:

וְכָרוֹת עִמּוֹ הַבְּרִית לָתֵת אֶת־אֶרֶץ הַכְּנַעֲנִי הַחִתִּי הָאֱמֹרִי וְהַפְּרִזִּי וְהַיְבוּסִי וְהַגִּרְגָּשִׁי לָתֵת לְזַרְעוֹ וַתָּקֶם אֶת־דְּבָרֶיךָ כִּי צַדִּיק אָתָּה: וַתֵּרֶא אֶת־עֳנִי אֲבֹתֵינוּ בְּמִצְרָיִם וְאֶת־זַעֲקָתָם שָׁמַעְתָּ עַל־יַם־סוּף: וַתִּתֵּן אֹתֹת וּמֹפְתִים בְּפַרְעֹה וּבְכָל־עֲבָדָיו וּבְכָל־עַם אַרְצוֹ כִּי יָדַעְתָּ כִּי הֵזִידוּ עֲלֵיהֶם וַתַּעַשׂ־לְךָ שֵׁם כְּהַיּוֹם הַזֶּה: וְהַיָּם בָּקַעְתָּ לִפְנֵיהֶם וַיַּעַבְרוּ בְתוֹךְ־הַיָּם בַּיַּבָּשָׁה וְאֶת־רֹדְפֵיהֶם הִשְׁלַכְתָּ בִמְצוֹלֹת כְּמוֹ־אֶבֶן בְּמַיִם עַזִּים:

ברוך יי לעולם "Blessed be the Lord for evermore. Amen, and Amen. Blessed be the Lord from out of Zion, who dwelleth at Jerusalem. Hallelujah. Blessed be the Lord God, the God of Israel! who alone doeth wondrous things. And blessed be his glorious name for ever; and let the whole earth be filled with his glory. Amen, and Amen!"

ויברך דוד And David blessed the Lord before all the congregation; and David said, Blessed be thou, O Lord God of Israel, our father, for ever and ever. Thine, O Lord, are the greatness, power, glory, victory, and majesty; for all that is in the heaven and in the earth is thine; thine, O Lord, is the kingdom! and thou art exalted as Supreme above all. Riches and honour proceed from thee, and thou hast dominion over all; and in thy hand are power and might, and it is in thy power to make great, and to give strength unto all. Now, therefore, our God, we thank thee, and praise thy glorious name. Thou art Lord alone; thou hast made the heaven, the heavens of heavens, with all their host; the earth, and all things that are thereon; the seas, and all that are therein; and thou preservest them all; and the host of heaven worship thee. Thou art the Lord, the God, who didst choose Abram, and broughtest him forth out of Ur, of the Chaldees, and gavest him the name of ABRAHAM. And didst find his heart faithful before thee.

וכרות עמו הברית And madest a covenant with him, to give the land of Canaanites, the Hittites, the Amorites, the Perizzites, the Jebusites, and the Girgashites, to give it to his seed; and hast performed thy words, for thou, O Lord! art righteous, and didst see the affliction of our fathers in Egypt, and heardest their cry by the Red Sea; and displayedst signs and wonders on Pharoah, and on all his servants, and on all the people of his land: for thou knewest that they dealt proudly against them; and thou didst get thee a glorious name, as it is this day. And thou didst divide the sea before them, so that they went through the midst of the sea as on dry land, and their pursuers didst thou throw into the deep, as a stone into the mighty waters.

## תפלה שחרית

וַיּוֹשַׁע יְהֹוָה בַּיּוֹם הַהוּא אֶת־יִשְׂרָאֵל מִיַּד מִצְרָיִם וַיַּרְא יִשְׂרָאֵל אֶת־מִצְרַיִם מֵת עַל־שְׂפַת הַיָּם: וַיַּרְא יִשְׂרָאֵל אֶת־הַיָּד הַגְּדֹלָה אֲשֶׁר עָשָׂה יְהֹוָה בְּמִצְרַיִם וַיִּירְאוּ הָעָם אֶת־יְהֹוָה וַיַּאֲמִינוּ בַּיהֹוָה וּבְמֹשֶׁה עַבְדּוֹ:

אָז יָשִׁיר־מֹשֶׁה וּבְנֵי יִשְׂרָאֵל אֶת־הַשִּׁירָה הַזֹּאת לַיהֹוָה וַיֹּאמְרוּ לֵאמֹר אָשִׁירָה לַיהֹוָה כִּי־גָאֹה גָּאָה סוּס וְרֹכְבוֹ רָמָה בַיָּם: עָזִּי וְזִמְרָת יָהּ וַיְהִי־לִי לִישׁוּעָה זֶה אֵלִי וְאַנְוֵהוּ אֱלֹהֵי אָבִי וַאֲרֹמְמֶנְהוּ: יְהֹוָה אִישׁ מִלְחָמָה יְהֹוָה שְׁמוֹ: מַרְכְּבֹת פַּרְעֹה וְחֵילוֹ יָרָה בַיָּם וּמִבְחַר שָׁלִשָׁיו טֻבְּעוּ בְיַם־סוּף: תְּהֹמֹת יְכַסְיֻמוּ יָרְדוּ בִמְצוֹלֹת כְּמוֹ־אָבֶן: יְמִינְךָ יְהֹוָה נֶאְדָּרִי בַּכֹּחַ יְמִינְךָ יְהֹוָה תִּרְעַץ אוֹיֵב: וּבְרֹב גְּאוֹנְךָ תַּהֲרֹס קָמֶיךָ תְּשַׁלַּח חֲרֹנְךָ יֹאכְלֵמוֹ כַּקַּשׁ: וּבְרוּחַ אַפֶּיךָ נֶעֶרְמוּ מַיִם נִצְּבוּ כְמוֹ־נֵד נֹזְלִים קָפְאוּ תְהֹמֹת בְּלֶב־יָם: אָמַר אוֹיֵב אֶרְדֹּף אַשִּׂיג אֲחַלֵּק שָׁלָל תִּמְלָאֵמוֹ נַפְשִׁי אָרִיק חַרְבִּי תּוֹרִישֵׁמוֹ יָדִי: נָשַׁפְתָּ בְרוּחֲךָ כִּסָּמוֹ יָם צָלֲלוּ כַּעוֹפֶרֶת בְּמַיִם אַדִּירִים: מִי־כָמֹכָה בָּאֵלִם יְהֹוָה

ויושע יהוה Thus the Lord saved Israel on that day, out of the hand of the Egyptians: and Israel saw the Egyptians dead upon the shore of the sea. And Israel saw that great work which the Lord hath done upon the Egyptians: and the people feared the Lord, and believed in the Lord, and in Moses, his servant.

אז ישיר משה Then sang Moses, and the children of Israel, this song unto the Lord, and thus did they say:—I will sing unto the Lord, for he hath triumphed gloriously; the horse and his rider hath he thrown into the sea. The Lord is my strength and song, and he is become my salvation; he is my God, and I will prepare a habitation for him, my father's God, and I will exalt him. The Lord is the invincible warrior; the Lord is his name. The chariots and host of Pharoah hath he cast into the sea; and his chosen captains are sunk in the Red Sea. The depths have covered them; they sunk down to the bottom as a stone. Thy right hand, O Lord! is become glorious in power; thy right hand, O Lord! hath crushed the enemy. And in the greatness of thy excellency hast thou overthrown those who rose up against thee: thou didst send forth thy wrath, it consumed them as stubble. And with the breath of thy nostrils the waters were heaped together, the floods stood upright as a wall, and the depths were congealed in the heart of the sea. The enemy said, I will pursue, I will overtake, I will divide the spoil: my soul shall be glutted with vengeance upon them; I will unsheath my sword, my hand shall destroy them. Thou didst blow with thy wind, and the sea covered them: they sunk as lead in the mighty waters. Who is like unto thee, O Lord! amongst the mighty? Who is like thee, glorious in holiness tremendous in praises,

## תפלת שחרית:

מִי כָמֹכָה נֶאְדָּר בַּקֹּדֶשׁ נוֹרָא
תְהִלֹּת עֹשֵׂה־פֶלֶא: נָטִיתָ יְמִינְךָ תִּבְלָעֵמוֹ
אָרֶץ: נָחִיתָ בְחַסְדְּךָ עַם־זוּ
גָּאָלְתָּ נֵהַלְתָּ בְעָזְּךָ אֶל־נְוֵה קָדְשֶׁךָ: שָׁמְעוּ
עַמִּים יִרְגָּזוּן חִיל אָחַז יֹשְׁבֵי
פְלָשֶׁת: אָז נִבְהֲלוּ אַלּוּפֵי אֱדוֹם אֵילֵי
מוֹאָב יֹאחֲזֵמוֹ רָעַד נָמֹגוּ כֹּל
יֹשְׁבֵי כְנָעַן: תִּפֹּל עֲלֵיהֶם אֵימָתָה וָפַחַד
בִּגְדֹל זְרוֹעֲךָ יִדְּמוּ כָּאָבֶן עַד־
יַעֲבֹר עַמְּךָ יְהוָֹה עַד־יַעֲבֹר עַם־זוּ קָנִיתָ: תְּבִאֵמוֹ
וְתִטָּעֵמוֹ בְּהַר נַחֲלָתְךָ מָכוֹן
לְשִׁבְתְּךָ פָּעַלְתָּ יְהוָֹה מִקְּדָשׁ אֲדֹנָי כּוֹנְנוּ יָדֶיךָ:
יְהוָֹה ׀ יִמְלֹךְ לְעֹלָם וָעֶד:

יְיָ יִמְלֹךְ לְעֹלָם וָעֶד: כִּי לַיְיָ הַמְּלוּכָה: וּמוֹשֵׁל בַּגּוֹיִם ּ וְעָלוּ מוֹשִׁיעִים בְּהַר צִיּוֹן לִשְׁפֹּט אֶת־הַר עֵשָׂו וְהָיְתָה לַיְיָ הַמְּלוּכָה: וְהָיָה יְיָ לְמֶלֶךְ עַל־כָּל־הָאָרֶץ בַּיּוֹם הַהוּא יִהְיֶה יְיָ אֶחָד וּשְׁמוֹ אֶחָד: וּבְתוֹרָתְךָ כָּתוּב לֵאמֹר שְׁמַע יִשְׂרָאֵל יְיָ אֱלֹהֵינוּ יְיָ אֶחָד:

נִשְׁמַת כָּל־חַי תְּבָרֵךְ אֶת־שִׁמְךָ יְיָ אֱלֹהֵינוּ ּ וְרוּחַ כָּל־בָּשָׂר תְּפָאֵר וּתְרוֹמֵם זִכְרְךָ מַלְכֵּנוּ תָּמִיד ּ מִן־הָעוֹלָם וְעַד־הָעוֹלָם אַתָּה אֵל ּ וּמִבַּלְעָדֶיךָ אֵין לָנוּ מֶלֶךְ גּוֹאֵל וּמוֹשִׁיעַ פּוֹדֶה וּמַצִּיל וּמְפַרְנֵס וּמְרַחֵם בְּכָל־עֵת צָרָה וְצוּקָה אֵין לָנוּ מֶלֶךְ אֶלָּא אָתָּה: אֱלֹהֵי הָרִאשׁוֹנִים וְהָאַחֲרוֹנִים ּ אֱלוֹהַּ כָּל־בְּרִיּוֹת אֲדוֹן כָּל־

working miracles? Thou stretchedst out thy right hand, the earth swallowed them. In thy mercy hast thou led forth the people thou hast redeemed; with thy strength hast thou guided them unto thy holy habitation. The nations hear and tremble: sorrow seizes the inhabitants of Palestine. Then shall the dukes of Edom be troubled; trembling shall take hold of the mighty men of Moab: all the inhabitants of Canaan shall become faint-hearted. Fear and dread shall fall upon them; by the greatness of thy arm they shall be still as a stone; till thy people pass over, O Lord! till the people pass over, which thou hast purchased. Thou shalt bring them and plant them in the mount of thy inheritance; the place, O Lord! which thou hast made for thy residence; the sanctuary, O Lord! which thy hands have established. The Lord shall reign for ever and ever.

יי ימלך "The Lord shall reign for ever and ever." "For the kingdom is the Lord's, and he governeth the nations. And deliverers shall go up to mount Zion to judge the mount of Esau, and the kingdom shall be the Lord's. And the Lord shall be King over all the earth: on that day the Lord alone shall be acknowledged, and his name shall also be one." And in thy law it is written thus: "Hear, O Israel! the Lord our God, the Lord is ONE."

נשמת כל חי The soul of all living bless thy name, O Lord, our God! and the spirit of all flesh shall continually glorify and extol thy memorial, O our King! for from everlasting, to everlasting thou art God, and besides thee we have no king, redeemer, or saviour; who redeemeth, delivereth, maintaineth, and hath compassion with us, in all times of trouble and distress; we have no king but thee. Thou art God of the first, and God of the last, the God of all creatures, the Lord of all generations; who is adored with all manner of praises;

תּוֹלָדוֹת הַמְּהֻלָּל בְּרֹב הַתִּשְׁבָּחוֹת הַמְּנַהֵג עוֹלָמוֹ בְּחֶסֶד וּבְרִיּוֹתָיו בְּרַחֲמִים · וַיְיָ לֹא־יָנוּם וְלֹא־יִישָׁן · הַמְעוֹרֵר יְשֵׁנִים וְהַמֵּקִיץ נִרְדָּמִים · וְהַמֵּשִׂיחַ אִלְּמִים · וְהַמַּתִּיר אֲסוּרִים וְהַסּוֹמֵךְ נוֹפְלִים וְהַזּוֹקֵף כְּפוּפִים · לְךָ לְבַדְּךָ אֲנַחְנוּ מוֹדִים · אִלּוּ פִינוּ מָלֵא שִׁירָה כַּיָּם וּלְשׁוֹנֵנוּ רִנָּה כַּהֲמוֹן גַּלָּיו וְשִׂפְתוֹתֵינוּ שֶׁבַח כְּמֶרְחֲבֵי רָקִיעַ · וְעֵינֵינוּ מְאִירוֹת כַּשֶּׁמֶשׁ וְכַיָּרֵחַ · וְיָדֵינוּ פְרוּשׂוֹת כְּנִשְׁרֵי שָׁמָיִם · וְרַגְלֵינוּ קַלּוֹת כָּאַיָּלוֹת : אֵין אֲנַחְנוּ מַסְפִּיקִים לְהוֹדוֹת לְךָ יְיָ אֱלֹהֵינוּ וֵאלֹהֵי אֲבוֹתֵינוּ · וּלְבָרֵךְ אֶת־שְׁמֶךָ · עַל־אַחַת מֵאֶלֶף אֶלֶף אַלְפֵי אֲלָפִים וְרִבֵּי רְבָבוֹת פְּעָמִים הַטּוֹבוֹת שֶׁעָשִׂיתָ עִם־אֲבוֹתֵינוּ וְעִמָּנוּ : מִמִּצְרַיִם גְּאַלְתָּנוּ יְיָ אֱלֹהֵינוּ וּמִבֵּית עֲבָדִים פְּדִיתָנוּ · בְּרָעָב זַנְתָּנוּ · וּבְשָׂבָע כִּלְכַּלְתָּנוּ · מֵחֶרֶב הִצַּלְתָּנוּ וּמִדֶּבֶר מִלַּטְתָּנוּ וּמֵחֳלָיִם רָעִים וְנֶאֱמָנִים דִּלִּיתָנוּ : עַד־הֵנָּה עֲזָרוּנוּ רַחֲמֶיךָ · וְלֹא־עֲזָבוּנוּ חֲסָדֶיךָ · וְאַל־תִּטְּשֵׁנוּ יְיָ אֱלֹהֵינוּ לָנֶצַח : עַל־כֵּן אֵבָרִים שֶׁפִּלַּגְתָּ בָּנוּ · וְרוּחַ וּנְשָׁמָה שֶׁנָּפַחְתָּ בְּאַפֵּינוּ וְלָשׁוֹן אֲשֶׁר שַׂמְתָּ בְּפִינוּ : הֵן הֵם יוֹדוּ וִיבָרְכוּ וִישַׁבְּחוּ וִיפָאֲרוּ וִירוֹמְמוּ וְיַעֲרִיצוּ וְיַקְדִּישׁוּ וְיַמְלִיכוּ אֶת־שִׁמְךָ מַלְכֵּנוּ : כִּי כָל־פֶּה לְךָ יוֹדֶה וְכָל־לָשׁוֹן לְךָ תִשָּׁבַע · וְכָל־בֶּרֶךְ לְךָ תִכְרַע · וְכָל־קוֹמָה לְפָנֶיךָ תִשְׁתַּחֲוֶה : וְכָל־לְבָבוֹת יִירָאוּךָ · וְכָל־קֶרֶב וּכְלָיוֹת יְזַמְּרוּ לִשְׁמֶךָ כַּדָּבָר שֶׁכָּתוּב כָּל עַצְמוֹתַי תֹּאמַרְנָה יְיָ מִי כָמוֹךָ · מַצִּיל עָנִי מֵחָזָק מִמֶּנּוּ וְעָנִי וְאֶבְיוֹן מִגֹּזְלוֹ : מִי יִדְמֶה־לָּךְ וּמִי יִשְׁוֶה־לָּךְ וּמִי יַעֲרָךְ־לָךְ · הָאֵל הַגָּדוֹל הַגִּבּוֹר וְהַנּוֹרָא אֵל עֶלְיוֹן קֹנֵה שָׁמַיִם וָאָרֶץ · נְהַלֶּלְךָ וּנְשַׁבֵּחֲךָ וּנְפָאֶרְךָ וּנְבָרֵךְ אֶת־שֵׁם קָדְשֶׁךָ · כָּאָמוּר לְדָוִד בָּרְכִי נַפְשִׁי אֶת־יְיָ וְכָל־קְרָבַי אֶת־שֵׁם קָדְשׁוֹ :

---

who governeth the world with tenderness, and his creatures with mercy. And the Lord slumbereth not, and sleepeth not; he rouseth those who sleep, and awakeneth those who slumber! he causeth the dumb to speak; he looseneth those that are bound; he supporteth the fallen: and he raiseth up those who are bowed down. And, therefore, unto thee who art God alone will we render adoration. Although our mouths were filled with songs, as the fulness of the sea; and our tongues with hymns, as the multitude of its billows; and our lips with praise, like the wide extent of the firmament; and our eyes with brightness, like the sun and moon; and our hands extended like the eagles of heaven; and our feet swift as the hinds; we should nevertheless be incapable of rendering sufficient thanks unto thee, O Lord, our God! and the God of our fathers; or to bless thy name for one of the innumerable benefits which thou hast conferred on us and our ancestors. For thou, O Lord, our God! didst redeem us from Egypt, and released us from the house of bondage; in time of famine thou didst feed us; and in plenty thou didst provide for us; from the sword thou didst deliver us; from the pestilence thou didst save us; and from sore and heavy diseases thou didst relieve us. Hitherto thy tender mercies have supported us, and thy kindness hath not forsaken us; and O Lord, our God! do never forsake us. Therefore the members of which thou hast formed us, the spirit and soul which thou hast breathed into our nostrils, and the tongue which thou hast placed in our mouth—behold, they shall thank, bless, praise, glorify, extol, reverence, sanctify, and ascribe sovereign power unto thy name, O our King! For every mouth shall adore thee, and every tongue shall swear fealty unto thee; every knee shall bend unto thee; and every stature shall bow down before thee. Every heart shall fear thee, and all inward parts and reins shall sing praise unto thy name; as it is written: "All my bones shall say, O Lord! who is like unto thee? Who deliverest the poor from him that is too strong for him; the poor and needy from their oppressor." Who is like unto thee? who is equal unto thee? who can be compared unto thee? O thou, the great, mighty, and tremendous God! the most high God! possessor of heaven and earth! We will praise thee, we will adore thee, we will glorify thee, and we will bless thy name; as it is said by David: "Bless the Lord, O my soul! and all that is within me, bless his holy name."

# יוֹצֵר לְיוֹם רִאשׁוֹן שֶׁל פֶּסַח:

## הָאֵל

בְּתַעֲצֻמוֹת עֻזֶּךָ · הַגָּדוֹל בִּכְבוֹד שְׁמֶךָ · הַגִּבּוֹר לָנֶצַח וְהַנּוֹרָא בְּנוֹרְאוֹתֶיךָ: הַמֶּלֶךְ הַיּוֹשֵׁב עַל כִּסֵּא רָם וְנִשָּׂא:

שׁוֹכֵן עַד מָרוֹם וְקָדוֹשׁ שְׁמוֹ · וְכָתוּב רַנְּנוּ צַדִּיקִים בַּייָ לַיְשָׁרִים נָאוָה תְהִלָּה: בְּפִי

| | | | | |
|---|---|---|---|---|
| יְ | שָׁרִים | תִּתְ | הַלָּל: | וּבְדִבְרֵי |
| צַ | דִּיקִים | תִּתְ | בָּרַךְ: | וּבִלְשׁוֹן |
| חֲ | סִידִים | תִּתְ | רוֹמָם: | וּבְקֶרֶב |
| קְ | דוֹשִׁים | תִּתְ | קַדָּשׁ: | |

וּבְמַקְהֲלוֹת רִבְבוֹת עַמְּךָ בֵּית־יִשְׂרָאֵל בְּרִנָּה יִתְפָּאַר שִׁמְךָ מַלְכֵּנוּ בְּכָל־דּוֹר וָדוֹר שֶׁכֵּן חוֹבַת כָּל־הַיְצוּרִים לְפָנֶיךָ יְיָ אֱלֹהֵינוּ וֵאלֹהֵי אֲבוֹתֵינוּ · לְהוֹדוֹת לְהַלֵּל לְשַׁבֵּחַ לְפָאֵר לְרוֹמֵם לְהַדֵּר לְבָרֵךְ לְעַלֵּה וּלְקַלֵּס עַל־כָּל־דִּבְרֵי שִׁירוֹת וְתִשְׁבְּחוֹת דָּוִד בֶּן־יִשַׁי עַבְדְּךָ מְשִׁיחֶךָ:

יִשְׁתַּבַּח שִׁמְךָ לָעַד מַלְכֵּנוּ הָאֵל הַמֶּלֶךְ הַגָּדוֹל וְהַקָּדוֹשׁ בַּשָּׁמַיִם וּבָאָרֶץ כִּי־לְךָ נָאֶה יְיָ אֱלֹהֵינוּ וֵאלֹהֵי אֲבוֹתֵינוּ שִׁיר וּשְׁבָחָה הַלֵּל וְזִמְרָה עֹז וּמֶמְשָׁלָה נֶצַח גְּדֻלָּה וּגְבוּרָה תְּהִלָּה

# MORNING SERVICE

FOR THE

### FIRST DAY OF THE

# FEAST OF PASSOVER.

## O GOD!

Who art mighty in thy strength! who art great by thy glorious name! mighty for ever, tremendous by thy fearful acts. The King! who sitteth on the high and exalted throne, inhabiting eternity, most exalted, and holy is his name; and it is written, rejoice in the Lord, O ye righteous, for to the just praise is comely. With the mouth of the upright shalt thou be praised! blessed with the lips of the righteous: extolled with the tongue of the pious; by a choir of saints shalt thou be sanctified.

ובמקהלות And in the congregation of many thousands of thy people, the house of Israel, shall thy name, O our King! be glorified in song, throughout all generations! for such is the duty of every created being, towards thee, O Lord, our God! and the God of our fathers, to render thanks, to praise, extol, glorify, exalt, ascribe glory, bless, magnify, and adore thee, with all the songs and praises of thy servant David, the son of Jesse thine anointed.

ישתבח Thy name shall be praised for ever, Almighty, great, and holy King, in heaven and earth: for unto thee, O Lord, our God! and the God of our fathers, appertaineth song and praise; hymn and psalm; strength and dominion; victory, power and greatness; adoration and glory; holiness

וְתִפְאֶרֶת קְדֻשָּׁה וּמַלְכוּת בְּרָכוֹת וְהוֹדָאוֹת מֵעַתָּה וְעַד־עוֹלָם :
בָּרוּךְ אַתָּה יְיָ אֵל מֶלֶךְ גָּדוֹל בַּתִּשְׁבָּחוֹת אֵל הַהוֹדָאוֹת אֲדוֹן הַנִּפְלָאוֹת הַבּוֹחֵר בְּשִׁירֵי זִמְרָה מֶלֶךְ אֵל חַי הָעוֹלָמִים :

וְעַתָּה יִגְדַּל נָא כֹּחַ אֲדֹנָי כַּאֲשֶׁר דִּבַּרְתָּ לֵאמֹר · זְכֹר רַחֲמֶיךָ יְיָ וַחֲסָדֶיךָ כִּי מֵעוֹלָם הֵמָּה :

יִתְגַּדַּל וְיִתְקַדַּשׁ שְׁמֵהּ רַבָּא · בְּעָלְמָא דִּי־בְרָא כִרְעוּתֵהּ וְיַמְלִיךְ מַלְכוּתֵהּ · בְּחַיֵּיכוֹן וּבְיוֹמֵיכוֹן וּבְחַיֵּי דְכָל בֵּית יִשְׂרָאֵל · בַּעֲגָלָא וּבִזְמַן קָרִיב וְאִמְרוּ אָמֵן :

קהל אָמֵן יְהֵא שְׁמֵהּ רַבָּא מְבָרַךְ לְעָלַם וּלְעָלְמֵי עָלְמַיָּא : יִתְבָּרַךְ שְׁמוֹ וְיִתְעַלֶּה זִכְרוֹ לָעַד וּלְנֵצַח נְצָחִים :

יִתְבָּרַךְ וְיִשְׁתַּבַּח וְיִתְפָּאַר וְיִתְרוֹמַם וְיִתְנַשֵּׂא וְיִתְהַדָּר וְיִתְעַלֶּה וְיִתְהַלָּל שְׁמֵהּ דְּקוּדְשָׁא בְּרִיךְ הוּא · לְעֵלָּא מִן כָּל בִּרְכָתָא וְשִׁירָתָא · תֻּשְׁבְּחָתָא וְנֶחָמָתָא · דַּאֲמִירָן בְּעָלְמָא וְאִמְרוּ אָמֵן :

During the time the Reader chaunts ברכו the Congregation say יתברך.

חזן בָּרְכוּ אֶת יְיָ הַמְבֹרָךְ :

קהל וחזן בָּרוּךְ יְיָ הַמְבֹרָךְ לְעוֹלָם וָעֶד :

בָּרוּךְ אַתָּה יְיָ אֱלֹהֵינוּ מֶלֶךְ הָעוֹלָם · יוֹצֵר אוֹר וּבוֹרֵא חֹשֶׁךְ עֹשֶׂה שָׁלוֹם וּבוֹרֵא אֶת הַכֹּל : אוֹר עוֹלָם בְּאוֹצַר חַיִּים אוֹרוֹת מֵאֹפֶל אָמַר וַיֶּהִי :

יִתְבָּרַךְ וְיִשְׁתַּבַּח וְיִתְפָּאַר וְיִתְרוֹמַם וְיִתְנַשֵּׂא שְׁמוֹ שֶׁל מֶלֶךְ מַלְכֵי הַמְּלָכִים הַקָּדוֹשׁ בָּרוּךְ הוּא שֶׁהוּא רִאשׁוֹן וְהוּא אַחֲרוֹן וּמִבַּלְעָדָיו אֵין אֱלֹהִים סֹלּוּ לָרֹכֵב בָּעֲרָבוֹת בְּיָהּ שְׁמוֹ וְעִלְזוּ לְפָנָיו וּשְׁמוֹ מְרוֹמָם עַל כָּל בְּרָכָה וּתְהִלָּה : בָּרוּךְ שֵׁם כְּבוֹד מַלְכוּתוֹ לְעוֹלָם וָעֶד : יְהִי שֵׁם יְיָ מְבֹרָךְ מֵעַתָּה וְעַד עוֹלָם :

and majesty; blessing and thanksgivings from now and for evermore. Blessed art thou, O Lord, Almighty King! glorified with praises; most worthy of thanksgivings, Lord of miracles, who delighted in the songs of psalmody; King! Almighty and Eternal.

ועתה O may the mighty power of the Lord be now magnified, as thou hast declared, saying, O Lord! remember thy tender mercies, and thy loving kindness, for they have been of old.

יתגדל May his great name be exalted, and sanctified throughout the world, which he hath created according to his will. May he establish his kingdom in our life-time, and in our days, and in the life-time of the whole house of Israel; speedily, and in a short time; and say ye, Amen.

אמן Amen. May his great name be praised, and glorified for ever and ever. Be his name and his memorial blessed always, and for ever.

יתברך May his hallowed name be praised, glorified, exalted, magnified, honoured, and most excellently adored; blessed is he, far exceeding all blessings, hymns, praises and beatitudes, that are repeated throughout the world; and say ye, Amen.

*Reader.* Bless ye the Lord, who is ever blessed.

*Congregation answers.*

ברוך Blessed be the Lord, who is blessed for ever and evermore.

ברוך אתה Blessed art thou, O Eternal, our God! King of the universe! who formeth the light, and createth darkness; preserveth all in concord, and createth all things; even the eternal light in the treasure of everlasting life; he commanded light from darkness, and it was.

יתברך Blessed, praised, glorified, extolled, and exalted, shall be the holy name, of the Supreme King of Kings! blessed is he; for he is the first and the last, and besides him there is no God. Extol him who causeth the uppermost sphere to move by his name JAH! Rejoice before him; for his name is exalted above all blessing and praise. Blessed be the name of the glory of his kingdom for ever and ever. Blessed be the name of the Lord from henceforth and for evermore.

אוֹר יֶשַׁע מְאֻשָּׁרִים · שִׁמּוּר זֶה מוּכְשָׁרִים · אֲהוּדֶנּוּ
בִידִידָיו כְּשָׁרִים · שִׁיר הַשִּׁירִים : אַיֶּלֶת אִוּוּי תְּשׁוּקוֹת ·
לְחַלּוֹחַ עִיּוּף שׁוֹקֵקוֹת · אָסַמֵּי שֹׂבַע לְהַשְׁקוֹת · יִשָּׁקֵנִי
מִנְּשִׁיקוֹת : בְּרוּכֵי מֵעֲלָמוֹת מִשְׁמַנֶּיךָ · מוֹשְׁלֵי גִּנְזָכֵי מִכְמַנֶּיךָ ·
בְּשַׁמְּתָם תַּמְרוּק סַמְמָנֶיךָ · לְרֵיחַ שְׁמָנֶיךָ : בְּנֵי בֵיתְךָ וְהוֹרֶיךָ ·
הִנָּם חָזֵר סְחוֹרֶיךָ · בֵּית מִדִּין צְחָרֶיךָ · מָשְׁכֵנִי אַחֲרֶיךָ :
גַּאֲה וְרַב עֲנָוָה · הוֹדִי מִבָּנוֹת נָוָה · גַּם כִּי דָוָה · שְׁחוֹרָה
אֲנִי וְנָאוָה : גַּחַל כִּי מְחוֹרְחֶרֶת · קָרֵב רַגָּז סְחַרְחֶרֶת ·
גַּחַן קְדוֹרַנִּית כְּחָרֶת · אַל תִּרְאֻנִי שֶׁאֲנִי שְׁחַרְחֹרֶת : דּוֹלִי
וּכְמַר מִדְּלִי בְּדָלִי · טוֹטֶפֶת כְּלִילוֹ גָּדְלִי · דִּגְלֵי עוֹז מִגְדָּלִי ·
הַגִּידָה לִי : דַּרְבוֹנִי מְלַמֵּד מַרְדְּעִי · נָתוֹן רוֹעֶה הִדְּבִעִי ·
דָּן וְהוֹכִיחַ פִּרְעִי · אִם לֹא תֵדְעִי : הִדְרִיךְ סוּס לִמְנוּסָתִי ·
בַּיָּם בִּקַּע לִבְסִיסָתִי · הֶמִירוֹ וּמָלֵא בְּפִיסָתִי · לְסֻסָתִי :
הִתְרַנִּי מִלֵּי חַיָּיִךְ · רְטִיַּת נוֹמֵי מְתָיַיִךְ · הַזֶּה וְהַבָּא לִתְחִיָּיךְ ·
נָאווּ לְחָיַיִךְ : וְחַנֵּנִי חֵן מוּצְהָב · בְּנָצוּל צוּל רַהַב · וְכַבִּיר
הִצְבִּיר יַהַב · תּוֹרֵי זָהָב : וְלִבִּי גַּם בּוֹ · יָדַע סִיג סָבּוֹ · וְסַר
בְּאוֹכֶל עֶשְׂבּוֹ · עַד שֶׁהַמֶּלֶךְ בִּמְסִבּוֹ : זְמַן זְמַן מִזְמוֹר :
יָחוֹר עָרִיצִים לִזְמוֹר · זִבְּלַנִי בַּצַּר לִכְמוֹר · צְרוֹר הַמּוֹר ·
זָלְזוּל כְּרוּם כֶּפֶר · הִזִּיל כַּרְכּוֹם חֶפֶר · זִיף חוֹב מִסֵּפֶר ·
אֶשְׁכֹּל הַכֹּפֶר : חָשַׁק חִבַּת רֵעוּתִי · וְחָפֵץ חֲלָבֵי רַעֲוָתִי ·
חִנָּה לְחִפַּת יְרִיעָתִי · הִנָּךְ יָפָה רַעְיָתִי : חָשׁ חַפְּשִׁי מִדּוּדִי ·

אדיר The guide and deliverer of the blessed people, that was worthy of his protection; him will I praise among his beloved, as those that sang the canticle; he, the mightiest of all desires, the reviving cordial of the languid and faint; he hath filled my storehouses with plenty. O may he again caress me. The blessed above all nations, the rulers of the law that was hid in thy treasure, thou didst perfume them with thy sweet purifying spices, and with thy balsamic oil. The children of thy household and thy nobles, behold they encompass thee, and entreat thee to rebuild the temple, where sat those who illustrated thy *law*, O that I again may follow thee. He who is majestic, and abundantly meek, hath adorned me above the daughters (nations); although I was faint, and disfigured, yet am I comely. Though I am compared to a burning coal, am veiled in black, and am humbled, because of surrounding trouble, yet look not disdainfully upon me because *I am black*. He who hath exalted me, and separated me from among the heathens, as a drop of a bucket, hath adorned me with beautiful ornaments, and shewed me my banner and *my* strong tower. The staff wherby I was directed, was delivered to the shepherd of the well instructed generation, (Moses); he judged and reproved my faults, when I was heedless. He made the horses tread the sea to forward my escape; he cleft the sea that I might march through; he separated and destroyed my pursuers (the Egyptians) and their horses. He admonished me, saying, my ordinances are thy life! they are an healing plaister to thy wounds; thy happiness in this, and the future *world;* behold the beautiful tables of the law; He gave me favour in their sight, he delivered the mighty spoil of the Egyptians unto me, even jewels of gold. My heart *then* became proud towards him; but he knew that it was caused by the dross from among *them* that turned aside, *to worship a calf* that feedeth on grass; while the eternal King was yet in the midst of them. He prepared a time to cut off the branches of the violent; he *commanded* me *to build him* a dwelling, to have mercy on me in *the time of trouble*, for the sake of him (Isaac) who was bound on the mount Moriah. The idol was despised, destroyed, and scattered, the guilty blotted out from the book; even the whole of the impious rabble. He again desired my love, and was pleased with the fat of my free-will *offerings;* he spake *to me* when I finished a canopy of hangings

דָּץ בִּרְווּי דוֹדִי · חַנְּנָתִיו חֲתָנִי יְדִידִי · הִנָּךְ יָפֶה דוֹדִי : טִלְטֵל פַּנִּיקְטֵי נִתְרָזִים · הָרִים עוֹקֵר וְתִרְזִים · טָס מַטֵּע מְזוֹרָזִים · קֹרוֹת בָּתֵּינוּ אֲרָזִים : טִירַת בֵּיתוֹ נֶאֱצֶלֶת · יִתְנַגֵּי רוֹן מְצַהֶלֶת · טַכְסִים חֲתָנָה מְצַלְצֶלֶת · אֲנִי חֲבַצֶּלֶת : יַעֲלוּ רוֹם מְתוּחִים · חֲרוּשִׁים דוּשִׁים תְּחוּחִים · יָאִים עֲרֵיבֵי נִיחֹחִים · כְּשׁוֹשַׁנָּה בֵּין הַחוֹחִים : יָצִיץ וְלֹא לְמִצְעָר · יֶתֶר שְׁאָר מְזֻעָר · יִפְרַח לְווּי מַעַר · כְּתַפּוּחַ בַּעֲצֵי הַיַּעַר : כִּתְּרַנִי מֵהַכְשֵׁר זַיִן · הִרְבַּנִי מְלֹא עַיִן · כְּתָב רְאָיָה וּמִנַיִן · הֱבִיאַנִי אֶל בֵּית הַיָּיִן : כִּלְכֵּל עֲדָנַי מִתְשִׁישׁוּת · יִסְּרַנִי קָשׁוֹת מְקֻשָּׁשׁוֹת · כּוֹנַנְתִּי חוֹלַת חֲשָׁשׁוֹת · סַמְּכוּנִי בָּאֲשִׁישׁוֹת : לֹא דֶרֶךְ כְּהַפְּלִישִׁי · גַּם צִיָּה כְּהַפְרִישִׁי · לְמָסָךְ וּפִנּוּי מְרַשְּׁשִׁי · שְׂמֹאלוֹ תַּחַת לְרֹאשִׁי : לֵב אֶחָד וּשְׁכֶם · דָּאִים כָּעָב לְמִשְׁכֶּם · לַאֲסִירִים יַחְפּוֹץ כְּסֶכֶם · הִשְׁבַּעְתִּי אֶתְכֶם : מִבּוֹר תַּחְתִּיּוֹת רְדוּדִי · לָחַץ עַקְרַבֵּי גְדוּדִי · מָהֵר וְקִדֵּר מְדַדִּי · קוֹל דּוֹדִי : מִבֵּית חוֹמֶר קְצָבִי · בֵּית חַיִּים נְצִיבִי : מְצַפִּי מְצִיפִי מַצְּבִי · דּוֹמֶה דוֹדִי לִצְבִי : נַחֲלָה שָׁפְרָה לִי · תִּקְוַת שְׁלוֹשׁ גּוֹרָלִי · נְעִימוֹת בְּמַר לִי · עָנָה דוֹדִי וְאָמַר לִי : נָם תַּתִּי סְבַר וָרֹק אֵין דָּבָר · נוּסוּ נוֹדוּ כְּבָר · כִּי הִנֵּה הַסְּתָו עָבָר : סַרְסוּר זְרוּז מֶרֶץ · רֹאשׁ פְּרוּז הֶרֶץ · סְלוּל שָׁלוֹם וָתֶרֶץ · הַנִּצָּנִים נִרְאוּ בָאָרֶץ : סַפֵּק עַתִּיק מִפִּינֶיהָ · הַפֵּק מַמְתִּיק

(the tabernacle); saying, behold thou *art* fair my love. He hastened to redeem me from bondage, and was delighted with the fullness of my love; for I behaved gracefully to my beloved; saying, behold, thou *art* fair, my beloved. He removed the palaces of the wicked, overthrew mountains, tore up oaks; he reared the plants of the righteous, for the beams of our house *are* cedar. When the palace of his habitation *was filled* with glory, he caused me to sing and rejoice, as with the prepared high-sounding *instruments* of a marriage feast; then I was graceful, and compared to a lilly. They who where humbled, and trodden down as small clogs *of earth*, were now exalted to the skies; they were amiable and graceful, as a rose-tree among thorn-bushes. The small remnant of the people sprang forth greatly; they bloomed abundantly *in* proportion, as an apple-*tree* among the trees of the wood. He crowned me with proper ornaments (the law); he exalted me abundantly; he brought me to the banqueting house. He fed me with dainties, because of my weariness; he chastised me severely, that I might bear examination; yet when I was sick of solicitude, he supported me with flagons. *He did* not *lead me in* the beaten paths, but through the open desert, where I was separated *from all people;* he spread the clouds over me, for a covering, and to clear the way from impediments; his left hand was the support of my head. They were unanimous, and bowed their shoulder, *to bear the yoke of the law;* flying swiftly as on a cloud; for he was desirous that those who had been in bondage should be unanimous: as is said, I charge you. From the lowest pit oppressed by scorpions, did he hasten to shorten the time of my captivity, and *bring me out; thus did I hear* the voice of my beloved; *he brought me forth* from the house of bondage, and planted me in the house of *everlasting* life; when he beheld them drown my offspring, he, my beloved, hastened to my relief like a roe. I have inherited a beautiful portion, the desirable lot of my ancestors; he sweetened my bitter servitude; for my beloved spake, and promised it unto me. He said, I will grant thy request, now ye have nothing to do, but to depart and flee, for lo, the winter is past. The mediator (Moses) was swift and diligent; he broke the head of the hosts, and formed a perfect path of peace; at the time

the flowers appear on the earth, the vines changed its blossom, to bring forth the sweet green fruits; the corn ripe for fine

מג יוצר ליום ראשון של פסח :

פַּגֶּיהָ · סֹלֶת סֹלֶת סְפוּגֶיהָ · הַתְּאֵנָה חָנְטָה פַגֶּיהָ : עֲקַלָּתוֹן
נוֹשֵׁף קֶלַע · וּפִיתוֹם מְכַשֵּׁף נִצְלַע · עָרֵב שִׁלְשׁוּל בְּהַקְלַע ·
יוֹנָתִי בְּחַגְוֵי הַסֶּלַע : עֲרוּדִים עִם עִילִים · מָרוּ זָדוּ שְׁעוּלִים ·
עִנְיָן לֹא מַעֲלִים · אֶחֱזוּ לָנוּ שֻׁעָלִים : פְּתִיגִיל וַעֲגִיל בְּדָלִי ·
עֲנוּק פִּנּוּק קְדָלִי · פָּנִים בְּפָנִים הִשְׁדִּילִי · דּוֹדִי לִי : פּוֹעַל
בָּם תְּפוּחַ · שָׂכָר לֹא קָפוּחַ · פְּקוֹד דַּר טָפוּחַ · עַד שֶׁיָּפוּחַ :
צִמְצֵם שְׁכְנוֹ מֶרְכָּבִי · יוֹם חִנּוּךְ כַּרְכּוּבִי · צָפִיתִי פֹּה
עִכּוּבִי · עַל מִשְׁכָּבִי : צְבִי קֹדֶשׁ מִנָּה · מְקוֹם מִבְחַר מָנָה ·
צִיּוֹן קִרְיָה נֶאֱמָנָה · אָקוּמָה נָא : קָרַצְתִּי דַּצְתִּי בְּאוֹמְרִים ·
טַפְתִּי נַפְתִּי בְּמוֹרִים · קִלְקַלְתִּי שְׁמָנִים שְׁמָרִים · מְצָאוּנִי
הַשּׁוֹמְרִים : קִנְיָן כִּי שָׁבַרְתִּי · וְטוֹב לֹא סִבַּרְתִּי · קָדְשׁוּ
לוּלֵא חִבַּרְתִּי · כִּמְעַט שֶׁעָבַרְתִּי : רֶשֶׁם אֹפֶר בְּצִבְאוֹתֵיכֶם ·
בְּזַעֲזוּעַ חִיל אֱיָלוּתְכֶם · רִחוּק דִּחוּק אֶתְכֶם · הִשְׁבַּעְתִּי
אֶתְכֶם : רֵישׁ גָּלֵי כְּהֶעָלֶה · יוֹנָה תַמָּה עִלָּה · רִגְשׁוּ בְּנֵי
עוֹלָה · מִי זֹאת עֹלָה : שְׁרוּת שַׁפְרִיר שִׁטָּתוֹ · מַטּוֹת וְרִבּוֹא
חִטָּתוֹ · שַׁעַר צֵא וְשִׁטָּתוֹ · הִנֵּה מִטָּתוֹ : שִׁירַת עָרְבּוּב
מִלְּעֵרֶב · אֻמָּנוּת אַבּוּב עָרֵב · שִׁירוּת נִבּוּב חֶרֶב · כֻּלָּם
אֲחֻזֵי חֶרֶב : תָּאָיו פֶּסֶק לוֹ · מִלּוּאֹת כַּנֵּי טַרְסְקָלוֹ ·
תַּטְלִיל חָסָה לוֹ · אַפִּרְיוֹן עָשָׂה לוֹ : חִיּוּז תֹּאַר פָּנִים
מֵהַכֶּסֶף · נוֹעֲמוּ יְדִידוּת כּוֹסֶף · תַּבְנִית אוֹת יוֹסֵף ·
עַמּוּדָיו עָשָׂה כֶסֶף :

flour; and the fig-tree putteth forth her green figs. The hissing serpents (the Egyptians) pursued, the magicians of Pithom followed; I was again ensnared, as a dove in the clefts of the rock. The Egyptians, both young and old, presumptuously followed me into the sea, but it availed not, for the cunning foxes were taken. *He ornamented me with* a zone, and ear-rings in my ears, and delicately embellished my neck with jewels; he decked my face with pearls; thus my beloved caressed me: the mighty deed is accomplished; thou who dwellest in heaven didst reward them, before the dawn of the day. His divine presence rested on the habitation I erected for him, (the tabernacle) then I thought, here will I tarry, continue in my resting place, as *on* the day that the altar was dedicated. But his decree appointed a chosen place in the holy glorious land; *even* Zion, illustrious city; I arose and went thither. But then I became faithless. I mocked those that admonished me. I revered idols, and offered incense unto them; therefore they who laid wait for me found me. I broke the law, and did not trust in that which is good. Had I not been the founder of his sanctuary, it wanted but little, that I had passed away, and had been no more. But know, ye tyrants! although your hosts are extended, yet they have their limits; although your power is terrible and awful, yet the day will come that ye also will be dispersed and oppressed; I swear it! Remember, when he brought *her* (the nation) out from bondage with a high hand, praised *her, and called her my dove, my* undefiled; and the children of iniquity roared aloud, who is this that cometh out? The service of the *splendid* pavilion of cedar, the tribes with thousands of their young men they came forth in regular order: behold the habitation of his glory!* The songs of the numerous Levites were harmonious, both the instrumental and vocal music, was clear and distinct; they all were armed with swords. His habitation was divided into chambers, there was placed the ark of the covenant (the basis of the world); it was covered with elegant coverings, and hung with magnificent tapestry. He enlightened their face, that they might not be put to shame, *as shewn* in the beloved, amiable and desirable, place (משכן שילו) erected under the banner of Joseph; the pillars thereof were made of silver.

* Heb. הנה משתו. See ר"ש"י.

חזן צְאֶינָה וּרְאֶינָה   קהל וחזן מַשְׂכִּיל שִׁיר יְדִידִים ·
רִנַּת חֲתֻנַּת דּוֹדִים :

חזן הִנָּךְ יָפָה   קהל וחזן דָּת דִּין וּפִקּוּדִים ·
כְּפַל יָחִיד לִפְקוּדִים :

חזן שִׁנַּיִךְ   קהל וחזן הִרְחִיק כְּאוֹר חֲמוּדִים ·
קֹשֶׁט לָשׁוֹן לִמּוּדִים :

חזן כְּחוּט הַשָּׁנִי   קהל וחזן טַעַם זַיִן יְלִידִים ·
נִגְדוּ שְׁלֵם לִילָדִים :

חזן כְּמִגְדַּל דָּוִיד   קהל וחזן יִקְרַת פִּנַּת יְסוּדִים ·
גְּבוּל הוֹרָיוֹת יְסוּדִים ·

שְׁנֵי שָׁדַיִךְ דִּבּוּק אַחִים חֲסִידִים · לְרוֹעִים תָּרִים חֲסוּדִים : עַד שֶׁיָּפוּחַ הַיּוֹם יוֹם צְדָקָה לַחֲרֵדִים · חִבּוּל זֵדִים זְרָדִים : כֻּלָּךְ יָפָה בְּלִי מוּם מְכֻבָּדִים · תָּם וְחֶלְקוֹ מְזֻבָּדִים : אִתִּי מִלְּבָנוֹן כַּלָּה וִיעוּד שְׁכִינָה בְּשִׁעְבּוּדִים · רָצוּף בְּבוֹאוֹ מְאֻבּוּדִים : לִבַּבְתִּנִי אֲחֹתִי כַלָּה הַבַּת בַּת נְגִידִים · אַהֲבָה וְחִבָּה אֲגוּדִים : מַה יָּפוּ דֹדַיִךְ אֲחֹתִי כַלָּה מְנוּחָה וּשְׁאָר וִיעוּדִים · וּשְׁמָנַיִךְ קְרִיַּת מוֹעֲדִים : נֹפֶת תִּטֹּפְנָה שִׂפְתוֹתַיִךְ כַּלָּה אַחֲוַת מְשִׁיחִים עוֹמְדִים · מִבְּלִי קִנְאָה מְצַמְּדִים · גַּן נָעוּל נָקָם וְאֵין מַגִּידִים · סָתוּם לְתִלְבּוֹשֶׁת הַבְּגָדִים :

שְׁלָחַיִךְ פַּרְדֵּס שֶׁפֶר נָאִים וַהֲדוּרִים · לְטַכְסִים מְלָכִים אַדּוּרִים · נֵרְדְּ וְכַרְכֹּם · מַזֶּה וּמַזֶּה סְדוּרִים · הַחוּט הַמְשֻׁלָּשׁ

צאינה *Reader.* Go forth and observe. *Cong. and Read.* The perfect song of love; the joyful song of bridal love.

הנך *Read.* Lo, thou art fair! *Cong. and Read.* A law, statute and precepts, did the one God give in a two-fold sense, to those that were numbered.

שניך *Read.* Thy teeth. *Cong. and Read.* Desire not filthy *discourse;* but the polished language of truth.

כחוט *Read.* Thy lips are like a scarlet thread. *Read. and Cong.* So were the words of him (Abraham) who armed those that were born in his house; for which his posterity was requited.

כמגדל *Read.* Like the tower of David. *Cong. and Read.* Where was the precious corner *stone* of the foundation; the principal bounds of instruction.

שני שדיך Thy two breasts are as the junction of the two pious brethren (Moses and Aaron; *even as* the two shepherds that sought *for thee* a pure rest; until the day break; a day of righteousness to those who are careful *to perform the precepts;* when he will destroy the pride of the presumptuous; thou art fair, and glorious without spot; perfect, and endued with a good portion. Come with me to Lebanon, *my* bride; for thou hast ravished my heart, my sister, *my* bride. O thou daughter of princes; *in whom* love and affection are united. How fair is thy love, my sister, *my* bride! *I have given thee a place* of rest, and other appointments; and the balsam of the city of solemn assemblies; for thy lips O *my* spouse, drop as the honey-comb; the brotherhood of the anointed ones continued connected without jealousy; as an enclosed garden, so is the time of vengeance hidden; and no one knoweth when he will clothe *himself with* the garments *of vengeance.*

שלחיך Thy plants *are as* a beautiful and adorned orchard, to ornament the mighty kings; *with* spikenard and saffron on each side; fenced with a threefold cord; garden of fountains; that washeth away great and trivial sins, by observing the cleansing ablutions. Awake, O north *wind,* and come, thou

גְּדוּרִים : מַעְיַן גַּנִּים הַדְּחַת קַלִּים וַחֲמוּרִים · טְבִילוֹת נְקִיּוֹת שְׁמוּרִים : עוּרִי צָפוֹן וּבוֹאִי תֵימָן · יַחַד לְכַנֵּס נִסְעָרִים · גָּלוּת כָּל שְׁעָרִים : בָּאתִי לְגַנִּי אֲחֹתִי כַלָּה דּוּגְמַת מִלּוּאִים גְּמוּרִים · לְקַבֵּל אֵבָרִים וְאֵמוּרִים : אֲנִי יְשֵׁנָה בִּיאַת עִיר מְשַׂעִירִים · תּוֹחֶלֶת יִסְחָבוּם צְעִירִים : פָּשַׁטְתִּי אֶת כֻּתָּנְתִּי רִבְּתִי וּשְׁנֵי כְתָרִים · הָאוּרִים וְתֻמִּי סְתָרִים : דּוֹדִי שָׁלַח יָדוֹ אָז לִסְעוֹד הוֹרִים · מְזֻמָּן עוֹד לְנִמְהָרִים · קַמְתִּי נִצַּבְתִּי בְּחֶמֶד הָרִים · וְדַצְתִּי אַצְתִּי בְּזָהֳרִים : פָּתַחְתִּי מֵאֵלַי בְּנִטּוּף מוֹרִים · נַעֲשֶׂה וְנִשְׁמַע אֲמָרִים : מְצָאוּנִי לְגְיוֹנוֹת סְבָבוּנִי כַּנְּהָרִים · עוֹמֵד כַּהֲדַסִּים בֶּהָרִים : הִשְׁבַּעְתִּי אֶתְכֶם דְּרוֹשׁ דּוֹר מֵישָׁרִים · סוּר מֵרַכְסֵי קְשָׁרִים : מַה דּוֹדֵךְ מִדּוֹד לֶעָתִיד שָׁאוּל נִפְשָׁרִים · הֵם בְּאֻמּוֹת הַכְּשָׁרִים : מַה דּוֹדֵךְ מִדּוֹד נוּאָמִים בְּזֶה הַקּוֹשְׁרִים · נֶגְדּוֹ נֶהֱרָגִים כַּשְּׁוָרִים · נֵזֶר יִחוּדוֹ קוֹשְׁרִים · נֶצַח מַלְכוּתוֹ שָׁרִים :

דּוֹדִי נוּעֲמוֹ עִמּוֹ מֵישָׁרִים · נִכְתַּב וְנִקְרָא בַּשִּׁירִים · צִדְקוֹתָיו לְרֵקִים מְהַזְּרִים · צִבְיוֹנוֹ עֲשׂוֹת מִתְאַזְּרִים · צְפוּתֵינוּ צְפִית מְשַׁחֲרִים · צִיּוֹן עַמּוּד שְׁחָרִים · צוּר קוֹנֵנוּ מַכְתִּירִים · צָרְכֵּנוּ בְּפֶלֶל מַעְתִּירִים · חָזֵה נֶחֱזֶה בְּבֵאוּרִים · חָשְׁכֵּנוּ לָעַד לְאוּרִים · חזן חַי זַכֵּינוּ בְּמִתְפָּאֲרִים · קַיֵּם לְדוֹר דּוֹרִים · הַמֵּאִיר לָאָרֶץ וְלַדָּרִים :

south, and together gather those that are scattered; who are driven into all places; *as is said,* I am come into my garden, my sister, *my* spouse; in like manner as we read of the consecration; to accept of the members and fat of the sacrifices. I sleep when the oppressor cometh from Seir; in the hope that the least of the flock shall drag them away. I have been stript of my royal vesture; deprived of the two crowns, and the Urim and Thummim that unfolded hidden things. My beloved put in his hand, to support *my* teachers, and is yet prepared to succour the faint-hearted. I rose up, *and* stood on the delightful mountain, and in joy hastened *to receive* the admonitions. I opened my mouth of my own accord, and said, I will observe, and will hear. The legions found me, and encompassed me as the rivers, *while* he stood as the myrtles on the mountains. I charge you to seek my sincerely beloved, *and to* depart from the proud association. They ask, what is thy beloved, more than *another* beloved? yet the time will come *when* they *shall acknowledge that they* are the most upright of the nations. But now, those who associate *against Israel,* say, what is thy beloved, more than *another* beloved; though ye suffer yourselves to be slain for his sake as oxen? yet they acknowledge his UNITY, and sing the eternity of his kingdom.

דודי My beloved's people justly *celebrate* his glorious *name;* that is written and read in songs; his righteousness *permits* those that are destitute of *good works* to return; we, his people, gird ourselves to do his will; in hopes, of seeing the light of the morning break for their freedom; we acknowledge the sovereignty of our Creator: and, in prayer, supplicate for our necessities; that we may see the light of the redemption; O may he enlighten our darkness; O thou living *God!* make us worthy, as those that can boast *of their righteousness;* O thou who existeth throughout all generations, *and* who enlightenest the whole earth, and those that dwell therein.

On Sabbath omit from המאיר לארץ to סלה.

הַמֵּאִיר לָאָרֶץ וְלַדָּרִים עָלֶיהָ בְּרַחֲמִים וּבְטוּבוֹ מְחַדֵּשׁ בְּכָל־יוֹם תָּמִיד מַעֲשֵׂה בְרֵאשִׁית: מָה רַבּוּ מַעֲשֶׂיךָ יְיָ׳ כֻּלָּם בְּחָכְמָה עָשִׂיתָ׳ מָלְאָה הָאָרֶץ קִנְיָנֶךָ: הַמֶּלֶךְ הַמְרוֹמָם לְבַדּוֹ מֵאָז׳ הַמְשֻׁבָּח וְהַמְפֹאָר וְהַמִּתְנַשֵּׂא מִימוֹת עוֹלָם: אֱלֹהֵי עוֹלָם בְּרַחֲמֶיךָ הָרַבִּים רַחֵם עָלֵינוּ׳ אֲדוֹן עֻזֵּנוּ׳ צוּר מִשְׂגַּבֵּנוּ׳ מָגֵן יִשְׁעֵנוּ׳ מִשְׂגָּב בַּעֲדֵנוּ: אֵל בָּרוּךְ גְּדוֹל דֵּעָה׳ הֵכִין וּפָעַל זָהֳרֵי חַמָּה׳ טוֹב יָצַר כָּבוֹד לִשְׁמוֹ׳ מְאוֹרוֹת נָתַן סְבִיבוֹת עֻזּוֹ׳ פִּנּוֹת צְבָאָיו קְדוֹשִׁים רוֹמְמֵי שַׁדַּי׳ תָּמִיד מְסַפְּרִים כְּבוֹד אֵל וּקְדֻשָּׁתוֹ: תִּתְבָּרַךְ יְיָ אֱלֹהֵינוּ עַל שֶׁבַח מַעֲשֵׂה יָדֶיךָ׳ וְעַל מְאוֹרֵי אוֹר שֶׁעָשִׂיתָ יְפָאֲרוּךָ סֶּלָה:

On Sabbath say from הכל יודוך to יפארוך סלה.

[הַכֹּל יוֹדוּךָ וְהַכֹּל יְשַׁבְּחוּךָ׳ וְהַכֹּל יֹאמְרוּ אֵין קָדוֹשׁ כַּיְיָ: הַכֹּל יְרוֹמְמוּךָ סֶּלָה יוֹצֵר הַכֹּל׳ הָאֵל הַפּוֹתֵחַ בְּכָל יוֹם׳ דַּלְתוֹת שַׁעֲרֵי מִזְרָח: וּבוֹקֵעַ חַלּוֹנֵי רָקִיעַ׳ מוֹצִיא חַמָּה מִמְּקוֹמָהּ׳ וּלְבָנָה מִמְּכוֹן שִׁבְתָּהּ: וּמֵאִיר לָעוֹלָם כֻּלּוֹ וּלְיוֹשְׁבָיו׳ שֶׁבָּרָא בְּמִדַּת רַחֲמִים: הַמֵּאִיר לָאָרֶץ וְלַדָּרִים עָלֶיהָ בְּרַחֲמִים׳ וּבְטוּבוֹ מְחַדֵּשׁ בְּכָל יוֹם תָּמִיד מַעֲשֵׂה בְרֵאשִׁית: הַמֶּלֶךְ הַמְרוֹמָם לְבַדּוֹ מֵאָז׳ הַמְשֻׁבָּח וְהַמְפֹאָר וְהַמִּתְנַשֵּׂא מִימוֹת עוֹלָם: אֱלֹהֵי עוֹלָם׳ בְּרַחֲמֶיךָ הָרַבִּים רַחֵם עָלֵינוּ׳ אֲדוֹן עֻזֵּנוּ צוּר מִשְׂגַּבֵּנוּ׳ מָגֵן יִשְׁעֵנוּ׳ מִשְׂגָּב בַּעֲדֵנוּ: אֵין כְּעֶרְכֶּךָ׳ וְאֵין זוּלָתֶךָ׳ אֶפֶס בִּלְתֶּךָ׳ וּמִי דּוֹמֶה לָּךְ: אֵין כְּעֶרְכְּךָ יְיָ אֱלֹהֵינוּ בָּעוֹלָם הַזֶּה׳ וְאֵין זוּלָתְךָ מַלְכֵּנוּ לְחַיֵּי הָעוֹלָם הַבָּא: אֶפֶס בִּלְתְּךָ גּוֹאֲלֵנוּ לִימוֹת הַמָּשִׁיחַ׳ וְאֵין דּוֹמֶה לְּךָ מוֹשִׁיעֵנוּ לִתְחִיַּת הַמֵּתִים:

המאיר לארץ Who with mercy enlighteneth the whole earth, and those who dwell therein: and in his goodness, every day constantly reneweth the work of the creation. How great are thy works, O Lord! in wisdom hast thou made them all; the earth is full of thy possessions. Thou art the only King, who is extolled, praised, glorified, and exalted, ever since the creation. Thou art the everlasting God! in the abundance of thy mercy have compassion on us. O Lord! thou art our strength, the rock of our fortress, the shield of our salvation, be thou our defence. The Blessed God is Omniscient; he hath made and established the radiance of the sun; he who is good hath formed that which is for the glory of his name, he hath encircled with luminaries the seat of his strength, chiefs of holy bands extolling the Almighty, continually declare the glory of God, and his holiness. Blessed be thou, O Lord our God! for all the praiseworthy works of thy hands, and for the bright luminaries which thou hast formed; they shall glorify thee for ever.

[הכל יודוך All beings give thanks unto thee; they all praise thee; and every one declare that there is none holy like the Lord. They all extol thee, for ever, O thou who formest all things. O God! who daily openest the portals of the gates to the east, and cleavest the windows of the firmament: bringest forth the sun from its place, and the moon from the place of its residence, and enlightenest the universe, and all its inhabitants, which thou didst create according to thy attribute of mercy. Thou, who with mercy illuminateth the earth, and those who dwell therein; and in thy goodness, every day constantly renewest the work of the creation. Thou art the only King to be extolled, praised, glorified, and exalted, ever since the creation. Thou art the everlasting God! in thine abundant mercy, have compassion on us; O Lord! thou art our strength, the rock of our fortress, the shield of our salvation, be thou our defence. There is none to be compared with thee; nor is there any besides thee; there is no other save thee; and who is like unto thee? There is none to be compared with thee, O Lord, our God! in this world; nor is there any besides thee, O our King! in the future state. There is no other save thee, O our Redeemer! in the days of the Messiah; and who will be like thee, O our Saviour, at the resurrection of the dead

אֵל אָדוֹן עַל כָּל־הַמַּעֲשִׂים · בָּרוּךְ וּמְבוֹרָךְ בְּפִי כָּל נְשָׁמָה · גָּדְלוֹ וְטוּבוֹ מָלֵא עוֹלָם · דַּעַת וּתְבוּנָה סוֹבְבִים אוֹתוֹ: הַמִּתְגָּאֶה עַל חַיּוֹת הַקֹּדֶשׁ · וְנֶהְדָּר בְּכָבוֹד עַל הַמֶּרְכָּבָה: זְכוּת וּמִישׁוֹר לִפְנֵי כִסְאוֹ · חֶסֶד וְרַחֲמִים לִפְנֵי כְבוֹדוֹ: טוֹבִים מְאוֹרוֹת שֶׁבָּרָא אֱלֹהֵינוּ · יְצָרָם בְּדַעַת בְּבִינָה וּבְהַשְׂכֵּל: כֹּחַ וּגְבוּרָה נָתַן בָּהֶם · לִהְיוֹת מוֹשְׁלִים בְּקֶרֶב תֵּבֵל: מְלֵאִים זִיו וּמְפִיקִים נוֹגַהּ · נָאֶה זִיוָם בְּכָל הָעוֹלָם: שְׂמֵחִים בְּצֵאתָם וְשָׂשִׂים בְּבוֹאָם · עוֹשִׂים בְּאֵימָה · רְצוֹן קוֹנֵיהֶם: פְּאֵר וְכָבוֹד נוֹתְנִים לִשְׁמוֹ · צָהֳלָה וְרִנָּה לְזֵכֶר מַלְכוּתוֹ: קָרָא לַשֶּׁמֶשׁ וַיִּזְרַח־אוֹר · רָאָה וְהִתְקִין צוּרַת הַלְּבָנָה: שֶׁבַח נוֹתְנִים־לוֹ כָּל־צְבָא מָרוֹם · תִּפְאֶרֶת וּגְדֻלָּה שְׂרָפִים וְאוֹפַנִּים וְחַיּוֹת הַקֹּדֶשׁ:

לָאֵל אֲשֶׁר שָׁבַת מִכָּל־הַמַּעֲשִׂים בַּיּוֹם הַשְּׁבִיעִי הִתְעַלָּה וְיָשַׁב עַל־כִּסֵּא כְבוֹדוֹ: תִּפְאֶרֶת עָטָה לְיוֹם הַמְּנוּחָה עֹנֶג קָרָא לְיוֹם הַשַּׁבָּת: זֶה שֶׁבַח (שֶׁל) יוֹם הַשְּׁבִיעִי שֶׁבּוֹ שָׁבַת אֵל מִכָּל־מְלַאכְתּוֹ: וְיוֹם הַשְּׁבִיעִי מְשַׁבֵּחַ וְאוֹמֵר מִזְמוֹר שִׁיר לְיוֹם הַשַּׁבָּת טוֹב לְהוֹדוֹת לַיְיָ: לְפִיכָךְ יְפָאֲרוּ וִיבָרְכוּ לָאֵל כָּל־יְצוּרָיו · שֶׁבַח יְקָר וּגְדֻלָּה יִתְּנוּ לָאֵל מֶלֶךְ יוֹצֵר כֹּל הַמַּנְחִיל מְנוּחָה לְעַמּוֹ יִשְׂרָאֵל בִּקְדֻשָּׁתוֹ בְּיוֹם שַׁבַּת קֹדֶשׁ: שִׁמְךָ יְיָ אֱלֹהֵינוּ יִתְקַדַּשׁ · וְזִכְרְךָ מַלְכֵּנוּ יִתְפָּאַר · בַּשָּׁמַיִם מִמַּעַל וְעַל הָאָרֶץ מִתָּחַת: תִּתְבָּרַךְ מוֹשִׁיעֵנוּ עַל־שֶׁבַח מַעֲשֵׂה יָדֶיךָ וְעַל־מְאוֹרֵי־אוֹר שֶׁעָשִׂיתָ יְפָאֲרוּךָ סֶּלָה:]

תִּתְבָּרַךְ צוּרֵנוּ מַלְכֵּנוּ וְגוֹאֲלֵנוּ בּוֹרֵא קְדוֹשִׁים · יִשְׁתַּבַּח שִׁמְךָ · לָעַד מַלְכֵּנוּ יוֹצֵר מְשָׁרְתִים וַאֲשֶׁר מְשָׁרְתָיו כֻּלָּם עוֹמְדִים בְּרוּם עוֹלָם · וּמַשְׁמִיעִים בְּיִרְאָה יַחַד בְּקוֹל · דִּבְרֵי אֱלֹהִים חַיִּים וּמֶלֶךְ עוֹלָם: כֻּלָּם אֲהוּבִים · כֻּלָּם בְּרוּרִים · כֻּלָּם גִּבּוֹרִים

אל אדון God is the Lord of all productions; he is praised and adored by the mouth of every soul breathing; his power and goodness fill the universe. Knowledge and understanding encircle him; who exalteth himself above the angels, and is adorned with glory on his heavenly seat. Purity and rectitude are before his throne; kindness and mercy complete his glory. The luminaries which our God created are good; for he formed them with knowledge, understanding, and wisdom; he hath endued them with power and might, to bear rule in the world. They are filled with splendour, and radiate brightness; their splendour is graceful throughout the world. They rejoice when going forth, and are glad at their return; and with reverential awe perform the will of their creator. They ascribe glory and majesty to his name, joy and song to the commemoration of his kingdom. He called the sun, and it rose in resplendent light; at his look the moon assumed its varying form. The whole heavenly host ascribe praise unto him; the seraphim, ophanim, and holy angels, ascribe glory and majesty.

לאל אשר שבת We will give praise to God who rested from all his works, on the seventh day he exalted himself, and sat on his majestic throne. With honour did he adorn the day of rest, and called the sabbath-day a day of delight. This is the glory of the seventh day; the Omnipotent rested thereon from all his work; and the seventh day therefore praiseth itself with a psalm and song for the sabbath. Therefore all whom God hath formed, shall glorify and bless him; they shall ascribe praise, honour, and glory unto the King, who hath formed all things; and who through his holiness, causeth his people Israel to inherit rest on the holy sabbath. Thy name, O Lord, our God! shall be sanctified, and thy memorial, O our King! be glorified in the heavens above, and on the earth beneath, for all the praiseworthy works of thy hands, and for the bright luminaries which thou hast formed; they shall glorify thee for ever.

תתברך צורנו Blessed be thou, O our Creator, King, and Redeemer! Creator of holy angels. Praised shall be thy name for ever, O our King! Creator of officiating angels, and whose ministering angels are all established in the highest sphere; causing with reverence and unanimity, their voice to be heard, proclaiming the dictates of the living God, and the sovereign of the universe. Those beloved, chosen, and mighty spirits,

וְכֻלָּם עֹשִׂים בְּאֵימָה וּבְיִרְאָה · רְצוֹן קוֹנֵיהֶם : וְכֻלָּם פּוֹתְחִים אֶת פִּיהֶם · בִּקְדֻשָּׁה וּבְטָהֳרָה בְּשִׁירָה וּבְזִמְרָה וּמְבָרְכִים וּמְשַׁבְּחִים · וּמְפָאֲרִים וּמַעֲרִיצִים וּמַקְדִּישִׁים וּמַמְלִיכִים : אֶת שֵׁם הָאֵל הַמֶּלֶךְ הַגָּדוֹל הַגִּבּוֹר וְהַנּוֹרָא · קָדוֹשׁ הוּא : וְכֻלָּם מְקַבְּלִים עֲלֵיהֶם עוֹל מַלְכוּת שָׁמַיִם זֶה מִזֶּה · וְנוֹתְנִים רְשׁוּת זֶה לָזֶה : לְהַקְדִּישׁ לְיוֹצְרָם בְּנַחַת רוּחַ · בְּשָׂפָה בְרוּרָה · וּבִנְעִימָה קְדֻשָּׁה · כֻּלָּם כְּאֶחָד עוֹנִים וְאוֹמְרִים בְּיִרְאָה :

קָדוֹשׁ ׀ קָדוֹשׁ קָדוֹשׁ יְיָ צְבָאוֹת מְלֹא כָל־הָאָרֶץ כְּבוֹדוֹ :

רֹאשׁוֹ כֶּתֶם פָּז · תָּג עִטּוּר כֶּתֶר · תַּחַן יוֹחַן עֶתֶר · שִׁכְנוֹ בְּיוֹשֵׁב סֵתֶר · שָׁלִיחַ מְפוֹרָשׁ פּוֹתֵר · רָם וְנִשָּׂא בְּיוֹתֵר · רַב בִּנְיָן וְסוֹתֵר · קוֹרְאָיו פֶּתַח חוֹתֵר · קִבֵּל כְּנִתּוּחַ בָּתֶר :

עֵינָיו כְּיוֹנִים · צַד רִבּוּעַ דְּפָנִים · צוֹפוֹת צְפוּת צְפוּנִים · פְּתוּחוֹת שִׂיחַ סְפוּנִים · פּוֹנוֹת לְאֵלָיו פּוֹנִים · עָתִיד וְגָנוּז פְּנִינִים · עָרוּךְ נֶגְדּוֹ מִלְּפָנִים · סִכְיוֹנוֹ אֵין לְפָנִים · שְׂרָפִים וְחַיּוֹת וְאוֹפַנִּים :

לְחָיָו נְטוּף מוֹר לְקָחִים · נְעִימִים אֲמָרִים מַלְקוּחִים · מְגַדְּלוֹת מֶרְחַק רְקוּחִים · מַתַּן לְנֶפֶשׁ פְּקוּחִים · לוּחוֹת חֵירוּת מְשִׂיחִים · לֵב עָלוּב מְשַׂמְּחִים · כְּאָב מַמְרִיחִים וּמוֹשְׁחִים · כַּעֲרוּגוֹת עֲרֵבִים שִׂיחִים :

יָדָיו יְדֵי אָדָם פְּשׁוּטוֹת · יְצוּרָיו לְקַבֵּל מִלְּשְׁטוֹת · טוֹעִים דֶּרֶךְ קוֹשְׁטוֹת · טֶרֶף לַכֹּל מוֹשִׁיטוֹת · חֲזָקוֹת וּמַחֲזִיקוֹת מָטוֹת · חִישׁ מְהַחִי מְלַקְטוֹת · זְכוּת מְגַלְגְּלוֹת וּמָטוֹת · זַעַם הַדִּין מְקַנְטוֹת :

all performing the will of the master with sacred fear and reverence; all their mouths chaunt holiness and purity; and with song and psalmody, continually blessing, praising, glorifying reverencing, hallowing and ascribing sovereign power unto the name of God, the great, mighty, and tremendous King! who alone is holy. They also, all willingly receive from each other the yoke of the kingdom of heaven: and give permission to one another to sanctify their Maker with a tranquil spirit, pure language, and sacred harmony; they altogether cry aloud, and with awful fear, proclaim.

קדוש Holy, holy, holy, is the Lord of Hosts! the whole earth is full of his glory.

ראשו His head *is as* the finest gold; *and* he is crowned with *three* crowns, whereby their supplication is accepted; he dwelleth in the secret abode; and the messenger bringeth up *the prayers* before him who is exceedingly high and exalted; who destroyeth the mighty building; and openeth a door for those who call on him, *and whose prayer* he accepts as the members of the *burnt-offering*.

עיניו His eyes are as the eyes of doves, which look on all four sides; for they view the most hidden things; and are open to the secret prayer of the heart; they turn towards those that turn to him; to give the prepared and hidden reward; as also that which was ordained of old, opposite it; *though* his countenance is not *seen* by the nearest seraphim, living creatures, and ophanim.

לחיו His cheeks drop myrrh, from the sweet words of the Law, that produces the most precious perfumes; and was given to make the soul wise, for the tables declare freedom, and rejoice the afflicted heart, and are as an healing plaister to the wound, as the branches of the trees bearing sweet fruit.

ידיו His hands are as men's hands stretched out to receive *those that repent*, that they may no more turn aside; to rectify the path of those that stray; they also dispense food to all; they are strong, and strengthen the poor; they quickly gather the merits *of Israel* before they are scattered and cause the scales to preponderate; and thus avert the wrath of judgment.

שׁוֹקָיו וַעַד כָּתְלֵנוּ מְצָרֵף · וְתַחַת רַגְלָיו שַׁרְפְּרָף · הֲדוֹמוֹ מַרְעִיד וּמְרַפְרֵף · הַיָּם מַלְהִיךְ וּמְשָׂרֵף:

חיון חִכּוֹ מַמְתַּקִּים · דָּת מְשַׁלִּים עַתִּיקִים · גּוֹזֵר אוֹמֵר וּמְקִים · בִּדְבָרוֹ שְׁפַר שְׁחָקִים · אָמַר וַיִּקְרָא אֲרָקִים:

קהל ויחזן שִׁבְחוֹ לִגְיוֹנָיו מְפִיקִים · הֲמוּלַּת הֲמוֹן אֲפִיקִים · חָלִים קְרִיאַת שִׁלּוּשׁ קְדֻשָּׁה מַסְפִּיקִים:

וְהַחַיּוֹת יְשׁוֹרֵרוּ וּכְרֻבִים יְפָאֵרוּ וּשְׂרָפִים יָרֹנּוּ וְאֶרְאֶלִּים יְבָרֵכוּ פְּנֵי כָל־חַיָּה וְאוֹפַן וּכְרוּב לְעֻמַּת שְׂרָפִים לְעֻמָּתָם מְשַׁבְּחִים וְאוֹמְרִים: בָּרוּךְ כְּבוֹד יְיָ מִמְּקוֹמוֹ:

לָאֵל בָּרוּךְ נְעִימוֹת יִתֵּנוּ · לְמֶלֶךְ אֵל חַי וְקַיָּם זְמִירוֹת יֹאמֵרוּ וְתִשְׁבָּחוֹת יַשְׁמִיעוּ · כִּי הוּא לְבַדּוֹ פּוֹעֵל גְּבוּרוֹת · עֹשֶׂה חֲדָשׁוֹת · בַּעַל מִלְחָמוֹת · זוֹרֵעַ צְדָקוֹת · מַצְמִיחַ יְשׁוּעוֹת בּוֹרֵא רְפוּאוֹת · נוֹרָא תְהִלּוֹת · אֲדוֹן הַנִּפְלָאוֹת · הַמְחַדֵּשׁ בְּטוּבוֹ בְּכָל־יוֹם תָּמִיד מַעֲשֵׂה בְרֵאשִׁית: כָּאָמוּר לְעֹשֵׂה אוֹרִים גְּדוֹלִים · כִּי לְעוֹלָם חַסְדּוֹ: אוֹר חָדָשׁ עַל צִיּוֹן תָּאִיר וְנִזְכֶּה כֻלָּנוּ מְהֵרָה לְאוֹרוֹ · בָּרוּךְ אַתָּה יְיָ · יוֹצֵר הַמְּאוֹרוֹת:

אַהֲבָה רַבָּה אֲהַבְתָּנוּ יְיָ אֱלֹהֵינוּ · חֶמְלָה גְדוֹלָה וִיתֵרָה חָמַלְתָּ עָלֵינוּ: אָבִינוּ מַלְכֵּנוּ · בַּעֲבוּר אֲבוֹתֵינוּ שֶׁבָּטְחוּ בְךָ · וַתְּלַמְּדֵם חֻקֵּי חַיִּים · כֵּן תְּחָנֵּנוּ וּתְלַמְּדֵנוּ: אָבִינוּ הָאָב הָרַחֲמָן הַמְרַחֵם · רַחֵם עָלֵינוּ · וְתֵן בְּלִבֵּנוּ לְהָבִין וּלְהַשְׂכִּיל לִשְׁמֹעַ · לִלְמוֹד וּלְלַמֵּד לִשְׁמוֹר וְלַעֲשׂוֹת וּלְקַיֵּם אֶת־כָּל־דִּבְרֵי תַלְמוּד תּוֹרָתֶךָ בְּאַהֲבָה: וְהָאֵר עֵינֵינוּ בְּתוֹרָתֶךָ · וְדַבֵּק לִבֵּנוּ בְּמִצְוֹתֶיךָ · וְיַחֵד לְבָבֵנוּ לְאַהֲבָה וּלְיִרְאָה שְׁמֶךָ · וְלֹא־נֵבוֹשׁ

שוקיו His legs move not ever from our wall; and under his feet is his foot-stool, which he stormeth and shaketh, and his breath burneth and parcheth the earth.

חכו His mouth is most sweet *breathing* the Law, *that contains* the parables of the ancient *of days;* who with his word decreeth, and establisheth it, and by his command, beautified the heavens: he spake, and called the dry-land into existence.

שבחו His legion *of angels* declare his praise, loud as the roaring waters, they are affrighted and tremble *at his presence;* and clapping the wing, proclaim the threefold sanctification.

והחיות And the angels shall sing, the cherubs glorify, the seraphim exult in song, and the angels bless *the Lord;* and the face of every angel, ophan, and cherub; also the seraphim; opposite each other, they sing, praise, and say, blessed be the glory of the Lord from his residence.

לאל ברוך To the blessed God, they shall offer harmonious songs. To the King! the living and ever-existing God! shall they utter hymns, and cause praises to be heard, for he alone worketh mighty things, and maketh new ones; *he is* the Lord of battles, he soweth righteousness, and causeth salvation to spring forth: the Creator of all medicine, tremendous in praises, and Lord of wonders: and who in his goodness every day constantly reneweth the work of the creation: as it is said, to him who made great luminaries, for his mercy endureth for ever; a new light shalt thou cause to shine on Zion, and may we speedily enjoy its splendour. Blessed art thou. O Lord! the former of lights.

אהבה רבה With abundant love hast thou loved us, O Lord, our God! and with exceeding great mercy hast thou compassion over us, O our Father! and our King! for the sake of our ancestors, who trusted in thee; to whom thou didst teach the statutes of life; thus also be gracious unto us, and teach us, we beseech thee. O our Father of mercies, continually shewing mercy, O be gracious unto us, and enlighten our hearts, that we may be able to understand, fully comprehend, hearken, learn, teach, keep, execute, and accomplish all the words of the doctrine of thy law in love. O enlighten our eyes through the law, and cause our hearts to cleave unto thy precepts:

לְעוֹלָם וָעֶד : כִּי בְשֵׁם קָדְשְׁךָ הַגָּדוֹל וְהַנּוֹרָא בָּטָחְנוּ ּ נָגִילָה וְנִשְׂמְחָה בִּישׁוּעָתֶךָ ּ וַהֲבִיאֵנוּ לְשָׁלוֹם מֵאַרְבַּע כַּנְפוֹת הָאָרֶץ ּ וְתוֹלִיכֵנוּ קוֹמְמִיּוּת לְאַרְצֵנוּ : כִּי אֵל פּוֹעֵל יְשׁוּעוֹת אָתָּה ּ וּבָנוּ בָחַרְתָּ מִכָּל־עַם וְלָשׁוֹן ּ וְקֵרַבְתָּנוּ לְשִׁמְךָ הַגָּדוֹל סֶלָה בֶּאֱמֶת ּ לְהוֹדוֹת לְךָ וּלְיַחֶדְךָ בְּאַהֲבָה : בָּרוּךְ אַתָּה יְיָ ּ הַבּוֹחֵר בְּעַמּוֹ יִשְׂרָאֵל בְּאַהֲבָה :

When praying alone say :—

(אֵל מֶלֶךְ נֶאֱמָן ּ)

שְׁמַע יִשְׂרָאֵל יְהֹוָה אֱלֹהֵינוּ יְהֹוָה ּ אֶחָד

בָּרוּךְ שֵׁם כְּבוֹד מַלְכוּתוֹ לְעוֹלָם וָעֶד :

וְאָהַבְתָּ אֵת יְהֹוָה אֱלֹהֶיךָ בְּכָל־לְבָבְךָ וּבְכָל־נַפְשְׁךָ וּבְכָל־מְאֹדֶךָ : וְהָיוּ הַדְּבָרִים הָאֵלֶּה אֲשֶׁר אָנֹכִי מְצַוְּךָ הַיּוֹם עַל־לְבָבֶךָ : וְשִׁנַּנְתָּם לְבָנֶיךָ וְדִבַּרְתָּ בָּם בְּשִׁבְתְּךָ בְּבֵיתֶךָ וּבְלֶכְתְּךָ בַדֶּרֶךְ וּבְשָׁכְבְּךָ וּבְקוּמֶךָ : וּקְשַׁרְתָּם לְאוֹת עַל־יָדֶךָ וְהָיוּ לְטֹטָפֹת בֵּין עֵינֶיךָ : וּכְתַבְתָּם עַל־מְזֻזוֹת בֵּיתֶךָ וּבִשְׁעָרֶיךָ :

וְהָיָה אִם־שָׁמֹעַ תִּשְׁמְעוּ אֶל־מִצְוֹתַי אֲשֶׁר אָנֹכִי מְצַוֶּה אֶתְכֶם הַיּוֹם לְאַהֲבָה אֶת־יְהֹוָה אֱלֹהֵיכֶם וּלְעָבְדוֹ בְּכָל־לְבַבְכֶם וּבְכָל־נַפְשְׁכֶם : וְנָתַתִּי מְטַר־אַרְצְכֶם בְּעִתּוֹ יוֹרֶה וּמַלְקוֹשׁ וְאָסַפְתָּ דְגָנֶךָ וְתִירֹשְׁךָ וְיִצְהָרֶךָ : וְנָתַתִּי עֵשֶׂב בְּשָׂדְךָ לִבְהֶמְתֶּךָ וְאָכַלְתָּ וְשָׂבָעְתָּ : הִשָּׁמְרוּ לָכֶם פֶּן־יִפְתֶּה לְבַבְכֶם וְסַרְתֶּם וַעֲבַדְתֶּם אֱלֹהִים אֲחֵרִים וְהִשְׁתַּחֲוִיתֶם לָהֶם : וְחָרָה אַף־יְהֹוָה בָּכֶם וְעָצַר אֶת־הַשָּׁמַיִם וְלֹא־יִהְיֶה מָטָר וְהָאֲדָמָה לֹא תִתֵּן

unite also our hearts to love and revere thy name, that we may not be confounded for ever; we have trusted in thy holy, great, mighty, and tremendous name; we rejoice and are glad in thy salvation. Therefore bring us back in peace from the four corners of the earth; and lead us securely to our land, for thou art the Omnipotent who worketh salvation; and hast made choice of us in preference to every people and language; and thou hast in truth brought us near unto thy great name; to give praise unto thee, and acknowledge thee as a unity. Blessed art thou, O Lord! who with love hath chosen his people Israel.

When praying alone say:—

(O God, the faithful King!)

שמע ישראל Hear, O Israel, the Lord our God! the Lord is one. Blessed be the name of the glory of his kingdom for ever and ever, And thou shalt love the Lord thy God with all thy heart, and with all thy soul, and with all thy might. And these words which I command thee this day, shall be in thy heart. And thou shalt teach them diligently unto thy children, and shalt speak of them when thou sittest in thy house, and when thou walkest by the way; when thou liest down, and when thou risest up. And thou shalt bind them for a sign upon thy hand, and they shall be as frontlets between thy eyes. And thou shalt write them upon the door-posts of thy house, and upon thy gates.

והיה אם שמע And it shall come to pass, that if ye will hearken diligently unto my commandments, which I command you this day, to love the Lord your God, and to serve him with all your heart and with all your soul: then will I send rain for your land in its due season, the first rain, and the latter rain, that thou mayest gather in thy corn, thy wine, and thine oil. And I will give grass in thy fields for thy cattle, and thou shalt eat and be satisfied. Take heed of yourselves, lest your heart be deceived, and ye turn aside, and serve other gods, and worship them. For then the Lord's wrath will be kindled against you, and he will shut up the heavens, that there be no rain, and the land will not yield her fruit, and ye

אֶת־יְבוּלָהּ וַאֲבַדְתֶּם מְהֵרָה מֵעַל הָאָרֶץ הַטֹּבָה אֲשֶׁר יְהֹוָה נֹתֵן לָכֶם: וְשַׂמְתֶּם אֶת־דְּבָרַי אֵלֶּה עַל־לְבַבְכֶם וְעַל־נַפְשְׁכֶם וּקְשַׁרְתֶּם אֹתָם לְאוֹת עַל־יֶדְכֶם וְהָיוּ לְטוֹטָפֹת בֵּין עֵינֵיכֶם: וְלִמַּדְתֶּם אֹתָם אֶת־בְּנֵיכֶם לְדַבֵּר בָּם בְּשִׁבְתְּךָ בְּבֵיתֶךָ וּבְלֶכְתְּךָ בַדֶּרֶךְ וּבְשָׁכְבְּךָ וּבְקוּמֶךָ: וּכְתַבְתָּם עַל־מְזוּזוֹת בֵּיתֶךָ וּבִשְׁעָרֶיךָ: לְמַעַן יִרְבּוּ יְמֵיכֶם וִימֵי בְנֵיכֶם עַל הָאֲדָמָה אֲשֶׁר נִשְׁבַּע יְהֹוָה לַאֲבֹתֵיכֶם לָתֵת לָהֶם כִּימֵי הַשָּׁמַיִם עַל־הָאָרֶץ:

וַיֹּאמֶר יְהֹוָה אֶל־מֹשֶׁה לֵּאמֹר: דַּבֵּר אֶל־בְּנֵי יִשְׂרָאֵל וְאָמַרְתָּ אֲלֵהֶם וְעָשׂוּ לָהֶם צִיצִת עַל־כַּנְפֵי בִגְדֵיהֶם לְדֹרֹתָם וְנָתְנוּ עַל־צִיצִת הַכָּנָף פְּתִיל תְּכֵלֶת: וְהָיָה לָכֶם לְצִיצִת וּרְאִיתֶם אֹתוֹ וּזְכַרְתֶּם אֶת־כָּל־מִצְוֹת יְהֹוָה וַעֲשִׂיתֶם אֹתָם וְלֹא־תָתוּרוּ אַחֲרֵי לְבַבְכֶם וְאַחֲרֵי עֵינֵיכֶם אֲשֶׁר־אַתֶּם זֹנִים אַחֲרֵיהֶם: לְמַעַן תִּזְכְּרוּ וַעֲשִׂיתֶם אֶת־כָּל־מִצְוֹתָי וִהְיִיתֶם קְדֹשִׁים לֵאלֹהֵיכֶם: אֲנִי יְהֹוָה אֱלֹהֵיכֶם אֲשֶׁר הוֹצֵאתִי אֶתְכֶם מֵאֶרֶץ מִצְרַיִם לִהְיוֹת לָכֶם לֵאלֹהִים אֲנִי יְהֹוָה אֱלֹהֵיכֶם:

אֱמֶת וְיַצִּיב וְנָכוֹן וְקַיָּם וְיָשָׁר וְנֶאֱמָן וְאָהוּב וְחָבִיב וְנֶחְמָד וְנָעִים וְנוֹרָא וְאַדִּיר: וּמְתֻקָּן וּמְקֻבָּל וְטוֹב וְיָפֶה הַדָּבָר הַזֶּה עָלֵינוּ לְעוֹלָם וָעֶד: אֱמֶת אֱלֹהֵי עוֹלָם מַלְכֵּנוּ צוּר יַעֲקֹב מָגֵן יִשְׁעֵנוּ: לְדוֹר וָדוֹר הוּא קַיָּם וּשְׁמוֹ קַיָּם וְכִסְאוֹ נָכוֹן וּמַלְכוּתוֹ וֶאֱמוּנָתוֹ לָעַד קַיֶּמֶת: וּדְבָרָיו חָיִים וְקַיָּמִים נֶאֱמָנִים וְנֶחֱמָדִים לָעַד וּלְעוֹלְמֵי עוֹלָמִים· עַל־אֲבוֹתֵינוּ וְעָלֵינוּ עַל־בָּנֵינוּ וְעַל־דּוֹרוֹתֵינוּ וְעַל כָּל־דּוֹרוֹת זֶרַע יִשְׂרָאֵל עֲבָדֶיךָ: עַל־הָרִאשׁוֹנִים

shall perish quickly from off the goodly land which the Lord giveth you. Therefore, shall ye lay up these my words in your heart, and in your soul, and bind them for a sign upon your hand, and they shall be as frontlets, between your eyes. And ye shall teach them to your children, speaking of them when thou sittest in thy house, and when thou walkest by the way, when thou liest down, and when thou risest up. And thou shalt write them upon the door-posts of thy house, and upon thy gates. That your days may be multiplied, and the days of your children, in the land which the Lord sware unto your fathers, to give them, as the days of heaven upon the earth

ויאמר And the Lord spake unto Moses, saying, speak unto the children of Israel, and bid them to make themselves fringes on the borders of their garments, throughout their generations, and that they put upon the fringes of the borders a thread of blue. And it shall be unto you for a fringe, that ye may look upon it, and remember all the commandments of the Lord, and do them; and that ye seek not after the inclinations of your heart, and the delight of your eyes, in pursuit of which ye have been led astray. That ye may remember, and do all my commandments, and be holy unto your God. I am the Lord your God, who brought you out of the land of Egypt, to be your God; I am the Lord your God.

אמת ויציב True, and certain; firm, and stable; right, and faithful; lovely, and dear; desirable, and pleasant; reverent and excellent; regular, and acceptable; good, and beautiful, is this word unto us, for ever and ever. It is true, that the everlasting God is our King! the Rock of Jacob, and shield of our salvation. He endureth from generation to generation, his name also abideth; his throne is established, and his kingdom and truth endure for ever. His words also are living, permanent, faithful and desirable for ever, even unto all ages; as well those which he hath spoken concerning our ancestors, as those concering us, our children, our generations, and the generations of the seed of Israel thy servants, both the first

וְעַל־הָאַחֲרוֹנִים לְעוֹלָם וָעֶד חוק וְלֹא יַעֲבוֹר : אֱמֶת שָׁאַתָּה הוּא יְיָ אֱלֹהֵינוּ וֵאלֹהֵי אֲבוֹתֵינוּ לְעוֹלָם וָעֶד : אַתָּה הוּא מַלְכֵּנוּ מֶלֶךְ אֲבוֹתֵינוּ אָתָּה · לְמַעַן שִׁמְךָ מַהֵר לְגָאֳלֵנוּ כַּאֲשֶׁר גָּאַלְתָּ אֶת אֲבוֹתֵינוּ : אֱמֶת מֵעוֹלָם שִׁמְךָ הַגָּדוֹל עָלֵינוּ נִקְרָא בְּאַהֲבָה אֵין אֱלֹהִים זוּלָתֶךָ :

אֲהֵבוּךָ נֶפֶשׁ לְהָדְךָ · מוֹנִים בּוֹטֵחַ וְשׁוֹדְךָ · אָנָּא הָלַךְ דּוֹדֵךְ : בְּשׁוּב נוֹחֵךְ גְּנוּנוֹ · רְבָבָה תְּרַנֵּן בְּגִינוֹ · דּוֹדִי יָרַד לְגַנּוֹ : גְּשִׁים נִבְנֶה כְּהַחֲדִילִי · דּוֹבְבִים נֵלְכָה לְהַבְדִּילִי · אֲנִי לְדוֹדִי וְדוֹדִי לִי : דִּמַּנִי נָאוָה וּתְרוּצָה · כִּנַּנִי בְּלֹא פִרְצָה · יָפָה אַתְּ רַעְיָתִי כְּתִרְצָה : הִזְהַרְנִי מִמַּעַשׂ מְעַנַּיִךְ · הִתְעִב גֵּיא כְנַעֲנַיִךְ · הָסֵבִּי עֵינַיִךְ · וְעַמֵּךְ כֻּלָּם הִלּוּלִים · קוֹדֶשׁ וְלֹא חוּלִים · שִׁנַּיִךְ כְּעֵדֶר הָרְחֵלִים : זְבָדַנִי זְבוּל אַרְמוֹן · טֵיב יוֹשְׁבֵי אָמוֹן · כְּפֶלַח הָרִמּוֹן : חַכְמֵי מַלְאֲכוֹת מְלָאכוֹת · נֶצַח עוֹלָם הֲלִיכוֹת · שִׁשִּׁים הֵמָּה מְלָכוֹת : טוֹעֲנִים אֶסְפּוֹת גַּנָּתִי · יַחַד נוֹטְעִים כַּנָּתִי · אַחַת הִיא יוֹנָתִי : יְשָׁרִם לְהָלִיץ הַתְּקָפָה · גַּבְהוּת קֶרֶן זְקוּפָה · מִי זֹאת הַנִּשְׁקָפָה : כַּעַס וּשְׂחוֹק יָגוֹז · דַּלַּת רֹאשׁ מִלָּגוֹז · אֶל גִּנַּת אֱגוֹז : לְגוֹלֵל אֶבֶן צִמַּתְתַנִי · בְּאֵר חַיַּי צִמַּתְנִי · לֹא יָדַעְתִּי נַפְשִׁי שָׂמַתְנִי : מָתַי לְחָצִיר נֶעֱמִית · תּוֹעֵה וּמַתְעֶה לְהַעֲמִית · שׁוּבִי שׁוּבִי הַשּׁוּלַמִּית : נָאִים לְהִתְנַדֵּב מְעָלִים · רְאוּת וּלְקַלֵּם מוֹעֲלִים · מַה יָּפוּ פְעָמַיִךְ בַּנְּעָלִים : סֶדֶר עֲבוֹדָה מְהֻגָּן · הֵשַׁב לְשִׁיתוֹ גֻּגָּן · שָׁרְרֵךְ אַגַּן : עָרוּךְ

and the last for ever and ever. It is a statute that shall not pass away. *It is* true, that thou art the Lord our God; and the God of our fathers, for ever and ever. Thou art our King, and the King of our fathers; for the sake of thy name, hasten, to redeem us, as thou didst redeem our ancestors. It is true that we have ever been called in love by thy great name, there is no other God besides thee.

אהבוך Those that love thee, and sacrifice their life for thee; they are taunted by those *that dwell* safely and securely, *who say*, whither is thy beloved gone? When he shall return again to rest, in his canopy, then will myriads rejoice for his sake; *saying*, my beloved is gone down again into his garden. The *nations* who drew near, saying, let us assist to rebuild the temple, only attempted to hinder me; *I answered them, I am* my beloved's and my beloved is mine. He compared me to a beautiful virtuous woman, and bestowed on me a beautiful sirname, *when he said*, thou art beautiful, O my love, as תרצה. He admonished me to abstain from the work of those that afflicted me; and to abominate the base actions of those that oppress thee; turn away thine eyes! for thy people *are* all praiseworthy; they are holy and not profane; thy teeth *are as* a flock of lambs. He endowed me *with* a palace for an habitation, *where* he was kind to those that sat there in a circular form to study the law. The wise men that are employed in the study of the law, *will inherit* the everlasting eternal paths. They assemble to discuss the law, and together plant my vineyard; they are unanimous as a pair of doves. Strengthen thyself to be an advocate for their uprightness, and raise up the horn of their exaltation; and those that see it say, who *is this* that looketh forth? May he remove wrath and laughter, that we may no more be held in derision; *but be brought* into the garden of nuts (the temple). They condemned me to work in a quarry; in a pit my life dwindles away; they put me to a labour I was not accustomed to. O when shall yon palace be an habitation for the ostrich? those who err cause others to err; cease, repent, O Shulamite! and return to the place where the most beautiful *beasts* were offered for sacrifice; the perfidious will see it, they will praise thee, saying, how beautiful are thy steps in the shoes! Restore the proper order of the service, (the priests), and also the singers (the Levites), that they may prepare rams and bulls, as *commanded* by the hands of the scribes; for thy two breasts

אֵלִים וּפָרִים · כְּאָז בְּיַד סוֹפְרִים · שְׁנֵי שָׁרַיִךְ כִּשְׁנֵי עֳפָרִים : פֶּתַח שִׁיר מְלַדֵּל · הֲדַר זָקֵן מְגַדֵּל · צַוָּארֵךְ כְּמִגְדַּל : צוּ חֶסֶד כְּגוֹמֵל · וְנִשָּׂא כְּאָמוּר חוֹמֵל · רֹאשֵׁךְ עָלַיִךְ כַּכַּרְמֶל : קֶלֶת תְּמוּר אַשְׁמָתְ · גִּנַּאי זִכְרוֹנֵךְ שַׁמְתְּ · מַה יָּפִית וּמַה נָּעַמְתְּ : רִיב לָטוֹב יוֹמַר · וּלְשִׁפְלוּת עֵמֶק יְזֻמַּר · זֹאת קוֹמָתֵךְ דָּמְתָה לְתָמָר · שַׁתֵּף בְּכָל מִשְׁמָר · כֻּלָּם צַדִּיקִים בְּמַאֲמָר · אָמַרְתִּי אֶעֱלֶה בְתָמָר : תַּעַן דְּבַר טוֹב · שׁוּרָה אַחַת לַחֲטוֹב · וְחִכֵּךְ כְּיֵין הַטּוֹב : שְׁחוֹרָה וְנָאוָה תְּשׁוּקָתוֹ · לֹא מֵרוֹב חֲשׁוּקָתוֹ · אֲנִי לְדוֹדִי וְעָלַי תְּשׁוּקָתוֹ : מֵחֲפוּרִים שׁוּר שְׁפוּרִים · הִסְתַּכֵּל בְּךָ כּוֹפְרִים · לְכָה דוֹדִי נֵצֵא הַשָּׂדֶה נָלִינָה בַּכְּפָרִים : בִּינָה רִצּוּי תּוֹרְמִים · בְּסוּס עוֹלָם גּוֹרְמִים · נַשְׁכִּימָה לַכְּרָמִים : יִתֵּן קוֹל צוֹרֵחַ · הַטּוֹבוֹת וְהָרָעוֹת הַפֹּרֵחַ · הַדּוּדָאִים נָתְנוּ רֵיחַ : דּוֹדִי נֹחַ לִי · הַמְנַחֲמִי וּמוֹחֵל לִי : מִי יִתֶּנְךָ כְּאָח לִי : חֲזוֹת כְּאָז צְבָאֵךְ · זוֹהַר שְׁכִינַת מוֹרָאֵךְ · אֶנְהָגֵךְ אֲבִיאֵךְ : קָרוֹבֵךְ עַם דְּבֵקַנִי · וְסֵת שִׁבְחֵךְ סִפְּקֵנִי שְׂמֹאלוֹ תַּחַת רֹאשִׁי וִימִינוֹ תְּחַבְּקֵנִי : אַחֲרִית לְטַהֵר שׁוּלַיִם · מַהֵר לְשַׁלֵּשׁ בִּכְפָלַיִם · הִשְׁבַּעְתִּי אֶתְכֶם בְּנוֹת יְרוּשָׁלַיִם : צִיּוֹן רְשָׁפִים מַלְבִּיךְ · מִי זֹאת כִּלְבָבֵךְ · שִׂימֵנִי כַחוֹתָם עַל לִבֵּךְ : אוֹתוֹת רָאוּת מְרוּבִּים · דֶּרֶךְ לַעֲבוֹר מְסַבִּים · מַיִם רַבִּים : בִּיטָה עֲנִיָּה לְנַחֲמָה · תַּעֲרַת אִם חוֹמָה · אֲנִי חוֹמָה : וִיהוּדָה כֶּרֶם גְּפָנִי · רֶגֶל הַהֵיכָל לְפָנִי · כַּרְמִי שֶׁלִּי לְפָנָי : אֶלֶף

are like two young roes. May the song *of the Levites* be not removed, nor the venerable bearded *high priest*, from the most exalted place. Command thy tender mercy for us, as thou didst aforetime, and exalt us with compassion, as thou didst promise, saying, I will raise thy head on high like mount Carmel. Thou hast received reproach for thy trespass; thy memorial was contemptible; thou, of whom it was said, how fair, and how amiable art thou! May my contention be changed for good; so that it may be sung of those that are low as the valley, thy stature is like to a palm-tree. Unanimity reigns in every assembly; all of them are virtuous; I said, I shall again rise like the palm-tree. Shout! because of the good tidings; exult in concord, and let the roof of thy mouth be like the best wine. *When I was* black *with sins, I became* beautiful and desirable *to* him by repentance, and not because I am the most numerous *of the nations; but because I am* my beloved's, and his desire is towards me. O view kindly the beautiful *acts* of those who are put to shame; but look with *austerity* on those who deny thee; come, my beloved, let us go into the field; let us lodge in the villages. Take notice of those that attempt by prayer to obtain favour, and who are the base and support of the world. Let us get up early to the vineyards, there raise our voice in prayer, that he may accept both the good and the wicked: that even the mandrakes send forth a scent. My beloved granteth me rest; he comforteth and pardoneth me; saying; O that thou *wert* as a brother to me; that thy hosts may again behold the splendour of my divine presence in thy awful temple; *then* I would lead thee, and bring thee. Cause me to adhere to thee, as thy beloved people; make me *know* the time, that I may sufficiently praise thee; *when* his left hand shall be under my head, and his right hand shall embrace me. In the latter end, to cleanse her skirts; and in a threefold manner to hasten *the expression*, I charge you, O ye daughters of Jerusalem. They are noted for suffering *themselves to be* consumed in the flames *for* thy sake; and who *else* can serve thee *faithfully*, according to thy heart? *Therefore* set me as a seal upon thine heart. O cause us to see the numerous miracles, *as when* we encompassed the way of many waters. Look to the afflicted, and comfort her (the nation); who is steady in her faith, and standeth as a wall. Judah is my choice vineyard, I will teach *him* to walk in my inner palace; *as is said,* my

נד יוצר ליום ראשון של פסח :

הַמָּגֵן מְגִינִים · אֶדֶר שָׂרִים סְגָנִים · הַיּוֹשֶׁבֶת בַּגַּנִּים : מְסָרִיּוֹת מַסְרִיחַ רְדִידַי · נֵרְדְּ וְוֶרֶד יְדִידַי · בְּרַח דּוֹדִי : הַיּוֹ וּדְמֵה לְךָ בְּטִיוּלִים · אַמֵּץ כְּאָז הֵילִים · לִצְבִי אוֹ לְעֹפֶר הָאַיָּלִים : מִשְׁקָל בְּמִשְׁקַל שָׁמַיִם · נִיחוֹחַ מֹר סַמִּים · עַל הָרֵי בְשָׂמִים :

עַל הָרֵי בְשָׂמִים · סֹב וּדְמֵה לְךָ דוֹדִי · מַשְׁגִּיחַ וּמֵצִיץ מֵחַרַכֵּי בֵּית וַעֲדִי · קוּמִי לָךְ רַעְיָתִי דְּפוּק לְעוֹדְדִי : כִּי דַלּוֹתִי מְאוֹד מִמְּתֶנֶת מְעִידִי · יוֹשֶׁבֶת עֲגוּמָה וַעֲגוּנָה וְאֵין מוֹעֲדִי · וְאַתָּה יְיָ מָגֵן בַּעֲדִי :

אֶל גִּבְעַת הָעֲרֵלוֹת · מוֹר וּלְבוֹנָה וַאֲהָלוֹת · הַבֵּט מִמַּעֲלוֹת · כִּי מַכּוֹת נַחְלוֹת · קוּמָה קַדְּמָה חוֹפֵשׂ עוֹלוֹת עֲלִילוֹת · טֶנֶף וּגְעִילוֹת · יְחַלֵּל קוֹדֶשׁ מְעִילוֹת · נָא שְׁבוֹר זְרוֹעוֹ מִלְּהַעֲלוֹת תְּעָלוֹת · וְעִם קְהִלּוֹת בְּמַקְהֵלוֹת לְהוֹדוֹת הַלֵּילוֹת :

עַל הָרֵי בֶתֶר · עַל אַחַד הֶהָרִים · יֵרָאֶה לִבְחִירִים · גְּמוּל פּוֹעֵל הוֹרִים · דֻּבִּים נְמֵרִים · אֲרָיוֹת וַחֲזִירִים · פָּרִים אַבִּירִים · לְפַסֵּג גִּזְרֵי גְזָרִים · כִּיקַר כָּרִים · כֻּלִּים גְּמוּרִים · תּוֹר וְגוֹזָל שְׁלֵמִים וְלֹא חֲסֵרִים · שִׁמּוּרִים בְּלֵיל שִׁמּוּרִים · הַלֵּל גּוֹמְרִים · כְּעוֹבְרִים שָׁרִים זַמָּרִים · אָשִׁירָה לַיְיָ אוֹמְרִים :

עֶזְרַת אֲבוֹתֵינוּ אַתָּה הוּא מֵעוֹלָם מָגֵן וּמוֹשִׁיעַ לִבְנֵיהֶם אַחֲרֵיהֶם · בְּכָל־דּוֹר וָדוֹר · בְּרוּם עוֹלָם מוֹשָׁבֶךָ · וּמִשְׁפָּטֶיךָ וְצִדְקָתְךָ עַד אַפְסֵי אָרֶץ : אַשְׁרֵי אִישׁ שֶׁיִּשְׁמַע אֶל מִצְוֹתֶיךָ · וְתוֹרָתְךָ וּדְבָרְךָ יָשִׂים עַל לִבּוֹ · אֱמֶת אַתָּה הוּא אָדוֹן לְעַמֶּךָ ·

vineyard that is mine is before me. The thousand shields that shielded *Israel;* and the glorious princes and rulers that sat in the gardens (the temple). Because of the filth of mine iniquities, I was deprived of my ornament, and my beloved, who is sweet as the rose and spikenard, fled from me. Be swift as the roe, or the young hart, to walk again among us. Strengthen as aforetime the power of those (the priests), that they may again offer incense, that was made of an equal weight of myrrh and other spices, upon the mountain of spices, (mount Zion.)

על Upon the mountain of spices turn thee, and be thou like my beloved; look and regard me, from the windows of my appointed house, saying, rise up, my love; beat *at my gate* to strengthen me; for I am brought exceedingly low, waiting for him (the Messiah) whom thou didst appoint for my witness; and now I sit in trouble and sorrow, and no one associates with me; but thou, O Lord! art a shield around me.

אל *O have regard* to the piety of him who was circumcised (Abraham); may it be acceptable in thy presence as myrrh, frankincense, and cloves; look down from above *for we are* sorely wounded; rise up, and hasten to search *for those* that work iniquity; who defile, and abominably profane the holy people, and deal falsely *by them;* break their power, that it may no more be upheld; then shall the assembled congregation of thy people praise thee abundantly.

על On the mountains of Bether; on one of the mountains, that was shewn to the chosen; mayest thou behold the work *performed* thereon, and reward us for it; by cutting in pieces the bears, leopards, lions, swine, and mighty bulls, and utterly destroying the fat lambs; but the young pigeon and turtle dove shall be preserved entire, as on the night of preservation, when they complete the Hallel as they sang when they passed the *Red Sea.* saying, I will sing unto the Lord.

עזרת Thou O Lord! hast been the help of our fathers from everlasting: a Shield and a Saviour unto their children after them, throughout all generations. Thy throne is in the invisible height of the universe, and thy judgments and righteousness extend unto the remotest boundaries of the earth. Happy is that man who hearkeneth unto thy commandments;

יוצר ליום ראשון של פסח :

וּמֶלֶךְ גִּבּוֹר לָרִיב רִיבָם ۰ אֱמֶת אַתָּה הוּא רִאשׁוֹן ۰ וְאַתָּה הוּא
אַחֲרוֹן ۰ וּמִבַּלְעָדֶיךָ אֵין לָנוּ מֶלֶךְ גּוֹאֵל וּמוֹשִׁיעַ: מִמִּצְרַיִם
גְּאַלְתָּנוּ יְיָ אֱלֹהֵינוּ ۰ וּמִבֵּית עֲבָדִים פְּדִיתָנוּ ۰ כָּל בְּכוֹרֵיהֶם
הָרַגְתָּ ۰ וּבְכוֹרְךָ גָּאָלְתָּ ۰ וְיַם־סוּף בָּקַעְתָּ ۰ וְזֵדִים טִבַּעְתָּ ۰
וִידִידִים הֶעֱבַרְתָּ ۰ וַיְכַסּוּ מַיִם צָרֵיהֶם ۰ אֶחָד מֵהֶם לֹא נוֹתָר :
עַל־זֹאת שִׁבְּחוּ אֲהוּבִים ۰ וְרוֹמְמוּ אֵל ۰ וְנָתְנוּ יְדִידִים
זְמִירוֹת ۰ שִׁירוֹת וְתִשְׁבָּחוֹת ۰ בְּרָכוֹת וְהוֹדָאוֹת ۰ לְמֶלֶךְ
אֵל חַי וְקַיָּם: רָם וְנִשָּׂא ۰ גָּדוֹל וְנוֹרָא ۰ מַשְׁפִּיל גֵּאִים ۰
וּמַגְבִּיהַּ שְׁפָלִים ۰ מוֹצִיא אֲסִירִים ۰ וּפוֹדֶה עֲנָוִים ۰ וְעוֹזֵר דַּלִּים ۰
וְעוֹנֶה לְעַמּוֹ בְּעֵת שַׁוְּעָם אֵלָיו ۰ תְּהִלּוֹת לְאֵל עֶלְיוֹן ۰ בָּרוּךְ
הוּא וּמְבוֹרָךְ ۰ מֹשֶׁה וּבְנֵי יִשְׂרָאֵל לְךָ עָנוּ שִׁירָה ۰ בְּשִׂמְחָה
רַבָּה ۰ וְאָמְרוּ כֻלָּם :

מִי כָמֹכָה בָּאֵלִים יְיָ מִי כָּמֹכָה נֶאְדָּר בַּקֹּדֶשׁ נוֹרָא תְהִלֹּת
עֹשֵׂה פֶלֶא :

שִׁירָה חֲדָשָׁה שִׁבְּחוּ גְאוּלִים לְשִׁמְךָ עַל שְׂפַת הַיָּם ۰ יַחַד
כֻּלָּם הוֹדוּ וְהִמְלִיכוּ וְאָמְרוּ : יְיָ יִמְלֹךְ לְעֹלָם וָעֶד :

צוּר יִשְׂרָאֵל ۰ קוּמָה בְּעֶזְרַת יִשְׂרָאֵל ۰ וּפְדֵה כִנְאֻמֶךָ יְהוּדָה
וְיִשְׂרָאֵל ۰ גֹּאֲלֵנוּ יְיָ צְבָאוֹת שְׁמוֹ קְדוֹשׁ יִשְׂרָאֵל :

בְּרַח דּוֹדִי עַד שֶׁתֶּחְפַּץ אַהֲבַת כְּלוּלֵנוּ ۰ שׁוּב לְרַחֵם
כִּי כָלוֹנוּ ۰ מַלְכֵי יָוָן הָרְשָׁעָה שׁוֹבֵינוּ תּוֹלָלֵינוּ ۰ הֲרֹס
וְקַעֲקַע בֵּצָתָם מַתְלֵנוּ ۰ הָקֵם טוּרְךָ נֶגֶן שְׁתִילֵנוּ ۰ הִנֵּה
זֶה עוֹמֵד אַחַר כָּתְלֵנוּ :

בְּרַח דּוֹדִי עַד שֶׁיָּפוּחַ קֵץ מַחֲזֶה ۰ חִישׁ וְנָסוּ הַצְּלָלִים
מִזֶּה ۰ יָרוּם וְנִשָּׂא וְגָבַהּ נִבְזֶה ۰ יַשְׂכִּיל וְיוֹכִיחַ וְגוֹיִם רַבִּים
יַזֶּה ۰ הֲשׂוֹף זְרוֹעֲךָ קְרָא כָזֶה ۰ קוֹל דּוֹדִי הִנֵּה זֶה :

and layeth up thy law and word in his heart. Verily, thou art Lord of thy people, and a mighty King to plead their cause. Indeed, thou art the first, and thou art the last, and besides thee, we have neither King, Redeemer, nor Saviour. O Lord, our God! thou didst redeem us from Egypt, and didst deliver us from the house of bondage. All their first-born didst thou slay, but thy first-born didst thou redeem: thou didst divide the Red Sea, but drownedst the proud: thy beloved people passed through the sea, but the waters covered their enemies, so that not one of them escaped. For this the beloved praised and glorified thee, O God! and the dearly beloved uttered psalms, songs, and praises; blessings and thanksgiving unto thee, O King! living and eternal God! high and exalted, great and tremendous! he delivereth prisoners, redeemeth the meek, and helpeth the poor; and who answereth his people, when they supplicate him. Praise be to the most high God! blessed and ever blessed be he.—Moses and the children of Israel, sang a song unto thee with great joy; and they all said:—

מי כמכה Who is like unto thee, O Lord! among the mighty? Who is like unto thee, glorious in holiness, tremendous in praises, working miracles?

שירה חדשה Those that were redeemed, sang a new song unto thy great name; upon the sea shore they all unanimously praised, and acknowledged thee King! and said, the Lord shall reign for ever and ever.

צור ישראל O thou, who art the Rock of Israel, arise, and help Israel: and redeem according to thy promise, Judah, and Israel. Our redeemer, the Lord of Hosts! the Holy One of Israel is his name.

ברח דודי Accelerate our redemption, my beloved, since thou dost desire the love of our espousals; turn and have compassion on us, for the wicked Grecian kings have destroyed and wasted us; destroy and root them up from our mountain, and raise the foundation of thy mount; where we may sing, lo, he standeth behind our holy wall.

ברח דודי Accelerate our redemption, my beloved, before the end of the vision; hasten and cause the shadows to flee away; he that will be high and greatly exalted; though now despised; he will cause them to understand, he will also reprove and cast away many nations; uncover thine arm and we will cry aloud thus, it is the voice of mv beloved. lo! he cometh.

בְּרַח דּוֹדִי וּדְמֵה לְךָ לִצְבִי ׃ יִגַּל יִגַּשׁ קֵץ קִצְבִי ׃ דַּלּוּתִי מֵשִׁבִי לַעֲטֶרֶת צְבִי ׃ תּוֹבְעִים תְּאֵבִים הַר צְבִי ׃ וְאֵין מֵבִיא וְנָבִיא ׃ וְלֹא תִשְׁבִּי ׃ מְשַׁוִּי מְשִׁיבִי רִיבָה רִיבִי ׃ הָסֵר חוֹבִי וּכְאֵבִי ׃ וְיֵרָא וְיֵבוֹשׁ אוֹיְבִי ׃ וְאָשִׁיבָה חוֹרְפִי בְּנִיבִי ׃ זֶה דוֹדִי גוֹאֲלִי קְרוֹבִי ׃ רֵעִי וְאַהוּבִי ׃ אֵל אֱלֹהֵי אָבִי ׃

בִּגְלַל אָבוֹת תּוֹשִׁיעַ בָּנִים ׃ וְתָבִיא גְאֻלָּה לִבְנֵי בְנֵיהֶם ׃ בָּרוּךְ אַתָּה יְיָ גָּאַל יִשְׂרָאֵל ׃

אֲדֹנָי שְׂפָתַי תִּפְתָּח וּפִי יַגִּיד תְּהִלָּתֶךָ ׃

בָּרוּךְ אַתָּה יְיָ אֱלֹהֵינוּ וֵאלֹהֵי אֲבוֹתֵינוּ אֱלֹהֵי אַבְרָהָם אֱלֹהֵי יִצְחָק וֵאלֹהֵי יַעֲקֹב הָאֵל הַגָּדוֹל הַגִּבּוֹר וְהַנּוֹרָא אֵל עֶלְיוֹן ׃ גּוֹמֵל חֲסָדִים טוֹבִים ׃ וְקוֹנֵה הַכֹּל וְזוֹכֵר חַסְדֵי אָבוֹת וּמֵבִיא גוֹאֵל לִבְנֵי בְנֵיהֶם לְמַעַן שְׁמוֹ בְּאַהֲבָה ׃ מֶלֶךְ עוֹזֵר וּמוֹשִׁיעַ וּמָגֵן ׃ בָּרוּךְ אַתָּה יְיָ מָגֵן אַבְרָהָם ׃

אַתָּה גִּבּוֹר לְעוֹלָם אֲדֹנָי ׃ מְחַיֵּה מֵתִים אַתָּה רַב לְהוֹשִׁיעַ ׃

On the First Day of the Feast say:—

(מַשִּׁיב הָרוּחַ וּמוֹרִיד הַגָּשֶׁם ׃)

מְכַלְכֵּל חַיִּים בְּחֶסֶד ׃ מְחַיֵּה מֵתִים בְּרַחֲמִים רַבִּים ׃ סוֹמֵךְ נוֹפְלִים ׃ וְרוֹפֵא חוֹלִים ׃ וּמַתִּיר אֲסוּרִים ׃ וּמְקַיֵּם אֱמוּנָתוֹ לִישֵׁנֵי עָפָר ׃ מִי כָמוֹךָ בַּעַל גְּבוּרוֹת ׃ וּמִי דוֹמֶה לָּךְ ׃ מֶלֶךְ מֵמִית וּמְחַיֶּה וּמַצְמִיחַ יְשׁוּעָה ׃ וְנֶאֱמָן אַתָּה לְהַחֲיוֹת מֵתִים ׃ בָּרוּךְ אַתָּה יְיָ מְחַיֵּה הַמֵּתִים ׃

אַתָּה קָדוֹשׁ וְשִׁמְךָ קָדוֹשׁ ׃ וּקְדוֹשִׁים בְּכָל־יוֹם יְהַלְלוּךָ סֶּלָה ׃ בָּרוּךְ אַתָּה יְיָ הָאֵל הַקָּדוֹשׁ ׃

ברחה דודי Accelerate our redemption, my beloved, and be thou swift as a roe, and hasten the end of my appointed time; draw me out of captivity, to become a glorious diadem; for the most profane have seized the glorious mountain; there is no ruler, no prophet, no *Tishbite* (Elijah) to appease and comfort me. O plead thou my cause; put away my sin and my sorrow; that mine enemies may see it, and be ashamed; and that I may boldly answer those that slander me; saying, behold this is my beloved, my friend, and my Redeemer; my dearly beloved companion, my God, and the God of my Fathers.

בגלל For the sake of the fathers wilt thou save their children, and bring redemption to their children's children. Blessed art thou, O Lord! who redeemeth Israel.

אדני שפתי O Lord! open thou my lips, and my mouth shall declare thy praise.

ברוך אתה יי Blessed art thou, O Lord, our God, and the God of our ancestors, the God of Abraham, the God of Isaac, and the God of Jacob; the great, mighty and tremendous, God, the most High God, who bestowest gracious favours; Possessor of all things, who rememberest the piety of the patriarchs, and wilt in love send a Redeemer to their posterity, for the sake of his name. O King, thou art our Supporter, our Saviour, and our Shield. Blessed art thou, O Lord! the Shield of Abraham.

אתה גבור Thou, O Lord! art mighty for ever; it is thou who revivest the dead, and art mighty to save. (*Who causest the wind to blow and the rain to descend.*) Who sustainest the living with beneficence, and with great mercy quickenest the dead; supportest the fallen, and healest the sick; thou settest at liberty those who are bound, and wilt accomplish thy faith unto those who sleep in the dust. Who is like unto thee, O Lord! of mighty acts? Or who can be compared unto thee, O King! who killest and restorest to life, and causest salvation to flourish!

Thou art also faithful to revive the dead. Blessed art thou, O Lord! who revivest the dead.

אתה קדוש Thou art holy, and thy name is holy, and the saints praise thee daily. Selah. Blessed art thou, O Lord! the holy God!

נְקַדֵּשׁ אֶת שִׁמְךָ בָּעוֹלָם · כְּשֵׁם שֶׁמַּקְדִּישִׁים אוֹתוֹ בִּשְׁמֵי מָרוֹם · כַּכָּתוּב עַל יַד נְבִיאֶךָ וְקָרָא זֶה אֶל זֶה וְאָמַר : קהל וחזן קָדוֹשׁ קָדוֹשׁ קָדוֹשׁ יְיָ צְבָאוֹת מְלֹא כָל־הָאָרֶץ כְּבוֹדוֹ : חזן אָז בְּקוֹל רַעַשׁ גָּדוֹל אַדִּיר וְחָזָק מַשְׁמִיעִים קוֹל · מִתְנַשְּׂאִים לְעֻמַּת שְׂרָפִים לְעֻמָּתָם בָּרוּךְ יֹאמֵרוּ : קהל וחזן בָּרוּךְ כְּבוֹד יְיָ מִמְּקוֹמוֹ : מִמְּקוֹמְךָ מַלְכֵּנוּ תוֹפִיעַ וְתִמְלוֹךְ עָלֵינוּ כִּי מְחַכִּים אֲנַחְנוּ לָךְ · מָתַי תִּמְלוֹךְ בְּצִיּוֹן בְּקָרוֹב בְּיָמֵינוּ לְעוֹלָם וָעֶד תִּשְׁכּוֹן : תִּתְגַּדַּל וְתִתְקַדַּשׁ בְּתוֹךְ יְרוּשָׁלַיִם עִירְךָ לְדוֹר וָדוֹר וּלְנֵצַח נְצָחִים : וְעֵינֵינוּ תִרְאֶינָה מַלְכוּתֶךָ כַּדָּבָר הָאָמוּר בְּשִׁירֵי עֻזֶּךָ עַל יְדֵי דָוִיד מְשִׁיחַ צִדְקֶךָ : קהל וחזן יִמְלֹךְ יְיָ לְעוֹלָם אֱלֹהַיִךְ צִיּוֹן לְדֹר וָדֹר הַלְלוּיָהּ :

חזן לְדוֹר וָדוֹר נַגִּיד גָּדְלֶךָ וּלְנֵצַח נְצָחִים קְדֻשָּׁתְךָ נַקְדִּישׁ וְשִׁבְחֲךָ אֱלֹהֵינוּ מִפִּינוּ לֹא יָמוּשׁ לְעוֹלָם וָעֶד · כִּי אֵל מֶלֶךְ גָּדוֹל וְקָדוֹשׁ אָתָּה : בָּרוּךְ אַתָּה יְיָ הָאֵל הַקָּדוֹשׁ :

אַתָּה בְחַרְתָּנוּ מִכָּל הָעַמִּים · אָהַבְתָּ אוֹתָנוּ וְרָצִיתָ בָּנוּ · וְרוֹמַמְתָּנוּ מִכָּל הַלְּשׁוֹנוֹת · וְקִדַּשְׁתָּנוּ בְּמִצְוֹתֶיךָ · וְקֵרַבְתָּנוּ מַלְכֵּנוּ לַעֲבוֹדָתֶךָ · וְשִׁמְךָ הַגָּדוֹל וְהַקָּדוֹשׁ עָלֵינוּ קָרָאתָ :

וַתִּתֶּן לָנוּ יְיָ אֱלֹהֵינוּ בְּאַהֲבָה [שבתות למנוחה ו] מוֹעֲדִים לְשִׂמְחָה · חַגִּים וּזְמַנִּים לְשָׂשׂוֹן · אֶת יוֹם [השבת הזה ואת יום] חַג הַמַּצּוֹת הַזֶּה זְמַן חֵירוּתֵנוּ : [באהבה] מִקְרָא קוֹדֶשׁ זֵכֶר לִיצִיאַת מִצְרָיִם :

נקדש *Reader.* We will sanctify thy name in this world, as the angels sanctify it in the high heavens; as it is written by the hand of thy prophet, and one of the angels cried unto another, and said:—

*Cong. and Read.* Holy, holy, holy, is the Lord of Hosts the whole earth is full of his glory.

אז *Reader.* Then with a great, mighty, strong, and impetuous sound, they cause their voice to be heard; *and raising themselves on high towards the seraphim, they jointly proclaim. Cong. and Read.* Blessed is the glory of the Lord from the place of his residence. Shine from thy place, O our King! and reign over us as we hope in thee. When wilt thou reign in Zion? Speedily in our days, inhabit it for ever and ever. Thou shalt be exalted and sanctified in the midst of Jerusalem thy city, throughout all generations, and all eternity. May our eyes behold thy kingdom, according to the word that is written in thy mighty songs, by the hands of David thy righteous anointed. *Cong. and Read.* The Lord shall reign for ever: thy God, O Zion! unto all generations. Hallelujah

לדור *Reader.* Throughout all generations will we declare thy greatness; and for ever, and to all eternity, will we sanctify thy holiness; and thy praise, O our God! shall never depart from our mouth, for thou art an Omnipotent King! great and holy. Blessed art thou, O Lord! holy God.

אתה בחרתנו Thou hast chosen us from all people; thou hast loved us, and hast delighted in us, and exalted us above all nations, and sanctified us with thy commandments, and brought us near unto thy service, O our King! and hast called us by thy great and holy name.

ותתן לנו And with love hast thou given us, O Lord, our God! [*on the sabbath, say,* the sabbaths for rest, and] solemn days for joy; festivals and seasons for gladness; even [*on the sabbath say,* this day of rest, and] this day of the feast of unleavened bread, the season of our freedom; a holy convocation (in love) in commemoration of the departure from Egypt.

אֱלֹהֵינוּ וֵאלֹהֵי אֲבוֹתֵינוּ · יַעֲלֶה וְיָבֹא וְיַגִּיעַ וְיֵרָאֶה וְיֵרָצֶה וְיִשָּׁמַע וְיִפָּקֵד וְיִזָּכֵר זִכְרוֹנֵנוּ וּפִקְדוֹנֵנוּ וְזִכְרוֹן אֲבוֹתֵינוּ וְזִכְרוֹן מָשִׁיחַ בֶּן דָּוִד עַבְדֶּךָ · וְזִכְרוֹן יְרוּשָׁלַיִם עִיר קָדְשֶׁךָ · וְזִכְרוֹן כָּל עַמְּךָ בֵּית יִשְׂרָאֵל לְפָנֶיךָ לִפְלֵיטָה לְטוֹבָה לְחֵן וּלְחֶסֶד וּלְרַחֲמִים לְחַיִּים וּלְשָׁלוֹם בְּיוֹם [השבת הזה וביום] חַג הַמַּצּוֹת הַזֶּה · זָכְרֵנוּ יְיָ אֱלֹהֵינוּ בּוֹ לְטוֹבָה · וּפָקְדֵנוּ בוֹ לִבְרָכָה · וְהוֹשִׁיעֵנוּ בוֹ לְחַיִּים : וּבִדְבַר יְשׁוּעָה וְרַחֲמִים · חוּס וְחָנֵּנוּ וְרַחֵם עָלֵינוּ וְהוֹשִׁיעֵנוּ · כִּי אֵלֶיךָ עֵינֵינוּ · כִּי אֵל מֶלֶךְ חַנּוּן וְרַחוּם אָתָּה :

וְהַשִּׂיאֵנוּ יְיָ אֱלֹהֵינוּ אֶת בִּרְכַּת מוֹעֲדֶיךָ · לְחַיִּים וּלְשָׁלוֹם · לְשִׂמְחָה וּלְשָׂשׂוֹן · כַּאֲשֶׁר רָצִיתָ וְאָמַרְתָּ לְבָרְכֵנוּ : [בשבת אלהינו ואלהי אבותינו רצה במנוחתינו] קַדְּשֵׁנוּ בְּמִצְוֹתֶיךָ · וְתֵן חֶלְקֵנוּ בְּתוֹרָתֶךָ · שַׂבְּעֵנוּ מִטּוּבֶךָ · וְשַׂמְּחֵנוּ בִּישׁוּעָתֶךָ · וְטַהֵר לִבֵּנוּ לְעָבְדְּךָ בֶּאֱמֶת · וְהַנְחִילֵנוּ יְיָ אֱלֹהֵינוּ [באהבה וברצון] בְּשִׂמְחָה וּבְשָׂשׂוֹן [שבת ו] מוֹעֲדֵי קָדְשֶׁךָ · וְיִשְׂמְחוּ בְךָ יִשְׂרָאֵל אוֹהֲבֵי [נ״א מְקַדְּשֵׁי] שְׁמֶךָ · בָּרוּךְ אַתָּה יְיָ · מְקַדֵּשׁ [השבת וְ] יִשְׂרָאֵל וְהַזְּמַנִּים :

רְצֵה יְיָ אֱלֹהֵינוּ בְּעַמְּךָ יִשְׂרָאֵל וּבִתְפִלָּתָם · וְהָשֵׁב אֶת הָעֲבוֹדָה לִדְבִיר בֵּיתֶךָ · וְאִשֵּׁי יִשְׂרָאֵל וּתְפִלָּתָם · בְּאַהֲבָה תְקַבֵּל בְּרָצוֹן · וּתְהִי לְרָצוֹן תָּמִיד · עֲבוֹדַת יִשְׂרָאֵל עַמֶּךָ :

וְתֶחֱזֶינָה עֵינֵינוּ בְּשׁוּבְךָ לְצִיּוֹן בְּרַחֲמִים · בָּרוּךְ אַתָּה יְיָ · הַמַּחֲזִיר שְׁכִינָתוֹ לְצִיּוֹן :

אלהינו Our God, and the God of our fathers, mayest thou be pleased to grant that our memorial, and the memorial of our fathers, the memorial of the Messiah, the son of David, thy servant, and the memorial of Jerusalem, thy holy city, and the memorial of all thy people, the house of Israel, may ascend, come, approach, be seen, accepted, heard, visited, and remembered in thy presence for the obtaining a happy deliverance, with favour, grace, and mercy, to life, and peace, [*on the sabbath, say,* on this sabbath-day, and] on this day of the feast of unleavened bread; O Lord our God! remember us thereon for good: visit us with a blessing, and save us to enjoy life, and with the word of salvation and mercy, have compassion, and be gracious unto us. O have mercy upon us, and save us, for our eyes are continually towards thee; for thou, O God! art a merciful and gracious King.

והשיאנו O Eternal God! cause us to receive the blessing of thy solemn feasts, to a happy life, peace, joy, and gladness, as thou hast been pleased to declare that thou wilt bless us. [*On the sabbath, say,* our God, and the God of our fathers, be pleased to accept our rest.] O sanctify us with thy commandments; and let thy law be our portion. O satisfy us with thy goodness; rejoice us with thy salvation, and purify our hearts to serve thee in truth; and cause us, O Lord, our God! to inherit [*on the sabbath, say,* with love and delight,] with joy and gladness, *on the sabbath, say,* the sabbath, and] thy holy festivals; and grant that all Israel, who sanctify thy name may rejoice thereon. Blessed art thou, O Lord! who sanctifieth [*on the sabbath, add,* the sabbath, and] Israel, and the seasons.

רצה O Lord, our God! let thy people Israel, and their prayers be acceptable to thee. Restore the service to the oracle of thine house; so that the burnt-offerings of Israel, and their prayers, may be speedily accepted by thee with love and favour; and the worship of thy people Israel be ever pleasing unto thee.

ותחזינה עינינו O that our eyes may behold thy return to Zion with mercy. Blessed art thou, O Lord! who restoreth thy divine presence unto Zion.

**Bow and say,**

מודים אֲנַחְנוּ לָךְ ׳ שָׁאַתָּה הוּא יְיָ אֱלֹהֵינוּ וֵאלֹהֵי אֲבוֹתֵינוּ לְעוֹלָם וָעֶד ׳ צוּר חַיֵּינוּ ׳ מָגֵן יִשְׁעֵנוּ אַתָּה הוּא לְדוֹר וָדוֹר ׳ נוֹדֶה לְּךָ וּנְסַפֵּר תְּהִלָּתֶךָ ׳ עַל חַיֵּינוּ הַמְּסוּרִים בְּיָדֶךָ ׳ וְעַל נִשְׁמוֹתֵינוּ הַפְּקוּדוֹת לָךְ ׳ וְעַל נִסֶּיךָ שֶׁבְּכָל יוֹם עִמָּנוּ וְעַל נִפְלְאוֹתֶיךָ וְטוֹבוֹתֶיךָ ׳ שֶׁבְּכָל־עֵת עֶרֶב וָבֹקֶר וְצָהֳרָיִם ׳ הַטּוֹב כִּי לֹא כָלוּ רַחֲמֶיךָ ׳ וְהַמְרַחֵם כִּי לֹא־תַמּוּ חֲסָדֶיךָ ׳ מֵעוֹלָם קִוִּינוּ לָךְ :

מודים דרבנן :

מוֹדִים אֲנַחְנוּ לָךְ שָׁאַתָּה הוּא יְיָ אֱלֹהֵינוּ וֵאלֹהֵי אֲבוֹתֵינוּ ׳ אֱלֹהֵי כָל בָּשָׂר ׳ יוֹצְרֵנוּ יוֹצֵר בְּרֵאשִׁית בְּרָכוֹת וְהוֹדָאוֹת לְשִׁמְךָ הַגָּדוֹל וְהַקָּדוֹשׁ ׳ עַל שֶׁהֶחֱיִיתָנוּ וְקִיַּמְתָּנוּ כֵּן תְּחַיֵּנוּ וּתְקַיְּמֵנוּ ׳ וְתֶאֱסוֹף גָּלֻיּוֹתֵינוּ לְחַצְרוֹת קָדְשֶׁךָ ׳ לִשְׁמוֹר חֻקֶּיךָ וְלַעֲשׂוֹת רְצוֹנֶךָ ׳ וּלְעָבְדְּךָ בְּלֵבָב שָׁלֵם ׳ עַל שֶׁאָנוּ מוֹדִים לָךְ ׳ בָּרוּךְ אֵל הַהוֹדָאוֹת :

וְעַל־כֻּלָּם יִתְבָּרַךְ וְיִתְרוֹמַם שִׁמְךָ מַלְכֵּנוּ תָּמִיד לְעוֹלָם וָעֶד :

וְכֹל הַחַיִּים יוֹדוּךָ סֶּלָה וִיהַלְלוּ אֶת שִׁמְךָ בֶּאֱמֶת הָאֵל יְשׁוּעָתֵנוּ וְעֶזְרָתֵנוּ סֶלָה ׳ בָּרוּךְ אַתָּה יְיָ ׳ הַטּוֹב שִׁמְךָ וּלְךָ נָאֶה לְהוֹדוֹת :

אֱלֹהֵינוּ וֵאלֹהֵי אֲבוֹתֵינוּ בָּרְכֵנוּ בַבְּרָכָה ׳ הַמְשֻׁלֶּשֶׁת בַּתּוֹרָה ׳ הַכְּתוּבָה עַל יְדֵי מֹשֶׁה עַבְדֶּךָ ׳ הָאֲמוּרָה כְּפִי אַהֲרֹן

מודים We adore thee, for thou art the Lord our God, and the God of our ancestors, for evermore. Thou art the Rock of our life, and the Shield of our salvation; in all generations will we render thanks unto thee, and declare thy praise for our life, which is delivered into thine hand, and for our souls which are deposited with thee, and for thy miracles which we daily experience, and for thy wonders and thy kindness, which are at all times exercised towards us, at morn, noon, and even. Thou art good, for thy compassion never faileth; thou alone art merciful, for thy kindness never ceaseth; we for evermore put our trust in thee.

מודים דרבנן

We adore thee, for thou art the Eternal! thou art our God and the God of our ancestors! the God of all flesh, who formed us, and formed the world in the beginning. Blessings and thanksgivings be ascribed to thy great and holy name, for having preserved us alive, and supported us. Thus we beseech thee to grant us life in future; assemble our captives in the courts of thy sanctuary, that we may observe thy statutes, do thy will, and serve thee with an upright heart. Most praised and blessed God! we adore thee.

ועל כלם And for all these mercies, may thy name, O our King! be continually praised, and highly exalted for ever and ever.

וכל החיים And all the living shall for ever give thanks unto thee, and in truth praise thy name, God of our salvation, and our help. Blessed art thou O Lord, for goodness is thy name, *and* unto thee it is proper to give thanks.

אלהינו Our God and the God of our ancestors, bless us with that threefold blessing mentioned in the law written by the hands of thy servant Moses, *and* pronounced by Aaron,

וּבָנָיו כֹּהֲנִים עַם קְדוֹשֶׁיךָ כָּאָמוּר : יְבָרֶכְךָ יְיָ וְיִשְׁמְרֶךָ · יָאֵר יְיָ פָּנָיו אֵלֶיךָ וִיחֻנֶּךָּ · יִשָּׂא יְיָ פָּנָיו אֵלֶיךָ וְיָשֵׂם לְךָ שָׁלוֹם :

שִׂים שָׁלוֹם טוֹבָה וּבְרָכָה חֵן וָחֶסֶד וְרַחֲמִים עָלֵינוּ וְעַל כָּל-יִשְׂרָאֵל עַמֶּךָ · בָּרְכֵנוּ אָבִינוּ כֻּלָּנוּ כְּאֶחָד בְּאוֹר פָּנֶיךָ · כִּי בְאוֹר פָּנֶיךָ נָתַתָּ לָנוּ יְיָ אֱלֹהֵינוּ · תּוֹרַת חַיִּים וְאַהֲבַת חֶסֶד וּצְדָקָה וּבְרָכָה וְרַחֲמִים וְחַיִּים וְשָׁלוֹם · וְטוֹב בְּעֵינֶיךָ לְבָרֵךְ אֶת-עַמְּךָ יִשְׂרָאֵל בְּכָל-עֵת וּבְכָל שָׁעָה-בִּשְׁלוֹמֶךָ : בָּרוּךְ אַתָּה יְיָ · הַמְבָרֵךְ אֶת עַמּוֹ יִשְׂרָאֵל בַּשָּׁלוֹם :

אֱלֹהַי נְצוֹר לְשׁוֹנִי מֵרָע וּשְׂפָתַי מִדַּבֵּר מִרְמָה וְלִמְקַלְלַי נַפְשִׁי תִדּוֹם · וְנַפְשִׁי כֶּעָפָר לַכֹּל תִּהְיֶה : פְּתַח לִבִּי בְּתוֹרָתֶךָ · וּבְמִצְוֹתֶיךָ תִּרְדּוֹף נַפְשִׁי · וְכֹל הַחוֹשְׁבִים עָלַי רָעָה · מְהֵרָה הָפֵר עֲצָתָם · וְקַלְקֵל מַחֲשַׁבְתָּם עֲשֵׂה לְמַעַן שְׁמֶךָ · עֲשֵׂה לְמַעַן יְמִינֶךָ · עֲשֵׂה לְמַעַן קְדֻשָּׁתֶךָ · עֲשֵׂה לְמַעַן תּוֹרָתֶךָ · לְמַעַן יֵחָלְצוּן יְדִידֶיךָ · הוֹשִׁיעָה יְמִינְךָ וַעֲנֵנִי : יִהְיוּ לְרָצוֹן אִמְרֵי פִי וְהֶגְיוֹן לִבִּי לְפָנֶיךָ יְיָ צוּרִי וְגוֹאֲלִי : עֹשֶׂה שָׁלוֹם בִּמְרוֹמָיו הוּא יַעֲשֶׂה שָׁלוֹם עָלֵינוּ וְעַל כָּל יִשְׂרָאֵל וְאִמְרוּ אָמֵן :

יְהִי רָצוֹן לְפָנֶיךָ יְיָ אֱלֹהֵינוּ וֵאלֹהֵי אֲבוֹתֵינוּ שֶׁיִּבָּנֶה בֵּית הַמִּקְדָּשׁ בִּמְהֵרָה בְיָמֵינוּ וְתֵן חֶלְקֵנוּ בְּתוֹרָתֶךָ : וְשָׁם נַעֲבָדְךָ בְּיִרְאָה כִּימֵי עוֹלָם וּכְשָׁנִים קַדְמוֹנִיּוֹת : וְעָרְבָה לַיְיָ מִנְחַת יְהוּדָה וִירוּשָׁלָיִם כִּימֵי עוֹלָם וּכְשָׁנִים קַדְמוֹנִיּוֹת :

and his sons, the priests, on thy sanctified people saying, the Lord bless and preserve thee; the Lord let his countenance shine upon thee, and be gracious unto thee; the Lord turn his countenance towards thee, and give thee peace.

שים שלום O grant peace, happiness, and blessing, grace, favour, and mercy, unto us, and all thy people Israel; bless us, even all of us together, O our Father! with the light of thy countenance; for by the light of thy countenance hast thou given us, O Lord, our God! the law of life, benevolent love, righteousness, blessing, mercy, life, and peace, and may it please thee to bless thy people Israel at all times with thy peace. Blessed art thou, O Lord! who blesseth his people Israel with peace.

אלהי נצור O my God, be pleased to guard my tongue from evil, and my lips from uttering deceit. And be thou silent, O my soul, to those who curse me; and grant that my soul may be humble as the dust to every one. Open my heart to receive thy law, and my soul to pursue thy commandments. Speedily I beseech thee, frustrate the devices, and destroy the machinations of all those who imagine evil against me. O grant it for thy name; grant it for thy right hand; grant it for thy holiness; grant it for thy law, that thy beloved may be delivered. O save me with thy right hand, and answer me. May the words of my mouth, and the meditations of my heart, be acceptable in thy presence, O Lord! who art my Rock and Redeemer. May he who maketh peace in his high heavens, grant peace unto us, and all Israel; and say ye, Amen.

יהי רצון Let it be acceptable before thee, O Lord, our God! and the God of our Fathers, that the holy temple may speedily be rebuilt in our days; and let our portion be in thy law. And there we will serve thee in reverence, as in ancient days, and in former years. And may the offering of Judah and Jerusalem be pleasant unto the Lord, as in ancient days and in former years.

יוצר ליום ראשון של פסח:

# הלל:

בָּרוּךְ אַתָּה יְיָ אֱלֹהֵינוּ מֶלֶךְ הָעוֹלָם ׳ אֲשֶׁר קִדְּשָׁנוּ בְּמִצְוֹתָיו ׳ וְצִוָּנוּ לִקְרוֹא אֶת־הַהַלֵּל:

קיג הַלְלוּיָהּ ׀ הַלְלוּ עַבְדֵי יְיָ ׳ הַלְלוּ אֶת־שֵׁם יְיָ: יְהִי שֵׁם יְיָ מְבֹרָךְ ׳ מֵעַתָּה וְעַד־עוֹלָם: מִמִּזְרַח שֶׁמֶשׁ עַד־מְבוֹאוֹ ׳ מְהֻלָּל שֵׁם יְיָ: רָם עַל־כָּל־גּוֹיִם ׳ יְיָ ׳ עַל־הַשָּׁמַיִם כְּבוֹדוֹ: מִי כַּיְיָ אֱלֹהֵינוּ ׳ הַמַּגְבִּיהִי לָשָׁבֶת: הַמַּשְׁפִּילִי לִרְאוֹת ׳ בַּשָּׁמַיִם וּבָאָרֶץ: מְקִימִי מֵעָפָר דָּל ׳ מֵאַשְׁפֹּת יָרִים אֶבְיוֹן: לְהוֹשִׁיבִי עִם־נְדִיבִים ׳ עִם נְדִיבֵי עַמּוֹ: מוֹשִׁיבִי עֲקֶרֶת הַבַּיִת ׳ אֵם־הַבָּנִים שְׂמֵחָה ׳ הַלְלוּיָהּ:

קיד בְּצֵאת יִשְׂרָאֵל מִמִּצְרָיִם ׳ בֵּית יַעֲקֹב מֵעַם לֹעֵז: הָיְתָה יְהוּדָה לְקָדְשׁוֹ ׳ יִשְׂרָאֵל מַמְשְׁלוֹתָיו: הַיָּם רָאָה וַיָּנֹס ׳ הַיַּרְדֵּן יִסֹּב לְאָחוֹר: הֶהָרִים רָקְדוּ כְאֵילִים ׳ גְּבָעוֹת כִּבְנֵי־צֹאן: מַה־לְּךָ הַיָּם כִּי תָנוּס ׳ הַיַּרְדֵּן תִּסֹּב לְאָחוֹר: הֶהָרִים תִּרְקְדוּ כְאֵילִים ׳ גְּבָעוֹת כִּבְנֵי־צֹאן: מִלִּפְנֵי אָדוֹן חוּלִי אָרֶץ ׳ מִלִּפְנֵי אֱלוֹהַּ יַעֲקֹב: הַהֹפְכִי הַצּוּר אֲגַם־מָיִם ׳ חַלָּמִישׁ לְמַעְיְנוֹ־מָיִם:

קטו לֹא לָנוּ יְיָ לֹא לָנוּ כִּי לְשִׁמְךָ תֵּן כָּבוֹד ׳ עַל־חַסְדְּךָ עַל־אֲמִתֶּךָ: לָמָּה יֹאמְרוּ הַגּוֹיִם ׳ אַיֵּה־נָא אֱלֹהֵיהֶם: וֵאלֹהֵינוּ בַשָּׁמָיִם ׳ כֹּל אֲשֶׁר־חָפֵץ עָשָׂה: עֲצַבֵּיהֶם כֶּסֶף וְזָהָב ׳ מַעֲשֵׂה יְדֵי אָדָם: פֶּה־לָהֶם וְלֹא יְדַבֵּרוּ ׳ עֵינַיִם לָהֶם וְלֹא יִרְאוּ: אָזְנַיִם לָהֶם וְלֹא יִשְׁמָעוּ ׳ אַף לָהֶם וְלֹא יְרִיחוּן: יְדֵיהֶם וְלֹא יְמִישׁוּן רַגְלֵיהֶם וְלֹא יְהַלֵּכוּ ׳ לֹא יֶהְגּוּ בִּגְרוֹנָם: כְּמוֹהֶם יִהְיוּ עֹשֵׂיהֶם ׳

## HALLEL.

ברוך אתה Blessed art thou O Lord, our God! King of the universe, who hast sanctified us with thy commandments, and commanded us to read the Hallel.

### PSALM. cxiii.

הללויה Praise ye the Lord. Praise, O ye servants of the Lord, praise ye the name of the Lord. Blessed be the name of the Lord, from henceforth and for evermore. From the rising of the sun, unto the going down thereof, the Lord's name is praised. High above all nations is the Lord, and his glory is above the heavens. Who is like unto the Lord our God, who dwelleth on high? Who condescendeth to view the things transacted in heaven and on earth? He raiseth the poor from the dust, and lifteth the needy from the dunghill. That he may set them with princes, even with the princes of his people. He maketh the barren women to dwell in the midst of her household. the joyful mother of children. Hallelujah.

### PSALM. cxiv.

בצאת ישראל When Israel went forth from Egypt, and the house of Jacob from a people of strange language, Judah became his sanctuary, and Israel his dominion. The sea beheld, and fled; Jordan was driven back? The mountains skipped like rams, and the hills like lambs. What aileth thee, O sea! that thou fleddest? thou, O Jordan! that thou art driven back? Ye mountains, that ye skip like rams; and ye hills like lambs? At the presence of the Lord the earth trembleth; at the presence of the God of Jacob; who turneth the rock into a pool of water, the flint into a fountain of waters.

### PSALM. cxv.

לא לנו Not for our sake, O Lord! not for our sake, but unto thy name give glory, for the sake of thy mercy and truth. Wherefore should the nations say, Where now is their God? But our God is in the heavens, and hath made whatsoever he pleased. Their idols are silver and gold the work of men's hands. Mouths they have, but speak not! eyes they have, but see not; ears they have, but hear not; nostrils they have, but smell not. They have hands, but feel not; they have feet, but

כֹּל אֲשֶׁר־בֹּטֵחַ בָּהֶם : יִשְׂרָאֵל בְּטַח בַּיְיָ · עֶזְרָם וּמָגִנָּם הוּא :
בֵּית אַהֲרֹן בִּטְחוּ בַיְיָ · עֶזְרָם וּמָגִנָּם הוּא : יִרְאֵי יְיָ בִּטְחוּ בַיְיָ ·
עֶזְרָם וּמָגִנָּם הוּא :

יְיָ זְכָרָנוּ יְבָרֵךְ · יְבָרֵךְ אֶת־בֵּית יִשְׂרָאֵל · יְבָרֵךְ אֶת־בֵּית
אַהֲרֹן : יְבָרֵךְ יִרְאֵי יְיָ : הַקְּטַנִּים עִם־הַגְּדֹלִים : יֹסֵף יְיָ עֲלֵיכֶם ·
עֲלֵיכֶם וְעַל־בְּנֵיכֶם : בְּרוּכִים אַתֶּם לַיְיָ · עֹשֵׂה שָׁמַיִם וָאָרֶץ :
הַשָּׁמַיִם שָׁמַיִם לַיְיָ · וְהָאָרֶץ נָתַן לִבְנֵי־אָדָם : לֹא־הַמֵּתִים
יְהַלְלוּ־יָהּ · וְלֹא כָּל יֹרְדֵי דוּמָה : וַאֲנַחְנוּ נְבָרֵךְ יָהּ · מֵעַתָּה
וְעַד־עוֹלָם הַלְלוּיָהּ :

קטז אָהַבְתִּי כִּי־יִשְׁמַע ׀ יְיָ · אֶת־קוֹלִי תַּחֲנוּנָי : כִּי־הִטָּה
אָזְנוֹ לִי · וּבְיָמַי אֶקְרָא : אֲפָפוּנִי ׀ חֶבְלֵי־מָוֶת · וּמְצָרֵי שְׁאוֹל
מְצָאוּנִי · צָרָה וְיָגוֹן אֶמְצָא : וּבְשֵׁם־יְיָ אֶקְרָא · אָנָּא יְיָ מַלְּטָה
נַפְשִׁי : חַנּוּן יְיָ וְצַדִּיק · וֵאלֹהֵינוּ מְרַחֵם : שֹׁמֵר פְּתָאיִם יְיָ ·
דַּלֹּתִי וְלִי יְהוֹשִׁיעַ : שׁוּבִי נַפְשִׁי לִמְנוּחָיְכִי · כִּי יְיָ גָּמַל עָלָיְכִי :
כִּי חִלַּצְתָּ נַפְשִׁי מִמָּוֶת · אֶת עֵינִי מִן־דִּמְעָה · אֶת־רַגְלִי מִדֶּחִי :
אֶתְהַלֵּךְ לִפְנֵי יְיָ · בְּאַרְצוֹת הַחַיִּים : הֶאֱמַנְתִּי כִּי אֲדַבֵּר · אֲנִי
עָנִיתִי מְאֹד · אֲנִי אָמַרְתִּי בְחָפְזִי · כָּל־הָאָדָם כֹּזֵב :

מָה־אָשִׁיב לַיְיָ · כָּל־תַּגְמוּלוֹהִי עָלָי : כּוֹס יְשׁוּעוֹת אֶשָּׂא
וּבְשֵׁם יְיָ אֶקְרָא : נְדָרַי לַיְיָ אֲשַׁלֵּם · נֶגְדָה נָּא לְכָל עַמּוֹ : יָקָר
בְּעֵינֵי יְיָ · הַמָּוְתָה לַחֲסִידָיו : אָנָּה יְיָ כִּי־אֲנִי עַבְדֶּךָ · אֲנִי עַבְדְּךָ
בֶּן־אֲמָתֶךָ · פִּתַּחְתָּ לְמוֹסֵרָי : לְךָ אֶזְבַּח זֶבַח תּוֹדָה · וּבְשֵׁם יְיָ

walk not; neither is utterance in their throat. May those who make them, become like them, all those who trust in them. O Israel trust thou in the Lord, he is thy help and shield. O house of Aaron! trust in the Lord, he is your help and shield. Ye who fear the Lord! trust in the Lord, he is your help and shield.

יי זכרנו The Lord hath ever been mindful of us, he will bless us, he will bless the house of Israel, he will bless the house of Aaron. He will bless those that fear the Lord, both small and great. May the Lord increase you more and more, you and your children. Blessed are ye of the Lord, who made heaven and earth. The heavens are the heavens of the Lord; but the earth hath he given to the children of men. The dead, praise not the Lord, nor they who descend into the silent grave. But we will bless the Lord from henceforth, and for evermore. Hallelujah.

### Psalm. cxvi.

אהבתי I love the Lord! for he hath graciously heard my voice, and my supplications. For he hath inclined his ear unto me, therefore will I call upon him whilst I live. The struggles of death encompassed me, and the pangs of the grave seized me; I was entangled in trouble and sorrow, I then called upon the name of the Lord, O Lord, I beseech thee, deliver my soul. The Lord is gracious and righteous, yea, our God; is merciful. The Lord preserved the simple; I was brought low, and he saved me. Return unto thy rest, O my soul! for the Lord hath dealt bountifully with thee. For thou hast delivered my soul from death, my eyes from tears, and my feet from falling. I yet will walk before the Lord in the land of the living. I firmly believed, therefore have I spoken with confidence, although I was greatly afflicted. In my haste I said, All men are liars.

מה אשיב ליי What shall I render unto the Lord, for all his benefits towards me? I will take the cup of salvation, and call upon the name of the Lord. My vows I will pay unto the Lord, now in the presence of all his people, Grievous in the sight of the Lord is the death of his pious servants. O Lord! truly I am thy servant; I am thy servant, the son of thine handmaid; thou hast loosed my bonds. Unto thee will I offer a sacrifice of thanksgiving; I will also call on

אֶקְרָא : נְדָרַי לַיְיָ אֲשַׁלֵּם · נֶגְדָה־נָּא לְכָל־עַמּוֹ : בְּחַצְרוֹת · בֵּית
יְיָ · בְּתוֹכֵכִי יְרוּשָׁלָיִם הַלְלוּיָהּ :

קיז הַלְלוּ אֶת־יְיָ כָּל־גּוֹיִם · שַׁבְּחוּהוּ־כָּל הָאֻמִּים : כִּי גָבַר
עָלֵינוּ · חַסְדּוֹ · וֶאֱמֶת יְיָ לְעוֹלָם הַלְלוּיָהּ :

The following four verses are chaunted by the Reader, the Congregation Repeating at the end of each verse :—

קיח הוֹדוּ לַיְיָ כִּי טוֹב כִּי לְעוֹלָם חַסְדּוֹ :
יֹאמַר־נָא יִשְׂרָאֵל כִּי לְעוֹלָם חַסְדּוֹ :
יֹאמְרוּ נָא בֵית־אַהֲרֹן כִּי לְעוֹלָם חַסְדּוֹ :
יֹאמְרוּ נָא יִרְאֵי יְיָ כִּי לְעוֹלָם חַסְדּוֹ :

מִן־הַמֵּצַר קָרָאתִי יָּהּ עָנָנִי בַמֶּרְחַבְיָהּ : יְיָ לִי לֹא אִירָא מַה־יַּעֲשֶׂה לִי אָדָם : יְיָ לִי בְּעֹזְרָי וַאֲנִי אֶרְאֶה בְשֹׂנְאָי : טוֹב לַחֲסוֹת בַּיְיָ מִבְּטֹחַ בָּאָדָם : טוֹב לַחֲסוֹת בַּיְיָ מִבְּטֹחַ בִּנְדִיבִים : כָּל־גּוֹיִם סְבָבוּנִי בְּשֵׁם יְיָ כִּי אֲמִילַם : סַבּוּנִי גַם־סְבָבוּנִי בְּשֵׁם יְיָ כִּי אֲמִילַם : סַבּוּנִי כִדְבֹרִים דֹּעֲכוּ כְּאֵשׁ קוֹצִים בְּשֵׁם יְיָ כִּי אֲמִילַם : דַּחֹה דְחִיתַנִי לִנְפֹּל וַייָ עֲזָרָנִי : עָזִּי וְזִמְרָת יָהּ וַיְהִי־לִי לִישׁוּעָה : קוֹל · רִנָּה וִישׁוּעָה בְּאָהֳלֵי צַדִּיקִים יְמִין יְיָ עֹשָׂה חָיִל : יְמִין יְיָ רוֹמֵמָה יְמִין יְיָ עֹשָׂה חָיִל : לֹא־אָמוּת כִּי־אֶחְיֶה וַאֲסַפֵּר מַעֲשֵׂי־יָהּ : יַסֹּר יִסְּרַנִּי יָּהּ וְלַמָּוֶת לֹא נְתָנָנִי : פִּתְחוּ־לִי שַׁעֲרֵי־צֶדֶק אָבֹא בָם אוֹדֶה יָהּ : זֶה־הַשַּׁעַר לַיְיָ צַדִּיקִים יָבֹאוּ בוֹ :
אוֹדְךָ כִּי עֲנִיתָנִי וַתְּהִי־לִי לִישׁוּעָה : (repeat)

the name of the Lord. I will pay my vows unto the Lord, now in the presence of all his people. In the courts of the Lord's house, in the midst of thee, O Jerusalem! Hallelujah.

### Psalm. cxvii.

הללו את יי Praise the Lord, all ye nations; praise him, all ye people. For great is his merciful kindness towards us; and the truth of the Lord endureth for ever. Hallelujah.

### Psalm. cxviii.

הודו ליי O give thanks unto the Lord, for he is good; for his mercy endureth for ever.

Let Israel now say, that his mercy endureth for ever.

Let the house of Aaron now say, that his mercy endureth for ever.

Let those who fear the Lord now say, that his mercy endureth for ever.

מן המצר In distress I called on the Lord, and the Lord answered me with enlargement. The Lord is for me, I will not fear; what can man do unto me? The Lord is with me, and is my help; I therefore shall see my desire on those who hate me. It is better to trust in the Lord, than to rely on man. It is better to trust in the Lord, than to rely on princes. All nations compassed me about; but in the name of the Lord will I cut them off. They surrounded me, yea, they compassed me about; but in the name of the Lord will I cut them off. They compassed me about like bees, they flashed up as the fire of thorns; but in the name of the Lord will I cut them off. Thou hast thrust sore at me, that I might fall; but the Lord supported me. the Lord is my strength and song, and he is become my salvation. The voice of song and salvation is in the tabernacles of the righteous. "The right hand of the Lord hath done valiantly. The right hand of the Lord is exalted; the right hand of the Lord hath done valiantly." I shall not die, but live and declare the works of the Lord. He hath indeed chastised me, but he hath not given me over unto death. Open for me the gates of righteousness, that I may enter through them, to praise the Lord. This is the gate of the Lord, into which the righteous shall enter. I will praise thee, for thou hast answered me, and art become my salvation.

אֶבֶן מָאֲסוּ הַבּוֹנִים הָיְתָה לְרֹאשׁ פִּנָּה : (repeat)
מֵאֵת יְיָ הָיְתָה זֹּאת הִיא נִפְלָאת בְּעֵינֵינוּ : (repeat)
זֶה הַיּוֹם עָשָׂה יְיָ נָגִילָה וְנִשְׂמְחָה בוֹ : (repeat)

The following verses are chaunted by the Reader, the Congregation responding to every verse:—

אָנָּא יְיָ הוֹשִׁיעָה נָּא : אָנָּא יְיָ הוֹשִׁיעָה נָּא :
אָנָּא יְיָ הַצְלִיחָה נָא : אָנָּא יְיָ הַצְלִיחָה נָא :

בָּרוּךְ הַבָּא בְּשֵׁם יְיָ בֵּרַכְנוּכֶם מִבֵּית יְיָ : (repeat)
אֵל ׀ יְיָ וַיָּאֶר לָנוּ אִסְרוּ־חַג בַּעֲבֹתִים עַד קַרְנוֹת הַמִּזְבֵּחַ : (repeat)
אֵלִי אַתָּה וְאוֹדֶךָּ אֱלֹהַי אֲרוֹמְמֶךָּ : (repeat)
הוֹדוּ לַיְיָ כִּי־טוֹב כִּי לְעוֹלָם חַסְדּוֹ : (repeat)

יְהַלְלוּךָ יְיָ אֱלֹהֵינוּ (עַל) כָּל מַעֲשֶׂיךָ · וַחֲסִידֶיךָ צַדִּיקִים עוֹשֵׂי רְצוֹנֶךָ · וְכָל עַמְּךָ בֵּית יִשְׂרָאֵל בְּרִנָּה יוֹדוּ וִיבָרְכוּ וִישַׁבְּחוּ וִיפָאֲרוּ וִירוֹמְמוּ וְיַעֲרִיצוּ וְיַקְדִּישׁוּ וְיַמְלִיכוּ אֶת שִׁמְךָ מַלְכֵּנוּ · כִּי לְךָ טוֹב לְהוֹדוֹת · וּלְשִׁמְךָ נָאֶה לְזַמֵּר · כִּי מֵעוֹלָם וְעַד עוֹלָם אַתָּה אֵל : בָּרוּךְ אַתָּה יְיָ מֶלֶךְ מְהֻלָּל בַּתִּשְׁבָּחוֹת :

Then say קדיש שלם.

אֵין כָּמוֹךָ בָאֱלֹהִים אֲדֹנָי וְאֵין כְּמַעֲשֶׂיךָ : מַלְכוּתְךָ מַלְכוּת כָּל עֹלָמִים וּמֶמְשַׁלְתְּךָ בְּכָל דּוֹר וָדֹר : יְיָ מֶלֶךְ יְיָ מָלָךְ יְיָ יִמְלֹךְ לְעֹלָם וָעֶד : יְיָ עֹז לְעַמּוֹ יִתֵּן יְיָ יְבָרֵךְ אֶת עַמּוֹ בַשָּׁלוֹם : אַב הָרַחֲמִים הֵיטִיבָה בִרְצוֹנְךָ אֶת צִיּוֹן תִּבְנֶה חוֹמוֹת יְרוּשָׁלָיִם : כִּי בְךָ לְבַד בָּטָחְנוּ מֶלֶךְ אֵל רָם וְנִשָּׂא אֲדוֹן עוֹלָמִים :

Two manuscripts of the Pentateuch are taken out of the Ark.

When the Ark is opened, the Congregation say,

וַיְהִי בִּנְסֹעַ הָאָרֹן וַיֹּאמֶר משֶׁה קוּמָה יְיָ וְיָפֻצוּ אֹיְבֶיךָ : וְיָנֻסוּ מְשַׂנְאֶיךָ מִפָּנֶיךָ : כִּי מִצִּיּוֹן תֵּצֵא תוֹרָה וּדְבַר יְיָ מִירוּשָׁלָיִם : בָּרוּךְ שֶׁנָּתַן תּוֹרָה לְעַמּוֹ יִשְׂרָאֵל בִּקְדֻשָּׁתוֹ :

*(Repeated.)* The stone which the builders rejected, is become the chief corner-stone. *(Repeated.)* This is from the Lord; it is marvellous in our eyes. *(Repeated.)* This is the day which the Lord hath appointed, we will rejoice and be glad thereon. *(Repeated.)*

אנא O Lord! cause us to prosper, we beseech thee. O Lord! cause us to prosper, we beseech thee.

אנא O Lord! save us now, we beseech thee. O Lord! save us now, we beseech thee.

ברוך הבא Blessed be he who cometh in the name of the Lord; we bless you from the house of the Lord. *(Repeated.)* The Lord is God, he giveth us light; bring hither the sacrifice bound with myrtles, even to the horns of the altar. *(Repeated.)* Thou art my God! and I will thank thee; my God! I will extol thee. *(Repeated.)* Give thanks unto the Lord, for he is good; for his mercy endureth for ever. *(Repeated.)*

יהללוך All thy works, O Lord! shall praise thee; thy pious servants, with the righteous, who perform thy will, and thy people, the house of Israel, shall altogether, with joyful song, thank, bless, praise, and glorify thy glorious name; for to thee it is proper to offer thanksgiving, and it is pleasant to sing praise to thy name; for thou art God from everlasting to everlasting. Blessed art thou, O Lord! the King adored with praises.

אין כמוך There is none like unto thee among the gods, O Lord! neither is there anything equal unto thy works! Thy kingdom is an everlasting kingdom, and thy dominion subsisteth throughout all generations. The Lord reigneth; the Lord hath reigned; the Lord shall reign for ever and ever. The Lord will give strength unto his people; the Lord will bless his people with peace. Father of mercies! deal kindly in thy favour with Zion and rebuild the walls of Jerusalem; for in thee only do we confide, O thou who art God! high and exalted, the Sovereign of eternity.

ויהי בנסע "And when the ark set forward, Moses said, Arise, O Lord! and scatter thy enemies, and cause those that hate thee, to flee before thee. For from Zion shall the law go forth, and the word of the Lord from Jerusalem."

ברוך Blessed be he who hath given the law to his people Israel in his holiness.

This is said thrice, before the following Prayer.

יְיָ ׀ יְיָ אֵל רַחוּם וְחַנּוּן אֶרֶךְ אַפַּיִם וְרַב חֶסֶד וֶאֱמֶת: נֹצֵר חֶסֶד לָאֲלָפִים נֹשֵׂא עָוֹן וָפֶשַׁע וְחַטָּאָה וְנַקֵּה: ג״פ

רִבּוֹנוֹ שֶׁל עוֹלָם מַלֵּא מִשְׁאֲלוֹתַי לְטוֹבָה וְהָפֵק רְצוֹנִי וְתֵן שְׁאֵלָתִי וְזַכֵּה לִי פלוני בן פלונית (וְאִשְׁתִּי וּבָנַי וּבְנוֹתַי וְכָל בְּנֵי בֵיתִי) לַעֲשׂוֹת רְצוֹנְךָ בְּלֵבָב שָׁלֵם: וּמַלְּטֵנִי מִן יֵצֶר הָרָע וְתֵן חֶלְקֵנוּ בְּתוֹרָתֶךָ וְזַכֵּנוּ כְּדֵי שֶׁתִּשְׁרֶה שְׁכִינָתְךָ עָלֵינוּ וְהוֹפַע עָלֵינוּ רוּחַ חָכְמָה וּבִינָה וְיִתְקַיֵּם בָּנוּ מִקְרָא שֶׁכָּתוּב וְנָחָה עָלָיו רוּחַ יְיָ · רוּחַ חָכְמָה וּבִינָה · רוּחַ עֵצָה וּגְבוּרָה · רוּחַ דַּעַת וְיִרְאַת יְיָ · וְכֵן יְהִי רָצוֹן מִלְּפָנֶיךָ יְיָ אֱלֹהֵינוּ וֵאלֹהֵי אֲבוֹתֵינוּ שֶׁאֶזְכֶּה לַעֲשׂוֹת מַעֲשִׂים טוֹבִים בְּעֵינֶיךָ · וְלָלֶכֶת בְּדַרְכֵי יְשָׁרִים לְפָנֶיךָ וְקַדְּשֵׁנוּ בִּקְדֻשָּׁתֶךָ · כְּדֵי שֶׁנִּזְכֶּה לְחַיִּים טוֹבִים וַאֲרוּכִים לְחַיֵּי עוֹלָם הַבָּא · וְתִשְׁמְרֵנִי מִמַּעֲשִׂים רָעִים וּמִשָּׁעוֹת רָעוֹת הַמִּתְרַגְּשׁוֹת לָבֹא לָעוֹלָם · וְהַבּוֹטֵחַ בַּייָ חֶסֶד יְסוֹבְבֶנְהוּ אָמֵן:

Then say three times,

אֲנִי תְפִלָּתִי לְךָ יְיָ עֵת רָצוֹן אֱלֹהִים בְּרָב חַסְדֶּךָ עֲנֵנִי בֶּאֱמֶת יִשְׁעֶךָ:

According to Rabbi Simon, the following is said:—

בְּרִיךְ שְׁמֵהּ דְּמָרֵא עָלְמָא בְּרִיךְ כִּתְרָךְ וְאַתְרָךְ · יְהֵא רְעוּתָךְ עִם עַמָּךְ יִשְׂרָאֵל לְעָלַם · וּפוּרְקַן יְמִינָךְ אַחֲזֵי לְעַמָּךְ בְּבֵית מַקְדְּשָׁךְ · וּלְאַמְטוּיֵא לָנָא מִטּוּב נְהוֹרָךְ וּלְקַבֵּל צְלוֹתָנָא בְּרַחֲמִין · יְהֵא רַעֲוָא קֳדָמָךְ דְּתוֹרִיךְ לָן חַיִּין בְּטִיבוּתָא · וְלֶהֱוֵי אֲנָא פְקִידָא בְּגוֹ צַדִּיקַיָּא · לְמִרְחַם עָלַי וּלְמִנְטַר יָתִי וְיַת כָּל דִּילִי וְדִי לְעַמָּךְ יִשְׂרָאֵל · אַנְתְּ הוּא זָן לְכֹלָּא וּמְפַרְנֵס לְכֹלָּא · אַנְתְּ הוּא שַׁלִּיט עַל כֹּלָּא · אַנְתְּ הוּא דְשַׁלִּיט עַל מַלְכַיָּא וּמַלְכוּתָא דִּילָךְ הִיא · אֲנָא עַבְדָּא דְקוּדְשָׁא בְּרִיךְ הוּא דְּסָגִידְנָא קַמֵּהּ וּמִקַּמֵּהּ דִּיקַר אוֹרַיְתֵהּ בְּכָל עִדָּן וְעִדָּן · לָא עַל אֱנָשׁ רָחִיצְנָא · וְלָא עַל בַּר אֱלָהִין סָמִיכְנָא · אֶלָּא בֶּאֱלָהָא דִּשְׁמַיָּא ·

יי יי The Lord! the Lord God! merciful and gracious, long-suffering, and abundant in beneficence and truth; keeping mercy unto thousands, forgiving iniquity, transgressions, and sin, but will not hold guiltless.

רבונו של עולם Sovereign of the universe! fulfil the requests of my heart for good; further my desire, and grant my petition. O grant that I, (my wife, sons, daughters, and all my household) may be worthy to perform thy will with a perfect heart. O deliver me from the evil imagination; and grant that thy law may be our portion; purify us, that thy divine presence may rest on us; and cause the spirit of wisdom and understanding to shine upon us; so that it may be accomplished in us what is written; and the spirit of the Lord shall rest upon him; the spirit of wisdom, and understanding; the spirit of counsel and strength; the spirit of knowledge, and the fear of the Lord. And may it thus be acceptable in thy presence, O Eternal, our God! and the God of our fathers, that I may be worthy to perform good deeds in thy sight, and to walk in the paths of rectitude. O sanctify us with thy holiness, that we may merit a happy life *in this world*, and immortal life in the future one; and guard us from evil deeds, and disastrous events. He that trusteth in the Lord, shall be encompassed with mercy. Amen.

ואני תפלתי May my prayer ascend unto thee, O Lord! in an acceptable time; in thine abundant mercy, O God! answer me in the truth of thy salvation.

בריך שמה Blessed be thy name, thou who art Sovereign of the universe; blessed be thy crown and residence; mayest thou delight in thy people Israel for ever; shew them the redemption of thy right hand in thine holy temple; and accept their supplication with mercy. May it be acceptable in thy presence, to grant me a long and happy life; and that we may be numbered among the righteous. Have mercy upon me, and guard me, and all that belong to me, and to thy people Israel. Thou art he who feedeth and maintaineth all; thou art he who ruleth over all; thou art he who ruleth over all kings; for the kingdom is thine. I am the servant of the holy and blessed God, before whom and his precious law, I bow down; I rely not on man, nor on any celestial being, but on the God of heaven, for he is the true God; sufficient to do good and righteous acts; on him do I rely, and to his holy

דהוּא אֱלָהָא קְשׁוֹט · וְאוֹרַיְתֵהּ קְשׁוֹט · וּנְבִיאוֹהִי קְשׁוֹט · וּמַסְגֵּא לְמֶעְבַּד טַבְוָן וּקְשׁוֹט · בֵּהּ אֲנָא רָחִיץ · וְלִשְׁמֵהּ קַדִּישָׁא יַקִּירָא אֲנָא אֵמַר תּוּשְׁבְּחָן · יְהֵא רַעֲוָא קֳדָמָךְ דְּתִפְתַּח לִבִּי בְּאוֹרַיְתָא וְתַשְׁלִים מִשְׁאֲלִין דְּלִבִּי · וְלִבָּא דְכָל עַמָּךְ יִשְׂרָאֵל לְטַב וּלְחַיִּין וְלִשְׁלָם · אָמֵן :

The Reader takes the תורה and commences the following verses, which the Congregation repeat :—

שְׁמַע יִשְׂרָאֵל יְיָ אֱלֹהֵינוּ יְיָ אֶחָד :

אֶחָד אֱלֹהֵינוּ גָּדוֹל אֲדוֹנֵינוּ קָדוֹשׁ (וְנוֹרָא) שְׁמוֹ :

The Reader says,

חזן גַּדְּלוּ לַייָ אִתִּי וּנְרוֹמְמָה שְׁמוֹ יַחְדָּו :

Whilst the תורה is being taken to the desk, the Congregation say the following :

לְךָ יְיָ הַגְּדֻלָּה וְהַגְּבוּרָה וְהַתִּפְאֶרֶת וְהַנֵּצַח וְהַהוֹד כִּי כֹל בַּשָּׁמַיִם וּבָאָרֶץ לְךָ יְיָ הַמַּמְלָכָה וְהַמִּתְנַשֵּׂא לְכֹל לְרֹאשׁ :

רוֹמְמוּ יְיָ אֱלֹהֵינוּ וְהִשְׁתַּחֲווּ לַהֲדֹם רַגְלָיו קָדוֹשׁ הוּא : רוֹמְמוּ יְיָ אֱלֹהֵינוּ וְהִשְׁתַּחֲווּ לְהַר קָדְשׁוֹ כִּי קָדוֹשׁ יְיָ אֱלֹהֵינוּ :

עַל הַכֹּל יִתְגַּדַּל וְיִתְקַדַּשׁ וְיִשְׁתַּבַּח וְיִתְפָּאַר וְיִתְרוֹמַם וְיִתְנַשֵּׂא : שְׁמוֹ שֶׁל־מֶלֶךְ מַלְכֵי הַמְּלָכִים הַקָּדוֹשׁ בָּרוּךְ הוּא : בָּעוֹלָמוֹת שֶׁבָּרָא הָעוֹלָם הַזֶּה וְהָעוֹלָם הַבָּא : כִּרְצוֹנוֹ וְכִרְצוֹן יְרֵאָיו וְכִרְצוֹן כָּל־בֵּית יִשְׂרָאֵל : צוּר הָעוֹלָמִים אֲדוֹן כָּל־הַבְּרִיּוֹת אֱלוֹהַּ כָּל־הַנְּפָשׁוֹת : הַיּוֹשֵׁב בְּמֶרְחֲבֵי מָרוֹם הַשּׁוֹכֵן בִּשְׁמֵי שְׁמֵי קֶדֶם : קְדֻשָּׁתוֹ עַל הַחַיּוֹת וּקְדֻשָּׁתוֹ עַל כִּסֵּא הַכָּבוֹד : וּבְכֵן יִתְקַדַּשׁ שִׁמְךָ בָּנוּ יְיָ אֱלֹהֵינוּ לְעֵינֵי כָּל־חָי : וְנֹאמַר לְפָנָיו שִׁיר חָדָשׁ כַּכָּתוּב : שִׁירוּ לֵאלֹהִים זַמְּרוּ שְׁמוֹ סֹלּוּ לָרֹכֵב בָּעֲרָבוֹת בְּיָהּ שְׁמוֹ וְעִלְזוּ לְפָנָיו : וְנִרְאֵהוּ עַיִן בְּעַיִן בְּשׁוּבוֹ אֶל נָוֵהוּ כַּכָּתוּב : כִּי עַיִן בְּעַיִן יִרְאוּ בְּשׁוּב יְיָ צִיּוֹן : וְנֶאֱמַר וְנִגְלָה כְּבוֹד יְיָ וְרָאוּ כָל־בָּשָׂר יַחְדָּו כִּי פִּי יְיָ דִּבֵּר :

and reverend name I continually utter praise. O may it be acceptable in thy presence, to enlighten me in thy law, and to fulfil the desire of my heart, and the hearts of thy people Israel, for good, peace, and life. Amen.

שמע ישראל Hear, O Israel, the Lord is our God, the Lord is ONE.

אחד אלהינו Our God is ONE; our Lord is great; holy and tremendous is his name.

גדלו O magnify the Lord with me, and let us together, extol his name.

לך יי הגדלה Thine, O Lord! is the greatness, power, glory, victory, and majesty; for all that is in the heaven and in the earth, is thine: thine is the kingdom, O Lord! and thou art exalted as the Supreme above all.

רוממו יי אלהינו Extol ye the Lord, our God! and bow down at his footstool, for holy is he. Exalt ye the Lord, our God! and worship at his holy mount, for the Lord our God is holy.

על הכל For all which, the name of the Supreme King of kings, the holy and blessed God, shall be extolled, hallowed, praised, glorified, magnified, and exalted in the worlds that he hath created, even this world and the future one, according to his will, the desire of those who fear him, and the desire of all the house of Israel. Former of the universe! Lord of all creatures! and the God of all souls! who sitteth in the wide extended heavens, and dwelleth in the heaven of heavens: his holiness is above the חיות and his holiness is above the throne of glory; sanctify thou thy name through us, O Lord, our God! in the sight of all the living, and we will sing a new song in thy presence; as it is written—sing unto God, sing praises to his name; extol him who rideth upon the heavens; praise him by his name JAH! and rejoice before him; for we shall see him eye to eye, when he returns to his habitation: as it is written—for eye to eye shall they see him when the Lord returneth to Zion. And it is said, and the glory of the Lord shall be revealed, and all flesh shall see it together; for the mouth of the Lord hath spoken it.

אַב הָרַחֲמִים הוּא יְרַחֵם עַם עֲמוּסִים וְיִזְכּוֹר בְּרִית אֵיתָנִים וְיַצִּיל נַפְשׁוֹתֵינוּ מִן הַשָּׁעוֹת הָרָעוֹת וְיִגְעַר בְּיֵצֶר הָרַע מִן הַנְּשׂוּאִים וְיָחוֹן אוֹתָנוּ לִפְלֵיטַת עוֹלָמִים וִימַלֵּא מִשְׁאֲלוֹתֵינוּ בְּמִדָּה טוֹבָה יְשׁוּעָה וְרַחֲמִים :

One of the Manuscripts of the Pentateuch is placed on the Reading Desk, and the Reader says,

וְיַעֲזוֹר וְיָגֵן וְיוֹשִׁיעַ לְכֹל הַחוֹסִים בּוֹ וְנֹאמַר אָמֵן : הַכֹּל הָבוּ גֹדֶל לֵאלֹהֵינוּ וּתְנוּ כָבוֹד לַתּוֹרָה כֹּהֵן קְרַב · יַעֲמוֹד

Here the Reader names the person called to the תורה

בָּרוּךְ שֶׁנָּתַן תּוֹרָה · לְעַמּוֹ יִשְׂרָאֵל בִּקְדֻשָּׁתוֹ : תּוֹרַת יְיָ תְּמִימָה מְשִׁיבַת נָפֶשׁ · עֵדוּת יְיָ נֶאֱמָנָה מַחְכִּימַת פֶּתִי : פִּקּוּדֵי יְיָ יְשָׁרִים מְשַׂמְּחֵי לֵב · מִצְוַת יְיָ בָּרָה מְאִירַת עֵינָיִם : יְיָ עֹז לְעַמּוֹ יִתֵּן · יְיָ יְבָרֵךְ אֶת־עַמּוֹ בַשָּׁלוֹם : הָאֵל תָּמִים דַּרְכּוֹ אִמְרַת יְיָ צְרוּפָה מָגֵן הוּא לְכֹל הַחוֹסִים · בּוֹ :

The Congregation respond :—

וְאַתֶּם הַדְּבֵקִים בַּיְיָ אֱלֹהֵיכֶם חַיִּים כֻּלְּכֶם הַיּוֹם :

Those who are called to the law, say the following benediction, before the Reader begins to read.

בָּרְכוּ אֶת־יְיָ הַמְבוֹרָךְ :

Congregation answers.

בָּרוּךְ יְיָ הַמְבוֹרָךְ לְעוֹלָם וָעֶד :

The Person called, says.

בָּרוּךְ אַתָּה יְיָ אֱלֹהֵינוּ מֶלֶךְ הָעוֹלָם · אֲשֶׁר בָּחַר־בָּנוּ מִכָּל־הָעַמִּים · וְנָתַן־לָנוּ אֶת־תּוֹרָתוֹ · בָּרוּךְ אַתָּה יְיָ נוֹתֵן הַתּוֹרָה :

After the Portion is read, he says.

בָּרוּךְ אַתָּה יְיָ אֱלֹהֵינוּ מֶלֶךְ הָעוֹלָם · אֲשֶׁר נָתַן לָנוּ תּוֹרַת אֱמֶת וְחַיֵּי עוֹלָם נָטַע בְּתוֹכֵנוּ : בָּרוּךְ אַתָּה יְיָ נוֹתֵן הַתּוֹרָה :

אב הרחמים O merciful Father have compassion on those who have been borne *by thee;* remember the covenant of the patriarchs; deliver our soul from evil occurences; and rebuke the evil imagination from those who have been thy care from the womb; and through thy mercy cause us to escape it for ever; and fulfil our desire with the good measure of salvation, and mercies.

One of the Manuscripts of the Pentateuch isplaced on the Reading Desk, and the Reader says,

ויעזור O may he help, shield, and save all those that trust in him; and let us say, Amen. All of ye ascribe power unto God, and tender honour unto the law,—[ *Here the person is called by name, who is to ascend the reading desk, to hear the law read.*]—Blessed be he who hath given the law to his people Israel through his holiness. The law of the Lord is perfect, quieting the soul; the testimony of the Lord is sure, making the simple wise. The statutes of the Lord are right, rejoicing the heart; the commandment of the Lord is clear, enlightening the eyes. The Lord will give strength unto his people: the Lord will bless his people with peace. The way of God is perfect; the word of the Lord is pure: he is a shield to all who trust in him.

ואתם הדבקים But ye that did cleave unto the Lord your God, are alive every one of you unto this day.

Those who are called to the law, say the following benediction, before the Reader begins to read.

ברכו Bless ye the Lord, who is ever blessed.

Congregation answers.

ברוך Blessed be the Lord, who is blessed for ever and evermore.

The Person called, says.

ברוך Blessed art thou, O Lord, our God; King of the universe who hath chosen us from all nations, and hath given us his law. Blessed art thou, O Lord! giver of the law.

After the Portion is read he says.

ברוך אתה Blessed art thou O Lord, our God! King of the universe, who hath given us a law of truth, and planted eternal life amongst us. Blessed art thou, O Lord! giver of the law.

וַיִּקְרָא מֹשֶׁה לְכָל־זִקְנֵי יִשְׂרָאֵל וַיֹּאמֶר אֲלֵהֶם מִשְׁכוּ וּקְחוּ לָכֶם
צֹאן לְמִשְׁפְּחֹתֵיכֶם וְשַׁחֲטוּ הַפָּסַח : וּלְקַחְתֶּם אֲגֻדַּת אֵזוֹב וּטְבַלְתֶּם
בַּדָּם אֲשֶׁר־בַּסַּף וְהִגַּעְתֶּם אֶל־הַמַּשְׁקוֹף וְאֶל־שְׁתֵּי הַמְּזוּזֹת מִן־הַדָּם
אֲשֶׁר בַּסָּף וְאַתֶּם לֹא תֵצְאוּ אִישׁ מִפֶּתַח־בֵּיתוֹ עַד־בֹּקֶר : וְעָבַר יְהוָה
לִנְגֹּף אֶת־מִצְרַיִם וְרָאָה אֶת־הַדָּם עַל־הַמַּשְׁקוֹף וְעַל שְׁתֵּי הַמְּזוּזֹת
וּפָסַח יְהוָה עַל־הַפֶּתַח וְלֹא יִתֵּן הַמַּשְׁחִית לָבֹא אֶל־בָּתֵּיכֶם
לִנְגֹּף : וּשְׁמַרְתֶּם אֶת־הַדָּבָר הַזֶּה לְחָק־לְךָ וּלְבָנֶיךָ עַד־עוֹלָם :
לוי וְהָיָה כִּי־תָבֹאוּ אֶל־הָאָרֶץ אֲשֶׁר יִתֵּן יְהוָה לָכֶם כַּאֲשֶׁר דִּבֵּר
וּשְׁמַרְתֶּם אֶת־הָעֲבֹדָה הַזֹּאת : וְהָיָה כִּי־יֹאמְרוּ אֲלֵיכֶם בְּנֵיכֶם מָה
הָעֲבֹדָה הַזֹּאת לָכֶם : וַאֲמַרְתֶּם זֶבַח־פֶּסַח הוּא לַיהוָה אֲשֶׁר פָּסַח
עַל־בָּתֵּי בְנֵי־יִשְׂרָאֵל בְּמִצְרַיִם בְּנָגְפּוֹ אֶת־מִצְרַיִם וְאֶת־בָּתֵּינוּ הִצִּיל
וַיִּקֹּד הָעָם וַיִּשְׁתַּחֲווּ : וַיֵּלְכוּ וַיַּעֲשׂוּ בְּנֵי יִשְׂרָאֵל כַּאֲשֶׁר צִוָּה
יְהוָה אֶת־מֹשֶׁה וְאַהֲרֹן כֵּן עָשׂוּ : ס ישראל וַיְהִי ׀ בַּחֲצִי הַלַּיְלָה
וַיהוָה הִכָּה כָל־בְּכוֹר בְּאֶרֶץ מִצְרַיִם מִבְּכֹר פַּרְעֹה הַיֹּשֵׁב עַל־
כִּסְאוֹ עַד בְּכוֹר הַשְּׁבִי אֲשֶׁר בְּבֵית הַבּוֹר וְכֹל בְּכוֹר בְּהֵמָה :
וַיָּקָם פַּרְעֹה לַיְלָה הוּא וְכָל־עֲבָדָיו וְכָל־מִצְרַיִם וַתְּהִי צְעָקָה
גְדֹלָה בְּמִצְרָיִם כִּי־אֵין בַּיִת אֲשֶׁר אֵין־שָׁם מֵת : וַיִּקְרָא לְמֹשֶׁה
וּלְאַהֲרֹן לַיְלָה וַיֹּאמֶר קוּמוּ צְּאוּ מִתּוֹךְ עַמִּי גַּם־אַתֶּם גַּם־בְּנֵי
יִשְׂרָאֵל וּלְכוּ עִבְדוּ אֶת־יְהוָה כְּדַבֶּרְכֶם : גַּם־צֹאנְכֶם גַּם־בְּקַרְכֶם
קְחוּ כַּאֲשֶׁר דִּבַּרְתֶּם וָלֵכוּ וּבֵרַכְתֶּם גַּם־אֹתִי : בשבת ד׳ וַתֶּחֱזַק
מִצְרַיִם עַל־הָעָם לְמַהֵר לְשַׁלְּחָם מִן־הָאָרֶץ כִּי אָמְרוּ כֻּלָּנוּ מֵתִים :
וַיִּשָּׂא הָעָם אֶת־בְּצֵקוֹ טֶרֶם יֶחְמָץ מִשְׁאֲרֹתָם צְרֻרֹת בְּשִׂמְלֹתָם
עַל־שִׁכְמָם : וּבְנֵי־יִשְׂרָאֵל עָשׂוּ כִּדְבַר מֹשֶׁה וַיִּשְׁאֲלוּ מִמִּצְרַיִם כְּלֵי־
כֶסֶף וּכְלֵי זָהָב וּשְׂמָלֹת : וַיהוָה נָתַן אֶת־חֵן הָעָם בְּעֵינֵי מִצְרַיִם
וַיַּשְׁאִלוּם וַיְנַצְּלוּ אֶת־מִצְרָיִם : פ רביעי בשבת ה׳ וַיִּסְעוּ בְנֵי־יִשְׂרָאֵל
מֵרַעְמְסֵס סֻכֹּתָה כְּשֵׁשׁ־מֵאוֹת אֶלֶף רַגְלִי הַגְּבָרִים לְבַד מִטָּף :
וְגַם־עֵרֶב רַב עָלָה אִתָּם וְצֹאן וּבָקָר מִקְנֶה כָּבֵד מְאֹד : וַיֹּאפוּ אֶת־
הַבָּצֵק אֲשֶׁר הוֹצִיאוּ מִמִּצְרַיִם עֻגֹת מַצּוֹת כִּי לֹא חָמֵץ כִּי־גֹרְשׁוּ
מִמִּצְרַיִם וְלֹא יָכְלוּ לְהִתְמַהְמֵהַּ וְגַם־צֵדָה לֹא־עָשׂוּ לָהֶם : וּמוֹשַׁב

## MORNING SERVICE.

ויקרא Then Moses called for all the elders of Israel, and said unto them, draw out and take you a lamb according to your families, and kill the passover. And ye shall take a bunch of hyssop, and dip it in the blood that is in the basin, and strike the lintel and the two side-posts, with the blood that is in the basin; and none of you shall go out at the door of his house until the morning. For the Lord will pass through to smite the Egyptians; and when he seeth the blood upon the lintel, and on the two side-posts, the Lord will pass over the door, and will not suffer the destroyer to come in unto your houses to smite you. And ye shall observe this thing for an ordinance to thee, and to thy sons for ever.

And it shall come to pass, when ye be come to the land, which the Lord will give you, according as he hath promised, that ye shall keep this service. And it shall come to pass, when your children shall say unto you, what mean ye by this service? That ye shall say, it is the sacrifice of the Lord's passover, who passed over the houses of the children of Israel in Egypt, when he smote the Egyptians, and delivered our houses. And the people bowed the head and worshipped. And the children of Israel went away, and as the Lord had commanded Moses and Aaron, so did they.

And it came to pass, that at midnight the Lord smote all the first-born in the land of Egypt, from the first-born of Pharoah, that sat on his throne, unto the first-born of the captive that was in the dungeon; and all the first-born of the cattle. And Pharoah rose up in the night, he and all his servants, and all the Egyptians; and there was a great cry in Egypt; for there was not a house where there was not one dead. And he called for Moses and Aaron by night, and said, rise up, and get you forth from among my people, both ye and the children of Israel; and go, serve the Lord, as ye have said. Also take your flocks and your herds, as ye have said, and be gone; and bless me also.

And the Egyptians were urgent upon the people, that they might send them out of the land in haste; for they said, we be all dead men. And the people took their dough before it was leavened, and their dough being bound up in their clothes upon their shoulders. And the children of Israel did according to the word of Moses; and they asked of the Egyptians jewels of silver, and jewels of gold, and raiment. And the Lord gave the people favour in the sight of the Egyptians, so that they gave unto them such things as they required, and they spoiled the Egyptians.

And the children of Israel journeyed from Rameses to Succoth, about six hundred thousand on foot that were men, besides children. And a mixed multitude went up also with them; and flocks, and herds, even very much cattle. And they baked unleavened cakes of the dough, which they brought forth out of Egypt; for it was not leavened; because they were thrust out of Egypt, and could not tarry, neither had they made any provision for themselves.

## יוֹצֵר לְיוֹם רִאשׁוֹן שֶׁל פֶּסַח:

בְּנֵי יִשְׂרָאֵל אֲשֶׁר יָשְׁבוּ בְּמִצְרָיִם שְׁלֹשִׁים שָׁנָה וְאַרְבַּע מֵאוֹת שָׁנָה: וַיְהִי מִקֵּץ שְׁלֹשִׁים שָׁנָה וְאַרְבַּע מֵאוֹת שָׁנָה וַיְהִי בְּעֶצֶם הַיּוֹם הַזֶּה יָצְאוּ כָּל־צִבְאוֹת יְהֹוָה מֵאֶרֶץ מִצְרָיִם: לֵיל שִׁמֻּרִים הוּא לַיהֹוָה לְהוֹצִיאָם מֵאֶרֶץ מִצְרָיִם הוּא־הַלַּיְלָה הַזֶּה לַיהֹוָה שִׁמֻּרִים לְכָל־בְּנֵי יִשְׂרָאֵל לְדֹרֹתָם: ה בשבת ו פ וַיֹּאמֶר יְהֹוָה אֶל־מֹשֶׁה וְאַהֲרֹן זֹאת חֻקַּת הַפָּסַח כָּל־בֶּן־נֵכָר לֹא־יֹאכַל בּוֹ: וְכָל־עֶבֶד אִישׁ מִקְנַת־כָּסֶף וּמַלְתָּה אֹתוֹ אָז יֹאכַל בּוֹ: תּוֹשָׁב וְשָׂכִיר לֹא־יֹאכַל בּוֹ: בְּבַיִת אֶחָד יֵאָכֵל לֹא־תוֹצִיא מִן־הַבַּיִת מִן־הַבָּשָׂר חוּצָה וְעֶצֶם לֹא תִשְׁבְּרוּ־בוֹ: כָּל־עֲדַת יִשְׂרָאֵל יַעֲשׂוּ אֹתוֹ: בשבת ז וְכִי־יָגוּר אִתְּךָ גֵּר וְעָשָׂה פֶסַח לַיהֹוָה הִמּוֹל לוֹ כָל־זָכָר וְאָז יִקְרַב לַעֲשֹׂתוֹ וְהָיָה כְּאֶזְרַח הָאָרֶץ וְכָל־עָרֵל לֹא־יֹאכַל בּוֹ: תּוֹרָה אַחַת יִהְיֶה לָאֶזְרָח וְלַגֵּר הַגָּר בְּתוֹכְכֶם: וַיַּעֲשׂוּ כָּל־בְּנֵי יִשְׂרָאֵל כַּאֲשֶׁר צִוָּה יְהֹוָה אֶת־מֹשֶׁה וְאֶת־אַהֲרֹן כֵּן עָשׂוּ: ס וַיְהִי בְּעֶצֶם הַיּוֹם הַזֶּה הוֹצִיא יְהֹוָה אֶת־בְּנֵי יִשְׂרָאֵל מֵאֶרֶץ מִצְרַיִם עַל־צִבְאֹתָם: פ

The following Portion is read to the Maphtir.

וּבַחֹדֶשׁ הָרִאשׁוֹן בְּאַרְבָּעָה עָשָׂר יוֹם לַחֹדֶשׁ פֶּסַח לַיהֹוָה: וּבַחֲמִשָּׁה עָשָׂר יוֹם לַחֹדֶשׁ הַזֶּה חָג שִׁבְעַת יָמִים מַצּוֹת יֵאָכֵל: בַּיּוֹם הָרִאשׁוֹן מִקְרָא־קֹדֶשׁ כָּל־מְלֶאכֶת עֲבֹדָה לֹא תַעֲשׂוּ:

וְהִקְרַבְתֶּם אִשֶּׁה עֹלָה לַיהֹוָה פָּרִים בְּנֵי־בָקָר שְׁנַיִם וְאַיִל אֶחָד וְשִׁבְעָה כְבָשִׂים בְּנֵי שָׁנָה תְּמִימִם יִהְיוּ לָכֶם: וּמִנְחָתָם סֹלֶת בְּלוּלָה בַשָּׁמֶן שְׁלֹשָׁה עֶשְׂרֹנִים לַפָּר וּשְׁנֵי עֶשְׂרֹנִים לָאַיִל תַּעֲשׂוּ: עִשָּׂרוֹן עִשָּׂרוֹן תַּעֲשֶׂה לַכֶּבֶשׂ הָאֶחָד לְשִׁבְעַת הַכְּבָשִׂים: וּשְׂעִיר חַטָּאת אֶחָד לְכַפֵּר עֲלֵיכֶם: מִלְּבַד עֹלַת הַבֹּקֶר אֲשֶׁר לְעֹלַת הַתָּמִיד תַּעֲשׂוּ אֶת־אֵלֶּה: כָּאֵלֶּה תַּעֲשׂוּ לַיּוֹם שִׁבְעַת יָמִים לֶחֶם אִשֵּׁה רֵיחַ־נִיחֹחַ לַיהֹוָה עַל־עוֹלַת הַתָּמִיד יֵעָשֶׂה וְנִסְכּוֹ: וּבַיּוֹם הַשְּׁבִיעִי מִקְרָא־קֹדֶשׁ יִהְיֶה לָכֶם כָּל־מְלֶאכֶת עֲבֹדָה לֹא תַעֲשׂוּ:

Now the sojourning of the children of Israel, who dwelt in Egypt, was four hundred and thirty years; even this self-same day, it came to pass that all the hosts of the Lord went out from the land of Egypt. It is a night much to be observed unto the Lord, for bringing them out from the land of Egypt; therefore this night of the Lord is to be observed by all the children of Israel in their generations.

And the Lord said unto Moses and Aaron, this is the ordinance of the Passover; there shall no stranger eat thereof. But every man's servant, that is bought for money, when thou hast circumcised him, then shall he eat thereof. A foreigner and an hired servant, shall not eat thereof. In one house shall it be eaten; thou shalt not carry forth ought of the flesh abroad out of the house; neither shall ye break a bone thereof. All the congregation of Israel shall keep it.

And when a stranger shall sojourn with thee, and will keep the passover to the Lord, let all his males be circumcised, and let him come near and keep it; and he shall be as one that is born in the land; for no uncircumcised person shall eat thereof. One law shall be to him that is home-born, and unto the stranger that sojourneth among you. Thus did all the children of Israel as the Lord commanded Moses and Aaron, so did they. And it came to pass, the self-same day, that the Lord did bring the children of Israel out of the land of Egypt by their armies.

ובחדש And on the fourteenth day of the first month is the Passover of the Lord. And on the fifteenth day of this month is the feast; seven days shall unleavened bread be eaten. On the first day shall be an holy convocation; ye shall do no manner of servile work therein. But ye shall offer a sacrifice made by fire for a burnt-offering unto the Lord; two young bulls, and one ram, and seven lambs of the first year; they shall be unto you without blemish. And their meat-offering shall be of flour mingled with oil; three tenth-deals shall ye offer for a bull and two tenth-deals for a ram; a several tenth-deal shalt thou offer for every lamb, throughout the seven lambs; and one goat for a sin-offering, to make an atonement for you. Ye shall offer these beside the burnt-offering in the morning, which is for a continual burnt-offering. After this manner ye shall offer daily throughout the seven days, the meat of the sacrifice made by fire, of a sweet savour unto the Lord; it shall be offered beside the continual burnt-offering, and its drink-offering. And on the seventh day ye shall have an holy convocation; ye shall do no servile work.

When the Law is elevated, the Congregation say,

וְזֹאת הַתּוֹרָה אֲשֶׁר שָׂם מֹשֶׁה לִפְנֵי בְּנֵי יִשְׂרָאֵל עַל פִּי יְיָ בְּיַד מֹשֶׁה · עֵץ חַיִּים הִיא לַמַּחֲזִיקִים בָּהּ וְתוֹמְכֶיהָ מְאֻשָּׁר : דְּרָכֶיהָ דַרְכֵי נוֹעַם · וְכָל נְתִיבוֹתֶיהָ שָׁלוֹם : אֹרֶךְ יָמִים בִּימִינָהּ · בִּשְׂמֹאלָהּ עֹשֶׁר וְכָבוֹד : יְיָ חָפֵץ לְמַעַן צִדְקוֹ יַגְדִּיל תּוֹרָה וְיַאְדִּיר :

He that reads the Portion from the Prophets, says the following before he begins.

בָּרוּךְ אַתָּה יְיָ אֱלֹהֵינוּ מֶלֶךְ הָעוֹלָם · אֲשֶׁר בָּחַר בִּנְבִיאִים טוֹבִים · וְרָצָה בְדִבְרֵיהֶם הַנֶּאֱמָרִים בֶּאֱמֶת · בָּרוּךְ אַתָּה יְיָ · הַבּוֹחֵר בַּתּוֹרָה וּבְמֹשֶׁה עַבְדּוֹ וּבְיִשְׂרָאֵל עַמּוֹ · וּבִנְבִיאֵי הָאֱמֶת וָצֶדֶק :

## הפטרה ליום ראשון של פסח :

וַיֹּאמֶר יְהוֹשֻׁעַ אֶל־הָעָם הִתְקַדָּשׁוּ כִּי מָחָר יַעֲשֶׂה יְהוָה בְּקִרְבְּכֶם נִפְלָאוֹת : וַיֹּאמֶר יְהוֹשֻׁעַ אֶל־הַכֹּהֲנִים לֵאמֹר שְׂאוּ אֶת־אֲרוֹן הַבְּרִית וְעִבְרוּ לִפְנֵי הָעָם וַיִּשְׂאוּ אֶת־אֲרוֹן הַבְּרִית וַיֵּלְכוּ לִפְנֵי הָעָם : וַיֹּאמֶר יְהוָה אֶל־יְהוֹשֻׁעַ הַיּוֹם הַזֶּה אָחֵל גַּדֶּלְךָ בְּעֵינֵי כָּל־יִשְׂרָאֵל אֲשֶׁר יֵדְעוּן כִּי כַּאֲשֶׁר הָיִיתִי עִם־מֹשֶׁה אֶהְיֶה עִמָּךְ :

בָּעֵת הַהִיא אָמַר יְהוָה אֶל־יְהוֹשֻׁעַ עֲשֵׂה לְךָ חַרְבוֹת צֻרִים וְשׁוּב מֹל אֶת־בְּנֵי־יִשְׂרָאֵל שֵׁנִית : וַיַּעַשׂ־לוֹ יְהוֹשֻׁעַ חַרְבוֹת צֻרִים וַיָּמָל אֶת־בְּנֵי יִשְׂרָאֵל אֶל־גִּבְעַת הָעֲרָלוֹת : וְזֶה הַדָּבָר אֲשֶׁר־מָל יְהוֹשֻׁעַ כָּל־הָעָם הַיֹּצֵא מִמִּצְרַיִם הַזְּכָרִים כֹּל ׀ אַנְשֵׁי הַמִּלְחָמָה מֵתוּ בַמִּדְבָּר בַּדֶּרֶךְ בְּצֵאתָם מִמִּצְרָיִם : כִּי־מֻלִים הָיוּ כָּל־הָעָם הַיֹּצְאִים וְכָל־הָעָם הַיִּלֹּדִים בַּמִּדְבָּר בַּדֶּרֶךְ בְּצֵאתָם מִמִּצְרַיִם לֹא־מָלוּ : כִּי ׀ אַרְבָּעִים שָׁנָה הָלְכוּ בְנֵי־יִשְׂרָאֵל בַּמִּדְבָּר עַד־תֹּם כָּל־הַגּוֹי אַנְשֵׁי הַמִּלְחָמָה הַיֹּצְאִים מִמִּצְרַיִם אֲשֶׁר לֹא־שָׁמְעוּ בְּקוֹל יְהוָה אֲשֶׁר נִשְׁבַּע יְהוָה לָהֶם לְבִלְתִּי הַרְאוֹתָם אֶת־הָאָרֶץ אֲשֶׁר נִשְׁבַּע יְהוָה לַאֲבוֹתָם לָתֶת לָנוּ אֶרֶץ זָבַת חָלָב וּדְבָשׁ : וְאֶת־בְּנֵיהֶם הֵקִים תַּחְתָּם אֹתָם מָל יְהוֹשֻׁעַ כִּי־עֲרֵלִים הָיוּ כִּי לֹא־מָלוּ

וזאת התורה And this is the law which Moses set before the
children of Israel, by the command of the Lord by the hand of
Moses. It is a tree of life to those that lay hold on it; and the
supporters thereof are happy. Its ways are ways of pleasant-
ness, and all its paths *are* peace. Length of days is on its right,
and on its left *are* riches and honour. The Lord was pleased for
his righteousness sake to magnify the law and adorn it.

ברוך אתה Blessed art thou, O Lord, our God; King of
the universe; who hath chosen good prophets, and delighted
in their words, which were delivered in truth. Blessed art
thou, O Lord! who hath chosen the law, his servant-Moses,
his people Israel, and the true and righteous prophets.

**PORTION FROM THE PROPHETS FOR THE FIRST DAY OF PASSOVER.**

ויאמר יהושע And Joshua said unto the people, sanctify
yourselves; for to-morrow the Lord will do wonders among
you. And Joshua spake unto the priests, saying, take up the
ark of the covenant, and pass over before the people. And
they took up the ark of the covenant, and went before the
people. And the Lord said unto Joshua, this day will I begin
to magnify thee in the sight of all Israel, that they may
know that as I was with Moses, so will I be with thee.

בעת At that time the Lord said unto Joshua, make thee
sharp knives, and circumcise again the children of Israel the
second time. And Joshua made him sharp knives, and
circumcised the children of Israel at the hill ערלות (of the
foreskins.) And this is the cause why Joshua did circumcise;
all the people that came out of Egypt, that were males, even
all the men of war, died in the wilderness by the way, after
they came out of Egypt. Now all the people that came out
were circumcised; but all the people, that were born in the
wilderness by the way, as they came forth out of Egypt, them
they had not circumcised. For the children of Israel walked
forty years in the wilderness, till all the people that were men
of war, who came out of Egypt, were consumed, because they
obeyed not the voice of the Lord; unto whom the Lord sware
that he would not shew them the land which the Lord sware
unto their fathers that he would give us, a land that floweth
with milk and honey. And their children, whom he raised
up in their stead, them Joshua circumcised; for they were
uncircumcised, because they had not circumcised them by

אוֹתָם בַּדָּרֶךְ : וַיְהִי כַּאֲשֶׁר־תַּמּוּ כָל־הַגּוֹי לְהִמּוֹל וַיֵּשְׁבוּ תַחְתָּם
בַּמַּחֲנֶה עַד חֲיוֹתָם : וַיֹּאמֶר יְהוָֹה אֶל־יְהוֹשֻׁעַ הַיּוֹם גַּלּוֹתִי אֶת־
חֶרְפַּת מִצְרַיִם מֵעֲלֵיכֶם וַיִּקְרָא שֵׁם הַמָּקוֹם הַהוּא גִּלְגָּל עַד הַיּוֹם
הַזֶּה : וַיַּחֲנוּ בְנֵי־יִשְׂרָאֵל בַּגִּלְגָּל וַיַּעֲשׂוּ אֶת־הַפֶּסַח בְּאַרְבָּעָה
עָשָׂר יוֹם לַחֹדֶשׁ בָּעֶרֶב בְּעַרְבוֹת יְרִיחוֹ : וַיֹּאכְלוּ מֵעֲבוּר הָאָרֶץ
מִמָּחֳרַת הַפֶּסַח מַצּוֹת וְקָלוּי בְּעֶצֶם הַיּוֹם הַזֶּה : וַיִּשְׁבֹּת הַמָּן
מִמָּחֳרָת בְּאָכְלָם מֵעֲבוּר הָאָרֶץ וְלֹא־הָיָה עוֹד לִבְנֵי יִשְׂרָאֵל מָן
וַיֹּאכְלוּ מִתְּבוּאַת אֶרֶץ כְּנַעַן בַּשָּׁנָה הַהִיא : וַיְהִי בִּהְיוֹת יְהוֹשֻׁעַ
בִּירִיחוֹ וַיִּשָּׂא עֵינָיו וַיַּרְא וְהִנֵּה־אִישׁ עֹמֵד לְנֶגְדּוֹ וְחַרְבּוֹ שְׁלוּפָה
בְּיָדוֹ וַיֵּלֶךְ יְהוֹשֻׁעַ אֵלָיו וַיֹּאמֶר לוֹ הֲלָנוּ אַתָּה אִם־לְצָרֵינוּ : וַיֹּאמֶר ׀
לֹא כִּי אֲנִי שַׂר־צְבָא־יְהוָֹה עַתָּה בָאתִי וַיִּפֹּל יְהוֹשֻׁעַ אֶל־פָּנָיו אַרְצָה
וַיִּשְׁתָּחוּ וַיֹּאמֶר לוֹ מָה אֲדֹנִי מְדַבֵּר אֶל־עַבְדּוֹ : וַיֹּאמֶר שַׂר־צְבָא
יְהוָֹה אֶל־יְהוֹשֻׁעַ שַׁל נַעַלְךָ מֵעַל רַגְלֶךָ כִּי הַמָּקוֹם אֲשֶׁר אַתָּה עֹמֵד
עָלָיו קֹדֶשׁ הוּא וַיַּעַשׂ יְהוֹשֻׁעַ כֵּן : וִירִיחוֹ סֹגֶרֶת וּמְסֻגֶּרֶת מִפְּנֵי
בְּנֵי יִשְׂרָאֵל אֵין יוֹצֵא וְאֵין בָּא :

**The Person who reads the Haphtorah then says the following :—**

בָּרוּךְ אַתָּה יְיָ אֱלֹהֵינוּ מֶלֶךְ הָעוֹלָם · צוּר כָּל הָעוֹלָמִים ·
צַדִּיק בְּכָל הַדּוֹרוֹת · הָאֵל הַנֶּאֱמָן · הָאוֹמֵר וְעוֹשֶׂה · הַמְדַבֵּר
וּמְקַיֵּם · שֶׁכָּל דְּבָרָיו אֱמֶת וָצֶדֶק : נֶאֱמָן אַתָּה הוּא יְיָ
אֱלֹהֵינוּ · וְנֶאֱמָנִים דְּבָרֶיךָ · וְדָבָר אֶחָד מִדְּבָרֶיךָ אָחוֹר לֹא־
יָשׁוּב רֵיקָם · כִּי אֵל מֶלֶךְ נֶאֱמָן וְרַחֲמָן אָתָּה · בָּרוּךְ אַתָּה יְיָ ·
הָאֵל הַנֶּאֱמָן בְּכָל־דְּבָרָיו :

רַחֵם עַל־צִיּוֹן כִּי הִיא בֵּית חַיֵּינוּ · וְלַעֲלוּבַת נֶפֶשׁ תּוֹשִׁיעַ בִּמְהֵרָה
בְיָמֵינוּ · בָּרוּךְ אַתָּה יְיָ · מְשַׂמֵּחַ צִיּוֹן בְּבָנֶיהָ :

the way. And it came to pass when they had done circumcising all the people, that they abode in their places in the camp, till they were healed. And the Lord said unto Joshua, this day have I rolled away the reproach of Egypt from off you; wherefore the name of the place is called Gilgal unto this day. And the children of Israel encamped in Gilgal, and kept the passover on the fourteenth day of the month at even, in the plains of Jericho. And they did eat of the old corn of the land on the morrow after the passover, unleavened cakes, and parched *corn*, in the self-same day. And the manna ceased on the morrow after they had eaten of the old corn of the land; neither had the children of Israel manna any more, but they did eat of the fruit of the land of Canaan that year. And it came to pass, when Joshua was by Jericho, that he lifted up his eyes, and looked, and behold, there stood a man over against him, with his sword drawn in his hand; and Joshua went unto him, and said unto him, art thou for us, or for our adversaries? And he said, nay, but *as* captain of the host of the Lord am I now come. And Joshua fell on his face to the earth, and bowed *himself;* and said unto him, what saith my Lord unto his servant? And the captain of the Lord's host said unto Joshua, loose thy shoe from off thy foot, for the place whereon thou standeth is holy; and Joshua did so. Now Jericho was straitly shut up because of the children of Israel; none went out, and none came in.

### The Person who reads the Haphtorah then says the following:—

ברוך אתה Blessed art thou, O Lord, our God, King of the universe! former of all the worlds, who *is* righteous in all generations; the faithful God, who promiseth and performeth speaketh and accomplisheth; for all his words *are* true, and just. Faithful art thou, O Lord, our God; and thy words are faithful; for not one of thy words shall return back without being fulfilled: for thou, O God! *art* a faithful and merciful King. Blessed art thou, O Lord! the God, who is faithful in all his words.

רחם על ציון O have compassion upon Zion, for it is the dwelling of our life; and speedily in our days, save the afflicted soul. Blessed art thou, O Lord! who wilt cause Zion to rejoice with her children.

שַׂמְּחֵנוּ יְיָ אֱלֹהֵינוּ בְּאֵלִיָּהוּ הַנָּבִיא עַבְדֶּךָ · וּבְמַלְכוּת בֵּית דָּוִד מְשִׁיחֶךָ · בִּמְהֵרָה יָבֹא וְיָגֵל לִבֵּנוּ · עַל־כִּסְאוֹ לֹא־יֵשֵׁב זָר · וְלֹא יִנְחֲלוּ עוֹד אֲחֵרִים אֶת כְּבוֹדוֹ · כִּי בְשֵׁם קָדְשְׁךָ נִשְׁבַּעְתָּ לּוֹ · שֶׁלֹּא יִכְבֶּה נֵרוֹ לְעוֹלָם וָעֶד · בָּרוּךְ אַתָּה יְיָ מָגֵן דָּוִד:

עַל־הַתּוֹרָה וְעַל־הָעֲבוֹדָה וְעַל־הַנְּבִיאִים וְעַל־יוֹם [השבת הזה ועל יום] חַג הַמַּצּוֹת הַזֶּה · שֶׁנָּתַתָּ־לָנוּ יְיָ אֱלֹהֵינוּ [בשבת לִקְדֻשָּׁה וְלִמְנוּחָה] לְשָׂשׂוֹן וּלְשִׂמְחָה לְכָבוֹד וּלְתִפְאָרֶת · עַל הַכֹּל יְיָ אֱלֹהֵינוּ אֲנַחְנוּ מוֹדִים לָךְ · וּמְבָרְכִים אוֹתָךְ · יִתְבָּרַךְ שִׁמְךָ בְּפִי כָּל־חַי תָּמִיד לְעוֹלָם וָעֶד · בָּרוּךְ אַתָּה יְיָ · מְקַדֵּשׁ השבת (וְ) יִשְׂרָאֵל וְהַזְּמַנִּים:

On the Sabbath the following is said:—

[יְקוּם פֻּרְקָן מִן שְׁמַיָּא · חִנָּא וְחִסְדָּא וְרַחֲמֵי · וְחַיֵּי אֲרִיכֵי וּמְזוֹנֵי רְוִיחֵי · וְסִיַּעְתָּא דִשְׁמַיָּא: וּבַרְיוּת גּוּפָא · וּנְהוֹרָא מַעַלְיָא · זַרְעָא חַיָּא וְקַיָּמָא · זַרְעָא דִּי לָא יִפְסוּק · וְדִי לָא יִבְטוּל מִפִּתְגָּמֵי אוֹרַיְתָא · לְמָרָנָן וְרַבָּנָן חֲבוּרָתָא קַדִּישָׁתָא דִּי בְאַרְעָא דְיִשְׂרָאֵל · וְדִי בְּבָבֶל · לְרֵישֵׁי כַלָּה וּלְרֵישֵׁי גַלְוָתָא · וּלְרֵישֵׁי מְתִיבָתָא · וּלְדַיָּנֵי דִי בָבָא · לְכָל־תַּלְמִידֵיהוֹן וּלְכָל־תַּלְמִידֵי תַלְמִידֵיהוֹן וּלְכָל מָן דְּעָסְקִין בְּאוֹרַיְתָא: מַלְכָּא דְעָלְמָא יְבָרֵךְ יָתְהוֹן · יַפִּישׁ חַיֵּיהוֹן · וְיַסְגֵּא יוֹמֵיהוֹן · וְיִתֵּן אַרְכָה לִשְׁנֵיהוֹן · וְיִתְפָּרְקוּן וְיִשְׁתֵּזְבוּן מִן כָּל עָקָא · וּמִן כָּל־מַרְעִין בִּישִׁין · מָרָן דִּי בִשְׁמַיָּא יְהֵא בְסַעְדְּהוֹן · כָּל זְמַן־וְעִדָּן · וְנֹאמַר אָמֵן:

יְקוּם פֻּרְקָן מִן שְׁמַיָּא · חִנָּא וְחִסְדָּא וְרַחֲמֵי · וְחַיֵּי אֲרִיכֵי · וּמְזוֹנֵי רְוִיחֵי וְסִיַּעְתָּא דִשְׁמַיָּא · וּבַרְיוּת גּוּפָא וּנְהוֹרָא מַעַלְיָא: זַרְעָא חַיָּא וְקַיָּמָא · זַרְעָא דִּי לָא יִפְסוּק · וְדִי לָא יִבְטוּל מִפִּתְגָּמֵי אוֹרַיְתָא: לְכָל קְהָלָא קַדִּישָׁא הָדֵין · רַבְרְבַיָּא עִם זְעֵרַיָּא · טַפְלָא וּנְשַׁיָּא: מַלְכָּא דְעָלְמָא יְבָרֵךְ יָתְכוֹן · יַפִּישׁ חַיֵּיכוֹן ·

שמחנו יי אלהינו O Lord, our God! cause us to rejoice in thy servant Elijah, the prophet, and in the kingdom of the house of David, thine anointed. May he come speedily, and gladden our hearts. Suffer no stranger to sit on his throne, nor let any other again inherit his glory: for by thy holy name, hast thou sworn unto him, that his lamp should never be extinguished. Blessed art thou, O Lord! the Shield of David.

על התורה For the sake of thy law, the sacrifices, the prophets, [*on the sabbath, say,* and the sabbath day, and] this day of the feast of unleavened bread, which thou hast given unto us, O Lord, our God! *a day of* sanctification and rest, joy and gladness, for honour and glory: for all which, O Lord, our God! we thank and praise thee: blessed be thy name in the mouth of every living creature, continually, and for evermore: for thy word, O our King! is true, and permanent for ever. Blessed art thou, O Lord! King of the whole earth, who sanctifieth [*on the sabbath, say,* the sabbath, and] Israel, and the seasons

On the Sabbath the following is said:—

יקום פורקן O may redemption proceed from heaven, *attended* with grace, kindness, and mercy, long life, affluence, heavenly assistance, bodily health, and wisdom; living and healthful children, a posterity that shall not cease nor relax from the words of the law, to the teachers and rabbins of the holy society, which are in the land of Israel, and the land of Babylon, the principal orators, the chiefs of the captivity, the heads of the colleges, the judges of the gates, their disciples, and the disciples of their disciples, and all who are employed in the study of the law. May the sovereign of the universe bless them! preserve their life, increase their days, and prolong their years. O may he redeem and deliver them from all trouble and evil occurrences: may the Lord of heaven be their support at all times and seasons; and let us say, Amen.

יקום פורקן O may redemption proceed from heaven, *attended* with grace, kindness, and mercy, long life, affluence, heavenly assistance, bodily health, and wisdom, living and healthful children, a posterity that shall not cease nor relax from the words of the law, to all this holy congregation, both the higher

וְיִסְגֵּא יוֹמֵיכוֹן · וְיִתֵּן אַרְכָא לִשְׁנֵיכוֹן · וְתִתְפָּרְקוּן וְתִשְׁתֵּיזְבוּן מִן כָּל־עָקָא · וּמִן כָּל־מַרְעִין בִּישִׁין · מָרָן דִּי בִשְׁמַיָּא יְהֵא בְּסַעְדְּכוֹן · כָּל זְמַן וְעִדָּן וְנֹאמַר אָמֵן :

מִי שֶׁבֵּרַךְ אֲבוֹתֵינוּ אַבְרָהָם יִצְחָק וְיַעֲקֹב · הוּא יְבָרֵךְ אֶת־כָּל הַקָּהָל הַקָּדוֹשׁ הַזֶּה · עִם כָּל־קְהִלּוֹת הַקֹּדֶשׁ · הֵם וּנְשֵׁיהֶם וּבְנֵיהֶם וּבְנוֹתֵיהֶם וְכָל־אֲשֶׁר־לָהֶם · וּמִי שֶׁמְּיַחֲדִים בָּתֵּי כְנֵסִיּוֹת לִתְפִלָּה · וּמִי שֶׁבָּאִים בְּתוֹכָם לְהִתְפַּלֵּל · וּמִי שֶׁנּוֹתְנִים נֵר לַמָּאוֹר · וְיַיִן לְקִדּוּשׁ וּלְהַבְדָּלָה · וּפַת לָאוֹרְחִים וּצְדָקָה לַעֲנִיִּים · וְכָל־מִי שֶׁעוֹסְקִים בְּצָרְכֵי צִבּוּר בֶּאֱמוּנָה · הַקָּדוֹשׁ בָּרוּךְ הוּא · יְשַׁלֵּם שְׂכָרָם · וְיָסִיר מֵהֶם כָּל־מַחֲלָה · וְיִרְפָּא לְכָל־גּוּפָם · וְיִסְלַח לְכָל־עֲוֹנָם · וְיִשְׁלַח בְּרָכָה וְהַצְלָחָה בְּכָל־מַעֲשֵׂה יְדֵיהֶם · עִם כָּל־יִשְׂרָאֵל אֲחֵיהֶם וְנֹאמַר אָמֵן :]

**A Prayer for the Queen and Royal Family.**

הַנּוֹתֵן תְּשׁוּעָה לַמְּלָכִים · וּמֶמְשָׁלָה לַנְּסִיכִים · מַלְכוּתוֹ מַלְכוּת כָּל־עוֹלָמִים · הַפּוֹצֶה אֶת דָּוִד עַבְדּוֹ מֵחֶרֶב רָעָה · הַנּוֹתֵן בַּיָּם דֶּרֶךְ וּבְמַיִם עַזִּים נְתִיבָה · הוּא יְבָרֵךְ וְיִשְׁמוֹר וְיִנְצוֹר וְיַעֲזוֹר וִירוֹמֵם וִיגַדֵּל וִינַשֵּׂא לְמַעְלָה :

**OUR SOVEREIGN LADY QUEEN VICTORIA;**

**ALBERT EDWARD, PRINCE OF WALES; THE PRINCESS OF WALES.**

**AND ALL THE ROYAL FAMILY.**

יָרוּם הוֹדָם : מֶלֶךְ מַלְכֵי הַמְּלָכִים בְּרַחֲמָיו יְחַיֶּהָ וְיִשְׁמְרֶהָ וּמִכָּל צָרָה וְיָגוֹן וָנֶזֶק יַצִּילֶהָ וְיַדְבֵּר עַמִּים תַּחַת רַגְלֶיהָ וְיַפִּיל שׂוֹנְאֶיהָ לְפָנֶיהָ וּבְכֹל אֲשֶׁר תִּפְנֶה תַצְלִיחַ · מֶלֶךְ מַלְכֵי הַמְּלָכִים בְּרַחֲמָיו יִתֵּן בְּלִבָּהּ וּבְלֵב כָּל יוֹעֲצֶיהָ וְשָׂרֶיהָ רַחֲמָנוּת לַעֲשׂוֹת טוֹבָה עִמָּנוּ וְעִם כָּל יִשְׂרָאֵל · בְּיָמֶיהָ וּבְיָמֵינוּ תִּוָּשַׁע יְהוּדָה · וְיִשְׂרָאֵל יִשְׁכּוֹן לָבֶטַח וּבָא לְצִיּוֹן גּוֹאֵל וְכֵן יְהִי רָצוֹן וְנֹאמַר אָמֵן :

and lower orders, women and children. May the sovereign of the universe bless you, preserve your life, increase your days, and prolong your years. O may he redeem and deliver you from all trouble and evil occurrences; and may the Lord of heaven be your support at all times, and seasons; and let us say, Amen.

מי שברך May he who blessed our ancestors, Abraham, Isaac, and Jacob, bless this holy congregation, with all other holy congregations; they, their wives, sons, and daughters, and all who belong to them; those who unite in support of the Synagogues for prayer, as also those who assemble therein to pray; those who provide lights to light it; wine to sanctify the sabbath-day, and other festivals, and to distinguish them from working days; and bread to the wanderer; and charity to the poor. And all those who faithfully discharge the trust reposed in them by their congregation. May the holy blessed God reward them, remove all sickness from them, cure them in days of sickness, pardon all their sins, and send a blessing and prosperity in all the work of their hands, and of all Israel, their brethren: and let us say, Amen.]

הנותן תשועה למלכים He who dispenseth salvation unto kings, and dominion unto princes, whose kingdom is an everlasting kingdom, who delivereth his servant David from the destructive sword, who maketh his way in the sea, and a path through the mighty waters; may he bless, preserve, guard, assist, exalt, aggrandize, our most gracious Sovereign Lady Queen VICTORIA; ALBERT EDWARD, Prince of Wales; The PRINCESS OF WALES; and all the ROYAL FAMILY. May the supreme King of kings, through his infinite mercy, preserve them, and grant them life, and deliver them from all manner of trouble and danger. Subdue nations under her feet; cause her enemies to fall before her, and cause her to prosper in all her undertakings. May the supreme King of kings exalt and highly aggrandize her, and grant her long and prosperously to reign. May the supreme King of kings, through his infinite mercy, incline the heart of her counsellors and nobles, with benevolence towards us, and all Israel. In her days and ours may Judah be saved, and Israel dwell in safety; and may the redeemer come unto Zion; may this be his gracious will, and let us say, Amen.

אַשְׁרֵי יוֹשְׁבֵי בֵיתֶךָ עוֹד יְהַלְלוּךָ סֶּלָה׃ אַשְׁרֵי הָעָם שֶׁכָּכָה לּוֹ
אַשְׁרֵי הָעָם שֶׁיְיָ אֱלֹהָיו׃

קמה תְּהִלָּה לְדָוִד אֲרוֹמִמְךָ אֱלוֹהַי הַמֶּלֶךְ וַאֲבָרְכָה שִׁמְךָ לְעוֹלָם וָעֶד׃ בְּכָל־יוֹם אֲבָרְכֶךָּ וַאֲהַלְלָה שִׁמְךָ לְעוֹלָם וָעֶד׃ גָּדוֹל יְיָ וּמְהֻלָּל מְאֹד וְלִגְדֻלָּתוֹ אֵין חֵקֶר׃ דּוֹר לְדוֹר יְשַׁבַּח מַעֲשֶׂיךָ וּגְבוּרֹתֶיךָ יַגִּידוּ׃ הֲדַר כְּבוֹד הוֹדֶךָ וְדִבְרֵי נִפְלְאֹתֶיךָ אָשִׂיחָה׃ וֶעֱזוּז נוֹרְאוֹתֶיךָ יֹאמֵרוּ וּגְדֻלָּתְךָ אֲסַפְּרֶנָּה׃ זֵכֶר רַב־טוּבְךָ יַבִּיעוּ וְצִדְקָתְךָ יְרַנֵּנוּ׃ חַנּוּן וְרַחוּם יְיָ אֶרֶךְ אַפַּיִם וּגְדָל־חָסֶד׃ טוֹב יְיָ לַכֹּל וְרַחֲמָיו עַל־כָּל־מַעֲשָׂיו׃ יוֹדוּךָ יְיָ כָּל־מַעֲשֶׂיךָ וַחֲסִידֶיךָ יְבָרְכוּכָה׃ כְּבוֹד מַלְכוּתְךָ יֹאמֵרוּ וּגְבוּרָתְךָ יְדַבֵּרוּ׃ לְהוֹדִיעַ לִבְנֵי הָאָדָם גְּבוּרֹתָיו וּכְבוֹד הֲדַר מַלְכוּתוֹ׃ מַלְכוּתְךָ מַלְכוּת כָּל עֹלָמִים וּמֶמְשַׁלְתְּךָ בְּכָל־דּוֹר וָדֹר׃ סוֹמֵךְ יְיָ לְכָל־הַנֹּפְלִים וְזוֹקֵף לְכָל־הַכְּפוּפִים׃ עֵינֵי כֹל אֵלֶיךָ יְשַׂבֵּרוּ וְאַתָּה נוֹתֵן־לָהֶם אֶת אָכְלָם בְּעִתּוֹ׃ פּוֹתֵחַ אֶת־יָדֶךָ וּמַשְׂבִּיעַ לְכָל־חַי רָצוֹן׃ צַדִּיק יְיָ בְּכָל־דְּרָכָיו וְחָסִיד בְּכָל־מַעֲשָׂיו׃ קָרוֹב יְיָ לְכָל־קֹרְאָיו לְכֹל אֲשֶׁר יִקְרָאֻהוּ בֶאֱמֶת׃ רְצוֹן יְרֵאָיו יַעֲשֶׂה וְאֶת־שַׁוְעָתָם יִשְׁמַע וְיוֹשִׁיעֵם׃ שׁוֹמֵר יְיָ אֶת־כָּל־אֹהֲבָיו וְאֵת כָּל־הָרְשָׁעִים יַשְׁמִיד׃ תְּהִלַּת יְיָ יְדַבֶּר פִּי וִיבָרֵךְ כָּל־בָּשָׂר שֵׁם קָדְשׁוֹ לְעוֹלָם וָעֶד׃ וַאֲנַחְנוּ נְבָרֵךְ יָהּ מֵעַתָּה וְעַד־עוֹלָם הַלְלוּיָהּ׃

On returning the Law to the Ark the Reader says:—

יְהַלְלוּ אֶת שֵׁם־יְיָ כִּי־נִשְׂגָּב שְׁמוֹ לְבַדּוֹ׃

While the Reader says יהללו, the Congregation say:—

הוֹדוֹ עַל־אֶרֶץ וְשָׁמָיִם וַיָּרֶם קֶרֶן לְעַמּוֹ תְּהִלָּה לְכָל־חֲסִידָיו
לִבְנֵי יִשְׂרָאֵל עַם קְרֹבוֹ הַלְלוּיָהּ׃

אשרי יושבי ביתך "Happy are they that dwell in thy house; they will be continually praising thee. Selah. Happy the people who are thus! Happy the people whose God is the Lord!'

PSALM. cxlv.

DAVID'S PSALM OF PRAISE.—I will extol thee, my God, O King! and I will bless thy name for ever and ever. Every day will I bless thee, and I will praise thy name for ever and ever. The Lord is great, and exalted in praise, and his greatness is unsearchable. One generation shall praise thy works to another, and shall declare thy mighty acts. I will speak of the glorious honour of thy majesty, and of thy wondrous works. And men shall speak of the might of thy tremendous acts; and thy greatness will I declare. The memorial of thy abundant goodness shall they perpetually utter, and shall sing of thy righteousness. The Lord is gracious, and full of compassion; long-suffering, and of great mercy. The Lord is good to all; and his mercies are over all his works. All thy works shall praise thee, O Lord! and thy pious servants shall bless thee. They shall speak of the glory of thy kingdom, and talk of thy power. To make known thy mighty acts to the sons of men, and the glorious majesty of thy kingdom. Thy kingdom is an everlasting kingdom, and thy dominion subsisteth throughout all generations. The Lord upholdeth all who fall, and raiseth up all those who are bowed down. The eyes of all wait upon thee, and thou givest them their food in due season. Thou openest thy hand, and satisfieth the desire of every living thing. The Lord is righteous in all his ways, and beneficent in all his works. The Lord is near unto all those who call upon him, to all who call upon him in truth. He will fulfill the desire of those who fear him; he will also hear their cry, and save them. The Lord protecteth all those who love him: but he will destroy the wicked. My mouth shall utter the praise of the Lord: and let all flesh bless his holy name for ever and ever. "As for us, we will bless the Lord from henceforth, and for ever. Hallelujah."

יהללו Praise ye the name of the Lord! for his name alone is exalted.

הודו His glory is above the earth and the heavens; he will also exalt the horn of his people, the praise of all his saints; even the children of Israel, a people near unto him. Hallelujah!

(On the Sabbath, this Psalm is not said.)

כד לְדָוִד מִזְמוֹר לַיְיָ הָאָרֶץ וּמְלוֹאָהּ תֵּבֵל וְיֹשְׁבֵי בָהּ׃ כִּי־הוּא עַל־יַמִּים יְסָדָהּ וְעַל־נְהָרוֹת יְכוֹנְנֶהָ׃ מִי־יַעֲלֶה בְהַר יְיָ וּמִי־יָקוּם בִּמְקוֹם קָדְשׁוֹ׃ נְקִי כַפַּיִם וּבַר־לֵבָב אֲשֶׁר לֹא־נָשָׂא לַשָּׁוְא נַפְשִׁי וְלֹא נִשְׁבַּע לְמִרְמָה׃ יִשָּׂא בְרָכָה מֵאֵת יְיָ וּצְדָקָה מֵאֱלֹהֵי יִשְׁעוֹ׃ זֶה דּוֹר דֹּרְשָׁיו מְבַקְשֵׁי פָנֶיךָ יַעֲקֹב סֶלָה׃ שְׂאוּ שְׁעָרִים רָאשֵׁיכֶם וְהִנָּשְׂאוּ פִּתְחֵי עוֹלָם וְיָבוֹא מֶלֶךְ הַכָּבוֹד׃ מִי זֶה מֶלֶךְ הַכָּבוֹד יְיָ עִזּוּז וְגִבּוֹר יְיָ גִּבּוֹר מִלְחָמָה׃ שְׂאוּ שְׁעָרִים רָאשֵׁיכֶם וּשְׂאוּ פִּתְחֵי עוֹלָם וְיָבֹא מֶלֶךְ הַכָּבוֹד׃ מִי הוּא זֶה מֶלֶךְ הַכָּבוֹד יְיָ צְבָאוֹת הוּא מֶלֶךְ הַכָּבוֹד סֶלָה׃

On the Sabbath say:—

[כט מִזְמוֹר לְדָוִד הָבוּ לַיְיָ בְּנֵי אֵלִים הָבוּ לַיְיָ כָּבוֹד וָעֹז׃ הָבוּ לַיְיָ כְּבוֹד שְׁמוֹ הִשְׁתַּחֲווּ לַיְיָ בְּהַדְרַת־קֹדֶשׁ׃ קוֹל יְיָ עַל־הַמָּיִם · אֵל־הַכָּבוֹד הִרְעִים · יְיָ עַל־מַיִם רַבִּים׃ קוֹל יְיָ בַּכֹּחַ קוֹל יְיָ בֶּהָדָר׃ קוֹל יְיָ שֹׁבֵר אֲרָזִים וַיְשַׁבֵּר יְיָ אֶת־אַרְזֵי הַלְּבָנוֹן׃ וַיַּרְקִידֵם כְּמוֹ־עֵגֶל · לְבָנוֹן וְשִׂרְיוֹן כְּמוֹ בֶן־רְאֵמִים׃ קוֹל יְיָ חֹצֵב לַהֲבוֹת אֵשׁ׃ קוֹל יְיָ יָחִיל מִדְבָּר יָחִיל יְיָ מִדְבַּר קָדֵשׁ׃ קוֹל יְיָ · יְחוֹלֵל אַיָּלוֹת וַיֶּחֱשֹׂף יְעָרוֹת וּבְהֵיכָלוֹ כֻּלּוֹ אֹמֵר כָּבוֹד׃ יְיָ לַמַּבּוּל יָשָׁב · וַיֵּשֶׁב יְיָ מֶלֶךְ לְעוֹלָם׃ יְיָ עֹז לְעַמּוֹ יִתֵּן · יְיָ · יְבָרֵךְ אֶת עַמּוֹ בַשָּׁלוֹם׃]

(On the Sabbath, this Psalm is not said.)

PSALM. xxiv.

לדוד מזמור A PSALM OF DAVID.—The earth and the fulness thereof, are the Lord's: the world, and they that dwell therein. For he hath founded it upon the seas, and established it upon the floods. Who shall ascend the hill of the Lord? and who shall stand in his holy place? He who hath clean hands, and a pure heart; who hath not lift up his soul unto vanity, nor sworn deceitfully. He shall receive a blessing from the Lord, and righteousness from the God of his salvation. This is the generation who seek him, who seek thy face, O Jacob. Selah. Make lofty your heights, O ye gates! and fly back, ye everlasting doors, for the King of Glory enters in. Who is this King of Glory? The Lord, strong and powerful; the Lord, mighty in battle. Make lofty your heights, O ye gates! and fly back, ye everlasting doors, for the King of Glory enters in. Who is the King of Glory? The Lord of Hosts! He is the King of Glory. Selah.

On the Sabbath say:—

PSALM. xxix.

[מזמור לדוד A PSALM OF DAVID.—Ascribe unto the Lord, O ye sons of the mighty, ascribe glory and might unto the Lord. Ascribe unto the Lord, the glory due to his name: worship the Lord in the glorious sanctuary. The voice of the Lord is upon the waters: The God of glory thundereth, the Lord is upon many waters. The voice of the Lord is powerful; the voice of the Lord is full of majesty. The voice of the Lord breaketh in pieces the cedars; yea, the Lord breaketh the cedars of Lebanon. He also maketh them skip like a calf; the mountains of Lebanon and Shiryon, like the young unicorns. The voice of the Lord cleaveth the flames of fire. The voice of the Lord shaketh the wilderness; the Lord shaketh the wilderness of Kadesh. The voice of the Lord causeth the hinds to calve, and maketh bare the forests; and in his temple all speak of his glory. The Lord sitteth on the flood; yea, the Lord sitteth King for ever. The Lord will give strength unto his people, the Lord will bless his people with peace.]

וּבְנֻחֹה יֹאמַר שׁוּבָה יְיָ רִבְבוֹת אַלְפֵי יִשְׂרָאֵל: קוּמָה יְיָ לִמְנוּחָתֶךָ אַתָּה וַאֲרוֹן עֻזֶּךָ: כֹּהֲנֶיךָ יִלְבְּשׁוּ־צֶדֶק וַחֲסִידֶיךָ יְרַנֵּנוּ: בַּעֲבוּר דָּוִד עַבְדֶּךָ אַל־תָּשֵׁב פְּנֵי מְשִׁיחֶךָ: כִּי לֶקַח טוֹב נָתַתִּי לָכֶם תּוֹרָתִי אַל תַּעֲזוֹבוּ · עֵץ חַיִּים הִיא לַמַּחֲזִיקִים בָּהּ וְתוֹמְכֶיהָ מְאֻשָּׁר: דְּרָכֶיהָ דַרְכֵי נֹעַם · וְכָל נְתִיבוֹתֶיהָ שָׁלוֹם:

הֲשִׁיבֵנוּ יְיָ אֵלֶיךָ וְנָשׁוּבָה חַדֵּשׁ יָמֵינוּ כְּקֶדֶם:

---

וְעַתָּה יִגְדַּל נָא כֹּחַ אֲדֹנָי כַּאֲשֶׁר דִּבַּרְתָּ לֵאמֹר · זְכֹר רַחֲמֶיךָ יְיָ וַחֲסָדֶיךָ כִּי מֵעוֹלָם הֵמָּה:

יִתְגַּדַּל וְיִתְקַדַּשׁ שְׁמֵהּ רַבָּא · בְּעָלְמָא דִּי־בְרָא כִרְעוּתֵהּ וְיַמְלִיךְ מַלְכוּתֵהּ · בְּחַיֵּיכוֹן וּבְיוֹמֵיכוֹן וּבְחַיֵּי דְכָל בֵּית יִשְׂרָאֵל · בַּעֲגָלָא וּבִזְמַן קָרִיב וְאִמְרוּ אָמֵן:

קהל אָמֵן יְהֵא שְׁמֵהּ רַבָּא מְבָרַךְ לְעָלַם וּלְעָלְמֵי עָלְמַיָּא: יִתְבָּרַךְ שְׁמוֹ וְיִתְעַלֶּה זִכְרוֹ לָעַד וּלְנֵצַח נְצָחִים:

יִתְבָּרַךְ וְיִשְׁתַּבַּח וְיִתְפָּאַר וְיִתְרוֹמַם וְיִתְנַשֵּׂא וְיִתְהַדָּר וְיִתְעַלֶּה וְיִתְהַלָּל שְׁמֵהּ דְּקוּדְשָׁא בְּרִיךְ הוּא · לְעֵילָּא מִן כָּל בִּרְכָתָא וְשִׁירָתָא · תֻּשְׁבְּחָתָא וְנֶחֱמָתָא · דַּאֲמִירָן בְּעָלְמָא וְאִמְרוּ אָמֵן:

When the Law is put into the Ark say:—

ובנחה יאמר And when the ark rested, he said, restore tranquillity to the many thousands of Israel. Ascend, O Lord, unto thy resting-place, thou, and the Ark of thy strength. Let thy priests be clothed with righteousness, and thy saints shout for joy. For thy servant David's sake, turn not away the face of thine anointed. For I have given you good doctrine, forsake ye not my law. It is a tree of life to those who lay hold of it; and the supporters thereof are happy. Its ways are ways of pleasantness, and all its paths are peace.

השיבנו Turn thou us unto thee, O Lord! and we shall be turned; renew our days as of old.

---

ועתה O may the mighty power of the Lord be now magnified, as thou hast declared, saying, O Lord! remember thy tender mercies, and thy loving kindness, for they have been of old.

יתגדל May his great name be exalted, and sanctified throughout the world, which he hath created according to his will. May he establish his kingdom in our life-time, and in our days, and in the life-time of the whole house of Israel; speedily, and in a short time; and say ye, Amen.

אמן Amen. May his great name be praised, and glorified for ever and ever. Be his name and his memorial blessed always, and for ever.

יתברך May his hallowed name be praised, glorified, exalted, magnified, honoured, and most excellently adored: blessed is he, far exceeding all blessings, hymns, praises and beatitudes, that are repeated throughout the world; and say ye, Amen.

# מוסף של פסח:

כִּי שֵׁם יְיָ אֶקְרָא הָבוּ גֹדֶל לֵאלֹהֵינוּ:
אֲדֹנָי שְׂפָתַי תִּפְתָּח וּפִי יַגִּיד תְּהִלָּתֶךָ:

בָּרוּךְ אַתָּה יְיָ אֱלֹהֵינוּ וֵאלֹהֵי אֲבוֹתֵינוּ אֱלֹהֵי אַבְרָהָם אֱלֹהֵי יִצְחָק וֵאלֹהֵי יַעֲקֹב הָאֵל הַגָּדוֹל הַגִּבּוֹר וְהַנּוֹרָא אֵל עֶלְיוֹן· גּוֹמֵל חֲסָדִים טוֹבִים· וְקוֹנֵה הַכֹּל וְזוֹכֵר חַסְדֵי אָבוֹת וּמֵבִיא גוֹאֵל לִבְנֵי בְנֵיהֶם לְמַעַן שְׁמוֹ בְּאַהֲבָה: מֶלֶךְ עוֹזֵר וּמוֹשִׁיעַ וּמָגֵן· בָּרוּךְ אַתָּה יְיָ מָגֵן אַבְרָהָם:

אַתָּה גִבּוֹר לְעוֹלָם אֲדֹנָי· מְחַיֵּה מֵתִים אַתָּה רַב לְהוֹשִׁיעַ

On the First Day of the Feast say:—

(מַשִּׁיב הָרוּחַ וּמוֹרִיד הַגָּשֶׁם·)

מְכַלְכֵּל חַיִּים בְּחֶסֶד· מְחַיֵּה מֵתִים בְּרַחֲמִים רַבִּים· סוֹמֵךְ נוֹפְלִים· וְרוֹפֵא חוֹלִים· וּמַתִּיר אֲסוּרִים· וּמְקַיֵּם אֱמוּנָתוֹ לִישֵׁנֵי עָפָר· מִי כָמוֹךָ בַּעַל גְּבוּרוֹת· וּמִי דּוֹמֶה לָּךְ· מֶלֶךְ מֵמִית וּמְחַיֶּה וּמַצְמִיחַ יְשׁוּעָה: וְנֶאֱמָן אַתָּה לְהַחֲיוֹת מֵתִים: בָּרוּךְ אַתָּה יְיָ· מְחַיֵּה הַמֵּתִים:

אַתָּה קָדוֹשׁ וְשִׁמְךָ קָדוֹשׁ· וּקְדוֹשִׁים בְּכָל־יוֹם יְהַלְלוּךָ סֶּלָה· בָּרוּךְ אַתָּה יְיָ הָאֵל הַקָּדוֹשׁ:

# ADDITIONAL SERVICE

#### FOR THE

# FEAST OF PASSOVER.

---

כי שם יי אקרא WHEN I publish the name of the Eternal, ascribe ye greatness unto our God.

אדני שפתי O Lord! open thou my lips, and my mouth shall declare thy praise.

ברוך אתה יי Blessed art thou, O Lord, our God, and the God of our ancestors, the God of Abraham, the God of Isaac, and the God of Jacob; the great, mighty and tremendous, God, the most High God, who bestowest gracious favours; Possessor of all things, who rememberest the piety of the patriarchs, and wilt in love send a Redeemer to their posterity, for the sake of his name. O King, thou art our Supporter, our Saviour, and our Shield. Blessed art thou, O Lord! the Shield of Abraham.

אתה גבור Thou, O Lord! art mighty for ever; it is thou who revivest the dead, and art mighty to save. *( Who causest the wind to blow and the rain to descend.)* Who sustainest the living with beneficence, and with great mercy quickenest the dead; supportest the fallen, and healest the sick; thou settest at liberty those who are bound, and wilt accomplish thy faith unto those who sleep in the dust. Who is like unto thee, O Lord! of mighty acts? Or who can be compared unto thee, O King! who killest and restorest to life, and causest salvation to flourish!

Thou art also faithful to revive the dead. Blessed art thou, O Lord! who revivest the dead.

אתה קדוש Thou art holy, and thy name is holy, and the saints praise thee daily. Selah. Blessed art thou, O Lord! the holy God!

אַתָּה בְחַרְתָּנוּ מִכָּל הָעַמִּים · אָהַבְתָּ אוֹתָנוּ וְרָצִיתָ בָּנוּ · וְרוֹמַמְתָּנוּ מִכָּל הַלְּשׁוֹנוֹת · וְקִדַּשְׁתָּנוּ בְּמִצְוֹתֶיךָ · וְקֵרַבְתָּנוּ מַלְכֵּנוּ לַעֲבוֹדָתֶךָ · וְשִׁמְךָ הַגָּדוֹל וְהַקָּדוֹשׁ עָלֵינוּ קָרָאתָ :

וַתִּתֶּן לָנוּ יְיָ אֱלֹהֵינוּ בְּאַהֲבָה [שבתות למנוחה ו] מוֹעֲדִים לְשִׂמְחָה · חַגִּים וּזְמַנִּים לְשָׂשׂוֹן · אֶת יוֹם [השבת הזה ואת יום] חַג הַמַּצּוֹת הַזֶּה זְמַן חֵירוּתֵנוּ : [באהבה] מִקְרָא קוֹדֶשׁ זֵכֶר לִיצִיאַת מִצְרָיִם :

וּמִפְּנֵי חֲטָאֵינוּ גָּלִינוּ מֵאַרְצֵנוּ · וְנִתְרַחַקְנוּ מֵעַל אַדְמָתֵנוּ : וְאֵין אֲנַחְנוּ יְכוֹלִים לַעֲלוֹת וְלֵרָאוֹת וּלְהִשְׁתַּחֲוֹת לְפָנֶיךָ וְלַעֲשׂוֹת חוֹבוֹתֵינוּ בְּבֵית בְּחִירָתֶךָ · בַּבַּיִת הַגָּדוֹל וְהַקָּדוֹשׁ שֶׁנִּקְרָא שִׁמְךָ עָלָיו · מִפְּנֵי הַיָּד הַשְּׁלוּחָה בְּמִקְדָּשֶׁךָ · יְהִי רָצוֹן מִלְּפָנֶיךָ יְיָ אֱלֹהֵינוּ וֵאלֹהֵי אֲבוֹתֵינוּ · מֶלֶךְ רַחֲמָן שֶׁתָּשׁוּב וּתְרַחֵם עָלֵינוּ · וְעַל מִקְדָּשְׁךָ בְּרַחֲמֶיךָ הָרַבִּים · וְתִבְנֵהוּ מְהֵרָה וּתְגַדֵּל כְּבוֹדוֹ · אָבִינוּ מַלְכֵּנוּ · גַּלֵּה כְּבוֹד מַלְכוּתְךָ עָלֵינוּ מְהֵרָה · וְהוֹפַע וְהִנָּשֵׂא עָלֵינוּ לְעֵינֵי כָּל חָי · וְקָרֵב פְּזוּרֵינוּ מִבֵּין הַגּוֹיִם · וּנְפוּצוֹתֵינוּ כַּנֵּס מִיַּרְכְּתֵי אָרֶץ · וַהֲבִיאֵנוּ לְצִיּוֹן עִירְךָ בְּרִנָּה · וְלִירוּשָׁלַיִם בֵּית מִקְדָּשְׁךָ בְּשִׂמְחַת עוֹלָם · וְשָׁם נַעֲשֶׂה לְפָנֶיךָ אֶת קָרְבְּנוֹת חוֹבוֹתֵינוּ · תְּמִידִים כְּסִדְרָם וּמוּסָפִים כְּהִלְכָתָם · וְאֶת מוּסַף יוֹם [בשבת הַשַּׁבָּת הַזֶּה וְאֶת מוּסַף יוֹם] חַג הַמַּצּוֹת הַזֶּה · נַעֲשֶׂה וְנַקְרִיב לְפָנֶיךָ בְּאַהֲבָה · כְּמִצְוַת רְצוֹנֶךָ · כְּמוֹ שֶׁכָּתַבְתָּ עָלֵינוּ בְּתוֹרָתֶךָ · עַל יְדֵי מֹשֶׁה עַבְדֶּךָ מִפִּי כְבוֹדֶךָ כָּאָמוּר :

On the Sabbath say,

[וּבְיוֹם הַשַּׁבָּת שְׁנֵי כְבָשִׂים בְּנֵי שָׁנָה תְּמִימִם וּשְׁנֵי עֶשְׂרֹנִים סֹלֶת מִנְחָה בְּלוּלָה בַשֶּׁמֶן וְנִסְכּוֹ : עֹלַת שַׁבַּת בְּשַׁבַּתּוֹ עַל עֹלַת הַתָּמִיד וְנִסְכָּהּ : זֶה קָרְבַּן שַׁבָּת · וְקָרְבַּן הַיּוֹם כָּאָמוּר :]

אתה בחרתנו Thou hast chosen us from all people; thou hast loved us, and hast delighted in us, and exalted us above all nations, and sanctified us with thy commandments, and brought us near unto thy service, O our King! and hast called us by thy great and holy name.

ותתן לנו And with love hast thou given us, O Lord, our God! [*on the sabbath, say*, the sabbaths for rest, and] solemn days for joy; festivals and seasons for gladness; even [*on the sabbath say*, this day of rest, and] this day of the feast of unleavened bread, the season of our freedom; a holy convocation (in love) in commemoration of the departure from Egypt.

ומפני חטאינו But because of our sins, we have been exiled from our native country, and removed far from our own land; so that we are not able to perform our duty in the habitation that thou hast chosen for us, *even* in that magnificent and holy temple on which thy name was called, because of the hand which is stretched out against thy sanctuary. May it please thee, O Eternal! our God, and our fathers' God, most merciful King! to return *unto us*, through thine abundant mercy, and to compassionate us, and thy sanctuary: O rebuild it speedily, and exalt its glory. O our Father! and our King! manifest the glory of thy kingdom over us speedily; shine forth, and exalt thyself, in the sight of all living: O gather our dispersions from among the nations, and assemble our outcasts from the extremities of the earth: conduct us unto Zion, thy city, with *joyful* song, and unto Jerusalem, the residence of thy holy temple, with everlasting joy. And there will we prepare the offerings enjoined us; *even* the daily *offerings* according to their order, and the additional *sacrifice* of [*on the sabbath, say*, the sabbath-day, and] this day of the feast of unleavened bread, will we prepare and offer unto thee with fervent love, according to the behest of thy will, as thou hast commanded in thy law, written and delivered by the hands of thy servant Moses, (as specified.)

וביום השבת [And on the sabbath-day, two lambs of the first year without blemish, and two tenth-deals of fine flour *for* a meat offering, mingled with oil, and the drink-offering thereof. *This is* the burnt-offering of every sabbath, besides the continual burnt-offering and its drink-offering. This is the offering of the sabbath; and the offering of the day, (as specified.)

וּבַחֹדֶשׁ הָרִאשׁוֹן בְּאַרְבָּעָה עָשָׂר יוֹם לַחֹדֶשׁ פֶּסַח לַיְיָ׃ וּבַחֲמִשָּׁה עָשָׂר יוֹם לַחֹדֶשׁ הַזֶּה חָג שִׁבְעַת יָמִים מַצּוֹת יֵאָכֵל׃ בַּיּוֹם הָרִאשׁוֹן מִקְרָא קֹדֶשׁ׃ כָּל מְלֶאכֶת עֲבֹדָה לֹא תַעֲשׂוּ׃

On the Middle Days, begin here,

וְהִקְרַבְתֶּם אִשֶּׁה עֹלָה לַיְיָ׃ פָּרִים בְּנֵי־בָקָר שְׁנַיִם וְאַיִל אֶחָד׃ וְשִׁבְעָה כְבָשִׂים בְּנֵי שָׁנָה׃ תְּמִימִם יִהְיוּ לָכֶם׃

וּמִנְחָתָם וְנִסְכֵּיהֶם כִּמְדֻבָּר׃ שְׁלֹשָׁה עֶשְׂרֹנִים לַפָּר׃ שְׁנֵי עֶשְׂרֹנִים לָאָיִל׃ וְעִשָּׂרוֹן לַכֶּבֶשׂ׃ וְיַיִן כְּנִסְכּוֹ׃ וְשָׂעִיר לְכַפֵּר׃ וּשְׁנֵי תְמִידִים כְּהִלְכָתָם׃

On the Sabbath say,

[יִשְׂמְחוּ בְמַלְכוּתְךָ שׁוֹמְרֵי שַׁבָּת וְקוֹרְאֵי עֹנֶג עַם מְקַדְּשֵׁי שְׁבִיעִי כֻּלָּם יִשְׂבְּעוּ וְיִתְעַנְּגוּ מִטּוּבֶךָ׃ וּבַשְּׁבִיעִי רָצִיתָ בּוֹ וְקִדַּשְׁתּוֹ חֶמְדַּת יָמִים אוֹתוֹ קָרָאתָ זֵכֶר לְמַעֲשֵׂה בְרֵאשִׁית׃]

אֱלֹהֵינוּ וֵאלֹהֵי אֲבוֹתֵינוּ [לשבת רצה במנוחתנו] מֶלֶךְ רַחֲמָן׃ רַחֵם עָלֵינוּ׃ טוֹב וּמֵטִיב הִדָּרֶשׁ לָנוּ׃ שׁוּבָה עָלֵינוּ בַּהֲמוֹן רַחֲמֶיךָ׃ בִּגְלַל אָבוֹת שֶׁעָשׂוּ רְצוֹנֶךָ׃ בְּנֵה בֵיתְךָ כְּבַתְּחִלָּה וְכוֹנֵן מִקְדָּשְׁךָ עַל מְכוֹנוֹ׃ וְהַרְאֵנוּ בְּבִנְיָנוֹ׃ וְשַׂמְּחֵנוּ בְּתִקּוּנוֹ׃ וְהָשֵׁב כֹּהֲנִים לַעֲבוֹדָתָם׃ וּלְוִיִּם לְשִׁירָם וּלְזִמְרָם׃ וְהָשֵׁב יִשְׂרָאֵל לִנְוֵיהֶם׃ וְשָׁם נַעֲלֶה וְנֵרָאֶה וְנִשְׁתַּחֲוֶה לְפָנֶיךָ בְּשָׁלֹשׁ פַּעֲמֵי רְגָלֵינוּ׃ כַּכָּתוּב בְּתוֹרָתֶךָ׃ שָׁלֹשׁ פְּעָמִים בַּשָּׁנָה יֵרָאֶה כָל זְכוּרְךָ׃ אֶת פְּנֵי יְיָ אֱלֹהֶיךָ בַּמָּקוֹם אֲשֶׁר יִבְחָר׃ בְּחַג הַמַּצּוֹת וּבְחַג הַשָּׁבֻעוֹת׃ וּבְחַג הַסֻּכּוֹת׃ וְלֹא יֵרָאֶה אֶת פְּנֵי יְיָ רֵיקָם׃ אִישׁ כְּמַתְּנַת יָדוֹ׃ כְּבִרְכַּת יְיָ אֱלֹהֶיךָ אֲשֶׁר נָתַן לָךְ׃

ובחדש And on the fourteenth day of the first month is the passover of the Lord. And on the fifteenth day of this month is the feast; seven days shall unleavened bread be eaten. And the first day shall be an holy convocation; ye shall do no manner of servile work therein.

והקרבתם But ye shall offer a sacrifice made by fire for a burnt-offering unto the Lord; two young bulls, and one ram, and seven lambs of the first year, they shall be unto you without blemish.

ומנחתם And their meat-offerings, and drink-offerings, as ordained, three tenth-deals for the bull, two tenth-deals for the ram, and one tenth-deal for *each* lamb, with wine for their drink-offerings; two kids for an atonement, and the continual *burnt-offerings*, according to their institution.

[ישמחו They who observe the sabbath, and call it a delight; the people who sanctify the seventh day, shall rejoice in thy kingdom, be satisfied and delighted with thy goodness; thou wast pleased with the seventh day, and didst sanctify it; the most desirable of days didst thou call it, in commemoration of the work of the creation.]

אלהינו ואלהי אבותינו Our God, and the God of our fathers, [*on the sabbath, say,* we beseech thee to be pleased with our day of rest.] O thou most merciful King! have compassion on us. O thou, who art good and beneficent, be *thou* ready to answer us; return unto us with the multitude of thy tender mercies: for the sake of our ancestors who performed thy will, rebuild thy temple as in the beginning, *and* establish thy sanctuary in its *ancient* place. O shew us its construction, and cause us to rejoice in its beautiful order. O restore the priests to their service, and the Levites to their song and psalmody. O cause Israel to return to their dwellings, then we will go up, appear in thy presence, and worship thee on the three appointed festivals; as it is written in thy law, three times in the year, shall all thy males appear in the presence of the Eternal, thy God; in the place which he shall choose: even on the feast of unleavened bread, the feast of weeks, and the feast of tabernacles; and none shall appear empty before the Lord; every man shall give according to his ability, even according to the blessing which the Lord thy God hath bestowed upon thee.

וְהַשִּׂיאֵנוּ יְיָ אֱלֹהֵינוּ אֶת בִּרְכַּת מוֹעֲדֶיךָ · לְחַיִּים וּלְשָׁלוֹם · לְשִׂמְחָה וּלְשָׂשׂוֹן · כַּאֲשֶׁר רָצִיתָ וְאָמַרְתָּ לְבָרְכֵנוּ : [בשבת אלהינו ואלהי אבותינו רצה במנוחתינו] קַדְּשֵׁנוּ בְּמִצְוֹתֶיךָ · וְתֵן חֶלְקֵנוּ בְּתוֹרָתֶךָ · שַׂבְּעֵנוּ מִטּוּבֶךָ · וְשַׂמְּחֵנוּ בִּישׁוּעָתֶךָ · וְטַהֵר לִבֵּנוּ לְעָבְדְּךָ בֶּאֱמֶת · וְהַנְחִילֵנוּ יְיָ אֱלֹהֵינוּ [באהבה וברצון] בְּשִׂמְחָה וּבְשָׂשׂוֹן [שבת ו] מוֹעֲדֵי קָדְשֶׁךָ · וְיִשְׂמְחוּ בְךָ יִשְׂרָאֵל אוֹהֲבֵי [נ״א מְקַדְּשֵׁי] שְׁמֶךָ · בָּרוּךְ אַתָּה יְיָ · מְקַדֵּשׁ [השבת וְ] יִשְׂרָאֵל וְהַזְּמַנִּים :

רְצֵה יְיָ אֱלֹהֵינוּ בְּעַמְּךָ יִשְׂרָאֵל וּבִתְפִלָּתָם · וְהָשֵׁב אֶת הָעֲבוֹדָה לִדְבִיר בֵּיתֶךָ · וְאִשֵּׁי יִשְׂרָאֵל וּתְפִלָּתָם · בְּאַהֲבָה תְקַבֵּל בְּרָצוֹן · וּתְהִי לְרָצוֹן תָּמִיד · עֲבוֹדַת יִשְׂרָאֵל עַמֶּךָ :

וְתֶחֱזֶינָה עֵינֵינוּ בְּשׁוּבְךָ לְצִיּוֹן בְּרַחֲמִים · בָּרוּךְ אַתָּה יְיָ · הַמַּחֲזִיר שְׁכִינָתוֹ לְצִיּוֹן :

מוֹדִים אֲנַחְנוּ לָךְ · שָׁאַתָּה הוּא יְיָ אֱלֹהֵינוּ וֵאלֹהֵי אֲבוֹתֵינוּ לְעוֹלָם וָעֶד · צוּר חַיֵּינוּ · מָגֵן יִשְׁעֵנוּ אַתָּה הוּא לְדוֹר וָדוֹר · נוֹדֶה לְךָ וּנְסַפֵּר תְּהִלָּתֶךָ · עַל חַיֵּינוּ הַמְּסוּרִים בְּיָדֶךָ · וְעַל נִשְׁמוֹתֵינוּ הַפְּקוּדוֹת לָךְ · וְעַל נִסֶּיךָ שֶׁבְּכָל יוֹם עִמָּנוּ · וְעַל נִפְלְאוֹתֶיךָ וְטוֹבוֹתֶיךָ: שֶׁבְּכָל עֵת עֶרֶב וָבֹקֶר וְצָהֳרָיִם · הַטּוֹב כִּי לֹא כָלוּ רַחֲמֶיךָ · וְהַמְרַחֵם כִּי לֹא תַמּוּ חֲסָדֶיךָ · מֵעוֹלָם קִוִּינוּ לָךְ :

וְעַל־כֻּלָּם יִתְבָּרַךְ וְיִתְרוֹמַם שִׁמְךָ מַלְכֵּנוּ תָּמִיד לְעוֹלָם וָעֶד :

וְכֹל הַחַיִּים יוֹדוּךָ סֶּלָה וִיהַלְלוּ אֶת שִׁמְךָ בֶּאֱמֶת הָאֵל יְשׁוּעָתֵנוּ וְעֶזְרָתֵנוּ סֶלָה · בָּרוּךְ אַתָּה יְיָ · הַטּוֹב שִׁמְךָ וּלְךָ נָאֶה לְהוֹדוֹת :

## ADDITIONAL SERVICE.

והשיאנו O Eternal God! cause us to receive the blessing of thy solemn feasts, to a happy life, peace, joy, and gladness, as thou hast been pleased to declare that thou wilt bless us. [*On the sabbath, say,* our God, and the God of our fathers, be pleased to accept our rest.] O sanctify us with thy commandments; and let thy law be our portion. O satisfy us with thy goodness; rejoice us with thy salvation, and purify our hearts to serve thee in truth; and cause us, O Lord, our God! to inherit [*on the sabbath, say,* with love and delight,] with joy and gladness, *on the sabbath, say,* the sabbath, and] thy holy festivals; and grant that all Israel, who sanctify thy name may rejoice thereon. Blessed art thou, O Lord! who sanctifieth [*on the sabbath, add,* the sabbath, and] Israel, and the seasons.

רצה O Lord, our God! let thy people Israel, and their prayers be acceptable to thee. Restore the service to the oracle of thine house; so that the burnt-offerings of Israel, and their prayers, may be speedily accepted by thee with love and favour; and the worship of thy people Israel be ever pleasing unto thee.

ותחזינה עינינו O that our eyes may behold thy return to Zion with mercy. Blessed art thou, O Lord! who restoreth thy divine presence unto Zion.

מודים We adore thee, for thou art the Lord, our God! and the God of our ancestors for evermore. Thou art the Rock of our life, and the shield of our salvation; in all generations will we render thanks unto thee, and declare thy praise, for our life, which is delivered into thine hand, and for our souls which are ever deposited with thee, and for thy miracles which we daily experience, and for thy wonders, and thy kindnesses which are at all times exercised towards us, at morn, noon, and even. Thou art good, for thy compassion never faileth; thou alone art merciful, for thy kindness never ceaseth; we for evermore put our trust in thee.

ועל כלם And for all these mercies may thy name, O our King! be continually praised, and highly exalted for ever and ever.

וכל החיים And all the living shall for ever give thanks unto thee, and in truth praise thy name, O God of our salvation and our help. Blessed art thou O Lord, for goodness is **thy** name, and unto thee it is proper to give thanks.

שִׂים שָׁלוֹם טוֹבָה וּבְרָכָה חֵן וָחֶסֶד וְרַחֲמִים עָלֵינוּ וְעַל כָּל־יִשְׂרָאֵל עַמֶּךָ ׃ בָּרְכֵנוּ אָבִינוּ כֻּלָּנוּ כְּאֶחָד בְּאוֹר פָּנֶיךָ ׃ כִּי בְאוֹר פָּנֶיךָ נָתַתָּ לָנוּ יְיָ אֱלֹהֵינוּ ׃ תּוֹרַת חַיִּים וְאַהֲבַת חֶסֶד וּצְדָקָה וּבְרָכָה וְרַחֲמִים וְחַיִּים וְשָׁלוֹם ׃ וְטוֹב בְּעֵינֶיךָ לְבָרֵךְ אֶת־עַמְּךָ יִשְׂרָאֵל בְּכָל־עֵת וּבְכָל שָׁעָה־בִּשְׁלוֹמֶךָ ׃ בָּרוּךְ אַתָּה יְיָ ׃ הַמְבָרֵךְ אֶת עַמּוֹ יִשְׂרָאֵל בַּשָּׁלוֹם ׃

אֱלֹהַי נְצוֹר לְשׁוֹנִי מֵרָע וּשְׂפָתַי מִדַּבֵּר מִרְמָה וְלִמְקַלְלַי נַפְשִׁי תִדּוֹם ׃ וְנַפְשִׁי כֶּעָפָר לַכֹּל תִּהְיֶה ׃ פְּתַח לִבִּי בְּתוֹרָתֶךָ ׃ וּבְמִצְוֹתֶיךָ תִּרְדּוֹף נַפְשִׁי ׃ וְכֹל הַחוֹשְׁבִים עָלַי רָעָה ׃ מְהֵרָה הָפֵר עֲצָתָם ׃ וְקַלְקֵל מַחֲשַׁבְתָּם עֲשֵׂה לְמַעַן שְׁמֶךָ ׃ עֲשֵׂה לְמַעַן יְמִינֶךָ ׃ עֲשֵׂה לְמַעַן קְדֻשָּׁתֶךָ ׃ עֲשֵׂה לְמַעַן תּוֹרָתֶךָ ׃ לְמַעַן יֵחָלְצוּן יְדִידֶיךָ ׃ הוֹשִׁיעָה יְמִינְךָ וַעֲנֵנִי ׃ יִהְיוּ לְרָצוֹן אִמְרֵי פִי וְהֶגְיוֹן לִבִּי לְפָנֶיךָ יְיָ צוּרִי וְגוֹאֲלִי ׃ עֹשֶׂה שָׁלוֹם בִּמְרוֹמָיו הוּא יַעֲשֶׂה שָׁלוֹם עָלֵינוּ וְעַל כָּל יִשְׂרָאֵל וְאִמְרוּ אָמֵן ׃

יְהִי רָצוֹן לְפָנֶיךָ יְיָ אֱלֹהֵינוּ וֵאלֹהֵי אֲבוֹתֵינוּ שֶׁיִּבָּנֶה בֵּית הַמִּקְדָּשׁ בִּמְהֵרָה בְיָמֵינוּ וְתֵן חֶלְקֵנוּ בְּתוֹרָתֶךָ ׃ וְשָׁם נַעֲבָדְךָ בְּיִרְאָה כִּימֵי עוֹלָם וּכְשָׁנִים קַדְמוֹנִיּוֹת ׃

# תפלת מוסף והוא תפלת טל ׃

**The Ark is opened, and is not closed again until the Reader ends בקיקי סעיפים and the Congregation begins ארשה.**

בָּרוּךְ אַתָּה יְיָ אֱלֹהֵינוּ וֵאלֹהֵי אֲבוֹתֵינוּ אֱלֹהֵי אַבְרָהָם אֱלֹהֵי יִצְחָק וֵאלֹהֵי יַעֲקֹב הָאֵל הַגָּדוֹל הַגִּבּוֹר וְהַנּוֹרָא אֵל עֶלְיוֹן ׃ גּוֹמֵל חֲסָדִים טוֹבִים ׃ וְקוֹנֵה הַכֹּל וְזוֹכֵר חַסְדֵי אָבוֹת וּמֵבִיא גוֹאֵל לִבְנֵי בְנֵיהֶם לְמַעַן שְׁמוֹ בְּאַהֲבָה ׃ מֶלֶךְ עוֹזֵר וּמוֹשִׁיעַ וּמָגֵן ׃

שים שלום O grant peace, happiness, and blessing, grace, favour, and mercy, unto us, and all thy people Israel; bless us, even all of us together, O our Father! with the light of thy countenance; for by the light of thy countenance hast thou given us, O Lord, our God! the law of life, benevolent love, righteousness, blessing, mercy, life, and peace, and may it please thee to bless thy people Israel at all times with thy peace. Blessed art thou, O Lord! who blesseth his people Israel with peace.

אלהי נצור O my God, be pleased to guard my tongue from evil, and my lips from uttering deceit. And be thou silent, O my soul, to those who curse me; and grant that my soul may be humble as the dust to every one. Open my heart to receive thy law, and my soul to pursue thy commandments. Speedily I beseech thee, frustrate the devices, and destroy the machinations of all those who imagine evil against me. O grant it for thy name; grant it for thy right hand; grant it for thy holiness; grant it for thy law, that thy beloved may be delivered. O save me with thy right hand, and answer me. May the words of my mouth, and the meditations of my heart, be acceptable in thy presence, O Lord! who art my Rock and Redeemer. May he who maketh peace in his high heavens, grant peace unto us, and all Israel; and say ye, Amen.

יהי רצון Let it be acceptable before thee, O Lord, our God! and the God of our Fathers, that the holy temple may speedily be rebuilt in our days; and let our portion be in thy law. And there we will serve thee in reverence, as in ancient days, and in former years.

---

THE

## ADDITIONAL SERVICE FOR DEW.

ברוך אתה יי Blessed art thou, O Lord, our God, and the God of our ancestors, the God of Abraham, the God of Isaac, and the God of Jacob; the great, mighty and tremendous, God, the most High God, who bestowest gracious favours; Possessor of all things, who rememberest the piety of the patriarchs, and wilt in love send a Redeemer to their posterity, for the sake of his name. O King, thou art our Supporter, our Saviour, and our Shield.

פב מוּסַף שֶׁל פֶּסַח :

בְּדַעְתּוֹ אַבִּיעָה חִידוֹת · בְּעַם זוּ בְּזוּ בְּטַל לְהַחֲדוֹת · טַל · גַּיְא וּדְשָׁאֶיהָ לַחֲדוֹת · דָּצִים בְּצִלּוֹ לְהֵחָדוֹת · אוֹת יַלְדוּת טַל לְהָגֵן לְתוֹלָדוֹת : בָּרוּךְ אַתָּה יְיָ מָגֵן אַבְרָהָם :

אַתָּה גִּבּוֹר לְעוֹלָם אֲדֹנָי מְחַיֵּה מֵתִים אַתָּה רַב לְהוֹשִׁיעַ :

תְּהוֹמוֹת · הֲדוֹם לִרְסִיסוֹ כְּסוּפִים · וְכָל נְאוֹת דֶּשֶׁא לוֹ נִכְסָפִים · טַל · זִכְרוֹ גְּבוּרוֹת מוֹסִיפִים · חָקוּק בְּגִישַׁת מוּסָפִים · טַל · לְהַחֲיוֹת בּוֹ נְקוּקֵי סְעִיפִים :

קהל אֶרְשָׁה אֱרוֹשׁ רַחֲשׁוֹן · בְּאֶרֶשׁ נִיב וְלָשׁוֹן · אֶתְחִין בְּחִין לַחֲשׁוֹן · דִּבְבֵי מְלַעֲשׁוֹן : בְּעַד נְצוּרֵי כְּאִישׁוֹן · אֶפְגְּעָה בְּלִי לִישׁוֹן · בְּבַקָּשָׁה כְּשֵׁי נַחְשׁוֹן · אֶרָצֶה בְּרִאשׁוֹן · גְּרוֹנִי בַּל יוּנְטַל · מִקְּרוֹא לָרָם וְנִטַּל · גְּוִי בַּל יוּבְטַל · מֵהַזְכִּיר גְּבוּרוֹת טַל : הֲעִי בַּל יוּטַל · רְשׁוּת מִלְּטַל · דּוֹדִי יִתְנַטַּל · בְּשִׂיחַ תְּפִלַּת טַל : הֲמוֹן לוֹ נִכְסָף · לַעֲדַת אֵל אֶאֱסַף · הוּא אִתָּם יִתְאַסַּף · וּלְמַעֲשָׂיו יִכְסַף : וְאֶתְיַצְּבָה בַּסַּף · לְחַלּוֹת פְּנֵי יָסַף · וְאִמְרַת טַל אֶחֱסַף · לְחַבְּרֶנָּה בְּמוּסָף : זֶבֶד מַשְׂאַת בָּר · וְאָבִיב נְשִׁיקוֹת בָּר · זַעַק פִּי יוּגְבָּר · וְשִׂיחַ לְשׁוֹנִי יוּכְבָּר : חֵן וָחֶסֶד יְחֻבָּר · לְחַנְּנִי עַל דָּבָר · חַשְׁרַת מַיִם יוּעֲבָר · כִּי הִנֵּה הַסְּתָו עָבָר : טַעַם רִנּוּן · וְשַׁאַג שִׁנּוּן · טַלְתִּי בְּתַחֲנוּן · אֶת פְּנֵי חַנּוּן : יְשִׁישַׁי לְחֻנּוּן · בְּזֵכֶר יֵין לְבָנוֹן · יְדוּעֵי לִגְיוֹן · בְּפִסּוּחַ וְגִנּוּן : כִּשְׁרִים וְכַחוֹלֲלִים · אֲהַלֵּל כִּבְהִלּוּלִים · כְּמִפִּי עוֹלֲלִים · אֲשׁוֹרֵר הִלּוּלִים : לָשָׂא דֵּיעַ פְּלִילִים · צַגְתִּי בִּמְסִלּוּלִים · לְהַזְכִּיר בִּפְלוּלִים · שֶׁוַע גְּבוּרוֹת טְלָלִים : מִטַּעַ זְקֵנִים · אֶתְבּוֹנֵן עַד זְקֵנִים · מוֹרִים

בדעתו With permission of the Omnipotent, will I speak in parables. In this prayer will I speak of dew, in the midst of this people, that they may rejoice. The dew reviveth both the earth and its herbage; they rejoice and are renewed in its shadow: may the sign of the dew of his youth shield his posterity. Blessed art thou, O Lord! the Shield of Abraham.

אתה גבור Thou, O Lord! art mighty for ever; it is thou who revivest the dead, and art mighty to save.

תהומות The great abyss of the earth desireth its drops; and every green pasture longeth for it. This additional service is appointed to make mention of the dew; for, by its memorial. the mighty works of the Supreme are extolled. With the dew will he reanimate those who sleep in the grave.

ארשה I will ask permission to declare my thoughts, with my lips and tongue will I supplicate for dew: O may he not be heated with wrath at my words. I will intercede without intermission for those that are preserved as the apple of the eye. O may my prayer on this first day, be accepted as the offering of נחשון. My voice shall not cease to call on him who is most high and exalted. I will continually praise him, and make mention of the powers of the dew. My desire shall not cease from asking permission to exalt my beloved God when I pray for dew. The multitude that earnestly long for him, even God's congregation, will I assemble: may he be assembled with them, and be pleased with their conduct. I will tarry at the threshold, to supplicate him who abounds *in goodness;* I will reveal concerning the dew, and unite it to the additional service. I will pray incessantly for a good portion of corn, and heaps of green corn. May mercy and kindness be united, to be gracious to me with the dew; to withhold the overflowing rain; for the winter is past. The subject of *my* song, and *my* loud prayer, will I cast in supplication before him who is most gracious. May he rescue and shield my beloved ones, for the memorial of the wine *that was poured out* in the temple. As they sang and danced at the Red sea, so will I praise as with the pipes; and as from the mouth of sucklings, will I sing praises. To ask permission of *the sages* versed in the law, do I stand in the beaten path, to make mention in prayer of the powers of the dew. From the counsel of the ancients I shall obtain understanding, even to old age; for they instructed us in just and proper rules;

תִקּוּנִים · כַּדָּת מְתֻקָּנִים : נוֹפֶת נְבוֹנִים · בִּינַת עַם מְבִינִים · נְטִיעַת דָּרְבוֹנִים · תִּכּוּנֵי בֵּין שְׁנֵי לֻחוֹת אֲבָנִים : שְׂפָתַי בְּשַׁוְעַ אֶפְתַּח · כְּאוּלָם הַמְפֻתָּח · שִׂיחוֹרֶת פִּי אֶפְתַּח · כְּאֵיתוֹן אֲשֶׁר נִפְתָּח : עוֹז וְכֹחַ לִי יִמְתַּח · כַּדּוֹק אֲשֶׁר מָתַח · עָב טַל יְפַתַּח · וְחוֹרֵב לְבַל יוֹרְתַח : פְּנֵי רָם וְנִשָּׂא · עַיִן בְּחִין אֶשָּׂא · פְּאֵרוֹ לְנוֹסְסָה · כְּמוֹ בְטַל נִסָּה : צְבָאָיו לוֹ אֲגַיְּסָה · וְאִתָּם אֶתְגַּיְּסָה · צְעוּק בַּעֲדָם אֶתְנַגְּשָׁה · וְלֹא בְּרוּחַ גַּסָּה : קַמְתִּי מִמִּשְׁפְּתַיִם · לְהַפְגִּיעַ בְּעַד לְנֵי שְׁפָתַיִם · קוֹל מָה אֶתֵּן בְּשִׂפְתוֹתַיִם · הֵן אֲנִי עֲרַל שְׂפָתַיִם : רוֹן בְּלִי עֲצַלְתַּיִם · עָרַכְתִּי בְּמַחֲנוֹתַיִם · רָחַשְׁתִּי גִּישׁוֹת שְׁתַּיִם · בְּעַד שְׁאֵלוֹת שְׁתַּיִם : שַׁחֲרִית חִנּוּתִי לְמָטָר · בְּלוּקְשׁוֹ גַּיְא לְעַטֵּר : שַׁבְתִּי לְקָחִי עוֹד לְנַטֵּר · מִתְבּוֹעַ עֲרֹף מָטָר :

חזן תְּפִלַּת גְּבוּרוֹת טַל · חִלּוּתִי בְצוֹהַר לְנַטֵּל · תִּזַּל אִמְרָתִי כַּטַּל · לְקָוֵי רְסִיסֵי טַל :

קהל אֲאַגְּרָה בְּנֵי אִישׁ הַמְּשׁוֹרָר בְּטַל · אִוָּעֵד אִתָּם לְחַנֵּן בְּעַד טַל · אֲבַשֵּׂר בְּקָהָל רַב זֵכֶר גְּבוּרוֹת טַל · אֲחַלֶּה פְּנֵי צוּרִי בְּזִיל אִמְרַת טַל : בְּפִתְחוֹן פֶּה אֲחַלֶּנּוּ עֲלֵי טַל · בְּמַעֲנֶה לְשׁוֹנִי אֲפַתֶּנּוּ עֲדֵי טַל · בַּהֲפִיקִי מַעַן אַרְצָה כִּרְסִים טַל · בְּגִשְׁתִּי צְקוּנִי יַעַל כְּשִׁכְבַת טַל : גַּל בֵּינוֹ לְבֵינִי סִיּוּם אוֹת טַל · גָּלוּי לַכֹּל כְּאֵשׁ אוֹכְלָה וְלִי כִּפְרִיחַת טַל · גָּמַר מֵאָז אוֹמֶר הֱיוֹת לִי כַּטַּל · גַּם בְּהוֹפִיעוֹ בִי דָּפַק בְּרֹאשׁ נִמְלָא טַל : דָּרַשׁ וְחָקַר מֵאָז וְחָלַשׁ הֵיטַל · דּוֹק וְחֶלֶד לְכוֹנֵן בְּקֵץ עִתּוֹתַי טַל · דַּת קְנוּיַת קֶדֶם רְשׁוּת מְנָהּ נָטַל · דַּיַּע בָּהּ נוֹעַץ וּמֵאוּם לֹא בְטַל · הִטְבִּיעַ אַדְנֵי גִּשְׁשֵׁי הֲדוֹם

even the sweet words of the well instructed, who taught the intelligent people; they have placed me before the ark, between the two pillars of stone. I will open my lips in prayer, as the wide extended porch; the words of my mouth shall be extended, as the opening of the gate of א׳תון. May he extend strength and power to me; may he open the cloud of dew that *the earth* may not be parched with heat. In presence of him who is most high and exalted, will I lift up my eye in supplication, to extol *his* glory, as [גדעון.] who tried him with the dew. I will assemble his hosts, and be with them, I have been urged to pray for them, and not from the spirit of pride. I rose up from among the sages, to pray for those that are lodged *in all* borders (in captivity); *but* how shall I raise the voice of *my* lips? *for* lo! I am of uncircumcised lips; yet, I will arrange my song among his hosts without delay; I drew near to offer two prayers, containing two requests. In the morning *service* I supplicated for the latter rain, to crown the valley *with fruits: and afterwards* kept back my speech from requiring rain; and at noon I began the prayer for the mighty dew. O May my words drop as dew, to those who hope for the drops of dew.

אאגדה I will assemble the children of the man (Jacob) who *received* the princely *blessing of* dew: I will assemble with them to supplicate for dew; in the numerous congregation will I make mention of the good tidings of the power of dew; I will supplicate the loving face of my Creator with the flowing words of dew. I will open my mouth to supplicate for dew; with the speech of my tongue, will I allure him for dew; when I draw out my prayer, may I be accepted as drops of dew; when I draw nigh, may my prayer ascend as the spreading of the dew. He revealed the sign of the dew that is between him and me; he revealed himself to all as a consuming fire, and to me as flying dew; he hath said of old, that he would be to me as dew; when he first enlightened me he knocked *in haste,* as one whose head is covered with dew. Aforetime he searched and investigated, and cast the lot, to establish heaven and earth in the end of the season of dew; of the law which he created aforetime, he took permission; took counsel of her, and hid nothing from her. He founded the pillars of the earth, that *is his* footstool, *and the heavens under his* exalted throne; he formed their nature to produce drops of dew; he planted the plants of Eden with

וְכֵם הַמְנֻטָּל · הוֹלִיד בְּתוֹלְדוֹתָם תּוֹלְדוֹת אֶגְלֵי טַל · הִשְׁתִּיל שְׁתִילֵי עֵדֶן בְּרִוּוּי עֲנִינַת טַל · הֵכִין וְתִקֵּן בַּשַּׁחַק אוֹסֵם אוֹצְרוֹת טַל : וּמִשְׁתִּיַּת אֶבֶן מְקוֹם חֶרְמוֹן טַל · וְתִּקֵּן לְהִשְׁתּוֹרֵת שְׁתוּתֵי טַל : וּמִשָּׁם צָר חוֹמֶר נוֹלָם מוּטַל · וְנָפַח בּוֹ נֶשֶׁם חַיּוּת בְּחַיֵּי טַל : זֶבֶת מִקֶּדֶם אִשֵּׁשׁ בְּאֵד טַל : זֶרַע וְדֶשֶׁא וּפֶרַח לְפַרְנֵס בְּמַתַּן טַל · זֶרֶם עַד לֹא הִמְטִיר וְגֶשֶׁם הֵיטַל · זְבָדָהּ וְעֶדְנָהּ חַיּוּת בְּטִפֵּי טַל · חֲבָלִים נָפְלוּ לָהּ אֲסָמֵי אוֹרוֹת טַל · חַיַּת יְשֵׁינֶיהָ לְהַחֲיוֹת בְּאֵד טַל · חַשְׁרַת מֵי גֶשֶׁם עָלֶיהָ לְהֵיטַל · חָזִיז לְאַרְבָּעִים שָׁנָה לְפָקְדָהּ יוּטַל : טוֹרַח מִטְרוֹת עוֹז עַד עַתָּה לֹא הוּטַל · טַלְּלָה עַד דּוֹר עֲשִׂירִי מִתְנוֹבֶבֶת בְּטַל · טָפְשׁוּ דְרָיהָ וְגָאוּ בְּאֵד טַל · טַרְחוּת גְשָׁמִים מַה צוֹרֶךְ דַּיֵּנוּ בְּטַל · יַעַן כַּאֲשֶׁר מָרוּ מָרַד וְהֵיטַל · יְקוּמָם מָחָה וְזִכְרָם בְּטַל · יָקָר כַּעֲסָם כַּחוֹל וְכָאֶבֶן נֵטָל · יְזוֹרְבוּ נִצְמְתוּ בְּחוֹרֶב וְחוֹם טַל : כָּמוֹס גּוֹפֶר וְלִוּוּיָו מִכֹּל נֵטַל · כִּי מִי נֹחַ זֹאת לִי לְעוֹלָם בְּלִי לְבַטַּל · כָּרַת לוֹ וּלְנָשֵׁי עוֹד כָּל יוּבְטַל · כָּל יְמֵי הָאָרֶץ לְהַקְווֹת בְּקִוּוּי מָטָר וָטַל : לֹא בָנוּ נוֹסְעֵי קֶדֶם מִשְׁאוֹן הַמְקֻטָּל · לוּהֲקוּ וְיָזְמוּ עֲלוֹת לְדוֹק הַמְנוּטָל · לִבָּם הָלַךְ וַעֲצָתָם בְּטַל · לְנָפֵץ וּלְזָרֵם לְצוּל לְהֵיטַל : מוֹט הִתְמוֹטְטָה גֵיא בְּחוֹרֶב בְּלִי טַל · מוּאָסָה עַד צָץ אָב וְהִפְרִיחָהּ כְּטַל · מְטֵי הֶרֶג הִסְלִיל וְהִמְלִילָם בְּטַל · מִשָּׁם צֶדֶק נָחוּל לְיַלְדוֹתָיו טַל · נֶחֱצַב כְּצוּר אוֹטֵם זֶרֶם מִלְהֵיטַל · נֶחֱשַׁב אֵת עֶדְנוֹ לְהִפָּקֵד בְּעֵת טַל · נִפְקְדוּ בְּמוֹעֵד זֶה בְּקֵץ זְכִירַת טַל · נֶעֱקַד לְהַפְרִיחַ כְּשׁוֹשַׁנָּה בְּטַל : שַׁדַּד תֶּלֶם לְזֶרַע וּבִקְצִירוֹ

abundant dew; in heaven hath he prepared and fixed the treasures of dew. And from the place of the foundation stone *hath he commanded* the dew to *pour down on* חרמון and strengthened the foundation of the dew ; and from thence he formed the material substance of the first man, and breathed into him the breath of life, as with the reanimating dew. The flowing *land* did he strengthen aforetime with the cloud of dew; seed, grass, and blossom, did he maintain with the gift of dew ; before he caused the rain to descend, he delighted and revived it with the drops of dew. Her lot is fallen to be fed from the treasures of the enlightening dew : those who sleep (in the grave) will be revived with the vapour of dew; he also caused abundance of rain to descend on it; as it was visited every forty years with the cloud of dew. The strong cumbrous rain had not hitherto descended ; unto the tenth generation was it (the earth) fructified with dew ; but when its inhabitants acted foolishly, priding themselves in the cloud of dew ; *saying,* What necessity *is there* for the troublesome rain, while the dew sufficeth ? He therefore cast away and destroyed every living substance, and caused their memorial to cease; the weight of their provocation was heavier against them than sand and stone ; they were burnt and destroyed by the parching heat of the dew. *He* (Noah), and all those that were with him, were hidden and saved, *in the ark of Gopher;* he made a covenant with Noah and the earth, and promised him that it should no more be destroyed by a flood ; but so long as the earth endureth shall they hope for rain and dew. Yet did not they who journeyed from the east take warning by the dreadful destruction ; but assembled and purposed to ascend to the high heaven ; when he divided their speech, and frustrated their counsel ; and scattered them, and cast them *to the islands of the* sea. The earth was violently moved with drought for want of dew, and was condemned till the patriarch Abraham sprang up, and made *mankind* bloom *with piety,* as dew ; and those that were ready to be slain, he led into the path of *rectitude,* and overshadowed them *as* with dew ; whence he merited to have his posterity *blessed* with the inheritance of dew. He was barren as a rock, *when in his old age* they were visited with delight, even in this season, the time of the memorial of the dew, and begat him (Isaac) who was bound on the altar, and bloomed as the rose in dew. He harrowed the ridges for seed, and in his furrows the dew

לָן טַל · שָׂדֶה מְבוֹרָךְ כְּהֵרִיחַ בֵּרְכוֹ בְּמַתַּן טַל · סְכָם
אִתּוֹ צִיר חָתוּם בְּבִרְכַּת טַל · שְׂרִידָיו לְהִתְכּוֹדֵד בְּבֶטַח
עֶרֶף שְׁמֵי טַל : עֲנָפָיו שׁוֹרְדוּ הֱיוֹת בַּגּוֹיִם כְּטַל · עֲלֵי עַיִן
לְבָרֵךְ מִמֶּגֶד וּמִטַּל · עֲדָיו גָּעוּ לוֹדָה וְנָוֶם טַלְטַל · עוֹל
בַּרְזֶל שָׂם עֲלֵימוֹ לְהֵטַל : פָּסַע וְדִלֵּג קֵץ כְּזָכַר בְּרִית טַל ·
פְּתָחַי דָּפַק בְּרֹאשׁ נִמְלָא טַל · פְּדוּת שָׁלַח לְיֶשַׁע בָּרִאשׁוֹן
לְהַרְסִים טַל · פֶּגַע בְּבֵן חֻקּוֹתַי בָּרִאשׁוֹן לְהַזְכִּיר גְּבוּרוֹת
טַל · צֵאתִי לְאָלוּשׁ עֲדַנְתִּי בְּרֶדֶת טַל · צַעֲקָתִי וְהוּזְכַּר
לִי בְּרִית יַלְדוּת טַל · צְבָאַי כִּלְכְּלוּ בְּמַן אֵיבוּר טַל · צֵדָה
שָׁלַח לָהֶם לְשׂוֹבַע כַּעֲלוֹת שִׁכְבַת טַל · קִבַּצְתִּי לְהַר חֶמֶד
נְחוֹל אִמְרֵי טַל · קְהָלַי עַל אֶבְרַת נְשָׁרִים נְטַל · קוֹל וּבָרָק
וָנֶטֶף וְזִיקַת טַל · קוֹנִי עָלֵי הִזִּיל עֲיֵפוּת לְהָקֵר בְּטַל :
רִשְׁפֵּי לַהַב וְקוֹל כֹּחַ הֵירַד לִי בְּטַל · רַעַשׁ בְּשׁוּרֵי חַלְתִּי
וַיְעוֹרְרֵנִי בְטַל · רָגֶשׁ שִׁבְעַת עֲנָנֵי הוֹד מָסַךְ וְהֵיטַל · רָצִים
לִפְנֵי תּוּר אֶרֶץ שְׁבַעַת מִשְׁמַנֵּי טַל : שְׁכִינָה אִיהֵל צִיר בֵּין
שָׁדַי בְּלִין טַל · שֶׁמֶן מָשַׁח אָח שֶׁיוֹרֵד כְּטַל · שְׁבָטַי בֵּרַךְ
בְּעֵקֶב כְּעֵין נִתְבָּרֵךְ בְּטַל · שִׁירָה שָׁר לָמוֹ בְּאוֹמֶר זִיל טַל :
תַּחְתָּיו צָג נֶצֶר מִגֶּזַע מְבוֹרָךְ בְּטַל · תֵּבֵל עַם לְהַנְחִיל בְּתוֹךְ
עֵינוֹת טַל · חזן תִּרְגַּלְתָּ נְשָׂאָם בְּשֶׁכֶם כְּאוֹמֵן בֵּן נָטַל ·
תְּקוּפַת צַר וָאוֹר בְּשָׁלֵם בְּטַל :

קהל תַּחַת אֵילַת עוֹפֶר בּוֹרֵךְ מוֹשִׁיעַ בְּטַל · אֵמִיץ וְנֵסֵּם
כְּאֵיתָן בְּחוֹרֶב וְגִיזַּת טַל : שׁוּעֲנְתִּי מֵאָז וְעַד עַתָּה בְּהַבְטָחַת

lodged; and he (Jacob) who smelled as the blessed field, he blessed with dew; the faithful messenger (Moses) agreed with the blessing of dew, when he expressed himself saying, may his posterity dwell securely *under* the dropping of heavenly dew; *thus* are the remnant of his posterity among the nations as dew; and he (Joseph) who was *as planted* by a well, was blessed with precious *fruits* and with dew; for his sake *his brethren* were removed to Egypt, and cast out of their dwellings: and the iron yoke put upon them. The Omnipotent remembered the covenant of the dew; he hastened their redemption, and appeared unto them with his head filled with dew; he sent redemption and salvation in the first *month* NISAN for drops of dew; I therefore have made it a statute, in my prayer in the first month, to mention the powers of the dew. When I came to אלוש I was delighted with the descent of the dew; I prayed for food, and he remembered to me the covenant of the dew; my hosts were fed with the food of dew (מן) for he sent them food in plenty, when the dew that lay was gone up. I was assembled to the desirable mountain (*Sinai*) to inherit the words of dew; he took my congregation on eagles' wings; when I was terrified at the thunder and lightning, my Creator dropped on me the cooling drops of dew; in fiery flames, and a mighty voice, he caused his words to descend to me in dew; at the sight of the storm I was pained, but he revived me with dew; he assembled seven glorious clouds, to shelter and guide me, to search out the land that is satiated with fat dew. The divine presence abided in the tabernacle, prepared by the messenger (Moses;) he (Moses) anointed his brother with the anointing oil, that descended as dew; in his latter *days* he blessed my tribes according to the form of him who was blessed with dew; he sang a song for them, wherein he said, *let my words* drop as dew. In his place was constituted a branch (Joshua) who descended from the stock blessed with dew [Joseph]; to cause the people to inherit the land situate in the midst of wells of dew! he led them; took them on his shoulders, as the nursing father taketh the child; for their sake he stopped the course of the sun and the moon.

תחת Under the oak of עופר was Israel's deliverer גדעון blessed with dew, he was valiant as איתן (Abraham) therefore he was strengthened by the miracle of the fleece of wool; I have been sustained from that time till now, by the assurance

טַל · לָעַד בְּלִי לְהִמָּנַע מֵאִתִּי טַל : רָגֵז תְּשַׁבִּי כְּחָר
וְעָצַר טַל · עַל פַּת לֶחֶם . וְטָרַף טוֹרֵד וְטִלְטֵל · קָדוֹשׁ
כְּהִבִּיט לְבַל תּוּפַר בְּרִית טַל · זִלְעֵף רוּחַ לַיֶּלֶד · וְנַפְשׁוֹ
נָטַל : צָרְפִית בְּצִיר רִגְּנָה תְּנוּאוֹת לְהַטֵּל · רְאוּתוֹ כִּי פַּס
בֵּן הִתִּיר נֶדֶר טַל : פֶּשַׁע אֵם הֶעֱוָה עֲדֵי עֲצִירַת טַל ·
בְּכֵן עָרַךְ תַּחַן לְמוֹלִיד אֶגְלֵי טַל : עָתַר לִפְנֵי חַי מְחַיֶּה
כֹּל בְּטַל · יְחִידַת יֶלֶד הֵשִׁיב בְּהַתָּרַת טַל · סִדֵּר וְהֶחְשַׂף
לַכֹּל כֹּחַ גְּבוּרוֹת טַל · רָמַז כִּי שְׁכוּנִים יָקִיצוּ בְטַל ·
נִכְרְתָה זֹאת לְהַרְרֵי קֶדֶם כְּמַתְּנַת טַל · בְּלֹא יְקַוֶּה לְאִישׁ
לְיַחֵל עֲלֵי טַל · מִמָּחֳרַת הַפֶּסַח יְחֻנְּנוּ בְּעַד טַל · יָנִיפוּ
בְּמַעֲלָה וּמוֹרִיד לְהָנִיף רוֹעַ טַל : לָכֵן מִלִּפְנֵי עוֹמֶר אַזְכִּיר
בְּתַחַן טַל · קְדוּם לַיְלָה אֶחָד לְהָלִין בּוֹ טַל · כּוֹרְתָה לְחַיִּים
מְחַיַּת יְרִידַת טַל · לַמֵּתִים חָפְשִׁי הוּכְנָה תְּחִיַּת טַל :
יְעוֹרְרוּ יְזוֹרְרוּ יִחְיוּ בְּרֶדֶת טַל · יַעַמְדוּ יָקוּמוּ יַעֲלוּ כְּשִׁכְבַת
טַל · טַעַם זְמִירוֹת יַשְׁמִיעוּ בְטַל אוֹרוֹת טַל · רוֹן יוֹשְׁבֵי
סֶלַע אֲשֶׁר יִחְיוּ בְּטַל : חֲבַצֶּלֶת וַעֲרָבָה תָּגֵלְנָה בְּפְרִיחַת
טַל · מִדְבָּר וְצִיָּה יְשֻׂשׂוּם בְּטְלוּל טַל · זָרֵב וְשָׁרָב וָשֶׁמֶשׁ
וְחוֹרֶב וְחֵמַת טַל · קָמוֹת לֹא יַקְדִּירוּ בְּגֵיא טְלוּלַת טַל :
וְסֻכָּה תִּהְיֶה לְצֵל קָרִים מִלְּהַטַּל · רְבוּצִים עַל כָּבוֹד חֻפַּת
עָב טַל · הוֹגֵי הַמּוּלָה יָנִיפוּ רְסִיסֵי טַל · יִפְתְּחוּ אֲסָמִים
לְהָנִיף נִזְלֵי טַל : דִּרְדּוּי הָמוֹן חוֹגֵג שְׁאֵרִיתָם כְּטַל · תַּרְשִׁישִׁים
יְנַהֲלוּם בְּמַרְפֵּא כְּנַף טַל · גִּיל קוֹל רִנָּה לַעֲבוֹר בַּסָּךְ וְטַל ·
סְלוּלִים עֲלוֹת אֶל נָכוֹן וְנִשָּׂא וְנִטַּל : בְּשׂוֹרִים מֵאֱמָנָה עַל

of dew, that he will never withhold dew from me. The Tishbite (Elijah) was wrath, and in his anger withheld the dew, that he himself was obliged to wander for a piece of bread; when the Holy One perceived this, that the covenant of dew might not be broken, he terrified the spirit of the child, and took his soul. *Then the woman of* Zarephath (the mother of the child) murmured against the messenger of God, and sought occasion against him : when he saw that her son was no more, he suffered his vow to be relaxed; thus, if he had been guilty of transgression, by withholding dew, yet he arranged his prayer to him who bringeth forth the drops of dew. He entreated the presence of the living *God*, who will restore all to life with the dew; he restored the soul of the child, with the permission of dew; he set in order, and revealed to all the power of the dew, and indicated that those that rest *in the earth*, will be awakened with the dew. This covenant was made with the ancient mountains, to bestow on them the gift of dew ; for *we are* not to tarry or wait for man for dew ; on the morrow of the passover, they supplicated for dew ; they waved *the* עומר high and low, to chase away the noxious vapours of the dew. Therefore before the offering of the omer, will I in supplication make mention of the dew ; one night preceding the resting of the dew, the covenant was made with the living to sustain them with dew ; and to give freedom to the dead, was prepared the reanimating dew. They will awaken, they will sneeze, and will live by the descent of the dew; they will stand and rise up as the ascending dew; sweet psalmody will they cause to be heard, they that sleep in the rock (the grave) *will* sing when they are revived with the dew. The rose and the willow will rejoice with the blooming dew ; the wilderness and desert shall exult with the covering of dew ; and may the parching heat of the sun not blacken the standing *corn* in the valley, with the covering of dew. And it will be a tabernacle for a cooling shade, to cast *off the heat of the sun ;* when they shall rest under the glorious canopy, *even* the cloud of dew ; they (the angels) who are loud *in the praise of the Supreme*, will wave the drops of dew ; the treasures will be opened to pour down the drops of dew. The multitude that moved in holy-day, whose remnant *is as* dew; the תרשישים (angels) led them with the healing wing of dew ; with the voice of song and joy, when they passed on with the multitude in the high way to

פז מוסף של פסח :

חֶרְמוֹן טַל · פָּרוּחַ יִפְרְחוּ כְּשׁוֹשַׁנָּה בְּטַל : חזן אֶל אֶרֶץ
דָּגָן וְתִירוֹשׁ אַף שָׁמָיו יַעַרְפוּ טַל · רְאוּתָם אֵשׁ אוֹכֶלֶת
כִּי נִהְיֶה כְּטַל :

**In this Poem we pray for dew, for the merit of the Twelve Patriarchs, Heads of the Tribes of Israel, &c. And in which the Twelve Signs of the Zodiac, that are supposed to influence the different Months are also noticed.**

אֵלִים בְּיוֹם מְחֻסָּן · חִלּוּ פְּנֵי מְגוּסָּן · טַל אוֹרוֹת לְנוֹסְסָן ·
לְהַטְלִילָם בְּעֶצֶם נִיסָן · אֶשְׁאֲלָה בַּעֲדָם מָעַן · גְּבוּרוֹת
טַל לְהַעַן · טַל אָב הוּבְטַח לְשָׁעַן · יִתֵּן לְהַמְתִּיק לַעַן :

מזל ניסן טלה

בְּשִׁמְךָ טַל אֲטַלֶּה · בְּיַלְדּוּת טַל לְהַטְלֶה · טַל בּוֹ אִיתָן
מוּטְלֶה · בַּדָּיו יִרְעוּ כְּמוֹ טָלֶה : בְּרִית כְּרוּתָה לְרֹאשׁ
אָבוֹת · חֲיָלָיו בְּטַל לְהַרְבּוֹת : טַל בַּל יָזִיז מִבְּנֵי אָבוֹת ·
לְהַרְסִיס עַם נְדָבוֹת :

גֶּזַע כְּרְבִיב טַל מְשִׁיר · שִׁשִּׁים וְאַחַת אָרְחוּ בִּמְשִׁיר · טַל
גָּר לְצֶדֶם תָּיִר · מֵחֲמִשָּׁה עָשָׂר בְּאִיָּר : גִּיל טַל לְכָל
יְגֵעִים · וְדוּדָאֵי בְּכוֹר בּוֹ רוֹגְעִים · טַל גְּאוּלִים בּוֹ גָּאִים ·
עַם כְּטַל נִשְׁאָרוּ בַּגּוֹיִם :

מזל אייר שור

דּוּפְקֵי דְלָתֶיךָ לָשׁוּר · הַטְלִילֵם כְּמַעְגַּל מִישׁוֹר · טַל דּוֹק
לָמוֹ חָשׁוּר · עַד קֵץ לְחִיבַּת שׁוּר : דִּגְלֵי אָסוּר
מוּף עֲנֵי · וְגַיְא וּדְשָׁאֶיהָ תַּעֲנֶה · טַל דְּשָׁאִימוּ יַחֲנֶה · כְּטַל
סְבִיבוֹת הַמַּחֲנֶה :

הַפְּגַעַת טַל תְּכוֹנֵן · מוּל מְכוֹן שֶׁבֶת כּוֹנֵן · טַל הֲנָפַת עָב
תִּתְכּוֹנֵן · בְּמַתְּנַת טַל סִיוָן : הִלּוּל קוֹדֶשׁ תִּירוֹשִׁי ·
יְמַגְּדִי בְּטַל קְדוֹשִׁי · טַל הֲלָנַת קְצִיר שָׁרְשִׁי · יָלִין בְּטַל
לְהַשְׁרִישִׁי :

go up to the highly exalted and established mountain (the temple.) When from *the mount* אמנה they shall view *mount* חרמון covered with dew, they will bloom as a rose in the dew; *when they shall return* to the land of corn and wine, whose heavens also drop dew; when they shall see that he is as a consuming fire *to the nations:* and to *them* as the gentle dew.

אלים The mighty *people* (Israel) on this mighty day supplicate the presence of him *who is* their refuge, to grant the enlightening dew, and to shelter them on the self-same, day, of the month NISAN. In prayer will I also ask for them the powers of the dew; may he grant *it* as the dew promised for a support to the patriarch, to sweeten the bitterness *of the* fruits.

בשמך In thy name may *we* be covered with dew, for the merit of him (Abraham) who in his youth was as acceptable as dew; he was exalted with dew, and for his sake, may his posterity feed as the lamb. A covenant was made with the principal patriarch, to multiply his seed as the dew; may the dew not be withheld from *their* children, but drop down to a willing people.

גזע The stem of the remnant *among the nations* is as the gentle dew; they made sixty-one meals of the food *brought out with them* from Egypt when they had the מן which was as coriander seed: for food, from the fifteenth-day of the month אייר; the dew rejoices all that are weary; mandrakes of the first-born ראובן rest by it; with the dew, will the redeemed be exalted; *even* the people that is left as dew among the nations.

דופקי Those who knock at thy doors, to behold thee, lead in the path of rectitude; and give them abundant dew from heaven, till the ox has made an end of licking up *the grass* answer the posterity of him שמעון who was bound in Egypt, to give them dew for the valley and herbage; may the dew *rest* on their tender grass, as it did round the camp.

הפגעת May my well-intentioned prayer for dew, be arranged opposite the heavenly throne; for the merit of the holy praise of wine, may he sweeten my fruit with dew; and as the dew lay all night on the branch of the root, so may the dew rest on me, to cause me to take root.

מזל סיון תאומים

וֹ אות לַחֲשׂוֹף חֲתוּמִים · וְרֶמֶז לְצַחְצֵחַ כְּתָמִים · טַל וַתֵּר לִתְמִימִים · לְהַאֲחוֹת בּוֹ כִּתְאוֹמִים : וְרַד עִם אֵל לְהָכֵן · וְגַם מְנַשֵּׁי בּוֹ לִתַּכֵּן · טַל וַעַד צוּר לִשְׁכֵּן · אִתּוֹ כְּנָם לַעֲשׂוֹת כֵּן :

ז עָקֵי כָּל תְּבוּז · לְהַטְלִילִי מֵעוּץ וּמִבּוּז · טַל זִמַּנְתָּ לִרְמוּז · לְחַתֵּל בּוֹ כְּאֵב תַּמּוּז : זֶרַע בֶּן עִתִּים חֹפֶשׁ · לָעַד בְּלִי יְאֻפַּס · טַל זוֹרֵר עַל פַּס · כְּבַמִּדְבָּר דַּק מְחֻסְפָּס :

מזל תמוז סרטן

ח בָּא מִשּׁוֹד שָׂטָן · פְּסוּחֶיךָ בְּלִי לִסְטַן · טַל חַיִּים יוֹרְטַן · לְהַפְּסֵחַ כְּגוֹן סַרְטָן : חוֹף יַמִּים בְּצִיֵּנוּ · מַרְאִית טְלָלֵי נִצְּנוּ · טַל חֲשׁוֹר לְרֶבֶץ צֹאנוּ · וְכַטַּל עַל עֵשֶׂב רְצוֹנוּ :

ט לְלֵי יֶשַׁע אֶשְׁאַב · בְּמָשׂוֹשׂ מִמַּשְׁאָב · טַל טַעַם אָב · יַטְעִימֵנוּ אֵל וְאָב : טְלוּל יְדִידוּת שַׁבְנִי · יִשְׁכּוֹן לָבֶטַח לִשְׁכֵנִי · טַל טוֹהַר מִשְׁכָּנִי · יִשְׁקוֹט כְּעָב טַל עַל מְכוֹנִי :

מזל אב אריה

יַלְדוּת טַל תְּאָרִי · כְּמֵאָז בּוֹ לְפָאֲרִי · טַל יָפִיק לְבֵית יַעֲרִי · לִשְׁאַג בּוֹ כַּאֲרִי : יוֹם טוֹבָה בְּטוֹב אֲבְלִילָה · בְּזִנּוּק בָּשָׁן לְהִתְהַלֵּלָה · טַל יְבוּלִי אֵל הַטְלִילָה · כְּעַל הַמַּחֲנֶה לַיְלָה :

כּ רְסִיס רַד בְּרֹאשׁ תָּלוּל · בְּקֵץ רִאשׁוֹן לְטִלּוּל · טַל כֵּן יְהֵא כָלוּל · לְהַדְשִׁיא פִּרְחֵי אֱלוּל : כְּמֵהִים שֹׂבַע רָצוֹן לְהַסְפֵּק · בְּלַהֲלוּחַ נֶגֶב לְהַאֲפֵק · טַל כְּנֶסֶת עַל דּוֹדָהּ תִּרְפֵּק · לְעוֹרְרָהּ בְּקוֹל דּוֹפֵק :

ואורת *The Dew is* also a sign to reveal those who are sealed *in their graves,* and an indication to cleansing (stains ;) grant liberal dew to those that are perfect *in belief of thy Unity,* and are united as twins ; and prepare the land of him (יהודה) who hath dominion with God ; and establish it as the miracle of גדעון who descended from the tribe of מנשה, O grant the dew to rest on the rock with him, as thou didst say, do thou likewise.

זעקי Despise not my cry, but shield me from עוץ and בוז : thou didst appoint the dew, to indicate the melioration of the heat of the month תמוז ; may the posterity of him יששכר who searched to understand the times, never be deprived of dew ; let the dew be spread over his land, as the small round thing in the wilderness.

חבא Hide from the destruction of satan those whom thou didst compassionate, that he may not accuse them ; grant the life healing dew, to leap as a crab ; let the land *of him* that is marked by the sea, bloom from the dew ; grant him abundant dew for the pasture of his sheep, as thou art pleased *to send* the dew on the herbage.

טללי With joy will I draw the dew of salvation ; may our God and Father cause us to taste the dew of the month אב ; may he cause me to rest securely in my beloved habitation ; may the pure dew of my dwelling cause me to abide in tranquillity in my habitation, as the cloud of dew.

ילדות The youthful dew of my form, with which I was glorified aforetime, may he pour out to the house of my wood, to roar as a lion ; on the holy day will I mix the flowing of בשן in praise ; O God ! cover my fruit with dew, as it fell round the camp at night.

כרסים As the dew that falls on the high mountain, in the first month ; so may it adorn the tender grass and blooming flowers of the month אלול : those that long *for dew,* satisfy with favour, to moisten their parched field ; *grant* dew to the congregation that leaneth on her beloved God, *and earnestly longeth* for him to awaken her with the voice of his knocking *at the door.*

מזל אלול בתולה

לְ אות טוב טַל נִתְלָה · תֵּת לְעוֹלָם חֲתֻלָּה · טַל לְנוֹבֵב תְּנוּב שְׁתוּלָה · לְהָגִיל בִּמְשׂוֹשׂ בְּתוּלָה : לֶאֱגוֹד גְּדוּד יוֹשְׁפֵר · לְהָעֲצִים גְּדוּדָיו בְּלִי מִסְפָּר · טַל לְהָקִיץ בְּקוֹל שׁוֹפָר · אֲטוּמִים שׁוֹכְנֵי עָפָר :

מִ כָּל אוֹם יְאַשְּׁרֵי · וַאֲהוּדֶנּוּ מְשִׁירֵי · טַל מְאַגְלוֹ יְעַשְּׁרֵי · לְהַסְפִּיק עַד קֵץ תִּשְׁרֵי : מִשְׁמַן לֶחֶם מַקְחִי · מֵעֲסִיס יֵין רִקּוּחִי · טַל מַלֵּא מִשְׁאֲלוֹת מַלְקוּחִי · יַעֲרוֹף כַּמָּטָר לִקְחִי :

מזל תשרי מאזנים

נַ אַךְ נוֹשְׂאֵי לְךָ עֵינַיִם · לַעֲנוּתָם הַט אָזְנַיִם · טַל נוֹפֵף לִמְחוֹלַת מַחֲנַיִם · לְהַכְרִיעַ צִדְקָם בְּמֹאזְנַיִם : נִתְבָּרֵךְ מִמֶּגֶד וּמִטַּל · כְּבְאַחִים מְנֻשָּׂא וּמְנֻטַּל · טַל נֶשֶׁב אֲגָלִים תְּטַל · מוֹלִיד אֶגְלֵי טַל :

שִׂ יחַ זוּ אֱזוֹן לְיַשְּׁבָן · בֶּטַח לְהוֹשִׁיבָן · טַל שְׂעִירִים לְהַשְׁבָּן · מֵעֵת מַרְחֶשְׁוָן : סִדּוּר עָבִים לְהַטְלִילָם · כַּיֶּלֶד שַׁעֲשׁוּעִים לְנַטְלָם · טַל שׁוֹבַע לְטַלְלָם · צַו לַשָּׁמַיִם תֵּת טַלָּם :

מזל מרחשון עקרב

עֲ תִירַע טַל תֶּעֱרַב · וּלְפָנֶיךָ תִּקְרַב · טַל עֲלֵי שָׁרָב · יִפְרַח כְּבִמְקוֹם עַקְרָב : עֲלוֹת שִׁכְבַת מַפְרַחַת · בְּאִבֵּי נַחַל מֵאָרַחַת · טַל עֲלֵי עַיִן לְבָרֵךְ מָרוֹם וּמִתַּחַת · וּמִתְּהוֹם רוֹבֶצֶת תָּחַת :

פְּ רָחֵי חֶלֶד תַּשְׁלֵו · בְּטַל שַׁאֲנָן וְשָׁלֵו · טַל פֶּרַח לְהַדְגִּיא וּלְהַשְׁלֵו · צִמְחֵי תְנוּב כִּסְלֵו : פְּקוֹד חוֹרֵב בְּצִיּוֹן · לְמַלְּטֵם מַחוֹרֵב צִחְיוֹן · טַל פֵּירוֹת לְבָרֵךְ בְּצִבְיוֹן · כְּטַל חֶרְמוֹן שֶׁיּוֹרֵד עַל הַרְרֵי צִיּוֹן :

לאות For a good sign was the dew fixed above, that it might be a cure for the world, to fructify the fruit of the plant; to make the virgin glad with joy; with the beautiful dew, to assemble and strengthen his hosts without number; with the dew, and the sound of the trumpet, to awaken those that are hidden and sleep in the earth.

מכל He will strengthen me above all people, and I will praise him with my song; may he enrich me with his drops of dew, to suffice to the end of the month תשרי; moisten my bread, and make my wine high flavoured with dew; grant the request of my prayer, and may my word drop as rain.

נאק Incline thine ear to the cry of those who lift up their eyes unto thee and answer them; cause the dew to drop to those that went out of Egypt joyfully, and cause their righteousness to preponderate in the balance; as he (Joseph) who was blessed with the precious *things of heaven*, and the dew; as he who was raised and exalted above his brethren; withhold mildew from us, O thou who createst the drops of dew.

שיח Hearken to this prayer, and cause them to dwell securely in their land; and cause the heavy rain to fall, in the month מרחשון; cause the order of the clouds to cover them, as the fondly beloved child אפרים is carried; grant them the dew in plenty, by commanding the heavens to give their dew.

עתירת May the prayer for the dew approach thee, and be pleasant in thy presence; send the dew on the parched ground to bloom as the dew in the place of scorpions (the wilderness); cause the dew to descend, to make the fruits of the brook bloom; may the dew lay by the well, to bless him above and beneath, and from the blessings of the deep, that lieth under.

פרחי O grant tranquility to the blooming fruits of the earth; and cause the dew to multiply the bloom of the plants of the month כסלו; O visit the parched places, and shield them from drought; with favourable dew, bless the fruits, as the dew on חרמון, the dew that descendeth on the mountains of ציון.

מזל כסלו קשת

צְיָה אִם מוּלְקֶשֶׁת · וּמַלְקוֹשׁ אִם מְבַקֶּשֶׁת · טַל צוּק עָבִים
תְּהֵא מְאַשֶּׁשֶׁת · כִּבְעַנְנַת קֶשֶׁת : צִמְאוֹן צָהֳרַיִם
בַּל יַשְׁזִיף עֲדָנִים אֲחוּרַיִם · טַל צְלִיחַת אִתּוּי נְהָרִים · תַּצְלִיחַ
בּוֹ יְהוּדָה וְאֶפְרַיִם :

מזל טבת גדי

קָלִי בַּל יוּצְבַּט · בְּלִי בְחוֹרֶב יוּלְבַּט · טַל קֶרַח בַּל יוּחְבַּט ·
לְזַרְעוֹנֵי טֵבֵת וּשְׁבַט : קוֹרְאֶיךָ לְטוֹב תְּקוּב · לְהָסִיר
מֵהֶם לֵב הֶעָקוֹב · טַל קָמוֹת בְּלִי לִרְקוֹב · לִשְׁכּוֹן בֶּטַח
בָּדָד עֵין יַעֲקֹב :

מזל טבת ושבט גדי ודלי

רֶשַׁע מַר מִדְּלִי · מִצְּלָם הַחֲדִילִי · טַל רְסִיסִים תִּדְלִי ·
לְהַזִּיל לִגְדָאֵי כְּמִדְּלִי : רֶשֶׁף נְצוּצִים בְּאוֹר חֶדֶק ·
בְּצַל צַלְמוֹן צוּרָם לְהָדֵק · טַל רַחֵף עָלֵי זוּ בְּצֶדֶק · וּשְׁחָקִים
יִרְעֲפוּ טַל וְיִזְּלוּ צֶדֶק :

מזל אדר דגים

שַׁפֵּר אֲסָמֵי טַל דָּר · בַּקֹּדֶשׁ נֶאְדָּר · טַל שְׁתִילִים יְהַדֵּר ·
הַחֲנוּטִים מֵאֲדָר : תַּדְגִּיא תְּנוּב שָׁנָה · בְּשַׁעַר דָּגִים
מְרֻשָּׁנָה · טַל תַּשְׁרִישׁ אִבֵּי יְשֵׁנָה · לְהַפְרִיחַ כְּטַל שׁוֹשַׁנָּה :

(The Ark is opened.)

אֱלֹהֵינוּ וֵאלֹהֵי אֲבוֹתֵינוּ :

טַל תֵּן לִרְצוֹת אַרְצָךְ · שִׁיתֵנוּ בְרָכָה בְּדִיצָךְ · רוֹב דָּגָן
וְתִירוֹשׁ בְּהַפְרִיצָךְ · קוֹמֵם עִיר בָּהּ חֶפְצָךְ · בְּטַל :

ציה If the world is in want of the latter rain, pour out the strong dew, as when the bow is in the cloud, may not the noonday heat parch the latter delicate fruit; but grant us prosperous dew, for the sake of him (Abraham) who came from Naharaim, therewith to make Judah and Ephraim to prosper.

קלי May the corn not be parched, nor be destroyed by heat; may not the cold dew strike the seeds of the months of טבת and שבט, those who call upon thee, separate, to remove the perverse heart from them; give dew, that the standing corn may not rot, that they may dwell alone securely by the fountain of Jacob.

רשע Keep me from the shadow of the wicked, whose deeds are as the *bitter* drops of the bucket, *to procure grass* for my kids; with thy sparkling fire burn the wicked as a thorn, and consume their strength in the shadow of death; cause the dew to descend to this people for *their* righteousness; and let the heavens drop down dew, and shower down righteousness.

שפר Beautify the treasures of dew *that are in thy* abode, who art glorified in holiness; *and* let the dew beautify the plants, that bud in the month אדר; moisten *the earth,* that the fruit of *this* year may be abundant in the fish gate! *with the* dew, cause those who sleep to take root, and bloom as the rose.

אלהינו Our God, and the God of our fathers.

טל Grant dew to favour thy land; make us a blessing in thy joy; strengthen us with abundant corn and wine; and raise up thy desirable city (Jerusalem.)

טַל צַוֵּה שָׁנָה טוֹבָה וּמְעֻטֶּרֶת · פְּרִי הָאָרֶץ לְגָאוֹן וּלְתִפְאֶרֶת ·
עִיר כַּסֻּכָּה נוֹתֶרֶת · שִׂימָהּ בְּיָדְךָ עֲטֶרֶת · בְּטַל :

טַל נוֹפֵף עֲלֵי אֶרֶץ בְּרוּכָה · מִמֶּגֶד שָׁמַיִם שַׂבְּעֵנוּ בְרָכָה ·
לְהָאִיר מִתּוֹךְ חֲשֵׁכָה · כַּנָּה אַחֲרֶיךָ מְשׁוּכָה · בְּטַל :

טַל יַעֲסִיס צוּף הָרִים · טְעַם בִּמְאוֹדֶיךָ מוּבְחָרִים · חֲנוּנֶיךָ
חַלֵּץ מִמַּסְגֵּרִים · זִמְרָה נַנְעִים וְקוֹל נָרִים · בְּטַל :

טַל וְשׂוֹבַע מַלֵּא אֲסָמֵינוּ · הַבְעַת תְּחַדֵּשׁ יָמֵינוּ · דּוֹד כְּעֶרְכְּךָ
הַעֲמֵד שְׁמֵנוּ · גַּן רָוֶה שִׂימֵנוּ בְּטַל :

טַל בּוֹ תְבָרֵךְ מָזוֹן · בְּמִשְׁמַנֵּינוּ אַל יְהִי רָזוֹן · אֲיֻמָּה אֲשֶׁר
הִסַּעְתָּ כַּצֹּאן · אָנָּא תָּפֵק לָהּ רָצוֹן · בְּטַל :

שָׁאַתָּה הוּא יְיָ אֱלֹהֵינוּ מַשִּׁיב הָרוּחַ וּמוֹרִיד הַטָּל :

חזן לִבְרָכָה וְלֹא לִקְלָלָה : קהל אָמֵן ·

חזן לְחַיִּים וְלֹא לְמָוֶת : קהל אָמֵן ·

חזן לְשֹׂבַע וְלֹא לְרָזוֹן : קהל אָמֵן ·

(The Ark is closed.)

מְכַלְכֵּל חַיִּים בְּחֶסֶד · מְחַיֵּה מֵתִים בְּרַחֲמִים רַבִּים · סוֹמֵךְ נוֹפְלִים · וְרוֹפֵא חוֹלִים · וּמַתִּיר אֲסוּרִים · וּמְקַיֵּם אֱמוּנָתוֹ לִישֵׁנֵי עָפָר · מִי כָמוֹךָ בַּעַל גְּבוּרוֹת · וּמִי דוֹמֶה לָּךְ · מֶלֶךְ מֵמִית וּמְחַיֶּה וּמַצְמִיחַ יְשׁוּעָה : וְנֶאֱמָן אַתָּה לְהַחֲיוֹת מֵתִים :

בָּרוּךְ אַתָּה יְיָ מְחַיֵּה הַמֵּתִים :

טל Command the dew to cause a good and perfect year, that the fruit of the earth may be excellent and glorious; *and* the city that is left as a cot, take as a crown in thy hand.

טל Cause the dew to drop upon the blessed land; satisfy with a blessing from the precious things of heaven, to enlighten from the midst of darkness, thy vineyard that adhereth to thee.

טל Cause the dew to sweeten *the fruit* of the mountains, and let thy chosen (Israel) taste thy goodness; deliver from captivity those who supplicate thee; then will we raise our voice to praise thee melodiously.

טל With dew fill our store-houses with plenty; O renew our days as of *old* time; O my beloved, raise our name according to thy estimation; and make us as a garden, well watered with dew.

טל With the dew, bless thou our food, and let there not be a defect among our mighty ones; we beseech thee, to be favourable to a nation thou didst lead as sheep.

שאתה For thou art the Lord our God, who causeth the wind to blow; and the dew to descend.

לברכה For a blessing and not for a curse. Amen.
For life, and not for death. Amen.
For plenty, and not for famine. Amen.

מכלכל *Who* sustaineth the living with beneficence, *and* with great mercy quickeneth the dead; supporteth the fallen, and healeth the sick; and setteth at liberty those who are bound, and wilt accomplish his faith unto those who sleep in the dust. Who is like unto thee, O Lord, of mighty acts? Or who can be compared unto thee, O King! who killeth and restoreth to life, and causeth salvation to spring forth! Thou art also faithful to revive the dead. Blessed art thou, O Lord! who reviveth the dead.

חזן נַעֲרִיצְךָ וְנַקְדִּישְׁךָ כְּסוֹד שִׂיחַ שַׂרְפֵי קֹדֶשׁ · הַמַּקְדִּישִׁים שִׁמְךָ בַּקֹּדֶשׁ · כַּכָּתוּב עַל יַד נְבִיאֶךָ וְקָרָא זֶה אֶל זֶה וְאָמַר :

קהל וחזן קָדוֹשׁ קָדוֹשׁ קָדוֹשׁ יְיָ צְבָאוֹת מְלֹא כָל הָאָרֶץ כְּבוֹדוֹ :

חזן כְּבוֹדוֹ מָלֵא עוֹלָם מְשָׁרְתָיו שׁוֹאֲלִים זֶה לָזֶה אַיֵּה מְקוֹם כְּבוֹדוֹ · לְעֻמָּתָם בָּרוּךְ יֹאמֵרוּ : קהל וחזן בָּרוּךְ כְּבוֹד־יְיָ מִמְּקוֹמוֹ : חזן מִמְּקוֹמוֹ הוּא יִפֶן בְּרַחֲמִים וְיָחוֹן עַם הַמְיַחֲדִים שְׁמוֹ עֶרֶב וָבֹקֶר בְּכָל יוֹם תָּמִיד פַּעֲמַיִם בְּאַהֲבָה שְׁמַע אוֹמְרִים :

קהל וחזן שְׁמַע יִשְׂרָאֵל יְיָ אֱלֹהֵינוּ יְיָ אֶחָד : אֶחָד הוּא אֱלֹהֵינוּ הוּא אָבִינוּ הוּא מַלְכֵּנוּ הוּא מוֹשִׁיעֵנוּ : וְהוּא יַשְׁמִיעֵנוּ בְּרַחֲמָיו שֵׁנִית לְעֵינֵי־כָּל חַי לִהְיוֹת לָכֶם לֵאלֹהִים :

קהל וחזן אֲנִי יְיָ אֱלֹהֵיכֶם : חזן אַדִּיר אַדִּירֵנוּ יְיָ אֲדוֹנֵנוּ · מָה אַדִּיר שִׁמְךָ בְּכָל הָאָרֶץ · וְהָיָה יְיָ לְמֶלֶךְ עַל כָּל הָאָרֶץ בַּיּוֹם הַהוּא יִהְיֶה יְיָ אֶחָד וּשְׁמוֹ אֶחָד · חזן וּבְדִבְרֵי קָדְשְׁךָ כָּתוּב לֵאמֹר :

חזן יִמְלֹךְ יְיָ לְעוֹלָם אֱלֹהַיִךְ צִיּוֹן לְדֹר וָדֹר הַלְלוּיָהּ :

חזן לְדוֹר וָדוֹר נַגִּיד גָּדְלֶךָ וּלְנֵצַח נְצָחִים קְדֻשָּׁתְךָ נַקְדִּישׁ וְשִׁבְחֲךָ אֱלֹהֵינוּ מִפִּינוּ לֹא יָמוּשׁ לְעוֹלָם וָעֶד · כִּי אֵל מֶלֶךְ גָּדוֹל וְקָדוֹשׁ אָתָּה : בָּרוּךְ אַתָּה יְיָ הָאֵל הַקָּדוֹשׁ :

The Reader says, אתה בחרתנו &c., see page 78, till רצה page 80, Then say the following ;—

נעריצך *Reader*. We will reverence thee, and sanctify thee, according to the mystic expression of the holy seraphim, who sanctify thy name in holiness; as it is written by the hand of thy prophet, and one angel (called) unto another, and said.

*Cong. and Read.* Holy, holy, holy, is the Lord of Hosts! the whole earth is full of his glory. His glory filleth the universe, and his ministering angels enquire of each other, where is the place of his glory? whilst they alternately proclaim, blessed!

*Cong. and Read.* Blessed is the glory of the Lord from the place of his residence. From the place of his residence may he regard with mercy, and be gracious to his people, who evening and morning daily proclaim the Unity of his name, by repeating twice *every* day continually with fervent love, and say, hear, &c.

שמע *Cong. and Read.* Hear, O Israel, the Lord *is* our God, the Lord *is* ONE. Our God *is* a Unity; he is our Father, our King, and our Saviour; and through his infinite mercy will cause us to hear the second time in the sight of all living, *the expression*, "to be your God."

*Cong. and Read.* I am the Lord your God.

אדיר אדירנו *Read.* Our Lord, and most mighty God; how excellent is thy name in all the earth! and the Eternal shall be king over all the earth; in that day the Lord alone shall be acknowledged, and his name, *shall also be* one.

ובדברי קדשך *Read.* And in thy holy word, it is written, saying, the Lord shall reign for ever; thy God, O Zion! unto all generations. Hallelujah!

לדור *Reader.* Throughout all generations will we declare thy greatness; and for ever, and to all eternity, will we sanctify thy holiness; and thy praise, O our God! shall never depart from our mouth, for thou art an Omnipotent King! great and holy. Blessed art thou, O Lord! holy God.

רְצֵה יְיָ אֱלֹהֵינוּ בְּעַמְּךָ יִשְׂרָאֵל וּבִתְפִלָּתָם · וְהָשֵׁב אֶת הָעֲבוֹדָה לִדְבִיר בֵּיתֶךָ · וְאִשֵּׁי יִשְׂרָאֵל וּתְפִלָּתָם · בְּאַהֲבָה תְקַבֵּל בְּרָצוֹן · וּתְהִי לְרָצוֹן תָּמִיד · עֲבוֹדַת יִשְׂרָאֵל עַמֶּךָ :

וְתֶעֱרַב לְפָנֶיךָ עֲתִירָתֵנוּ כְּעוֹלָה וּכְקָרְבָּן · אָנָּא רַחוּם · בְּרַחֲמֶיךָ הָרַבִּים הָשֵׁב שְׁכִינָתְךָ לְצִיּוֹן עִירֶךָ · וְסֵדֶר הָעֲבוֹדָה לִירוּשָׁלָיִם : וְתֶחֱזֶינָה עֵינֵינוּ בְּשׁוּבְךָ לְצִיּוֹן בְּרַחֲמִים · וְשָׁם נַעֲבָדְךָ בְּיִרְאָה כִּימֵי עוֹלָם וּכְשָׁנִים קַדְמוֹנִיּוֹת · בָּרוּךְ אַתָּה יְיָ · שֶׁאוֹתְךָ לְבַדְּךָ בְּיִרְאָה נַעֲבוֹד :

Bow and say,

מוֹדִים אֲנַחְנוּ לָךְ · שָׁאַתָּה הוּא יְיָ אֱלֹהֵינוּ וֵאלֹהֵי אֲבוֹתֵינוּ לְעוֹלָם וָעֶד · צוּר חַיֵּינוּ · מָגֵן יִשְׁעֵנוּ אַתָּה הוּא לְדוֹר וָדוֹר · נוֹדֶה לְךָ וּנְסַפֵּר תְּהִלָּתֶךָ · עַל חַיֵּינוּ הַמְּסוּרִים בְּיָדֶךָ · וְעַל נִשְׁמוֹתֵינוּ הַפְּקוּדוֹת לָךְ · וְעַל נִסֶּיךָ שֶׁבְּכָל יוֹם עִמָּנוּ וְעַל נִפְלְאוֹתֶיךָ וְטוֹבוֹתֶיךָ · שֶׁבְּכָל-עֵת עֶרֶב וָבֹקֶר וְצָהֳרָיִם · הַטּוֹב כִּי לֹא כָלוּ רַחֲמֶיךָ · וְהַמְרַחֵם כִּי לֹא-תַמּוּ חֲסָדֶיךָ · מֵעוֹלָם קִוִּינוּ לָךְ :

מודים דרבנן :

מוֹדִים אֲנַחְנוּ לָךְ שָׁאַתָּה הוּא יְיָ אֱלֹהֵינוּ וֵאלֹהֵי אֲבוֹתֵינוּ · אֱלֹהֵי כָל בָּשָׂר · יוֹצְרֵנוּ יוֹצֵר בְּרֵאשִׁית בְּרָכוֹת וְהוֹדָאוֹת לְשִׁמְךָ הַגָּדוֹל וְהַקָּדוֹשׁ · עַל שֶׁהֶחֱיִיתָנוּ וְקִיַּמְתָּנוּ כֵּן תְּחַיֵּינוּ וּתְקַיְּמֵנוּ · וְתֶאֱסוֹף גָּלֻיּוֹתֵינוּ לְחַצְרוֹת קָדְשֶׁךָ · לִשְׁמוֹר חֻקֶּיךָ וְלַעֲשׂוֹת רְצוֹנֶךָ · וּלְעָבְדְךָ בְּלֵבָב שָׁלֵם · עַל שֶׁאָנוּ מוֹדִים לָךְ · בָּרוּךְ אֵל הַהוֹדָאוֹת :

וְעַל-כֻּלָּם יִתְבָּרַךְ וְיִתְרוֹמַם שִׁמְךָ מַלְכֵּנוּ תָּמִיד לְעוֹלָם וָעֶד :

## ADDITIONAL SERVICE.

רְצֵה O Lord, our God! let thy people Israel, and their prayers be acceptable to thee. Restore the service to the oracle of thine house; so that the burnt-offerings of Israel, and their prayers, may be speedily accepted by thee with love and favour; and the worship of thy people Israel be ever pleasing unto thee.

ותערב And may our prayers be pleasant in thy presence, as the burnt-offering and sacrifice; we beseech thee, O thou most merciful, through thine abundant mercy, to cause thy glory to return to Zion, thy city, and the order of the service of offerings to Jerusalem; O that our eyes may behold thy return to Zion with mercy; and there we will serve thee in reverence, as in ancient days, and in former years. Blessed art thou, O Eternal! for thee alone, will we serve with reverence.

מודים We adore thee, for thou art the Lord our God, and the God of our ancestors, for evermore. Thou art the Rock of our life, and the Shield of our salvation; in all generations will we render thanks unto thee, and declare thy praise for our life, which is delivered into thine hand, and for our souls which are deposited with thee, and for thy miracles which we daily experience, and for thy wonders and thy kindness, which are at all times exercised towards us, at morn, noon, and even. Thou art good, for thy compassion never faileth; thou alone art merciful, for thy kindness never ceaseth; we for evermore put our trust in thee.

מודים דרבנן

We adore thee, for thou art the Eternal! thou art our God and the God of our ancestors! the God of all flesh, who formed us, and formed the world in the beginning. Blessings and thanksgivings be ascribed to thy great and holy name, for having preserved us alive, and supported us. Thus we beseech thee to grant us life in future; assemble our captives in the courts of thy sanctuary, that we may observe thy statutes, do thy will, and serve thee with an upright heart. Most praised and blessed God! we adore thee.

ועל כלם And for all these mercies, may thy name, O our King! be continually praised, and highly exalted for ever and ever.

וְכֹל הַחַיִּים יוֹדוּךָ סֶּלָה וִיהַלְלוּ אֶת שִׁמְךָ בֶּאֱמֶת הָאֵל יְשׁוּעָתֵנוּ וְעֶזְרָתֵנוּ סֶלָה׃ בָּרוּךְ אַתָּה יְיָ׃ הַטּוֹב שִׁמְךָ וּלְךָ נָאֶה לְהוֹדוֹת :

אֱלֹהֵינוּ וֵאלֹהֵי אֲבוֹתֵינוּ בָּרְכֵנוּ בַּבְּרָכָה׃ הַמְשֻׁלֶּשֶׁת בַּתּוֹרָה׃ הַכְּתוּבָה עַל יְדֵי מֹשֶׁה עַבְדֶּךָ׃ הָאֲמוּרָה מִפִּי אַהֲרֹן וּבָנָיו (כֹּהֲנִים) עַם קְדוֹשֶׁיךָ כָּאָמוּר :

On Sabbath when the "Blessing of the Cohanim" is omitted, say the following :—

[יְבָרֶכְךָ יְיָ וְיִשְׁמְרֶךָ׃ יָאֵר יְיָ פָּנָיו אֵלֶיךָ וִיחֻנֶּךָּ׃ יִשָּׂא יְיָ פָּנָיו אֵלֶיךָ וְיָשֵׂם לְךָ שָׁלוֹם :]

## ברכת כהנים :

The Cohanim say the following :—

בָּרוּךְ אַתָּה יְיָ אֱלֹהֵינוּ מֶלֶךְ הָעוֹלָם׃ אֲשֶׁר קִדְּשָׁנוּ בִּקְדֻשַּׁת אַהֲרֹן וְצִוָּנוּ לְבָרֵךְ אֶת עַמּוֹ יִשְׂרָאֵל בְּאַהֲבָה :

---

While the Cohanim chaunt the First Word of each verse, the Congregation say the following Verses :—

יְבָרֶכְךָ    יְבָרֶכְךָ יְיָ מִצִּיּוֹן׃ עוֹשֵׂה שָׁמַיִם וָאָרֶץ :

יְיָ    יְיָ אֲדוֹנֵנוּ׃ מָה אַדִּיר שִׁמְךָ בְּכָל הָאָרֶץ :

וְיִשְׁמְרֶךָ    שָׁמְרֵנִי אֵל׃ כִּי חָסִיתִי בָךְ :

While the Cohanim chaunt וישמרך the Congregation say רבונו של עולם.

רִבּוֹנוֹ שֶׁל עוֹלָם׃ אֲנִי שֶׁלָּךְ וַחֲלוֹמוֹתַי שֶׁלָּךְ׃ חֲלוֹם חָלַמְתִּי׃ וְאֵינִי יוֹדֵעַ מַה הוּא: יְהִי רָצוֹן מִלְּפָנֶיךָ יְיָ אֱלֹהַי וֵאלֹהֵי אֲבוֹתַי׃ שֶׁיִּהְיוּ כָּל חֲלוֹמוֹתַי עָלַי וְעַל כָּל יִשְׂרָאֵל לְטוֹבָה׃ בֵּין שֶׁחָלַמְתִּי עַל עַצְמִי וּבֵין שֶׁחָלַמְתִּי עַל אֲחֵרִים׃ וּבֵין שֶׁחָלְמוּ אֲחֵרִים עָלַי׃ אִם טוֹבִים אִם חַזְּקֵם וְאַמְּצֵם וְיִתְקַיְּמוּ בִי וּבָהֶם כַּחֲלוֹמוֹתָיו שֶׁל יוֹסֵף הַצַּדִּיק׃ וְאִם צְרִיכִים רְפוּאָה׃ רְפָאֵם כְּחִזְקִיָּהוּ מֶלֶךְ

וכל החיים And all the living shall ever give thanks unto thee, and in truth praise thy name, God of our salvation, and our help for ever. Blessed art thou, O Lord! for goodness is thy name, and unto thee it is proper to give thanks.

אלהינו ואלהי Our God, and the God of our ancestors, bless us with that threefold blessing mentioned in the law, written by the hands of thy servant Moses, and pronounced by Aaron, and his sons, the priests, on thy sanctified people, as expressed.

[יברכך The Lord bless and preserve thee! the Lord let his countenance shine upon thee, and be gracious unto thee! the Lord turn his countenance towards thee, and give thee peace.]

## BLESSING OF THE COHANIM.

ברוך אתה Blessed art thou, O Lord our God, King of the universe, who hast sanctified us with the sanctity of Aaron, and commanded us to bless thy people Israel in love.

---

יברכך MAY HE BLESS THEE. *Cong.* May the Lord who made heaven and earth, bless you from Zion

יי THE LORD. *Cong.* O Lord, our Lord, how excellent is thy name in all the earth.

וישמרך AND PRESERVE THEE. *Cong.* Guard me O God! for I put my trust in thee.

רבונו של עולם Sovereign of the universe! I am thine, and my dreams are thine; I have dreamt a dream, but know not what it portends. May it be acceptable in thy presence, O Lord, my God! and the God of my fathers, that all my dreams concerning myself, and concerning all Israel, may be for good: whether I have dreamt concerning myself, or whether I have dreamt concerning others; or whether others have dreamt concerning me; if they be good, strengthen and fortify them, that they may be accomplished in me, as were the dreams of the righteous Joseph; and if they require cure, heal them, as thou didst Hezekiah, king of Judah, from his sickness— Miriam, the prophetess, from her leprosy—and as Naaman, from his leprosy;—as the bitter waters of Marah, by the hands

יְהוּדָה מֵחָלְיוֹ · וּכְמִרְיָם הַנְּבִיאָה מִצָּרַעְתָּהּ וּכְנַעֲמָן מִצָּרַעְתּוֹ
וּכְמֵי מָרָה עַל יְדֵי משֶׁה רַבֵּינוּ · וּכְמֵי יְרִיחוֹ עַל יְדֵי אֱלִישָׁע ·
וּכְשֵׁם שֶׁהָפַכְתָּ אֶת קִלְלַת בִּלְעָם הָרָשָׁע מִקְּלָלָה לִבְרָכָה כֵּן
תַּהֲפוֹךְ כָּל חֲלוֹמוֹתַי עָלַי וְעַל כָּל יִשְׂרָאֵל לְטוֹבָה וְתִשְׁמְרֵנִי
וְתִרְצֵנִי וּתְחַיֵּנִי : אָמֵן :

יָאֵר אֱלֹהִים יְחָנֵּנוּ וִיבָרְכֵנוּ · יָאֵר פָּנָיו אִתָּנוּ סֶלָה :
יְיָ יְיָ אֵל רַחוּם וְחַנּוּן · אֶרֶךְ אַפַּיִם וְרַב חֶסֶד וֶאֱמֶת :
פָּנָיו פְּנֵה אֵלַי וְחָנֵּנִי · כִּי יָחִיד וְעָנִי אָנִי
אֵלֶיךָ אֵלֶיךָ יְיָ נַפְשִׁי אֶשָּׂא :
וִיחֻנֶּךָּ הִנֵּה כְעֵינֵי עֲבָדִים אֶל יַד אֲדוֹנֵיהֶם כְּעֵינֵי שִׁפְחָה אֶל
יַד גְּבִרְתָּהּ כֵּן עֵינֵינוּ אֶל יְיָ אֱלֹהֵינוּ עַד שֶׁיְּחָנֵּנוּ :

(The Congregation then say רבונו של עולם.)

יִשָּׂא יִשָּׂא בְרָכָה מֵאֵת יְיָ · וּצְדָקָה מֵאֱלֹהֵי יִשְׁעוֹ · וּמְצָא
חֵן וְשֵׂכֶל טוֹב בְּעֵינֵי אֱלֹהִים וְאָדָם :
יְיָ יְיָ חָנֵּנוּ לְךָ קִוִּינוּ · הֱיֵה זְרוֹעָם לַבְּקָרִים · אַף
יְשׁוּעָתֵנוּ בְּעֵת צָרָה :
פָּנָיו יְיָ אַל תַּסְתֵּר פָּנֶיךָ מִמֶּנִּי · בְּיוֹם צַר לִי הַטֵּה אֵלַי
אָזְנֶךָ :
אֵלֶיךָ אֵלֶיךָ נָשָׂאתִי אֶת עֵינַי הַיּשְׁבִי בַּשָּׁמָיִם :
וְיָשֵׂם וְשָׂמוּ אֶת שְׁמִי עַל בְּנֵי יִשְׂרָאֵל וַאֲנִי אֲבָרְכֵם :
לְךָ לְךָ יְיָ הַגְּדֻלָּה וְהַגְּבוּרָה וְהַתִּפְאֶרֶת וְהַנֵּצַח וְהַהוֹד ·
כִּי כֹל בַּשָּׁמַיִם וּבָאָרֶץ לְךָ יְיָ הַמַּמְלָכָה וְהַמִּתְנַשֵּׂא
לְכֹל לְרֹאשׁ :
שָׁלוֹם שָׁלוֹם לָרָחוֹק וְלַקָּרוֹב אָמַר יְיָ וּרְפָאתִיו :

While the Cohanim chaunt שלום the Congregation say from יהי רצון to אמן סלה.

of our legislator Moses—and those of Jericho, by the hands of Elisha. And as thou wast pleased to turn the curse of Balaam, the son of Beor, to a blessing, be pleased to convert all my dreams concerning me, and all Israel, to a good end. O guard me, let me be acceptable to thee, and grant me life. Amen.

יאר MAKE SHINE. *Cong.* May God be gracious unto us, and bless us, and cause his face to shine upon us for ever.

יי THE LORD. *Cong.* The Lord, the Lord God! merciful and gracious; long-suffering, and abundant in beneficence and truth.

פניו HIS FACE. *Cong.* Turn thou unto me, and be gracious unto me, for I am solitary and afflicted.

אליך UNTO THEE. *Cong.* Unto thee, O Lord! do I lift up my soul.

ויחנך AND BE GRACIOUS UNTO THEE. *Cong.* Behold, as the eyes of servants look unto the hand of their masters; and the eyes of a maiden unto the hand of her mistress; so our eyes wait upon the Lord our God, until he be gracious unto us. (Say רבונו של עולם).

ישא MAY HE LIFT UP. *Cong.* He shall receive a blessing from the Lord, and righteousness from the God of his salvation; and find grace and good understanding in the sight of God and man.

יי THE LORD. *Cong.* O Lord, have mercy on us; we have trusted in thee; be thou our strength every morning; even our salvation in time of distress.

פניו HIS FACE. *Cong.* O Lord! hide not thy face from me; in the day of my trouble, incline thine ear unto me.

אליך UNTO THEE. *Cong.* Unto thee do I lift up mine eyes, O thou who dwellest in heaven.

וישם AND GIVE. *Cong.* And they shall put my name upon the children of Israel, and I will bless them.

לך THEE. *Cong.* Thine, O Lord! is the greatness, power, glory, victory, and majesty; for all that is in the heaven and in the earth, is thine; thine is the kingdom, O Lord, and thou art exalted as Supreme above all.

שלום PEACE. *Cong.* Peace to him that is afar off, and to him that is near, saith the Lord; and I will heal him.

יְהִי רָצוֹן מִלְּפָנֶיךָ יְיָ אֱלֹהַי וֵאלֹהֵי אֲבוֹתַי · שֶׁתַּעֲשֶׂה לְמַעַן קְדֻשַּׁת חֲסָדֶיךָ וְגוֹדֶל רַחֲמֶיךָ הַפְּשׁוּטִים וּלְמַעַן טָהֳרַת שִׁמְךָ הַגָּדוֹל הַגִּבּוֹר וְהַנּוֹרָא בֶּן עֶשְׂרִים וּשְׁתַּיִם אוֹתִיּוֹת הַיּוֹצֵא מִפְּסוּקִים שֶׁל בִּרְכַּת כֹּהֲנִים · (ויהרהר השמות אלו במחשבתו · ואל יוציאם בפיו) אנקת״ם פסת״ם פספסי״ם דיונסי״ם הָאֲמוּרָה מִפִּי אַהֲרֹן וּבָנָיו עַם קְדוֹשֶׁיךָ שֶׁתִּהְיֶה קָרוֹב לִי בְּקָרְאִי לָךְ וְתִשְׁמַע תְּפִלָּתִי וְנַאֲקָתִי תָּמִיד כְּשֵׁם שֶׁשָּׁמַעְתָּ אֶנְקַת יַעֲקֹב תְּמִימְךָ הַנִּקְרָא אִישׁ תָּם · וְתִתֶּן לִי וּלְכָל נַפְשׁוֹת בֵּיתִי מְזוֹנוֹתֵינוּ וּפַרְנָסָתֵנוּ בְּרֶוַח וְלֹא בְצִמְצוּם בְּהֶתֵּר וְלֹא בְאִסּוּר בְּנַחַת וְלֹא בְצַעַר מִתַּחַת יָדְךָ הָרְחָבָה כְּשֵׁם שֶׁנָּתַתָּ פִּסַּת לֶחֶם לֶאֱכוֹל וּבֶגֶד לִלְבּוֹשׁ לְיַעֲקֹב אָבִינוּ הַנִּקְרָא אִישׁ תָּם · וְתִתְּנֵנוּ לְאַהֲבָה לְחֵן וּלְחֶסֶד בְּעֵינֶיךָ וּבְעֵינֵי כָל רוֹאֵינוּ · וְיִהְיוּ דְבָרַי נִשְׁמָעִין לַעֲבוֹדָתֶךָ כְּשֵׁם שֶׁנָּתַתָּ אֶת יוֹסֵף צַדִּיקֶךָ בְּשָׁעָה שֶׁהִלְבִּישׁוֹ אָבִיו כְּתֹנֶת פַּסִּים לְחֵן וּלְחֶסֶד וּלְרַחֲמִים בְּעֵינֶיךָ וּבְעֵינֵי כָל רוֹאָיו · וְתַעֲשֶׂה עִמִּי נִפְלָאוֹת וְנִסִּים וּלְטוֹבָה אוֹת · וְתַצְלִיחֵנִי בִדְרָכַי · וְתֵן בְּלִבִּי בִּינָה לְהָבִין וּלְהַשְׂכִּיל וּלְקַיֵּם אֶת כָּל דִּבְרֵי תַלְמוּד תּוֹרָתֶךָ וְסוֹדוֹתֶיךָ · וְתַצִּילֵנִי מִשְּׁגִיאוֹת וּתְטַהֵר רַעְיוֹנַי וְלִבִּי לַעֲבוֹדָתֶךָ · וְתַאֲרִיךְ יָמַי (וִימֵי אִשְׁתִּי וּבָנַי וּבְנוֹתַי) בְּטוֹב וּבִנְעִימוֹת בְּרוֹב עֹז וְשָׁלוֹם · אָמֵן סֶלָה:

When the Cohanim have finished chaunting שלום the Congregation answer אמן.

אַדִּיר בַּמָּרוֹם שׁוֹכֵן בִּגְבוּרָה · אַתָּה שָׁלוֹם וְשִׁמְךָ שָׁלוֹם · יְהִי רָצוֹן שֶׁתָּשִׂים עָלֵינוּ וְעַל כָּל עַמְּךָ בֵּית יִשְׂרָאֵל · חַיִּים וּבְרָכָה לְמִשְׁמֶרֶת שָׁלוֹם:

שִׂים שָׁלוֹם טוֹבָה וּבְרָכָה חֵן וָחֶסֶד וְרַחֲמִים עָלֵינוּ וְעַל כָּל־יִשְׂרָאֵל עַמֶּךָ · בָּרְכֵנוּ אָבִינוּ כֻּלָּנוּ כְּאֶחָד בְּאוֹר פָּנֶיךָ · כִּי בְאוֹר פָּנֶיךָ נָתַתָּ לָּנוּ יְיָ אֱלֹהֵינוּ · תּוֹרַת חַיִּים וְאַהֲבַת חֶסֶד וּצְדָקָה וּבְרָכָה וְרַחֲמִים וְחַיִּים וְשָׁלוֹם וְטוֹב בְּעֵינֶיךָ לְבָרֵךְ אֶת־עַמְּךָ יִשְׂרָאֵל בְּכָל־עֵת וּבְכָל־שָׁעָה בִּשְׁלוֹמֶךָ: בָּרוּךְ אַתָּה יְיָ הַמְבָרֵךְ אֶת עַמּוֹ יִשְׂרָאֵל בַּשָּׁלוֹם ·

יהי רצון May it be acceptable in thy presence, O Lord, my God! and the God of my fathers, to grant my request for the sake of thy holy kindness, and wide-extended mercy; and for the sake of thy great, mighty, and tremendous name, solemnly pronounced by Aaron, and his sons, on thy sanctified people, that thou wilt be near unto me when I call, hear my prayer and supplication continually, as thou didst hear the prayer of Jacob, who was perfect in belief of thee; and was therefore called the perfect man; and grant food and sustenance for me, and all my household, liberally, and not sparingly, lawfully, and not illegally, in tranquility, and not in trouble, from thy bountiful hand, as thou didst give bread for food, and raiment for clothing to our father Jacob, who was called the perfect man; and grant us love, grace, and mercy in thy sight, and in the sight of all those that behold us; and may my words be obedient to thy service; as thou didst appoint the righteous Joseph, when his father invested him with the coat of many colours, to grace, favour, and mercy, in thy sight, and in the sight of all those who behold him; and perform wonders and miracles for me, for a good sign, and prosper all my ways, and give me a heart to understand, fully comprehend, and perform all the words and mysteries of thy law, and deliver from errors, and purify the imaginations of my heart, and lengthen my days, and those of my wife and children, that we may enjoy goodness and pleasantness, and abundant strength and peace. Amen. Selah.

אדיר במרום O thou who art mighty in the highest heavens, and dwellest in power: thou art peace and thy name is peace, mayest thou be pleased to grant peace, unto us, and all thy people the house of Israel, with life, blessing, and the preservation of peace.

שים שלום O grant peace, happiness, and blessing, grace, favour, and mercy, unto us, and all thy people Israel; bless us, even all of us together, O our Father! with the light of thy countenance; for by the light of thy countenance hast thou given us, O Lord, our God! the law of life, benevolent love, righteousness, blessing, mercy, life, and peace, and may it please thee to bless thy people Israel at all times with thy peace. Blessed art thou, O Lord! who blesseth his people Israel with peace.

וְעַתָּה יִגְדַּל נָא כֹּחַ אֲדֹנָי כַּאֲשֶׁר דִּבַּרְתָּ לֵאמֹר׃ זְכֹר רַחֲמֶיךָ יְיָ וַחֲסָדֶיךָ כִּי מֵעוֹלָם הֵמָּה:

יִתְגַּדַּל וְיִתְקַדַּשׁ שְׁמֵהּ רַבָּא׃ בְּעָלְמָא דִּי־בְרָא כִרְעוּתֵהּ וְיַמְלִיךְ מַלְכוּתֵהּ׃ בְּחַיֵּיכוֹן וּבְיוֹמֵיכוֹן וּבְחַיֵּי דְכָל בֵּית יִשְׂרָאֵל׃ בַּעֲגָלָא וּבִזְמַן קָרִיב וְאִמְרוּ אָמֵן:

קהל אָמֵן יְהֵא שְׁמֵהּ רַבָּא מְבָרַךְ לְעָלַם וּלְעָלְמֵי עָלְמַיָּא: יִתְבָּרַךְ שְׁמוֹ וְיִתְעַלֶּה זִכְרוֹ לָעַד וּלְנֵצַח נְצָחִים:

יִתְבָּרַךְ וְיִשְׁתַּבַּח וְיִתְפָּאַר וְיִתְרוֹמַם וְיִתְנַשֵּׂא וְיִתְהַדָּר וְיִתְעַלֶּה וְיִתְהַלָּל שְׁמֵהּ דְּקוּדְשָׁא בְּרִיךְ הוּא׃ לְעֵילָא מִן כָּל בִּרְכָתָא וְשִׁירָתָא׃ תֻּשְׁבְּחָתָא וְנֶחָמָתָא׃ דַּאֲמִירָן בְּעָלְמָא וְאִמְרוּ אָמֵן:

קהל קַבֵּל בְּרַחֲמִים וּבְרָצוֹן אֶת תְּפִלָּתֵנוּ:

תִּתְקַבַּל צְלוֹתְהוֹן וּבָעוּתְהוֹן דְּכָל בֵּית יִשְׂרָאֵל קֳדָם אֲבוּהוֹן דִּי בִשְׁמַיָּא וְאִמְרוּ אָמֵן:

קהל יְהִי שֵׁם יְיָ מְבֹרָךְ מֵעַתָּה וְעַד עוֹלָם:

יְהֵא שְׁלָמָא רַבָּא מִן־שְׁמַיָּא וְחַיִּים עָלֵינוּ וְעַל־כָּל־יִשְׂרָאֵל וְאִמְרוּ אָמֵן:

קהל עֶזְרִי מֵעִם יְיָ עֹשֵׂה שָׁמַיִם וָאָרֶץ:

עֹשֶׂה שָׁלוֹם בִּמְרוֹמָיו׃ הוּא יַעֲשֶׂה שָׁלוֹם׃ עָלֵינוּ וְעַל כָּל יִשְׂרָאֵל׃ וְאִמְרוּ אָמֵן:

אֵין כֵּאלֹהֵינוּ׃ אֵין כַּאדוֹנֵינוּ׃ אֵין כְּמַלְכֵּנוּ׃ אֵין כְּמוֹשִׁיעֵנוּ: מִי כֵאלֹהֵינוּ: מִי כַאדוֹנֵינוּ׃ מִי כְמַלְכֵּנוּ׃ מִי כְמוֹשִׁיעֵנוּ: נוֹדֶה לֵאלֹהֵינוּ׃ נוֹדֶה לַאדוֹנֵינוּ׃ נוֹדֶה לְמַלְכֵּנוּ׃ נוֹדֶה לְמוֹשִׁיעֵנוּ: בָּרוּךְ אֱלֹהֵינוּ׃ בָּרוּךְ אֲדוֹנֵינוּ׃ בָּרוּךְ מַלְכֵּנוּ׃ בָּרוּךְ מוֹשִׁיעֵנוּ: אַתָּה הוּא אֱלֹהֵינוּ׃ אַתָּה הוּא אֲדוֹנֵינוּ׃ אַתָּה הוּא מַלְכֵּנוּ׃ אַתָּה הוּא מוֹשִׁיעֵנוּ: אַתָּה הוּא שֶׁהִקְטִירוּ אֲבוֹתֵינוּ לְפָנֶיךָ אֶת קְטֹרֶת הַסַּמִּים:

ADDITIONAL SERVICE.

ועתה O may the mighty power of the Lord be now magnified, as thou hast declared, saying, O Lord! remember thy tender mercies, and thy loving kindness, for they have been of old.

יתגדל May his great name be exalted, and sanctified throughout the world, which he hath created according to his will. May he establish his kingdom in our life-time, and in our days, and in the life-time of the whole house of Israel; speedily, and in a short time; and say ye, Amen.

אמן Amen. May his great name be praised, and glorified for ever and ever. Be his name and his memorial blessed always, and for ever.

יתברך May his hallowed name be praised, glorified, exalted, magnified, honoured, and most excellently adored: blessed is he, far exceeding all blessings, hymns, praises and beatitudes, that are repeated throughout the world; and say ye, Amen.

קבל *Cong.* May our prayers be accepted with mercy and kindness.

תתקבל May the prayers and supplications of the whole house of Israel, be accepted in the presence of their Father, who is in heaven; and say ye, Amen.

יהי שם *Cong.* Blessed be the name of the Lord, from henceforth and for evermore.

יהא שלמא May the fulness of peace from heaven, *with* life, be *granted* unto us, and all Israel; and say ye, Amen.

עזרי *Cong.* My help *is* from the Lord, who made heaven and earth.

עשה שלום May he who maketh peace in his high heavens, bestow peace on us, and all Israel; and say ye, Amen.

אין כאלהינו *There is* none like our God; *there is* none like our Lord; *there is* none like our King! *there is* none like our Saviour. Who *is* like our God? Who *is* like our Lord? Who *is* like our King? Who *is* like our Saviour? We will give thanks unto our God; we will give thanks unto our Lord; we will give thanks unto our King; we will give thanks unto our Saviour. Blessed *be* our God; blessed *be* our Lord: blessed *be* our King; blessed *be* our Saviour. Thou art our God! Thou art our Lord! Thou art our King! Thou art our Saviour! Thou art he before whom our ancestors burnt incense.

פִּטּוּם הַקְּטוֹרֶת · הַצֳּרִי · וְהַצִּפֹּרֶן · וְהַחֶלְבְּנָה · וְהַלְּבוֹנָה מִשְׁקַל שִׁבְעִים שִׁבְעִים מָנֶה : מוֹר וּקְצִיעָה · שִׁבֹּלֶת נֵרְדְּ · וְכַרְכֹּם · מִשְׁקַל שִׁשָּׁה עָשָׂר שִׁשָּׁה עָשָׂר מָנֶה : הַקּוֹשְׁטְ שְׁנֵים עָשָׂר · וְקִלּוּפָה שְׁלֹשָׁה · וְקִנָּמוֹן תִּשְׁעָה · בּוֹרִית כַּרְשִׁינָה תִּשְׁעָה קַבִּין : יֵין קַפְרִיסִין · סְאִין תְּלָתָא · וְקַבִּין תְּלָתָא · וְאִם אֵין לוֹ יֵין קַפְרִיסִין מֵבִיא חֲמַר חִוַּרְיָן עַתִּיק : מֶלַח סְדוֹמִית רוֹבַע הַקָּב · מַעֲלֶה עָשָׁן כָּל שֶׁהוּא : רַבִּי נָתָן אוֹמֵר · אַף כִּפַּת הַיַּרְדֵּן כָּל שֶׁהוּא · וְאִם נָתַן בָּהּ דְּבַשׁ · פְּסָלָהּ : אִם חִסֵּר אַחַת מִכָּל סַמָּנֶיהָ · חַיָּב מִיתָה : רַבָּן שִׁמְעוֹן בֶּן גַּמְלִיאֵל אוֹמֵר · הַצֳּרִי אֵינוֹ אֶלָּא שְׂרָף · הַנּוֹטֵף מֵעֲצֵי הַקְּטָף : בּוֹרִית כַּרְשִׁינָה שֶׁשָּׁפִין בָּהּ אֶת הַצִּפּוֹרֶן · כְּדֵי שֶׁתְּהֵא נָאָה : יֵין קַפְרִיסִין שֶׁשּׁוֹרִין בּוֹ אֶת הַצִּפּוֹרֶן · כְּדֵי שֶׁתְּהֵא עַזָּה : וַהֲלֹא מֵי רַגְלַיִם יָפִין לָהּ · אֶלָּא שֶׁאֵין מַכְנִיסִין מֵי רַגְלַיִם בָּעֲזָרָה · מִפְּנֵי הַכָּבוֹד :

הַשִּׁיר שֶׁהַלְוִיִּם הָיוּ אוֹמְרִים בְּבֵית הַמִּקְדָּשׁ : בַּיּוֹם הָרִאשׁוֹן הָיוּ אוֹמְרִים · לַיְיָ הָאָרֶץ וּמְלוֹאָהּ · תֵּבֵל וְיֹשְׁבֵי בָהּ : בַּשֵּׁנִי הָיוּ אוֹמְרִים · גָּדוֹל יְיָ וּמְהֻלָּל מְאֹד · בְּעִיר אֱלֹהֵינוּ הַר קָדְשׁוֹ : בַּשְּׁלִישִׁי הָיוּ אוֹמְרִים · אֱלֹהִים נִצָּב בַּעֲדַת אֵל · בְּקֶרֶב אֱלֹהִים יִשְׁפֹּט : בָּרְבִיעִי הָיוּ אוֹמְרִים · אֵל נְקָמוֹת יְיָ · אֵל נְקָמוֹת הוֹפִיעַ : בַּחֲמִישִׁי הָיוּ אוֹמְרִים · הַרְנִינוּ לֵאלֹהִים עוּזֵּנוּ · הָרִיעוּ לֵאלֹהֵי יַעֲקֹב : בַּשִּׁשִּׁי הָיוּ אוֹמְרִים · יְיָ מָלָךְ · גֵּאוּת לָבֵשׁ לָבֵשׁ יְיָ עֹז הִתְאַזָּר · אַף תִּכּוֹן תֵּבֵל בַּל תִּמּוֹט : בַּשַּׁבָּת הָיוּ אוֹמְרִים · מִזְמוֹר שִׁיר לְיוֹם הַשַּׁבָּת : מִזְמוֹר שִׁיר לֶעָתִיד לָבֹא · לְיוֹם שֶׁכֻּלּוֹ שַׁבָּת · וּמְנוּחָה לְחַיֵּי הָעוֹלָמִים :

פטום הקטורת. The mixture of the perfume of incense, was composed of balm, onycha, galbanum, frankincense, of each an equal weight, *viz.* seventy manehs; myrrh, cassia, spikenard, and saffron, of each an equal weight, sixteen manehs; costus twelve *manehs;* the rind of an odoriferous tree, three *manehs;* cinnamon, nine *manehs;* soap of Carsina, nine kabs; wine of capers, (or קפריסין) three seahs, and three kabs; and if caper wine could not be had, strong white wine was substituted for it; salt of Sodom, the fourth part of a kab; and of an herb called (מעלה עשן) a small quantity. Rabbi Nathan saith, also a small quantity of the amber of Jordan. If honey was mixed with it, it was profane; and if it was deficient in any one of its ingredients, he was accounted worthy of death. Rabban Simeon, the son of Gamliel, saith, that the balm issues from an incision in the tree, *called balsamum*. The soap of Carsina was to refine the oyncha, (or cloves) that it might have a handsome appearance; the wine of capers was brought to soak the cloves, (or oyncha) therein, that it might become hard; and though מי רגלים was proper for the purpose, *yet was it not used*, because it was not decent to bring it into the temple.

השיר שהלוים *The following is* the song which the Levites used to say *daily* in the temple. On the first day of *the week* they said, "the earth and the fulness thereof, are the Lord's; the world, and they that dwell therein." On the second, they said, "great is the Lord, and exceedingly praised in the city of our God, in the mountain of his holiness." On the third, they said, "God standeth in the congregation of the mighty; he judgeth among the judges." On the fourth they said, "O Lord God! to whom vengeance belongeth; O God! to whom vengeance belongeth, shine forth." On the fifth, they said, "sing aloud unto the God of our strength! and shout unto the God of Jacob." On the sixth, they said, "the Lord reigneth, clothed with majesty; with strength hath the Lord clothed and girt himself; he hath also fixed the unalterable order of the universe." On the sabbath, they said, "a psalm or song for the sabbath day." A psalm or song for futurity; for the day that is wholly sabbatical, and a life of everlasting rest.

אמר רבי אלעזר Rabbi Eliezer, and Rabbi Chanina, say, that the wise men promote peace in the world, as it is said, " and all thy children *shall* be taught of the Lord; and great

אָמַר רַבִּי אֶלְעָזָר אָמַר רַבִּי חֲנִינָא · תַּלְמִידֵי חֲכָמִים מַרְבִּים שָׁלוֹם בָּעוֹלָם: שֶׁנֶּאֱמַר וְכָל בָּנַיִךְ לִמּוּדֵי יְיָ · וְרַב שְׁלוֹם בָּנָיִךְ · אַל תִּקְרָא בָּנָיִךְ אֶלָּא בּוֹנָיִךְ: שָׁלוֹם רָב לְאֹהֲבֵי תוֹרָתֶךָ · וְאֵין לָמוֹ מִכְשׁוֹל: יְהִי שָׁלוֹם בְּחֵילֵךְ · שַׁלְוָה בְּאַרְמְנוֹתָיִךְ: לְמַעַן אַחַי וְרֵעָי · אֲדַבְּרָה נָּא שָׁלוֹם בָּךְ: לְמַעַן בֵּית יְיָ אֱלֹהֵינוּ · אֲבַקְשָׁה טוֹב לָךְ: יְיָ עֹז לְעַמּוֹ יִתֵּן · יְיָ יְבָרֵךְ אֶת עַמּוֹ בַשָּׁלוֹם:

עָלֵינוּ לְשַׁבֵּחַ לַאֲדוֹן הַכֹּל לָתֵת גְּדֻלָּה לְיוֹצֵר בְּרֵאשִׁית · שֶׁלֹּא עָשָׂנוּ כְּגוֹיֵי הָאֲרָצוֹת · וְלֹא שָׂמָנוּ כְּמִשְׁפְּחוֹת הָאֲדָמָה · שֶׁלֹּא שָׂם חֶלְקֵנוּ כָּהֶם · וְגוֹרָלֵנוּ כְּכָל הֲמוֹנָם: וַאֲנַחְנוּ כּוֹרְעִים וּמִשְׁתַּחֲוִים וּמוֹדִים לִפְנֵי מֶלֶךְ מַלְכֵי הַמְּלָכִים הַקָּדוֹשׁ בָּרוּךְ הוּא שֶׁהוּא נוֹטֶה שָׁמַיִם · וְיוֹסֵד אָרֶץ · וּמוֹשַׁב יְקָרוֹ בַּשָּׁמַיִם מִמַּעַל · וּשְׁכִינַת עֻזּוֹ בְּגָבְהֵי מְרוֹמִים: הוּא אֱלֹהֵינוּ אֵין עוֹד (אַחֵר) אֱמֶת מַלְכֵּנוּ · אֶפֶס זוּלָתוֹ · כַּכָּתוּב בְּתוֹרָתוֹ וְיָדַעְתָּ הַיּוֹם וַהֲשֵׁבֹתָ אֶל־לְבָבֶךָ · כִּי יְיָ הוּא הָאֱלֹהִים בַּשָּׁמַיִם מִמַּעַל וְעַל הָאָרֶץ מִתָּחַת אֵין עוֹד:

עַל כֵּן נְקַוֶּה לְךָ יְיָ אֱלֹהֵינוּ · לִרְאוֹת מְהֵרָה בְּתִפְאֶרֶת עֻזֶּךָ · לְהַעֲבִיר גִּלּוּלִים מִן הָאָרֶץ · וְהָאֱלִילִים כָּרוֹת יִכָּרֵתוּן · לְתַקֵּן עוֹלָם בְּמַלְכוּת שַׁדַּי · וְכָל בְּנֵי בָשָׂר יִקְרְאוּ בִשְׁמֶךָ · לְהַפְנוֹת אֵלֶיךָ כָּל־רִשְׁעֵי אָרֶץ יַכִּירוּ וְיֵדְעוּ כָּל־יוֹשְׁבֵי תֵבֵל · כִּי לְךָ תִּכְרַע כָּל־בֶּרֶךְ · תִּשָּׁבַע כָּל־לָשׁוֹן: לְפָנֶיךָ יְיָ אֱלֹהֵינוּ יִכְרְעוּ וְיִפֹּלוּ · וְלִכְבוֹד שִׁמְךָ יְקָר יִתֵּנוּ · וִיקַבְּלוּ כֻלָּם אֶת עוֹל מַלְכוּתֶךָ · וְתִמְלוֹךְ עֲלֵיהֶם מְהֵרָה לְעוֹלָם וָעֶד · כִּי הַמַּלְכוּת שֶׁלְּךָ הִיא · וּלְעוֹלְמֵי עַד תִּמְלוֹךְ בְּכָבוֹד · כַּכָּתוּב בְּתוֹרָתֶךָ יְיָ יִמְלֹךְ לְעוֹלָם וָעֶד: וְנֶאֱמַר וְהָיָה יְיָ לְמֶלֶךְ עַל־כָּל־הָאָרֶץ בַּיּוֹם הַהוּא יִהְיֶה יְיָ אֶחָד וּשְׁמוֹ אֶחָד:

Then קדיש יתום is said.

*shall* be the peace of thy children." Read not בָּנַיִךְ thy children but בּוֹנַיִךְ thy builders. May there be peace within thy walls, and prosperity within thy palaces. For the sake of my brethren and friends, I will now say, peace *be* within thee. For the sake of the house of the Lord, our God, will I seek thy good. The Lord will give strength unto his people; the Lord will bless his people with peace.

עלינו לשבח It is peculiarly our duty to praise the Lord of all; to ascribe greatness to him who formed the world in the beginning; since he hath not made us like the nations of the different countries, nor placed us like the families of the earth; neither hath he appointed our portion like their's nor our lot like their multitude. But we bend the knee, prostrate ourselves and worship the supreme King of kings; the most Holy and blessed is He, who stretched out the heavens, and laid the foundation of the earth; the residence of whose glory is in the heavens above, and the Divine Majesty of his power in the highest heavens. He is our God, and there is no other. Our King is TRUTH, and there is none besides him; as it is written in thy law, know, therefore, this day, and reflect in thine heart, that the Lord he is God, in heaven above, and on the earth beneath; there is none else.

על כן נקוה לך We, therefore, hope in thee, O Lord, our God! speedily to behold thy glorious power, remove the abominations out of the earth, and cause all the idols to be utterly destroyed, and establish the universe under the sole dominion of the Almighty; so that all flesh may invoke thy name; all the wicked of the earth turn unto thee; and all the inhabitants of the world together know and acknowledge, that unto thee every knee must bow, and every tongue swear; before thee, O Lord, our God! they shall kneel and fall prostrate; they shall ascribe honour to thy glorious name; and all of them shall willingly submit to the power of thy dominion. Deign thou, therefore, to reign over them speedily for ever and ever; for the kingdom is thine, and thou shalt eternally reign in glory; as it is written in thy law, the Lord shall reign for ever and ever.

ונאמר It is also said, that the Eternal shall be King over all the earth; in that day the Lord alone shall be acknowledged a unity and his name be unity.

**After the Service, say the following.**

יְהִי יְיָ אֱלֹהֵינוּ עִמָּנוּ כַּאֲשֶׁר הָיָה עִם־אֲבוֹתֵינוּ אַל־יַעַזְבֵנוּ וְאַל יִטְּשֵׁנוּ: לְהַטּוֹת לְבָבֵנוּ אֵלָיו לָלֶכֶת בְּכָל־דְּרָכָיו וְלִשְׁמוֹר מִצְוֹתָיו וְחֻקָּיו וּמִשְׁפָּטָיו אֲשֶׁר צִוָּה אֶת־אֲבוֹתֵינוּ: וְיִהְיוּ דְבָרַי אֵלֶּה אֲשֶׁר הִתְחַנַּנְתִּי לִפְנֵי יְיָ קְרֹבִים אֶל־יְיָ אֱלֹהֵינוּ יוֹמָם וָלָיְלָה לַעֲשׂוֹת מִשְׁפַּט עַבְדּוֹ וּמִשְׁפַּט עַמּוֹ יִשְׂרָאֵל דְּבַר־יוֹם בְּיוֹמוֹ: לְמַעַן דַּעַת כָּל־עַמֵּי הָאָרֶץ כִּי יְיָ הוּא הָאֱלֹהִים אֵין עוֹד: יְיָ נְחֵנִי בְצִדְקָתֶךָ לְמַעַן שׁוֹרְרָי הַיְשַׁר לְפָנַי דַּרְכֶּךָ: וַאֲנִי בְּתֻמִּי אֵלֵךְ פְּדֵנִי וְחָנֵּנִי: פְּנֵה אֵלַי וְחָנֵּנִי כִּי־יָחִיד וְעָנִי אָנִי: רַגְלִי עָמְדָה בְמִישׁוֹר בְּמַקְהֵלִים אֲבָרֵךְ יְיָ: יְיָ שֹׁמְרִי יְיָ צִלִּי עַל־יַד יְמִינִי: עֶזְרִי מֵעִם יְיָ עֹשֵׂה שָׁמַיִם וָאָרֶץ: יְיָ יִשְׁמָר־צֵאתִי וּבוֹאִי לְחַיִּים וּלְשָׁלוֹם מֵעַתָּה וְעַד־עוֹלָם: הַשְׁקִיפָה מִמְּעוֹן קָדְשְׁךָ מִן־הַשָּׁמַיִם וּבָרֵךְ אֶת־עַמְּךָ אֶת־יִשְׂרָאֵל וְאֵת הָאֲדָמָה אֲשֶׁר נָתַתָּה לָנוּ כַּאֲשֶׁר נִשְׁבַּעְתָּ לַאֲבוֹתֵינוּ אֶרֶץ זָבַת חָלָב וּדְבָשׁ: אַל הַכָּבוֹד אֶתֵּן לְךָ שִׁיר וְהַלֵּל: וְאֶעֱבָד־לְךָ יוֹם וָלֵיל: בָּרוּךְ יָחִיד וּמְיוּחָד הָיָה הֹוֶה וְיִהְיֶה: יְיָ אֱלֹהִים אֱלֹהֵי יִשְׂרָאֵל מֶלֶךְ מַלְכֵי הַמְּלָכִים הַקָּדוֹשׁ בָּרוּךְ הוּא: הוּא אֱלֹהִים חַיִּים מֶלֶךְ חַי וְקַיָּם לָעַד וּלְעוֹלְמֵי עַד: בָּרוּךְ שֵׁם כְּבוֹד מַלְכוּתוֹ לְעוֹלָם וָעֶד: לִישׁוּעָתְךָ קִוִּיתִי יְיָ: כִּי כָל הָעַמִּים יֵלְכוּ אִישׁ בְּשֵׁם אֱלֹהָיו וַאֲנִי אֵלֵךְ בְּשֵׁם יְיָ אֱלֹהִים חַיִּים וּמֶלֶךְ עוֹלָם: עֶזְרִי מֵעִם יְיָ עֹשֵׂה שָׁמַיִם וָאָרֶץ: יְיָ יִמְלֹךְ לְעֹלָם וָעֶד:

סז לַמְנַצֵּחַ בִּנְגִינוֹת מִזְמוֹר שִׁיר: אֱלֹהִים יְחָנֵּנוּ וִיבָרְכֵנוּ יָאֵר פָּנָיו אִתָּנוּ סֶלָה: לָדַעַת בָּאָרֶץ דַּרְכֶּךָ בְּכָל־גּוֹיִם יְשׁוּעָתֶךָ: יוֹדוּךָ עַמִּים אֱלֹהִים יוֹדוּךָ עַמִּים כֻּלָּם: יִשְׂמְחוּ וִירַנְּנוּ לְאֻמִּים כִּי־תִשְׁפֹּט עַמִּים מִישׁוֹר וּלְאֻמִּים בָּאָרֶץ תַּנְחֵם סֶלָה: יוֹדוּךָ עַמִּים אֱלֹהִים יוֹדוּךָ עַמִּים כֻּלָּם: אֶרֶץ נָתְנָה יְבוּלָהּ יְבָרְכֵנוּ אֱלֹהִים אֱלֹהֵינוּ: יְבָרְכֵנוּ אֱלֹהִים וְיִירְאוּ אוֹתוֹ כָּל־אַפְסֵי־אָרֶץ:

יהי יי אלה׳ינו May the Lord our God be with us, as he was with our ancestors; O may he neither leave nor forsake us. May he incline our hearts towards him; to walk in his ways, and to keep his commandments, statutes, and judgments, which he commanded our fathers. O may these my words, wherewith I have made supplication before the Lord, be nigh unto the Lord our God, day and night, that he maintain the cause of his servant, and the cause of his people Israel in their daily necessities. That all the people of the earth may know, that the Lord is God, and that there is none else. Lead me, O Lord! in righteousness, because of mine enemies; make thy way straight before me; and I will walk in my integrity. O redeem me, and be gracious unto me. Turn unto me, and and be gracious unto me; for I am solitary and afflicted. My feet stand in the straight path; in the assembly will I bless the Lord. The Lord is my guardian; the Lord is my shade; he is on my right hand. My help is from the Lord who made heaven and earth. May the Lord guard my going out, and my coming in, with life and peace, from henceforth, and for evermore. Look down from thy holy habitation, from heaven, and bless thy people Israel, and the land which thou hast given unto us, as thou didst swear unto our fathers, a land flowing with milk and honey. O God of glory! unto thee will I offer song and praise, and will worship thee day and night. Blessed be he to whom unity peculiarly appertaineth: for he was, is, and ever will be—the Lord God! the God of Israel! the supreme King of Kings! Holy and blessed is he! He is the living God, the living and ever-existing King, for ever and evermore. Blessed be the name of his glorious kingdom for ever and ever. In thy salvation do I hope, O Lord! all the people walk every one in the name of his God: but I will walk in the name of the Lord God, the living and eternal King. My help is from the Lord, who made heaven and earth. The Lord shall reign for ever and ever.

למנצח בנגינות To THE CHIEF MUSICIAN ON NEGINOTH, A PSALM, OR SONG.—May God be gracious unto us, and bless us; and cause his countenance to shine upon us for ever. That thy ways may be known upon earth, and thy salvation among all nations. All nations shall praise thee, O God! all, all the nations shall praise thee. O let all governments be glad, and sing for joy; for thou wilt judge the people righteously, and govern the nations of the earth. Selah. All nations shall praise thee, O God! all, all the nations shall praise thee. The earth doth yield her productions, and God, even our God! shall bless us. God will bless us! and he shall be revered in the uttermost corners of the earth.

# תפלת מנחה:

אַשְׁרֵי יוֹשְׁבֵי בֵיתֶךָ עוֹד יְהַלְלוּךָ סֶּלָה: אַשְׁרֵי הָעָם שֶׁכָּכָה לּוֹ אַשְׁרֵי הָעָם שֶׁיְיָ אֱלֹהָיו:

קמה תְּהִלָּה לְדָוִד אֲרוֹמִמְךָ אֱלוֹהַי הַמֶּלֶךְ וַאֲבָרְכָה שִׁמְךָ לְעוֹלָם וָעֶד: בְּכָל־יוֹם אֲבָרְכֶךָּ וַאֲהַלְלָה שִׁמְךָ לְעוֹלָם וָעֶד: גָּדוֹל יְיָ וּמְהֻלָּל מְאֹד וְלִגְדֻלָּתוֹ אֵין חֵקֶר: דּוֹר לְדוֹר יְשַׁבַּח מַעֲשֶׂיךָ וּגְבוּרֹתֶיךָ יַגִּידוּ: הֲדַר כְּבוֹד הוֹדֶךָ וְדִבְרֵי נִפְלְאֹתֶיךָ אָשִׂיחָה: וֶעֱזוּז נוֹרְאוֹתֶיךָ יֹאמֵרוּ וּגְדֻלָּתְךָ אֲסַפְּרֶנָּה: זֵכֶר רַב־טוּבְךָ יַבִּיעוּ וְצִדְקָתְךָ יְרַנֵּנוּ: חַנּוּן וְרַחוּם יְיָ אֶרֶךְ אַפַּיִם וּגְדָל־חָסֶד: טוֹב יְיָ לַכֹּל וְרַחֲמָיו עַל־כָּל־מַעֲשָׂיו: יוֹדוּךָ יְיָ כָּל־מַעֲשֶׂיךָ וַחֲסִידֶיךָ יְבָרְכוּכָה: כְּבוֹד מַלְכוּתְךָ יֹאמֵרוּ וּגְבוּרָתְךָ יְדַבֵּרוּ: לְהוֹדִיעַ לִבְנֵי הָאָדָם גְּבוּרֹתָיו וּכְבוֹד הֲדַר מַלְכוּתוֹ: מַלְכוּתְךָ מַלְכוּת כָּל עֹלָמִים וּמֶמְשַׁלְתְּךָ בְּכָל־דּוֹר וָדֹר: סוֹמֵךְ יְיָ לְכָל־הַנֹּפְלִים וְזוֹקֵף לְכָל־הַכְּפוּפִים: עֵינֵי כֹל אֵלֶיךָ יְשַׂבֵּרוּ וְאַתָּה נוֹתֵן־לָהֶם אֶת אָכְלָם בְּעִתּוֹ: פּוֹתֵחַ אֶת־יָדֶךָ וּמַשְׂבִּיעַ לְכָל־חַי רָצוֹן: צַדִּיק יְיָ בְּכָל־דְּרָכָיו וְחָסִיד בְּכָל־מַעֲשָׂיו: קָרוֹב יְיָ לְכָל־קֹרְאָיו לְכֹל אֲשֶׁר יִקְרָאֻהוּ בֶאֱמֶת:

# AFTERNOON SERVICE.

אשרי יושבי ביתך "Happy are they that dwell in thy house; they will be continually praising thee. Selah. Happy the people who are thus! Happy the people whose God is the Lord!"

### Psalm. cxlv.

David's Psalm of Praise.—I will extol thee, my God, O King! and I will bless thy name for ever and ever. Every day will I bless thee, and I will praise thy name for ever and ever. The Lord is great, and exalted in praise, and his greatness is unsearchable. One generation shall praise thy works to another, and shall declare thy mighty acts. I will speak of the glorious honour of thy majesty, and of thy wondrous works. And men shall speak of the might of thy tremendous acts; and thy greatness will I declare. The memorial of thy abundant goodness shall they perpetually utter, and shall sing of thy righteousness. The Lord is gracious, and full of compassion; long-suffering, and of great mercy. The Lord is good to all; and his mercies are over all his works. All thy works shall praise thee, O Lord! and thy pious servants shall bless thee. They shall speak of the glory of thy kingdom, and talk of thy power. To make known thy mighty acts to the sons of men, and the glorious majesty of thy kingdom. Thy kingdom is an everlasting kingdom, and thy dominion subsisteth throughout all generations. The Lord upholdeth all who fall, and raiseth up all those who are bowed down. The eyes of all wait upon thee, and thou givest them their food in due season. Thou openest the hand, and satisfieth the desire of every living thing. The Lord is righteous in all his ways, and beneficent in all his works. The Lord is near unto all those who call upon him, to all who call upon

קב		תפלת מנחה של פסח :

רְצוֹן יְרֵאָיו יַעֲשֶׂה וְאֶת־שַׁוְעָתָם יִשְׁמַע וְיוֹשִׁיעֵם : שׁוֹמֵר יְיָ אֶת כָּל־אֹהֲבָיו וְאֵת כָּל־הָרְשָׁעִים יַשְׁמִיד : תְּהִלַּת יְיָ יְדַבֶּר פִּי וִיבָרֵךְ כָּל־בָּשָׂר שֵׁם קָדְשׁוֹ לְעוֹלָם וָעֶד : וַאֲנַחְנוּ נְבָרֵךְ יָהּ מֵעַתָּה וְעַד־עוֹלָם הַלְלוּיָהּ :

וּבָא לְצִיּוֹן גּוֹאֵל וּלְשָׁבֵי פֶשַׁע בְּיַעֲקֹב נְאֻם יְיָ : וַאֲנִי זֹאת בְּרִיתִי אוֹתָם אָמַר יְיָ רוּחִי אֲשֶׁר עָלֶיךָ וּדְבָרַי אֲשֶׁר שַׂמְתִּי בְּפִיךָ לֹא יָמוּשׁוּ מִפִּיךָ וּמִפִּי זַרְעֲךָ וּמִפִּי זֶרַע זַרְעֲךָ אָמַר יְיָ מֵעַתָּה וְעַד עוֹלָם :

וְאַתָּה קָדוֹשׁ יוֹשֵׁב תְּהִלּוֹת יִשְׂרָאֵל : וְקָרָא זֶה אֶל זֶה וְאָמַר : קָדוֹשׁ קָדוֹשׁ קָדוֹשׁ יְיָ צְבָאוֹת מְלֹא כָל הָאָרֶץ כְּבוֹדוֹ : וּמְקַבְּלִין דֵּין מִן דֵּין וְאָמְרִין · קַדִּישׁ בִּשְׁמֵי מְרוֹמָא עִלָּאָה בֵּית שְׁכִינְתֵּהּ קַדִּישׁ עַל אַרְעָא עוֹבַד גְּבוּרְתֵּיהּ קַדִּישׁ לְעָלַם וּלְעָלְמֵי עָלְמַיָּא : יְיָ צְבָאוֹת מַלְיָא כָל אַרְעָא זִיו יְקָרֵיהּ : וַתִּשָּׂאֵנִי רוּחַ וָאֶשְׁמַע אַחֲרַי קוֹל רַעַשׁ גָּדוֹל בָּרוּךְ כְּבוֹד יְיָ מִמְּקוֹמוֹ : וּנְטָלַתְנִי רוּחָא : וְשִׁמְעֵית בַּתְרַי קָל זִיעַ סַגִּיא דִּמְשַׁבְּחִין וְאָמְרִין : בְּרִיךְ יְקָרָא דַיְיָ מֵאֲתַר בֵּית שְׁכִינְתֵּהּ : יְיָ יִמְלֹךְ לְעֹלָם וָעֶד : יְיָ מַלְכוּתֵהּ קָאֵם לְעָלַם וּלְעָלְמֵי עָלְמַיָּא : יְיָ אֱלֹהֵי אַבְרָהָם יִצְחָק וְיִשְׂרָאֵל אֲבוֹתֵינוּ שָׁמְרָה זֹּאת לְעוֹלָם לְיֵצֶר מַחְשְׁבוֹת לְבַב עַמֶּךָ וְהָכֵן לְבָבָם אֵלֶיךָ : וְהוּא רַחוּם יְכַפֵּר עָוֹן וְלֹא יַשְׁחִית וְהִרְבָּה לְהָשִׁיב אַפּוֹ וְלֹא יָעִיר כָּל חֲמָתוֹ : כִּי אַתָּה אֲדֹנָי טוֹב וְסַלָּח וְרַב חֶסֶד לְכָל קֹרְאֶיךָ : צִדְקָתְךָ צֶדֶק לְעוֹלָם וְתוֹרָתְךָ אֱמֶת : תִּתֵּן אֱמֶת לְיַעֲקֹב חֶסֶד לְאַבְרָהָם אֲשֶׁר נִשְׁבַּעְתָּ לַאֲבֹתֵינוּ מִימֵי קֶדֶם : בָּרוּךְ אֲדֹנָי יוֹם ׳ יוֹם יַעֲמָס לָנוּ הָאֵל יְשׁוּעָתֵנוּ סֶלָה :

him in truth. He will fulfill the desire of those who fear him; he will also hear their cry, and save them. The Lord protecteth all those who love him; but he will destroy the wicked. My mouth shall utter the praise of the Lord: and let all flesh bless his holy name for ever and ever. "As for us, we will bless the Lord from henceforth, and for ever. Hallelujah."

ובא לציון And a Redeemer will come unto Zion, unto those who turn from transgression in Jacob, saith the Lord! and behold this is my covenant with them, saith the Eternal! my spirit which is upon thee, and my words which I have put into thy mouth, shall not depart from thy mouth, nor from the mouth of thy children, nor from the mouth of thy children's children, saith the Lord! from henceforth and for evermore.

ואתה קדוש Thou who art most Holy abidest amongst the praises of Israel. And one (angel) called unto another, and said, holy, holy, holy, is the Lord of Hosts! the whole earth is full of his glory! and they (the angels) receive the word one from the other, and say, holy on yon high heavens, in the exalted temple of his Divine Omnipresence; holy upon the earth, the work of his power; holy to all eternity, the Lord of Hosts! the whole earth is full of his glory: and a wind carried me away, and I heard behind me a thundering voice, that said, blessed be the glory of the Lord! from his place, the residence of his Divine Omnipresence; the Eternal will reign for ever and evermore; thy kingdom O Eternal! is permanent for ever, even of infinite duration. O Lord; God of Abraham, Isaac, and Israel, our ancestors; preserve this for evermore, to incline the thoughts of the heart of thy people; and dispose their hearts aright to serve thee. And he being merciful, forgiveth iniquity, and destroyeth not; yet he frequently turneth his anger away, and awakeneth not all his wrath; for thou, O Lord! art good, and forgiving, and of abundant mercy, unto all that call upon thee; thy righteousness is immutable, and thy law is truth. O accomplish truth unto Jacob, and thy mercy unto Abraham, which thou didst swear unto them in time of old. Blessed be the Lord day by day; though he burthens us, yet he, the Omnipotent, is our help. The Lord of Hosts is with us; the God of Jacob is our protection. O

יְיָ צְבָאוֹת עִמָּנוּ מִשְׂגָּב לָנוּ אֱלֹהֵי יַעֲקֹב סֶלָה : יְיָ צְבָאוֹת אַשְׁרֵי אָדָם בּוֹטֵחַ בָּךְ : יְיָ הוֹשִׁיעָה הַמֶּלֶךְ יַעֲנֵנוּ בְיוֹם קָרְאֵנוּ : בָּרוּךְ (הוּא) אֱלֹהֵינוּ שֶׁבְּרָאָנוּ לִכְבוֹדוֹ וְהִבְדִּילָנוּ מִן הַתּוֹעִים : וְנָתַן לָנוּ תּוֹרַת אֱמֶת וְחַיֵּי עוֹלָם נָטַע בְּתוֹכֵנוּ · הוּא יִפְתַּח לִבֵּנוּ בְּתוֹרָתוֹ וְיָשֵׂם בְּלִבֵּנוּ אַהֲבָתוֹ וְיִרְאָתוֹ וְלַעֲשׂוֹת רְצוֹנוֹ וּלְעָבְדוֹ בְּלֵבָב שָׁלֵם לְמַעַן לֹא נִיגַע לָרִיק וְלֹא נֵלֵד לַבֶּהָלָה : יְהִי רָצוֹן מִלְּפָנֶיךָ יְיָ אֱלֹהֵינוּ וֵאלֹהֵי אֲבוֹתֵינוּ שֶׁנִּשְׁמוֹר חֻקֶּיךָ בָּעוֹלָם הַזֶּה וְנִזְכֶּה וְנִחְיֶה וְנִרְאֶה וְנִירַשׁ טוֹבָה וּבְרָכָה לִשְׁנֵי יְמוֹת הַמָּשִׁיחַ וּלְחַיֵּי הָעוֹלָם הַבָּא : לְמַעַן יְזַמֶּרְךָ כָבוֹד וְלֹא יִדֹּם יְיָ אֱלֹהַי לְעוֹלָם אוֹדֶךָּ : בָּרוּךְ הַגֶּבֶר אֲשֶׁר יִבְטַח בַּיְיָ וְהָיָה יְיָ מִבְטַחוֹ : בִּטְחוּ בַיְיָ עֲדֵי עַד כִּי בְּיָהּ יְיָ צוּר עוֹלָמִים : וְיִבְטְחוּ בְךָ יוֹדְעֵי שְׁמֶךָ כִּי לֹא עָזַבְתָּ דֹרְשֶׁיךָ יְיָ · יְיָ חָפֵץ לְמַעַן צִדְקוֹ יַגְדִּיל תּוֹרָה וְיַאְדִּיר :

(The Reader then says חצי קדיש.

If the First Day of the Feast happens on the Sabbath-day, the following is said.

[וַאֲנִי תְפִלָּתִי לְךָ יְיָ עֵת רָצוֹן אֱלֹהִים בְּרָב חַסְדֶּךָ עֲנֵנִי בֶּאֱמֶת יִשְׁעֶךָ :]

**A Manuscript of the Pentateuch is taken out of the Ark, in which a Portion of that week is read to three different Persons; after that the Reader says, חצי קדיש then the Prayers שמונה עשרה are said, as in the Evening Service; (page 8,) then עלינו · קדיש יתום**

Lord of Hosts! happy is the man that placeth his confidence in thee. O Lord! save us; answer us, O King! when we call upon thee. Blessed be our God! who created us for his glorification; and separated us from those that go astray, by giving us a law of truth, and planting amongst us eternal life. He will open our hearts in the knowledge of his law, and fix love and reverence in our hearts, to perform his will, and to serve him with an upright heart, that we may not labour in vain, nor produce confusion. Be graciously pleased, O Eternal, our God! and the God of our ancestors, to enable us to observe thy statutes in this world; so that we may merit to live and see, and inherit happiness, and the blessing, in the time of the Messiah, and in the life of a future state; that my soul may praise thy glory without ceasing. O Lord, my God! for ever will I praise thee. Blessed is the man that confides in the Lord! the Lord will be his protection. Confide ye in the Eternal at all times; for the Eternal God is an everlasting Rock. All that know thy name, confide in thee; for thou dost not forsake those who earnestly seek thee. The Lord was pleased for his righteousness sake, to magnify the law, and to glorify it.

[ואני תפלתי May my prayer ascend unto thee, O Lord! in an acceptable time; in thine abundant mercy, O God! answer me in the truth of thy salvation.]

# מַעֲרִיב לְלֵיל שֵׁנִי שֶׁל פֶּסַח:

During the time the Reader chaunts ברכו the Congregation say יתברך.

חזן בָּרְכוּ אֶת יְיָ הַמְבֹרָךְ:

קהל וחזן בָּרוּךְ יְיָ הַמְבֹרָךְ לְעוֹלָם וָעֶד:

יִתְבָּרַךְ וְיִשְׁתַּבַּח וְיִתְפָּאַר וְיִתְרוֹמַם וְיִתְנַשֵּׂא שְׁמוֹ שֶׁל מֶלֶךְ מַלְכֵי הַמְּלָכִים הַקָּדוֹשׁ בָּרוּךְ הוּא שֶׁהוּא רִאשׁוֹן וְהוּא אַחֲרוֹן וּמִבַּלְעָדָיו אֵין אֱלֹהִים סֹלּוּ לָרֹכֵב בָּעֲרָבוֹת בְּיָהּ שְׁמוֹ וְעִלְזוּ לְפָנָיו וּשְׁמוֹ מְרוֹמָם עַל כָּל בְּרָכָה וּתְהִלָּה: בָּרוּךְ שֵׁם כְּבוֹד מַלְכוּתוֹ לְעוֹלָם וָעֶד: יְהִי שֵׁם יְיָ מְבוֹרָךְ מֵעַתָּה וְעַד עוֹלָם:

בָּרוּךְ אַתָּה יְיָ אֱלֹהֵינוּ מֶלֶךְ הָעוֹלָם · אֲשֶׁר בִּדְבָרוֹ מַעֲרִיב עֲרָבִים בְּחָכְמָה פּוֹתֵחַ שְׁעָרִים וּבִתְבוּנָה מְשַׁנֶּה עִתִּים וּמַחֲלִיף אֶת הַזְּמַנִּים וּמְסַדֵּר אֶת הַכּוֹכָבִים · בְּמִשְׁמְרוֹתֵיהֶם בָּרָקִיעַ כִּרְצוֹנוֹ בּוֹרֵא יוֹם וָלָיְלָה גּוֹלֵל אוֹר מִפְּנֵי חֹשֶׁךְ וְחֹשֶׁךְ מִפְּנֵי אוֹר · וּמַעֲבִיר יוֹם וּמֵבִיא לָיְלָה · וּמַבְדִּיל בֵּין יוֹם וּבֵין לָיְלָה יְיָ צְבָאוֹת שְׁמוֹ · אֵל חַי וְקַיָּם תָּמִיד יִמְלוֹךְ עָלֵינוּ לְעוֹלָם וָעֶד:

לֵיל שִׁמֻּרִים אוֹר יִשְׂרָאֵל קָדוֹשׁ אֲיֻמָּה נִדְגָּלוֹת · בְּצוֹעַן עֲצַת מַלְאָכָיו הִשְׁלִים בְּהִגָּלוֹת · גְּדֻלָּתוֹ מֵאָז יְרַנְּנוּ בְּמַקְהֵלוֹת הַלֵּילוֹת · לְהַגִּיד בַּבֹּקֶר חַסְדֶּךָ וֶאֱמוּנָתְךָ בַּלֵּילוֹת · בָּרוּךְ אַתָּה יְיָ · הַמַּעֲרִיב עֲרָבִים:

# EVENING SERVICE

## FOR THE SECOND NIGHT

OF THE

# FEAST OF PASSOVER.

*Reader*. Bless ye the Lord, who is ever blessed.

*Congregation answer*.

ברוך Blessed be the Lord, who is blessed for ever and evermore.

ברוך אתה Blessed art thou, O Eternal, our God! King of the universe, who with thy word causeth the twilight of the evening, with wisdom openeth the gates of the heavens, and with understanding altereth the seasons, changeth the times, regulateth the stars, and placeth them in their circular motion in the firmament, according to thy will. Thus hast thou created day and night; thou rollest the light apart, because of the darkness; and the darkness because of the light: and passeth away the day and bringest night; and maketh a division between day and night. Eternal! Lord of Hosts! is thy name. O Omnipotent, living, and ever-existing God! reign over us, continually, and for evermore.

יתברך Blessed, praised, glorified, extolled, and exalted, shall be the holy name, of the Supreme King of Kings! blessed is he; for he is the first and the last, and besides him there is no God. Extol him who causeth the uppermost sphere to move by his name JAH! Rejoice before him; for his name is exalted above all blessing and praise. Blessed be the name of the glory of his kingdom for ever and ever. Blessed be the name of the Lord from henceforth and for evermore.

ליל שמרים On the night of observation, the holy One, who is the light of Israel, the terror of hosts, fulfilled the counsel of his messengers, when he revealed himself in צוען thenceforth, they sang the greatness of his praise in the congregations. In the morning they declared thy kindness, and thy faithfulness at night. Blessed art thou, O Lord, who causeth the twilight of the evening.

אַהֲבַת עוֹלָם בֵּית יִשְׂרָאֵל עַמְּךָ אָהָבְתָּ · תּוֹרָה וּמִצְוֹת חֻקִּים וּמִשְׁפָּטִים · אוֹתָנוּ לִמַּדְתָּ · עַל כֵּן יְיָ אֱלֹהֵינוּ בְּשָׁכְבֵנוּ וּבְקוּמֵנוּ נָשִׂיחַ בְּחֻקֶּיךָ · וְנִשְׂמַח בְּדִבְרֵי תוֹרָתֶךָ וּבְמִצְוֹתֶיךָ לְעוֹלָם וָעֶד · כִּי הֵם חַיֵּינוּ וְאֹורֶךְ יָמֵינוּ וּבָהֶם נֶהְגֶּה יוֹמָם וָלָיְלָה · וְאַהֲבָתְךָ אַל תָּסִיר מִמֶּנּוּ לְעוֹלָמִים :

לֵיל שִׁמֻּרִים הִפְלִיא ,עֵצוֹת מֵרָחוֹק ,עָמוֹק וְנֶעְלָם · וּבוֹ כְּאוֹמֶן נִינָיו מִשִּׁעְבּוּד הֶעֱלָם · זַכַּת חֲטִיבָה אַחַת ,עֲשָׂאָם לְעֵלָם · בְּאַהֲבַת יְיָ אֶת יִשְׂרָאֵל לְעוֹלָם · בָּרוּךְ אַתָּה יְיָ · אוֹהֵב ,עַמּוֹ יִשְׂרָאֵל :

Then say שמע ישראל page 3.

אֱמֶת וֶאֱמוּנָה כָּל־זֹאת וְקַיָּם עָלֵינוּ כִּי הוּא יְיָ אֱלֹהֵינוּ אֵין זוּלָתוֹ וַאֲנַחְנוּ יִשְׂרָאֵל ,עַמּוֹ הַפּוֹדֵנוּ מִיַּד־מְלָכִים מַלְכֵּנוּ הַגּוֹאֲלֵנוּ מִכַּף כָּל־הֶעָרִיצִים הָאֵל הַנִּפְרָע לָנוּ מִצָּרֵינוּ וְהַמְשַׁלֵּם גְּמוּל לְכָל־אֹיְבֵי נַפְשֵׁנוּ הָעֹשֶׂה גְדֹלוֹת ,עַד־אֵין חֵקֶר נִסִּים וְנִפְלָאוֹת ,עַד־אֵין מִסְפָּר : הַשָּׂם נַפְשֵׁנוּ בַּחַיִּים וְלֹא־נָתַן לַמּוֹט רַגְלֵנוּ הַמַּדְרִיכֵנוּ ,עַל־בָּמוֹת אוֹיְבֵינוּ וַיָּרֶם ,קַרְנֵנוּ ,עַל־כָּל־שׂנְאֵינוּ : הָעֹשֶׂה־לָּנוּ נִסִּים וּנְקָמָה בְּפַרְעֹה אוֹתוֹת וּמוֹפְתִים בְּאַדְמַת בְּנֵי־חָם : הַמַּכֶּה בְעֶבְרָתוֹ כָּל בְּכוֹרֵי מִצְרָיִם ,וַיּוֹצֵא אֶת־,עַמּוֹ יִשְׂרָאֵל מִתּוֹכָם לְחֵרוּת עוֹלָם : הַמַּעֲבִיר בָּנָיו בֵּין גִּזְרֵי ,יַם־סוּף אֶת־רוֹדְפֵיהֶם וְאֶת־שׂוֹנְאֵיהֶם בִּתְהוֹמוֹת טִבַּע : וְרָאוּ בָנָיו גְּבוּרָתוֹ שִׁבְּחוּ וְהוֹדוּ לִשְׁמוֹ וּמַלְכוּתוֹ בְּרָצוֹן קִבְּלוּ ,עֲלֵיהֶם · מֹשֶׁה וּבְנֵי יִשְׂרָאֵל לְךָ ,עָנוּ שִׁירָה :

אהבת עולם With Eternal love hast thou loved the house of Israel thy people: thou hast taught us laws and commandments, statutes, and judgments; therefore, O Lord, our God! when we lie down, and when we rise up, we will discourse of thy statutes, and we will rejoice in the words of thy law, and in thy commandments, for ever and ever; for they are our life, and the prolongation of our days, and in them we will meditate day and night. Therefore, we beseech thee, withdraw not thy love from us for ever.

ליל שמרים On the night of observation, he wrought wonders by accomplishing the ancient, hidden, and profound counsels; and thereon, as a nursing father, brought his (Abraham's) posterity out from bondage; and united in the bonds of love, he highly exalted them, according to the everlasting love of the Lord to Israel. Blessed art thou, O Eternal! who lovest thy people Israel.

אמת ואמונה All this is truth and certainty, and irrefutable; that the Eternal is our God, and besides him there is none; we Israel] are his people whom he hath redeemed from the hands of kings: he is our King, who hath delivered us from the power of tyrants; he is the Almighty, who hath avenged us on our adversaries, and who gave a just reward unto all our enemies; who doeth great things, which cannot be investigated; yea, wonders and miracles without number; who did keep us alive, and suffered not our feet to slip; he caused us to tread on the high places of our enemies, and exalted our horn over all our adversaries. For our sake, he performed miracles, and was revenged on Pharoah; he performed prodigies and tokens in the land of the children of Ham; who in his wrath smote all the first-born in Egypt, and brought out his people Israel from amongst them unto perpetual liberty, and conducted his children between the divisions of the Red Sea. Their pursuers, and their enemies, he caused to sink in the deep; his children did see his mighty power; they praised his name, and with pleasure and cheerfulness they acknowledged him their Sovereign. Moses and the children of Israel, sang unto thee.

לֵיל שִׁמֻּרִים אַדִּיר וְנָאֶה לִתְהִלּוֹתוֹ · זֵכֶר עָשָׂה לְנִפְלְאוֹתָיו ·
בְּלֵילֵי חַג פֶּסַח :

לֵיל שִׁמֻּרִים אָנוֶה גּוֹמֵל חֲסָדִים · תְּהִלָּתוֹ בִּקְהַל חֲסִידִים ·
בְּלֵילֵי חַג פֶּסַח :

לֵיל שִׁמֻּרִים בָּא מִבְּרֵאשִׁית לְהִתְאַמֵּר · לָנוּ הַלַּיְלָה לְמִשְׁמָר ·
בְּלֵילֵי חַג פֶּסַח :

לֵיל שִׁמֻּרִים · בְּגִין קָרְבַּן פִּסְחִי · יֶעֱרַב עָלָיו שִׂיחִי ·
בְּלֵילֵי חַג פֶּסַח :

לֵיל שִׁמֻּרִים גִּיהַּ עוֹלָם הִתְאִיר · פֶּסַח דְּבָרֶיךָ יָאִיר :
בְּלֵילֵי חַג פֶּסַח :

לֵיל שִׁמֻּרִים גֹּשׁ רְצוּי לְכֹהֵן · מִבְּכוּרוֹת צֹאנוֹ וּמֵחֶלְבֵיהֶן ·
בְּלֵילֵי חַג פֶּסַח :

לֵיל שִׁמֻּרִים דֶּרֶךְ כּוֹכָב מִזְרָחִי · מַשְׂכִּיל לְאֵיתָן הָאֶזְרָחִי ·
בְּלֵילֵי חַג פֶּסַח :

לֵיל שִׁמֻּרִים דָּלַק מְלָכִים וְחִיְּבָם · חַרְבָּם תָּבֹא בְלִבָּם ·
בְּלֵילֵי חַג פֶּסַח :

לֵיל שִׁמֻּרִים הַלַּיְלָה יִסְכָּה בַּפֶּלֶךְ · לִרְקָמוֹת תּוּבַל לַמֶּלֶךְ ·
בְּלֵילֵי חַג פֶּסַח :

לֵיל שִׁמֻּרִים הִסְחַף וְנִדְחַף אֲחוֹרַיִם · וּמוֹפֵת עַל מִצְרַיִם ·
בְּלֵילֵי חַג פֶּסַח :

לֵיל שִׁמֻּרִים וָעֵד לְשַׁבֵּר עֻלֵּנוּ · נִפְלְאוֹתֶיךָ וּמַחְשְׁבוֹתֶיךָ אֵלֵינוּ ·
בְּלֵילֵי חַג פֶּסַח :

לֵיל שִׁמֻּרִים וְכֹחַ חֲשָׁאִי בִּתְחִלָּה · אֲבִימֶלֶךְ בַּחֲלוֹם הַלַּיְלָה ·
בְּלֵילֵי חַג פֶּסַח :

ליל שמרים On the night of observation, he who is glorious in praise, made a memorial of his wonderful works, on the night of the feast of passover.

On the night of observation, will I glorify him who bestoweth gracious favours; and whose praise is in the congregation of the saints ; *on the night, &c.*

The night of observation, was exalted, from the creation, *and* ordained for us a night of protection ; *on the night, &c.*

On the night of observation, may my prayer be pleasant to him, instead of my offering of the passover ; *on the night, &c.*

On the night of observation, he adorned the world with light; for the beginning of thy word was, let there be light! *on the night, &c.*

On the night of observation, he (הבל) who was desirous of serving God, drew nigh to offer the firstlings of his flock, and of their fat; *on the night, &c.*

On the night of observation, he caused the eastern star (Abraham) to come forth, even the intelligent, and valiant Oriental ; *on the night, &c.*

On the night of observation, he pursued the kings ; and destroyed them ; for their own sword entered their heart; *on the night, &c.*

On the night of observation, was יסכה (Sarah) praised in Pharoah's palace, and in embroidery led to the king; *on the night, &c.*

On the night of observation, he (Pharoah) was afflicted and chastised because of her, and which was a sign to the Egyptians ; *on the night, &c.*

The night of observation, was appointed to break our yoke for thy thoughts and wonders are towards us; *on the night, &c.*

On the night of observation he proved Abimelech, and terrified him with a dream in the still of the night; *on the night, &c.*

לֵיל שִׁמֻּרִים זֵדִים רִדּוּי שָׁפַךְ · שָׁלַח יָדוֹ הָפַךְ ·
בְּלֵילֵי חַג פֶּסַח :

לֵיל שִׁמֻּרִים זִיהֵר בְּטוֹב לְאֵלוֹם · לָבָן הָאֲרַמִּי בַּחֲלוֹם ·
בְּלֵילֵי חַג פֶּסַח :

לֵיל שִׁמֻּרִים חֲמוּדָה בְּרָכוֹת כּוֹנָהּ · אֵל יַעֲקֹב בְּנָהּ ·
בְּלֵילֵי חַג פֶּסַח :

לֵיל שִׁמֻּרִים חָקוּק בְּהוֹד כִּסְאָךְ · וַיָּשַׂר אֶל מַלְאָךְ ·
בְּלֵילֵי חַג פֶּסַח :

לֵיל שִׁמֻּרִים טוֹב הִסְכִּים עַל יָדוֹ · מְקַיֵּם דְּבַר עַבְדּוֹ ·
בְּלֵילֵי חַג פֶּסַח :

לֵיל שִׁמֻּרִים טַעֲמָה כִּי טוֹב סַחְרָהּ · לֹא יִכְבֶּה בַלַּיְלָה נֵרָהּ ·
בְּלֵילֵי חַג פֶּסַח :

לֵיל שִׁמֻּרִים יוֹצְרוֹ חִלְּקוֹ בְּחָכְמָה · יוֹדֵעַ עַד מָה ·
בְּלֵילֵי חַג פֶּסַח :

לֵיל שִׁמֻּרִים יְלָלָה בְּנוֹף נָפְלָה · וַתָּקָם בְּעוֹד לַיְלָה ·
בְּלֵילֵי חַג פֶּסַח :

לֵיל שִׁמֻּרִים כּוֹכָם נֶחְטַט וְנִכְאוּ · הָפַךְ לַיְלָה וְיִדַּכָּאוּ ·
בְּלֵילֵי חַג פֶּסַח :

לֵיל שִׁמֻּרִים כֵּדָן וּשְׁבוּי לוֹקֶה · שָׂמֵחַ לְאֵיד לֹא יִנָּקֶה ·
בְּלֵילֵי חַג פֶּסַח :

לֵיל שִׁמֻּרִים לְהָדֵק נִשְׁחַק אִקּוּנָם · רֵאשִׁית לְכָל אוֹנָם ·
בְּלֵילֵי חַג פֶּסַח :

לֵיל שִׁמֻּרִים לְבִטָּה יִרְאָתָם וְלוֹקָה · בּוּקָה וּמְבוּקָה וּמְבֻלָּקָה ·
בְּלֵילֵי חַג פֶּסַח :

On the night of observation, he poured *his wrath on* the presumptuous *sinners, and broke their* power ; he sent forth his hand, and overturned *them ; on the night, &c.*

On the night of observation, (Rebekah) was desirous to convey the blessings to her son Jacob ; *on the night, &c.*

On the night of observation, he admonished Laban in a dream of the night, not to speak *even* good : *on the night, &c.*

On the night of observation, he (Jacob) whose image is engraven on thy heavenly throne, wrestled with the angel ; *on the night, &c.*

On the night of observation the good God consented to the blessing ; he established the word spoken by his servant (Isaac) ; *on the night, &c.*

On the night of observation, she perceived that her merchandize was good, her light was not quenched ; in the night ; *on the night, &c.*

The Creator divided the night of observation in wisdom, *for* he alone knoweth how far *it reacheth : on the night, &c.*

On the night of observation, lamentation fell upon נוף (Egypt,) and she rose up in the night ; *on the night, &c.*

On the night of observation, they were dug out of the cave and stricken ; he turned the night upon them, and they were bruised ; *on the night, &c.*

On the night of observation, the slave and captive were also smitten ; because they rejoiced at their (Israel's) calamity, therefore they were not held guiltless ; *on the night, &c.*

On the night of observation, the pictures of all their firstborn were destroyed ; *on the night, &c.*

On the night of observation, their idols were broken : Egypt *was made* void, empty, and waste ; *on the night, &c.*

On the night of observation, *it is proper* to praise thee abundantly, for thy righteous judgments ; *on the night, &c.*

לֵיל שִׁמֻּרִים מְאוֹרֵי הוֹדָאוֹת לְאַדְּקָךְ · עַל מִשְׁפְּטֵי צִדְקָךְ ·
בְּלֵילֵי חַג פֶּסַח :

לֵיל שִׁמֻּרִים מְאוֹרֵי יֶשַׁע לְהַזְמִינִי · אֲחַזְתָּ בְּיַד יְמִינִי ·
בְּלֵילֵי חַג פֶּסַח :

לֵיל שִׁמֻּרִים נוֹרָאוֹת בַּעֲשׂוֹתְךָ נְקַוֶּה · וְלַיְלָה לְלַיְלָה יְחַוֶּה ·
בְּלֵילֵי חַג פֶּסַח :

לֵיל שִׁמֻּרִים נִלְחֲמוּ כּוֹכְבֵי אוֹרִים · לְעֶזְרַת יְיָ בַּגִּבּוֹרִים ·
בְּלֵילֵי חַג פֶּסַח :

לֵיל שִׁמֻּרִים סִיַּע צֶדֶק נְעוּרִים · צְלִיל לֶחֶם שְׂעֹרִים ·
בְּלֵילֵי חַג פֶּסַח :

לֵיל שִׁמֻּרִים סֻגַּב בְּמִבְטָח וּמָעוֹז · גֶּבֶר חָכָם בְּעוֹז ·
בְּלֵילֵי חַג פֶּסַח :

לֵיל שִׁמֻּרִים עַרְצֵי פוּל שָׁקַד · וְתַחַת כְּבוֹדוֹ יָקַד ·
בְּלֵילֵי חַג פֶּסַח :

לֵיל שִׁמֻּרִים עוֹמֶר הֶרְמִשׁוּ פִּלְּחָם · וּבְמִלְחֲמוֹת תְּנוּפָה נִלְחָם ·
בְּלֵילֵי חַג פֶּסַח :

לֵיל שִׁמֻּרִים פּוֹאַר עֶלְיוֹן בַּאֲמִירוֹת · מִכְּנַף הָאָרֶץ זְמִירוֹת ·
בְּלֵילֵי חַג פֶּסַח :

לֵיל שִׁמֻּרִים פַּעְנֵחַ צָפְנַת מֵעֲבָדָיו · סוֹדוֹ אֶל עֲבָדָיו ·
בְּלֵילֵי חַג פֶּסַח :

לֵיל שִׁמֻּרִים צָפִית סְדוּרָה וַאֲרוּחָה · וְהִנֵּה יַד שְׁלוּחָה ·
בְּלֵילֵי חַג פֶּסַח :

לֵיל שִׁמֻּרִים צֻמַּת בּוֹ בְּלַיִל · קַדֵּשׁ יְיָ חַיִל ·
בְּלֵילֵי חַג פֶּסַח :

On the night of observation, didst thou prepare the light of salvation for me, thou didst take hold of my right hand; *on the night,* &c.

On the night of observation, we hope thou wilt perform wonders, and night to night shall declare it; *on the night,* &c.

On the night of observation, the bright stars fought *against Sisera; they came* to the help of the mighty men of God; *on the night,* &c.

On the night of observation, *the generation* that was destitute of righteousness, was holpen, for the *merit of* the cake of barley bread (עומר); *on the night,* &c.

On the night of observation, the wise man was strengthened with a mighty promise; *on the night,* &c.

On the night of observation, he hastened *to destroy* the violent Assyrians, who were burnt by celestial fire; *on the night,* &c.

On the night of observation, he cleaved them (the Assyrians) for the merit of the עומר cut with the sickle; and for the waving thereof he fought their (Israel's) battle; *on the night,* &c.

On the night of observation the Most High was glorified, songs resounded from the remotest parts of the earth; *on the night,* &c.

On the night of observation, he revealed the hidden thing to his servant (Daniel); even his secret to his servants; *on the night,* &c.

On the night of observation, the feast was prepared, and the watch *was set,* when lo, a hand was put forth; *on the night* &c.

On the night of observation, was he בלשאצר cut off, *even* on that night, because he profaned the holiness of the Lord; *on the night,* &c.

לֵיל שִׁמֻּרִים קוֹמֶץ הִשְׂבִּיעַ לְשׁוֹשַׁנָּה · יִתֵּן לִידִידוֹ שֵׁנָא ·
בְּלֵילֵי חַג פֶּסַח :

לֵיל שִׁמֻּרִים קוֹמַת תָּמָר הַצָּלָה · הַהֲדַסִּים אֲשֶׁר בַּמְּצֻלָה ·
בְּלֵילֵי חַג פֶּסַח :

לֵיל שִׁמֻּרִים רוּחִי חָפְשָׂה לְמַלֵּלָה · אֶזְכְּרָה נְגִינָתִי בַּלָּיְלָה ·
בְּלֵילֵי חַג פֶּסַח :

לֵיל שִׁמֻּרִים רֶוַח וְהַצָּלָה עָמְדָה · בַּלַּיְלָה הַהוּא נָדְדָה ·
בְּלֵילֵי חַג פֶּסַח :

לֵיל שִׁמֻּרִים שֵׁמַע מִצְרַיִם לְנָצֵר · יָחִילוּ כְּשֵׁמַע צֹר ·
בְּלֵילֵי חַג פֶּסַח :

לֵיל שִׁמֻּרִים שָׁמוּר לִנְקָמָה נְטוּרָה · עַל צַר הַמְּעַטִּירָה ·
בְּלֵילֵי חַג פֶּסַח :

לֵיל שִׁמֻּרִים תְּבוּעַ מִסֵּפֶר הַתּוֹרָה · אַחַת מֵהֵנָּה לֹא נֶעְדָּרָה ·
בְּלֵילֵי חַג פֶּסַח :

לֵיל שִׁמֻּרִים תִּכְּנוּ לְיֶשַׁע וָנֵס · נִדְחֵי יִשְׂרָאֵל יְכַנֵּס ·
בְּלֵילֵי חַג פֶּסַח :

לֵיל שִׁמֻּרִים מַאֲמָרֵי יִרְצֶה לִשְׁעוּת · מִקֶּדֶם פֹּעַל יְשׁוּעוֹת ·
בְּלֵילֵי חַג פֶּסַח :

לֵיל שִׁמֻּרִים אָז בַּהֲנִיחֲךָ שְׁלוּחִים · הוֹדִינוּ לְךָ אֱלֹהִים ·
בְּלֵילֵי חַג פֶּסַח :

לֵיל שִׁמֻּרִים יֶשַׁע לָנוּ תְחַדֵּה · וְשִׁמְךָ לְעוֹלָם נוֹדֶה ·
בְּלֵילֵי חַג פֶּסַח :

לֵיל שִׁמֻּרִים רֶנֶן הַשִּׁיר בְּחַדְּשֶׁךָ · לְהוֹדוֹת לְשֵׁם קָדְשֶׁךָ ·
בְּלֵילֵי חַג פֶּסַח :

On the night of observation, he [מרדכי] studied concerning the taking of a handful; he sacrificed his sleep to his beloved God; *on the night,* &c.

On the night of observation, *didst thou* deliver those who are compared to the high palm *tree;* by means of the myrtles that *grow* in the valley; *on the night,* &c.

On the night of observation, my spirit made diligent search to declare *its sentiments;* I called my song to remembrance in the night; *on the night,* &c.

On the night of observation, enlargement and deliverance arose; for all that night the *king's sleep* fled away; *on the night,* &c.

The tidings of Egypt on the night of observation, is reserved, when they will be also terrified at the tidings of צור; *on the night,* &c.

The night of observation, is reserved and kept to take vengeance on the royal *City of* צור; *on the night,* &c.

All the miracles that took place on the night of observation, are collected from holy writ; not one of them was omitted; *on the night,* &c.

The night of observation is prepared for the wonderful salvation, to assemble the outcasts of Israel; *on the night,* &c.

On the night of observation, may he who worked salvation aforetime, be pleased to accept my prayer; *on the night,* &c.

On the night of observation, when thou didst give rest to the weary; we offered thanksgivings unto thee, O God! *on the night,* &c.

On the night of observation, make us glad with salvation, and we will ever praise thee; *on the night,* &c.

On the night of observation, when thou shalt renew the song, to praise thy holy name; *on the night,* &c.

לֵיל שִׁמֻּרִים טֶכֶס פְּלָאֶיךָ מְשִׁירֵי הוֹדָאוֹת נִתְיַחַדְתָּ · יוֹמָם לְחֶסֶד וָלַיְלָה לְשִׁיר נִתְוַעַדְתָּ · כְּלוּלֶיךָ אָז בֶּאֱמוּנָה רוּחֵךְ חִסַּדְתָּ · מִפִּי עוֹלְלִים וְיוֹנְקִים עֹז יִסַּדְתָּ : בְּגִילָה בְּרִנָּה בְּשִׂמְחָה רַבָּה וְאָמְרוּ כֻלָּם :

מִי כָמֹכָה בָּאֵלִים יְיָ · מִי כָּמֹכָה נֶאְדָּר בַּקֹּדֶשׁ · נוֹרָא תְהִלֹּת עֹשֵׂה פֶלֶא : מַלְכוּתְךָ רָאוּ בָנֶיךָ · בּוֹקֵעַ יָם לִפְנֵי מֹשֶׁה :

לֵיל שִׁמֻּרִים מַלְכוּתְךָ רָאוּ בָנֶיךָ חַי וְקַיָּם · נִפְתַּח שִׁבְחֲךָ בִּלְשׁוֹן עָתִיד וְנִסְתַּיָּם · סָכוּ לִימִין מֹשֶׁה בּוֹקֵעַ יָם · וְהֵנִיף יָדוֹ עַל הַנָּהָר בַּעְיָם : זֶה צוּר יִשְׁעֵנוּ פָּצוּ פֶה וְאָמְרוּ :

יְיָ יִמְלֹךְ לְעוֹלָם וָעֶד : וְנֶאֱמַר כִּי פָדָה יְיָ אֶת יַעֲקֹב · וּגְאָלוֹ מִיַּד חָזָק מִמֶּנּוּ :

לֵיל שִׁמֻּרִים עֲטוּר פְּלָאֵי צִדְקְךָ בִּצְבָא וְאוֹת · קָרֶבְתְּךָ לִי טוֹב יְשׁוּעוֹת הַבָּאוֹת · שַׁתִּי בְךָ מַחְסִי בְּמַלְאֲכוּת הַנְּבָאוֹת · מֶלֶךְ יִשְׂרָאֵל וְגוֹאֲלוֹ יְיָ צְבָאוֹת : בָּרוּךְ אַתָּה יְיָ · מֶלֶךְ צוּר יִשְׂרָאֵל וְגוֹאֲלוֹ · (נ״א גָּאַל יִשְׂרָאֵל :)

הַשְׁכִּיבֵנוּ יְיָ אֱלֹהֵינוּ לְשָׁלוֹם · וְהַעֲמִידֵנוּ מַלְכֵּנוּ לְחַיִּים · וּפְרוֹס עָלֵינוּ סֻכַּת שְׁלוֹמֶךָ · וְתַקְּנֵנוּ בְּעֵצָה טוֹבָה מִלְּפָנֶיךָ · וְהוֹשִׁיעֵנוּ לְמַעַן שְׁמֶךָ : וְהָגֵן בַּעֲדֵנוּ · וְהָסֵר מֵעָלֵינוּ אוֹיֵב דֶּבֶר וְחֶרֶב וְרָעָב וְיָגוֹן · וְהָסֵר שָׂטָן מִלְּפָנֵינוּ וּמֵאַחֲרֵינוּ · וּבְצֵל כְּנָפֶיךָ תַּסְתִּירֵנוּ : כִּי אֵל שׁוֹמְרֵנוּ וּמַצִּילֵנוּ אָתָּה · כִּי אֵל מֶלֶךְ חַנּוּן וְרַחוּם אָתָּה · וּשְׁמוֹר צֵאתֵנוּ וּבוֹאֵנוּ לְחַיִּים וּלְשָׁלוֹם מֵעַתָּה וְעַד עוֹלָם : וּפְרוֹס עָלֵינוּ סֻכַּת שְׁלוֹמֶךָ :

ליל שמרים On the night of observation, wast thou alone addressed with songs of thanksgivings for the splendour of thy wonders; in the day-time *didst thou communicate thy* kindness, and at night we sang *thy praise*: then didst thou kindly endow thy bride (the nation) with thy spirit, for her faithfulness; even babes and sucklings praised thee, and with gladness, song, and abundant joy, they unanimously proclaimed.

מי כמכה Who is like unto thee, O Lord! among the mighty! Who is like unto thee, glorious in holiness, tremendous in praises, working miracles!

מלכותך Thy kingdom thy children beheld, *when* thou didst divide the sea for Moses.

ליל שמרים On the night of observation, thy children beheld thy majesty, O thou living and Eternal God! they began and ended the song in the future tense; they looked to the right hand of Moses, the divider of the sea; when he will shake his hand over the river פרת. This is the Rock of our salvation; thus they proclaimed, and said,

יי The Lord will reign for ever and ever.

ונאמר And it is written, for the Lord hath redeemed Jacob, and delivered him from the hand of him that was stronger than he.

ליל שמרים The night of observation was crowned with thy righteous wonders, that are for a sign among thy hosts; thou wilt draw nigh to me in the coming salvation; for I put my trust in thee, according to the prophecies of thy messengers. The king of Israel, and his Redeemer is the Lord of Hosts! Blessed art thou, O Lord, *who art* the King, Rock, and Redeemer, of Israel. (*Some read*, who hath redeemed Israel.)

השכיבנו O Lord, our God! cause us to lie down in peace, and raise us up, O our King! in perfect health. O spread thy pavilion of peace over us, uphold us with thy good counsel, and help us for thy name sake. Protect us, and remove far from us, foes, pestilence, war, famine, and grief; and remove the enticer (satan) from being about us; and conceal us under the shadow of thy wings; for thou, O God, art our guardian and deliverer; thou, O Omnipotent! art a merciful and gracious King! Preserve our going forth and coming in, to life and peace, now and for evermore.

ופרוס O spread over us, the tabernacle of thy peace.

אור יום הֶנֶף סְפִירָה הוּכְשָׁרָה בִּנּוּגְהִים · לְצִיּוֹן נִדָּחָה קָרוּא דְרוּשָׁה עֲלוֹת גֵּעִים · בִּנְיַן מְפוֹאָר כְּרַךְ מַחְמַד לֵב וְגֵהִים · מִשְׁכְּנֵי עֶלְיוֹן בְּעֶשֶׂר מַעֲלוֹת קֹדֶשׁ גְּבוֹהִים · גִּיל לְבָבוֹת לְבָנוֹן הַמְלַבֵּן נְצוּחִים שְׁלוּהִים · נִכְבָּדוֹת מְדֻבָּר בָּךְ עִיר הָאֱלֹהִים : דְּרִישׁוּת לִדְרוֹשׁ בְּשִׁכְנְךָ מְקוֹם כִּפּוּר שְׁלֵמִים · סְלוּלֵי צִיּוֹן מְבַקְשִׁים תַּפְקִידָם הָרֵם מִכְשׁוֹלִים · הָמוֹן חוֹגֵג עֲלוֹת יֵרָאֶה הֻתַּר שַׁלְשָׁלִים · עֵת כִּי בָא לְחֶנְנָה בְּלִי רְשׁוּלִים · פִּצְחוּ וְרַנְּנוּ יַחְדָּו חָרְבוֹת יְרוּשָׁלַיִם : זוּרְזוּ לְהַקְדִּים שְׁלוּחִים דַּיָּנֵי גֵיא נְבוּאוֹת · צֵאת מִבָּעֶרֶב עֲשׂוּרוֹת כְּרִיכוֹת מֵאֲבִיבֵי תְבוּאוֹת · חוֹל וְשַׁבָּת כְּרַבִּים מְלָכוּתָיו בְּשָׁלוֹשׁ בָּאוֹת · קְבָצוּ עֲיָרוֹת הַסְּמוּכוֹת עֵסֶק גָּדוֹל לְנָאוֹת · חֲשֵׁכָה קְצָרוּהוּ וּנְתָנוּהוּ בְּקֻפָּה וְלַעֲזָרָה מוּבָאוֹת · מַה יְּדִידוֹת מִשְׁכְּנוֹתֶיךָ יְיָ צְבָאוֹת : טוֹבָה כְּפוּלָה וּמְכֻפֶּלֶת לַמָּקוֹם עָלֵינוּ לֵאמֹר · רַבָּה עֳמָרִים בַּמִּדְבָּר כְּנֶגֶדָם אֶחָד לְתָמוּר · יַחְבֵּט וְנִתַּן לְאַבּוּב הָאוּר בְּכֵלוֹ לִגְמוֹר · שְׁטָחוּהוּ בָּעֲזָרָה עֲמָלוֹ לְרוּחַ חַיִּים לִכְמוֹר · כְּמָה כְּבָרֵי מוֹר לַסַּנְטֵר הַלָּז לִזְמוֹר · שְׁבָעוֹת חֻקּוֹת קָצִיר לָנוּ יִשְׁמוֹר : תֻּכַּן בְּלֶתֶת וְצִבּוּר וְנִגְרַס בְּלִי חִסָּרוֹן · בְּשָׁלֹשׁ עֶשְׂרֵי נָפָה יוֹצִיאוּ מִמֶּנּוּ עִשָּׂרוֹן · נָתַן שַׁמְנוֹ וּבְלוֹנָתוֹ יָצַק וּבָלַל בְּהִדָּרוֹן · הֵנִיף וְהִגִּישׁ קָמַץ וּמָלַח וְהִקְטִיר הַזִּכָּרוֹן · מוּר שֻׁלְחָן גָּבוֹהַּ זָכוּ בְּשִׁירֵי הַדּוֹרוֹן · כָּל זָכָר בִּבְנֵי אַהֲרֹן · קָרֵב הָעוֹמֶר שׁוּקֵי יְרוּשָׁלַיִם בְּפֵירוֹת מְעֻטָּרִים · בִּזְרִיזוּת בֵּית דִּין מֵחֲצוֹת רְחוֹקִים מֻתָּרִים · מֵרָחוֹק אֶת יְיָ מֵעֻזְּכֶם זִכְרוּ מַזְכִּירִים וְנִזְהָרִים ·

אור יום הנף The evening preceding the day that the omer was waved, is proper to be numbered; to Zion, that now is cast out, grant a cure; *for it is* a beautiful building; a city that is the light and desire of every heart; the exalted habitation, endowed with ten high and holy degrees; it rejoiceth all hearts; *it is called* Lebanon, because it whiteneth the blood red trespasses of the weary! glorious things are spoken of thee, O thou city of God. Diligently ought we to search for thy habitation, it is the place for the atonement of errors; seek therefore the paths of Zion, and lift up the stumbling-blocks, that the multitude may go up on the holyday to appear when the bonds are loosed; when the time shall come to be gracious to her without delay; and from the nearest place, bring the omer to offer in clean garments; then burst ye forth, and shout, ye desolate places of Jerusalem. The Sanhedrin hastened to send the messengers, from Jerusalem; they went forth at even to make bundles of the green corn; whether it were on the week days, or on the sabbath, *the work was done by* three: the cities near to it assembled to partake of this great business; at night, they cut it, put it in the baskets, and brought it to the court. How amiable *are* thy tabernacles, O Lord of Hosts! Great and excellent benefits may we say the Supreme Being hath bestowed upon us; in the wilderness he gave us many omers, and in return requireth but one; it was put into a frying-pan that was perforated, that the fire *might have power to penetrate every part of it, and* thus made it ready quickly; they spread it out in the court, to dry it in the benign air, that is the life of all work. How many talents of myrrh to praise the keeper, who hath appointed the weeks to the harvest? It was then prepared by soaking it *in water*, heaped up, and broken *in a mill* that none might be lost; *afterwards* it was sifted through thirteen sieves, to select a tenth deal, to which was added the frankincense, and the oil poured on it, to mingle it handsomely: he then waved it, brought it near, took a handful, salted it, and offered for a memorial; the remainder of the present from the border of the table of the Most High, was reserved for all the males among the children of Aaron. When they offered the omer, the streets of Jerusalem were fully adorned with new fruit; those that were distant, depended on the dispatch of the Beth Deen *to eat of new fruit* after noon; remember ye God, who hath been your strength aforetime,

יְרוּשָׁלַיִם הַבְּנוּיָה תַּעֲלֶה עַל לְבַבְכֶם נִמְהָרִים · חִזְקוּ וְתִזְכּוּ לִשְׁמוֹעַ שִׁיר יְשׁוֹרֵר לְהָרִים · הַר בֵּית יְיָ בְּרֹאשׁ הֶהָרִים : לְבֵיתְךָ נַאֲוָה קוֹדֶשׁ נְוֵה תְהִלָּה חוֹמֵל · בֵּית יַעַר הַלְּבָנוֹן מְלַבְלֵב מְגָדִים וְגוֹמֵל · זָהָב פַּרְוַיִם פֵּירוֹת פִּרְחָיו עוֹד מֵהָאֻמֵּל · לְזַרְעוֹ שֶׁל יִצְחָק חֶסֶד בְּיוֹם הִגָּמֵל · אֲרוֹמִמְךָ בְּעִטּוּר בִּכּוּרֵי בְּקַלָּתוֹת מוּזְהָבוֹת וְלֹא בְּתוֹרְמֵל · כְּבוֹד הַלְּבָנוֹן נִתַּן לָךְ הֲדַר הַכַּרְמֶל : יֵרָאֶה כִּפַּת הַמּוֹקֵד תַּשְׁלוּם שָׁלֵם סְבִיבַיִךְ · שְׁמֵךְ כְּשֵׁם מַלְכֵּךְ שְׁעָרַיִךְ כְּשִׁבְטַיִךְ בַּהֲסִבַּיִךְ · הָעֵת כַּעֲדִי תִלְבָּשִׁי הֲדַר סָבִיךְ· בִּמְסִבַּיִךְ · עוֹד תַּעֲדִי תֻפַּיִךְ טְלוּל רוֹבַיִךְ בִּרְחוֹבַיִךְ · שִׁירוֹת כֹּהֲנַיִךְ בַּאֲבִיבַיִךְ · נְעִימוֹת לְוִיַּיִךְ בַּאֲבוּבַיִךְ · שַׁאֲלוּ אֶת שְׁלוֹם יְרוּשָׁלַיִם יִשְׁלָיוּ אֹהֲבָיִךְ : יְתֵרָה חִבָּתֵךְ יְרוּשָׁלַיִם בְּנוֹי שִׁבְעִים שְׁמוֹתַיִךְ · כְּעִיר שֶׁחֻבְּרָה לָהּ הוּפְקְדוּ שׁוֹמְרֵי חוֹמוֹתַיִךְ · מַזְכִּירִים לְרַחֲמֵךְ וּלְשׁוֹמֵךְ תְּהִלָּה בָּאָרֶץ לְיַשֵּׁב שׁוֹמְמוֹתַיִךְ · בְּאַחֲוָה וּבְרֵעוּת וּמִקְדַּשׁ אֵל בְּרָמָה נְוִיוֹתַיִךְ · אֲדַבְּרָה וַאֲבַקְשָׁה טוֹבָה וְשָׁלוֹם בְּאַרְמְנוֹתַיִךְ · יְהִי שָׁלוֹם בְּחֵילֵךְ שַׁלְוָה בְּאַרְמְנוֹתָיִךְ : בָּרוּךְ אַתָּה יְיָ · פּוֹרֵשׂ סֻכַּת שָׁלוֹם · עָלֵינוּ וְעַל כָּל עַמּוֹ יִשְׂרָאֵל וְעַל יְרוּשָׁלָיִם :

וַיְדַבֵּר מֹשֶׁה אֶת מֹעֲדֵי יְיָ אֶל בְּנֵי יִשְׂרָאֵל :

Then say שמונה עשרה as on the preceding Evening, page 8, after which, say, עלינו · ברכת העומר · &c.

# סדר ברכות העומר :

בָּרוּךְ אַתָּה יְיָ אֱלֹהֵינוּ מֶלֶךְ הָעוֹלָם · אֲשֶׁר קִדְּשָׁנוּ בְּמִצְוֹתָיו · וְצִוָּנוּ עַל סְפִירַת הָעוֹמֶר :

הַיּוֹם יוֹם אֶחָד לָעוֹמֶר :

יְהִי רָצוֹן לְפָנֶיךָ יְיָ אֱלֹהֵינוּ וֵאלֹהֵי אֲבוֹתֵינוּ שֶׁיִּבָּנֶה בֵּית הַמִּקְדָּשׁ בִּמְהֵרָה בְיָמֵינוּ וְתֵן חֶלְקֵנוּ בְּתוֹרָתֶךָ :

למנצח בנגינות וכ״ו :

and flow to him: ye *thoughtless* hasty *mortals*, let the built *city* of Jerusalem come into your thoughts; and strengthen yourselves in prayer, that ye may merit to hear the songs sung on the mountain of God's house, that will be exalted *above all mountains*. O thou *who art* merciful, thy holy, beautiful, and excellent house *of* praise, *was called* the house of the wood of Lebanon, because it caused the precious fruit to blossom, and ripen as the gold of Parvah : O may their blossoms be no more cut off; on the day that thou shalt bountifully bestow kindness on the seed of Isaac, will I extol thee with the crowned first fruits, brought in golden baskets, and not coarse sacks; the glory of Lebanon, and the beauty of Carmel shall be given to thee. The vault of the place of burning shall yet be seen in thy temple, and Jerusalem perfect around thee; thy name will be as the name of thy King; thy gates according to the number of thy tribes; at the time thou shalt be clothed with thy glorious ornaments, and thy elders round about thee; thou shalt yet be adorned with thy timbrels, *and* thy youth dancing in the streets; thy priests ministering with the omer, and thy Levites with their tuneful organs. Pray ye for the peace of Jerusalem; they shall prosper that love thee. Thy love is extraordinary, O Jerusalem, with thy seventy names, built as thy city whose equal thou art, *and whose* watchmen are appointed on thy walls, to recommend thee to mercy, make thee a praise on the earth, and cause thy desolate places to be inhabited with brotherhood and friendship; and the temple of God, for the height of thy beauty; I will now say, seek *thy* peace and prosperity within thy palaces. Blessed art thou, O Lord! who spreadeth the tabernacle of peace over us, and over all his people Israel, and over Jerusalem.

## THE FORM OF THE BLESSING FOR THE עומר :

ברוך Blessed art thou, O Eternal, our God; King of the universe! who hath sanctified us with his commandments, and commanded us to count the days of the עומר.

היום This is one day from the עומר.

יהי רצון Let it be acceptable before thee, O Lord, our God, and the God of our fathers, that thy holy temple may speedily be rebuilt in our days; and let our portion be in thy law.

# יוצר ליום שני של
# פסח :

For the Morning Service before האל (see page 14.)

## הָאֵל

בְּתַעֲצֻמוֹת עֻזֶּךָ · הַגָּדוֹל בִּכְבוֹד שְׁמֶךָ · הַגִּבּוֹר לָנֶצַח וְהַנּוֹרָא בְּנוֹרְאוֹתֶיךָ : הַמֶּלֶךְ הַיּוֹשֵׁב עַל כִּסֵּא רָם וְנִשָּׂא :

שׁוֹכֵן עַד מָרוֹם וְקָדוֹשׁ שְׁמוֹ · וְכָתוּב רַנְּנוּ צַדִּיקִים בַּיְיָ לַיְשָׁרִים נָאוָה תְהִלָּה : בְּפִי

| | | | |
|---|---|---|---|
| יְ | שָׁרִים | תִּתְ | הַלָּל : וּבְדִבְרֵי |
| צַ | דִּיקִים | תִּתְ | בָּרַךְ : וּבִלְשׁוֹן |
| חֲ | סִידִים | תִּתְ | רוֹמָם : וּבְקֶרֶב |
| קְ | דוֹשִׁים | תִּתְ | קַדָּשׁ : |

וּבְמַקְהֲלוֹת רִבְבוֹת עַמְּךָ בֵּית־יִשְׂרָאֵל בְּרִנָּה יִתְפָּאַר שִׁמְךָ מַלְכֵּנוּ בְּכָל־דּוֹר וָדוֹר שֶׁכֵּן חוֹבַת כָּל־הַיְצוּרִים לְפָנֶיךָ יְיָ אֱלֹהֵינוּ וֵאלֹהֵי אֲבוֹתֵינוּ · לְהוֹדוֹת לְהַלֵּל לְשַׁבֵּחַ לְפָאֵר לְרוֹמֵם לְהַדֵּר לְבָרֵךְ לְעַלֵּה וּלְקַלֵּס עַל־כָּל־דִּבְרֵי שִׁירוֹת וְתִשְׁבְּחוֹת דָּוִד בֶּן־יִשַׁי עַבְדְּךָ מְשִׁיחֶךָ :

יִשְׁתַּבַּח שִׁמְךָ לָעַד מַלְכֵּנוּ הָאֵל הַמֶּלֶךְ הַגָּדוֹל וְהַקָּדוֹשׁ בַּשָּׁמַיִם וּבָאָרֶץ כִּי־לְךָ נָאֶה יְיָ אֱלֹהֵינוּ וֵאלֹהֵי אֲבוֹתֵינוּ שִׁיר וּשְׁבָחָה הַלֵּל וְזִמְרָה עֹז וּמֶמְשָׁלָה נֶצַח גְּדֻלָּה וּגְבוּרָה תְּהִלָּה

# MORNING SERVICE

#### FOR THE SECOND DAY OF THE

# FEAST OF PASSOVER.

## O GOD!

Who art mighty in thy strength! who art great by thy glorious name! mighty for ever, tremendous by thy fearful acts. The King! who sitteth on the high and exalted throne, inhabiting eternity, most exalted, and holy is his name; and it is written, rejoice in the Lord, O ye righteous, for to the just praise is comely. With the mouth of the upright shalt thou be praised! blessed with the lips of the righteous: extolled with the tongue of the pious; by a choir of saints shalt thou be sanctified.

ובמקהלות And in the congregation of many thousands of thy people, the house of Israel, shall thy name, O our King! be glorified in song, throughout all generations! for such is the duty of every created being, towards thee, O Lord, our God! and the God of our fathers, to render thanks, to praise, extol, glorify, exalt, ascribe glory, bless, magnify, and adore thee, with all the songs and praises of thy servant David, the son of Jesse thine anointed.

ישתבח Thy name shall be praised for ever, Almighty, great, and holy King, in heaven and earth: for unto thee, O Lord, our God! and the God of our fathers, appertaineth song and praise; hymn and psalm; strength and dominion; victory, power and greatness; adoration and glory; holiness

וְתִפְאֶרֶת קְדֻשָּׁה וּמַלְכוּת בְּרָכוֹת וְהוֹדָאוֹת מֵעַתָּה וְעַד־עוֹלָם: בָּרוּךְ אַתָּה יְיָ אֵל מֶלֶךְ גָּדוֹל בַּתִּשְׁבָּחוֹת אֵל הַהוֹדָאוֹת אֲדוֹן הַנִּפְלָאוֹת הַבּוֹחֵר בְּשִׁירֵי זִמְרָה מֶלֶךְ אֵל חַי הָעוֹלָמִים:

וְעַתָּה יִגְדַּל נָא כֹּחַ אֲדֹנָי כַּאֲשֶׁר דִּבַּרְתָּ לֵאמֹר · זְכֹר רַחֲמֶיךָ יְיָ וַחֲסָדֶיךָ כִּי מֵעוֹלָם הֵמָּה:

יִתְגַּדַּל וְיִתְקַדַּשׁ שְׁמֵהּ רַבָּא · בְּעָלְמָא דִי־בְרָא כִרְעוּתֵהּ וְיַמְלִיךְ מַלְכוּתֵהּ · בְּחַיֵּיכוֹן וּבְיוֹמֵיכוֹן וּבְחַיֵּי דְכָל בֵּית יִשְׂרָאֵל · בַּעֲגָלָא וּבִזְמַן קָרִיב וְאִמְרוּ אָמֵן:

קהל אָמֵן יְהֵא שְׁמֵהּ רַבָּא מְבָרַךְ לְעָלַם וּלְעָלְמֵי עָלְמַיָּא: יִתְבָּרַךְ שְׁמוֹ וְיִתְעַלֶּה זִכְרוֹ לָעַד וּלְנֵצַח נְצָחִים:

יִתְבָּרַךְ וְיִשְׁתַּבַּח וְיִתְפָּאַר וְיִתְרוֹמַם וְיִתְנַשֵּׂא וְיִתְהַדַּר וְיִתְעַלֶּה וְיִתְהַלָּל שְׁמֵהּ דְקוּדְשָׁא בְּרִיךְ הוּא · לְעֵילָא מִן כָּל בִּרְכָתָא וְשִׁירָתָא · תֻּשְׁבְּחָתָא וְנֶחֱמָתָא · דַּאֲמִירָן בְּעָלְמָא וְאִמְרוּ אָמֵן:

During the time the Reader chaunts ברכו the Congregation say יתברך.

חזן בָּרְכוּ אֶת יְיָ הַמְבֹרָךְ:

קהל וחזן בָּרוּךְ יְיָ הַמְבֹרָךְ לְעוֹלָם וָעֶד:

בָּרוּךְ אַתָּה יְיָ אֱלֹהֵינוּ מֶלֶךְ הָעוֹלָם · יוֹצֵר אוֹר וּבוֹרֵא חֹשֶׁךְ עֹשֶׂה שָׁלוֹם וּבוֹרֵא אֶת הַכֹּל: אוֹר עוֹלָם בְּאוֹצַר חַיִּים אוֹרוֹת מֵאוֹפֶל אָמַר וַיֶּהִי:

יִתְבָּרַךְ וְיִשְׁתַּבַּח וְיִתְפָּאַר וְיִתְרוֹמַם וְיִתְנַשֵּׂא שְׁמוֹ שֶׁל מֶלֶךְ מַלְכֵי הַמְּלָכִים הַקָּדוֹשׁ בָּרוּךְ הוּא שֶׁהוּא רִאשׁוֹן וְהוּא אַחֲרוֹן וּמִבַּלְעָדָיו אֵין אֱלֹהִים סֹלּוּ לָרֹכֵב בָּעֲרָבוֹת בְּיָהּ שְׁמוֹ וְעִלְזוּ לְפָנָיו וּשְׁמוֹ מְרוֹמָם עַל כָּל בְּרָכָה וּתְהִלָּה: בָּרוּךְ שֵׁם כְּבוֹד מַלְכוּתוֹ לְעוֹלָם וָעֶד: יְהִי שֵׁם יְיָ מְבֹרָךְ מֵעַתָּה וְעַד עוֹלָם:

MORNING SERVICE.

and majesty; blessing and thanksgivings from now and for evermore. Blessed art thou, O Lord, Almighty King! glorified with praises; most worthy of thanksgivings, Lord of miracles, who delighted in the songs of psalmody; King! Almighty and Eternal.

ועתה O may the mighty power of the Lord be now magnified, as thou hast declared, saying, O Lord! remember thy tender mercies, and thy loving kindness, for they have been of old.

יתגדל May his great name be exalted, and sanctified throughout the world, which he hath created according to his will. May he establish his kingdom in our life-time, and in our days, and in the life-time of the whole house of Israel; speedily, and in a short time; and say ye, Amen.

אמן Amen. May his great name be praised, and glorified for ever and ever. Be his name and his memorial blessed always, and for ever.

יתברך May his hallowed name be praised, glorified, exalted, magnified, honoured, and most excellently adored: blessed is he, far exceeding all blessings, hymns, praises and beatitudes, that are repeated throughout the world; and say ye, Amen.

*Reader.* Bless ye the Lord, who is ever blessed.

*Congregation answers.*

ברוך Blessed be the Lord, who is blessed for ever and evermore.

ברוך אתה Blessed art thou, O Eternal, our God! King of the universe! who formeth the light, and createth darkness; preserveth all in concord, and createth all things; even the eternal light in the treasure of everlasting life; he commanded light from darkness, and it was.

יתברך Blessed, praised, glorified, extolled, and exalted, shall be the holy name, of the Supreme King of Kings! blessed is he; for he is the first and the last, and besides him there is no God. Extol him who causeth the uppermost sphere to move by his name JAH! Rejoice before him; for his name is exalted above all blessing and praise. Blessed be the name of the glory of his kingdom for ever and ever. Blessed be the name of the Lord from henceforth and for evermore.

אָפִיק רֶנֶן וְשִׁירִים · לְנוֹשְׂאֵי עַל נְשָׁרִים · אֲשׁוֹרֵר כְּעָנִי שָׁרִים · שִׁיר הַשִּׁירִים : אָיוֹם שִׂבַּע שׁוֹקֵקוֹת · נָחֲנִי עֲסִיסוֹ לְהַשְׁקוֹת · אֵלְפַנִי דָת בִּנְשִׁיקוֹת · יִשָּׁקֵנִי מִנְּשִׁיקוֹת : בְּטַחְתָּה לְאוֹת מַאֲמִינָיִךְ · הַמְטַרְתָּ לָמוֹ מַגֶּיךָ · בְּחַרְתָּם הִשְׁתַּעֲשֵׁעַ בְּאָמְנֶיךָ · לְרֵיחַ שְׁמָנֶיךָ : בְּהַקַּתְּ אוֹר שַׁחֲרֶיךָ · זָרוּעַ לְאוֹם מְשַׁחֲרֶיךָ · בּוֹאִי בְּנִצּוּחַ לְשַׁחֲרֶיךָ · מָשְׁכֵנִי אַחֲרֶיךָ : גֵּאָה עֲדוּי גַּאֲוָה · עֲבוּר בְּרָאשֵׁי הַתַּאֲוָה · גּוֹרָלִי הַשְׁפִּיר וְהִנְוָה · שְׁחוֹרָה אֲנִי וְנָאוָה : גּלַף לְחוּת חָרֶת · יְקָרָה מִדֵּר וְסוֹחֶרֶת · גֵּיאַנִי וְלֹא לְאַחֶרֶת · אַל תִּרְאוּנִי שֶׁאֲנִי שְׁחַרְחֹרֶת : דִּלֵּג קֵץ לְהַבְדִּילִי · מִמְּשׁוּלֵי מַר מְדַלִּי · דִּגְלַנִי וְשָׂח לְגַדְּלִי · הַגִּידָה לִּי : דְּרוֹד קָרָא לְפָרְעִי · כְּאָב מְיַסְּרִי וּמְיַדְּעִי · דַּרְבָּן כְּבָקָר רַדְּעִי · אִם לֹא תֵדְעִי : הֵנִים יָם וּקְרָעוֹ · וְצָר בְּסַאסְּאָה פְּרָעוֹ · הִקְדִּים פָּנָיו וְהִכְרִיעוֹ · לְסֻסָתִי בְּרִכְבֵי פַרְעֹה : הֱבִינַנִי סוֹדֵי סְתָרִים · עִנְּדַנִי שְׁלוֹשׁ כְּתָרִים · הִשְׁמִיעַ לְמִנְחַת תּוֹרִים · נָאווּ לְחָיַיִךְ בַּתּוֹרִים : וַתֵּר דֵּי זָהָב · אוֹיְבַי זִקֵּק טָהַב · וְהֶעֱנִיק לְזֶרַע אֹהַב · תּוֹרֵי זָהָב : וְזָכַר בְּרִית סָבוֹ · וּמִפְלֶשֶׁת עַם הֱסִבּוֹ · וְנִכַּח סִין סִבְּבוֹ · עַד שֶׁהַמֶּלֶךְ בִּמְסִבּוֹ : זְכוּת עֲקוּד מוֹר · אֵין רַחֲמִים לִכְמוֹר · זִלְעֵף בְּשַׂר חֲמוֹר · צְרוֹר הַמֹּר : זִכְרוֹן מְשָׁלֵי אֵפֶר · חָק בְּגִינָם בַּסֵּפֶר · זָרִים תֵּת כֹּפֶר · אֶשְׁכֹּל הַכֹּפֶר : חָבַשׁ מַהֵין טְרִיָּתִי · כְּסָה עֵרוֹם עֶרְיָתִי · חִבְּבַנִי כְּשֶׁעָשׁוּ גַּעֲיָתִי · הִנָּךְ יָפָה

אפיק I will offer songs and praise, to him who carried me on *eagles* wings; I will sing, as they who sung the canticle. He who is tremendous satisfieth those that are languid; he led me to drink of *his* sweet *drink* he instructed me in the law; O may he again caress me. Thou hast regard to the feebleness of those who believed in thee; thou causest מָן to rain for their food, and didst choose them to delight themselves in thy law, with thy balsamic oil. Thou didst enlighten them with thy morning rays; the people that sought thee. I also am come to seek thee ardently, O draw me after thee! He who is gloriously adorned with majesty, was pleased to pass on before me; he beautified and adorned my portion; although I am black, yet I am comely. He engraved the law, that is more valuable than סוחרת and דר (precious stones); he exalted me *above all* others; O look not disdainfully upon me, because I am black. He hastened the time of my redemption, and separated me from among the heathens, as a drop of the bucket; he raised my banners, and said he would exalt me; *thus did he* declare unto me. He called freedom for my redemption; as a father, he chastised, and guided me as with an ox goad when I was heedless. He divided the sea; it fled, and paid my oppressor in measure; he preceded him, and forced him *to enter the sea;* even horses in the chariots of Pharoah. He made me understand the hidden secrets; he adorned me with a threefold crown; I offered turtle doves unto him; he proclaimed, saying, thy cheeks are comely with rows of jewels. He gave me abundance of gold; he precipitated my enemies into the sea with shame; and loaded the posterity of his beloved (Abraham) with jewels of gold. He remembered the covenant of the patriarch (Abraham) and led them about from *the land of* the Philistines; and compassed them opposite Sin; the Eternal King was in the midst of them. The merit of him (Isaac) who was bound on mount מוריה hastily caused his mercy to yearn; and burned the flesh of those *that are compared to* asses, (the Egyptians) for the sake of him who was bound on mount מוריה. In memory of those who compared themselves to dust, he wrote in the book, that he would give strangers for their redemption; he, the Eternal! (אשכול הכופר). He bound up my sore wound, and covered my nakedness; he was enamoured with me when he heard my cry, and said, behold, thou art fair, my love. He broke the yoke of my

רַעְיָתִי : חִבֵּל עוֹל דוֹדִי · נָגַף שׁוֹלְלֵי רְדִידִי · חִדַּשְׁתִּי שִׁיר לִידִידִי · הִנְּךָ יָפֶה דוֹדִי : טָהוֹר פַּעְנֵחַ רָזִים · חַכְמֵי מִדּוֹת מַפְרִיזִים · טַעֲמֵי תוֹרוֹת הוֹרְזִים · קֹרוֹת בָּתֵּינוּ אֲרָזִים : טוֹב עֵדָה מְגֻלֶּלֶת · עֲגָלָה גּוֹי מְפֻצֶּלֶת · טְלָאוֹ סָךְ כִּבְחוֹצֶלֶת · אֲנִי חֲבַצֶּלֶת : יִשְּׁרַנִי מֵעִיקּוּשׁ וְהִיהִים · חֲשָׁבַנִי מִבּוּל שׁוֹחֲחִים · יִקְּרַנִי בְּגֵיא צְחִיחִים · כְּשׁוֹשַׁנָּה בֵּין הַחוֹחִים : יוֹשְׁבֵי נוֹף כְּנָעַר · חַיַּת קָנֶה יִגְעַר · יְחַלְּצֵנִי מִמְּכַרְסֵם מִיַּעַר · כְּתַפּוּחַ בַּעֲצֵי הַיַּעַר : כְּגִבּוֹר מִתְרוֹנֵן מִיַּיִן · יָקִיץ וְהֵרִיק זַיִן · כֹּהֲנֵי לְנַסֵּךְ יַיִן · הֱבִיאַנִי אֶל בֵּית הַיָּיִן · כַּפּוֹת מְשִׁיחֲכֶם בּוֹשְׁשׁוֹת · חֵרְפוּנִי טוֹחֵי עֲשָׁשׁוֹת · כְּלַפִּיד אֵשׁ בַּחֲשָׁשׁוֹת · סַמְּכוּנִי בָּאֲשִׁישׁוֹת : לִי יִשְׁקוֹד לְדָרְשִׁי · מִכַּף מְשַׁדְּדֵי וְחֹרְשִׁי · לְהַרְבִּיצֵנִי בִּנְוֵה מִדְרָשִׁי · שְׂמֹאלוֹ תַּחַת לְרֹאשִׁי : לִסְבּוֹל עוֹל גָּלוּתְכֶם · בְּלִי לִדְחוֹק גְּאֻלַּתְכֶם . לְהָחִישׁ יֶשַׁע בְּעִתְּכֶם · הִשְׁבַּעְתִּי אֶתְכֶם : מֵרִים רֹאשִׁי וּכְבוֹדִי · לֶקַח טוֹב הִזְבִּידִי · מַלְאָכָיו צָו לְרַדִּי · קוֹל דּוֹדִי : מִגֵּר בְּאַף מַעֲצִיבִי · נִחֲלַנִי חֶמְדַּת צְבִי · מְדַמֶּה לְעוֹפֶר נְצִיבִי · דּוֹמֶה דוֹדִי לִצְבִי : נִיעַר מֵצַר לִי · עָנָנִי בְּצַר לִי · נִינַי חָסוּ בְצִלִּי · עָנָה דוֹדִי וְאָמַר לִי : נְגִידִים לִי דִבֵּר · שִׁבְעָה קוֹלוֹת כְּמִדַבֵּר · נְטִפֵי מוֹר הֶעֱבֵר · כִּי הִנֵּה הַסְּתָו עָבָר : סָבַת שַׁוְעִי וַיִּרֶץ · שָׁלַח גּוֹדְרֵי פֶרֶץ · סוֹנִים תֵּבֵל בְּמֶרֶץ · הַנִּצָּנִים נִרְאוּ בָאָרֶץ : סוּגָה עֻוְּיוֹ מוֹגֶיהָ · מוֹף כַּדּוֹנַג

oppressor, and smote those that robbed me of my ornaments; I then composed a new song for my beloved; saying, behold, thou art fair, my beloved. He who is most pure hath discovered the hidden secrets to the sages, who extend good morals; who connect the reason of the laws; they, the cedars, (the sages) the beams of our house. He *who is* good, *commanded me* to spoil עגלה (Egypt), the nation which oppressed me; he took his lambs (Israel) under his protection; then was I graceful, and compared to a narcissus. He led me into the paths of rectitude; he kept me from the perverseness of the idolators, and from bowing to a stock; he exalted me in the dry valley, as a rose among the thorns. As he rebuked the inhabitants of נוף (Egypt), so shall he rebuke the company of spearman; may he deliver me from the boar of the wood that wasted me; amongst whom I am as the apple-tree among the trees of the wood. As a hero that shouteth by reason of wine, he awaked, and girt on his armour; to enable my priests to pour out wine; he brought me to the banqueting house (the temple.) Those whose eyes are closed up, and darkened, reproach me, saying, the feet of your Messiah tarry, which is as a fire-band in my heart; but I am stayed with flagons. He yet will hasten to seek me, from the hand of those that spoil and waste me; to make me rest in the house of my desire, for his left hand is the support of my head. Bear ye the yoke of your captivity, and attempt not to force your redemption; to hasten the time of your salvation: thus I charge you. He who is the exaltation of my head, and my glory, hath endowed me with a good portion (the law); he commanded his angels to lead me; it was the voice of my beloved. In wrath he cast down those who grieved me; he made me inherit the desirable beautiful land; my prince is like to a fawn, *as is said*, my beloved is like a roe. He overthrew those that afflicted me: he answered me in my trouble; saying, my children take refuge under my shadow: thus spake my beloved, and said unto me. He spoke excellent words to me, when he let me hear the seven voices; he caused the droppings of myrrh to pass by: for lo, the winter past. He hearkened to, and favourably accepted my prayer; he sent those qualified men (Moses and Aaron); in haste he destroyed the סונים (the Egyptians): thus, the flowers appear on the earth. He sent a spirit of giddiness into those that consumed the nation, for

לְמוּגֶּיהָ · סוּעֲרָה מֵאֲנָחָה לְהָפִיגָהּ · הַתְּאֵנָה חָנְטָה פַגֶּיהָ :
עִזִּים שֵׁת כְּסֶלַע · רָאשֵׁי תַנִּינִים לְקַלַּע · עֲלוֹת פְּדוּיָה לְצֵלַע ·
יוֹנָתִי בְּחַגְוֵי הַסֶּלַע : עִזּוּז הִדְרִיךְ בַּנְּעָלִים · יוֹפִי פְּעָמַי נְעָלִים ·
עֲרִף קָמַי בַּשְּׁעָלִים · אֶחֱזוּ לָנוּ שֻׁעָלִים : פֵּץ לִי מַחֲשִׁילִי ·
מַה דּוֹדֵךְ מִשֶּׁלִּי · פּוֹצֵי מֶרֶפֶשׁ וּמִדְּלִי · דּוֹדִי לִי : פִּלַּלְתִּי
לְנוֹרָא וְאָיוֹם · רְאוֹת כְּמוֹת יוֹם · פְּקַח קוֹחַ אֲסִירַיִךְ לִפְדְיוֹם ·
עַד שֶׁיָּפוּחַ הַיּוֹם : צָעַקְתִּי לְצוּר מַכְאִבִי · מָתַי תַּתּוּל מַכְאוֹבִי ·
צְפוּת בְּאָבְדָן מוּרְכָּבִי · עַל מִשְׁכָּבִי : צַחְנָתִי הָתֵם נָא ·
שׁוּר מֵרֹאשׁ אֲמָנָה · צִיּוֹן קִרְיָה נֶאֱמָנָה · אָקוּמָה נָּא : קִוִּיתִי
לְמַשְׁפִּיל וּמֵרִים · לְחַפְּשִׂי כְּאָז מֵחֲמוֹרִים · קוֹבֶלֶת מֵאֲרָיוֹת
וּנְמֵרִים · מְצָאוּנִי הַשֹּׁמְרִים : קַרְנוֹת עֶשֶׂר שִׁבַּרְתִּי · לְאֻמִּים
הִתְהִתָּךְ הִדְבַּרְתִּי · קוֹלוֹ שִׁמְעֲנִי וְהוּגְבַּרְתִּי · כִּמְעַט שֶׁעָבַרְתִּי :
רוֹמַמְתִּי קֶרֶן נְגִידְכֶם · יֶשַׁע אָשִׁית מַדִּיכֶם · רוֹגְנִים מִלְּגַלּוֹת
סוֹדְכֶם · הִשְׁבַּעְתִּי אֶתְכֶם : רַבָּתִי אִשִּׁים בְּעוּלָה · מִכָּל עֲלָמוֹת
לְעַלָּהּ · רְצוּיָה כְּרֵיחַ עוֹלָה · מִי זֹאת עֹלָה : שֵׁרֵת בְּבֵית
אוּלָמוֹ · אַפִּדְנֵי שִׁבּוּץ יַהֲלוֹמוֹ · שֶׁתִּיָּה מִכְּלַל עוֹלָמוֹ · הִנֵּה
מִטָּתוֹ שֶׁלִּשְׁלֹמֹה : שׁוֹאֲגֵי בְּקוֹל עָרֵב · יִחוּד בֹּקֶר וָעֶרֶב ·
שְׁנוּן שְׁחוֹרוֹת כְּעוֹרֵב · כֻּלָּם אֲחֻזֵי חֶרֶב : תַּלְפִּיּוֹת דְּבִיר
הֵיכָלוֹ · כָּבוֹד אוֹמֵר כֻּלּוֹ · תֵּעֵף רְאֵמִים הִכְלִילוֹ · אַפִּרְיוֹן

the Egyptians were melted as wax: because they would not suffer her (the nation) who was tossed about, to have respite from trouble till the time that the fig-tree put forth her green figs. He made the mighty waters as hard as a rock, thereon to dash the heads of the crocodiles (the Egyptians), while the redeemed went out on the other side: my dove is in the clefts of the rock. He who is mighty, made those that are praised for the beauty of their steps pass over dry shod: he broke the neck of my enemies in the paths; here the cunning foxes were taken. Those that oppress me, say to me, what is thy beloved, more than my beloved? *to which I answer*, he drew me out of the mire, and exalted me, for my beloved is mine. I have supplicated him who is fearful and tremendous, to let me see the concealed day, to open the prison for the redemption of thy captives, before the consuming day cometh. I cried to my Rock, because of my sorrow, saying, when will a cure be applied to my wound? When shall I see the destruction of those who have treated me insolently? thus I spake by night on my bed. Consume my sin; view my faithfulness from times of old, even Zion, the faithful city: O let me rise up, and go thither. I confide in him who bringeth down and exalteth: he did aforetime deliver me from the power of the unchaste (the Egyptians); he will also free me from the lions and leopards: lo, they who laid wait for me, found me. I will break the ten horns, subdue nations under thee: thus, he made me hear his voice, which strengthened me, otherwise, I should have been no more. I will exalt the horn of your anointed, and clothe you with the garments of salvation; and murmur not, because I reveal not your secrets, I charge you. The city that was populous, (Jerusalem), will I again cause to be married; above all nations shall she be exalted, and accepted as the sweet savour of a burnt-offering: then the Gentiles will say, who is this that is so exalted? Then shall we serve in his temple, in his embroidered ephod set with precious stones: it is the perfect foundation of the world. Behold, his bed, (the temple) which is Solomon's, there they supplicate with a pleasant voice, and proclaim his UNITY, morning and evening; there the young men, whose hairs are as black as ravens, are diligently instructed in the law: all of them are armed with swords. All mouths pray to the oracle of his palace; and all speak of its glory: with the

עָשָׂה לוֹ : חזן תַּחֲנָתוֹ אוֹרָה וְכֶסֶף · לוֹ הַזָּהָב וְהַכֶּסֶף · תָּאָיו רָצִיף בְּכוֹסֶף · עַמּוּדָיו עָשָׂה כֶסֶף :

חזן צְאֶינָה וּרְאֶינָה קהל וחזן מֶלֶךְ בְּיָפְיוֹ מוּכְלָל :

חזן הִנָּךְ יָפָה קהל וחזן שׁוּבָה מְחַלֶּקֶת שָׁלָל :

חזן שִׁנַּיִךְ קהל וחזן לְחִתּוּךְ פְּרָט וּכְלָל :

חזן כְּחוּט הַשָּׁנִי קהל וחזן מְשׁוֹרֶרֶת לוֹ מְהַלֵּל :

חזן כְּמִגְדַּל דָּוִיד קהל וחזן בְּרוּם אֲשִׁיּוֹתָיו מוּתְלָל :

קהל שְׁנֵי שָׁדַיִךְ יְכִילוּ מְלֹא כָּל הֶחָלָל · עַד שֶׁיָּפוּחַ רֵיחַ נִדְבְּכִין מוּגְלָל · כֻּלָּךְ יָפָה כְּנוֹצְצִים כְּעֵין קָלָל · אִתִּי יָפָתִי קִשּׁוּרַיִךְ לְהִתְכַּלֵּל · לִבַּבְתִּנִי וְאֵרַשְׂתִּיךְ נוֹגְשַׂיִךְ לְהִתְעוֹלֵל · מַה יָּפוּ מַעְגְּלוֹתַיִךְ וְאוֹרְחֵךְ סוֹלֵל · נוֹפֶת תִּטּוֹפְנָה חִכֵּךְ זֶבֶר קְדֻשָּׁה לִכְלָל · חזן לְרוֹמֵם גָּדוֹל וּמְהֻלָּל · הַמֵּאִיר גֵּיא וְחָלָל :

Then say המאיר לארץ the same as yesterday, (page 46.)

חזן גַּן נָעוּל אוּוָּה שׁוֹכֵן תַּרְשִׁישִׁים · שְׁלָחַיִךְ בָּחַר כְּעִירִין וְקַדִּישִׁין · נֵרְדְּ וְכַרְכֹּם גֹּמֶר תְּמְרוּתַיִךְ לְהַעֲשִׁין · מַעְיָן דָּלוּחַ גֹּעַל וְהָאֲשִׁים : עוּרִי הַמְּחַצֶּבֶת רַעַב לְגָזִים · בָּאתִי וְהוֹשַׁת לִי דֶּרֶךְ בְּעַזִּים · אֲנִי יְשֵׁנָה זַךְ הִנְנִי בַּחֲרוּזִים · פָּשַׁטְתִּי חֶלְיָתִי בְּכִרְעִי לִתְרָזִים :

strength of the unicorn he established and perfected his holy temple. He earnestly desired it for his resting place: it was decorated with gold and silver the pavement of his chambers were delightful; the pillars thereof were made of silver.

צאינה *Reader.* Go forth, and observe. *Cong. and Read.* The King, adorned in all his beauty.

הנך *Read.* Lo! thou art fair. *Cong. and Read.* In the portion of the spoil which thou didst spoil.

שניך *Read.* Thy teeth. *Cong. and Read.* To express general and particular terms.

כחוט *Read.* *Thy lips are* like a scarlet thread. *Cong. and Read.* When they sing praise to him.

כמגדל *Read.* Like the tower of David. *Cong. and Read.* Heaped on the exalted foundation.

שני שדיך Thy two breasts contain that which filleth the whole world till the savour of the incense shall ascend in the temple that is to be built of rows of marble. Thou art wholly fair, as the bright sparkling angels, With me my beautiful bride, shalt thou be completely adorned; thou didst ravish my heart, I therefore betrothed thee, to destroy thine oppressors. How beautiful are thy ways, and beaten paths! thy palate drops as the honey-comb, with the portion of sanctified praise, wherewith thou didst crown, exalt, extol, and praise him, who enlighteneth the earth and the atmosphere.

גן נעול He who dwelleth among the תרשישים (angels) desireth the enclosed garden: he made choice of the messengers, who were compared to the עירין and קמישין (angels), and as the spikenard and saffron which thou didst offer, and didst cause the smoke to ascend; but the troubled fountain [the Egyptians] hath he abominated and destroyed. Awake as when thou didst smite the Egyptians, to let thy people pass over; I went through the path that was formed for me in the mighty waters; while I slept, he who is pure, adorned me with chains of gold and pearls; but I was stript of mine ornaments, when I bowed to the images.

דּוֹדִי טִכְּסַנִי תַּבְנִית מֶרְכָּבוֹ · קַמְתִּי יִחַדְתִּיו כַּחֲצוּבֵי שַׁלְהֲבוֹ · פָּתַחְתִּי כְּבוֹדוֹ חָמַק מִלָּבוֹא · מְצָאוּנִי לוֹחֲמֵי פְּצָעוּנִי בְּנָווֹ · הִשְׁבַּעְתִּי כְּחֻלָּתִי לְדוֹדִי לְהַוּוֹת · מַה דּוֹדֵךְ נָמוּ אֱלֹתַי קוֹשְׁבוֹת :

דּוֹדִי סַלְסוּלוֹ בְּרִבֵּי רְבָבוֹת · רֹאשׁוֹ עָטוּר רְכוּבוֹ בָּעֲרָבוֹת · עֵינָיו כְּיוֹנִים · פּוֹנוֹת בְּכָל הֶגְיוֹנִים · לְחָיָו כַּעֲרוּגוֹת צוֹמְחוֹת בּוֹשֶׂם רִגְיוֹנִים · יָדָיו פְּשׁוּטוֹת מְקַבְּלוֹת הֶגְיוֹנִים · שׁוֹקָיו רָמוּ לַהֲדוֹךְ גֵּאוֹנִים :

חזן חִכּוֹ מַמְתַּקִּים · שַׁעֲשׁוּעַ מִדְרָשׁ וְחֻקִּים · אָנָה הָלַךְ שֶׁרַעְיָתוֹ מְדִקִּים וְשׁוֹחֲקִים · דּוֹדִי תְּפוּצוֹתַי יְכַנֵּס מִמֶּרְחַקִּים · אֲנִי תִּפְאַרְתּוֹ אֲשַׁנֵּן כְּלוֹהֲטִים הַמִּתְלַהֲקִים :

Then say from והחיות (page 49,) to אין אלהים זולתך (page 52.)

אוֹדְךָ כִּי עֲנִיתָנִי · מוֹעֵד מִפֶּרֶךְ הִדְרַרְתָּנִי · לֹא יָדַעְתִּי נַפְשִׁי שַׂמְתָּנִי : בְּחַרְתַּנִי סֶגֶל לְהַעֲמִירַת · שֶׁפֶר נַחֲלָתֵךְ עוֹלָמִית · שׁוּבִי שׁוּבִי הַשּׁוּלַמִּית : גְּאַלְתִּיךְ מִלַּחַץ מְזָעִימַיִךְ · לָחוֹק חַגֵּי מַנְעִימַיִךְ · מַה יָּפוּ פְעָמַיִךְ : דִּמְיוֹן מִשְּׁבִילַיִךְ יוּזְהַר · מַרְאֵיהֶן כְּרָקִיעַ מוּנְהָר · שָׁרְרֵךְ אַגַּן הַסַּהַר : הִצְמַתִּי כָּל מַעֲבִידָיִךְ · בְּהִתְלוֹנְנִי בֵּין בַּדָּיִךְ · שְׁנֵי שָׁדַיִךְ : וְכִחַתִּי צָרַיִךְ לֶעָשֵׁן · יִדַּעְתִּיךְ לָאֵפוֹד וְלַחֹשֶׁן · צַוָּארֵךְ כְּמִגְדַּל הַשֵּׁן : זָעַכְתִּי קָמַיִךְ לְהַאֲמֵל · רַצַּצְתִּים כְּקָנֶה קָמֵל · רֹאשֵׁךְ עָלַיִךְ כַּכַּרְמֶל : חוֹשֶׁר לַחְמֵי הוּטְעַמְתְּ · בְּשׁוֹבַע שְׂמָחוֹת הוּנְעַמְתְּ · מַה יָּפִית וּמַה נָּעַמְתְּ : טוּוֵי יְרִיעוֹת רִקְמָתֵךְ ·

דודי My beloved ornamented me with his law; I therefore rose up to declare his Unity as those [angels] that are hewn out of fire; I repented, but his glory turned aside from coming to me; so that those that warred against me, found me, and wounded me in his habitation [the temple]; I charge ye to tell my beloved of my wound. What is my beloved? said they who heard my charge.

דודי My beloved is praise among the myriads *of angels;* his head is crowned *with my prayers;* he rideth above the skies; his eyes are as the eyes of doves, to view every hidden thing; his cheeks are like the beds, from whence spring the desirable spices; his hands are stretched out to receive the prayers of those *that repent;* his legs are high to trample on the proud.

חכו His mouth is most sweet, delighting in the study of the statutes; where is thy beloved gone, *say the Gentiles,* that he suffereth thee to be bruised and broken? My beloved will gather my dispersed from the far distant countries; when I will speak of his glory, as the assembly of flaming angels.

אודך I will praise thee, because thou didst answer me, and at the appointed time didst redeem me from bondage, even before my soul was aware of it. Thou didst choose me for thy peculiar people; O beautify thine everlasting heritage; cause us to hear the expression, return, return, O Shulamite! (Israel). I have redeemed thee from the oppression of those who vexed thee, to celebrate thy amiable festivals; how beautiful are thy steps! Thy wise men shall again be resplendent, shine as the bright heaven, thy סנהדרין as the full moon. I destroyed all thy oppressors. When I lodged between the two staves of the ark, I rebuked thine enemies; they vanished like smoke. I have arrayed thee with the ephod and breast-plate; I have exalted thee; behold, thy neck is as strong as a tower of ivory. I destroyed and cut off those that rose up against thee; I broke them as the reed that is cut down; I have raised thy head on high, like mount כרמל, I caused thee to taste the pure food (מן); with joy wast thou made pleasant; how fair, and how amiable art thou! Thy woven *and* embroidered curtains, for the lovely habitation which thou didst raise up; this was a sign of thine uprightness. *This* together with the ascending pillar of smoke, of the incense *that I commanded thee* to burn in the holy of holies, *was the*

יְדִידוּת שֶׁכֶּן הַקָּמְתֵּךְ · זֹאת קוֹמָתֵךְ : יַהַד רֵיחֵךְ תְּמַר · קֹדֶשׁ קָדָשִׁים לְתָמַר · אָמַרְתִּי אֶעֱלֶה בְתָמָר : כִּנַּסְתִּיךְ לְהָהָר הַטּוֹב · לְרָחוּשׁ דָּבָר טוֹב · וְחִכֵּךְ כְּיֵין הַטּוֹב : לֶאֱגוֹד גְּדָחִי וּלְוַעֲדִי · וְלִרְאוֹת בְּקִרְיַת מוֹעֲדִי · אֲנִי לְדוֹדִי : מָעוֹן נֶחֱרַשׁ כַּשָּׂדֶה · נָאוֹר מְזִוּוּךְ תֶּחֱדֶה · לְכָה דוֹדִי נֵצֵא הַשָּׂדֶה : נָא שָׁאַג מִמְּרוֹמִים · יֵרְדוּ לְטֶבַח רְאֵמִים · נַשְׁכִּימָה לַכְּרָמִים : סוּרָה בְּאוֹרֵךְ תַּזְרִיחַ · מִנְחָתָהּ כְּקֶדֶם תָּרִיחַ · הַדּוּדָאִים נָתְנוּ רֵיחַ : עֲלוֹז בְּשִׂמְחַת אַרְמוֹנֵךְ · וְלָרוּץ בְּיוֹם חִתּוּנֵךְ · מִי יִתֶּנְךָ : פְּרָזוֹת מוֹשַׁב צְבָאֶיךָ : סֹבֵב כֹּהֵן נְבִיאֶךָ אֶנְהָגְךָ אֲבִיאֲךָ : צִפְצוּף נוֹעַם בְּדָרְשִׁי · נֶחֱמָדִים מִפָּז בְּפִרְשִׁי · שְׂמֹאלוֹ תַּחַת רֹאשִׁי : קֵץ אַהַב נִדְבַתְכֶם · זְמַנּוּ מִלְּעוֹרֵר מְתֵיכֶם · הִשְׁבַּעְתִּי אֶתְכֶם : רְצוּצַת זָרִים וְרְעוּלָה · קוֹמְמִיּוּת הוֹלֶכֶת וּמִתְעַלָּה · מִי זֹאת עֹלָה : שְׁעֵה שִׁיר מִכְתָּם · הַשְׁכְּנִי מְזִדִּים וְאֵיתָם · שִׂימֵנִי כַחוֹתָם : תּוֹקֶף עוֹז אֲהָבִים · בַּל יִשְׁטְפוּן רְהָבִים · מַיִם רַבִּים :

חזן מַיִם רַבִּים תְּלַלְתָּ עֲרֵמוֹת · אַדִּיר בַּמְּרוֹמוֹת · תָּשִׁית יָם לַחֲרֵמוֹת · וְנַפִּיק לָךְ רוֹמֵמוֹת :

Then עזרת (page 54,) till קדוש ישראל (page 55,)

בְּרַח דוֹדִי אֶל מָכוֹן לְשִׁבְתָּךְ · וְאִם עָבַרְנוּ אֶת בְּרִיתָךְ · אָנָּא זְכוֹר אִוּוּי הֲפִתָּךְ · הָקֵם קוֹשְׁטְ מִלָּתָךְ · כּוֹנֵן מְשׂוֹשׂ קִרְיָתָךְ · הַעֲלוֹתָהּ עַל רֹאשׁ שִׂמְחָתָךְ :

בְּרַח דוֹדִי אֶל שָׁלֵם סֻכָּךְ · וְאִם תָּעִינוּ מִדַּרְכָּךְ · אָנָּא הָצֵץ מֵחֲרַכָּךְ · וְתוֹשִׁיעַ עַם עָנִי וּמוּתְכָּךְ · הַמְתֵּק מֵהֶם לְשַׁכָּךְ · וּבְאֶבְרָתְךָ סֶלָה לְהִסְתּוֹכֵךְ :

*reason that* I said, I will appear in the ascending smoke. I brought thee to this goodly mountain, to instruct thee in good words, *for* thy palate is like the best wine. He will gather together my outcasts, and appoint their appearance in my appointed city; then shall I say I *am* my beloved's. Cause the habitation that has been plowed as a field, to be enlightened with thy splendour. Come, my beloved, let us go forth, and visit the desolate field (ציון). I beseech thee, proclaim from heaven, and decree the destruction of the proud tyrants; then will we go up early to the vineyards. Cause thy light to shine on her who is an outcast; and accept the sweet savour of her offering as aforetime; *for* the mandrakes even send forth their scent. O cause them to rejoice with the joy of thy palace, and to exult as on the day of thy espousals; O that thou wert *to do so*. The villages that are to be the dwellings of thy hosts, encircle according to the vision of thy prophets; I would *then* lead thee, and bring thee thither. When I utter the beautiful explanations *of the law*, that is more precious than gold; *then* his left hand supports my head. The end of the time which ye cheerfully await, and that ye do not rouse your men *to action, is what* I charge you. Those that were bruised and trembled, (Israel) shall again walk high and securely; *when the Gentiles will say*, who *is* this that cometh up so magnificently? Accept the song of those that are poor, *but* perfect: withhold me from presumptuous sins, and then set as a seal upon thine heart. *My* strong love cannot be quenched by the proud ones, *who are compared to* the mighty waters.

מים Thou didst aforetime divide the mighty waters, and didst raise them on heaps. O thou *who art* mighty in the heavens, wilt again divide the sea; when we will loudly extol thee.

ברח דודי Hasten, O my beloved, to *thy* established habitation; and though we have broken thy covenant, yet, we beseech thee, to remember the desirable canopy (the temple); confirm the certainty of thy promise, *and* establish thy joyful city, which I prefer above my chief joy.

ברח דודי Hasten, O my beloved, to thy tabernacle *in* Jerusalem; and though we have strayed from thy way, yet, look from thy windows, and save the poor consumed people; avert thy wrath from them, and shelter them under thy wings for ever.

בְּרַח דּוֹדִי אֶל לִבְּךָ וְעֵינֶיךָ שָׁם · וְאִם זָנַחְנוּ טוֹב מֵרֶשַׁע · אָנָּא שְׁמַע שַׁאֲגַת קוֹל צוֹרְרֶיךָ וְרִגְשָׁם · רַוֵּה מִדָּם גּוּשָׁם · וַעֲפָרָם מֵחֵלֶב יְדֻשָּׁן · וּפִגְרֵיהֶם יַעֲלֶה בְאָשְׁם :

בְּרַח דּוֹדִי אֶל מָרוֹם מֵרִאשׁוֹן · וְאִם בָּגַדְנוּ בְּכַחֲשׁוֹן · אָנָּא סְכוּת צִקּוּן לַחֲשׁוֹן · דַּלּוֹתִי מִטְּבוּעַ רִפְשׁוֹן · גְּאוֹל נְצוּרֵי כְּאִישׁוֹן · כְּאָז בַּחוֹדֶשׁ הָרִאשׁוֹן :

בִּגְלַל אָבוֹת תּוֹשִׁיעַ בָּנִים · וְתָבִיא גְאֻלָּה לִבְנֵי בְנֵיהֶם
בָּרוּךְ אַתָּה יְיָ גָּאַל יִשְׂרָאֵל :

Then say שמונה עשרה, (page 56 till 60.)

## תפלת לשליח צבור :

בָּרוּךְ אַתָּה יְיָ אֱלֹהֵינוּ וֵאלֹהֵי אֲבוֹתֵינוּ אֱלֹהֵי אַבְרָהָם אֱלֹהֵי יִצְחָק וֵאלֹהֵי יַעֲקֹב הָאֵל הַגָּדוֹל הַגִּבּוֹר וְהַנּוֹרָא אֵל עֶלְיוֹן · גּוֹמֵל חֲסָדִים טוֹבִים · וְקוֹנֵה הַכֹּל וְזוֹכֵר חַסְדֵי אָבוֹת וּמֵבִיא גוֹאֵל לִבְנֵי בְנֵיהֶם לְמַעַן שְׁמוֹ בְּאַהֲבָה : מֶלֶךְ עוֹזֵר וּמוֹשִׁיעַ וּמָגֵן :

מִסּוֹד חֲכָמִים וּנְבוֹנִים · וּמִלֶּמֶד דַּעַת מְבִינִים · אֶפְתְּחָה פִּי בְּשִׁיר וּרְנָנִים · לְהוֹדוֹת וּלְהַלֵּל פְּנֵי שׁוֹכֵן מְעוֹנִים :

קהל אֲסִירִים אֲשֶׁר בַּכּוֹשֶׁר שִׁעֲשַׁעְתָּ · בְּעֵנָם שׁוּעַ צִקּוּנָם שָׁעַתָּ · גּוֹי וֵאלֹהָיו יַחַד הוֹשַׁעְתָּ · דִּלַּגְתָּ קֵץ וְאִתָּם נוֹשָׁעְתָּ : הוֹמְשְׁכוּ אַחֲרֶיךָ בַּמִּדְבָּר כַּבְּהֵמָה · וְצוֹרְרֵיהֶם הֵמַמְתָּ בִּשְׁלוֹשׁ מְהוּמָה · זוֹעֲקוּ בְּעֶשֶׂר מַכּוֹת בְּאַף וּבְחֵימָה · חֲנוּנֶיךָ

ברח דודי Hasten, O my beloved, to where thy heart and eyes are; and though we have cast off that which is good and pleasant, yet hear the roaring raging *voice* of those that oppress thy people; satiate the clods of their land with their blood; manure the earth with their fat; and let the stench of their carcases ascend.

ברח דודי Hasten, O my beloved, to thy first exalted place; and though we have dealt falsely and treacherously; yet, we beseech thee, hearken *to our silent* prayer; draw me out of the deep mire; redeem those whom thou hast preserved as the apple of the eye, as *thou didst redeem us* aforetime in this first month.

בגלל For the sake of the fathers wilt thou save their children, and bring redemption to their children's children. Blessed art thou, O Lord! who redeemeth Israel.

---

## THE READER'S REPETITION.

ברוך אתה יי Blessed art thou, O Lord, our God, and the God of our ancestors, the God of Abraham, the God of Isaac, and the God of Jacob; the great, mighty and tremendous, God, the most High God, who bestowest gracious favours. Possessor of all things, who rememberest the piety of the patriarchs, and wilt in love send a Redeemer to their posterity, for the sake of his name. O King, thou art our Supporter our Saviour, and our Shield.

מסוד חכמים According to the institution of the wise and intelligent, and their instructive knowledge, will I open my mouth with song and laud, to give thanks, and sing praise in presence of him who dwelleth in the highest heavens.

אסירים Those who were in bondage in Egypt, didst thou rejoice in due season; thou didst hear their loud cry; a nation and its prophet (Moses) didst thou save; thou didst hasten their redemption, and didst save them; they were attracted after thee in the desert, as the beast *followeth its master;* and their oppressors didst thou destroy with a threefold destruction: they were vexed with ten plagues, sent in wrath and indignation but those that were favoured by thee, didst

בְּפָסוֹחַ וְגָנוֹן לְרַחֲמָה : טֶרֶם חֲמִצָה חֲרָרָה חָפְזוּ לְצֵאת בְּכִישׁוֹר · יָצְאוּ לְקֵץ רָץ דּוֹד רַךְ לְתְשׁוּר · חזן כּוֹנַנְתָּ בְּכֵן חַג בְּעֲבוֹתוֹת קָשׁוּר · לַהֲגוֹת בּוֹ בְּקֵץ עֵרֶךְ עִנְיַן שׁוּר :

קהל אֲהֵבוּךָ אוֹהֲבֶיךָ אוֹתָם חָנוֹן · בְּהַר הַלְּבָנוֹן · חזן בְּפָסוֹחַ וְגָנוֹן · בַּעֲדָם תָּגְנוֹן : בָּרוּךְ אַתָּה יְיָ מָגֵן אַבְרָהָם :

אַתָּה גִּבּוֹר לְעוֹלָם אֲדֹנָי · מְחַיֵּה מֵתִים אַתָּה רַב לְהוֹשִׁיעַ · מְכַלְכֵּל חַיִּים בְּחֶסֶד · מְחַיֵּה מֵתִים בְּרַחֲמִים רַבִּים · סוֹמֵךְ נוֹפְלִים · וְרוֹפֵא חוֹלִים · וּמַתִּיר אֲסוּרִים · וּמְקַיֵּם אֱמוּנָתוֹ לִישֵׁנֵי עָפָר · מִי כָמוֹךָ בַּעַל גְּבוּרוֹת · וּמִי דּוֹמֶה לָּךְ · מֶלֶךְ מֵמִית וּמְחַיֶּה וּמַצְמִיחַ יְשׁוּעָה : וְנֶאֱמָן אַתָּה לְהַחֲיוֹת מֵתִים :

קהל מָה אֵלָיו פְּלָאֵי נִסֶּיךָ · מִתְנוֹסֵס בָּם אֶת מְנוּסֶיךָ · נָאוֹר רַחֲמֶיךָ עַל כָּל מַעֲשֶׂיךָ · נִפְלָאִים יָתֵר אֶת עֲמוּסֶיךָ : סוֹךְ מֶסֶךְ רַעַל לְלוּדִים מַסַּכְתָּ · שִׂיחַ נוֹאֲקֶיךָ עֵת שָׂם הִסְכַּתָּ · עִבְרִים בְּאֶבְרָתְךָ סַכֹּתָ · עוּרִים בְּעֶבְרָתְךָ חָשַׂכְתָּ : פַּצְתָּ תְּנוּךְ הַטּוּ וְאַל תֶּחֶטְאוּ · פְּסִילֵי פוֹרְכִים לְעַמָּם לְהַטּוּ · חזן צֹאן לַפֶּסַח מִשְׁכוּ וְשַׁחֲטוּ · צַדְּקוּ אוֹתוֹ וְאֶת בְּנוֹ בְּיוֹם אֶחָד בַּל תִּשְׁחֲטוּ :

מַחְשְׁבוֹתֶיךָ לְרַחֲמֵנוּ · מִפְעֲלוֹתֶיךָ לְרוֹמְמֵנוּ · חזן מְעוֹרֵר רְדוּמֵנוּ · מַרְעִיף מְרוֹמְמֵנוּ : בָּרוּךְ אַתָּה יְיָ מְחַיֵּה הַמֵּתִים :

thou shield with mercy by passing over *them*. Before their dough was leavened, they hastily went out of Egypt for the sake of the beloved patriarch (Abraham) who ran for the tender *calf* to present *to the angels ;* therefore didst thou intend the sacrifice should be adorned with myrtles on the festival; and *for us* to meditate this season on the subject of the order of the *offering of the* bull.

אהבוך *Thy People* love thee, and are beloved by thee; be gracious to them, bring them to mount לבנון (Jerusalem), shield them, and *cause all evil* to pass by them. Blessed art thou, O Lord! the shield of Abraham.

אתה גבור Thou, O Lord! art mighty for ever; it is thou who revivest the dead, and art mighty to save. Who sustainest the living with beneficence, and with great mercy quickenest the dead; supportest the fallen, and healest the sick; thou settest at liberty those who are bound, and wilt accomplish thy faith unto those who sleep in the dust. Who is like unto thee, O Lord! of mighty acts? Or who can be compared unto thee, O King! who killest and restorest to life, and causest salvation to flourish! Thou art also faithful to revive the dead.

מה אילו How mighty are thy wonderful miracles! with them hast thou exalted those that fly to thee for refuge: O thou who art glorious, *we know that* thy mercy is over all thy works; yet multiply thy wonders for those that have been born by thee *from the womb*. Thou didst mix the poisonous draught for the Egyptians, at the time that thou didst hearken *to the* prayer of those that cried unto thee; the Hebrews didst thou cover with thy wings, and the blind ones (the Egyptians) didst thou put away in thy wrath. Thou didst command them to incline their ear to thy commandments and not to sin; thou didst command them to take the lamb, the idol of those that oppressed them with rigour, and slay it for the passover; at the same time, to observe the command, not to kill the dam and its young in one day.

מחשבותיך *Incline* thy thoughts to be merciful to us, and thy works to exalt us; awaken those of us that slumber (in the grave), by dropping the heavenly dew *upon them*. Blessed art thou, O Lord! who reviveth the dead.

קָמֵי קְהָלֶךָ · קִצַּצְתָּ בְּחֵילֶךָ · קִפַּצְתָּ חֲמֵשׁ מֵאוֹת מַהֲלָךְ · קְנוֹת לְךָ עַם מְיַחֲלָךְ: רִשְׁפַּתְּ צָרִים · רִבּוּעַ מַכּוֹת צוֹרְרִים · רָאָה יִרְאוּ כֵּן צוֹרְרִים · רוֹמֵם צוּרִים · כְּשִׁלּוּחַ צִירִים: שַׁחַת מְשׁוּלֵי קַשׁ בְּאוֹצֶר · שִׁלּוּם קַרְנוֹת עֶשֶׂר · שַׁלְהָבָם כְּאָכְלוֹ כְּקַשׁ בְּחוֹסֶר · שֶׁטֶר תַּכְלִית מַכּוֹת עֶשֶׂר: תַּמּוּ בְּרוּחַ זַלְעָפוֹת · תְּמִימִים כְּיָצְאוּ בְּתוֹעָפוֹת · יְיָ תְּחַזֵּק יָדַיִם רָפוֹת · תִּפְרוֹשׂ עָלֵינוּ כְּצִפֳּרִים עָפוֹת:

יִמְלוֹךְ יְיָ לְעוֹלָם אֱלֹהַיִךְ צִיּוֹן לְדֹר וָדֹר הַלְלוּיָהּ:

וְאַתָּה קָדוֹשׁ יוֹשֵׁב תְּהִלּוֹת יִשְׂרָאֵל אֵל נָא:

עֵרֶב אֲשֶׁר עָלָה אֶת עַם הַסִּבַּבְתָּ · בְּכִשְׁלוֹ נוֹקְשׁוּ עֲשׂוֹת זָרוּת תִּעַבְתָּ · וּמִכִּסְלֵי כּוּר הֵם לְךָ חָצַבְתָּ · וּכְתוּעַ הָאֲסַפְסוּף בְּלִי לְתַעֲזוֹת צִוִּיתָ · וּמֵאָז מַכְאוֹב בְּדַעְתָּהּ הִבְלַגְתָּ וְהִרְחַבְתָּ · וּלְהַעֲלוֹת תַּעַל לְתַעַל תָּאַבְתָּ · וּבְתַבְנִית אֲשֶׁר הַמִּירוּךְ לְעֵין כָּל חִבַּבְתָּ · שׁוֹר בְּעַד שׁוֹר לִתְשׁוּר הַסִּבַּבְתָּ · וְעַל כָּל תְּשׁוּרָה תְּשׁוּרוֹ סִגַּבְתָּ · שֶׁמִּצֵּם הֶעֱבַרְתָּ · דָּפְיָם הִצַּלְתָּ · קִצְפָּם הִשְׁבַּתָּ · לְהִתְלַם חָשַׁבְתָּ · וְיֶשְׁעָם קֵרַבְתָּ · בְּוַעֲדָם נִצַּבְתָּ · וּבְקִרְבָּם נִשְׂגַּבְתָּ וְנִתְקַדַּשְׁתָּ:

חַי וְקַיָּם נוֹרָא וּמָרוֹם וְקָדוֹשׁ:

אָז עַל כָּל חַיְתוֹ יַעַר נִשֵּׂאתָ שׁוֹר · וְעַל כָּל נִיחוֹחַ עוֹלַת תְּשׁוּרַת שׁוֹר · לִיצִיר כַּף רָצִיתָ בְּהֵטָבַת פַּר שׁוֹר · לְחַוּוֹת כִּי בְּהַרְרֵי אֶלֶף כּוֹנֵן כֹּחַ שׁוֹר: עָלָה וַיּוּחַס שְׁמוֹת חֲמִשָּׁה ·

קמי קהלך With thy might didst thou cut off those that rose up against thy congregation; thou didst hasten from heaven, to purchase the people that hope in thee. Thou didst destroy the adversaries; every plague was fourfold; this shall Tyre behold, and dread; and Jerusalem will again be exalted, by sending the messengers. *Then* will those that are compared to straw, be destroyed by the Messiah, and the ten-horned beast be consumed; they will blaze as the burning of dry straw, when *thou shalt* exact the completion of the bond with ten plagues. The Egyptians were consumed with a horrible tempest, when the perfect ones (Israel) went out in strength: *thus* shalt thou strengthen the weak hands, and pass over to them, as the birds that fly.

ימלך The Lord reigneth for ever; thy God, O Zion! unto all generations. Hallelujah!

ואתה Thou, Most Holy! who abidest amongst the praises of Israel: we supplicate thee, O Omnipotent!

ערב The mixed *multitude* that went up with the people that thou didst lead about, stumbled, and caused them also to stumble, by making a strange *god*, which thou abhorest, though thou didst hew them out for thee, from the furnace of the simple (Egypt); and didst command them not to do as the foolish multitude; and, as thou didst of old know their sorrow, thou didst strengthen and enlarge *them*, and wast pleased to grant them a cure; and with the very form which they changed for thee, didst thou accept *them*, in the sight of all; calf for calf didst thou cause to be exchanged for a present; and above every offering, didst thou exalt it; thou didst pass by their shame, and didst sink their infamy; thou didst turn aside the wrath *due* to them; didst intend to cure them, and hasten their salvation; in their appointed place didst thou rest, and in the midst of them wast thou extolled, and sanctified.

חי O thou, who livest and existest eternally; *and art* tremendous, exalted, and holy.

אז Then didst thou exalt the bull above all the beasts of the forest; and above all offerings, didst thou prefer the bull; he (Adam) who was formed *by thy* hand, didst thou accept with the pleasant offering of the young bull; to shew that of the beast on a thousand mountains, he (Adam) preferred the mighty bull. *Thus* is he preferred and called by five names

עֶגֶל פַּר אַלּוּף שׁוֹר בָּקָר בְּרִת חֲמִשָּׁה · זְמַן כִּפּוּר בְּעַד נֶפֶשׁ נְקוּבַת חֲמִשָּׁה · נֶפֶשׁ רוּחַ חַיָּה נְשָׁמָה יְחִידָה מֵחֲמִשָּׁה : רָץ אֶל בָּקָר אָב בְּזֶה מוֹעֵד · עֵת אֲשֶׁר גְּדוּדִים לְהַזְמִין וָעֵד · בְּכֵן זִכְרוֹן שׁוֹר אֶהֱגֶה בְּזֶה מוֹעֵד · שׁוֹר אוֹ כֶשֶׂב אוֹ עֵז לִהְיוֹת לִי לָעֵד : יוּקְשִׁים כְּהִתְעוּ זוּ בְּמַעֲשֵׂה הָעֵגֶל · רַבִּים עָלְצוּ וּפָצוּ אֵין יְשׁוּעָתָה לְסֶגֶל · רָם כְּחָפֵץ לְהַצְדִּיק מְלֻמֶּדֶת עֵגֶל · חָק בְּלֶדֶת שׁוֹר בְּלִי לְהַזְכִּיר עֵגֶל : בְּטוּי סָרֵי דְלִי רוֹעַ דִּבָּה קָשׁוּר · בְּעַם הַמְּמִירִים כָּבוֹד בְּתַבְנִית שׁוֹר · יָהּ הוֹדִיעָמוֹ כִּי נִחָם בְּאוֹרַח מִישׁוֹר · לְכָל עוֹרְכֵי שַׁי הִקְדִּים קָרְבַּן שׁוֹר : קוֹל צִפְצְפָה יוֹנַת אֵלֶם אֵיךְ בִּי יִבְחַר · בְּקוֹל עַנּוֹת אֲשֶׁר שָׁמַעְתִּי חַג לַיָי מָחָר · לְפִידָהּ נָתַן שׁוּעַ בְּלִי עוֹד לְהִתְחַר · כִּי תְּמוּר חַג מָהַר חֲגִיגַת שׁוֹר לָחֹג בְּחַר : יוּקַשׁ אֵלֶּה אֱלֹהֶיךָ אֲשֶׁר תָּעוּ בִּלְעָדַי יְכַפֵּר אֵלֶה בְּאֵלֶּה הֵם מוֹעֲדַי · חזן רְצוּי שְׁלֹשָׁה אֵלֶה יַגִּישׁוּ עָדַי · וְאֶזְכְּרָה לָמוֹ בְּרִית שְׁלֹשֶׁת עֵדַי :

אֵל נָא לְעוֹלָם תּוּעֲרָץ · וּלְעוֹלָם תּוּקְדָּשׁ · וּלְעוֹלְמֵי עוֹלָמִים תִּמְלוֹךְ וְתִתְנַשֵּׂא : הָאֵל מֶלֶךְ נוֹרָא מָרוֹם וְקָדוֹשׁ · כִּי אַתָּה הוּא מֶלֶךְ מַלְכֵי הַמְּלָכִים · מַלְכוּתוֹ נֶצַח · נוֹרְאוֹתָיו שִׂיחוּ · סַפְּרוּ עֻזּוֹ · פָּאֲרוּהוּ צְבָאָיו : קַדְּשׁוּהוּ רוֹמְמוּהוּ · רוֹן שִׁיר וָשֶׁבַח · תּוֹקֶף תְּהִלּוֹת תִּפְאַרְתּוֹ :

in the five *books of* the law, *viz.* calf, steer, bullock, bull *and* ox; therefore was it appointed to make atonement for the soul, that is expressed by five names; נשמה ׳ יחידה ׳ נפש ׳ רוח ׳ חיה The patriarch (Abraham) ran for the young bullock at this season, at the time he invited the angels; I therefore will make mention of the ox on this festival: as a testimony *of which I read the portion* beginning, " when a bull, or a sheep, or a goat, *is brought forth.*" When the mixed multitude caused *this people* to err in making the molten calf, many exulted, and said, *there is* no salvation for the peculiar *people; but* when the Most High was pleased to justify Israel, he wrote *in the law* of the bringing forth of the bull, and did not mention the calf. The evil discourse of those who are compared to a drop of the bucket, *was,* that it will ever cleave to the people that exchanged *his* glory for the likeness of an ox; but the Lord let them know he had pardoned their sins, by preferring the offering of the bull to all others. The voice of the mute dove (Israel) *was heard, saying,* how can he make choice of me, after he heard the voice of song, *saying,* to-morrow *is a* feast to the Lord? but Moses offered prayer to prevent further contention. *and to repair their* breach; for instead of a feast to-morrow, *God* made choice of the bull to be offered on the festival. The error that they committed, *in saying,* these be thy gods, shall be atoned for, by the expression, these are my festivals; I will accept what they offer to me, on these three *festivals,* and will remember to them the covenant of my three witnesses (the three patriarchs)..

אל נא O God! who art ever reverenced, and ever sanctified; thou wilt reign and be extolled, for ever and ever! Omnipotent King! tremendous exalted, and holy: for thou art the King of kings, whose kingdom is eternal; speak ye of his tremendous *acts ;* declare his might, glorify him, sanctify him, *and* extol him *with* joyful song and praise, even the mighty praises of his glory.

וּבְכֵן שׁוֹר אוֹ כֶשֶׂב אוֹ עֵז כִּי יִוָּלֵד :

שׁוֹר אוֹ כֶשֶׂב אוֹ עֵז כִּי יִוָּלֵד :

שׁוֹר אֲשֶׁר מֵאָז עֲלֵי עוֹפֶר פֶּסַח · בְּמַקְרִין וּמַפְרִים תֵּת כָּפְרוֹ שֶׂה · גְּמוּלָיו צוּר צִו עָלֵימוֹ לִפְסוֹחַ · בְּאוֹמֶר וַאֲמַרְתֶּם זֶבַח פֶּסַח הוּא לַיְיָ אֲשֶׁר פָּסַח : שור

שׁוֹר דָּרַשׁ אָב לְהַאֲרִיחַ קְרוּאֵי אֵל · הֵכִין עֻגּוֹת מֵאָז לְהוּמְשְׁכוּ אַחֲרֵי אֵל · וּבְצִדְקוֹ חָפְשׁוּ יִשְׁרֵי אֵל · אֲשֶׁר פָּסַח עַל בָּתֵּי בְנֵי יִשְׂרָאֵל : שור

שׁוֹר זִיעֵם יְחוּמֵי אֲרַם נַהֲרַיִם · חִיְבוּ בְּתַבְנִיתוֹ לָשׁוּב אֲחוֹרַיִם · טוֹב זָכַר לָמוֹ יוֹשֵׁב כְּחוֹם צָהֳרַיִם · בְּמִצְרַיִם בְּנָגְפּוֹ אֶת מִצְרַיִם : שור

שׁוֹר יַמֵּן מַעֲשֵׂה שׁוֹר בּוֹ לְהַצִּיל · כִּיוְּנוּ בְּמִלּוּאִים פְּסוּחִים בּוֹ לְהַצִּיל · לְהָגֵן לְמַלֵּט לִפְסוֹחַ וּלְהַצִּיל · כְּמוֹ בְּחֹם וְאֶת בָּתֵּינוּ הִצִּיל : שור

שׁוֹר מְכַפֵּר בֶּעָשׂוֹר מְשׁוּחִים בּוֹ כְּחִיְבוּ · נֶעְלַם דָּבָר בָּעֵדָה בּוֹ יֶאֱהָבוּ · סְלִיחָה מָצְאוּ בוֹ שׁוֹבָבִים כְּהֶעֱווּ · וַיִּקֹּד הָעָם וַיִּשְׁתַּחֲווּ : שור

שׁוֹר עֲלֵי מְשׁוֹרְרִים בְּהַדְרַת קֹדֶשׁ · פִּשְׁעָם לִמְחוֹל לְשָׁרֵת בַּקֹּדֶשׁ · צֶדֶק הֱיוֹת רֹאשׁ לְנִיחֹחֵי קֹדֶשׁ · בְּאֵלֶּה מוֹעֲדֵי יְיָ מִקְרָאֵי קֹדֶשׁ : שור

שׁוֹר קָצַב לֶחָג וְכֶשֶׂב וָעֵז בְּמָלֵל · רֶנֶן עָלֵימוֹ קְרִיאַת הַלֵּל · שָׁלשׁ כִּתּוֹת גְּבוּרוֹת בָּם לְמַלֵּל · חיון תּוֹדָה וְקוֹל זִמְרָה לְהוֹדוֹת וּלְהַלֵּל : שור

ובכן And thus *we read*, " when a bull, or a sheep, or a goat, is brought forth."

שור When a bull, or a sheep, or a goat, is brought forth.

שור The ox whose horns were formed before his hoofs, that Adam offered of old, was given for his ransom ; the Omnipotent commanded his posterity, to celebrate the passover, saying, " and ye shall say, it is the sacrifice of the Lord's passover, who passed over.

שור The patriarch (Abraham) sought the steer, to entertain the invited angels, and prepared cakes for them, whence his posterity were attracted after God, and for his righteousness, were those that were perfect in God freed, when he passed over the houses of the children of Israel.

שור With the likeness of an ox (the molten calf) the posterity of Abraham angered the Lord; so that they were condemned to turn backward ; but he who is good remembered him who sat at the entrance of the tent, in the heat of the day, when he smote the Egyptians in Egypt.

שור The bull was prepared and offered on the days of the dedication of the tabernacle, to deliver the nation, and to expiate for the sin of the molten calf ; thus did he shield, and deliver us, as he did in *the land of* חם (Egypt), where he passed over, and delivered our houses.

שור On the day of atonement, the bull atoned for the anointed priest, as also for the Sanhedrin, if they erred ; the backsliders likewise found pardon thereby, if they repented. And the people bowed the head and worshipped.

שור The bull made atonement for the transgression of them, who were to sing, and minister in the glorious sanctuary ; it was preferred to be the first of the offerings on these feasts of the Lord, *on* the holy convocations.

שור The bull was appointed for the festival, but the lamb or the kid *for the passover*, over which the praise was rehearsed and sung ; the three companies declared the mighty works of God, and praised him with the voice of thanksgiving, psalmody, and praise.

וּבְכֵן וַאֲמַרְתֶּם זֶבַח פֶּסַח :

א וּמֶץ גְּבוּרוֹתֶיךָ הִפְלֵאתָ בַּ פֶּסַח :
בְּ רֹאשׁ כָּל מוֹעֲדוֹת נִשֵּׂאתָ פֶּסַח :
גִּ לִּיתָ לָאֶזְרָחִי חֲצוֹת לֵיל פֶּסַח :

וַאֲמַרְתֶּם זֶבַח פֶּסַח :

דְּ לָתָיו דָּפַקְתָּ כְּחוֹם הַיּוֹם בַּ פֶּסַח :
הִ סְעִיד נוֹצְצִים עֻגּוֹת מַצּוֹת בַּ פֶּסַח :
וְ אֶל הַבָּקָר רָץ זֵכֶר לְשׁוֹר עֵרֶךְ פֶּסַח :

וַאֲמַרְתֶּם זֶבַח פֶּסַח :

ז וֹעֲמוּ סְדוֹמִים וְלוֹהֲטוּ בָּאֵשׁ פֶּסַח :
חֻ לַּץ לוֹט מֵהֶם וּמַצּוֹת אָפָה בְּקֵץ פֶּסַח :
טִ אטֵאתָ אַדְמַת מוֹף וְנוֹף בְּעָבְרְךָ בַּ פֶּסַח :

וַאֲמַרְתֶּם זֶבַח פֶּסַח :

יָ הּ רֹאשׁ כָּל אוֹן מָחַצְתָּ בְּלֵיל שִׁמּוּר פֶּסַח :
כַּ בִּיר עַל בֵּן בְּכוֹר פָּסַחְתָּ בְּדַם פֶּסַח :
לְ בִלְתִּי תֵּת מַשְׁחִית לָבֹא בִּפְתָחַי בַּ פֶּסַח :

וַאֲמַרְתֶּם זֶבַח פֶּסַח :

מְ סֻגֶּרֶת סֻגָּרָה בְּעִתּוֹתֵי פֶּסַח :
נִ שְׁמְדָה מִדְיָן בִּצְלִיל שְׂעוֹרֵי עוֹמֶר פֶּסַח :
שׂ וֹרְפוּ מִשְׁמַנֵּי פּוּל וְלוּד בִּיקַד יְקוֹד פֶּסַח :

וַאֲמַרְתֶּם זֶבַח פֶּסַח :

ע וֹד הַיּוֹם בְּנוֹב לַעֲמוֹד עַד גָּעָה עוֹנַת פֶּסַח :
פַּ ס יָד כָּתְבָה לְקַעֲקֵעַ צוּל בַּ פֶּסַח :
צָ פֹה הַצָּפִית עָרוֹךְ הַשֻּׁלְחָן בַּ פֶּסַח :

And thus ye shall say, *this is* the sacrifice of the passover.

אומץ Thy mighty power didst thou wonderfully display on the passover.

Above all the solemn feasts didst thou exalt the passover.

Thou didst reveal to the oriental (Abraham) the miracles performed in the midst of the night of passover.

And ye shall say, *this is* a sacrifice of the passover.

דלתיו Thou didst appear unto him in the heat of the day, on the passover.

He entertained the angels with unleavened cakes, on the passover.

And ran to the herd, as a memorial of the offerings of the passover.

And ye shall say, *this is* the sacrifice of the passover.

זועמו The inhabitants of Sodom provoked God to anger, and they were consumed with fire, on the passover.

Lot was delivered, who baked unleavened cakes for the angels, on the passover.

Thou didst sweep the land of Moph and Noph, when thou didst pass through on the passover.

And ye shall say, this is the sacrifice of the passover.

יה O Lord! thou didst wound the head of the first-born, on the night of observation of the passover.

O Omnipotent! yet didst thou pass over thy first-born son (Israel), being marked with the blood of the sacrifice of the passover.

Not suffering the destroyer to enter my doors, on the passover.

And ye shall say, *this is* the sacrifice of the passover.

מסגרת *The strong and fortified city*, was surrendered at the season of the passover,

Midian was destroyed by the cake of barley bread, like the offering of an omer of barley on the passover.

The mighty *men* of Pul and Lud were destroyed with a burning conflagration on the passover.

And ye shall say, *this is* the sacrifice of the passover.

עוד The King abode yet in Nob this day, till the time of the passover.

The part of the hand which wrote the destruction of the foundation of the empire of Babylon, on the passover.

Even at the time when the watch was set, *and* the table prepared on the passover.

וַאֲמַרְתֶּם זֶבַח פֶּסַח :

קָהָל כִּנְסָה הֲדַסָּה לְשַׁלֵּשׁ צוֹם בַּפֶּסַח :
רֹאשׁ מִבֵּית רָשָׁע מָחַצְתָּ בְּעֵץ חֲמִשִּׁים בַּפֶּסַח :
שְׁתֵּי אֵלֶּה רֶגַע תָּבִיא לְעוּצִית בַּפֶּסַח :
תָּעוֹז יָדְךָ וְתָרוּם יְמִינְךָ כְּלֵיל הִתְקַדֵּשׁ חַג פֶּסַח :

וַאֲמַרְתֶּם זֶבַח פֶּסַח :

וּבְכֵן וּלְךָ תַעֲלֶה קְדֻשָּׁה כִּי אַתָּה קְדוֹשׁ יִשְׂרָאֵל וּמוֹשִׁיעַ :

בְּעֶשֶׂר מַכּוֹת פַּתְרוּסִים הִפְרַכְתָּ · וְאַרְכָה לָמוֹ הֶאֱרַכְתָּ · לְשַׁלֵּחַ בְּלִי עִכּוּב עַם אֲשֶׁר בֵּרַרְתָּ · וְכַמָּה פְּעָמִים בָּמוֹ הֵעַדְתָּ · וְכָאֵלֶּה כַּמָּה בָּם הִתְרֵיתָ · וְכִלָּיוֹן עֲלֵיהֶם לֹא גָמַרְתָּ · עַד כִּי גָמְרוּ רִשְׁעָם כַּאֲשֶׁר גָּזַרְתָּ · וְנִאֲצוּ לְמוּל צִיר אֲשֶׁר בָּחַרְתָּ · מִי יְיָ אֲשֶׁר אָמַרְתָּ · לְשַׁלֵּחַ אֶת הָעָם אֲשֶׁר דִּבַּרְתָּ · וְאַתָּה לְעֻמָּם קִנְאָה אָזַרְתָּ · וּכְגִבּוֹר מִתְרוֹנֵן מִיַּיִן מִשֵּׁינָה הֵעַרְתָּ · כְּלֵי קְרָב חָגַרְתָּ · בְּאַרְצָם עָבַרְתָּ · בְּכוֹרֵיהֶם פִּגַּרְתָּ · רְהָבֵיהֶם שִׁבַּרְתָּ · רֵאשִׁית אוֹנָם הִדְבַּרְתָּה · בְּשׁוֹפְטֵיהֶם שְׁפָטִים עָשִׂיתָ · לַיְלָה חַצְתָּ · רֹאשׁ מָחַצְתָּ · תַּנִּין רָעַצְתָּ · רֹאשׁ לִוְיָתָן רִצַּצְתָּ · בְּכָל גֵּיא אוֹתָם הֵפַצְתָּ · לְמַעַן סַפֵּר שִׁמְךָ עָצַתָּ · חֲמֵשׁ מֵאוֹת מַהֲלַךְ רַצְתָּ · וּלְסוּף בְּסוּף לְחוּמוֹ נִפַּצְתָּ · וְכָל שְׁאוֹנוֹ בְּסַאסְּאָה לָחַצְתָּ · וְעַל הֶהָרִים קָפַצְתָּ · וּלְיֵשַׁע עַמְּךָ יָצָאתָ · וְאוֹתָם בִּזְרוֹעַ הוֹצֵאתָ · וְכָל הֲמוֹנֵי חָם כַּחוֹחִים הִצַּתָּ · כִּי בְּמִדָּתָם לָמוֹ מָדַדְתָּ · וְכָל הַיְקוּם בָּם לְמַדְתָּ · וּכְמוֹ עֲנוּ עַם אֲשֶׁר חָמַדְתָּ · בָּהּ בְּמִדָּה אוֹתָם הִשְׁמַדְתָּ :

And ye shall say, *this is* the sacrifice of the passover.

קהל Esther gathered the congregation to fast three day on the passover.

The sworn enemy (Haman) didst thou cause to be executed on a gallows of fifty *cubits* high, on the passover.

These two things shalt thou bring in a moment on Uts, on the passover.

Thine hand will then be victorious, and thy right hand exalted, as on the night whereon was sanctified the festival of the passover.

And ye shall say, *this is* the sacrifice of the passover.

ובכן Now let the sanctification ascend unto thee, for thou art the Sanctifier and Saviour of Israel.

בעשר With ten plagues didst thou annihilate the פתרוסים (the Egyptians); though thou didst grant them time *and desired them* to send without delay the people thou hast chosen. How many times didst thou testify this to them, and frequently admonished them of it? yet didst thou not utterly consume them, till the wicked completed the measure of their iniquity, as thou hadst decreed; but when they contemned the messenger (Moses) whom thou hadst chosen, saying, who is the Lord of whom thou hast spoken, that *we* should send the people as thou hast commanded? Then didst thou gird thyself with zeal against them; and as a mighty warrior that shouts by reason of wine, didst thou awake from thy forbearance; didst gird on thine armour, and didst pass through their country; thou didst slay their first-born, and didst humble their proud ones; the beginning of their strength (their first-born) didst thou smite, and didst inflict punishment on their idols; thou didst divide the night; didst wound the principals; didst crush the monster, and breakest the head of the crocodile (Pharoah); in every valley didst thou scatter them, that thy mighty name may be declared *in all the earth*. From heaven to earth didst thou hasten, and at last in the Red sea didst thou cast them, and all his host didst thou reward in measure; thou didst leap over the mountains, and didst go forth for the salvation of thy people; didst bring them out with thy mighty arm; but all the multitude of חם (Egypt) didst thou destroy as thorns burnt by fire; for as they meted, so didst thou mete to them; and thereby didst thou instruct all mankind; for as they afflicted the people that thou lovest, so didst thou in measure destroy them.

הֵם שָׁפְכוּ כַּמַּיִם דַּם עוֹלְלֵיהֶם · לָכֵן לְדָם נֶהֶפְכוּ נוֹזְלֵיהֶם : הֵם מִצְּכוּם לְמַעַן הַשְׁחִיתָם · לָכֵן עָלְתָה צְפַרְדֵּעַ וַתַּשְׁחִיתֵם : הֵם לְחָצוּם בְּעָפָר וָחוֹמֶר לִלְבּוֹן לְבֵנִים · לָכֵן הוֹמֶר עֲפָרָם לְכִנִּים : הֵם הִגְלוּם לְהָבִיא חַיּוֹת לְהִצָּדְאוֹת : לָכֵן עָרוֹב בָּא בִגְבוּלָם לְהִצָּדוֹת : הֵם הַשִּׁיתוּם כְּמוֹ חַלְלֵי קֶבֶר · לָכֵן חַיָּתָם סֻגְּרָה לַדֶּבֶר : הֵם אֲסָרוּם לְהָרִיק רְבוּעוֹת · לָכֵן מַּךְ חֲמוּדָם בַּאֲבַעְבּוּעוֹת : הֵם הֶעֱבִידוּם בְּחוֹם וָנֶשֶׁף · לָכֵן סִגַּר מִקְנֵיהֶם לַבָּרָד וְגַם רֶשֶׁף : הֵם גָּאוּ בְּמֶלֶךְ אֵין לָאַרְבֶּה · לָכֵן לֹא הָיָה כֵּן אַרְבֶּה : הֵם הֶאֱפִילוּ בָּרָה כַּשֶּׁמֶשׁ · לָכֵן בְּשִׁבְרָם יוֹם נֶחֱשַׁךְ לְאֶמֶשׁ : הֵם יָעֲצוּ לְאַבֵּד בֵּן בְּכוֹר · לָכֵן חֲצוֹת לַיְלָה נִגַּף בָּם כָּל בְּכוֹר : הֵם זָמְמוּ לְאַבְּדָם בַּמַּיִם · לָכֵן בָּאוּ בָאֵשׁ וּבַמַּיִם :

וְאַתָּה פָּסַחְתָּ בַּחֲצִי לֵיל עַל פְּתָחִים · בְּאָכְלָם זִבְחֵי פְסָחִים · וּבְעֶצֶם הַיּוֹם הוֹצֵאתָם שְׂמֵחִים · לְעֵין פַּתְרוּסִים וְכַסְלוּחִים · וְהֵצַתּוּ כְּקוֹצִים כְּסוּחִים · וְשׁוֹשַׁנִּים כְּלִקְּטוּ מִבֵּין הַחוֹחִים · רֶנֶן וְהַלֵּל וְשִׁיר מְשׁוֹחֲחִים · רְנָנוֹת לְךָ מְשִׂיחִים · תּוֹדָה וְקוֹל זִמְרָה פּוֹצְחִים : וְאַתָּה בְּשִׂמְחָתָם שָׂמַחְתָּ · וּבִישׁוּעָתָם נוֹשַׁעְתָּ · וּבְכָל צָרָתָם צַרְתָּ · בְּכֵן קֹצֶם קָצַרְתָּ : וּכְמוֹ הָיוּ בֵּין הַחוֹחִים · לְנֶאֱמָן בֵּית נִגְלֵיתָ בִּסְנֶה וְחוֹחִים : וּכְמוֹ לוּחֲצוּ בִּלְבֵנִים וָחוֹמֶר · כֵּן נִגְלֵיתָה בְּלִבְנַת סַפִּיר בְּאוֹמֶר : וּכְהוֹצֵאתָם מִתַּחַת סִבְלוֹת · אִתָּם הוֹצֵאתָ

הם They spilt the blood of their babes, therefore the flowing water was turned to blood. They impaled them *in their buildings* to destroy them: therefore the frogs went up to destroy them. They oppressed them with dust and slime to make bricks; therefore all their dust was turned to vermin. They drove them to take wild beasts for baiting; therefore a mixture of ravenous beasts came into their borders to destroy them. They accounted them as delivered to the grave; therefore was their cattle delivered to the pestilence. They prevented their performance of conjugal rites; therefore their flesh was consumed with blains. They made them labour in the heat of the sun, and by night; therefore was their cattle delivered to the hail and thunder. They proudly declared that providence did not reign over those locusts; therefore they were punished, there never was such locusts. They darkened *the light of those that are* compared *to the* pure sun; therefore their sun was turned to darkness. They imagined to destroy the first-born son; therefore all their first-born were smitten in the middle of the night. They thought to destroy them by water; therefore they were brought into fire and water

ואתה In the midst of the night, didst thou pass over the doors of thy people, when they were eating the sacrifice of the passover; and in the self-same day didst thou bring them out joyfully in sight of כסלוחים and פתרוסים whom thou didst burn as the cut up thorns; and when thou didst gather the roses (Israel) from among the thorns (the Egyptians), they praised thee with song, and joyful shoutings: and with the voice of thanksgiving and psalmody they burst forth. Thou also didst rejoice in their joy and wast delighted in their salvation; for thou didst partake of all their trouble; and therefore didst shorten the period of their captivity. And as they were among the thorns, so didst thou appear in the thorn-bush to the faithful one of thy house (Moses); and as they were oppressed with לבנים (bricks) and mortar, so didst thou appear in לבנת ספיר the paved *work* of sapphire). Thou didst bring them out from bondage, thou camest out with them.

מִסִּבְלוֹת : וּכְהוּבָאוּ בְּבֶלָה · לְמַעַנָם שֻׁלַּחְתָּ בָּבֶלָה : וּכְנִדּוּ לְעֵילָם · כְּסָאַךְ הוּשַׂם בְּעֵילָם · וּכְנָעוּ לְיָוָן · עוֹרַרְתָּ בּוֹא לְיָוָן : וּכְגָלוּתָם לְשֵׂעִיר · אֵלַי קוֹרֵא מִשֵּׂעִיר : וּבְשׁוּבָם מֵאֱדוֹם · אִתָּם תָּבֹא אֱדוֹם · כְּאוֹמֵר מִי זֶה בָּא מֵאֱדוֹם · וּבְבוֹאֲךָ לְדַלְתֵי לְבָנוֹן · אִתְּךָ יָבוֹאוּ לַלְּבָנוֹן : כִּי מְרַחֵם אוֹתָם נָשָׂאתָ · וּמִבֶּטֶן אוֹתָם הֶעֱמַסְתָּ · כְּרֵעִים וְאַחִים הֵם לְךָ הִתְאַמְתָּ · בְּרִדְתָּם לָחֶם עִמָּם יָרַדְתָּ · וְכָל מַחֲנֶךָ הוֹרַדְתָּ · וּבַעֲלוֹתָם אִתָּם עָלִיתָ · וְכָל מְשָׁרְתֶיךָ הֶעֱלִיתָה · וּבְצֵאתָם יָצָאתָ · וּבְעִנּוּיָם נִמְצֵאתָ · וּבְנוּחָם מְנוּחָה מָצָאתָ · וְצִבְאוֹתֶיךָ אֲשֶׁר בַּמַּעֲלָה הוֹצֵאתָ · לְהוֹדִיעָם כִּי בָמוֹ נִרְצֵיתָה · וּבִשְׁבִילָם גֵּיא וָרוֹק יָצַרְתָּ · וּבְקִרְבָּם נִתְקַדַּשְׁתָּ · וְנִשְׂגַּבְתָּ וְנֶעֱרַצְתָּ · וְנִתְהַדַּרְתָּ וְנִתְאַדַּרְתָּ · וְכִפְאֵר מַעְלָה פְּאֵרָם אִמַּצְתָּ · וּכְשִׁירוֹת רוֹם שִׁירוֹתָם חָפַצְתָּ · וְכִקְדֻשַּׁת מָרוֹם קְדֻשָּׁתָם הֱיוֹת פַּצְתָּ · וּבְכִנּוּי שֵׁם גָּבוֹהַּ שְׁמוֹתָם חָצַצְתָּ : אֵלִים בְּשֵׁם אֵלִים · אֱלֹהִים בְּשֵׁם אֱלֹהִים · בָּנִים בְּשֵׁם בָּנִים · מַחֲנוֹת בְּשֵׁם מַחֲנוֹת · שֵׁמוֹת בְּשֵׁם שֵׁמוֹת · מְחִיצוֹת בְּשֵׁם מְחִיצוֹת · אֵין כָּאֵל בְּשֵׁם מִיכָאֵל : גִּבּוֹרֵי אֵל בְּשֵׁם גַּבְרִיאֵל · בְּנֵי יַעֲקֹב בְּשֵׁם אֱלֹהֵי יַעֲקֹב · קְדוֹשׁ יַעֲקֹב בְּשֵׁם קְדוֹשׁ יַעֲקֹב · מְשַׁלְּשֵׁי קוֹדֶשׁ בְּשֵׁם מְשַׁלְּשֵׁי קוֹדֶשׁ :

Then say ככתוב (page 57,)

After which, the Reader says אתה בחרתנו &c. They then say the whole Hallel, &c. (page 61,) and take two Manuscripts of the Pentateuch out of the Ark, in the first of which, the following Portion is read to five Persons.

And when they were brought to Babylon, thou also didst follow them. And when they were moved to Elam, thy throne was placed in Elam. And when they wandered to Greece, thou didst rouse thyself to come to Greece. And when they were carried captive to Seir, *thou didst say,* "*a voice* crieth unto me from Seir." And when they shall return from Edom, thou wilt come with them from Edom; as is said, "who is this that cometh from Edom? &c." And when thou shalt return to the gates of Lebanon, they will come with thee to Lebanon; for from the womb hast thou carried them; and from their birth hast thou borne them: and as brethren and friends wast thou associated with them. When they went down to חם (Egypt) thou didst go down with them with all thy host; and when they came up again, thou and all thy ministering angels came up with them. And when they came forth, thou wentest forth; and in their affliction thou wast present; and in their rest didst thou find rest; and thy heavenly host didst thou draw out, to let them know that thou didst accept them; and that for their sake thou didst create heaven and earth; and in the midst of them wast thou sanctified, exalted, and reverenced, glorified and extolled. And as the praise of the angels, hast thou strengthened their praise; and as the songs of the exalted angels hast thou desired their songs; and hast said, that their holiness shall be as the holy sanctification. Thou didst call their sirnames as those of the angels; אלים by the name of the heavenly אלים; אלהים by the name of אלהים; בנים by the name of בנים; מחנות according to the name of the holy מחנות; their names are alike, their degrees are the same; *thus* there is no god *like our God,* is contained in the name of מי־כאל the mighty of God, in the name of גברי־אל; the children of Jacob, in the name of the God of Jacob; the holy one of Jacob, by the name of the holy one of Jacob; and thus they also offer the threefold sanctification.

וַיְדַבֵּר יְהוָֹה אֶל־מֹשֶׁה לֵּאמֹר : שׁוֹר אוֹ־כֶשֶׂב אוֹ־עֵז כִּי יִוָּלֵד וְהָיָה שִׁבְעַת יָמִים תַּחַת אִמּוֹ וּמִיּוֹם הַשְּׁמִינִי וָהָלְאָה יֵרָצֶה לְקָרְבַּן אִשֶּׁה לַיהוָֹה : וְשׁוֹר אוֹ־שֶׂה אֹתוֹ וְאֶת־בְּנוֹ לֹא תִשְׁחֲטוּ בְּיוֹם אֶחָד : וְכִי־תִזְבְּחוּ זֶבַח־תּוֹדָה לַיהוָֹה לִרְצֹנְכֶם תִּזְבָּחוּ : בַּיּוֹם הַהוּא יֵאָכֵל לֹא־תוֹתִירוּ מִמֶּנּוּ עַד־בֹּקֶר אֲנִי יְהוָֹה : וּשְׁמַרְתֶּם מִצְוֹתַי וַעֲשִׂיתֶם אֹתָם אֲנִי יְהוָֹה : וְלֹא תְחַלְּלוּ אֶת־שֵׁם קָדְשִׁי וְנִקְדַּשְׁתִּי בְּתוֹךְ בְּנֵי יִשְׂרָאֵל אֲנִי יְהוָֹה מְקַדִּשְׁכֶם : הַמּוֹצִיא אֶתְכֶם מֵאֶרֶץ מִצְרַיִם לִהְיוֹת לָכֶם לֵאלֹ־הִים אֲנִי יְהוָֹה : פ

וַיְדַבֵּר יְהוָֹה אֶל־מֹשֶׁה לֵּאמֹר : דַּבֵּר אֶל־בְּנֵי יִשְׂרָאֵל וְאָמַרְתָּ אֲלֵהֶם מוֹעֲדֵי יְהוָֹה אֲשֶׁר־תִּקְרְאוּ אֹתָם מִקְרָאֵי קֹדֶשׁ אֵלֶּה הֵם מוֹעֲדָי : שֵׁשֶׁת יָמִים תֵּעָשֶׂה מְלָאכָה וּבַיּוֹם הַשְּׁבִיעִי שַׁבַּת שַׁבָּתוֹן מִקְרָא־קֹדֶשׁ כָּל־מְלָאכָה לֹא תַעֲשׂוּ שַׁבָּת הִוא לַיהוָֹה בְּכֹל מוֹשְׁבֹתֵיכֶם : פ לוי

אֵלֶּה מוֹעֲדֵי יְהוָֹה מִקְרָאֵי קֹדֶשׁ אֲשֶׁר־תִּקְרְאוּ אֹתָם בְּמוֹעֲדָם : בַּחֹדֶשׁ הָרִאשׁוֹן בְּאַרְבָּעָה עָשָׂר לַחֹדֶשׁ בֵּין הָעַרְבָּיִם פֶּסַח לַיהוָֹה : וּבַחֲמִשָּׁה עָשָׂר יוֹם לַחֹדֶשׁ הַזֶּה חַג הַמַּצּוֹת לַיהוָֹה שִׁבְעַת יָמִים מַצּוֹת תֹּאכֵלוּ : בַּיּוֹם הָרִאשׁוֹן מִקְרָא־קֹדֶשׁ יִהְיֶה לָכֶם כָּל־מְלֶאכֶת עֲבֹדָה לֹא תַעֲשׂוּ : וְהִקְרַבְתֶּם אִשֶּׁה לַיהוָֹה שִׁבְעַת יָמִים בַּיּוֹם הַשְּׁבִיעִי מִקְרָא־קֹדֶשׁ כָּל־מְלֶאכֶת עֲבֹדָה לֹא תַעֲשׂוּ : פ

וַיְדַבֵּר יְהוָֹה אֶל־מֹשֶׁה לֵּאמֹר : דַּבֵּר אֶל־בְּנֵי יִשְׂרָאֵל וְאָמַרְתָּ אֲלֵהֶם כִּי־תָבֹאוּ אֶל־הָאָרֶץ אֲשֶׁר אֲנִי נֹתֵן לָכֶם וּקְצַרְתֶּם אֶת־קְצִירָהּ וַהֲבֵאתֶם אֶת־עֹמֶר רֵאשִׁית קְצִירְכֶם אֶל־הַכֹּהֵן : וְהֵנִיף אֶת־הָעֹמֶר לִפְנֵי יְהוָֹה לִרְצֹנְכֶם מִמָּחֳרַת הַשַּׁבָּת יְנִיפֶנּוּ הַכֹּהֵן : וַעֲשִׂיתֶם בְּיוֹם הֲנִיפְכֶם אֶת־הָעֹמֶר כֶּבֶשׂ תָּמִים בֶּן־שְׁנָתוֹ לְעֹלָה לַיהוָֹה : וּמִנְחָתוֹ שְׁנֵי עֶשְׂרֹנִים סֹלֶת בְּלוּלָה בַשֶּׁמֶן אִשֶּׁה לַיהוָֹה רֵיחַ נִיחֹחַ וְנִסְכֹּה יַיִן רְבִיעִת הַהִין : וְלֶחֶם וְקָלִי וְכַרְמֶל לֹא תֹאכְלוּ עַד־עֶצֶם הַיּוֹם הַזֶּה עַד הֲבִיאֲכֶם אֶת־קָרְבַּן אֱלֹ־הֵיכֶם חֻקַּת עוֹלָם לְדֹרֹתֵיכֶם בְּכֹל מֹשְׁבֹתֵיכֶם : ס ישראל

וידבר And the Lord spake unto Moses, saying, when a bullock, or a sheep, or a goat, is brought forth, then it shall be seven days under the dam; and from the eighth day and thenceforth, it shall be accepted for an offering made by fire unto the Lord. And whether it be a cow, or ewe, ye shall not kill it and her young, both in one day. And when ye will offer a sacrifice of thanksgiving unto the Lord, offer it that it may be accepted of you. On the same day it shall be eaten up, ye shall leave none of it unto the morrow; I am the Lord. Therefore shall ye keep my commandments, and do them; I am the Lord. Neither shall ye profane my holy name, but I will be hallowed among the children of Israel; I am the Lord which halloweth you; who brought you out of the land of Egypt, to be your God; I am the Lord.

And the Lord spake unto Moses, saying, speak unto the children of Israel, and say unto them, concerning the feasts of the Lord, which ye shall proclaim to be holy convocations, even these are my feasts. Six days shall work be done; but the seventh day is the sabbath of rest, an holy convocation, ye shall do no work therein; it is the sabbath of the Lord in all your dwellings.

These are the feasts of the Lord, even holy convocations, which ye shall proclaim in their seasons. In the fourteenth day of the first month, between the evenings, is the Lord's passover. And on the fifteenth day of the same month, is the feast of unleavened bread unto the Lord; seven days ye must eat unleavened bread. On the first day ye shall have an holy convocation; ye shall do no servile work therein. But ye shall offer an offering made by fire unto the Lord seven days; on the seventh day is an holy convocation, ye shall do no servile work therein.

And the Lord spake unto Moses, saying, speak unto the children of Israel, and say unto them, when ye be come into the land which I give unto you, and shall reap the harvest thereof, then ye shall bring an עומר of the first fruits of your harvest unto the priest; and he shall wave the עומר before the Lord, to be accepted for you; on the morrow after the holy day, the priest shall wave it. And ye shall offer that day, when ye wave the עומר an he-lamb without blemish, of the first year, for a burnt-offering unto the Lord. And the meat-offering thereof shall be two tenth-deals of fine flour mingled with oil, an offering made by fire unto the Lord for a sweet savour; and the drink-offering thereof shall be of wine, the fourth part of an הין· And ye shall eat neither bread, nor parched corn, nor green ears, until the self-same day that ye have brought an offering unto your God; it shall be a statute for ever throughout your generations, in all your dwellings.

יוצר ליום שני של פסח :

וּסְפַרְתֶּם לָכֶם מִמָּחֳרַת הַשַּׁבָּת מִיּוֹם הֲבִיאֲכֶם אֶת־עֹמֶר הַתְּנוּפָה שֶׁבַע שַׁבָּתוֹת תְּמִימֹת תִּהְיֶינָה : עַד מִמָּחֳרַת הַשַּׁבָּת הַשְּׁבִיעִת תִּסְפְּרוּ חֲמִשִּׁים יוֹם וְהִקְרַבְתֶּם מִנְחָה חֲדָשָׁה לַיהוָה : מִמּוֹשְׁבֹתֵיכֶם תָּבִיאוּ ׀ לֶחֶם תְּנוּפָה שְׁתַּיִם שְׁנֵי עֶשְׂרֹנִים סֹלֶת תִּהְיֶינָה חָמֵץ תֵּאָפֶינָה בִּכּוּרִים לַיהוָה : וְהִקְרַבְתֶּם עַל־הַלֶּחֶם שִׁבְעַת כְּבָשִׂים תְּמִימִם בְּנֵי שָׁנָה וּפַר בֶּן־בָּקָר אֶחָד וְאֵילִם שְׁנָיִם יִהְיוּ עֹלָה לַיהוָה וּמִנְחָתָם וְנִסְכֵּיהֶם אִשֵּׁה רֵיחַ־נִיחֹחַ לַיהוָה : וַעֲשִׂיתֶם שְׂעִיר־עִזִּים אֶחָד לְחַטָּאת וּשְׁנֵי כְבָשִׂים בְּנֵי שָׁנָה לְזֶבַח שְׁלָמִים : וְהֵנִיף הַכֹּהֵן ׀ אֹתָם עַל לֶחֶם הַבִּכֻּרִים תְּנוּפָה לִפְנֵי יְהוָה עַל־שְׁנֵי כְּבָשִׂים קֹדֶשׁ יִהְיוּ לַיהוָה לַכֹּהֵן : וּקְרָאתֶם בְּעֶצֶם ׀ הַיּוֹם הַזֶּה מִקְרָא־קֹדֶשׁ יִהְיֶה לָכֶם כָּל־מְלֶאכֶת עֲבֹדָה לֹא תַעֲשׂוּ חֻקַּת עוֹלָם בְּכָל־מוֹשְׁבֹתֵיכֶם לְדֹרֹתֵיכֶם : וּבְקֻצְרְכֶם אֶת־קְצִיר אַרְצְכֶם לֹא־תְכַלֶּה פְּאַת שָׂדְךָ בְּקֻצְרֶךָ וְלֶקֶט קְצִירְךָ לֹא תְלַקֵּט לֶעָנִי וְלַגֵּר תַּעֲזֹב אֹתָם אֲנִי יְהוָה אֱלֹהֵיכֶם : פ רביעי

וַיְדַבֵּר יְהוָה אֶל־מֹשֶׁה לֵּאמֹר : דַּבֵּר אֶל־בְּנֵי יִשְׂרָאֵל לֵאמֹר בַּחֹדֶשׁ הַשְּׁבִיעִי בְּאֶחָד לַחֹדֶשׁ יִהְיֶה לָכֶם שַׁבָּתוֹן זִכְרוֹן תְּרוּעָה מִקְרָא־קֹדֶשׁ : כָּל־מְלֶאכֶת עֲבֹדָה לֹא תַעֲשׂוּ וְהִקְרַבְתֶּם אִשֶּׁה לַיהוָה : ס וַיְדַבֵּר יְהוָה אֶל־מֹשֶׁה לֵּאמֹר : אַךְ בֶּעָשׂוֹר לַחֹדֶשׁ הַשְּׁבִיעִי הַזֶּה יוֹם הַכִּפֻּרִים הוּא מִקְרָא־קֹדֶשׁ יִהְיֶה לָכֶם וְעִנִּיתֶם אֶת־נַפְשֹׁתֵיכֶם וְהִקְרַבְתֶּם אִשֶּׁה לַיהוָה : וְכָל־מְלָאכָה לֹא תַעֲשׂוּ בְּעֶצֶם הַיּוֹם הַזֶּה כִּי יוֹם כִּפֻּרִים הוּא לְכַפֵּר עֲלֵיכֶם לִפְנֵי יְהוָה אֱלֹהֵיכֶם : כִּי כָל־הַנֶּפֶשׁ אֲשֶׁר לֹא־תְעֻנֶּה בְּעֶצֶם הַיּוֹם הַזֶּה וְנִכְרְתָה מֵעַמֶּיהָ : וְכָל־הַנֶּפֶשׁ אֲשֶׁר תַּעֲשֶׂה כָּל־מְלָאכָה בְּעֶצֶם הַיּוֹם הַזֶּה וְהַאֲבַדְתִּי אֶת־הַנֶּפֶשׁ הַהִוא מִקֶּרֶב עַמָּהּ : כָּל־מְלָאכָה לֹא תַעֲשׂוּ חֻקַּת עוֹלָם לְדֹרֹתֵיכֶם בְּכֹל מֹשְׁבֹתֵיכֶם : שַׁבַּת שַׁבָּתוֹן הוּא לָכֶם וְעִנִּיתֶם אֶת־נַפְשֹׁתֵיכֶם בְּתִשְׁעָה לַחֹדֶשׁ בָּעֶרֶב מֵעֶרֶב עַד־עֶרֶב תִּשְׁבְּתוּ שַׁבַּתְּכֶם : פ חמישי

וַיְדַבֵּר יְהוָה אֶל־מֹשֶׁה לֵּאמֹר : דַּבֵּר אֶל־בְּנֵי יִשְׂרָאֵל לֵאמֹר בַּחֲמִשָּׁה עָשָׂר יוֹם לַחֹדֶשׁ הַשְּׁבִיעִי הַזֶּה חַג הַסֻּכּוֹת שִׁבְעַת יָמִים

And ye shall count unto you from the morrow after the holy day, from the day that ye brought the עומר of the wave-offering; seven sabbaths shall be complete: even unto the morrow after the seventh week shall ye number fifty days, and ye shall offer a new meat-offering unto the Lord. Ye shall bring from your habitations two wave loaves, of two tenth deals; they shall be of fine flour, they shall be baken with leaven, they are the first fruits unto the Lord. And ye shall offer with the bread seven lambs without blemish, of the first year, and one young bull and two rams; they shall be for a burnt-offering unto the Lord; with their meat-offering, and their drink-offerings, even an offering made by fire of a sweet savour unto the Lord. And ye shall sacrifice one kid of the goats for a sin-offering, and two lambs of the first year for a sacrifice of peace-offerings. And the priest shall wave them with the bread of the first fruits for a wave-offering before the Lord, with the two lambs; they shall be holy to the Lord for the priests. And ye shall proclaim on the self-same day, that it may be an holy convocation unto you; ye shall do no servile work therein; it shall be a statute for ever in all your dwellings throughout your generations. And when ye reap the harvest of your land, thou shalt not make clean riddance of the corners of thy field, when thou reapest, neither shalt thou gather any gleaning of thy harvest; thou shalt leave them unto the poor, and to the stranger; I am the Lord your God.

And the Lord spake unto Moses, saying, speak unto the children of Israel, saying, in the seventh month, shall ye have a sabbath, a memorial of sounding the cornet, an holy convocation. Ye shall do no servile work therein; but ye shall offer an offering made by fire unto the Lord. And the Lord spake unto Moses, saying, also, on the tenth day of this seventh month, there shall be a day of atonement, it shall be an holy convocation unto you, and ye shall afflict your souls, and offer an offering made by fire unto the Lord. And ye shall do no work in that same day; for it is a day of atonement, to make an atonement for you before the Lord your God. For whatsoever soul it be that shall not be afflicted in that same day, she shall be cut off from among her people. And whatsoever soul it be that doeth any work in that same day, the same soul will I destroy from among her people. Ye shall do no manner of work; it shall be a statute for ever throughout your generations, in all your dwellings. It shall be unto you a sabbath of rest, and ye shall afflict your souls in the ninth day of the month at even; from even unto even shall ye celebrate your sabbath.

And the Lord spake unto Moses, saying, speak unto the children of Israel, saying, the fifteenth day of this seventh month, shall be the feast of tabernacles for seven days unto the Lord. On the first day shall be an holy convocation;

לַיהוָה: בַּיּוֹם הָרִאשׁוֹן מִקְרָא־קֹדֶשׁ כָּל־מְלֶאכֶת עֲבֹדָה לֹא תַעֲשׂוּ:
שִׁבְעַת יָמִים תַּקְרִיבוּ אִשֶּׁה לַיהוָה בַּיּוֹם הַשְּׁמִינִי מִקְרָא־קֹדֶשׁ יִהְיֶה
לָכֶם וְהִקְרַבְתֶּם אִשֶּׁה לַיהוָה עֲצֶרֶת הִוא כָּל־מְלֶאכֶת עֲבֹדָה לֹא
תַעֲשׂוּ: אֵלֶּה מוֹעֲדֵי יְהוָה אֲשֶׁר־תִּקְרְאוּ אֹתָם מִקְרָאֵי קֹדֶשׁ לְהַקְרִיב
אִשֶּׁה לַיהוָה עֹלָה וּמִנְחָה זֶבַח וּנְסָכִים דְּבַר־יוֹם בְּיוֹמוֹ: מִלְּבַד
שַׁבְּתֹת יְהוָה וּמִלְּבַד מַתְּנוֹתֵיכֶם וּמִלְּבַד כָּל־נִדְרֵיכֶם וּמִלְּבַד כָּל־
נִדְבֹתֵיכֶם אֲשֶׁר תִּתְּנוּ לַיהוָה: אַךְ בַּחֲמִשָּׁה עָשָׂר יוֹם לַחֹדֶשׁ
הַשְּׁבִיעִי בְּאָסְפְּכֶם אֶת־תְּבוּאַת הָאָרֶץ תָּחֹגּוּ אֶת־חַג־יְהוָה שִׁבְעַת
יָמִים בַּיּוֹם הָרִאשׁוֹן שַׁבָּתוֹן וּבַיּוֹם הַשְּׁמִינִי שַׁבָּתוֹן: וּלְקַחְתֶּם לָכֶם
בַּיּוֹם הָרִאשׁוֹן פְּרִי עֵץ הָדָר כַּפֹּת תְּמָרִים וַעֲנַף עֵץ־עָבֹת וְעַרְבֵי־נָחַל
וּשְׂמַחְתֶּם לִפְנֵי יְהוָה אֱלֹהֵיכֶם שִׁבְעַת יָמִים: וְחַגֹּתֶם אֹתוֹ חַג
לַיהוָה שִׁבְעַת יָמִים בַּשָּׁנָה חֻקַּת עוֹלָם לְדֹרֹתֵיכֶם בַּחֹדֶשׁ הַשְּׁבִיעִי
תָּחֹגּוּ אֹתוֹ: בַּסֻּכֹּת תֵּשְׁבוּ שִׁבְעַת יָמִים כָּל הָאֶזְרָח בְּיִשְׂרָאֵל יֵשְׁבוּ
בַּסֻּכֹּת: לְמַעַן יֵדְעוּ דֹרֹתֵיכֶם כִּי בַסֻּכּוֹת הוֹשַׁבְתִּי אֶת־בְּנֵי יִשְׂרָאֵל
בְּהוֹצִיאִי אוֹתָם מֵאֶרֶץ מִצְרָיִם אֲנִי יְהוָה אֱלֹהֵיכֶם: וַיְדַבֵּר מֹשֶׁה
אֶת־מֹעֲדֵי יְהוָה אֶל־בְּנֵי יִשְׂרָאֵל:

The following Portion is read to the Maphtir.

וּבַחֹדֶשׁ הָרִאשׁוֹן בְּאַרְבָּעָה עָשָׂר יוֹם לַחֹדֶשׁ פֶּסַח לַיהוָה:
וּבַחֲמִשָּׁה עָשָׂר יוֹם לַחֹדֶשׁ הַזֶּה חָג שִׁבְעַת יָמִים מַצּוֹת יֵאָכֵל:
בַּיּוֹם הָרִאשׁוֹן מִקְרָא־קֹדֶשׁ כָּל־מְלֶאכֶת עֲבֹדָה לֹא תַעֲשׂוּ:

וְהִקְרַבְתֶּם אִשֶּׁה עֹלָה לַיהוָה פָּרִים בְּנֵי־בָקָר שְׁנַיִם וְאַיִל אֶחָד
וְשִׁבְעָה כְבָשִׂים בְּנֵי שָׁנָה תְּמִימִים יִהְיוּ לָכֶם: וּמִנְחָתָם סֹלֶת
בְּלוּלָה בַשָּׁמֶן שְׁלֹשָׁה עֶשְׂרֹנִים לַפָּר וּשְׁנֵי עֶשְׂרֹנִים לָאַיִל תַּעֲשׂוּ:
עִשָּׂרוֹן עִשָּׂרוֹן תַּעֲשֶׂה לַכֶּבֶשׂ הָאֶחָד לְשִׁבְעַת הַכְּבָשִׂים: וּשְׂעִיר
חַטָּאת אֶחָד לְכַפֵּר עֲלֵיכֶם: מִלְּבַד עֹלַת הַבֹּקֶר אֲשֶׁר לְעֹלַת
הַתָּמִיד תַּעֲשׂוּ אֶת־אֵלֶּה: כָּאֵלֶּה תַּעֲשׂוּ לַיּוֹם שִׁבְעַת יָמִים לֶחֶם
אִשֵּׁה רֵיחַ־נִיחֹחַ לַיהוָה עַל־עוֹלַת הַתָּמִיד יֵעָשֶׂה וְנִסְכּוֹ: וּבַיּוֹם
הַשְּׁבִיעִי מִקְרָא־קֹדֶשׁ יִהְיֶה לָכֶם כָּל־מְלֶאכֶת עֲבֹדָה לֹא תַעֲשׂוּ:

ye shall do no servile work therein. Seven days ye shall offer an offering, made by fire unto the Lord; on the eighth day shall be an holy convocation unto you, and ye shall offer an offering made by fire unto the Lord; it is a solemn assembly, and ye shall do no servile work therein. These are the feasts of the Lord, which ye shall proclaim to be holy convocations, to offer an offering made by fire unto the Lord, a burnt-offering, and a meat-offering, a sacrifice, and a drink-offering, every thing upon its day; besides the sabbaths of the Lord, and besides your gifts, and besides all your vows, and besides all your free-will-offerings, which ye give unto the Lord. Also, on the fifteenth day of the seventh month, when ye have gathered in the fruit of the land, ye shall keep a feast unto the Lord seven days; on the first day shall be a sabbath, and on the eighth day shall be a sabbath. And ye shall take unto you, on the first day, the fruit of the goodly trees, branches of palm trees and the boughs of thick trees, and willows of the brook; and ye shall rejoice before the Lord your God seven days. And ye shall keep it a feast unto the Lord seven days in the year; it shall be a statute for ever unto your generations, ye shall celebrate it in the seventh month. Ye shall dwell in booths seven days; all that are Israelites born shall dwell in booths; that your generations may know that I made the children of Israel to dwell in booths when I brought them out of the land of Egypt; I am the Lord your God. And Moses declared unto the children of Israel the feasts of the Lord.

ובחדש And on the fourteenth day of the first month is the Passover of the Lord. And on the fifteenth day of this month is the feast; seven days shall unleavened bread be eaten. On the first day shall be an holy convocation; ye shall do no manner of servile work therein. But ye shall offer a sacrifice made by fire for a burnt-offering unto the Lord; two young bulls, and one ram, and seven lambs of the first year; they shall be unto you without blemish. And their meat-offering shall be of flour mingled with oil; three tenth-deals shall ye offer for a bull, and two tenth-deals for a ram; a several tenth-deal shalt thou offer for every lamb, throughout the seven lambs; and one goat for a sin-offering, to make an atonement for you. Ye shall offer these beside the burnt-offering in the morning, which is for a continual burnt-offering. After this manner ye shall offer daily throughout the seven days, the meat of the sacrifice made by fire, of a sweet savour unto the Lord; it shall be offered beside the continual burnt-offering, and its drink-offering. And on the seventh day ye shall have an holy convocation; ye shall do no servile work.

When the Law is elevated, the Congregation say,

וְזֹאת הַתּוֹרָה אֲשֶׁר שָׂם משֶׁה לִפְנֵי בְּנֵי יִשְׂרָאֵל עַל פִּי יְיָ בְּיַד משֶׁה · עֵץ חַיִּים הִיא לַמַּחֲזִיקִים בָּהּ וְתוֹמְכֶיהָ מְאֻשָּׁר: דְּרָכֶיהָ דַרְכֵי נוֹעַם · וְכָל נְתִיבוֹתֶיהָ שָׁלוֹם: אֹרֶךְ יָמִים בִּימִינָהּ · בִּשְׂמֹאלָהּ עֹשֶׁר וְכָבוֹד: יְיָ חָפֵץ לְמַעַן צִדְקוֹ יַגְדִּיל תּוֹרָה וְיַאְדִּיר:

He that reads the Portion from the Prophets, says the following before he begins.

בָּרוּךְ אַתָּה יְיָ אֱלֹהֵינוּ מֶלֶךְ הָעוֹלָם · אֲשֶׁר בָּחַר בִּנְבִיאִים טוֹבִים · וְרָצָה בְדִבְרֵיהֶם הַנֶּאֱמָרִים בֶּאֱמֶת · בָּרוּךְ אַתָּה יְיָ · הַבּוֹחֵר בַּתּוֹרָה וּבְמשֶׁה עַבְדּוֹ וּבְיִשְׂרָאֵל עַמּוֹ · וּבִנְבִיאֵי הָאֱמֶת וָצֶדֶק:

## הפטרה ליום שני של פסח:

וַיִּשְׁלַח הַמֶּלֶךְ וַיַּאַסְפוּ אֵלָיו כָּל־זִקְנֵי יְהוּדָה וִירוּשָׁלִָם: וַיַּעַל הַמֶּלֶךְ בֵּית־יְהוָה וְכָל־אִישׁ יְהוּדָה וְכָל־יֹשְׁבֵי יְרוּשָׁלִַם אִתּוֹ וְהַכֹּהֲנִים וְהַנְּבִיאִים וְכָל־הָעָם לְמִקָּטֹן וְעַד־גָּדוֹל וַיִּקְרָא בְאָזְנֵיהֶם אֶת־כָּל־דִּבְרֵי סֵפֶר הַבְּרִית הַנִּמְצָא בְּבֵית יְהוָה: וַיַּעֲמֹד הַמֶּלֶךְ עַל־הָעַמּוּד וַיִּכְרֹת אֶת־הַבְּרִית ׀ לִפְנֵי יְהוָה לָלֶכֶת אַחַר יְהוָה וְלִשְׁמֹר מִצְוֺתָיו וְאֶת־עֵדְוֺתָיו וְאֶת־חֻקֹּתָיו בְּכָל־לֵב וּבְכָל־נֶפֶשׁ לְהָקִים אֶת־דִּבְרֵי הַבְּרִית הַזֹּאת הַכְּתֻבִים עַל־הַסֵּפֶר הַזֶּה וַיַּעֲמֹד כָּל־הָעָם בַּבְּרִית: וַיְצַו הַמֶּלֶךְ אֶת־חִלְקִיָּהוּ הַכֹּהֵן הַגָּדוֹל וְאֶת־כֹּהֲנֵי הַמִּשְׁנֶה וְאֶת־שֹׁמְרֵי הַסַּף לְהוֹצִיא מֵהֵיכַל יְהוָה אֵת כָּל־הַכֵּלִים הָעֲשׂוּיִם לַבַּעַל וְלָאֲשֵׁרָה וּלְכֹל צְבָא הַשָּׁמָיִם וַיִּשְׂרְפֵם מִחוּץ לִירוּשָׁלִַם בְּשַׁדְמוֹת קִדְרוֹן וְנָשָׂא אֶת־עֲפָרָם בֵּית־אֵל: וְהִשְׁבִּית אֶת־הַכְּמָרִים אֲשֶׁר

וזאת התורה And this is the law which Moses set before the children of Israel, by the command of the Lord by the hand of Moses. It is a tree of life to those that lay hold on it; and the supporters thereof are happy. Its ways are ways of pleasantness, and all its paths are peace. Length of days is on its right, and on its left are riches and honour. The Lord was pleased for his righteousness sake to magnify the law and adorn it.

ברוך אתה Blessed art thou, O Lord, our God; King of the universe; who hath chosen good prophets, and delighted in their words, which were delivered in truth. Blessed art thou, O Lord! who hath chosen the law, his servant Moses, his people Israel, and the true and righteous prophets.

PORTION FROM THE PROPHETS FOR THE SECOND DAY OF PASSOVER.

וישלח המלך And the king sent, and they gathered unto him all the elders of Judah and of Jerusalem. And the king went up into the house of the Lord, and all the men of Judah, and all the inhabitants of Jerusalem with him, and the priests, and the prophets, and all the people, both small and great: and he read in their ears all the words of the book of the covenant *which was* found in the house of the Lord. And the king stood by a pillar, and made a covenant before the Lord, to walk after the Lord, and to keep his commandments, and his testimonies, and his statutes, with all *their* heart, and with all *their* soul, to perform the words of his covenant, *that were* written in this book: and all the people stood to the covenant. And the king commanded Hilkiah, the high priest, and the priests of the second order, and the keepers of the door, to bring forth out of the temple of the Lord, all the vessels *that were* made for Baal, and for the grove, and for all the host of heaven: and he burned them without Jerusalem, in the fields of Kidron, and carried the ashes of them unto Bethel. And he put down the idolatrous priests, whom the kings of Judah

קלד  יוצר ליום שני של פסח :

נָתְנוּ מַלְכֵי יְהוּדָה וַיְקַטֵּר בַּבָּמוֹת בְּעָרֵי יְהוּדָה וּמְסִבֵּי יְרוּשָׁלָםִ
וְאֶת־הַמְקַטְּרִים לַבַּעַל לַשֶּׁמֶשׁ וְלַיָּרֵחַ וְלַמַּזָּלוֹת וּלְכֹל צְבָא הַשָּׁמָיִם :
וַיֹּצֵא אֶת־הָאֲשֵׁרָה מִבֵּית יְהוָה מִחוּץ לִירוּשָׁלַםִ אֶל־נַחַל קִדְרוֹן
וַיִּשְׂרֹף אֹתָהּ בְּנַחַל קִדְרוֹן וַיָּדֶק לְעָפָר וַיַּשְׁלֵךְ אֶת־עֲפָרָהּ עַל־קֶבֶר
בְּנֵי הָעָם : וַיִּתֹּץ אֶת־בָּתֵּי הַקְּדֵשִׁים אֲשֶׁר בְּבֵית יְהוָה אֲשֶׁר
הַנָּשִׁים אֹרְגוֹת שָׁם בָּתִּים לָאֲשֵׁרָה : וַיָּבֵא אֶת־כָּל־הַכֹּהֲנִים מֵעָרֵי
יְהוּדָה וַיְטַמֵּא אֶת־הַבָּמוֹת אֲשֶׁר קִטְּרוּ־שָׁמָּה הַכֹּהֲנִים מִגֶּבַע עַד־
בְּאֵר שָׁבַע וְנָתַץ אֶת־בָּמוֹת הַשְּׁעָרִים אֲשֶׁר־פֶּתַח שַׁעַר יְהוֹשֻׁעַ
שַׂר־הָעִיר אֲשֶׁר־עַל־שְׂמֹאול אִישׁ בְּשַׁעַר הָעִיר : אַךְ לֹא יַעֲלוּ
כֹּהֲנֵי הַבָּמוֹת אֶל מִזְבַּח יְהוָה בִּירוּשָׁלָםִ כִּי אִם־אָכְלוּ מַצּוֹת
בְּתוֹךְ אֲחֵיהֶם : וַיְצַו הַמֶּלֶךְ אֶת־כָּל־הָעָם לֵאמֹר עֲשׂוּ פֶסַח
לַיהוָה אֱלֹהֵיכֶם כַּכָּתוּב עַל סֵפֶר הַבְּרִית הַזֶּה : כִּי לֹא נַעֲשָׂה
כַּפֶּסַח הַזֶּה מִימֵי הַשֹּׁפְטִים אֲשֶׁר שָׁפְטוּ אֶת־יִשְׂרָאֵל וְכֹל יְמֵי
מַלְכֵי יִשְׂרָאֵל וּמַלְכֵי יְהוּדָה : כִּי אִם־בִּשְׁמֹנֶה עֶשְׂרֵה שָׁנָה לַמֶּלֶךְ
יֹאשִׁיָּהוּ נַעֲשָׂה הַפֶּסַח הַזֶּה לַיהוָה בִּירוּשָׁלָםִ : וְגַם אֶת־הָאֹבוֹת
וְאֶת־הַיִּדְּעֹנִים וְאֶת־הַתְּרָפִים וְאֶת־הַגִּלֻּלִים וְאֵת כָּל־הַשִּׁקֻּצִים אֲשֶׁר
נִרְאוּ בְּאֶרֶץ יְהוּדָה וּבִירוּשָׁלַםִ בִּעֵר יֹאשִׁיָּהוּ לְמַעַן הָקִים אֶת־
דִּבְרֵי הַתּוֹרָה הַכְּתֻבִים עַל־הַסֵּפֶר אֲשֶׁר מָצָא חִלְקִיָּהוּ הַכֹּהֵן בֵּית
יְהוָה : וְכָמֹהוּ לֹא־הָיָה לְפָנָיו מֶלֶךְ אֲשֶׁר־שָׁב אֶל־יְהוָה בְּכָל־לְבָבוֹ
וּבְכָל־נַפְשׁוֹ וּבְכָל־מְאֹדוֹ כְּכֹל תּוֹרַת מֹשֶׁה וְאַחֲרָיו לֹא־קָם
כָּמֹהוּ :

**The מפטיר says the Blessings (page 71,) after which say; אשרי then יהללו &c. And the Manuscripts of the Pentateuch are put into the Ark again; then מוסף the same as on the First day of the Feast, (page 77.)**

had ordained to burn incense in the high places, in the cities of Judah, and in the places round about Jerusalem, them also that burned incense unto Baal, to the sun, and to the moon, and to the planets, and to all the host of heaven: And he brought out the grove from the house of the Lord, without Jerusalem, unto the brook Kidron, and burned it at the brook Kidron, and stamped it small to powder, and cast the powder thereof upon the graves of the children of the people. And he brake down the houses of the Sodomites that *were* by the house of the Lord, where the women wove hangings for the grove. And he brought all the priests out of the cities of Judah, and defiled the high places where the priests had burned incense, from Geba to Beer-sheba, and brake down the high places of the gates that *were* in the entering in of the gate of Joshua, the governor of the city, which *were* on a man's left hand at the gate of the city. Nevertheless, the priests of the high places came not up to the altar of the Lord, in Jerusalem, but they did eat of the unleavened bread among their brethren. And the king commanded all the people, saying, keep the passover unto the Lord your God, as *it is* written in the book of his covenant. Surely there was not holden such a passover from the days of the judges that judged Israel, nor in all the days of the kings of Israel, nor of the kings of Judah; but in the eighteenth year of king Josiah, *wherein* this passover was holden to the Lord in Jerusalem. Moreover, the *workers with* familiar spirits, and the wizards, and the images, and the idols, and all the abominations that were seen in the land of Judah, and in Jerusalem, did Josiah put away, that he might perform the words of the law *which were* written in the book that Hilkiah, the priest, found in the house of the Lord. And like unto him was there no king before him, that turned to the Lord with all his heart, and with all his soul, and with all his might, according to all the law of Moses, neither after him arose there any like him.

# יוצר לשבת חול המועד של פסח :

The Reader begins שוכן עד &c., (page 41.)

During the time the Reader says ברכו the Congregation say יתברך.

חזן בָּרְכוּ אֶת יְיָ הַמְבֹרָךְ :

קהל וחזן בָּרוּךְ יְיָ הַמְבֹרָךְ לְעוֹלָם וָעֶד :

בָּרוּךְ אַתָּה יְיָ אֱלֹהֵינוּ מֶלֶךְ הָעוֹלָם · יוֹצֵר אוֹר וּבוֹרֵא חֹשֶׁךְ עֹשֶׂה שָׁלוֹם וּבוֹרֵא אֶת הַכֹּל : אוֹר עוֹלָם בְּאוֹצַר חַיִּים אוֹרוֹת מֵאֹפֶל אָמַר וַיֶּהִי :

יִתְבָּרַךְ וְיִשְׁתַּבַּח וְיִתְפָּאַר וְיִתְרוֹמַם וְיִתְנַשֵּׂא שְׁמוֹ שֶׁל מֶלֶךְ מַלְכֵי הַמְּלָכִים הַקָּדוֹשׁ בָּרוּךְ הוּא שֶׁהוּא רִאשׁוֹן וְהוּא אַחֲרוֹן וּמִבַּלְעָדָיו אֵין אֱלֹהִים סֹלּוּ לָרֹכֵב בָּעֲרָבוֹת בְּיָהּ שְׁמוֹ וְעִלְזוּ לְפָנָיו וּשְׁמוֹ מְרוֹמָם עַל כָּל בְּרָכָה וּתְהִלָּה : בָּרוּךְ שֵׁם כְּבוֹד מַלְכוּתוֹ לְעוֹלָם וָעֶד : יְהִי שֵׁם יְיָ מְבֹרָךְ מֵעַתָּה וְעַד עוֹלָם :

אֲהוּבֶיךָ אֲהֵבוּךָ מֵישָׁרִים · שִׁירָתְךָ נוֹגְנִים וְשׁוֹרְרִים · אַחֲרֵימוֹ קִדְּמוּ שָׂרִים · שִׁיר הַשִּׁירִים : אֱמוּנַת עִתֵּי חֻקּוֹת · מִפֶּה אֶל פֶּה נֶעְתָּקוֹת · אֲמָרוֹתָיו חִכּוֹ מַמְתַּקּוֹת · יִשָּׁקֵנִי מִנְּשִׁיקוֹת : בַּעֲשׂוֹתְךָ נוֹרָאוֹת לַהֲמוֹנֶיךָ · עֲנָנִים נָסוּ מִפָּנֶיךָ · בְּאוֹרִים כִּכְבוֹדְךָ מְרַנְנֶיךָ · לְרֵיחַ שְׁמָנֶיךָ : בְּרוּכֵי רַחַם מְשַׁחֲרֶיךָ · וְעוּרוּ לִקְרַאת דְּבָרֶיךָ בְּאֹהַב הֱבִיאַנִי חֲדָרֶיךָ ·

# SABBATH MORNING SERVICE

FOR THE MIDDLE DAYS OF THE

# FEAST OF PASSOVER.

*Reader.* Bless ye the Lord, who is ever blessed.

*Congregation answer.*

ברוך Blessed be the Lord, who is blessed for ever and evermore.

ברוך אתה Blessed art thou, O Eternal, our God! King of the universe! who formeth the light, and createth darkness; preserveth all in concord, and createth all things; even the eternal light in the treasure of everlasting life; he commanded light from darkness, and it was.

יתברך Blessed, praised, glorified, extolled, and exalted, shall be the holy name, of the Supreme King of Kings! blessed is he; for he is the first and the last, and besides him there is no God. Extol him who causeth the uppermost sphere to move by his name JAH! Rejoice before him; for his name is exalted above all blessing and praise. Blessed be the name of the glory of his kingdom for ever and ever. Blessed be the name of the Lord from henceforth and for evermore.

אהוביך The perfect ones whom thou lovest love thee; they sing and chaunt thy praise; as they who before them sang the canticle. The faithful statutes of the times, were delivered by the mouth of God; his words sweeten the palate; he will again caress me. When thou didst perform tremendous wonders for thy people, the mighty *waters* fled from thy presence; they who sung thy praise glorified thee in the wilderness; because of thy balsamic oil. They that were blessed from the womb, assembled to follow thy leader (Moses); in love he brought me into thy chambers; O draw

מְשָׁכֵנִי אַחֲרֶיךָ : גִּדְּלַנִי וְרוֹמְמַנִי לְתַאֲוָה · נִגְעַמְתִּי בְּשִׁמּוּר
מִצְוָה · גֶּדֶר בְּשׂוּמִי עֲוָה · שְׁחוֹרָה אֲנִי וְנָאוָה : גַּפֵּי מְרוֹמֵי
קָרֶת · בְּרַדְתִּי מֵהֲיוֹת גְּבֶרֶת · גֹּאֲלִי חַי אֲנִי מֻזְכֶּרֶת ·
אַל תִּרְאֻנִי שֶׁאֲנִי שְׁחַרְחֹרֶת : דִּבַּרְתִּי בְּפִי לִמְחוֹלְלִי · רִבְצוּ
בְּצוֹהַר לְהַשְׂכִּילִי · דּוֹדִי פּוֹדִי וְגוֹאֲלִי · הַגִּידָה לִי : דַּרְכֵי
הוֹרִים דְּעִי · יוֹנֶקֶת חֶמֶר מַטָּעִי · דִּירַת מִשְׁכְּנוֹתָם תֵּדְעִי ·
אִם לֹא תֵדְעִי : הַפֶּלֶא וָפֶלֶא הֶרְאֵיתִי · צֵאתִי לְיֵשַׁע
רַעְיָתִי · הָמוֹן לוֹרְדָה הִתְעֵיתִי · לְסֻסָתִי : הוּקְשַׁרְתִּי יוֹפִי
כְּתָרִים · חֶמְדַּת נִצּוֹל מִצְרַיִם · הֲקִימוֹתִי בְּרִית בְּתָרִים ·
נָאווּ לְחָיַיִךְ בַּתּוֹרִים : וְאֵלַי קֵרַבְתִּיךְ בְּאַהַב · קוֹל הִשְׁמַעְתִּיךְ
מִלַּהַב · וְתַעֲדִי עֲדִי מוּצְהָב · תּוֹרֵי זָהָב : וְעַם בָּחַרְתִּי בוֹ ·
יָצָא שֵׂכֶל מִלִּבּוֹ · וְהֵמִיר כְּבוֹד מִשְׂגַּבּוֹ · עַד שֶׁהַמֶּלֶךְ
בִּמְסִבּוֹ : זַעַף אֶשָּׂא לִכְמוֹר · גַּעַל פֶּשַׁע לִשְׁמוֹר : זַמַּת
אִוֶּלֶת לִזְמוֹר · צְרוֹר הַמֹּר : זַעַם עֵצַר עוֹפֶר · דּוֹפִי צַחַן
כִּפֵּר · זִכְרוֹן כָּתוּב בַּסֵּפֶר · אֶשְׁכֹּל הַכֹּפֶר : חוֹבֵשׁ חָשׁ
וּתְרוּפָה · לְכַנְפֵה כֶסֶף נֶחְפָּה · חֵן וָחֶסֶד מוּרְעָפָה · הִנָּךְ יָפָה :
חֲנוּן מֵשִׂים פֶּה · בְּרוֹגֶז רַחֵם מְצַפֶּה · חַי סֵתֶר צוֹפֶה ·
הִנָּךְ יָפָה : טִירַת מְצוּקֵי נֶעֱזָזִים · תּוֹאַר אֵיתָנֵי חֲרוּזִים ·
טֶכֶם זְרוֹעֵי מוּפְזָזִים · קוֹרוֹת בָּתֵּינוּ אֲרָזִים : מוֹרַח עוֹל
סוּבֶּלֶת · וְלֹא נִכְזְבָה תּוֹחֶלֶת · טָמוּן וְסָפוּן מְנַצֶּלֶת · אֲנִי

me after thee! He brought me up and exalted me above every desire; I was amiable *in his sight* when I observed his precepts; but I broke down the fence, and perverted my way; thus I became black, but yet I am comely. *Though I am brought down from the highest places of the city, and degraded* from being a governess, yet do I remember that my Redeemer liveth; *therefore,* look not so disdainfully upon me, because I *am black.* With my mouth I spoke to my Maker, and besought him to instruct me where his resting-place is at noon; my Beloved, my Redeemer! O tell me! Study the ways of the patriarchs; and suck the wine of my planting; observe the habitations *of thy sages,* if thou knowest not. I shewed wonders when I went forth for the salvation of my beloved; I confused the multitude of (לוד the Egyptians), even the horses of the chariots of Pharoah. Thou wast adorned with beautiful crowns; thou didst spoil Egypt of every desirable *thing;* I confirmed the covenant *made* between the pieces, saying, thy cheeks are comely with rows of jewels. I brought thee near to me in love, *and* caused thee to hear my voice in love; and adorned thee with golden ornaments, even collars of gold. But the people whom I had chosen, drove *all* sense from their heart, and exchanged the glory of their exalted *God,* while the eternal King was yet in the midst of them. In compassion to you I pardoned the wrath due to you, and reserved the filthy transgression, and to cut off the foolish imaginations; for the sake of him (Isaac) who was bound on mount מוריה. He who is compared to a hart withheld indignation *from me;* he made atonement for my shame and filthiness; and which was written *as* a memorial in the book of the Eternal, called אשכול הכופר. He hastened to bind up and cure the wound of those whose wings are covered with silver (Israel,) and to diffuse grace and kindness; saying, behold, thou *art fair.* O thou *who art* gracious, instructed the mouth *of Moses, and shewed him* that in anger thou dost remember mercy: O thou living God! who viewest every secret, *didst say,* behold, thou art fair, my beloved! The place *that was founded upon* the strong pillars, *and that which was* formed in mighty order; their arms were ornamented with gold; *as is said,* the beams of our house *are* cedar. They bore the yoke of *the Egyptian bondage,* and did not hope in vain; they *therefore* brought out the secreted and hidden treasure; *then* I was graceful, and compared to a narcissus. The prayer and supplication

חֲבַצֶּלֶת : יְקַר גֶּעֱרַב כְּנִיחוֹחִים · רַחֵשׁ תַּחַן נֶאֱנָחִים · יִדְעַם
בְּגֵיא כַּסְּלוּחִים · כְּשׁוֹשַׁנָּה בֵּין הַחוֹחִים : יוֹרְשֵׁי הַר לְמִצְעָר ·
הַכִּיר וְאָהַב מִנּוֹעַר · יְחָדוּהוּ זָקֵן וָנַעַר · כְּתַפּוּחַ בַּעֲצֵי הַיַּעַר :
כִּלְכְּלַנִי בְּצִיָּה מְסֻבֶּבֶת · וְנִפְרַע נְשִׁיוֹן מַגְבִּית · כְּנָסַנִי לְאֶרֶץ
נוֹשֶׁבֶת · הֱבִיאַנִי אֶל בַּיִת : כִּלְלַנִי בְּעוֹז מִדְרָשׁוֹת · בְּשִׁבְעִים
פָּנִים נִדְרָשׁוֹת · כְּבוֹדָם חֲקוֹר מִלַּחֲשׁוֹת · סַמְּכוּנִי בָּאֲשִׁישׁוֹת :
לֹא עֲזָבַנִי לְנָטְשִׁי · מְגִינִי וּמֵרִים רֹאשִׁי · לוֹדִים מָרְדוּ
בְּקוֹשִׁי · שְׂמֹאלוֹ תַּחַת לְרֹאשִׁי : לְנַחֵץ קֵץ יִשְׁעֲכֶם · צֵאת
מֵאוֹסֶר כְּבָלֵיכֶם · לְהַמְתִּין בֹּא עִתְּכֶם · הִשְׁבַּעְתִּי אֶתְכֶם ·
מִסֵּבֶל עוֹל רוֹדִי · וִיַעֲדֵנִי צוּר פּוֹדִי · מְמַהֵר יֶשַׁע בַּעֲדִי ·
קוֹל דּוֹדִי : מְקַצֵּר זְמַן אָבִי · תֵּת צְרִי לְמַכְאוֹבִי · מְדַלֵּג
מְקַפֵּץ לְהַאֲהִיבִי · דּוֹמֶה דוֹדִי לִצְבִי : נִגְדְּשָׁה סְאַת שׁוֹדְדִי ·
וְהִגִּיעַ עֵת מוֹעֲדִי · נִסְּעִי נָא וְהִכָּבְדִי · עָנָה דוֹדִי : נִגְדַּע
עוֹל וְנִשְׁבַּר · בְּאֵין מַחְסוֹר דָּבָר · נֶאֱמַן רוֹעֶה גָּבַר · כִּי
הִנֵּה הַסְּתָו עָבָר : שָׂרֵי מוֹפֵת נִבְרָאוּ · מְלִיצֵי יוֹשֶׁר נִקְרָאוּ ·
סוֹרְרִים תָּמְהוּ כְּרָאוּ · הַנִּצָּנִים נִרְאוּ : סוֹבוּ עֲגָלָה וְהֲרוּגֶיהָ ·
עֲבוֹתֶיהָ לְקַצֵּץ וְעוּגֶיהָ · סוֹף לְהַשְׁבִּית סוּגֶיהָ · הַתְּאֵנָה
חָנְטָה פַגֶּיהָ : עוֹז תּוּשִׁיָּה מִלַּגְלֵעַ · סָבִיב הוּגְבְּלוּ בְּצֶלַע ·
עֶמְדָה בְּמִישׁוֹר מִלְּקַלֵּעַ · יוֹנָתִי בְּחַגְוֵי הַסֶּלַע : עֲוִילִים
הוֹצִיעוּ חֲלָלִים · יְצִיאֵי עַקְרַבֵּי אֲמֵלָלִים · עוֹמְדִים לְזַנֵּב
נֶחֱשָׁלִים · אֶחֱזוּ לָנוּ שׁוּעָלִים : פָּרַשׂ עָנָן לְהַאֲהִילִי · מְגִיהַּ

of those that sighed was precious, and pleasant as the savour *of the offerings;* he distinguished them in the valley of כסלוחים (Egypt), as a rose among the thorns. Those that possessed the mountain but a short time, he knew, he loved them from their youth: both young and old proclaimed his Unity, *and distinguished him* as the apple-*tree* among the trees of the wood. He fed me in the desert *when I was* surrounded, till he exacted the debt due from me; and then brought me into the inhabited land; he brought me to the banqueting house (the temple). He perfected me with the mighty studies, that are explained seventy ways, whose glory we are to seek without interruption; he stayed me with flagons. He did not forsake me to cast me off; he is my shield, and the exaltation of my head; the Egyptians embittered my life with hard labour; *but* his left hand was the support of my head. Do not hasten the time of your salvation, by attempting to break your bands: but wait the coming of your *appointed* time, I charge you. My beloved appointed to redeem me from the burden of the yoke *of the Egyptians,* he hastened to save me, *and I heard* the voice of my beloved. He shortened the time *mentioned to* my ancestor (Abraham): he applied balm to my wound; he leaped swiftly to embrace me; for my beloved is like a roe. The measure of those that spoiled me was heaped up, and the time of my appointment drew nigh; come forth now, and be honoured, said my beloved. The yoke *of the Egyptians* is broken, and cut to pieces, *and we are brought forth,* and in want of nothing; the faithful shepherd (Moses) prevailed; for lo, the winter is past. The princes (Moses and Aaron) *that performed the* wonders were now created; the upright advocates were called; the rebellious were surprised when they saw the *miracles: thus* the flowers appeared. *They* compassed ענלה (the Egyptians) and her slain, to cut off her cables and anchors, and destroyed the wicked in the *Red* sea; thus the fig-tree put forth her green figs. *When receiving the decalogue,* they were forbidden to gaze at the glory of the Eternal; they were limited round the side *of the hill;* they were obliged to stand in the plain; if they approached the mount, they were stoned; *then* my dove was in the clefts of the rock. The silly ones were slain and strewed about; the descendants of him *that was cursed as the* scorpions, were cut off, because they rose up to smite the hindmost. even those that were feeble; here the cunning foxes were taken. He spread the cloud over me, as

כְּלִיל הֳלִי · פְּנוּקִים שָׁלֹשׁ הָאֲבִילִי · דּוֹדִי לִי : פְּעֻלַּת שָׂכָר קָפוּחַ · טְפַלְתִּי כְּנֹאד נָפוּחַ · פִּלַּצְתִּי בִּשְׂאֵת וְסַפּוּחַ עַד שֶׁיָּפוּחַ : צִפִּיתִי עוֹצֵב בִּי · וְתִיק רָחַק מִקִּרְבִּי · צִוְּתִי לְבַקֵּשׁ אוֹהֲבִי · עַל מִשְׁכָּבִי : צִיר עֲלוֹת בִּתְחִנָּה · בַּקֵּשׁ כִּפּוּר לְמִי מָנָה · צִעוּק וְחִלּוֹת אָנָּא · אָקוּמָה נָּא : קָשְׁרוּ לְוִיִּם קְשׁוּרִים · יוֹפִי תֻּמִּים וְאוּרִים · קוֹמֵם לְהַכּוֹת בּוֹעֲרִים · מְצָאוּנִי הַשֹּׁמְרִים : קַבֵּל מָרוֹם תְּפִלָּתִי · מְחֹל פֶּשַׁע חַטָּאתִי · קִרְבָתוֹ שַׁת בַּעֲדָתִי · כִּמְעַט שֶׁעָבַרְתִּי : רְאוּ בְּחַרְתִּי בָּכֶם · אַל תְּנַחֲצוּ יְצִיאַתְכֶם · רְאוּת בְּצִיָּה עִתּוֹתֵיכֶם · הִשְׁבַּעְתִּי אֶתְכֶם : רָמָה קֶרֶן סְגֻלָּה · מִמִּדְבָּר יָצְאָה נִדְגָּלָה · רוֹזְנִים נוֹסְדוּ לְמַלְלָה · מִי זֹאת עֹלָה : שִׁכֵּן בְּאָדָם שְׁכִינָתוֹ · נִכְלֶלֶת מִצִּיּוֹן יִפְעָתוֹ · שָׁתַת אֶבֶן שְׁתִיָּתוֹ · הִנֵּה מִטָּתוֹ : שְׁלָמִים וְעוֹלוֹת לְקָרֵב · סֵדֶר בּוֹקֶר וָעֶרֶב · שַׁת כֹּהֲנֵי לְהִתְקָרֵב · כֻּלָּם אֲחֻזֵי חֶרֶב : תּוּכַן אָרוֹן מִכְּלוּלוֹ · לוּחוֹת מוּנָחוֹת בְּצִלּוֹ · תַּבְנִית כְּרוּבִים לְהַאֲהִילוֹ · אַפִּרְיוֹן עָשָׂה לוֹ : חזן תְּעוּדָה תְּתוּנָה בְּחוֹסֶף · הֲמוֹן עַם בְּהִתְאַסֵּף · תִּיאֵר סִפְרָהּ בְּכוֹסֶף · עַמּוּדָיו עָשָׂה כֶסֶף :

חזן צְאֶינָה וּרְאֶינָה · קהל וחזן שׁוּר בָּעֲטָרָה הַמְעֻטֶּרֶת :

חזן הִנָּךְ יָפָה · קהל וחזן מוֹר וּלְבוֹנָה מְקֻטֶּרֶת :

חזן שִׁנַּיִךְ · קהל וחזן עוֹרְכֵי טַעֲמֵי מְסוֹרֶת :

חזן כְּחוּט הַשָּׁנִי · קהל וחזן וְחֵךְ שִׂפְתוֹתַיִךְ מְדַבֶּרֶת :

חזן כְּמִגְדַּל דָּוִיד · קהל וחזן בּוֹשְׁקֵי הַגִּבּוֹרִים נֶאֱזֶרֶת :

a tent; he enlightened me at night; he fed me with delicacies; *for* my beloved is mine. I lost the reward of *my good* work, when I fell away; *for then I became* as a bottle filled with wind: I was seized with horror, as struck with leprosy; until it was waved away. I perceived he was angry with me; he who is just removed from the midst of me; I rose up to seek my beloved; he was my meditation on my bed. The messenger (Moses) went up with supplication: he sought to make atonement for me, when he cried and supplicated, I beseech thee; *then I said*, I will rise now. The Levites that were *afterwards* adorned with the beautiful Urim and Thummim, rose up to smite the brutish; for they who laid wait for me, found me. The Most High accepted my prayer, he pardoned my sin and transgression, and caused his presence to abide amongst my congregation; *or* I had nearly passed *from the world.* Behold, I have made choice of you; therefore hasten not your redemption; I will feed you in captivity till the time of your redemption; thus I charge you. The horn of the peculiar people was exalted; they marched through the wilderness with their banners; the rulers were assembled, *and said,* who is this that is so exalted? He caused his divine presence to rest among men; he perfected Zion with splendour, and *there* laid his foundation-stone; behold the habitation of his glory? *There* to offer peace-offerings; and for the order of the morning and evening sacrifice, he appointed the priests, they were all armed with swords. The form of the beautiful ark, under whose shadow the tables were deposited; and over which the cherubim formed a tent; and before it was a hanging of magnificent tapestry. The testimony was given publicly, when the multitude of people were assembled; he enlightened its book with delight; *and* the pillars thereof he made of silver.

צאינה *Reader.* Go forth, and behold. *Cong. and Read.* View the crown with which she (the law) is crowned.

הנך *Read.* Lo, thou art fair. *Cong. and Read.* Perfumed with myrrh and incense.

שניך *Read.* Thy teeth. *Cong. and Read.* Arranging the reasons of the מסורה.

כחוט *Read.* Thy lips are like a scarlet thread. *Cong. and Read.* The strength of thy words in discourse.

כמגדל *Read.* Like the tower of David. *Cong. and Read.* Girt with the armour of the mighty.

קהל שְׁנֵי שָׁדַיִךְ בְּמַלְכוּת וּכְהֻנָּה מוּכְתֶּרֶת · עַד שֶׁיָּפוּחַ יָגֵשׁ הַמּוּלָה עוֹבֶרֶת · בֵּלֵךְ יָפָה יְפֵיפִית לִהְיוֹת גְּבֶרֶת · אִתִּי מִלְּבָנוֹן כַּלָּה צַעֲדִי טוֹטֶפֶת מְקֻשֶּׁרֶת · לִבַּבְתִּנִי חוֹסֶן יְקָרִי מְזֻבֶּרֶת · מַה יָּפוּ קִשּׁוּטַיִךְ בְּעוֹז וְתִפְאֶרֶת · נֹפֶת הַכַּד הָרִים עוֹקֶרֶת · גַּן נָעוּל זוֹרַעַת חֶסֶד וְקוֹצֶרֶת · שְׁלָחַיִךְ קְבוּצֵי סִלְסוּל מְגֻבֶּרֶת · נֵרְדְּ וְכַרְכֹּם בְּשׁוּמֵךְ בְּאַפִּי קְטוֹרֶת · מַעְיַן גַּנִּים תְּעוּרָה דוֹרֶשֶׁת וְגוֹמֶרֶת · עוּרִי צָפוֹן וּבוֹאִי לְהַעֲלוֹת תִּמּוֹרֶת · בָּאתִי לְגַנִּי רְאוֹת גֻּלַּת הַכּוֹתֶרֶת · אֲנִי יְשֵׁנָה הַלֵּב עֵר בְּמִשְׁמֶרֶת · פָּשַׁטְתִּי אֶדֶר כְּתוֹנֶת מוּשְׁזֶרֶת · דּוֹדִי מוֹשִׁיעַ פְּלֵיטָה הַנִּשְׁאֶרֶת · קַמְתִּי נִצּוּחַ קְדֻשָּׁתוֹ מְסַפֶּרֶת · פָּתַחְתִּי סִגּוּב תְּהִלָּתוֹ מְזַמֶּרֶת · מְצָאֻנִי לְיִשְׁעוֹ מְקַוָּה וּמְסַבֶּרֶת · הִשְׁבַּעְתִּי הֲמוֹן מַלְאֲכֵי הַשָּׁרֵת : חזן מַה דּוֹדֵךְ שְׁאָלוּנִי תָּמִיד מַחֲטֶבֶת וּמַאֲמֶרֶת · נַעֲרָץ וְנִשְׂגָּב תִּכֵּן שְׁחָקִים בְּזֶרֶת · הַנַּעֲרָץ בְּשִׁלּוּשׁ קְדֻשָּׁה הַמְאֻשֶּׁרֶת :

Then say הכול יודיך the same as yesterday, (page 46,) till מלא כל הארץ כבודו.

דּוֹדִי שַׁלִּיט בְּכָל מִפְעָל · הַכֹּל לְמַעֲנֵהוּ פָעַל · מֵרְבָבָה דָּגוּל וּמוּעָל · קָדוֹשׁ בְּמַטָּה וּבְמַעַל :

רֹאשׁוֹ עָטוּר פָּז כֶּתֶר · טָהוֹר צוֹפֶה כָּל סֵתֶר · וּמַאֲזִין לְקוֹל עָתֶר · נַעֲרָץ בְּשֶׂפֶת יֶתֶר :

עֵינָיו נֶגְדּוֹ יְיַשְּׁרוּ חוֹזִים · יָהּ חֲכַם הָרָזִים · בָּחוּר נָעִים כָּאֲרָזִים · זַךְ עוֹשֶׂה חֲזִיזִים :

לְחָיָו רֶקַח מִגְדְּלוֹת בְּשָׂמִים · כַּבִּיר מֵשִׁיב טְעָמִים · יוֹשֶׁר אֲמָרָיו נְעִימִים · הֶגְיוֹנָיו בֵּין מְחֻכָּמִים :

יָדָיו צֶדֶק וּמִשְׁפָּט מוּפְלָאִים · לִגְלִילֵי תַרְשִׁישׁ מְמֻלָּאִים · חֲיָלֵי צְבָאָיו נוֹרָאִים · חַתִּים וּמִפָּנָיו יְרֵאִים :

שני שדיך Thy two breasts were crowned with the regal crown, and the crown of the priesthood: until the raging multitude broke forth, *and* caused *it* to pass away; yet art thou altogether fair; thou art beautiful, and fit to be a governess. Come with me from Lebanon, *my* spouse: step forward, thou who art adorned with ornaments; thou dost ravish me, with the mention of my mighty glory; *thou art* an enclosed garden, that soweth and reapeth mercy; thy plants gather strength sweetly; as the spikenard and saffron, which thou offerest me for incense; as a fountain of water floweth the testimony. Awake from the north, and come to raise the pillar of smoke; I am come into my garden, to see the regal crown; I sleep but the heart is awake, *and* watcheth. I have put off my glorious coat of twined *linen;* my beloved will save the remnant that escaped; I rose up to declare his victory and holiness: *and* opened to sing his mighty praise; *though my sins* have found me, yet I trust in, and hope for his salvation: I charge you, ye crowd of ministering angels *to testify that the nations* ask me, what is thy beloved, that thou dost continually praise and extol him? to which I answer, he is reverenced and exalted; he meted out the heavens by a span; he is reverenced with the threefold perfect sanctification.

דודי My beloved ruleth over all: he created all for his glory; he is extolled as the chief among myriads of angels, and is sanctified above and below.

ראשו His head is adorned with a crown of fine gold; he is pure, and vieweth every hidden thing; he hearkeneth to the voice of prayer, and is reverenced above all utterance.

עיניו His eyes view the rectitude of those that approach him; he is Omnipotent! and Omniscient! the most desirable, comely as the cedars, the most pure, the former of the clouds.

לחיו His cheeks produced perfumed spices; he gave strong reasons; his words are true and amiable; *from* his utterance the intelligent gain wisdom.

ידיו *The tables written by his* hand, *contained* righteousness, and wonderful judgments; as gold rings set with beryl: his numerous host are tremendous; they are afraid, and tremble in his presence.

שׁוֹקָיו קוֹמַת עַמּוּדֵי שֵׁשׁ · יְסוֹד עוֹלָם לְהִתְאֹשֵׁשׁ · בַּשְּׁבִיעִי לְמַעְלָה מִשֵּׁשׁ · יָפָה כִּסְאוֹ לְיַשֵּׁשׁ :

חִכּוֹ רַבֵּי תוֹרוֹת וְחֻקִּים · יְחוּדוֹ בְּתֵבֵל וּבִשְׁחָקִים · אַדִּירֵי חַשְׁמַלֵּי בְרָקִים · עוֹצֶם קְדֻשָּׁתוֹ מְפִיקִים :

אָנָה בָּרוּךְ וּמְבוֹרָךְ שְׁמוֹ · דּוֹרְשִׁים אֶרְאֶלֵּי מְרוֹמוֹ · וְזֶה אֶל זֶה קוֹרֵא נוֹעֲמוֹ · אוֹמֵר קָדוֹשׁ בְּשַׁלְּשֵׁמוֹ :

דּוֹדִי נוֹתֵן לְעַמּוֹ עוֹז · מִפִּימוֹ יִתְבָּרֵךְ בְּמָעוֹז · אֲנִי אֲחַזֵּק תְּהִלָּה וָעוֹז · נוֹעַם לְשֵׁם מִגְדַּל עוֹז :

**Then say from** **והחיות** **(page 49,) to** **אין אלהים זולתך** **(page 52.)**

אֵלֶּה וְכָאֵלֶּה הֶרְאִיתַנִי · שָׁמְעָה אָזְנִי וְהֶבְנְתַּנִי · לֹא יָדַעְתִּי נַפְשִׁי שָׂמַתְנִי : בְּבוֹאֵךְ לְהַדִּיץ דְּאָבִי · מִלֵּל פִּצְתְּ לְהֵטִיבִי · שׁוּבִי שׁוּבִי : גֵּיא הִזָּיוֹן תְּחוּמַיִךְ · עֲלוֹתֵךְ לְהַגִּישׁ שְׁלָמַיִךְ · מַה יָּפוּ פְעָמַיִךְ : דְּגָלַיִךְ יַזְהִירוּ כְּזוֹהַר · וּכְעֶצֶם הַשָּׁמַיִם לָטֹהַר · שָׁרְרֵךְ אַגַּן הַסַּהַר : הֲדַר כִּיהוּן אִפּוּדַיִךְ · נוֹעַם מַלְכוּת כְּבוּדַיִךְ · שְׁנֵי שָׁדַיִךְ : וְנַחַת שֻׁלְחָן דֶּשֶׁן · בְּנוֹכַח מְנוֹרָה לְדַשֵּׁן · צַוָּארֵךְ כְּמִגְדַּל הַשֵּׁן : זְבוּל קוֹדֶשׁ הִלּוּלַיִךְ · רֶפֶד יוֹפִי מִכְלוּלַיִךְ · רֹאשֵׁךְ עָלַיִךְ : חַיִל לְמָאוֹר עָצַמְתְּ · בְּרִבֵּי תוֹרוֹת נִתְחַכַּמְתְּ · מַה יָּפִית וּמַה נָּעַמְתְּ : טַכְסִיס נוֹי תְּהִלָּתֵךְ · יִתְאַוּוּ לְאֻמִּים לִרְאוּתֵךְ · זֹאת קוֹמָתֵךְ : יְדוּעַיִךְ נְטוּעִים כְּמַסְמֵר · צְנוּעִים בְּכָל מִשְׁמָר · אָמַרְתִּי אֶעֱלֶה בְתָמָר : כְּתוֹרָה בְּשֵׂכֶל טוֹב · חֲמוּדָה מִזָּהָב טוֹב · וְחִכֵּךְ כְּיֵין הַטּוֹב : לָאֵל אֲקַוֶּה לְסַעֲדִי · קְדוֹשִׁי פּוֹדִי וּכְבוֹדִי · אֲנִי לְדוֹדִי : מְפֻזֶּרֶת מִקָּצֶה לְקָצֶה · חַנּוּן סְגוּרֶיהָ הַיְצֵא ·

שוקיו His legs are the exalted pillars of marble, to strengthen the foundation of the world: in the highest heaven he hath founded his beautiful throne.

חכו With his mouth he uttered the many laws and statutes; his Unity is acknowledged in heaven and earth; the mighty חשמלים (angels), who are as swift as lightning, utter the greatness of his sanctification.

אנה Where *is he?* blessed *be he!* and blessed be his name, his heavenly angels enquire: and the one calleth sweetly to the other, *and altogether* say the threefold sanctification.

דודי My beloved giveth strength to his people; from their mouth he is mightily praised: with strength will I forcibly praise him, who is a beautiful tower of strength *to those that hope in him.*

אלה These and the like he shewed me; and caused me to hear with mine ear, and understand, and placed me where my soul was not aware of. When thou didst come to rejoice me in my sorrow, thou didst speak of my good, *saying*, return, return. When thou shalt go up to the valley of the vision (Jerusalem) to offer the peace-offerings, how beautiful *will be* thy steps. Thy banners are most resplendent, and as the body of heaven for clearness, thy rulers as the bright moon. Thy glorious ministering ephod (Aaron), and the glory of thy beauteous kingdom (Moses), *are as* two breasts. The delicate *shewbread* placed on *thy* table, that was opposite the candlestick, that was cleared of its ashes *daily;* then thy temple was exalted as a tower of ivory. Thy holy praised habitation, and thy perfectly beautiful ornament, elevated as mount *Carmel.* Thou art become exceedingly powerful; art become wise in the study of the law; how fair, and how amiable art thou! The nations desire to see thy beautifully praised ornaments; this is thy stature. *The words of* thy wise men are as nails firmly fixed; they are modest in every point: I said, I will ascend in the smoke of the incense. They are crowned with good sense; *are* more desirable than pure gold; and the roof of thy mouth *is* like the best wine. I will hope in God to support me! *he is* my holy Redeemer, and my glory; *and* I *am* my beloved's. She (the nation) that is scattered from *one* end *of the earth* to the other; O thou who art gracious deliver her prisoners; *and say* come, my beloved,

לְכָה דוֹדִי נֵצֵא : נַהֵל מְעַטֵּי עַמִּים · זְרַח אוֹרְךָ לַעֲמוּמִים · נַשְׁכִּימָה לַכְּרָמִים : שׁוֹשׁ מְסַבָּה לְהַאֲרִיחַ · קוֹל קוֹרֵא לְהַצְרִיחַ · הַדּוּדָאִים נָתְנוּ רֵיחַ : עַמְּךָ בּוֹעֵד לְהַאֲהִילִי · וְלָבֹא בְּשִׂמְחַת גִּילִי · מִי יִתֶּנְךָ כְּאָח לִי : פִּנּוֹת דֶּרֶךְ בְּבוֹאֶךָ · אֶל מְכוֹנְךָ וּמִקְרָאֶךָ · אֶנְהָגְךָ אֲבִיאֲךָ : צֵאת מִמַּסְגֵּר נַפְשִׁי · מִבֵּין מַעֲבִידַי בְּקוֹשִׁי · שְׂמֹאלוֹ תַּחַת רֹאשִׁי · קַוּוֹת מוֹעֵד עִתְּכֶם · צִיּוֹן עֲלוֹת קְרִיַּתְכֶם · הִשְׁבַּעְתִּי אֶתְכֶם : רוֹאֵי מוֹפְתֵי הַגְּאֻלָּה · אוֹמֵר יַעֲנוּ בְמִלָּה · מִי זֹאת עֹלָה : שׁוֹכְנֵי בְּגֵיא גָלוּתָם · מַהֵר מֵאִתְּךָ תְּהִלָּתָם · שִׂימֵנִי כַחוֹתָם : תּוֹקֶף עוֹז אֲהָבִים · נִגֵּן שִׁירִים עֲרֵבִים · כְּעַל מַיִם רַבִּים :

מַיִם רַבִּים שַׂמְתָּ נְתִיבָה · אָחוֹת מָשַׁכְתָּ לָךְ בְּאַהֲבָה · אִם עֻנֵּתִי וְנַפְשִׁי תְּאֵבָה · אֲנִי חוֹמָה וְשָׁדַי לְאֵין קִצְבָה : כֶּרֶם נְעִים וְנַחֲלָה חֲשׁוּבָה · כַּרְמִי בְזִיו וְשְׁמוּנֵי חֲרֵבָה · הַיּוֹשֶׁבֶת רְבוּצָה וְיֵשַׁע מְקַוָּה · בְּרַח יֶשַׁע הַפְלֵא דָּגוּל מֵרְבָבָה · דוֹדִי צוּר נַעֲרָץ בְּאַלְפֵי רְבָבָה · וּדְמֵה לְךָ חַי כְּעַל מֵי תְהוֹם רַבָּה · קְדוֹשִׁים שִׁבְחוּךָ שִׁירָה עֲרֵבָה · בְּגִילָה בְּרִנָּה בְּשִׂמְחָה רַבָּה :

Then עזרת (page 54,) till קדוש ישראל (page 55,)

חזן בְּרַח דּוֹדִי אֶל שֶׁאֲנָן נָוֶה · וְאִם הֶלְאֵינוּ דֶּרֶךְ הַעֲוֶה · הִנֵּה לָקִינוּ בְּכָל מַדְוֶה · וְאַתָּה יְיָ מָעוֹז וּמִקְוֶה · עָלֶיךָ כָּל הַיּוֹם נְקַוֶּה · לְגָאֳלֵנוּ וּלְשִׁיתֵנוּ כְּגַן רָוֶה :

בְּרַח דּוֹדִי אֶל מְקוֹם מִקְדָּשֵׁנוּ · וְאִם עֲוֹנוֹת עָבְרוּ רָאשֵׁנוּ · הִנֵּה בָאָה בַּבַּרְזֶל נַפְשֵׁנוּ · וְאַתָּה יְיָ גּוֹאֲלֵנוּ קְדוֹשֵׁנוּ · עָלֶיךָ נִשְׁפּוֹךְ שִׂיחַ רַחֲשֵׁינוּ · לְגָאֳלֵנוּ מִמְּעוֹן קָדְשְׁךָ לְהַחְפִּישֵׁנוּ :

let us go *into the field*. O lead the fewest of the people; cause thy light to shine on those that are darkened; *and* let us get up early to the vineyards. Rejoice *them* at thy invited feast, and cause them to hear the proclaiming voice, that even the mandrakes send forth a scent. Appoint thy people to come to thy tabernacle, with joy and gladness; O that thou wert as a brother to me! Clear the way for thy coming to thy appointed habitation; *then* I would lead thee, and bring thee. Deliver my soul from prison, from among those that keep me in rigorous bondage; lo, his left hand is the support of my head. Hope for your appointed time, when ye shall go up to the city of Zion; *this* I charge you. When they shall see the wonders of the redemption, they will exclaim, who is this that cometh up? Hasten the *redemption* of those that rest in the valley of captivity, when they will acknowledge thy praise. O place me as a seal upon thy heart! *Awaken* thy strong love, *when* they shall tune sweet songs to thee, as they did by the mighty waters.

מים רבים Thou didst make a path in the mighty waters; the sister (the nation) didst thou attract to thee in love; though I have been afflicted, yet my soul earnestly desireth thee; I am a wall and my breasts are without bounds; a beautiful vineyard, and a valuable inheritance. They spoiled my vineyard, and laid it waste; for she (Jerusalem) sitteth sorrowful, and hopeth for salvation; hasten, *and* wonderfully work our salvation, O *thou who art* exalted above myriads of angels. My beloved is the Creator, who is reverenced by many thousands; and be, O thou living God! as thou wast at the waters of the great deep; when the holy ones praised thee with the pleasant song, *and* with gladness, song, and abundant joy.

ברח דודי Hasten, my beloved, to thy tranquil habitation; though we have wearied *thee* with our perverse ways; lo, we have been smitten with every woe; but thou O Lord! *art our* strength and hope; in thee, we hope all the day, to redeem us, and make us as a well watered garden.

ברח דודי Hasten, my beloved, to our holy temple; and though our iniquities have risen above our head; behold, we are bound in *chains of* iron; but thou, O Lord! art our Redeemer and Sanctifier; unto thee we pour out our prayer, to grant freedom and redemption, from thy holy habitation.

בְּרַח דוֹדִי אֶל עִיר צִדְקֵנוּ · וְאִם לֹא שָׁמַעְנוּ לְקוֹל מַצְדִּיקֵנוּ · הִנֵּה אֲכָלוּנוּ בְּכָל פֶּה מַדִּיקֵנוּ · וְאַתָּה יְיָ שׁוֹפְטֵנוּ מְחוֹקְקֵנוּ · עָלֶיךָ נַשְׁלִיךְ יְהַב חֶלְקֵנוּ · לְגָאֳלֵנוּ בְּהַשְׁקֵט וּבְבִטְחָה לְהַחֲזִיקֵנוּ :

בְּרַח דוֹדִי אֶל וַעַד הַזְּבוּל · וְאִם עָלֶיךָ שָׁבַרְנוּ בְּלִי סָבוּל · הִנֵּה לָקִינוּ בְּכָל מִינֵי חִבּוּל · וְאַתָּה יְיָ מְשַׂמֵּחַ אָבוּל · עָלֶיךָ נַסְבִּיר לְהַתִּיר כָּבוּל · לְגָאֳלֵנוּ לְהִתְגַּדֵּל מֵעַל לִגְבוּל :

בְּרַח דוֹדִי אֶל נִשָּׂא מִגְּבָעוֹת · וְאִם זַדְנוּ בִּפְרוֹעַ פְּרָעוֹת · הִנֵּה הִשִּׂיגֻנוּ צָרוֹת רַבּוֹת וְרָעוֹת · וְאַתָּה יְיָ אֵל לְמוֹשָׁעוֹת · עָלֶיךָ נִשְׁפּוֹךְ שִׂיחַ שַׁוְעוֹת · לְגָאֳלֵנוּ וּלְעַטְּרֵנוּ כּוֹבַע יְשׁוּעוֹת :

בִּגְלַל אָבוֹת תּוֹשִׁיעַ בָּנִים · וְתָבִיא גְאֻלָּה לִבְנֵי בְנֵיהֶם · בָּרוּךְ אַתָּה יְיָ גָּאַל יִשְׂרָאֵל :

## שמונה עשרה ליוצר של שבת חול המועד :

אֲדֹנָי שְׂפָתַי תִּפְתָּח וּפִי יַגִּיד תְּהִלָּתֶךָ :

בָּרוּךְ אַתָּה יְיָ אֱלֹהֵינוּ וֵאלֹהֵי אֲבוֹתֵינוּ אֱלֹהֵי אַבְרָהָם אֱלֹהֵי יִצְחָק וֵאלֹהֵי יַעֲקֹב הָאֵל הַגָּדוֹל הַגִּבּוֹר וְהַנּוֹרָא אֵל עֶלְיוֹן · גּוֹמֵל חֲסָדִים טוֹבִים · וְקוֹנֵה הַכֹּל וְזוֹכֵר חַסְדֵי אָבוֹת וּמֵבִיא גוֹאֵל לִבְנֵי בְנֵיהֶם לְמַעַן שְׁמוֹ בְּאַהֲבָה : מֶלֶךְ עוֹזֵר וּמוֹשִׁיעַ וּמָגֵן · בָּרוּךְ אַתָּה יְיָ מָגֵן אַבְרָהָם :

אַתָּה גִּבּוֹר לְעוֹלָם אֲדֹנָי · מְחַיֵּה מֵתִים אַתָּה רַב לְהוֹשִׁיעַ · מְכַלְכֵּל חַיִּים בְּחֶסֶד · מְחַיֵּה מֵתִים בְּרַחֲמִים רַבִּים · סוֹמֵךְ נוֹפְלִים · וְרוֹפֵא חוֹלִים · וּמַתִּיר אֲסוּרִים · וּמְקַיֵּם אֱמוּנָתוֹ

ברח דודי Hasten, my beloved, to our righteous city; and though we hearkened not to the voice of those that would have led us into *the paths of* righteousness; behold, we have been devoured, and stamped *under foot* in every corner; but thou, O Lord! *art* our Judge and Lawgiver; upon thee we throw the portion of our burden, to redeem us, and to strengthen us with tranquillity and securiiy.

ברח דודי Hasten, my beloved, to the appointed habitation, and though we have broken thy yoke, and would not bear it; behold, we have been smitten, with every species of destruction; but thou, O Lord! rejoicest the sorrowful; in thee we hope, to loosen our chains; to redeem us, and magnify thyself from our border.

ברח דודי Hasten, my beloved, to the *mountain* exalted above the hills (Jerusalem); and though we have presumptuously broken thy law; behold, many evil troubles have overtaken us; but thou, O Lord! *art* the God of salvation; to thee we pour out our prayer and supplication, to redeem us, and adorn us with the helmet of salvation.

בגלל For the sake of the fathers wilt thou save the children, and bring redemption to thy children's children. Blessed art thou, O Lord! who redeemed Israel.

אדני שפתי O Lord! open thou my lips, and my mouth shall declare thy praise.

ברוך אתה יי Blessed art thou, O Lord, our God, and the God of our ancestors, the God of Abraham, the God of Isaac, and the God of Jacob; the great, mighty and tremendous, God, the most High God, who bestowest gracious favours. Possessor of all things, who rememberest the piety of the patriarchs, and wilt in love send a Redeemer to their posterity, for the sake of his name. O King, thou art our Supporter, our Saviour, and our Shield. Blessed art thou, O Lord! the Shield of Abraham.

אתה גבור Thou, O Lord! art mighty for ever; it is thou who revivest the dead, and art mighty to save. Who sustainest the living with beneficence, and with great mercy quickenest the dead; supportest the fallen, and healest the sick; thou settest at liberty those who are bound, and wilt accomplish thy faith unto those who sleep in the dust. Who is like unto

לִישֵׁנֵי עָפָר · מִי כָמוֹךָ בַּעַל גְּבוּרוֹת · וּמִי דּוֹמֶה לָּךְ · מֶלֶךְ מֵמִית וּמְחַיֶּה וּמַצְמִיחַ יְשׁוּעָה · וְנֶאֱמָן אַתָּה לְהַחֲיוֹת מֵתִים :
בָּרוּךְ אַתָּה יְיָ · מְחַיֵּה הַמֵּתִים :

נְקַדֵּשׁ אֶת שִׁמְךָ בָּעוֹלָם · כְּשֵׁם שֶׁמַּקְדִּישִׁים אוֹתוֹ בִּשְׁמֵי מָרוֹם · כַּכָּתוּב עַל יַד נְבִיאֶךָ וְקָרָא זֶה אֶל זֶה וְאָמַר : קהל וחזן קָדוֹשׁ קָדוֹשׁ קָדוֹשׁ יְיָ צְבָאוֹת מְלֹא כָל־הָאָרֶץ כְּבוֹדוֹ : חזן אָז בְּקוֹל רַעַשׁ גָּדוֹל אַדִּיר וְחָזָק מַשְׁמִיעִים קוֹל · מִתְנַשְּׂאִים לְעֻמַּת שְׂרָפִים לְעֻמָּתָם בָּרוּךְ יֹאמֵרוּ : קהל וחזן בָּרוּךְ כְּבוֹד יְיָ מִמְּקוֹמוֹ : מִמְּקוֹמְךָ מַלְכֵּנוּ תוֹפִיעַ וְתִמְלוֹךְ עָלֵינוּ כִּי מְחַכִּים אֲנַחְנוּ לָךְ · מָתַי תִּמְלוֹךְ בְּצִיּוֹן בְּקָרוֹב בְּיָמֵינוּ לְעוֹלָם וָעֶד תִּשְׁכּוֹן : תִּתְגַּדַּל וְתִתְקַדַּשׁ בְּתוֹךְ יְרוּשָׁלַיִם עִירְךָ לְדוֹר וָדוֹר וּלְנֵצַח נְצָחִים : וְעֵינֵינוּ תִרְאֶינָה מַלְכוּתֶךָ כַּדָּבָר הָאָמוּר בְּשִׁירֵי עֻזֶּךָ עַל יְדֵי דָוִד מְשִׁיחַ צִדְקֶךָ : קהל וחזן יִמְלֹךְ יְיָ לְעוֹלָם אֱלֹהַיִךְ צִיּוֹן לְדֹר וָדֹר הַלְלוּיָהּ :

חזן לְדוֹר וָדוֹר נַגִּיד גָּדְלֶךָ וּלְנֵצַח נְצָחִים קְדֻשָּׁתְךָ נַקְדִּישׁ וְשִׁבְחֲךָ אֱלֹהֵינוּ מִפִּינוּ לֹא יָמוּשׁ לְעוֹלָם וָעֶד · כִּי אֵל מֶלֶךְ גָּדוֹל וְקָדוֹשׁ אָתָּה :
בָּרוּךְ אַתָּה יְיָ הָאֵל הַקָּדוֹשׁ :

אַתָּה קָדוֹשׁ וְשִׁמְךָ קָדוֹשׁ · וּקְדוֹשִׁים בְּכָל־יוֹם יְהַלְלוּךָ סֶּלָה · בָּרוּךְ אַתָּה יְיָ הָאֵל הַקָּדוֹשׁ :

יִשְׂמַח מֹשֶׁה בְּמַתְּנַת חֶלְקוֹ כִּי עֶבֶד נֶאֱמָן קָרָאתָ לוֹ · כְּלִיל תִּפְאֶרֶת בְּרֹאשׁוֹ נָתַתָּ · בְּעָמְדוֹ לְפָנֶיךָ עַל הַר סִינַי · וּשְׁנֵי לֻחוֹת אֲבָנִים הוֹרִיד בְּיָדוֹ : וְכָתוּב בָּהֶן שְׁמִירַת שַׁבָּת · וְכֵן כָּתוּב בְּתוֹרָתֶךָ : וְשָׁמְרוּ בְנֵי יִשְׂרָאֵל אֶת הַשַּׁבָּת לַעֲשׂוֹת אֶת הַשַּׁבָּת לְדֹרֹתָם בְּרִית עוֹלָם בֵּינִי

thee, O Lord! of mighty acts? Or who can be compared unto thee, O King! who killest and restorest to life, and causest salvation to flourish! Thou art also faithful to revive the dead. Blessed art thou, O Lord! who revivest the dead.

נקדש *Read.* We will sanctify thy name in this world, as the angels sanctify it in the high heavens. As it is written by the hand of thy prophet, and one of the angels called unto another, and said.

*Cong. and Read.* Holy, holy, holy, is the Lord of Hosts! the whole earth is full of his glory.

אז *Reader.* Then with a great, mighty, strong and impetuous sound, they cause their voice to be heard; *and raising themselves on high towards the seraphim, they jointly proclaim. Cong. and Read.* Blessed is the glory of the Lord from the place of his residence. Shine from thy place, O our King! and reign over us as we hope in thee. When wilt thou reign in Zion? Speedily in our days, inhabit it for ever and ever. Thou shalt be exalted and sanctified in the midst of Jerusalem thy city, throughout all generations, and all eternity. May our eyes behold thy kingdom, according to the word that is written in thy mighty songs, by the hands of David, thy righteous anointed. *Cong. and Read.* The Lord shall reign for ever: thy God, O Zion! unto all generations. Hallelujah.

לדור *Reader.* Throughout all generations will we declare thy greatness; and for ever, and to all eternity, will we sanctify thy holiness; and thy praise, O our God! shall never depart from our mouth, for thou art an Omnipotent King! great and holy. Blessed art thou O Lord, the holy God.

אתה קדוש Thou art holy, and thy name is holy, and the saints praise thee daily. Selah. Blessed art thou, O Lord! the holy God.

ישמח משה Moses was happy with the lot assigned him; thou didst call him thy faithful servant, and didst crown his head with gracefulness; thus he stood before thee on mount Sinai; he descended with two tables of stone in his hand, on which was written *the commandments* for the observance of the sabbath; and thus it is written in the law, And the children of Israel shall keep the sabbath, observing the sabbath throughout their generations, for a perpetual covenant. It is

וּבֵין בְּנֵי יִשְׂרָאֵל אוֹת הִיא לְעוֹלָם כִּי שֵׁשֶׁת יָמִים עָשָׂה יְיָ אֶת הַשָּׁמַיִם וְאֶת הָאָרֶץ וּבַיּוֹם הַשְּׁבִיעִי שָׁבַת וַיִּנָּפַשׁ: וְלֹא נְתַתּוֹ יְיָ אֱלֹהֵינוּ לְגוֹיֵי הָאֲרָצוֹת · וְלֹא הִנְחַלְתּוֹ מַלְכֵּנוּ לְעוֹבְדֵי פְּסִילִים · וְגַם בִּמְנוּחָתוֹ לֹא יִשְׁכְּנוּ עֲרֵלִים · כִּי לְיִשְׂרָאֵל עַמְּךָ נְתַתּוֹ בְּאַהֲבָה · לְזֶרַע יַעֲקֹב אֲשֶׁר בָּם בָּחָרְתָּ · עַם מְקַדְּשֵׁי שְׁבִיעִי כֻּלָּם יִשְׂבְּעוּ וְיִתְעַנְּגוּ מִטּוּבֶךָ · וּבַשְּׁבִיעִי רָצִיתָ בּוֹ וְקִדַּשְׁתּוֹ חֶמְדַּת יָמִים אוֹתוֹ קָרָאתָ · זֵכֶר לְמַעֲשֵׂה בְרֵאשִׁית :

אֱלֹהֵינוּ וֵאלֹהֵי אֲבוֹתֵינוּ · רְצֵה בִמְנוּחָתֵינוּ · קַדְּשֵׁנוּ בְּמִצְוֹתֶיךָ · וְתֵן חֶלְקֵנוּ בְּתוֹרָתֶךָ · שַׂבְּעֵנוּ מִטּוּבֶךָ · וְשַׂמְּחֵנוּ בִּישׁוּעָתֶךָ · וְטַהֵר לִבֵּנוּ לְעָבְדְּךָ בֶּאֱמֶת · וְהַנְחִילֵנוּ יְיָ אֱלֹהֵינוּ בְּאַהֲבָה וּבְרָצוֹן שַׁבַּת קָדְשֶׁךָ · וְיִשְׂמְחוּ בְךָ יִשְׂרָאֵל אוֹהֲבֵי שְׁמֶךָ (נ״א וְיָנוּחוּ בָהּ יִשְׂרָאֵל מְקַדְּשֵׁי שְׁמֶךָ) בָּרוּךְ אַתָּה יְיָ · מְקַדֵּשׁ הַשַּׁבָּת :

רְצֵה יְיָ אֱלֹהֵינוּ בְּעַמְּךָ יִשְׂרָאֵל וּבִתְפִלָּתָם · וְהָשֵׁב אֶת הָעֲבוֹדָה לִדְבִיר בֵּיתֶךָ · וְאִשֵּׁי יִשְׂרָאֵל וּתְפִלָּתָם · בְּאַהֲבָה תְקַבֵּל בְּרָצוֹן · וּתְהִי לְרָצוֹן תָּמִיד · עֲבוֹדַת יִשְׂרָאֵל עַמֶּךָ :

אֱלֹהֵינוּ וֵאלֹהֵי אֲבוֹתֵינוּ · יַעֲלֶה וְיָבֹא וְיַגִּיעַ וְיֵרָאֶה וְיֵרָצֶה וְיִשָּׁמַע וְיִפָּקֵד וְיִזָּכֵר זִכְרוֹנֵנוּ וּפִקְדוֹנֵנוּ וְזִכְרוֹן אֲבוֹתֵינוּ וְזִכְרוֹן מָשִׁיחַ בֶּן דָּוִד עַבְדֶּךָ · וְזִכְרוֹן יְרוּשָׁלַיִם עִיר קָדְשֶׁךָ · וְזִכְרוֹן כָּל עַמְּךָ בֵּית יִשְׂרָאֵל לְפָנֶיךָ לִפְלֵיטָה לְטוֹבָה לְחֵן וּלְחֶסֶד וּלְרַחֲמִים לְחַיִּים וּלְשָׁלוֹם בְּיוֹם השבת הזה וביום חַג הַמַּצּוֹת הַזֶּה · זָכְרֵנוּ יְיָ אֱלֹהֵינוּ בּוֹ לְטוֹבָה · וּפָקְדֵנוּ בוֹ לִבְרָכָה · וְהוֹשִׁיעֵנוּ בוֹ לְחַיִּים : וּבִדְבַר יְשׁוּעָה וְרַחֲמִים · חוּס וְחָנֵּנוּ וְרַחֵם עָלֵינוּ וְהוֹשִׁיעֵנוּ · כִּי אֵלֶיךָ עֵינֵינוּ · כִּי אֵל מֶלֶךְ חַנּוּן וְרַחוּם אָתָּה :

a sign between me, and the children of Israel for ever; for in six days the Lord made heaven and earth, and on the seventh day he rested, and was refreshed. Thou, O Eternal, our God! didst not bestow it (the sabbath) on the *other* nations of the earth; neither didst thou, O our King! make it the heritage of those who worship idols. The wicked do not enjoy its repose; in love hast thou bestowed it on thy people Israel; even the posterity of Jacob, whom thou hast chosen; the people who sanctify the seventh day, shall all be satisfied and delighted with thy goodness; for thou wast pleased with, and didst sanctify the seventh day; the most desirable of days didst thou call it, in commemoration of the work of the creation.

אלהינו Our God, and the God of our fathers, be pleased to accept our rest; O sanctify us with thy commandments and let thy law be our portion. O satisfy us with thy goodness, rejoice us with thy salvation; and purify our hearts to serve thee in truth; and cause us, O Lord, our God! to inherit thy holy sabbath with love and delight; and grant that all Israel who love thy name, may rejoice thereon. *(Some read*, and may Israel who sanctify thy name have rest thereon.) Blessed art thou, O Lord! who sanctifieth the sabbath.

רצה O Lord, our God! let thy people Israel, and their prayers be acceptable to thee. Restore the service to the oracle of thine house; so that the burnt-offerings of Israel, and their prayers, may be speedily accepted by thee with love and favour; and the worship of thy people Israel be ever pleasing unto thee.

אלהינו Our God, and the God of our fathers, mayest thou be pleased to grant that our memorial, and the memorial of our fathers, the memorial of the Messiah, the son of David, thy servant, and the memorial of Jerusalem, thy holy city, and the memorial of all thy people, the house of Israel, may ascend, come, approach, be seen, accepted, heard, visited, and remembered in thy presence for the obtaining a happy deliverance, with favour, grace, and mercy, to life, and peace, on this sabbath-day, and on this day of the feast of unleavened bread; O Lord, our God! remember us thereon for good: visit us with a blessing, and save us to enjoy life, and with the word of salvation and mercy, have compassion, and be gracious unto us. O have mercy upon us, and save us, for our eyes are continually towards thee; for thou, O God! art a merciful and gracious King.

וְתֶחֱזֶינָה עֵינֵינוּ בְּשׁוּבְךָ לְצִיּוֹן בְּרַחֲמִים · בָּרוּךְ אַתָּה יְיָ · הַמַּחֲזִיר שְׁכִינָתוֹ לְצִיּוֹן :

מוֹדִים אֲנַחְנוּ לָךְ · שָׁאַתָּה הוּא יְיָ אֱלֹהֵינוּ וֵאלֹהֵי אֲבוֹתֵינוּ לְעוֹלָם וָעֶד · צוּר חַיֵּינוּ · מָגֵן יִשְׁעֵנוּ אַתָּה הוּא לְדוֹר וָדוֹר · נוֹדֶה לְּךָ וּנְסַפֵּר תְּהִלָּתֶךָ · עַל חַיֵּינוּ הַמְּסוּרִים בְּיָדֶךָ · וְעַל נִשְׁמוֹתֵינוּ הַפְּקוּדוֹת לָךְ · וְעַל נִסֶּיךָ שֶׁבְּכָל יוֹם עִמָּנוּ · וְעַל נִפְלְאוֹתֶיךָ וְטוֹבוֹתֶיךָ שֶׁבְּכָל עֵת עֶרֶב וָבֹקֶר וְצָהֳרָיִם · הַטּוֹב כִּי לֹא כָלוּ רַחֲמֶיךָ · וְהַמְרַחֵם כִּי לֹא תַמּוּ חֲסָדֶיךָ · מֵעוֹלָם קִוִּינוּ לָךְ :

וְעַל־כֻּלָּם יִתְבָּרַךְ וְיִתְרוֹמַם שִׁמְךָ מַלְכֵּנוּ תָּמִיד לְעוֹלָם וָעֶד :

וְכֹל הַחַיִּים יוֹדוּךָ סֶּלָה וִיהַלְלוּ אֶת שִׁמְךָ בֶּאֱמֶת הָאֵל יְשׁוּעָתֵנוּ וְעֶזְרָתֵנוּ סֶלָה · בָּרוּךְ אַתָּה יְיָ · הַטּוֹב שִׁמְךָ וּלְךָ נָאֶה לְהוֹדוֹת :

אֱלֹהֵינוּ וֵאלֹהֵי אֲבוֹתֵינוּ בָּרְכֵנוּ בַבְּרָכָה · הַמְשֻׁלֶּשֶׁת בַּתּוֹרָה · הַכְּתוּבָה עַל יְדֵי מֹשֶׁה עַבְדֶּךָ · הָאֲמוּרָה מִפִּי אַהֲרֹן וּבָנָיו כֹּהֲנִים עַם קְדוֹשֶׁיךָ כָּאָמוּר : יְבָרֶכְךָ יְיָ וְיִשְׁמְרֶךָ · יָאֵר יְיָ פָּנָיו אֵלֶיךָ וִיחֻנֶּךָּ · יִשָּׂא יְיָ פָּנָיו אֵלֶיךָ וְיָשֵׂם לְךָ שָׁלוֹם :

שִׂים שָׁלוֹם טוֹבָה וּבְרָכָה חֵן וָחֶסֶד וְרַחֲמִים עָלֵינוּ וְעַל כָּל־יִשְׂרָאֵל עַמֶּךָ · בָּרְכֵנוּ אָבִינוּ כֻּלָּנוּ כְּאֶחָד בְּאוֹר פָּנֶיךָ · כִּי בְאוֹר פָּנֶיךָ נָתַתָּ לָּנוּ יְיָ אֱלֹהֵינוּ · תּוֹרַת חַיִּים וְאַהֲבַת חֶסֶד. וּצְדָקָה וּבְרָכָה וְרַחֲמִים וְחַיִּים וְשָׁלוֹם · וְטוֹב בְּעֵינֶיךָ לְבָרֵךְ אֶת־עַמְּךָ יִשְׂרָאֵל בְּכָל־עֵת וּבְכָל שָׁעָה־בִּשְׁלוֹמֶךָ : בָּרוּךְ אַתָּה יְיָ · הַמְבָרֵךְ אֶת עַמּוֹ יִשְׂרָאֵל בַּשָּׁלוֹם :

ותחזינה עינינו O that our eyes may behold thy return to Zion with mercy. Blessed art thou, O Lord! who restoreth his divine presence unto Zion.

מודים We adore thee, for thou art the Lord, our God! and the God of our ancestors for evermore. Thou art the Rock of our life, and the shield of our salvation; in all generations will we render thanks unto thee, and declare thy praise, for our life, which is delivered into thine hand, and for our souls which are ever deposited with thee, and for thy miracles which we daily experience, and for thy wonders, and thy kindnesses which are at all times exercised towards us, at morn, noon, and even. Thou art good, for thy compassion never faileth; thou alone art merciful, for thy kindness never ceaseth; we for evermore put our trust in thee.

ועל כלם And for all these mercies may thy name, O our King! be continually praised, and highly exalted for ever and ever.

וכל החיים And all the living shall for ever give thanks unto thee, and in truth praise thy name, O God of our salvation and our help. Blessed art thou, O Lord! for goodness is thy name, and unto thee it is proper to give thanks.

אלהינו Our God and the God of our ancestors, bless us with that threefold blessing mentioned in the law written by the hands of thy servant Moses, and pronounced by Aaron, and his sons, the priests, on thy sanctified people saying, the Lord bless and preserve thee; the Lord let his countenance shine upon thee, and be gracious unto thee; the Lord turn his countenance towards thee, and give thee peace.

שים שלום O grant peace, happiness, and blessing, grace, favour, and mercy, unto us, and all thy people Israel; bless us, even all of us together, O our Father! with the light of thy countenance; for by the light of thy countenance hast thou given us, O Lord, our God! the law of life, benevolent love, righteousness, blessing, mercy, life, and peace, and may it please thee, to bless thy people Israel at all times with thy peace. Blessed art thou, O Lord! who blesseth his people Israel with peace.

אֱלֹהַי נְצוֹר לְשׁוֹנִי מֵרָע וּשְׂפָתַי מִדַּבֵּר מִרְמָה וְלִמְקַלְלַי נַפְשִׁי תִדּוֹם · וְנַפְשִׁי כֶּעָפָר לַכֹּל תִּהְיֶה : פְּתַח לִבִּי בְּתוֹרָתֶךָ · וּבְמִצְוֹתֶיךָ תִּרְדּוֹף נַפְשִׁי · וְכֹל הַחוֹשְׁבִים עָלַי רָעָה · מְהֵרָה הָפֵר עֲצָתָם · וְקַלְקֵל מַחֲשַׁבְתָּם עֲשֵׂה לְמַעַן שְׁמֶךָ · עֲשֵׂה לְמַעַן יְמִינֶךָ · עֲשֵׂה לְמַעַן קְדֻשָּׁתֶךָ · עֲשֵׂה לְמַעַן תּוֹרָתֶךָ · לְמַעַן יֵחָלְצוּן יְדִידֶיךָ · הוֹשִׁיעָה יְמִינְךָ וַעֲנֵנִי : יִהְיוּ לְרָצוֹן אִמְרֵי פִי וְהֶגְיוֹן לִבִּי לְפָנֶיךָ יְיָ צוּרִי וְגוֹאֲלִי : עֹשֶׂה שָׁלוֹם בִּמְרוֹמָיו הוּא יַעֲשֶׂה שָׁלוֹם עָלֵינוּ וְעַל כָּל יִשְׂרָאֵל וְאִמְרוּ אָמֵן :

יְהִי רָצוֹן לְפָנֶיךָ יְיָ אֱלֹהֵינוּ וֵאלֹהֵי אֲבוֹתֵינוּ שֶׁיִּבָּנֶה בֵּית הַמִּקְדָּשׁ בִּמְהֵרָה בְיָמֵינוּ וְתֵן חֶלְקֵנוּ בְּתוֹרָתֶךָ : וְשָׁם נַעֲבָדְךָ בְּיִרְאָה כִּימֵי עוֹלָם וּכְשָׁנִים קַדְמוֹנִיּוֹת : וְעָרְבָה לַייָ מִנְחַת יְהוּדָה וִירוּשָׁלָיִם כִּימֵי עוֹלָם וּכְשָׁנִים קַדְמוֹנִיּוֹת :

Then say half Hallel, (page 61,) after which the Reader says whole **קדיש** and then say **שיר השירים**.

---

## שיר השירים :

שִׁיר הַשִּׁירִים אֲשֶׁר לִשְׁלֹמֹה : יִשָּׁקֵנִי מִנְּשִׁיקוֹת פִּיהוּ כִּי טוֹבִים דֹּדֶיךָ מִיָּיִן : לְרֵיחַ שְׁמָנֶיךָ טוֹבִים שֶׁמֶן תּוּרַק שְׁמֶךָ עַל כֵּן עֲלָמוֹת אֲהֵבוּךָ : מָשְׁכֵנִי אַחֲרֶיךָ נָּרוּצָה הֱבִיאַנִי הַמֶּלֶךְ חֲדָרָיו נָגִילָה וְנִשְׂמְחָה בָּךְ נַזְכִּירָה דֹדֶיךָ מִיַּיִן מֵישָׁרִים אֲהֵבוּךָ : שְׁחוֹרָה אֲנִי וְנָאוָה בְּנוֹת יְרוּשָׁלָםִ כְּאָהֳלֵי קֵדָר כִּירִיעוֹת שְׁלֹמֹה : אַל תִּרְאוּנִי שֶׁאֲנִי שְׁחַרְחֹרֶת שֶׁשְּׁזָפַתְנִי הַשָּׁמֶשׁ בְּנֵי אִמִּי נִחֲרוּ בִי שָׂמֻנִי נֹטֵרָה אֶת הַכְּרָמִים כַּרְמִי שֶׁלִּי לֹא נָטָרְתִּי : הַגִּידָה לִּי שֶׁאָהֲבָה נַפְשִׁי אֵיכָה תִרְעֶה אֵיכָה תַּרְבִּיץ בַּצָּהֳרָיִם שַׁלָּמָה אֶהְיֶה כְּעֹטְיָה עַל עֶדְרֵי חֲבֵרֶיךָ : אִם לֹא תֵדְעִי לָךְ הַיָּפָה בַּנָּשִׁים צְאִי לָךְ בְּעִקְבֵי הַצֹּאן וּרְעִי אֶת גְּדִיֹּתַיִךְ עַל מִשְׁכְּנוֹת הָרֹעִים : לְסֻסָתִי בְּרִכְבֵי פַרְעֹה דִּמִּיתִיךְ רַעְיָתִי : נָאווּ לְחָיַיִךְ בַּתֹּרִים צַוָּארֵךְ בַּחֲרוּזִים : תּוֹרֵי זָהָב נַעֲשֶׂה לָּךְ עִם נְקֻדּוֹת הַכָּסֶף : עַד שֶׁהַמֶּלֶךְ בִּמְסִבּוֹ נִרְדִּי

אלהי נצור O my God, be pleased to guard my tongue from evil, and my lips from uttering deceit. And be thou silent, O my soul, to those who curse me; and grant that my soul may be humble as the dust to every one. Open my heart to receive thy law, and my soul to pursue thy commandments. Speedily I beseech thee, frustrate the devices, and destroy the machinations of all those who imagine evil against me. O grant it for thy name; grant it for thy right hand; grant it for thy holiness; grant it for thy law, that thy beloved may be delivered. O save me with thy right hand, and answer me. May the words of my mouth, and the meditations of my heart, be acceptable in thy presence, O Lord! who art my Rock and Redeemer. May he who maketh peace in his high heavens, grant peace unto us, and all Israel; and say ye, Amen.

יהי רצון Let it be acceptable before thee, O Lord, our God! and the God of our Fathers, that the holy temple may speedily be rebuilt in our days; and let our portion be in thy law. And there we will serve thee in reverence, as in ancient days, and in former years. And may the offering of Judah and Jerusalem be pleasant unto the Lord, as in ancient days and in former years.

## שיר השירים:

שיר השירים The song of songs, which is Solomon's. Let him kiss me with the kisses of his mouth, for thy love is better than wine. Because of the savour of thy good ointments, thy name is as ointment poured forth, therefore do the virgins love thee. Draw me, we will run after thee; the king hath brought me into his chambers; we will be glad and rejoice in thee; we will remember thy love more than wine; the upright love thee. I am black, but comely, O ye daughters of Jerusalem, as the tents of Kedar, as the curtains of Solomon. Look not upon me because I am black, because the sun hath looked upon me; my mother's children were angry with me, they made me the keeper of the vineyards; but mine own vineyard have I not kept. Tell me, O thou whom my soul loveth, where thou feedest, where thou makest thy flock to rest at noon; for why should I be as one that turneth aside by the flocks of thy companions? If thou knowest not, O thou fairest among women, go thy way forth by the foot-steps of the flock, and feed thy kids beside the shepherds' tents. I have compared thee, O my love, to a company of horses in Pharoah's chariots. Thy cheeks are comely with rows of jewels, thy neck with chains of gold. We will make thee borders of gold, with studs of silver. While the king sat at his table, my spikenard sent forth the smell thereof. A bundle of

נָתַן רֵיחוֹ: צְרוֹר הַמֹּר ׀ דּוֹדִי לִי בֵּין שָׁדַי יָלִין: אֶשְׁכֹּל הַכֹּפֶר ׀
דּוֹדִי לִי בְּכַרְמֵי עֵין גֶּדִי: הִנָּךְ יָפָה רַעְיָתִי הִנָּךְ יָפָה עֵינַיִךְ יוֹנִים:
הִנְּךָ יָפֶה דוֹדִי אַף נָעִים אַף עַרְשֵׂנוּ רַעֲנָנָה: קֹרוֹת בָּתֵּינוּ אֲרָזִים
רַחִיטֵנוּ° בְּרוֹתִים: אֲנִי חֲבַצֶּלֶת הַשָּׁרוֹן שׁוֹשַׁנַּת הָעֲמָקִים: כְּשׁוֹשַׁנָּה
בֵּין הַחוֹחִים כֵּן רַעְיָתִי בֵּין הַבָּנוֹת: כְּתַפּוּחַ בַּעֲצֵי הַיַּעַר כֵּן דּוֹדִי
בֵּין הַבָּנִים בְּצִלּוֹ חִמַּדְתִּי וְיָשַׁבְתִּי וּפִרְיוֹ מָתוֹק לְחִכִּי: הֱבִיאַנִי אֶל
בֵּית הַיָּיִן וְדִגְלוֹ עָלַי אַהֲבָה: סַמְּכוּנִי בָּאֲשִׁישׁוֹת רַפְּדוּנִי בַּתַּפּוּחִים
כִּי חוֹלַת אַהֲבָה אָנִי: שְׂמֹאלוֹ תַּחַת לְרֹאשִׁי וִימִינוֹ תְּחַבְּקֵנִי:
הִשְׁבַּעְתִּי אֶתְכֶם בְּנוֹת יְרוּשָׁלִַם בִּצְבָאוֹת אוֹ בְּאַיְלוֹת הַשָּׂדֶה אִם
תָּעִירוּ וְאִם תְּעוֹרְרוּ אֶת הָאַהֲבָה עַד שֶׁתֶּחְפָּץ: קוֹל דּוֹדִי הִנֵּה
זֶה בָּא מְדַלֵּג עַל הֶהָרִים מְקַפֵּץ עַל הַגְּבָעוֹת: דּוֹמֶה דוֹדִי לִצְבִי אוֹ
לְעֹפֶר הָאַיָּלִים הִנֵּה זֶה עוֹמֵד אַחַר כָּתְלֵנוּ מַשְׁגִּיחַ מִן הַחַלֹּנוֹת
מֵצִיץ מִן הַחֲרַכִּים: עָנָה דוֹדִי וְאָמַר לִי קוּמִי לָךְ רַעְיָתִי יָפָתִי
וּלְכִי לָךְ: כִּי הִנֵּה הַסְּתָו° עָבָר הַגֶּשֶׁם חָלַף הָלַךְ לוֹ: הַנִּצָּנִים
נִרְאוּ בָאָרֶץ עֵת הַזָּמִיר הִגִּיעַ וְקוֹל הַתּוֹר נִשְׁמַע בְּאַרְצֵנוּ: הַתְּאֵנָה
חָנְטָה פַגֶּיהָ וְהַגְּפָנִים סְמָדַר נָתְנוּ רֵיחַ קוּמִי לָכִי° רַעְיָתִי יָפָתִי וּלְכִי
לָךְ: יוֹנָתִי בְּחַגְוֵי הַסֶּלַע בְּסֵתֶר הַמַּדְרֵגָה הַרְאִינִי אֶת מַרְאַיִךְ
הַשְׁמִיעִנִי אֶת קוֹלֵךְ כִּי קוֹלֵךְ עָרֵב וּמַרְאֵיךְ נָאוֶה: אֶחֱזוּ לָנוּ שׁוּעָלִים
שׁוּעָלִים קְטַנִּים מְחַבְּלִים כְּרָמִים וּכְרָמֵינוּ סְמָדַר: דּוֹדִי לִי וַאֲנִי לוֹ
הָרֹעֶה בַּשּׁוֹשַׁנִּים: עַד שֶׁיָּפוּחַ הַיּוֹם וְנָסוּ הַצְּלָלִים סֹב דְּמֵה לְךָ
דוֹדִי לִצְבִי אוֹ לְעֹפֶר הָאַיָּלִים עַל הָרֵי בָתֶר: עַל מִשְׁכָּבִי בַּלֵּילוֹת
בִּקַּשְׁתִּי אֵת שֶׁאָהֲבָה נַפְשִׁי בִּקַּשְׁתִּיו וְלֹא מְצָאתִיו: אָקוּמָה נָּא
וַאֲסוֹבְבָה בָעִיר בַּשְּׁוָקִים וּבָרְחֹבוֹת אֲבַקְשָׁה אֵת שֶׁאָהֲבָה נַפְשִׁי
רְאִיתֶם: כִּמְעַט שֶׁעָבַרְתִּי מֵהֶם עַד שֶׁמָּצָאתִי אֵת שֶׁאָהֲבָה נַפְשִׁי
אֲחַזְתִּיו וְלֹא אַרְפֶּנּוּ עַד שֶׁהֲבֵיאתִיו אֶל בֵּית אִמִּי וְאֶל חֶדֶר הוֹרָתִי:
הִשְׁבַּעְתִּי אֶתְכֶם בְּנוֹת יְרוּשָׁלִַם בִּצְבָאוֹת אוֹ בְּאַיְלוֹת הַשָּׂדֶה אִם
תָּעִירוּ וְאִם תְּעוֹרְרוּ אֶת הָאַהֲבָה עַד שֶׁתֶּחְפָּץ: מִי זֹאת עֹלָה מִן
הַמִּדְבָּר כְּתִימְרוֹת עָשָׁן מְקֻטֶּרֶת מֹר וּלְבוֹנָה מִכֹּל אַבְקַת רוֹכֵל:
הִנֵּה מִטָּתוֹ שֶׁלִּשְׁלֹמֹה שִׁשִּׁים גִּבֹּרִים סָבִיב לָהּ מִגִּבֹּרֵי יִשְׂרָאֵל:

° רהיטו קרי :        ° חסוית קרי :        ° לך קרי :

myrrh is my well-beloved unto me; he shall lie all night betwixt my breasts. My beloved is unto me as a cluster of camphire in the vineyards of En-gedi. Behold, thou art fair, my beloved, yea, amiable; also our bed is green. The beams of our house are cedar, and our rafters of fir. I am the rose of Sharon, and the lily of the vallies. As the lily among the thorns, so is my love among the daughters. As the apple-tree among the trees of the wood, so is my beloved among the sons. I sat down under his shadow with great delight, and his fruit was sweet to my taste. He brought me to the banqueting house, and his banner over me was love. Stay me with flagons, comfort me with apples; for I am sick of love. His left hand is under my head, and his right hand doth embrace me. I charge you, O ye daughters of Jerusalem, by the roes, and by the hinds of the field, that ye stir not up, nor awake my love, till he please. The voice of my beloved! behold, he cometh leaping upon the mountains, skipping upon the hills. My beloved is like a roe, or a young hart; behold he standeth, behind our wall, he looketh forth at the windows, shewing himself through the lattice. My beloved spake, and said unto me, rise up, my love, my fair one, and come away. For lo, the winter is past, the rain is over, and gone, The flowers appear on the earth; the time of the singing of birds is come, and the voice of the turtle is heard in our land. The fig-tree putteth forth her green figs, and the vines with the tender grape give a good scent. Arise, my love, my fair one, and come away, O my dove, thou art in the clefts of the rock, in the secret places of the stairs, let me see thy countenance, let me hear thy voice; for sweet is thy voice, and thy countenance is comely. Take us the foxes, the little foxes, that spoil the vines; for our vines have tender grapes. My beloved is mine, and I am his; he feedeth his sheep among the lilies. Until the day break, and the shadows flee away; turn, my beloved, and be thou like a roe, or a young hart, upon the mountains of Bether. By night on my bed I sought him whom my soul loveth; I sought him, but found him not. I will rise now, and go about the city, in the streets, and in the broad ways, I will seek him whom my soul loveth; I sought him, but I found him not. The watchmen that go about the city found me; to whom I said, saw ye him whom my soul loveth? It was but a little that I passed from them, but I found him whom my soul loveth; I held him, and would not let him go, until I had brought him into my mother's house, and into the chamber of her that conceived me. I charge you, O ye daughters of Jerusalem, by the roes, and by the hinds of the field, that ye stir not up, nor awake my love till he please. Who is this that cometh out of the wilderness, like pillars of smoke, perfumed with myrrh and frankincense, with all the powders of the merchant? Behold his bed, which is Solomon's; threescore valiant men are about it, of the valiant of Israel. They all hold swords, being

כֻּלָּם אֲחֻזֵי חֶרֶב מְלֻמְּדֵי מִלְחָמָה אִישׁ חַרְבּוֹ עַל יְרֵכוֹ מִפַּחַד בַּלֵּילוֹת : אַפִּרְיוֹן עָשָׂה לוֹ הַמֶּלֶךְ שְׁלֹמֹה מֵעֲצֵי הַלְּבָנוֹן : עַמּוּדָיו עָשָׂה כֶסֶף רְפִידָתוֹ זָהָב מֶרְכָּבוֹ אַרְגָּמָן תּוֹכוֹ רָצוּף אַהֲבָה מִבְּנוֹת יְרוּשָׁלָםִ : צְאֶינָה °וּרְאֶינָה בְּנוֹת צִיּוֹן בַּמֶּלֶךְ שְׁלֹמֹה בָּעֲטָרָה שֶׁעִטְּרָה לּוֹ אִמּוֹ בְּיוֹם חֲתֻנָּתוֹ וּבְיוֹם שִׂמְחַת לִבּוֹ : הִנָּךְ יָפָה רַעְיָתִי הִנָּךְ יָפָה עֵינַיִךְ יוֹנִים מִבַּעַד לְצַמָּתֵךְ שַׂעְרֵךְ כְּעֵדֶר הָעִזִּים שֶׁגָּלְשׁוּ מֵהַר גִּלְעָד : שִׁנַּיִךְ כְּעֵדֶר הַקְּצוּבוֹת שֶׁעָלוּ מִן הָרַחְצָה שֶׁכֻּלָּם מַתְאִימוֹת וְשַׁכֻּלָה אֵין בָּהֶם : כְּחוּט הַשָּׁנִי שִׂפְתוֹתַיִךְ וּמִדְבָּרֵךְ נָאוֶה כְּפֶלַח הָרִמּוֹן רַקָּתֵךְ מִבַּעַד לְצַמָּתֵךְ : כְּמִגְדַּל דָּוִיד צַוָּארֵךְ בָּנוּי לְתַלְפִּיּוֹת אֶלֶף הַמָּגֵן תָּלוּי עָלָיו כֹּל שִׁלְטֵי הַגִּבֹּרִים : שְׁנֵי שָׁדַיִךְ כִּשְׁנֵי עֳפָרִים תְּאוֹמֵי צְבִיָּה הָרוֹעִים בַּשּׁוֹשַׁנִּים : עַד שֶׁיָּפוּחַ הַיּוֹם וְנָסוּ הַצְּלָלִים אֵלֶךְ לִי אֶל הַר הַמּוֹר וְאֶל גִּבְעַת הַלְּבוֹנָה : כֻּלָּךְ יָפָה רַעְיָתִי וּמוּם אֵין בָּךְ : אִתִּי מִלְּבָנוֹן כַּלָּה אִתִּי מִלְּבָנוֹן תָּבוֹאִי תָּשׁוּרִי מֵרֹאשׁ אֲמָנָה מֵרֹאשׁ שְׂנִיר וְחֶרְמוֹן מִמְּעֹנוֹת אֲרָיוֹת מֵהַרְרֵי נְמֵרִים : לִבַּבְתִּנִי אֲחֹתִי כַלָּה לִבַּבְתִּנִי °בְּאַחַד מֵעֵינַיִךְ בְּאַחַד עֲנָק מִצַּוְּרֹנָיִךְ : מַה יָּפוּ דֹדַיִךְ אֲחֹתִי כַלָּה מַה טֹּבוּ דֹדַיִךְ מִיַּיִן וְרֵיחַ שְׁמָנַיִךְ מִכָּל בְּשָׂמִים : נֹפֶת תִּטֹּפְנָה שִׂפְתוֹתַיִךְ כַּלָּה דְּבַשׁ וְחָלָב תַּחַת לְשׁוֹנֵךְ וְרֵיחַ שַׂלְמֹתַיִךְ כְּרֵיחַ לְבָנוֹן : גַּן נָעוּל אֲחֹתִי כַלָּה גַּל נָעוּל מַעְיָן חָתוּם : שְׁלָחַיִךְ פַּרְדֵּס רִמּוֹנִים עִם פְּרִי מְגָדִים כְּפָרִים עִם נְרָדִים : **חזי**

נֵרְדְּ וְכַרְכֹּם קָנֶה וְקִנָּמוֹן עִם כָּל עֲצֵי לְבוֹנָה מֹר וַאֲהָלוֹת עִם כָּל רָאשֵׁי בְשָׂמִים : מַעְיַן גַּנִּים בְּאֵר מַיִם חַיִּים וְנֹזְלִים מִן לְבָנוֹן : עוּרִי צָפוֹן וּבוֹאִי תֵימָן הָפִיחִי גַנִּי יִזְּלוּ בְשָׂמָיו יָבֹא דוֹדִי לְגַנּוֹ וְיֹאכַל פְּרִי מְגָדָיו : בָּאתִי לְגַנִּי אֲחֹתִי כַלָּה אָרִיתִי מוֹרִי עִם בְּשָׂמִי אָכַלְתִּי יַעְרִי עִם דִּבְשִׁי שָׁתִיתִי יֵינִי עִם חֲלָבִי אִכְלוּ רֵעִים שְׁתוּ וְשִׁכְרוּ דּוֹדִים : אֲנִי °יְשֵׁנָה וְלִבִּי עֵר קוֹל דּוֹדִי דוֹפֵק פִּתְחִי לִי אֲחֹתִי רַעְיָתִי יוֹנָתִי תַמָּתִי שֶׁרֹּאשִׁי נִמְלָא טָל קְוֻצּוֹתַי רְסִיסֵי לָיְלָה : פָּשַׁטְתִּי אֶת כֻּתָּנְתִּי אֵיכָכָה אֶלְבָּשֶׁנָּה רָחַצְתִּי אֶת רַגְלַי אֵיכָכָה אֲטַנְּפֵם : דּוֹדִי

° וראינה קרי :          ° באחת קרי :          ° ישינת קרי :

expert in war: every man hath his sword upon his thigh, because of fear in the night. King Solomon made himself a nuptial bed of the wood of Lebanon. He made the pillars thereof of silver, the bottom thereof of gold, the covering of it of purple; the midst thereof being paved with love of the daughters of Jerusalem. Go forth, O ye daughters of Zion, and behold king Solomon with the crown wherewith his mother crowned him in the day of his espousals, and in the day of gladness of his heart. Behold, thou art fair, my love, behold, thou art fair; thou hast doves' eyes within thy locks; thy hair is as a flock of goats that appear from mount Gilead. Thy teeth are like a flock of sheep that are even shorn, which come up from the washing: whereof, every one beareth twins and none is barren among them. Thy lips are like a thread of scarlet, and thy speech is comely; thy temples are like a piece of pomegranate within thy locks. Thy neck is like the tower of David built for an armoury, whereon there hang a thousand bucklers, all shields of mighty men. Thy two breasts are like two young roes, that are twins, which feed among the lilies. Until the day break, and the shadows flee away, I will get me to the mountain of myrrh, and to the hill of frankincense. Thou art all fair, my love; there is no spot in thee. Come with me from Lebanon, my spouse, with me from Lebanon; look from the top of Amana, from the top of Shenir, and Hermon, from the lions' dens, from the mountains of the leopards; Thou hast ravished my heart, my sister, my spouse; thou hast ravished my heart with one of thine eyes, with one chain of thy neck. How fair is thy love, my sister, my spouse! how much better is thy love than wine! and the smell of thine ointments than all spices! Thy lips, O my spouse, drop as the honey-comb; honey and milk are under thy tongue; and the smell of thy garments is like the smell of Lebanon. A garden enclosed is my sister, my spouse, a spring shut up, a fountain sealed. Thy plants are an orchard of pomegranates, with pleasant fruits.

Camphire, with spikenard, saffron, calamus, and cinnamon, with all trees of frankincense, myrrh, and aloes, with all the chief spices; a fountain of gardens, a well of living waters, and streams from Lebanon. Awake, O north wind, and come thou south, blow upon my garden, that the spices thereof may flow out; let my beloved come into his garden, and eat his pleasant fruits. I am come into my garden, my sister, my spouse; I have gathered my myrrh with my spice; I have eaten my honey-comb with my honey; I have drank my wine with my milk; eat, O friends, drink, yea, drink abundantly, O ye beloved. I sleep, but my heart waketh; it is the voice of my beloved that knocketh, saying, open to me, my sister, my love, my dove, my undefiled; for my head is filled with dew, and my locks with the drops of the night. I have put off my coat; how shall I put it on? I have washed my feet; how shall I defile them?

שָׁלַח יָדוֹ מִן הַחוֹר וּמֵעַי הָמוּ עָלָיו : קַמְתִּי אֲנִי לִפְתֹּחַ לְדוֹדִי וְיָדַי נָטְפוּ מוֹר וְאֶצְבְּעֹתַי מוֹר עֹבֵר עַל כַּפּוֹת הַמַּנְעוּל : פָּתַחְתִּי אֲנִי לְדוֹדִי וְדוֹדִי חָמַק עָבָר נַפְשִׁי יָצְאָה בְדַבְּרוֹ בִּקַּשְׁתִּיהוּ וְלֹא מְצָאתִיהוּ קְרָאתִיו וְלֹא עָנָנִי : מְצָאֻנִי הַשֹּׁמְרִים הַסֹּבְבִים בָּעִיר הִכּוּנִי פְצָעוּנִי נָשְׂאוּ אֶת רְדִידִי מֵעָלַי שֹׁמְרֵי הַחֹמוֹת : הִשְׁבַּעְתִּי אֶתְכֶם בְּנוֹת יְרוּשָׁלָםִ אִם תִּמְצְאוּ אֶת דּוֹדִי מַה תַּגִּידוּ לוֹ שֶׁחוֹלַת אַהֲבָה אָנִי : מַה דּוֹדֵךְ מִדּוֹד הַיָּפָה בַּנָּשִׁים מַה דּוֹדֵךְ מִדּוֹד שֶׁכָּכָה הִשְׁבַּעְתָּנוּ : דּוֹדִי צַח וְאָדוֹם דָּגוּל מֵרְבָבָה : רֹאשׁוֹ כֶּתֶם פָּז קְוֻצּוֹתָיו תַּלְתַּלִּים שְׁחֹרוֹת כָּעוֹרֵב : עֵינָיו כְּיוֹנִים עַל אֲפִיקֵי מָיִם רֹחֲצוֹת בֶּחָלָב יֹשְׁבוֹת עַל מִלֵּאת : לְחָיָו כַּעֲרוּגַת הַבֹּשֶׂם מִגְדְּלוֹת מֶרְקָחִים שִׂפְתוֹתָיו שׁוֹשַׁנִּים נֹטְפוֹת מוֹר עֹבֵר : יָדָיו גְּלִילֵי זָהָב מְמֻלָּאִים בַּתַּרְשִׁישׁ מֵעָיו עֶשֶׁת שֵׁן מְעֻלֶּפֶת סַפִּירִים : שׁוֹקָיו עַמּוּדֵי שֵׁשׁ מְיֻסָּדִים עַל אַדְנֵי פָז מַרְאֵהוּ כַּלְּבָנוֹן בָּחוּר כָּאֲרָזִים : חִכּוֹ מַמְתַקִּים וְכֻלּוֹ מַחֲמַדִּים זֶה דוֹדִי וְזֶה רֵעִי בְּנוֹת יְרוּשָׁלָםִ : אָנָה הָלַךְ דּוֹדֵךְ הַיָּפָה בַּנָּשִׁים אָנָה פָּנָה דוֹדֵךְ וּנְבַקְשֶׁנּוּ עִמָּךְ : דּוֹדִי יָרַד לְגַנּוֹ לַעֲרוּגוֹת הַבֹּשֶׂם לִרְעוֹת בַּגַּנִּים וְלִלְקֹט שׁוֹשַׁנִּים : אֲנִי לְדוֹדִי וְדוֹדִי לִי הָרֹעֶה בַּשּׁוֹשַׁנִּים : יָפָה אַתְּ רַעְיָתִי כְּתִרְצָה נָאוָה כִּירוּשָׁלָםִ אֲיֻמָּה כַּנִּדְגָּלוֹת : הָסֵבִּי עֵינַיִךְ מִנֶּגְדִּי שֶׁהֵם הִרְהִיבֻנִי שַׂעְרֵךְ כְּעֵדֶר הָעִזִּים שֶׁגָּלְשׁוּ מִן הַגִּלְעָד : שִׁנַּיִךְ כְּעֵדֶר הָרְחֵלִים שֶׁעָלוּ מִן הָרַחְצָה שֶׁכֻּלָּם מַתְאִימוֹת וְשַׁכֻּלָה אֵין בָּהֶם : כְּפֶלַח הָרִמּוֹן רַקָּתֵךְ מִבַּעַד לְצַמָּתֵךְ : שִׁשִּׁים הֵמָּה מְלָכוֹת וּשְׁמֹנִים פִּילַגְשִׁים וַעֲלָמוֹת אֵין מִסְפָּר : אַחַת הִיא יוֹנָתִי תַמָּתִי אַחַת הִיא לְאִמָּהּ בָּרָה הִיא לְיוֹלַדְתָּהּ רָאוּהָ בָנוֹת וַיְאַשְּׁרוּהָ מְלָכוֹת וּפִילַגְשִׁים וַיְהַלְלוּהָ : מִי זֹאת הַנִּשְׁקָפָה כְּמוֹ שָׁחַר יָפָה כַלְּבָנָה בָּרָה כַּחַמָּה אֲיֻמָּה כַּנִּדְגָּלוֹת : אֶל גִּנַּת אֱגוֹז יָרַדְתִּי לִרְאוֹת בְּאִבֵּי הַנָּחַל לִרְאוֹת הֲפָרְחָה הַגֶּפֶן הֵנֵצוּ הָרִמֹּנִים : לֹא יָדַעְתִּי נַפְשִׁי שָׂמַתְנִי מַרְכְּבוֹת עַמִּי נָדִיב : שׁוּבִי שׁוּבִי הַשּׁוּלַמִּית שׁוּבִי שׁוּבִי וְנֶחֱזֶה בָּךְ מַה תֶּחֱזוּ בַּשּׁוּלַמִּית כִּמְחֹלַת הַמַּחֲנָיִם : מַה יָּפוּ פְעָמַיִךְ בַּנְּעָלִים בַּת נָדִיב חַמּוּקֵי יְרֵכַיִךְ כְּמוֹ חֲלָאִים מַעֲשֵׂה יְדֵי אָמָּן : שָׁרְרֵךְ אַגַּן הַסַּהַר אַל יֶחְסַר הַמָּזֶג בִּטְנֵךְ עֲרֵמַת חִטִּים סוּגָה בַּשּׁוֹשַׁנִּים : שְׁנֵי שָׁדַיִךְ כִּשְׁנֵי עֳפָרִים תָּאֳמֵי

My beloved put in his hand by the hole of the door, and my bowels were moved for him. I rose up to open to my beloved, and my hands dropped with myrrh, and my fingers with sweet smelling myrrh, upon the handles of the lock. I opened to my beloved, but my beloved had withdrawn himself, and was gone; my soul failed when he spake! I sought him, but I could not find him; I called him, but he gave me no answer. The watchmen that went about the city found me, they smote me, they wounded me; the keepers of the walls took away my veil from me. I charge you, O daughters of Jerusalem, if ye find my beloved, that ye tell him that I am sick of love. What is thy beloved more than another beloved, that thou dost so charge us? My beloved is white and ruddy, the chiefest, among ten thousand. His head is as the most fine gold, his locks are bushy, and black as a raven. His eyes are as the eyes of doves by the rivers of waters, washed with milk, and fitly set. His cheeks are as a bed of spices, as sweet flowers; his lips like the lilies dropping sweet smelling myrrh. His hands are as gold rings set with the beryl; his belly is as bright ivory overlaid with sapphires. His legs are as pillars of marble, set upon sockets of fine gold; his countenance is as Lebanon, excellent as the cedars. His mouth is most sweet: yea, he is altogether lovely. This is my beloved and this is my friend, O daughters of Jerusalem. Whither is thy beloved gone, O thou fairest among women? whither is thy beloved turned aside? that we may seek him with thee. My beloved is gone down into his garden, to the beds of spices, to feed in the gardens, and to gather liles. I am my beloved's, and my beloved is mine; he feedeth among the lilies. Thou art beautiful, O my love, as Tirzah, comely as Jerusalem, terrible as an army with banners. Turn away thine eyes from me, for they have overcome me; thy hair is as a flock of goats that appear from Gilead. Thy teeth are as a flock of sheep which go up from the washing, whereof every one beareth twins, and there is not one barren among them. As a piece of a pomegranate are thy temples within thy locks. There are threescore queens, and fourscore concubines, and virgins without number. My dove, my undefiled, is but one; she is the only one of her mother, she is the choice one of her that bare her. The daughters saw her, and blessed her; yea, the queens and the concubines, and they praised her. Who is she that looketh forth as the morning, fair as the moon, clear as the sun, and terrible as an army with banners? I went down into the garden of nuts, to see the fruits of the valley, and to see whether the vine flourished, and the pomegranates budded; or ever I was aware, my soul made me like the chariots of Amminadib. Return, return, O Shulamite, return return, that we may look on thee. What will ye see in the Shulamite? As it were the company of two armies. How beautiful are thy feet with shoes, O prince's daughter! the joints of thy thighs are like jewels the work of the hands of a cunning workman.

צְבִיָּה : צַוָּארֵךְ כְּמִגְדַּל הַשֵּׁן עֵינַיִךְ בְּרֵכוֹת בְּחֶשְׁבּוֹן עַל שַׁעַר בַּת רַבִּים אַפֵּךְ כְּמִגְדַּל הַלְּבָנוֹן צוֹפֶה פְּנֵי דַמָּשֶׂק : רֹאשֵׁךְ עָלַיִךְ כַּכַּרְמֶל וְדַלַּת רֹאשֵׁךְ כָּאַרְגָּמָן מֶלֶךְ אָסוּר בָּרְהָטִים : מַה יָּפִית וּמַה נָּעַמְתְּ אַהֲבָה בַּתַּעֲנוּגִים : זֹאת קוֹמָתֵךְ דָּמְתָה לְתָמָר וְשָׁדַיִךְ לְאַשְׁכֹּלוֹת : אָמַרְתִּי אֶעֱלֶה בְתָמָר אֹחֲזָה בְּסַנְסִנָּיו וְיִהְיוּ נָא שָׁדַיִךְ כְּאֶשְׁכְּלוֹת הַגֶּפֶן וְרֵיחַ אַפֵּךְ כַּתַּפּוּחִים : וְחִכֵּךְ כְּיֵין הַטּוֹב הוֹלֵךְ לְדוֹדִי לְמֵישָׁרִים דּוֹבֵב שִׂפְתֵי יְשֵׁנִים : אֲנִי לְדוֹדִי וְעָלַי תְּשׁוּקָתוֹ : לְכָה דוֹדִי נֵצֵא הַשָּׂדֶה נָלִינָה בַּכְּפָרִים : נַשְׁכִּימָה לַכְּרָמִים נִרְאֶה אִם פָּרְחָה הַגֶּפֶן פִּתַּח הַסְּמָדַר הֵנֵצוּ הָרִמּוֹנִים שָׁם אֶתֵּן אֶת דֹּדַי לָךְ : הַדּוּדָאִים נָתְנוּ רֵיחַ וְעַל פְּתָחֵינוּ כָּל מְגָדִים חֲדָשִׁים גַּם יְשָׁנִים דּוֹדִי צָפַנְתִּי לָךְ : מִי יִתֶּנְךָ כְּאָח לִי יוֹנֵק שְׁדֵי אִמִּי אֶמְצָאֲךָ בַחוּץ אֶשָּׁקְךָ גַּם לֹא יָבֻזוּ לִי : אֶנְהָגֲךָ אֲבִיאֲךָ אֶל בֵּית אִמִּי תְּלַמְּדֵנִי אַשְׁקְךָ מִיַּיִן הָרֶקַח מֵעֲסִיס רִמֹּנִי : שְׂמֹאלוֹ תַּחַת רֹאשִׁי וִימִינוֹ תְּחַבְּקֵנִי : הִשְׁבַּעְתִּי אֶתְכֶם בְּנוֹת יְרוּשָׁלָםִ מַה תָּעִירוּ וּמַה תְּעֹרְרוּ אֶת הָאַהֲבָה עַד שֶׁתֶּחְפָּץ : מִי זֹאת עֹלָה מִן הַמִּדְבָּר מִתְרַפֶּקֶת עַל דּוֹדָהּ תַּחַת הַתַּפּוּחַ עוֹרַרְתִּיךָ שָׁמָּה חִבְּלַתְךָ אִמֶּךָ שָׁמָּה חִבְּלָה יְלָדַתְךָ : שִׂימֵנִי כַחוֹתָם עַל לִבֶּךָ כַּחוֹתָם עַל זְרוֹעֶךָ כִּי עַזָּה כַמָּוֶת אַהֲבָה קָשָׁה כִשְׁאוֹל קִנְאָה רְשָׁפֶיהָ רִשְׁפֵּי אֵשׁ שַׁלְהֶבֶת־יָהּ : מַיִם רַבִּים לֹא יוּכְלוּ לְכַבּוֹת אֶת הָאַהֲבָה וּנְהָרוֹת לֹא יִשְׁטְפוּהָ אִם יִתֵּן אִישׁ אֶת כָּל הוֹן בֵּיתוֹ בָּאַהֲבָה בּוֹז יָבוּזוּ לוֹ : אָחוֹת לָנוּ קְטַנָּה וְשָׁדַיִם אֵין לָהּ מַה־נַּעֲשֶׂה לַאֲחֹתֵנוּ בַּיּוֹם שֶׁיְּדֻבַּר בָּהּ : אִם חוֹמָה הִיא נִבְנֶה עָלֶיהָ טִירַת כָּסֶף וְאִם דֶּלֶת הִיא נָצוּר עָלֶיהָ לוּחַ אָרֶז : אֲנִי חוֹמָה וְשָׁדַי כַּמִּגְדָּלוֹת אָז הָיִיתִי בְעֵינָיו כְּמוֹצְאֵת שָׁלוֹם : כֶּרֶם הָיָה לִשְׁלֹמֹה בְּבַעַל הָמוֹן נָתַן אֶת הַכֶּרֶם לַנֹּטְרִים אִישׁ יָבִא בְּפִרְיוֹ אֶלֶף כָּסֶף : כַּרְמִי שֶׁלִּי לְפָנָי הָאֶלֶף לְךָ שְׁלֹמֹה וּמָאתַיִם לְנֹטְרִים אֶת פִּרְיוֹ : הַיּוֹשֶׁבֶת בַּגַּנִּים חֲבֵרִים מַקְשִׁיבִים לְקוֹלֵךְ הַשְׁמִיעִנִי : בְּרַח דּוֹדִי וּדְמֵה לְךָ לִצְבִי אוֹ לְעֹפֶר הָאַיָּלִים עַל הָרֵי בְשָׂמִים :

קדיש יתום

Thy navel is like a round goblet, which wanteth not liquor; thy belly is like an heap of wheat set about with lilies. Thy two breasts are like two young roes that are twins. Thy neck is as a tower of ivory, thine eyes like the fishpools in Heshbon by the gate of Beth-rabbim; thy nose is as the tower of Lebanon, which looketh toward Damascus. Thine head upon thee is like Carmel, and the hair of thine head like purple; the king is held in the galleries. How fair and how pleasant art thou, O love for delights! This thy stature is like to a palm-tree, and thy breasts to clusters of grapes. I said I will go up to the palm-tree, I will take hold of the boughs thereof; now also thy breasts shall be as clusters of the vine, and the smell of thy nose like apples; and the roof of thy mouth like the best wine, for my beloved, that goeth down sweetly, causing the lips of those that are asleep to speak. I am my beloved's, and his desire is towards me. Come, my beloved, let us go forth into the field; let us lodge in the villages. Let us get up early to the vineyards; let us see if the vine flourish, whether the tender grape appear, and the pomegranates bud forth; there will I give thee my loves. The mandrakes give a smell, and at our gates are all manner of pleasant fruits, new and old, which I have laid up for thee, O my beloved. O that thou wert as my brother, that sucked the breasts of my mother! when I should find thee without, I would kiss thee, yea, I should not be despised. I would lead thee, and bring thee into my mother's house, who would instruct me; I would cause thee to drink of spiced wine, of the juice of my pomegranate. His left hand should be under my head, and his right hand should embrace me. I charge you, O daughters of Jerusalem, that ye stir not up, nor awake my love, until he please. Who is this that cometh up from the wilderness, leaning upon her beloved? I raised thee up under the apple-tree; there thy mother brought thee forth; there she brought thee forth that bare thee. Set me as a seal upon thine heart, as a seal upon thine arm; for love is strong as death; jealousy is cruel as the grave; the coals thereof are coals of fire, which hath a most vehement flame. Many waters cannot quench love, neither can the floods drown it: if a man would give all the substance of his house for love, it would utterly be contemned. We have a little sister, and she hath no breasts: what shall we do for our sister in the day, when she shall be spoken for? If she be a wall, we will build upon her a palace of silver; If she be a door, we will enclose her with boards of cedar. I am a wall, and my breasts like towers; then was I in his eyes as one that found favour. Solomon had a vineyard at Baal-hamon; he let out the vineyard unto keepers; every one for the fruit thereof was to bring a thousand pieces of silver. My vineyard which is mine, is before me; thou, O Solomon, must have a thousand and those that keep the fruit thereof, two hundred. Thou that dwellest in the gardens, the companions hearken to thy voice; cause me to hear it. Make haste, my beloved, and be thou like to a roe, or to a young hart, upon the mountains of spices.

**Two Manuscripts** of the Pentateuch are taken out of the Ark, and the following Portion is read to Seven Persons.

וַיֹּאמֶר מֹשֶׁה אֶל־יְהוָה רְאֵה אַתָּה אֹמֵר אֵלַי הַעַל אֶת־הָעָם הַזֶּה
וְאַתָּה לֹא הוֹדַעְתַּנִי אֵת אֲשֶׁר־תִּשְׁלַח עִמִּי וְאַתָּה אָמַרְתָּ יְדַעְתִּיךָ
בְשֵׁם וְגַם־מָצָאתָ חֵן בְּעֵינָי : וְעַתָּה אִם־נָא מָצָאתִי חֵן בְּעֵינֶיךָ
הוֹדִעֵנִי נָא אֶת־דְּרָכֶךָ וְאֵדָעֲךָ לְמַעַן אֶמְצָא־חֵן בְּעֵינֶיךָ וּרְאֵה כִּי
עַמְּךָ הַגּוֹי הַזֶּה : וַיֹּאמַר פָּנַי יֵלֵכוּ וַהֲנִחֹתִי לָךְ : וַיֹּאמֶר אֵלָיו אִם־
אֵין פָּנֶיךָ הֹלְכִים אַל־תַּעֲלֵנוּ מִזֶּה : וּבַמֶּה | יִוָּדַע אֵפוֹא כִּי־מָצָאתִי
חֵן בְּעֵינֶיךָ אֲנִי וְעַמֶּךָ הֲלוֹא בְּלֶכְתְּךָ עִמָּנוּ וְנִפְלֵינוּ אֲנִי וְעַמְּךָ מִכָּל־
הָעָם אֲשֶׁר עַל־פְּנֵי הָאֲדָמָה : פ לוי וַיֹּאמֶר יְהוָה אֶל־מֹשֶׁה גַּם אֶת־הַדָּבָר
הַזֶּה אֲשֶׁר דִּבַּרְתָּ אֶעֱשֶׂה כִּי־מָצָאתָ חֵן בְּעֵינַי וָאֵדָעֲךָ בְּשֵׁם : וַיֹּאמַר
הַרְאֵנִי נָא אֶת־כְּבֹדֶךָ : וַיֹּאמֶר אֲנִי אַעֲבִיר כָּל־טוּבִי עַל־פָּנֶיךָ וְקָרָאתִי
בְשֵׁם יְהוָה לְפָנֶיךָ וְחַנֹּתִי אֶת־אֲשֶׁר אָחֹן וְרִחַמְתִּי אֶת־אֲשֶׁר אֲרַחֵם :
ג וַיֹּאמֶר לֹא תוּכַל לִרְאֹת אֶת־פָּנָי כִּי לֹא־יִרְאַנִי הָאָדָם וָחָי : וַיֹּאמֶר
יְהוָה הִנֵּה מָקוֹם אִתִּי וְנִצַּבְתָּ עַל־הַצּוּר : וְהָיָה בַּעֲבֹר כְּבֹדִי
וְשַׂמְתִּיךָ בְּנִקְרַת הַצּוּר וְשַׂכֹּתִי כַפִּי עָלֶיךָ עַד־עָבְרִי : וַהֲסִרֹתִי
אֶת־כַּפִּי וְרָאִיתָ אֶת־אֲחֹרָי וּפָנַי לֹא יֵרָאוּ : רביעי וַיֹּאמֶר יְהוָה אֶל־
מֹשֶׁה פְּסָל־לְךָ שְׁנֵי־לֻחֹת אֲבָנִים כָּרִאשֹׁנִים וְכָתַבְתִּי עַל־הַלֻּחֹת
אֶת־הַדְּבָרִים אֲשֶׁר הָיוּ עַל־הַלֻּחֹת הָרִאשֹׁנִים אֲשֶׁר שִׁבַּרְתָּ : וֶהְיֵה
נָכוֹן לַבֹּקֶר וְעָלִיתָ בַבֹּקֶר אֶל־הַר סִינַי וְנִצַּבְתָּ לִי שָׁם עַל־רֹאשׁ הָהָר :
וְאִישׁ לֹא־יַעֲלֶה עִמָּךְ וְגַם־אִישׁ אַל־יֵרָא בְּכָל־הָהָר גַּם־הַצֹּאן וְהַבָּקָר
אַל־יִרְעוּ אֶל־מוּל הָהָר הַהוּא : חמישי וַיִּפְסֹל שְׁנֵי־לֻחֹת אֲבָנִים
כָּרִאשֹׁנִים וַיַּשְׁכֵּם מֹשֶׁה בַבֹּקֶר וַיַּעַל אֶל־הַר סִינַי כַּאֲשֶׁר צִוָּה יְהוָה
אֹתוֹ וַיִּקַּח בְּיָדוֹ שְׁנֵי לֻחֹת אֲבָנִים : וַיֵּרֶד יְהוָה בֶּעָנָן וַיִּתְיַצֵּב עִמּוֹ
שָׁם וַיִּקְרָא בְשֵׁם יְהוָה : וַיַּעֲבֹר | יְהוָה עַל־פָּנָיו וַיִּקְרָא יְהוָה | יְהוָה
אֵל רַחוּם וְחַנּוּן אֶרֶךְ אַפַּיִם וְרַב־חֶסֶד וֶאֱמֶת : נֹצֵר חֶסֶד לָאֲלָפִים
נֹשֵׂא עָוֹן וָפֶשַׁע וְחַטָּאָה וְנַקֵּה לֹא יְנַקֶּה פֹּקֵד | עֲוֹן אָבוֹת עַל־בָּנִים
וְעַל־בְּנֵי בָנִים עַל־שִׁלֵּשִׁים וְעַל־רִבֵּעִים : וַיְמַהֵר מֹשֶׁה וַיִּקֹּד אַרְצָה
וַיִּשְׁתָּחוּ : וַיֹּאמֶר אִם־נָא מָצָאתִי חֵן בְּעֵינֶיךָ אֲדֹנָי יֵלֶךְ־נָא אֲדֹנָי
בְּקִרְבֵּנוּ כִּי עַם־קְשֵׁה־עֹרֶף הוּא וְסָלַחְתָּ לַעֲוֹנֵנוּ וּלְחַטָּאתֵנוּ וּנְחַלְתָּנוּ :

ויאמר משה אל יי And Moses said unto the Lord, see, thou sayest unto me, bring up this people; and thou hast not let me know whom thou wilt send with me; yet thou hast said, I know thee by name, and thou hast also found grace in my sight. Now therefore, I pray thee, if I have found grace in thy sight, shew me now thy way, that I may know thee, that I may find grace in thy sight; and consider that this nation is thy people. And he said, my presence shall go with thee, and I will give thee rest. And he said unto him, if thy presence go not with me, carry us not up hence. For wherein shall it be known here, that I and thy people have found grace in thy sight? Is it not in that thou goest with us? So shall we be separated, I and thy people, from all the people that are upon the face of the earth.

And the Lord said unto Moses, I will do this thing also that thou hast spoken; for thou hast found grace in my sight, and I know thee by name; And he said, I beseech thee, shew me thy glory. And he said, I will make all my goodness pass before thee, and I will proclaim the name of the Lord before thee; and will be gracious to whom I will be gracious, and will shew mercy on whom I will shew mercy.

And he said, thou canst not see my face: for there shall no man see me, and live. And the Lord said, behold, there is a place by me, and thou shall stand upon a rock. And it shall come to pass, while my glory passeth by, that I will put thee in a cleft of the Rock: and will cover thee, with my hand while I pass by. And I will take away my hand, and thou shalt see my back parts; but my face shall not be seen.

And the Lord said unto Moses, hew thee two tables of stone like unto the first; and I will write upon these tables the words that were in the first tables, which thou didst break. And be ready in the morning, and come up in the morning unto mount Sinai, and present thyself there to me, on the top of the mount. And no man shall come up with thee, neither let any man be seen throughout all the mount; neither let the flocks nor herds feed before that mount.

And he hewed two tables of stone like unto the first, and Moses rose up early in the morning, and went up unto mount Sinai, as the Lord had commanded him, and took in his hand the two tables of stone, and the Lord descended in the cloud, and stood with him there, and he proclaimed the name of the Lord. And the Lord passed by before him, and proclaimed the Lord! the Lord God! merciful and gracious, long-suffering, and abundant in beneficence and truth, keeping mercy unto thousands, forgiving iniquity, transgressions, and sin, and cleansing; but will by no means clear the presumptuous; visiting the iniquity of the fathers upon the children, and upon the children's children, unto the third and fourth generation. And Moses made haste, and bowed his head toward the earth and worshipped. And he said, if now I have found grace in thy sight, O Lord, let my Lord, I pray thee, go amongst us; for it is a stiff-necked people; and pardon our iniquity and our sin, and take

וַיֹּאמֶר הִנֵּה אָנֹכִי כֹּרֵת בְּרִית נֶגֶד כָּל־עַמְּךָ אֶעֱשֶׂה נִפְלָאֹת אֲשֶׁר לֹא־
נִבְרְאוּ בְכָל־הָאָרֶץ וּבְכָל־הַגּוֹיִם וְרָאָה כָל־הָעָם אֲשֶׁר־אַתָּה בְקִרְבּוֹ
אֶת־מַעֲשֵׂה יְהוָה כִּי־נוֹרָא הוּא אֲשֶׁר אֲנִי עֹשֶׂה עִמָּךְ : ששי שְׁמָר־לְךָ
אֵת אֲשֶׁר אָנֹכִי מְצַוְּךָ הַיּוֹם הִנְנִי גֹרֵשׁ מִפָּנֶיךָ אֶת־הָאֱמֹרִי וְהַכְּנַעֲנִי
וְהַחִתִּי וְהַפְּרִזִּי וְהַחִוִּי וְהַיְבוּסִי : הִשָּׁמֶר לְךָ פֶּן־תִּכְרֹת בְּרִית
לְיוֹשֵׁב הָאָרֶץ אֲשֶׁר אַתָּה בָּא עָלֶיהָ פֶּן־יִהְיֶה לְמוֹקֵשׁ בְּקִרְבֶּךָ : כִּי
אֶת־מִזְבְּחֹתָם תִּתֹּצוּן וְאֶת־מַצֵּבֹתָם תְּשַׁבֵּרוּן וְאֶת־אֲשֵׁרָיו תִּכְרֹתוּן :
כִּי לֹא תִשְׁתַּחֲוֶה לְאֵל אַחֵר כִּי יְהוָה קַנָּא שְׁמוֹ אֵל קַנָּא הוּא : פֶּן־
תִּכְרֹת בְּרִית לְיוֹשֵׁב הָאָרֶץ וְזָנוּ ׀ אַחֲרֵי אֱלֹהֵיהֶם וְזָבְחוּ לֵאלֹהֵיהֶם
וְקָרָא לְךָ וְאָכַלְתָּ מִזִּבְחוֹ : וְלָקַחְתָּ מִבְּנֹתָיו לְבָנֶיךָ וְזָנוּ בְנֹתָיו
אַחֲרֵי אֱלֹהֵיהֶן וְהִזְנוּ אֶת־בָּנֶיךָ אַחֲרֵי אֱלֹהֵיהֶן : אֱלֹהֵי מַסֵּכָה
לֹא תַעֲשֶׂה־לָּךְ : שביעי אֶת־חַג הַמַּצּוֹת תִּשְׁמֹר שִׁבְעַת יָמִים תֹּאכַל
מַצּוֹת אֲשֶׁר צִוִּיתִךָ לְמוֹעֵד חֹדֶשׁ הָאָבִיב כִּי בְּחֹדֶשׁ הָאָבִיב יָצָאתָ
מִמִּצְרָיִם : כָּל־פֶּטֶר רֶחֶם לִי וְכָל־מִקְנְךָ תִּזָּכָר פֶּטֶר שׁוֹר וָשֶׂה :
וּפֶטֶר חֲמוֹר תִּפְדֶּה בְשֶׂה וְאִם־לֹא תִפְדֶּה וַעֲרַפְתּוֹ כֹּל בְּכוֹר בָּנֶיךָ
תִּפְדֶּה וְלֹא־יֵרָאוּ פָנַי רֵיקָם : שֵׁשֶׁת יָמִים תַּעֲבֹד וּבַיּוֹם הַשְּׁבִיעִי
תִּשְׁבֹּת בֶּחָרִישׁ וּבַקָּצִיר תִּשְׁבֹּת : וְחַג שָׁבֻעֹת תַּעֲשֶׂה לְךָ בִּכּוּרֵי
קְצִיר חִטִּים וְחַג הָאָסִיף תְּקוּפַת הַשָּׁנָה : שָׁלֹשׁ פְּעָמִים בַּשָּׁנָה
יֵרָאֶה כָּל־זְכוּרְךָ אֶת־פְּנֵי הָאָדֹן ׀ יְהוָה אֱלֹהֵי יִשְׂרָאֵל : כִּי־אוֹרִישׁ
גּוֹיִם מִפָּנֶיךָ וְהִרְחַבְתִּי אֶת־גְּבֻלֶךָ וְלֹא־יַחְמֹד אִישׁ אֶת אַרְצְךָ
בַּעֲלֹתְךָ לֵרָאוֹת אֶת־פְּנֵי יְהוָה אֱלֹהֶיךָ שָׁלֹשׁ פְּעָמִים בַּשָּׁנָה : לֹא־
תִשְׁחַט עַל־חָמֵץ דַּם־זִבְחִי וְלֹא־יָלִין לַבֹּקֶר זֶבַח חַג הַפָּסַח :
רֵאשִׁית בִּכּוּרֵי אַדְמָתְךָ תָּבִיא בֵּית יְהוָה אֱלֹהֶיךָ לֹא־תְבַשֵּׁל גְּדִי
בַּחֲלֵב אִמּוֹ : פ

In the Second, the following Portion is read to the Maphtir.

וְהִקְרַבְתֶּם אִשֶּׁה עֹלָה לַיהוָה פָּרִים בְּנֵי־בָקָר שְׁנַיִם וְאַיִל אֶחָד
וְשִׁבְעָה כְבָשִׂים בְּנֵי שָׁנָה תְּמִימִם יִהְיוּ לָכֶם : וּמִנְחָתָם סֹלֶת
בְּלוּלָה בַשָּׁמֶן שְׁלֹשָׁה עֶשְׂרֹנִים לַפָּר וּשְׁנֵי עֶשְׂרֹנִים לָאַיִל תַּעֲשׂוּ :
עִשָּׂרוֹן עִשָּׂרוֹן תַּעֲשֶׂה לַכֶּבֶשׂ הָאֶחָד לְשִׁבְעַת הַכְּבָשִׂים : וּשְׂעִיר

us for thine inheritance. And he said, behold, I make a covenant; before all thy people will I perform wonders, such as have not been done in all the earth, nor in any nation; and all the people amongst which thou art, shall see the work of the Lord; for it is a terrible thing that I will do with thee.

Observe thou that which I command thee this day; behold, I drive out before thee the Amorite, and the Canaanite, and the Hittite, and the Perrizzite, and the Hivite, and the Jebusite. Take heed to thyself, lest thou make a covenant with the Inhabitants of the land whither thou goest, lest it be for a snare in the midst of thee; but ye shall destroy their altars, break their images, and cut down their groves. For thou shalt worship no other god; for the Lord, whose name is jealous, is a jealous God; lest thou make a covenant with the inhabitants of the land, and they go a whoring after their gods, and do sacrifice unto their gods, and one call thee, and thou eat of his sacrifice, and thou take of their daughters unto thy sons; and their daughters go a whoring after their gods, and make thy sons go a whoring after their gods. Thou shalt make thee no molten gods.

The feast of unleavened bread shalt thou keep; seven days shalt thou eat unleavened bread, as I commanded thee in the time of the month Abib; for in the month Abib, thou camest out from Egypt. All that openeth the matrix is mine; and every firstling among thy cattle, whether ox or sheep, that is male. But the firstling of an ass thou shalt redeem with a lamb. And if thou redeem him not, then shalt thou break his neck. All the first-born of thy sons shalt thou redeem; and none shall approach my presence empty. Six days shalt thou work; but on the seventh day, thou shalt rest; even in earing-time and in harvest shalt thou rest. And thou shalt observe the feast of weeks, of the first-fruits of wheat-harvest, and the feast of in-gathering at the year's end. Thrice in the year shall all your male-children appear before the Lord, the Lord God of Israel. For I will cast out the nations before thee; and enlarge thy borders; neither shall any man desire thy land, when thou shalt go up to appear before the Lord thy God, thrice in the year. Thou shalt not offer the blood of my sacrifice with leaven, neither shall the sacrifice of the feast of passover be left unto the morning. The first of thy first-fruits of thy land shalt thou bring unto the house of the Lord thy God. Thou shalt not seethe a kid in his mother's milk.

והקרבתם But ye shall offer a sacrifice made by fire for a burnt-offering unto the Lord; two young bulls, and one ram, and seven lambs of the first year; they shall be unto you without blemish. And their meat-offering shall be of flour mingled with oil; three tenth-deals shall ye offer for a bull, and two tenth-deals for a ram; a several tenth-deal shalt thou offer for every lamb, throughout the seven lambs; and one goat for a sin-offering, to make an

חַטָּאת אֶחָד לְכַפֵּר עֲלֵיכֶם : מִלְּבַד עֹלַת הַבֹּקֶר אֲשֶׁר לְעֹלַת
הַתָּמִיד תַּעֲשׂוּ אֶת־אֵלֶּה : כָּאֵלֶּה תַּעֲשׂוּ לַיּוֹם שִׁבְעַת יָמִים לֶחֶם
אִשֵּׁה רֵיחַ־נִיחֹחַ לַיהוָה עַל־עוֹלַת הַתָּמִיד יֵעָשֶׂה וְנִסְכּוֹ : וּבַיּוֹם
הַשְּׁבִיעִי מִקְרָא־קֹדֶשׁ יִהְיֶה לָכֶם כָּל־מְלֶאכֶת עֲבֹדָה לֹא תַעֲשׂוּ :

For וזאת התורה and Blessing before the הפטרה, (see page 133.)

## הפטרה לשבת וחול המועד :

הָיְתָה עָלַי יַד־יְהוָה וַיּוֹצִאֵנִי בְרוּחַ יְהוָה וַיְנִיחֵנִי בְּתוֹךְ הַבִּקְעָה
וְהִיא מְלֵאָה עֲצָמוֹת : וְהֶעֱבִירַנִי עֲלֵיהֶם סָבִיב ׀ סָבִיב וְהִנֵּה רַבּוֹת
מְאֹד עַל־פְּנֵי הַבִּקְעָה וְהִנֵּה יְבֵשׁוֹת מְאֹד : וַיֹּאמֶר אֵלַי בֶּן־אָדָם
הֲתִחְיֶינָה הָעֲצָמוֹת הָאֵלֶּה וָאֹמַר אֲדֹנָי יֱהוִה אַתָּה יָדָעְתָּ : וַיֹּאמֶר
אֵלַי הִנָּבֵא עַל־הָעֲצָמוֹת הָאֵלֶּה וְאָמַרְתָּ אֲלֵיהֶם הָעֲצָמוֹת הַיְבֵשׁוֹת
שִׁמְעוּ דְּבַר־יְהוָה : כֹּה אָמַר אֲדֹנָי יֱהוִה לָעֲצָמוֹת הָאֵלֶּה הִנֵּה אֲנִי
מֵבִיא בָכֶם רוּחַ וִחְיִיתֶם : וְנָתַתִּי עֲלֵיכֶם גִּידִים וְהַעֲלֵתִי עֲלֵיכֶם
בָּשָׂר וְקָרַמְתִּי עֲלֵיכֶם עוֹר וְנָתַתִּי בָכֶם רוּחַ וִחְיִיתֶם וִידַעְתֶּם כִּי־אֲנִי
יְהוָה : וְנִבֵּאתִי כַּאֲשֶׁר צֻוֵּיתִי וַיְהִי־קוֹל כְּהִנָּבְאִי וְהִנֵּה־רַעַשׁ וַתִּקְרְבוּ
עֲצָמוֹת עֶצֶם אֶל־עַצְמוֹ : וְרָאִיתִי וְהִנֵּה עֲלֵיהֶם גִּדִים וּבָשָׂר עָלָה
וַיִּקְרַם עֲלֵיהֶם עוֹר מִלְמָעְלָה וְרוּחַ אֵין בָּהֶם : וַיֹּאמֶר אֵלַי הִנָּבֵא
אֶל־הָרוּחַ הִנָּבֵא בֶן־אָדָם וְאָמַרְתָּ אֶל־הָרוּחַ כֹּה־אָמַר ׀ אֲדֹנָי יֱהוִה
מֵאַרְבַּע רוּחוֹת בֹּאִי הָרוּחַ וּפְחִי בַּהֲרוּגִים הָאֵלֶּה וְיִחְיוּ : וְהִנַּבֵּאתִי
כַּאֲשֶׁר צִוָּנִי וַתָּבוֹא בָהֶם הָרוּחַ וַיִּחְיוּ וַיַּעַמְדוּ עַל־רַגְלֵיהֶם חַיִל גָּדוֹל
מְאֹד מְאֹד : וַיֹּאמֶר אֵלַי בֶּן־אָדָם הָעֲצָמוֹת הָאֵלֶּה כָּל־בֵּית יִשְׂרָאֵל
הֵמָּה הִנֵּה אֹמְרִים יָבְשׁוּ עַצְמוֹתֵינוּ וְאָבְדָה תִקְוָתֵנוּ נִגְזַרְנוּ לָנוּ :
לָכֵן הִנָּבֵא וְאָמַרְתָּ אֲלֵיהֶם כֹּה־אָמַר אֲדֹנָי יֱהוִה הִנֵּה אֲנִי פֹתֵחַ אֶת־
קִבְרוֹתֵיכֶם וְהַעֲלֵיתִי אֶתְכֶם מִקִּבְרוֹתֵיכֶם עַמִּי וְהֵבֵאתִי אֶתְכֶם אֶל־
אַדְמַת יִשְׂרָאֵל : וִידַעְתֶּם כִּי־אֲנִי יְהוָה בְּפִתְחִי אֶת־קִבְרוֹתֵיכֶם
וּבְהַעֲלוֹתִי אֶתְכֶם מִקִּבְרוֹתֵיכֶם עַמִּי : וְנָתַתִּי רוּחִי בָכֶם וִחְיִיתֶם
וְהִנַּחְתִּי אֶתְכֶם עַל־אַדְמַתְכֶם וִידַעְתֶּם כִּי אֲנִי יְהוָה דִּבַּרְתִּי וְעָשִׂיתִי
נְאֻם־יְהוָה :

The Maphtir then says the Blessings, but does not end מקדש ישראל והזמנים as on the Sabbath of the Middle Days of the Feast of Tabernacles; because on that Feast, every Day's Offering was different from the other. Then say יקום פורקן &c. (see page 72,) and the Additional Service.

atonement for you. Ye shall offer these beside the burnt-offering in the morning, which is for a continual burnt-offering. After this manner ye shall offer daily throughout the seven days, the meat of the sacrifice made by fire, of a sweet savour unto the Lord; it shall be offered beside the continual burnt-offering, and its drink-offering. And on the seventh day ye shall have an holy convocation; ye shall do no servile work.

**PORTION FROM THE PROPHETS FOR THE SABBATH OF THE MIDDLE DAYS.**

היתה The hand of the Lord was upon me, and carried me out in the spirit of the Lord, and set me down in the midst of the valley which *was* full of bones, and caused me to pass by them round about; and behold, *they were* very many in the open valley; and lo, *they were* very dry. And he said unto me, son of man, can these bones live? and I answered, O Lord God, thou knowest. Again, he said unto me, prophesy unto these bones, and say unto them, O ye dry bones, hear the word of the Lord, Thus saith the Lord God unto these bones, behold I will cause breath to enter into you, and ye shall live. And I will lay sinews upon you, and will bring up flesh upon you, and cover you with skin, and put breath into you, and ye shall live: and ye shall know that *I am* the Lord. So I prophesied as I was commanded; and as I prophesied there was a noise; and behold, a shaking, and the bones came together, bone to his bone. And when I beheld, lo, the sinews and the flesh came up upon them, and the skin covered them above; but *there* was no breath in them. Then said he unto me, prophesy unto the wind; prophesy, son of man, and say to the wind, thus saith the Lord God, come from the four winds, O breath, and breathe upon these slain, that they may live. So I prophesied as he commanded me, and the breath came into them, and they lived, and stood up upon their feet an exceeding great army. Then he said unto me, son of man, these bones are the whole house of Israel; behold, they say, our bones are dried, and our hope is lost, we are cut off for our parts. Therefore prophesy, and say unto them, thus saith the Lord God, behold, O my people, I will open your graves, and cause you to come up out of your graves, and bring you into the land of Israel. And ye shall know that *I am* the Lord, when I have opened your graves, and brought you up out of your graves, O my people. And shall put my spirit into you, and ye shall live, and I shall place you in your own land; then shall ye know that I the Lord have spoken it, and performed it, saith the Lord.

# מעריב ליל שביעי של פסח :

During the time the Reader says ברכו the Congregation say יתברך.

חזן בָּרְכוּ אֶת יְיָ הַמְבֹרָךְ :

קהל וחזן בָּרוּךְ יְיָ הַמְבֹרָךְ לְעוֹלָם וָעֶד :

יִתְבָּרַךְ וְיִשְׁתַּבַּח וְיִתְפָּאַר וְיִתְרוֹמַם וְיִתְנַשֵּׂא שְׁמוֹ שֶׁל מֶלֶךְ מַלְכֵי הַמְּלָכִים הַקָּדוֹשׁ בָּרוּךְ הוּא שֶׁהוּא רִאשׁוֹן וְהוּא אַחֲרוֹן וּמִבַּלְעָדָיו אֵין אֱלֹהִים סֹלּוּ לָרֹכֵב בָּעֲרָבוֹת בְּיָהּ שְׁמוֹ וְעִלְזוּ לְפָנָיו וּשְׁמוֹ מְרוֹמָם עַל כָּל בְּרָכָה וּתְהִלָּה : בָּרוּךְ שֵׁם כְּבוֹד מַלְכוּתוֹ לְעוֹלָם וָעֶד : יְהִי שֵׁם יְיָ מְבֹרָךְ מֵעַתָּה וְעַד עוֹלָם :

בָּרוּךְ אַתָּה יְיָ אֱלֹהֵינוּ מֶלֶךְ הָעוֹלָם · אֲשֶׁר בִּדְבָרוֹ מַעֲרִיב עֲרָבִים בְּחָכְמָה פּוֹתֵחַ שְׁעָרִים וּבִתְבוּנָה מְשַׁנֶּה עִתִּים וּמַחֲלִיף אֶת הַזְּמַנִּים וּמְסַדֵּר אֶת הַכּוֹכָבִים · בְּמִשְׁמְרוֹתֵיהֶם בָּרָקִיעַ כִּרְצוֹנוֹ בּוֹרֵא יוֹם וָלָיְלָה גּוֹלֵל אוֹר מִפְּנֵי חֹשֶׁךְ וְחֹשֶׁךְ מִפְּנֵי אוֹר · וּמַעֲבִיר יוֹם וּמֵבִיא לָיְלָה · וּמַבְדִּיל בֵּין יוֹם וּבֵין לָיְלָה יְיָ צְבָאוֹת שְׁמוֹ : אֵל חַי וְקַיָּם תָּמִיד יִמְלוֹךְ עָלֵינוּ לְעוֹלָם וָעֶד :

וַיּוֹשַׁע יְיָ אוֹם לְמוֹשָׁעוֹת · וַיַּרְא יִשְׂרָאֵל בִּפְרוֹעַ פְּרָעוֹת · אָז יָשִׁיר גִּלָּה חוֹסֶן יְשׁוּעוֹת · עֻזִּי דָגוּל גֵּיהַ וְאִישׁוֹן לְהַשְׁעוֹת :

בָּרוּךְ אַתָּה יְיָ הַמַּעֲרִיב עֲרָבִים :

# EVENING SERVICE

FOR THE SEVENTH NIGHT OF THE

# FEAST OF PASSOVER

*Reader.* Bless ye the Lord, who is ever blessed.

*Congregation answer.*

ברוך Blessed be the Lord, who is blessed for ever and evermore.

ברוך אתה Blessed art thou, O Eternal, our God! King of the universe, who with thy word causeth the twilight of the evening, with wisdom openeth the gates of the heavens, and with understanding altereth the seasons, changeth the times, regulateth the stars, and placeth them in their circular motion in the firmament, according to thy

יתברך Blessed, praised, glorified, extolled, and exalted, shall be the holy name, of the Supreme King of Kings! blessed is he; for he is the first and the last, and besides him there is no God. Extol him who causeth the uppermost sphere to move by his name JAH! Rejoice before him; for his name is exalted above all blessing and praise. Blessed be the name of the glory of his kingdom for ever and ever. Blessed be the name of the Lord from henceforth and for evermore.

will. Thus hast thou created day and night; thou rollest the light apart, because of the darkness; and the darkness because of the light: and passeth away the day and bringest night; and maketh a division between day and night. Eternal! Lord of Hosts! is thy name. O Omnipotent, living, and ever-existing God! reign over us, continually, and for evermore.

ויושע And the Lord saved the people for *whom he had wrought* salvation; and Israel saw when he executed vengeance; then sang *Moses,* and published the mighty salvation of my powerful *God,* who ordained light and darkness. Blessed art thou, O Lord! who bringeth on the evening.

אַהֲבַת עוֹלָם בֵּית יִשְׂרָאֵל עַמְּךָ אָהָבְתָּ · תּוֹרָה וּמִצְוֹת חֻקִּים וּמִשְׁפָּטִים · אוֹתָנוּ לִמַּדְתָּ · עַל כֵּן יְיָ אֱלֹהֵינוּ בְּשָׁכְבֵנוּ וּבְקוּמֵנוּ נָשִׂיחַ בְּחֻקֶּיךָ · וְנִשְׂמַח בְּדִבְרֵי תוֹרָתֶךָ וּבְמִצְוֹתֶיךָ לְעוֹלָם וָעֶד · כִּי הֵם חַיֵּינוּ וְאֹרֶךְ יָמֵינוּ וּבָהֶם נֶהְגֶּה יוֹמָם וָלָיְלָה · וְאַהֲבָתְךָ אַל תָּסִיר מִמֶּנּוּ לְעוֹלָמִים :

יְיָ הֵכִין כְּלֵי מִלְחָמָה · מַרְכְּבוֹת פַּרְעֹה וְשָׁלִישָׁיו נָהַג בִּמְהוּמָה · תְּהוֹמוֹת זִמְּנָם בְּאַף וּבְחֵמָה · יְמִינְךָ חֵבֶל נַחֲלָתְךָ רִחֲמָה : בָּרוּךְ אַתָּה יְיָ אוֹהֵב עַמּוֹ יִשְׂרָאֵל :

Then say, שמע ישראל pago 3.

אֱמֶת וֶאֱמוּנָה כָּל־זֹאת וְקַיָּם עָלֵינוּ כִּי הוּא יְיָ אֱלֹהֵינוּ וְאֵין זוּלָתוֹ וַאֲנַחְנוּ יִשְׂרָאֵל עַמּוֹ הַפּוֹדֵנוּ מִיַּד־מְלָכִים מַלְכֵּנוּ הַגּוֹאֲלֵנוּ מִכַּף כָּל־הֶעָרִיצִים הָאֵל הַנִּפְרָע לָנוּ מִצָּרֵינוּ וְהַמְשַׁלֵּם גְּמוּל לְכָל־אוֹיְבֵי נַפְשֵׁנוּ הָעֹשֶׂה גְדֹלוֹת עַד־אֵין חֵקֶר נִסִּים וְנִפְלָאוֹת עַד־אֵין מִסְפָּר : הַשָּׂם נַפְשֵׁנוּ בַּחַיִּים וְלֹא־נָתַן לַמּוֹט רַגְלֵנוּ הַמַּדְרִיכֵנוּ עַל־בָּמוֹת אוֹיְבֵינוּ וַיָּרֶם קַרְנֵנוּ עַל־כָּל־שׂוֹנְאֵינוּ : הָעֹשֶׂה־לָּנוּ נִסִּים וּנְקָמָה בְּפַרְעֹה אוֹתוֹת וּמוֹפְתִים בְּאַדְמַת בְּנֵי־חָם : הַמַּכֶּה בְעֶבְרָתוֹ כָּל בְּכוֹרֵי מִצְרָיִם וַיּוֹצֵא אֶת־עַמּוֹ יִשְׂרָאֵל מִתּוֹכָם לְחֵרוּת עוֹלָם : הַמַּעֲבִיר בָּנָיו בֵּין גִּזְרֵי יַם־סוּף אֶת־רוֹדְפֵיהֶם וְאֶת־שׂוֹנְאֵיהֶם בִּתְהוֹמוֹת טִבַּע : וְרָאוּ בָנָיו גְּבוּרָתוֹ שִׁבְּחוּ וְהוֹדוּ לִשְׁמוֹ וּמַלְכוּתוֹ בְּרָצוֹן קִבְּלוּ עֲלֵיהֶם · מֹשֶׁה וּבְנֵי יִשְׂרָאֵל לְךָ עָנוּ שִׁירָה :

פֶּסַח אֱמוּנִים שִׁיר שׁוֹרְרוּהוּ · וַיּוֹשַׁע יְיָ בַּיּוֹם הַהוּא · פֶּסַח מִצְרָיִם :

פֶּסַח בַּת קוֹל יִשָּׁמַע מִמְּרוֹמִים · יִשְׂרָאֵל נוֹשַׁע בַּייָ תְּשׁוּעַת עוֹלָמִים · פֶּסַח לֶעָתִיד :

אהבת עולם With Eternal love hast thou loved the house of Israel thy people: thou hast taught us laws and commandments, statutes, and judgments; therefore, O Lord, our God! when we lie down, and when we rise up, we will discourse of thy statutes, and we will rejoice in the words of thy law, and in thy commandments, for ever and ever; for they are our life, and the prolongation of our days, and in them we will meditate day and night. Therefore, we beseech thee, withdraw not thy love from us for ever.

יי The Lord prepared the weapons of war, he led the chariots of Pharoah and his horsemen in disorder; in anger and wrath he prepared the depths for them; but thy right hand had mercy on the portion of thy heritage. Blessed art thou, O Eternal! who loveth his people Israel.

אמת ואמונה All this is truth and certainty, and irrefutable; that the Eternal is our God, and besides him there is none; we Israel] are his people whom he hath redeemed from the hands of kings: he is our King, who hath delivered us from the power of tyrants; he is the Almighty, who hath avenged us on our adversaries, and who gave a just reward unto all our enemies; who doeth great things, which cannot be investigated; yea, wonders and miracles without number; who did keep us alive, and suffered not our feet to slip; he caused us to tread on the high places of our enemies, and exalted our horn over all our adversaries. For our sake, he performed miracles, and was revenged on Pharoah; he performed prodigies and tokens in the land of the children of Ham; who in his wrath smote all the first-born of Egypt, and brought out his people Israel from amongst them unto perpetual liberty, and conducted his children between the divisions of the Red Sea. Their pursuers, and their enemies, he caused to sink in the deep; his children did see his mighty power; they praised his name, and with pleasure and cheerfulness they acknowledged him their Sovereign. Moses and the children of Israel, sang unto thee.

פסח On the passover, the faithful sang a song, *saying*, thus the Lord saved Israel on that day; *this was on* the passover of Egypt.

On the passover, the voice will be heard from heaven, *saying*, Israel shall be saved by the Lord with eternal salvation. *This will be* on the future passover.

פֶּסַח גְּאוּלִים עָבְרוּ בְּמַשְׂאַת יָד · וַיַּרְא יִשְׂרָאֵל אֶת הַיָּד ·
פֶּסַח מִצְרַיִם :

פֶּסַח דָּגוּל בְּעוּז כְּבוֹדוֹ · יוֹסִיף אֲדֹנָי שֵׁנִית יָדוֹ פֶּסַח לֶעָתִיד :

פֶּסַח הָמוֹן חֲיָלָיו כְּטוֹב דָּיִם · הָלְכוּ בַיַּבָּשָׁה בְּתוֹךְ הַיָּם ·
פֶּסַח מִצְרַיִם :

פֶּסַח וְהֵנִיף יָדוֹ בְּרוּחַ בַּעְיָם · וְהֶחֱרִים יְיָ אֶת לְשׁוֹן יָם ·
פֶּסַח לֶעָתִיד :

פֶּסַח זִלְעֵף בְּמִכְתָּב שֶׁנַּן · מַחֲנֵה מִצְרַיִם בְּעַמּוּד אֵשׁ וְעָנָן ·
פֶּסַח מִצְרַיִם :

פֶּסַח חִדּוּשׁ מוֹפֵת עֲלֵי יָשָׁן · דָּם וָאֵשׁ וְתִמְרוֹת עָשָׁן ·
פֶּסַח לֶעָתִיד :

פֶּסַח טִכֵּס בְּצָרָיו לְהַחֲרִימָה · וּבְנֵי יִשְׂרָאֵל יוֹצְאִים בְּיָד
רָמָה · פֶּסַח מִצְרַיִם :

פֶּסַח יְשׁוּעוֹת כּוֹס שָׁלוֹם · בְּשִׂמְחָה תֵצֵאוּ וּבְשָׁלוֹם ·
פֶּסַח לֶעָתִיד :

פֶּסַח כִּלֵּל עֲנָמִים לְהַצְמֵת · כִּי אֵין בַּיִת אֲשֶׁר אֵין שָׁם מֵת ·
פֶּסַח מִצְרַיִם :

פֶּסַח לְאֻמִּים יֶהְגוּ רִיק לְנֶגְפָּה · וְזֹאת תִּהְיֶה הַמַּגֵּפָה ·
פֶּסַח לֶעָתִיד :

פֶּסַח מִלּוּי שְׁעָרִים פָּתַח · וּפָסַח יְיָ עַל הַפֶּתַח · פֶּסַח מִצְרַיִם :

פֶּסַח נִתַּן לְאוֹת רַב וְשַׁלִּיט · גָּנוֹן וְהִצִּיל פָּסוֹחַ וְהִמְלִיט ·
פֶּסַח לֶעָתִיד :

פֶּסַח סְגוּלִים לְמַטַּע שִׁירִים · כִּי יְיָ נִלְחָם לָהֶם בְּמִצְרַיִם ·
פֶּסַח מִצְרַיִם :

On the passover, the redeemed passed on with a high hand, and Israel saw the Omnipotence of God; *on the passover of Egypt.*

On the passover, God in his mighty glory, will put forth his hand again the second time, *on the future passover.*

On the passover, the multitude of his hosts with abundant good, passed on dry *land* through the sea; *on the passover of Egypt.*

On the passover, *it is said,* and he shall shake his hand with his vehement wind; and the Lord will utterly dry up the tongue of the Egyptian sea; *on the future passover.*

On the passover, he burnt *the Egyptians* with the inscribed *plagues;* and the camp of the Egyptians with a pillar of fire and smoke; *on the passover of Egypt.*

On the passover, *God* will perform new wonders in addition to the old; *even* blood, and fire, and pillars of smoke; *on the future passover.*

On the passover, he was equipped to destroy his enemies; while the children of Israel went out with a high hand; *on the passover of Egypt.*

On the passover, *we shall have* the cup of salvation and peace; *as is said,* ye shall go forth in joy and peace; *on the future passover.*

On the passover, he cut off all the ענמים Egyptians; for *there was* not a house where *there was* not a dead body; *on the passover of Egypt.*

On the passover, the heathens will imagine a vain thing, to strive *against the Lord and his anointed;* for this will be the plague; *on the future passover.*

On the passover, the Lord opened the locked doors of the Egyptians; and passed over the doors *of the Israelites; on the passover of Egypt.*

The passover was given *by* the Lord, and ruler, for a sign that he will shelter, protect, save and deliver his people; *on the future passover.*

On the passover, he reserved the remnant of his peculiar people; for He, the Eternal! fought for them against the Egyptians; *on the passover of Egypt.*

פֶּסַח עָתִיד לְפִדְיוֹן שְׁבוּיִם · וְיָצָא יְיָ וְנִלְחַם בַּגּוֹיִם
פֶּסַח לֶעָתִיד :

פֶּסַח פְּתִיחַת קוֹל עָנְתָה נְבִיאָה · שִׁירוּ לַיְיָ כִּי גָאֹה גָּאָה ·
פֶּסַח מִצְרַיִם :

פֶּסַח צִבּוּר בְּאוֹת אֲשֶׁר עָשָׂה · זַמְּרוּ יְיָ כִּי גֵאוּת עָשָׂה
פֶּסַח לֶעָתִיד :

פֶּסַח קֹדֵר לְצָרָיו מְאוֹרֵי אוֹר · וּלְכָל בְּנֵי יִשְׂרָאֵל הָיָה אוֹר ·
פֶּסַח מִצְרַיִם :

פֶּסַח רָצוּי בְּמַאֲמַר צוּרֵךְ · קוּמִי אוֹרִי כִּי בָא אוֹרֵךְ ·
פֶּסַח לֶעָתִיד :

פֶּסַח שַׁבְּחוּהוּ בְּעוֹז תַּעֲצוּמוֹ · כִּי גָאַל יְיָ אֶת עַמּוֹ ·
פֶּסַח מִצְרַיִם :

פֶּסַח תּוֹקֶף תְּהִלּוֹת רְשׁוּמוֹ · גֹּאֲלֵנוּ יְיָ צְבָאוֹת שְׁמוֹ ·
פֶּסַח לֶעָתִיד :

פֶּסַח יֹסִיף עַל יְשׁוּעוֹת יְשׁוּעָה · בְּרִיתוֹ יִזְכּוֹר לְהוֹשִׁיעָה · עַם קְרוֹבוֹ בְּאַהַב לְהִוָּשֵׁעָה · כַּאֲשֶׁר שֵׁמַע לְמִצְרַיִם לְצוֹר נִשְׁמָעָה : בְּגִלָּה בְּרִנָּה בְּשִׂמְחָה רַבָּה וְאָמְרוּ כֻלָּם :

מִי כָמֹכָה בָּאֵלִים יְיָ · מִי כָּמֹכָה נֶאְדָּר בַּקֹּדֶשׁ · נוֹרָא תְהִלֹּת עֹשֵׂה פֶלֶא : מַלְכוּתְךָ רָאוּ בָנֶיךָ · בּוֹקֵעַ יָם לִפְנֵי מֹשֶׁה :

וּבְרֹב גְּאוֹנְךָ נָחִיתָ יְדִידִים · וּבְרוּחַ יָם עָבְרוּ גְּדוּדִים · אָמַר כּוֹשֵׁל לְהַצִּיל גְּדוּדִים · נָשַׁפְתָּ לִהְיוֹת בְּסַאסְּאָה נִמְדָּדִים : זֶה צוּר יִשְׁעֵנוּ פָּצוּ פֶה וְאָמְרוּ :

The passover is appointed for the redemption of the captives; when the Lord will again go forth and fight against the heathens; *on the future passover.*

On the passover, the prophetess (מרים) raised her voice *and said,* sing ye unto the Lord, for he hath triumphed gloriously; *on the passover of Egypt.*

The passover which *is noted* for the numerous miracles that he wrought; sing ye unto the Lord; for he hath wrought a stupendous work; *for the future passover.*

On the passover, he darkened the bright luminaries to his enemies; but all the children of Israel had light; *on the passover of Egypt.*

On the passover, thou wilt be accepted according to the promise of thy Creator, saying, arise, shine forth, for thy light is come; *on the future passover.*

On the passover, they praised him for his mighty strength; for the Lord hath redeemed his people; *on the passover of Egypt.*

On the passover, his noted Omnipotence will be praised; our Redeemer! Lord of Hosts! is his name; *on the future passover.*

פסח On the passover, *God* will add **salvation** to salvation; he will remember his covenant to save the people near unto him with love; for, as was reported concerning Egypt, so will it be reported concerning צור (Tyre) with gladness, song, and abundant joy, they unanimously proclaimed.

מי כמכה Who is like unto thee, O Lord! among the mighty! Who is like unto thee, glorious in holiness, tremendous in praises, working miracles!

מלכותך Thy kingdom thy children beheld, *when* thou didst divide the sea for Moses.

וברוב And in the greatness of thine excellency didst thou lead the beloved; in troops did they cross the boisterous sea, the ensnarer (פרעה) said, here will I sink the vagrants; but thou didst blow with thy wind, and didst punish them according to their wickedness. This is the Rock of our salvation; thus they (Israel) proclaimed, and said.

יְיָ יִמְלֹךְ לְעוֹלָם וָעֶד : וְנֶאֱמַר כִּי פָדָה יְיָ אֶת יַעֲקֹב · וּגְאָלוֹ מִיַּד חָזָק מִמֶּנּוּ :

מִי כָמֹכָה מִשְׂגָּב לְעִתּוֹת בַּצָּרָה · נְטִית נוֹאֲצֶיךָ בְּזַעַם יֶעֱבָרָה · נְחִית סְגֻלָּתְךָ בִּזְרוֹעַ גְּבוּרָה · שָׁמְעוּ עַמִּים גְּבוּרָתְךָ לְהַגְבִּירָה : בָּרוּךְ אַתָּה יְיָ · מֶלֶךְ צוּר יִשְׂרָאֵל וְגוֹאֲלוֹ :
(נ״א גָּאַל יִשְׂרָאֵל :)

הַשְׁכִּיבֵנוּ יְיָ אֱלֹהֵינוּ לְשָׁלוֹם · וְהַעֲמִידֵנוּ מַלְכֵּנוּ לְחַיִּים · וּפְרוֹס עָלֵינוּ סֻכַּת שְׁלוֹמֶךָ · וְתַקְּנֵנוּ בְּעֵצָה טוֹבָה מִלְּפָנֶיךָ · וְהוֹשִׁיעֵנוּ לְמַעַן שְׁמֶךָ : וְהָגֵן בַּעֲדֵנוּ · וְהָסֵר מֵעָלֵינוּ אוֹיֵב דֶּבֶר וְחֶרֶב וְרָעָב וְיָגוֹן · וְהָסֵר שָׂטָן מִלְּפָנֵינוּ וּמֵאַחֲרֵינוּ · וּבְצֵל כְּנָפֶיךָ תַּסְתִּירֵנוּ : כִּי אֵל שׁוֹמְרֵנוּ וּמַצִּילֵנוּ אָתָּה · כִּי אֵל מֶלֶךְ חַנּוּן וְרַחוּם אָתָּה · וּשְׁמוֹר צֵאתֵנוּ וּבוֹאֵנוּ לְחַיִּים וּלְשָׁלוֹם מֵעַתָּה וְעַד עוֹלָם : וּפְרוֹס עָלֵינוּ סֻכַּת שְׁלוֹמֶךָ :

אָז נִבְהֲלוּ פּוֹחֲזֵי דִינִים · תִּפּוֹל עֲלֵיהֶם צְוָחוֹת וּמְדָנִים · תְּבִיאֵמוֹ קְדוֹשֶׁךָ בְּרֶגֶשׁ מְעוֹנִים · יְיָ יִמְלוֹךְ שׁוֹמֵר תְּשׁוּעַת אֱמוּנִים : בָּרוּךְ אַתָּה יְיָ · הַפּוֹרֵשׂ סֻכַּת שָׁלוֹם · עָלֵינוּ וְעַל כָּל עַמּוֹ יִשְׂרָאֵל וְעַל יְרוּשָׁלָיִם :

On the Sabbath say, ושמרו &c., (page 7.)

וַיְדַבֵּר מֹשֶׁה אֶת מֹעֲדֵי יְיָ אֶל בְּנֵי יִשְׂרָאֵל :

Then say חצי קדיש and שמונה עשרה, (page 8.) after which, say · קידוש · עלינו · ברכת העומר &c.

## סדר ברכות עומר :

בָּרוּךְ אַתָּה יְיָ אֱלֹהֵינוּ מֶלֶךְ הָעוֹלָם · אֲשֶׁר קִדְּשָׁנוּ בְּמִצְוֹתָיו · וְצִוָּנוּ עַל סְפִירַת הָעוֹמֶר :

הַיּוֹם שִׁשָּׁה יָמִים לָעוֹמֶר :

יְהִי רָצוֹן לְפָנֶיךָ יְיָ אֱלֹהֵינוּ וֵאלֹהֵי אֲבוֹתֵינוּ שֶׁיִּבָּנֶה בֵּית הַמִּקְדָּשׁ בִּמְהֵרָה בְיָמֵינוּ וְתֵן חֶלְקֵנוּ בְּתוֹרָתֶךָ :

למנצח בנגינות וכ״ו :

יי The Lord will reign for ever and ever.

ונאמר And it is written, for the Lord hath redeemed Jacob, and delivered him from the hand of him that was stronger than he.

מי כמכה Who is like unto thee, who art a refuge in time of trouble? those that provoked thee, didst thou bend down in anger and wrath; and with thy mighty arm didst thou lead thy peculiar people; nations heard of thy mighty power, and were astonished. Blessed art thou O Lord! *who art* the King, Rock, and Redeemer, of Israel. *(Some Read,)* who hath redeemed Israel.

השכיבנו O Lord, our God! cause us to lie down in peace, and raise us up, O our King! in perfect health. O spread thy pavilion of peace over us, uphold us with thy good counsel, and help us for thy name sake. Protect us, and remove far from us, foes, pestilence, war, famine, and grief; and remove the enticer (satan) from being about us; and conceal us under the shadow of thy wings; for thou, O God! art our guardian and deliverer; thou, O Omnipotent! art a merciful and gracious King! Preserve our going forth and coming in, to life and peace, now and for evermore.

ופרוס O spread over us, the tabernacle of thy peace.

אז Then were those hasty judges troubled; broil and contention fell upon them. Swiftly didst thou bring thy holy people to thy habitation, (the temple). The Eternal will reign for ever; he, the keeper of salvation for the faithful. Blessed art thou, O Lord! who spreadeth the tabernacle of peace over us, and over all his people Israel, and over Jerusalem.

וידבר And Moses declared the solemn feasts of the Lord, unto the children of Israel.

## THE FORM OF THE BLESSING FOR THE עומר :

ברוך Blessed art thou, O Eternal, our God! King of the universe! who hath sanctified us with his commandments, and commanded us to count the days of the עומר.

היום This is the sixth day from the עומר.

יהי רצון Let it be acceptable before thee, O Lord, our God! and the God of our fathers, that thy holy temple may speedily be rebuilt in our days; and let our portion be in thy law.

# קידוש לליל שביעי וליל אחרון של פסח:

If the Festival happens on the Sabbath, say ויכלו, (page 11.)

בָּרוּךְ אַתָּה יְיָ אֱלֹהֵינוּ מֶלֶךְ הָעוֹלָם · בּוֹרֵא פְּרִי הַגָּפֶן:

בָּרוּךְ אַתָּה יְיָ אֱלֹהֵינוּ מֶלֶךְ הָעוֹלָם · אֲשֶׁר בָּחַר־בָּנוּ מִכָּל־עָם · וְרוֹמְמָנוּ מִכָּל־לָשׁוֹן · וְקִדְּשָׁנוּ בְּמִצְוֹתָיו · וַתִּתֶּן לָנוּ יְיָ אֱלֹהֵינוּ בְּאַהֲבָה [שבתות למנוחה (ו)] מוֹעֲדִים לְשִׂמְחָה חַגִּים וּזְמַנִּים לְשָׂשׂוֹן [את יום השבת הזה וְ] אֶת־יוֹם חַג הַמַּצּוֹת הַזֶּה זְמַן חֵרוּתֵנוּ · [באהבה] מִקְרָא קֹדֶשׁ זֵכֶר לִיצִיאַת מִצְרָיִם: כִּי בָנוּ בָחַרְתָּ · וְאוֹתָנוּ קִדַּשְׁתָּ מִכָּל הָעַמִּים · וּמוֹעֲדֵי קָדְשֶׁךָ [באהבה וברצון] בְּשִׂמְחָה וּבְשָׂשׂוֹן הִנְחַלְתָּנוּ · בָּרוּךְ אַתָּה יְיָ · מְקַדֵּשׁ [השבת וְ] יִשְׂרָאֵל וְהַזְּמַנִּים:

בָּרוּךְ אַתָּה יְיָ אֱלֹהֵינוּ מֶלֶךְ הָעוֹלָם · שֶׁהֶחֱיָנוּ · וְקִיְּמָנוּ · וְהִגִּיעָנוּ לַזְּמַן הַזֶּה:

If the Last Night of the Festival happens at the conclusion of the Sabbath, say the following before שהחינו.

בָּרוּךְ אַתָּה יְיָ אֱלֹהֵינוּ מֶלֶךְ הָעוֹלָם · בּוֹרֵא מְאוֹרֵי הָאֵשׁ:

בָּרוּךְ אַתָּה יְיָ אֱלֹהֵינוּ מֶלֶךְ הָעוֹלָם · הַמַּבְדִּיל בֵּין קֹדֶשׁ לְחוֹל · בֵּין אוֹר לְחֹשֶׁךְ · בֵּין יִשְׂרָאֵל לָעַמִּים · בֵּין יוֹם הַשְּׁבִיעִי לְשֵׁשֶׁת יְמֵי הַמַּעֲשֶׂה · בֵּין קְדֻשַּׁת שַׁבָּת לִקְדֻשַּׁת יוֹם טוֹב הִבְדַּלְתָּ · וְאֶת יוֹם הַשְּׁבִיעִי מִשֵּׁשֶׁת יְמֵי הַמַּעֲשֶׂה קִדַּשְׁתָּ · הִבְדַּלְתָּ וְקִדַּשְׁתָּ אֶת עַמְּךָ יִשְׂרָאֵל בִּקְדֻשָּׁתֶךָ · בָּרוּךְ אַתָּה יְיָ · הַמַּבְדִּיל בֵּין קֹדֶשׁ לְקֹדֶשׁ:

# SANCTIFICATION

FOR THE

# TWO LAST NIGHTS OF PASSOVER.

בָּרוּךְ אתה Blessed art thou, O Lord, our God! King of the universe; Creator of the fruit of the vine.

בָּרוּךְ אתה Blessed art thou, O Lord, our God! Sovereign of the universe, who hath chosen us from among all people, and exalted us above all languages, and sanctified us with thy commandments; and with love hast thou given us, O LORD our God! [*On the sabbath say,* Sabbaths for rest, and] solemn days for joy; festivals and seasons for gladness; [*On the sabbath say,* the sabbath-day, and] this day of the feast of unleavened bread, the season of our freedom: an holy convocation, a memorial of the departure from Egypt; for thou hast chosen and sanctified us above all people: and thy word, O our King! is true, and permanent for ever. Blessed art thou, O Lord! who sanctifieth (the Sabbath, and) Israel, and the seasons.

ברוך Blessed art thou, O Lord, our God, King of the universe, who hast preserved us alive, sustained us, and brought us to *enjoy* this season.

ברוך אתה Blessed art thou, O Lord, our God! King of the universe, Creator of the radiance of the fire.

ברוך אתה Blessed art thou, O Lord, our God! King of the universe, who hath made a distinction between holy and not holy; between light and darkness; between Israel and other nations, between the seventh day and the six working days. Thou didst also discriminate between the sanctity of the sabbath-day, and the sanctity of the other holy days; and consecratest the sabbath-day in preference to the six working days; thou also separatest thy people Israel, and didst sanctify them with thy holiness. Blessed art thou, O Eternal! who maketh a distinction between holy and not holy.

# יוצר ליום שביעי של פסח:

For the Morning Service before האל (see page 14.)

## הָאֵל

בְּתַעֲצֻמוֹת עֻזֶּךָ · הַגָּדוֹל בִּכְבוֹד שְׁמֶךָ · הַגִּבּוֹר לָנֶצַח וְהַנּוֹרָא בְּנוֹרְאוֹתֶיךָ: הַמֶּלֶךְ הַיּוֹשֵׁב עַל כִּסֵּא רָם וְנִשָּׂא:

שׁוֹכֵן עַד מָרוֹם וְקָדוֹשׁ שְׁמוֹ · וְכָתוּב רַנְּנוּ צַדִּיקִים בַּיְיָ לַיְשָׁרִים נָאוָה תְהִלָּה: בְּפִי

| | | | |
|---|---|---|---|
| יְ שָׁרִים | תִּתְ | הַלָּל: | וּבְדִבְרֵי |
| צַ דִּיקִים | תִּתְ | בָּרַךְ: | וּבִלְשׁוֹן |
| חֲ סִידִים | תִּתְ | רוֹמָם: | וּבְקֶרֶב |
| קְ דוֹשִׁים | תִּתְ | קַדָּשׁ: | |

וּבְמַקְהֲלוֹת רִבְבוֹת עַמְּךָ בֵּית־יִשְׂרָאֵל בְּרִנָּה יִתְפָּאַר שִׁמְךָ מַלְכֵּנוּ בְּכָל־דּוֹר וָדוֹר שֶׁכֵּן חוֹבַת כָּל־הַיְצוּרִים לְפָנֶיךָ יְיָ אֱלֹהֵינוּ וֵאלֹהֵי אֲבוֹתֵינוּ · לְהוֹדוֹת לְהַלֵּל לְשַׁבֵּחַ לְפָאֵר לְרוֹמֵם לְהַדֵּר לְבָרֵךְ לְעַלֵּה וּלְקַלֵּס עַל־כָּל־דִּבְרֵי שִׁירוֹת וְתִשְׁבְּחוֹת דָּוִד בֶּן־יִשַׁי עַבְדְּךָ מְשִׁיחֶךָ:

יִשְׁתַּבַּח שִׁמְךָ לָעַד מַלְכֵּנוּ הָאֵל הַמֶּלֶךְ הַגָּדוֹל וְהַקָּדוֹשׁ בַּשָּׁמַיִם וּבָאָרֶץ כִּי־לְךָ נָאֶה יְיָ אֱלֹהֵינוּ וֵאלֹהֵי אֲבוֹתֵינוּ שִׁיר וּשְׁבָחָה הַלֵּל וְזִמְרָה עֹז וּמֶמְשָׁלָה נֶצַח גְּדֻלָּה וּגְבוּרָה תְּהִלָּה

# MORNING SERVICE

FOR THE SEVENTH DAY OF THE

# FEAST OF PASSOVER.

## O GOD!

Who art mighty in thy strength! who art great by thy glorious name! mighty for ever, tremendous by thy fearful acts. The King! who sitteth on the high and exalted throne, inhabiting eternity, most exalted, and holy is his name; and it is written, rejoice in the Lord, O ye righteous, for to the just praise is comely. With the mouth of the upright shalt thou be praised! blessed with the lips of the righteous: extolled with the tongue of the pious; by a choir of saints shalt thou be sanctified.

ובמקהלות And in the congregation of many thousands of thy people, the house of Israel, shall thy name, O our King! be glorified in song, throughout all generations! for such is the duty of every created being, towards thee, O Lord, our God! and the God of our fathers, to render thanks, to praise, extol, glorify, exalt, ascribe glory, bless, magnify, and adore thee, with all the songs and praises of thy servant David, the son of Jesse thine anointed.

ישתבח Thy name shall be praised for ever, Almighty, great, and holy King, in heaven and earth: for unto thee, O Lord, our God! and the God of our fathers, appertaineth song and praise; hymn and psalm; strength and dominion; victory, power and greatness; adoration and glory; holiness

וְתִפְאֶרֶת קְדֻשָּׁה וּמַלְכוּת בְּרָכוֹת וְהוֹדָאוֹת מֵעַתָּה וְעַד־עוֹלָם : בָּרוּךְ אַתָּה יְיָ אֵל מֶלֶךְ גָּדוֹל בַּתִּשְׁבָּחוֹת אֵל הַהוֹדָאוֹת אֲדוֹן הַנִּפְלָאוֹת הַבּוֹחֵר בְּשִׁירֵי זִמְרָה מֶלֶךְ אֵל חֵי הָעוֹלָמִים :

וְעַתָּה יִגְדַּל נָא כֹּחַ אֲדֹנָי כַּאֲשֶׁר דִּבַּרְתָּ לֵאמֹר · זְכֹר רַחֲמֶיךָ יְיָ וַחֲסָדֶיךָ כִּי מֵעוֹלָם הֵמָּה :

יִתְגַּדַּל וְיִתְקַדַּשׁ שְׁמֵהּ רַבָּא · בְּעָלְמָא דִּי־בְרָא כִרְעוּתֵהּ וְיַמְלִיךְ מַלְכוּתֵהּ · בְּחַיֵּיכוֹן וּבְיוֹמֵיכוֹן וּבְחַיֵּי דְכָל בֵּית יִשְׂרָאֵל · בַּעֲגָלָא וּבִזְמַן קָרִיב וְאִמְרוּ אָמֵן :

קהל אָמֵן יְהֵא שְׁמֵהּ רַבָּא מְבָרַךְ לְעָלַם וּלְעָלְמֵי עָלְמַיָּא : יִתְבָּרַךְ שְׁמוֹ וְיִתְעַלֶּה זִכְרוֹ לָעַד וּלְנֵצַח נְצָחִים :

יִתְבָּרַךְ וְיִשְׁתַּבַּח וְיִתְפָּאַר וְיִתְרוֹמַם וְיִתְנַשֵּׂא וְיִתְהַדָּר וְיִתְעַלֶּה וְיִתְהַלָּל שְׁמֵהּ דְּקוּדְשָׁא בְּרִיךְ הוּא · לְעֵילָּא מִן כָּל בִּרְכָתָא וְשִׁירָתָא · תֻּשְׁבְּחָתָא וְנֶחֱמָתָא · דַּאֲמִירָן בְּעָלְמָא וְאִמְרוּ אָמֵן :

During the time the Reader chaunts ברכו the Congregation say יתברך.

חזן בָּרְכוּ אֶת יְיָ הַמְבֹרָךְ :

קהל וחזן בָּרוּךְ יְיָ הַמְבֹרָךְ לְעוֹלָם וָעֶד :

בָּרוּךְ אַתָּה יְיָ אֱלֹהֵינוּ מֶלֶךְ הָעוֹלָם · יוֹצֵר אוֹר וּבוֹרֵא חֹשֶׁךְ עֹשֶׂה שָׁלוֹם וּבוֹרֵא אֶת הַכֹּל : אוֹר עוֹלָם בְּאוֹצַר חַיִּים אוֹרוֹת מֵאֹפֶל אָמַר וַיֶּהִי :

יִתְבָּרַךְ וְיִשְׁתַּבַּח וְיִתְפָּאַר וְיִתְרוֹמַם וְיִתְנַשֵּׂא שְׁמוֹ שֶׁל מֶלֶךְ מַלְכֵי הַמְּלָכִים הַקָּ־ו״ה בָּרוּךְ הוּא שֶׁהוּא רִאשׁוֹן וְהוּא אַחֲרוֹן וּמִבַּלְעָדָיו אֵין אֱלֹהִים סֹלּוּ לָרֹכֵב בָּעֲרָבוֹת בְּיָהּ שְׁמוֹ וְעִלְזוּ לְפָנָיו וּשְׁמוֹ מְרוֹמָם עַל כָּל בְּרָכָה וּתְהִלָּה : בָּרוּךְ שֵׁם כְּבוֹד מַלְכוּתוֹ לְעוֹלָם וָעֶד : יְהִי שֵׁם יְיָ מְבֹרָךְ מֵעַתָּה וְעַד עוֹלָם :

and majesty; blessing and thanksgivings from now and for evermore. Blessed art thou, O Lord, Almighty King! glorified with praises; most worthy of thanksgivings, Lord of miracles, who delighted in the songs of psalmody; King! Almighty and Eternal.

ועתה O may the mighty power of the Lord be now magnified, as thou hast declared, saying, O Lord! remember thy tender mercies, and thy loving kindness, for they have been of old.

יתגדל May his great name be exalted, and sanctified throughout the world, which he hath created according to his will. May he establish his kingdom in our life-time, and in our days, and in the life-time of the whole house of Israel; speedily, and in a short time; and say ye, Amen.

אמן Amen. May his great name be praised, and glorified for ever and ever. Be his name and his memorial blessed always, and for ever.

יתברך May his hallowed name be praised, glorified, exalted, magnified, honoured, and most excellently adored: blessed is he, far exceeding all blessings, hymns, praises and beatitudes, that are repeated throughout the world; and say ye, Amen.

*Reader.* Bless ye the Lord, who is ever blessed.

*Congregation answers.*

ברוך Blessed be the Lord, who is blessed for ever and evermore.

ברוך אתה Blessed art thou, O Eternal, our God! King of the universe! who formeth the light, and createth darkness; preserveth all in concord, and createth all things; even the eternal light in the treasure of everlasting life; he commanded light from darkness, and it was.

יתברך Blessed, praised, glorified, extolled, and exalted, shall be the holy name, of the Supreme King of Kings! blessed is he; for he is the first and the last, and besides him there is no God. Extol him who causeth the uppermost sphere to move by his name JAH! Rejoice before him; for his name is exalted above all blessing and praise. Blessed be the name of the glory of his kingdom for ever and ever. Blessed be the name of the Lord from henceforth and for evermore.

וַיּוֹשַׁע שׁוֹשַׁנֵּי פֶּרַח מְזָרִיחַ מְאוֹרַיִם · שְׁמָרָם כְּאִישׁוֹן בְּרָדְפוּ אֲחוֹרַיִם · בְּצֵאת יִשְׂרָאֵל מִמִּצְרָיִם : וַיַּרְא מְשִׂיסַת מְסַתּוֹלֵל בּוֹ לְהִלָּעֵז · מְמַשֵּׁךְ מְפָרֵךְ בְּיַד רָמָה לְהָעֵז · בֵּית יַעֲקֹב מֵעַם לֹעֵז : אָז יָשִׁיר עָנוּ וְסִיעָתוֹ לְהַקְדִּישׁוֹ · עֻזּוֹז יְמִינוֹ וּזְרוֹעַ קָדְשׁוֹ · הָיְתָה יְהוּדָה לְקָדְשׁוֹ :

שִׁמְךָ עַל כֹּל יִתְגַּדַּל וְיִתְקַדַּשׁ · מוֹשָׁבְךָ בְּרוּם וְהִלּוּכְךָ בַּקֹּדֶשׁ · עֵדֹתֶיךָ נֶאֶמְנוּ מְאֹד לְבֵיתְךָ נַאֲוָה קֹדֶשׁ · קָדוֹשׁ :

עָזִּי וְזִמְרָת יָהּ שׁוֹרְרוּ לוֹ מַקְהֵלוֹתָיו · וְשָׁווּ הוֹד וְהָדָר בְּתְהִלּוֹתָיו · יִשְׂרָאֵל מַמְשְׁלוֹתָיו : יְיָ נִגְלָה לְעַמּוֹ הֱיוֹת מָנוֹס · נוֹזְלִים נִצְּבוּ כְּמוֹ נֵד לִכְנוֹס · הַיָּם רָאָה וַיָּנֹס : מַרְכְּבוֹת בּוֹגֵד בִּלְּעוּ בְּסוּף וְשִׁיחוֹר · בִּנְהָרִים חָרָה אַפּוֹ וְנֶהֶפְכוּ סְחַרְחוֹר · הַיַּרְדֵּן יִסֹּב לְאָחוֹר : תְּהֹמֹת רָגְזוּ וַיֶּהֱמוּ גַלִּים · רָאוּךָ מַיִם מֵאֵימָתְךָ חָלִים · הֶהָרִים רָקְדוּ כְאֵילִים : יְמִינְךָ יֶשַׁע הֶחִישָׁה בְּעֵת רָצוֹן · יִרְעֲשׁוּ הֶהָרִים וְעַמּוּדֶיהָ יִתְפַּלָּצוּן · גְּבָעוֹת כִּבְנֵי צֹאן : וּבְרֹב צִדְקָתְךָ מִפַּלְתָּם תִּקְנוֹת · צוּלָה חָרְבָה וְנַהֲרוֹתֶיהָ תְּאֵנוֹת · מַה לְּךָ הַיָּם כִּי תָנוּס : וּבְרוּחַ חֲזָקָה סִיעַרְתָּם סְחַרְחוֹר · חוֹמָה וּמְסִלָּה לְעַמְּךָ תִּבְחוֹר · הַיַּרְדֵּן תִּסֹּב לְאָחוֹר : אָמַר קַבֵּץ כֶּעָמִיר שָׂרֵי אֱוִילִים · קָלַע נַפְשׁוֹתָם חָפְצוּ לְהַשְׁלִים · הֶהָרִים תִּרְקְדוּ כְאֵילִים : נָשַׁפְתָּ חֲמָתְךָ תִּבְעַר פְּנִימִי וְחִיצוֹן · חָלֶד הִתְפּוֹרְרָה תָּוֶךְ וְקִיצוֹן · גְּבָעוֹת כִּבְנֵי צֹאן : מִי כָמֹכָה זְמִיר עָרִיצִים יַעֲנֶה בְּמֶרֶץ · זְרוֹעֲךָ הֶשַׁפְתָּ וְהִתְמוֹטְטָה הָאָרֶץ · מִלִּפְנֵי

ויושע He who causeth the luminaries to shine, saved those that are compared to the budding rose (Israel); he preserved them as the apple *of the eye*, when they were pursued, when Israel went forth from Egypt. He beheld the oppression of him (Pharoah) who exalted himself against them; and he determined to bring them out with a high hand from a rigorous bondage; *even* the house of Jacob from a barbarous people. Then the meek *man* (Moses) and his congregation sang to sanctify him; they sang the praise of his powerful right hand, and his holy arm; *and* Judah became his sanctuary.

שמך Thy name is magnified and sanctified above all; thy throne is in yon height; thy walk in the sanctuary; thy testimonies are exceeding stable! holiness decorates thy temple, O thou Most Holy!

עזי The Lord is my strength and song, thus sang his congregation to him; they arranged glory and honour in his praises; *even* Israel his dominion. The Lord was revealed to his people, to be their refuge; the floods were gathered, and stood upright as a wall; the ocean beheld and fled. The chariots of the treacherous פרעה were swallowed up in the Red Sea and שיחור (Nile); his anger was kindled against the rivers, and they whirled about; Jordan was driven back. The depths were affrighted, the waves raged; the waters saw thee, and were terrified with fear; the mountains skipped like rams. Thy right hand hastened salvation in the acceptable time; the mountains quaked, and the pillars of the earth shook; and the hills skipped like lambs. And in thy great righteousness didst thou exact their fall: the deep was dried, the course of the rivers checked; what ailed thee, O ocean! that thou didst flee? And with thy mighty wind didst thou whirl them about; a wall and a highway didst thou choose for thy people; even Jordan retreated. He (Pharoah) spake, and the foolish Egyptian princes were gathered together; they sacrificed their lives to fulfil the tyrant's desire; ye mountains (princes), ye skipped like rams. Thou didst kindle thy wrath, and they were burned within and without; the remotest parts of the earth shook; hills skipped like lambs. Who is like thee, in quickly humbling the triumph of the tyrant? thou didst make bare thine arm, and the earth was moved! from the presence of the Lord the earth quaked.

אֶדוֹן חוּלִי אֶרֶץ : נָטִית קַשְׁתְּךָ רֹאשׁ פְּרָזָיו לִנְקוֹב · קִרְיוֹת וּמִבְצָרִים נֶחְשְׁבוּ לְרָקוֹב · מִלִּפְנֵי אֱלוֹהַּ יַעֲקֹב : נָחִיתָ וְנֵהַלְתָּ עַם עֲמוּסֵי מֵעַיִם · וְלֹא מָנַעְתָּ מִפִּיהֶם דְּגַן שָׁמַיִם · הַהֹפְכִי הַצּוּר אֲגַם מָיִם : שָׁמְעוּ אָמְצָךְ כָּל אַפְסֵי תְּחוּמַיִם · הַדָּר הוֹדְךָ עַל אֶרֶץ וְשָׁמַיִם · בְּתִתְּךָ חַלָּמִישׁ לְמַעְיְנוֹ מָיִם : אָז מָצְאוּ אָבוֹת חֵן וּבְצִלְּךָ לָנוּ · אָנָּא הַבֵּט נָא עַמְּךָ כֻּלָּנוּ · לֹא לָנוּ יְיָ לֹא לָנוּ : תִּפֹּל צָרָה בַּעֲדִינָה מֵאֱנוֹשׁ לֶאֱבוֹד · צַוֵּה יְשׁוּעוֹת יַעֲקֹב בְּיִרְאָה אוֹתְךָ לַעֲבוֹד · כִּי לְשִׁמְךָ תֵּן כָּבוֹד : תְּבִיאֵמוֹ אֲגוּדִים יַחַד לִמְכוֹן שִׁבְתֶּךָ · וְתִטָּעֵמוֹ בְּהַר צְבִי קֹדֶשׁ נַחֲלָתֶךָ · עַל חַסְדְּךָ עַל אֲמִתֶּךָ : יְיָ מְקַוֶּיךָ מְקַבְּלִים עוֹל מַלְכוּתְךָ עֲלֵיהֶם · נָא הֱיֵה סֵתֶר לָמוֹ מִפְּנֵי שׁוֹדְדֵיהֶם · לָמָּה יֹאמְרוּ הַגּוֹיִם אַיֵּה נָא אֱלֹהֵיהֶם : כִּי בָא נוֹגֵשׂ וְכָל חֵילוֹ בַּמַּיִם · נָא שִׁית אוֹיְבֶיךָ לְמוֹרֵשׁ קִפּוֹד וְאַגְמֵי מַיִם · וְיֵדְעוּ כִּי אֲנַחְנוּ עַמּוֹ וֵאלֹהֵינוּ בַשָּׁמָיִם : חזן כְּהִפְלֵאתָ לְדוֹר רִאשׁוֹן רוֹב נִסֶּיךָ · הַפְלֵא עִם אַחֲרוֹנִים מְחַכֶּיךָ וְחוֹסֶיךָ · וְכָל פֶּה יְהַלְלֶךָ מָה רַבּוּ מַעֲשֶׂיךָ · קָדוֹשׁ :

If the Festival happens on the Week Days, say המאיר לארץ to סלה. But if on the Week Day say, הכול יודוך (page 46,) till מלא כל הארץ כבודו.

יְדוּעֵי שֵׁם בְּכוּר נֶשֶׁם · וּבְנִקְיוֹן רַעְיוֹנִים : עֵת פּוּלְטוּ וְנִתְמַלְּטוּ · מִכּוּר בַּרְזֶל סְוֵינִים : קוֹל נוֹפְפוּ · וְלֹא רוֹפְפוּ · כְּמוֹ אָבוֹת כֵּן בָּנִים : בְּכֵן יַחַד · קוֹל אֶחָד · כִּי צוּר שׁוֹכֵן מְעוֹנִים : הוּא אֱלֹהֵי הָאֱלֹהִים וַאֲדוֹנֵי הָאֲדוֹנִים : עֲדַת עֲנָמִים · עֲבוּר עֲגוּמִים · עֲלֵיהֶם מָרוֹם הֵרִיעִים : וּשְׁפָטָם · וְחִבְּטָם · בַּעֲשָׂרָה נְגָעִים : וַיִּשְׁמֵם וַיְשִׂימֵם · בְּלֵב יַמִּים נִטְבָּעִים : וְנִצְּלוּ וְנִגְאֲלוּ · פְּלֵיטֵי הֲמוֹן נוֹשָׁעִים : אָז שׁוֹרְרוּ · וְאָז פֵּאֲרוּ · בִּזְמָרִים וּבִרְנָנִים : הוא אלהי קִבֵּל מְרוֹמוֹ · יוֹב

Thou didst bend thy bow, to pierce the heads of his hosts; cities and strong-holds mouldered before the presence of the God of Jacob. Thou didst lead and guide the people that were borne from the womb, and didst not withhold the food of heaven from their mouth; thou who turned the rock into a pool of water. All the ends of the earth heard of thy might; thy glorious majesty was over heaven and earth, when thou didst form the flint-stone into a fountain of water. Then our ancestors found grace, and found refuge in thy shadow; look upon us now, we beseech thee; we are all thy people; not for our sake, O Lord; not for our sake. Cause trouble to fall on the voluptuous, that they may perish from among mankind; command salvation for Jacob, that he may serve thee in reverence; give glory unto thy name. Bring them united together, to the place that thou hast prepared for thy residence, and plant them on the beautiful mountain of thy heritage; for thy mercy and truth's sake. They who hope in thee, willingly submit to the power of thy dominion. O Eternal! be thou their shelter; deliver them from those who spoil them; wherefore should the heathen say, where now is their God? For as the oppressor (Pharoah) and all his host were brought into the water: so, we beseech thee, make thine enemies a possession for the bittern, and pools of water; that they may know that we are his people, and that our God is in heaven. As thou didst work wonderfully with manifold wonders, to the former generations, so act wonderfully by the latter, who hope and seek refuge in thee; that every mouth may praise thee, and say, how manifold are thy works, *O thou, who art* holy!

ידועי שם At the time that the beloved of God (Israel) escaped, and were delivered from the iron furnace of the Egyptians, they with integrity and pure thoughts lifted up their voice, and were not silent; and as were the fathers, so are the children; thus they unanimously with one voice declare, that the Creator who dwelleth in heaven, he is the God of gods, and the Lord of lords. For the sake of those that were sorrowful, he thundered from on high on the congregation of the Egyptians; he judged them, and smote them with ten plagues; he destroyed them, and sunk them in the heart of the sea; thus the remnant of his multitude were delivered, redeemed, and saved. They sang, and then they glorified him with songs and psalms, *saying, he is the God of gods,* &c.

בְּיוֹמוֹ · כֵּן יְבָרְכוּ שֵׁם כְּבוֹדוֹ ׃ וּבְשָׁמְעָם כֵּן בְּרַעַם · מֵאֲחוֹרֵי פַּרְגּוֹדוֹ ׃ יִסְגּוֹדוּן · וְיִקּוֹדוּן · מֶחֱזוֹרַת שְׁכִינַת הוֹדוֹ ׃ וּמִי יֶחֱזֶה · זֶה אוֹ זֶה · נִסְתַּר בְּעָבֵי עֲנָנִים ׃ הוא אלהי וְהַחַיּוֹת · בְּרוּם עֲלִיּוֹת · כֵּס יְקָרוֹ תְּשׁוֹרֵרָה ׃ בְּכַנְפֵיהֶן · גַּבֵּיהֶן · וּגְוִיּוֹתֵיהֶן תְּכַסֶּנָּה ׃ בְּקוֹל נוֹשְׁקָן · בְּהַחֲזִיקָן · בְּכַנְפֵיהֶן תְּרִימֶנָּה ׃ בְּעֵת עָמְדָם · בְּמַעֲמָדָם · כַּנְפֵיהֶן תְּרַפֶּינָה ׃ גַּם בְּלֶכְתָּם · לְעֻמָּתָם · יֵלְכוּ הָאוֹפַנִּים ׃ הוא אלהי בְּנֵי סְגֻלָּה · מִתְּהִלָּה · הֵמָּה יְשַׂגְּבוּ בְּמַטָּה ׃ בְּרוּם קוֹלָם · אֲדוֹן עוֹלָם · אֲשֶׁר אוֹר לָבֵשׁ וְעָטָה ׃ וְאָז הֲמוּלָה · מִלְמַעְלָה · יַעֲרִיצוּהוּ בְּמִבְטָא ׃ חֲבוּרַת אֵל · כְּנֶגֶד אֵל · מְסַדְּרִים כְּמוֹ שִׁטָּה ׃ אֵל מְפָאֲרִים וּמְהַדְּרִים · וְהֵם אוֹמְרִים · וְגַם עוֹנִים ׃ הוא אלהי

Then say from והחיות (page 49,) to אין אלהים זולתך (page 52.)

Some Congregations say the following :—

וַיּוֹשַׁע אֵל אֱמוּנָה אֻמָּה אַחַת · וַיַּרְא בְּצָרָתָהּ וּמַפְרִיכָהּ יַחַת · אָז גְּאָלָהּ מִפֶּרֶךְ וְרוּחָהּ נִיחַת ׃ וְצַח נוֹצַח נְצָחִים · וְצִחְצַח צַחְצוּחַ מְצַחְצְחִים · אֲצוּ פּוֹצְחִים וּמְנַצְּחִים לְמָרוֹם וְקָדוֹשׁ ׃ עֲנִי דָאָה כְּבָחוּר עַל יַמָּהּ · יְיָ הַמְפוֹאָר בְּפִי כָּל הַנְּשָׁמָה · מַרְכְּבוֹת פַּרְעֹה וַחֲיָלוֹתָיו שָׁקַע בִּתְהוֹמָה ׃ תְּהוֹמוֹת זָחֲלוּ וְחָלוּ מֵאֵימָתֶךָ · יְמִינְךָ חֲיָלָה בְּכֹחַ הֲדָרָתֶךָ · וּבְרֹב טוּבְךָ נִהַגְתָּ רַעְיָתֶךָ ׃ וּבְרוּחַ יָהִיר זַעֲזַעְתָּ יַם סוּף · אָמַר כַּבִּיר לְהָמָם בְּשִׁסּוּף · נָשַׁפְתָּ לְמַעֲנִי בִּימִין חָשׂוּף ׃ מִי כָמֹכָה מְלֻלּוֹ בְמֶלֶל · נָטִיתָ נֶגְדָּם פִּגְרָם לְחַלֵּל · נָחִיתָ סְגוּלִים עֻזְּךָ לְמַלֵּל ׃ שָׁמְעוּ עַמִּים וּבְרַחַת רוֹפְפוּ · אָז פְּלִילִימוֹ בְּרַעַד זוֹלְעָפוּ · תִּפּוֹל צְוָחָה עֲלֵיהֶם וְיַחְדָּיו יָסוּפוּ ׃ תְּבִיאֵמוֹ קִרְיַת חָנָה דָוִד · אֵל רָם וְנִשָּׂא תַּרְבִּיד · יְיָ יִמְלוֹךְ שֵׁם תִּפְאַרְתֶּךָ · וְשֵׁם עֲדִינָה תַּאֲבִיד ׃

Towards his heavenly abodes, they thus daily bless his glorious name; and when they the (angels) thus hear the shouting, they bow and prostrate themselves, that they may not view the glory of his divine presence; and neither the one nor the other, can see him who is hidden in the thick clouds. *He is the God of gods*, &c. And the חיות (angels) in the highest spheres, are borne in his glorious throne. With their wings, and their rings, they cover their bodies. The sound of their assembling, when they strengthen and exalt themselves with their wings; and when they stand still, they let down their wings. Also when they went, the wheels went opposite them; *to praise him, who is the God of gods*, &c. The peculiarly beloved children, with a loud voice, first below (on earth) extol the Lord of the world, who is clothed and robed with light; then the multitude of *angels* above, reverence him with *their* speech; and in companies assembled in rows they glorify and extolled God; answering alternately, *he is the God of gods*, &c.

ויושע And the faithful God saved an only people; he beheld her trouble, and bruised those who oppressed her; he then redeemed her from bondage, and quieted her spirit; then they hastened and burst forth to praise him who is pure, and who conquereth and purifieth all; even him who is high and holy. The Lord who is my strength, flew as a youth to the sea; he who is glorified in the mouth of every thing that hath breath: the chariots of Pharoah, and his hosts, he sunk in the deep. The abyss was terrified, and trembled in fear of thee; thy right hand was strengthened with the power of thy glory; and in thine abundant goodness didst thou lead thy beloved (the nation). And with a mighty wind didst thou terrify the Red Sea; when thou didst intend to destroy them, by hewing them in pieces, thou didst wave thy uncovered right arm for my sake. They cried, who is like unto thee? Thou didst stretch out *thy right hand* to slay them, *when* thou didst lead the peculiar *people* to declare thy might. Nations heard it, and were weakened with tremor; their judges were seized with horror; complaint fell upon them, and together they were consumed. Thou didst bring thy people to thy city *where* David dwelt; thou most high and exalted God didst adorn them; O Lord! let thy glorious name reign; and cause the name of the wicked to be annihilated.

אי פתרוס בעברך ראש תנין להדש · במלאות ספקו
שאונו מוד בגודש · באוכלי פסחים נתקדשת בשיר לחדש ·
השיר יהיה לכם כליל חג התקדש : גזו בעזים צבאות
ישרי אל · הפלאת למו צדקה כהררי אל · דולקימו
גשפטת תהום רבה להתאל · אז ישיר משה ובני ישראל :
הן על הבאר שוררו בעליזות · בהשקת הרים את והב
לחזות · ובספר מלחמות רשומה בשתי חרוזות · אז ישיר
ישראל את השירה הזאת : זוהר שמש הדמים דודי
ומאמירי · וירח העמיד כיום תמים תמורי · חקוקה בספר
הישר שירת מזמורי · אז ידבר יהושע ליי ביום תת יי את
האמרי : טפשו חנף מלכו ממוקשי עם · ושבו ושחרו
אל וצוה להושיעם · יבין ונגיד חרושת למפלה הכניעם ·
ותשר דבורה וברק בן אבינעם : כלל והוקם על במלכים
להתאשרה · זמירות הנעים והלך אורח ישרה · לעת
זקנתו הוסיף שבח לשוררה · וידבר דוד ליי את דברי
השירה : מסר האב לבנו צרכי בנין להזביד · למצוא מקום
נפשו כנדר (נ״א בנדר) העביד · נקרא על שמו כי במשאו
הכביד · מזמור שיר חנכת הבית לדוד : שמחות רבו
והוגה כל מאפל · ביסוד הבית נבצר בוחן ועופל · עולות
וזבחים לרוב ושלמים להטפל · אז אמר שלמה יי אמר
לשכן בערפל : פגרו שעיר ועמון ומואב חיל מדני · במעלה
הציץ ראות ישועת יי · צורכו למשחית איש ברעהו
לעיני · נקהלו לעמק ברכה כי שם ברכו את יי : קול שירות
תשע שמענו במרץ · והעשירית עוד נשמע מכנף הארץ ·

אי פתרוס When thou didst pass through the isle of פתרוס to crush tho head of the dragon (Pharoah); the measure of his detestable deeds was full, and thou didst heap the measure of his punishment: then wast thou sanctified with a new song, by those who did eat the passover (Israel); *and as the prophet said,* ye shall again utter a song, as on the night when the feast of passover was solemnly proclaimed. God's upright hosts passed through the mighty waters; thou didst righteously work wonderfully with them, high as the mountains of God; but their pursuers didst thou judge and condemn to the great abyss; then sang Moses and the children of Israel. Lo, at the well they also sang with joy, when they beheld that the mountains met and crushed their enemies, as noted in the lines of the book of the wars; then sang Israel this song. My exalted friend caused the splendour of the sun to be silent; and caused the moon to stand still a whole day, for my sake; as written in the book of ישר, the song of my praise; then spake Joshua to the Lord, in the day that the Lord delivered up the Amorites. When they acted foolishly, they stumbled and flattered the kings of the people; but when they returned, and sought God, he commanded to save them; and caused Jabin, and the prince of Harosheth, to fall, and be subdued; then sang Deborah and Barak, the son of Abinoam. He who was crowned (David) and raised on high above the kings, he also sweetly sang praises, and walked in the paths of rectitude; in his old age, he again sang praise; *as is said,* and David spake unto the Lord the words of this song. The father delivered to the son the necessary things to endow the building; to find a place for which he bound his soul with a vow: it therefore was called by his name, because he bare the burden; as is said, a psalm and a song, at the dedication of the house of David. Joy was diffused, and all darkness was enlightened, when the foundation of the house was laid, as a tower and strong-hold; they offered burnt-offerings, and sacrifices, with abundant peace-offerings; then spake Solomon, the Lord said that he would dwell in thick darkness. The hosts of my adversaries, מואב and שעיר עמון became dead carcasses; in the ascent to the cliff of ציץ there they beheld the salvation of the Lord; they burnt and destroyed one another in my sight; then they (Israel) assembled in the valley of ברכה for there they blessed the Lord. Thus have we heard the nine forcible songs; and the tenth will yet be heard from the

רָנּוּ שָׁמַיִם וְהָרִיעוּ תַחְתִּיּוֹת אָרֶץ · שִׁירוּ לַיְיָ שִׁיר חָדָשׁ תְּהִלָּתוֹ בִּקְצֵה הָאָרֶץ: שִׁירוֹת אֵלֶּה לָשׁוֹן שִׁירָה מְיֻסָּדִים · כִּי תְשׁוּעָתָם כַּיּוֹלֵדָה לָבֹא צָרוֹת וּמִפְסָדִים · תּוֹקֶף שִׁיר אַחֲרוֹן כִּזְכָרִים לֹא יוֹלָדִים · שִׁירוּ לַיְיָ שִׁיר חָדָשׁ תְּהִלָּתוֹ בִּקְהַל חֲסִידִים · חזן שֶׁעֲבוּד מַלְכֻיּוֹת עָקַר וְנִסִּים מַרְבִּים · בִּרְאוֹת מַפַּלְתָּם יִשְׂמְחוּ אִיִּים רַבִּים · יְצִיאַת חָנֵס קָרוֹא בְטָפֵל נֶאֱהָבִים · חַזֵּק קְדֻשָּׁתְךָ בְּעַל זֹאת שַׁבְּחוּ אֲהוּבִים:

Then עזרת (page 54,) till קדוש ישראל (page 55,)

יוֹם לְיַבָּשָׁה נֶהֶפְכוּ מְצוּלִים · שִׁירָה חֲדָשָׁה שִׁבְּחוּ גְאוּלִים: הַטְּבוּעָה בְּתַרְמִית · רַגְלֵי בַת עֲנָמִית · וּפַעֲמֵי שׁוּלַמִּית · יָפוּ בַנְּעָלִים: שיה וְכָל רוֹאֵי יְשׁוּרוּן · בְּבֵית הוֹדִי יְשׁוּרוּן · אֵין כְּאֵל יְשֻׁרוּן · וְאוֹיְבֵינוּ פְּלִילִים: שיה דִּגְלֵי כֵן תָּרִים · עַל הַנִּשְׁאָרִים · וּתְלַקֵּט נְפוּצָרִים · כִּמְלַקֵּט שִׁבֳּלִים: שיה הַבָּאִים עִמָּךְ · בִּבְרִית חוֹתַמְךְ · וּמִבֶּטֶן לְשִׁמְךָ · הֵמָּה נִמּוֹלִים: שיה הַרְאֵה אוֹתוֹתָם · לְכָל רוֹאֵי אוֹתָם · וְעַל כַּנְפֵי כְסוּתָם · יַעֲשׂוּ גְדִילִים: שיה לְמִי זֹאת נִרְשֶׁמֶת · הַכֶּר נָא דְּבַר אֱמֶת · לְמִי הַחוֹתֶמֶת · וּלְמִי הַפְּתִילִים: שיה וְשׁוּב שֵׁנִית לְקַדְּשָׁהּ · וְאַל תּוֹסִיף לְגָרְשָׁהּ · וְהַעֲלֵה אוֹר שִׁמְשָׁהּ · וְנָסוּ הַצְּלָלִים: שיה יְדִידִים רוֹמְמוּךָ · בְּשִׁירָה קִדְּמוּךָ · מִי כָמֹכָה יְיָ בָּאֵלִים · שִׁירָה חֲדָשָׁה שִׁבְּחוּ גְאוּלִים:

בִּגְלַל אָבוֹת תּוֹשִׁיעַ בָּנִים · וְתָבִיא גְאֻלָּה לִבְנֵי בְנֵיהֶם · בָּרוּךְ אַתָּה יְיָ גָּאַל יִשְׂרָאֵל:

Then say שמונה עשרה (page 56 till 60.)

uttermost part, of the earth; when it will be said, sing, O ye heavens, and shout, O ye nethermost parts of the earth; sing a new song unto the Lord, and his praise in the ends of the earth. These songs are all expressed in the feminine (שירה) because their salvation was like that of a travailing woman, who at another birth, expects more pangs; but the latter song is expressed in the masculine (שיר) for it will be strong as the males, who do not travail; as is said sing ye a new song (שיר) unto the Lord, and his praise in the congregation of the saints. The numerous miracles *that will be performed, when we shall be released from* the servitude of the kingdoms, will be the principal *cause of praise;* when the numerous isles shall see their fall, they will rejoice! the going forth from Egypt will be noticed by the beloved as secondary. O strengthen thy holiness, *to redeem us, when we will praise thee* for this, as the beloved praised thee.

יום ליבשה On the day that the deep waters were turned into dry land, the redeemed sang a new song. Thou didst cause the feet of the daughter of Egypt (the nation) to sink, because of her guilt; but the steps of the שלמית (Israel); were beautiful in her shoes. And all they that see me in my glorious house, will sing there is none like the God of ישרון (Israel); our enemies themselves being judges. Thus shalt thou raise my banners over those that are left; and gather the dispersed, as one gathereth sheaves. *Even* those that with thee enter into thy sealed covenant;* and from the womb are circumcised for the sake of thy name. Make visible their sign, to all that see them; and on the borders of their garments, they shall make fringes. Who is then thus noted? Discern truly, I pray thee, who observes the precepts of the signet (circumcision), and the fringes. O return, espouse her a second time; and do not divorce her more; cause her to shine, and the shadow flee away. The beloved extolled thee; they approached thee with song, *saying,* who is like unto thee, O Lord! among the mighty? A new song the redeemed sung.

בגלל For the sake of the fathers wilt thou save the children, and bring redemption to thy children's children. Blessed art thou, O Lord! who redeemed Israel.

---

* The covenant of the Circumcision.

## תפלה לשליח צבור :

בָּרוּךְ אַתָּה יְיָ אֱלֹהֵינוּ וֵאלֹהֵי אֲבוֹתֵינוּ אֱלֹהֵי אַבְרָהָם אֱלֹהֵי יִצְחָק וֵאלֹהֵי יַעֲקֹב הָאֵל הַגָּדוֹל הַגִּבּוֹר וְהַנּוֹרָא אֵל עֶלְיוֹן · גּוֹמֵל חֲסָדִים טוֹבִים · וְקוֹנֵה הַכֹּל וְזוֹכֵר חַסְדֵי אָבוֹת וּמֵבִיא גוֹאֵל לִבְנֵי בְנֵיהֶם לְמַעַן שְׁמוֹ בְּאַהֲבָה : מֶלֶךְ עוֹזֵר וּמוֹשִׁיעַ וּמָגֵן ·

מִסּוֹד חֲכָמִים וּנְבוֹנִים · וּמִלֶּמֶד דַּעַת מְבִינִים · אֶפְתְּחָה פִּי בְּשִׁיר וּרְנָנִים · לְהוֹדוֹת וּלְהַלֵּל פְּנֵי שׁוֹכֵן מְעוֹנִים :

If the Eighth Day of the Feast happens on the Sabbath, then the Order of Prayer is reversed; for then איסת נוראותיך is said on the Seventh Day and אותותיך on the Eighth.

אוֹתוֹתֶיךָ רָאִינוּ אָז בְּעַיִן · בַּעֲטוֹתְךָ כִּמְעִיל תִּלְבּוֹשֶׁת זַיִן · גּוֹיִם נֶגְדְּךָ הָיוּ כְּאַיִן · דּוֹחוּ וְנָפְלוּ כְּשִׁכּוֹרֵי יַיִן : הַנָּאוָה הוֹצֵאתָ מֵאֵסוּר כֶּבֶל · וְשִׁכְמָהּ הוּסַר מֵעָנְיֵי סֵבֶל · זֵד תַּנִּין מְנָאֵץ וּמְנַבֵּל · חָפוּז אַחֲרֶיהָ לְהַשְׁחִית וּלְחַבֵּל : טָסוּ אֲגַפָּיו כְּנֶשֶׁר לְמַהֵר · יָעֲצוּ אַבִּירָיו בְּחַיִל לְדַהֵר · כְּסִיל בְּאִוֶּלֶת שְׁנֵה לְהִתְיַהֵר · לֹא יָדַע לְהָבִין וּלְהִזָּהֵר : מַחֲנֵהוּ קִבֵּץ וְכָל יוֹעֲצָיו · נִכְבָּדָיו שָׂרָיו וְגַם מְלִיצָיו · סָעוּ כְּאַחַת בְּהַשָּׁאַת מְפַלְּצָיו · עֲרוּכֵי מִלְחָמָה נוֹסְפוּ נִקְבָּצָיו : פָּחֲזוּ כַּמַּיִם בְּלִי לְהוֹתִיר · צְבָאוֹת קֹדֶשׁ לִרְדּוֹף וּלְהַכְתִּיר : קָדוֹשׁ סִבַּבְתָּם דֶּרֶךְ לְהַתְאִיר · רִחַפְתָּם בְּצִלְּךָ וּבְמָגִנֶּךָ לְהַסְתִּיר : שִׁלַּחְתָּ בְּצָרִים חֲרִי וָזַעַם · שָׁמַרְתָּ בְּאֶבְרָתְךָ יְפֵיפִי פַּעַם : חזן תּוֹקֶף פְּלָאוֹת הִפְלֵאתָ בְּנוֹעַם · תְּנִין בְּעֵת שִׁלַּח אֶת הָעָם :

קהל אָזְנֵי שָׁמְעוּ מוֹפְתֵי עִנְיָנֶיךָ · וְנֶצַח בִּרְכָתֶיךָ יַזְכִּירוּ צְפוּנֶיךָ · חזן חָפַצְתָּ לִפְסוֹחַ וּלְהָגֵן הֲמוֹנֶיךָ · קָדוֹשׁ כֵּן חָפוּץ לְגוֹנְנֵי בְּמָגִנֶּךָ : בָּרוּךְ אַתָּה יְיָ מָגֵן אַבְרָהָם :

## THE READER'S REPETITION.

ברוך אתה יי Blessed art thou, O Lord, our God! and the God of our ancestors, the God of Abraham, the God of Isaac, and the God of Jacob; the great, mighty and tremendous, God, the most High God, who bestowest gracious favours. Possessor of all things, who rememberest the piety of the patriarchs, and wilt in love send a Redeemer to their posterity, for the sake of his name. O King, thou art our Supporter, our Saviour, and our Shield.

מסוד חכמים According to the institution of the wise and intelligent, and their instructive knowledge, will I open my mouth with song and laud, to give thanks, and sing praise in presence of him who dwelleth in the highest heavens.

אותותיך We then saw thy wonders with our eyes, when thou didst clothe thyself with thine armour as with a mantle; the heathens were as nought before thee; they were cast down, and fell as those that are drunk with wine. The beautiful one (Israel) didst thou bring out from the chains of bondage; and didst remove the afflicting burden from her shoulder, the presumptuous dragon (Pharoah); the foolish blasphemer hastened after her, to consume and destroy her. His bands flew swiftly as an eagle; his mighty men counselled to tread them down; the silly one in his pride committed a second crime; and knew not how to understand and be admonished. He assembled his host, and all his counsellors; his nobles, his princes, and orators; they all moved forward, beguiled by his idols; he arranged his numerous troops in order of battle; rapid as the flowing water they hastened to pursue and encompass the holy hosts, and to annihilate them. But thou, Most Holy! didst lead them a round-about way; thou didst shelter and protect them: against their adversaries didst thou send anger and wrath; but didst keep under thy wing those whose step is beautiful (Israel). Mighty wonders didst thou perform, at the time the dragon (Pharoah) had let the people go.

אזני My ears have heard the subject of thy wonders; therefore shall those that were hidden by thee, eternally make mention of thy praise; thou wast pleased to spare and shield thy multitude. O thou Most Holy! mayest thou also be pleased to protect me with thy shield. Blessed art thou, O Lord! the shield of Abraham.

אַתָּה גִּבּוֹר לְעוֹלָם אֲדֹנָי · מְחַיֵּה מֵתִים אַתָּה רַב לְהוֹשִׁיעַ · מְכַלְכֵּל חַיִּים בְּחֶסֶד · מְחַיֵּה מֵתִים בְּרַחֲמִים רַבִּים · סוֹמֵךְ נוֹפְלִים · וְרוֹפֵא חוֹלִים · וּמַתִּיר אֲסוּרִים · וּמְקַיֵּם אֱמוּנָתוֹ לִישֵׁנֵי עָפָר · מִי כָמוֹךָ בַּעַל גְּבוּרוֹת · וּמִי דּוֹמֶה לָּךְ · מֶלֶךְ מֵמִית וּמְחַיֶּה וּמַצְמִיחַ יְשׁוּעָה · וְנֶאֱמָן אַתָּה לְהַחֲיוֹת מֵתִים :

קהל תִּרְגַּלְתָּ עֲמוּסִים מִמִּצְרַיִם בְּצֵאתָם · שָׁרִים כַּחוֹלְלִים וּמְבָרְכִים בְּמַקְהֲלוֹתָם · רוֹדְפֵיהֶם בִּמְצוֹלוֹת יָם הֶאֱבַדְתָּם · קְנוּיֶיךָ קִחַתָּ עַל זְרוֹעוֹתָם : צוֹעֲנִים אֲשֶׁר נֶאֶסְפוּ לַמִּלְחָמָה פִּגְרֵיהֶם הֵמַמְתָּ וְנִגְרְפוּ הַיָּמָּה · עֶשֶׂר מַכּוֹת הֻכּוּ בְּמִצְרָיְמָה · סָפוּ בְּאַחַת עֶשֶׂר בְּיָד רָמָה : נָבְקָה רוּחָם וְנִבְלְעָה עֲצָתָם · מֶסֶךְ עִוְעִים נִמְסְכוּ לְהִתְעוֹתָם · לִבָּם נָמַס וְנָמַקּוּ גְוִיָּתָם · כָּלוּ יִבַּהֲלוּת הֲמוֹן שְׁאֵרִיתָם : יָזְמוּ לִרְדּוֹף וּלְהָסִיר כֶּתֶר טוֹרַח עֲבוֹדָה וְנִצּוּל חָתָר · חָזְקָה לְהוֹסִיף שְׁבוּעַת בֶּתֶר · זְהָבֵי תוֹרִים וּנְקֻדּוֹת יֶתֶר · וְטֶרֶם הַגָּעַת עִתּוֹתֵי דוֹדִים · דִּגְלָם כְּחָפַז גְּאֻלָּתָם לְהַקְדִּים · גְּדָעוּם אַנְשֵׁי גַת הַנּוֹלָדִים : בַּעֲבוּר זֹאת הֻסַּבּוּ מִדַּרְכְּךָ · בְּמַפַּלְתָּם מֵרְאוֹת לְיִרְאָם בְּמוֹרָךְ :

חזן אִמַּצְתָּ וְחִזַּקְתָּ כּוֹשְׁלֵי בֶרֶךְ · אֲשׁוּרֵנוּ כּוֹנַנְתָּ בַּהֲסִבַּת דָּרֶךְ :

קהל אַשּׁוּרֵי שָׁמְרָה עֲקֵב צִדְקוֹתֶיךָ · וְנֹגַהּ כְּאוֹר פְּאֵרְתָּנוּ בְּאַהֲבָתֶךָ · חזן בַּעֲבוּר אוֹהֲבֶיךָ שׁוֹמְרֵי בְרִיתֶךָ · תִּשְׁמְרֵנוּ וּתְחַיֵּינוּ בְּטַל תְּחִיָּתֶךָ : בָּרוּךְ אַתָּה יְיָ מְחַיֵּה הַמֵּתִים :

אתה גבור. Thou, O Lord! art mighty for ever; it is thou who revivest the dead, and art mighty to save. Who sustainest the living with beneficence, and with great mercy quickenest the dead; supportest the fallen, and healest the sick; thou settest at liberty those who are bound, and wilt accomplish thy faith unto those who sleep in the dust. Who is like unto thee, O Lord! of mighty acts? Or who can be compared unto thee, O King! who killest and restorest to life, and causest salvation to flourish! Thou art also faithful to revive the dead.

תרגלת Gently didst thou lead those that were borne *from the womb,* when they went forth from Egypt; their choirs sang thy praise; it resounded as the playing on flutes; thou didst destroy their pursuers in the depths of the sea; those whom thou hadst purchased didst thou take on thine arm. The צוענים (Egyptians) that were assembled to war didst thou confuse; their carcasses were swept into the sea: they were already smitten with ten plagues in Egypt, but by the eleventh; they were utterly destroyed, *when Israel went out* with a high hand. Their spirit failed, and their counsel was swallowed up; *a spirit of* giddiness was mingled amongst them, that caused them to err; their heart melted, and their bodies were dissolved; the remnant of their multitude, was consumed in terror. They thought to pursue them, and deprive them of their liberty [crown]; *saying, we are deprived of their* labour and servitude, *and they* have spoiled *us* of all; the oath of the covenant between the pieces prevailed; so as to add to the jewels of gold, the excellent studs *of silver.* The time of redemption had not yet approached, when the tribe of אפרים arrayed themselves in battle; they hastened to raise the banner of their redemption, but the men of Gath, natives *of Palestine,* cut them off. For this *reason* they [Israel] were led a round-about way, that they might not see their fall, which would have disheartened them; but thou didst fortify and strengthen the feeble knees; thou didst establish our steps, by leading *us out of* the *common* way.

אשורי My steps didst thou preserve, because of thy righteousness, and in thy love, didst thou adorn us with splendid light. For the sake of those that loved thee, and kept thy covenant, preserve us, and reanimate us with thy vivifying dew. Blessed art thou, O Lord! who reviveth the dead.

קהל שִׁבְטֵי יָהּ הוֹצֵאתָ לְפִדְיוֹם· שְׁלֵמִים כַּצָּהֳרַיִם בְּעֶצֶם
הַיּוֹם· שַׁדַּי כְּמוֹ בֵן הֶחִישׁ בְּצִבְיוֹן· שְׁנַת שִׁלּוּמִים לְרִיב
צִיּוֹן: מְגַרְתָּ וְנֵאַרְתָּ שֵׁבֶט הָרֶשַׁע· מַכְבִּיד אָזְנָיו וְעֵינָיו הָשַׁע·
מַהֲלוּמוֹת וּכַחְתָּ לְגֵיו נִפְשַׁע· מָחַצְתָּ רֹאשׁ מִבֵּית רָשָׁע:
עוּרִי עוּרִי זְרוֹעַ יָד הַגְּדוֹלָה· עֲדִינָה תִמְחַץ וְשִׁיתָהּ כָּלָה·
עֶרְיָה תֵעוֹר מֵאֱנוֹשׁ לְחַלְּלָה· עָרוֹת יְסוֹד עַד צַוָּאר סֶלָה:
וּבְצֵאתְךָ לְיֶשַׁע בְּעוֹז אֱזוֹר· וְצֹאן יָדְךָ בַּעֲדִי נָזוֹר· וְעוּיְנִים
נִפְרְדוּ כְּעֵפֶר פָּזוֹר· וְכָשַׁל עוֹזֵר וְנָפַל עָזוּר: נָאוֹר בִּרְאוֹתְךָ
בְּדַם מִתְבּוֹסֵס· נָגַפְתָּ פּוֹרְכִים פְּרָיִם לְקוֹסֵס· נֶפֶשׁ וּבָשָׂר
כִּמְסוֹס נוֹסֵס· נָתַתָּ לִירֵאֶיךָ נֵס לְהִתְנוֹסֵס: בִּיטָּה וּמַהֵר
שְׁנַת גְּאוּלִים· בֶּגֶד בּוֹגְדִים וַחֲלֵף אֱלִילִים· בְּטוֹפְלֵי שֶׁקֶר
הַפֵּל חֲלָלִים· בְּיוֹם הֶרֶג רַב בִּנְפוֹל מִגְדָּלִים: רַחֵם וַחֲמוֹל
בֵּן יַקִּיר· רַוֵּה נֶפֶשׁ שׁוֹקְקָה לְהַקִּיר· רְאֵה כִּי גָבְרָה יַד
הַמַּדְקִיר· רוּחַ עָרִיצִים כְּזֶרֶם קִיר: יוֹם יוֹם נְצַפֶּה גְּאֻלָּתֵנוּ·
יָגַעְנוּ בְּקָרְאֵנוּ נִחַר גְּרוֹנֵנוּ· יַד אָזְלָה וַתַּשׁ כֹּחֵנוּ· יְיָ חָנֵּנוּ
לְךָ קִוִּינוּ: צֹאנְךָ פְּקוֹד וְהָשֵׁב תְּפוּצָתוֹ· צְפֵה כִּי שֻׁדְּדָה
מַרְעִיתוֹ· צַמֶּרֶת עוֹיֵן בָּתְּהוּ לַהֲשִׁיתוֹ· צִיצַת נוֹבֵל צְבִי
תִפְאַרְתּוֹ: חִפְּשׂוּ עַם מְפָרֵךְ בְּכוֹסֶף· חֲשׁוּקֵי חֶמֶד זָהָב
וָכֶסֶף· הֵרוֹת הַמְצִיא וְהַשְׁמִיעֵנוּ בְּחוֹסֶף· חִנָּם נִמְכַּרְתֶּם
תִּגָּאֵלוּ וְלֹא בְכֶסֶף: קְהִלּוֹת יַעֲקֹב בְּשֵׁם יִקְרָאוּךָ· קִוִּינוּ
לוֹ לָז לְלָז יִירָאוּךָ· יַעַן קְדֻשָּׁתְךָ יַעֲרִיצוּ וּבְרוֹן יְנַשְּׂאוּךָ·
קִרְיַת גּוֹיִם עָרִיצִים יִירָאוּךָ:

יִמְלוֹךְ יְיָ לְעוֹלָם אֱלֹהַיִךְ צִיּוֹן לְדֹר וָדֹר הַלְלוּיָהּ:

שבטי The tribes of Israel didst thou bring forth to redemption, perfect, as at noon, on the self-same day; thus, be thou also pleased, to hasten the year of recompense for the cause of Zion; thou didst bruise and destroy the wicked tribe; he made his ears heavy, and closed his eyes; with stripes didst thou reprove the transgressors; thou didst wound the head out of the house of the wicked. Awake, awake, the strength of thy powerful arm: wound the voluptuous one, and lay her waste; *and shew* her nakedness; awake, and cause her to cease from among men, and raze her foundation to the neck for ever. And when thou didst go forth for the salvation of thy people, thou wast girt with strength; thy sheep (Israel) were adorned with ornaments; their enemies were scattered as dust, and the helper stumbled, and the holpen were overthrown. O thou who art glorious, when thou didst see her [the nation] wallowing in blood; then didst thou smite those that oppressed *them with* rigour, and cut off their fruit, both soul and body melted and fainted; thou didst raise the banner of those who revered thee. Behold, and hasten the year of redemption; deal with the treacherous, and remove the idols; cause the forgers of falsehood to fall slain, on the day of the great slaughter, when the towers shall fall. Have mercy and compassion on thy precious son; satiate the longing soul that it may be refreshed; see that the hand of those that stab us, hath prevailed: for the spirit of the formidable, is as the stormy shower against the wall. Day after day, we hope for our redemption; we are weary of crying, our throat is dried; our power is gone; our strength is weakened; O Lord! be gracious unto us, we hope in thee. Visit thy sheep, and cause their dispersed to return. O behold, that their pasture is laid waste; cut off the enemy, and make him desolate, cause his bloom to fade, *even* the beauty of his glory. The people were freed from rigorous bondage with pleasure; they were loaded with desirable silver and gold; cause us also to hear *the voice of* freedom publicly; *as is said*, ye were sold for nought, and ye shall be redeemed without silver. The congregation of Jacob shall call thee by thy name; and they will say one to the other, behold him in whom we hoped; they shall reverence thee in holiness, and extol thee in song; even the city of the formidable nations shall fear thee.

ימלך The Lord reigneth for ever; thy God, O Zion! unto all generations. Hallelujah!

וְאַתָּה קָדוֹשׁ יוֹשֵׁב תְּהִלּוֹת יִשְׂרָאֵל אֵל נָא :

חזן וקהל כְּעַל גְּמוּלוֹת כְּעַל יְשַׁלֵּם · לְחֵיק זֵדִים לֹא יָדְעוּ הַכֹּלֶם · לְאִיִּים גְּמוּל יְשַׁלֵּם · קָדוֹשׁ :

קהל אִמְרוּ לֵאלֹהִים אַדִּירִים · מְאוֹד מַעֲשָׂיו נָעִים וְהֲדוּרִים · בְּתִתּוֹ אוֹת וּמוֹפֵת בְּצָרִים : נֶהֶרְגִים הוֹרְגִים אֶת הוֹרְגֵיהֶם : וְנִצְלָבִים צוֹלְבִים אֶת צוֹלְבֵיהֶם · וְנִשְׁקָעִים שׁוֹקְעִים אֶת שׁוֹקְעֵיהֶם : יְהִירִים אֲשֶׁר זָדוּ בְזָדוֹן · נִמְדְּדוּ בְסַאסְּאָה כְּפָעֳלָם לָדוֹן · וְהוֹרֵד גְּאוֹנָם שְׁאוֹל וַאֲבַדּוֹן : שְׁטוּפֵי זַעַם נִשְׁכְּחֵי רָגֶל · וְהָפַךְ עֲלֵיהֶם בַּלָּהוֹת לְגַלְגַּל · כְּהוּחַל לִקְרוֹא בְּשֵׁם אֱלִיל וּלְרַגֵּל : מָרוֹם קָרָא לְמֵי הַיָּם · וַאֲרֻבּוֹת הַשָּׁמַיִם פָּתַח בַּעֲדָם · וַיִּמַּח יְקוּמָם בְּשֶׁטֶף דָּכְיָם : עֲלֵיהֶם סִדְרֵי בְרֵאשִׁית נִשְׁתַּנּוּ · בְּשַׁחֲתָם אֶת דַּרְכָּם נִתְגַּנּוּ · בְּרוֹתְחִין קִלְקְלוּ וּבְרוֹתְחִין נִדּוֹנוּ : וּבְנָסְעָם מִקֶּדֶם יוֹשְׁבֵי שִׁנְעָר · בְּבִנְיַן הַמִּגְדָּל לִבָּם נִבְעָר · וַיָּזֹמּוּ לְהַגְבִּיהוֹ לְאֵין מִשְׁעָר : נוֹעֲצוּ לֵב וְנוֹסְדוּ מְזִמּוֹת · אִם נִצְטָרֵךְ לְטִפֵּי מֵימוֹת · נַעֲלֶה לָרָקִיעַ וְנַכֶּנּוּ בְקַרְדֻּמּוֹת : בָּלַל לְשׁוֹנָם וְחִלְּשָׁם וְהִתִּישָׁם · וּבִנְיָנָם הִשְׁחִית עֲבוּר לְבַיְּשָׁם · וַיָּפֶץ יְיָ אֹתָם מִשָּׁם : רָעִים בְּגוּפָם וְחַטָּאִים בְּמְאוֹדָם · גְּאוֹן שִׂבְעַת לֶחֶם הָיָה יְסוֹדָם · וְעָנִי וְאֶבְיוֹן לֹא הֶחֱזִיקוּ יָדָם : יָהּ בִּרְאוֹת כְּנִתְמַלֵּא סַפְקָם · פֵּחִים וְרוּחַ זַלְעָפוֹת הִשִּׁיקָם · תַּחַת רְשָׁעִים סְפָקָם : צִדְקַת אֶזְרָח אֵרוֹן זָכַר · וּבֶן אָחִיו נִמְלַט מִלְּהִתְמַכֵּר · בְּשַׁחֵת אֱלֹהִים אֶת עָרֵי הַכִּכָּר : חֵרְפוּ וְגִדְּפוּ מַלְאֲכֵי תִלְגַּת · בְּצִוּוּי

ואתה Thou, Most Holy! who abidest amongst the praises of Israel: we supplicate thee, O Omnipotent!

כעל According to their deeds, so will he requite wrath in the bosom of the presumptuous, that know not shame; even to the islands a recompense will he requite; he, the Most Holy!

אמרו לאלהים Praise ye the Omnipotent! his works are exceedingly beautiful and glorious; when he wrought signs and wonders among our adversaries; when those that were accounted as slain, slew those that attempted to slay them; and they that were doomed to be hanged, hung up those that attempted to hang them; and those that were ordered to be drowned, sunk those that would have drowned them; even the proud ones acted presumptuously, were judged and meted according to the measure of their work; and their pride brought down to hell and destruction. *They* were swept away in wrath; *so that* their footsteps were forgotten; he rolled and turned terror over them; when they began to use themselves to call upon the name of idols. Then the Most High called to the waters of the sea, and in his might opened the windows of heaven; and blotted out their living substance, by the waves of the flood. On them, the order of the creation was reversed; in the corruption of their way were they disgraced; they sinned in the heat of sensuality, and therefore they were punished with hot water. And when the inhabitants of שנער journeyed from the east, their heart was inflamed with the desire of building a mighty tower, and they intended to raise it to a height beyond measure. Their hear ttook counsel, and they formed schemes, *saying*, if we should be in want of drops of rain, we will go up to heaven, and cleave it (the heaven) with axes. *But* the Eternal confounded their language, weakened, and debilitated them; and destroyed their building to their shame; and the Lord scattered them from thence. *They* were wicked with their bodies, and sinners with their wealth; the foundation of their pride was the plenty they enjoyed; yet did they not support the poor, and withheld their hand from the needy. The Lord saw that their measure was full; with flames and glowing wind he consumed them; thus he smote them for their wickedness. The Lord remembered the righteousness of the patriarch (Abraham) and caused his brother's son (לוט) to escape from the destruction, when God destroyed the cities of the plain. The messengers of תלנת

אֲדוֹנֵיהֶם לְגַדֵּל לַעֲנַת · וּמַלְאָךְ יָצָא וּבְעָטָם כַּגַּת: קַנּוּא
גִּלְּחוּ בְּתַעַר הַשְּׂכִירָה · בְּעֶבְרֵי נָהָר מֶלֶךְ אַשּׁוּרָה · וְלֹא
נוֹתַר בָּם כִּי אִם עֲשָׂרָה: בְּהִשְׁתַּחֲוֹתוֹ לִנְסְרוֹךְ דַּרְכּוֹ יָרַט ·
וּבָנָיו הִכּוּהוּ בְּזַיִן מְמוֹרָט · וְהֵמָּה נִמְלְטוּ אֶרֶץ אֲרָרָט: רָם
וְנִתְגַּדֵּל מָשׁוֹר עַל מְנִיפוֹ · וְאָמַר לַעֲלוֹת עַל מְרוֹמֵי גַּפּוֹ ·
כִּי פִקַּד עָלָיו חֲרוֹן אַפּוֹ: אָדוֹן הֱסִירוֹ מִמְּלוֹךְ בִּמְלוּכָה ·
וּמִבְּנֵי אָדָם טְרָדוֹ לְשַׁלְּכָה · עִם בְּהֵמוֹת שֶׁבַע לְהַלְכָה:
בְּבוֹא פְקוּדָתוֹ נִסְחַף פִּגְרוֹ · וּכְנֵצֶר נִתְעָב הוּשְׁלַךְ מִקִּבְרוֹ ·
כְּפֶגֶר מוּבָס הוּבְאַשׁ בְּשָׂרוֹ: וּבְעַזּוּת פָּנִים הֵעִיז בֵּלְשַׁאצַּר
וְצִוָּה וְהוֹצִיאוּ מִן הָאוֹצָר · כֵּלִים אֲשֶׁר הֶגְלָה נְבוּכַדְנֶצַּר:
נִתְגָּאָה לִשְׁתּוֹת בָּם תִּירוֹשָׁיו · הוּא וְשָׂרָיו וַעֲבָדָיו וְנָשָׁיו
וּפִלַגְשָׁיו · וּפַסַּת יָד כָּתְבָה פֵּרוּשָׁיו: חֲמוּדוֹת בֵּאֵר לוֹ
הָאוֹתִיּוֹת · כִּי קָצַף עָלָיו רַב הָעֲלִילִיּוֹת · וּבוֹ בַלַּיְלָה נֶהֱרַג
בִּשְׁאִיּוֹת: זָר אֲגָגִי לַהֲרוֹג וּלְאַבֵּד · בָּנִים אֲשֶׁר בָּם אָב
מִתְכַּבֵּד · פִּתְאוֹם הָיָה כִּבְלִי אוֹבֵד: קֵצֶן עֵץ מִשְׁנֶה לִתְלוֹת ·
וּלְעַצְמוֹ הֵכִינוֹ עָלָיו לְהִתָּלוֹת · וִיהוּדִי עָשׂ מִלְחָמָה בְּתַחְבּוּלוֹת:
וּבְגוּמֶץ אֲשֶׁר הָפַר נִשְׁדָּד · וּבִסְאָה אֲשֶׁר מָדַד הוּמְדָּד ·
וְעָנוּ עָלָיו הֵידָד הֵידָד: אָמְנָם כָּל אֵלּוּ הַמַּכְעִיסִים · הָיָה לָהֶם
עַל לֵב לְהָשִׂים · לְהַעֲרִים וּלְהוּסַר מִמֶּלֶךְ חֲנֵסִים: מֵאֵן
לְשַׁלַּח עַם הֲמוֹנָי · וְשָׁאַג וְאָמַר מִי יְיָ · לֹא יָדַעְתִּי אֶת יְיָ:
צוּר נְגָפוֹ בְּעֶשֶׂר לְהַכּוֹ · וּבַעֲבוּר זֹאת הֶעֱמִידוֹ וְהֶאֱרִיכוֹ ·
לְהוֹדִיעַ לַכֹּל מָה הִגִּיעוֹ בְּכֹה: בְּחַבּוּרוֹת וּפְצָעִים אוֹתוֹ אִלַּח ·
וּבִירִיַּת חִצָּיו כְּבֵדוֹ פִּלַּח · וְאַחֲרֵי כֵן חָזְקָה יָדוֹ · לְשַׁלַּח
תְּחוּם מִצְרַיִם עַד לֹא הִרְחִיקוּ · הוּא וַעֲבָדָיו עֵצָה הֶעֱמִיקוּ ·
לִרְדּוֹף אַחֲרֵיהֶם מָגֵן הֶחֱזִיקוּ: וְצוּר גָּעַר בְּסוֹד קְדוֹשִׁים
רַבָּה · שָׂת אֶת הַיָּם לְחָרָבָה · בַּיָּם נָתַן דָּרֶךְ וּבַמַּיִם עַזִּים

(Sennacherib,) by command of their master, greatly reproached and blasphemed; but the angel went forth, and trod them as in a wine-press. The jealous God shaved with a sharp razor, *even the people that came with* the king of Assyria, of whom there remained but ten. Even the King fled to the temple of his idol נסרוך, and when he prostrated himself, his own sons smote him with the glittering sword; and they escaped to the land of Ararat. The saw rose up, and exalted itself against him who lifted it up, and said, I will ascend to the pinnacles of heaven; but *God* visited him with his fierce wrath. The Lord removed him, that he might not reign in his kingdom; and drove him out, and hurled him from the sons of men, to associate with beasts for seven *years*. And at his death, his corpse was cast out; as the abominated tree was he cast from his grave; as a trodden carcass, his flesh stank. Yet Belshazzar with an impudent face, commanded them to bring forth the treasure, the holy vessels that Nebuchadnezzar carried away from the temple. He prided himself in drinking his wine in them; with his princes, servants, wives, and concubines; when the palm of a hand wrote his doom. The amiable man (Daniel) explained the letters to him, that he who is mighty in works was wrath with him; and that very night he was slain in the tumult. המן (the Agagite) presumptuously thought to slay and destroy the children with whom the father honoureth himself; but suddenly he was like a broken vessel. He cut down a tree to hang Mordecai thereon, but he prepared it to hang himself on it. And in the pit that he dug, he was destroyed; and according to the measure that he intended to mete, was he meted; and they joyfuly shouted! הידד ! הידד But verily, all those that provoked the Lord to anger, ought to have seriously reflected, and have taken warning from the king of Egypt who refusing to send the multitude of the people, and loudly declared, who is the Eternal? I know not the Eternal! The Omnipotent then smote him with ten plagues; and for this did he suffer him to continue, and granted him time, that all may know what had happened to him. With stripes and wounds he afflicted him, and shot his darts through his liver; after which, he urged them to depart. But before they were far from the borders of Egypt, he and his servants sought deep counsel, and grasped the shield to pursue them. But the Omnipotent, who is reverenced in the great assembly of holy angels, formed the sea into dry land; he

נְתִיבָה : רָסָן מַתְעֶה הִרְסִין עֲנָמִים · וְנִהֲגָם בִּכְבֵדוּת לְגַלֵּי הוֹמִים · וְצָלְלוּ כַּעוֹפֶרֶת בְּעִמְקֵי יַמִּים : הוֹלְכֵי נְתִיבוֹת בְּמַעֲמַקֵּי מַיִם · שַׁבְּחוּ וְהוֹדוּ לְאֵל הַשָּׁמַיִם · אֲשֶׁר נִלְחַם לָהֶם בְּמִצְרָיִם : מֵאָז וְהַלְאָה הוּקְבַּע לְדוֹרוֹת · לְסַפֵּר לָעַד כֹּחַ וּגְבוּרוֹת · וּלְהַזְכִּיר יְצִיאַת מִצְרַיִם בְּשִׁירוֹת :

חזן וּבְכֵן וַיּוֹשַׁע יְיָ בַּיּוֹם הַהוּא :

אֵילֵי הַצֶּדֶק יְדוּעִים · בָּנִים מְגֻדָּלִים כִּנְטִיעִים · גֶּזַע תִּפְאֶרֶת מַטָּעִים · דְּבוּקִים וַחֲשׁוּקִים דַּרְדָּעִים · הַהוֹגִים הֲגוּנִים וְנִשְׁמָעִים · וָתִיקִים נִבְחָרִים מְשֻׁבָּעִים · זַרְעָם בַּגּוֹיִם נוֹדָעִים · חֲמוּדִים וּמַעֲשֵׂיהֶם נָעִים · טוּבָם בָּאֲרָצוֹת מוּדָעִים · יוֹדְעִים יְדוּעִים וּמְיוּדָּעִים · כַּחוֹתָם בִּזְרוֹעַ נִקְבָּעִים · לְמוֹדֵי נִסִּים וְנוֹשָׁעִים :

נוֹשָׁעִים מִבֵּין קָצְרֵי יָד · תְּתֵּה לְמוֹ שֵׁם וָיָד

חזן וַיַּרְא יִשְׂרָאֵל אֶת הַיָּד :

מְחוֹלֶלֶת תַּנִּין בְּגַעֲרָה · נוֹתֶנֶת בַּיָּם מַעֲבָרָה · סוֹעֶרֶת גַּלִּים בִּסְעָרָה · עוֹרֶכֶת מְסִלָּה יְשָׁרָה · פְּלָאוֹת וְנוֹרָאוֹת מַאֲדִירָה · צוֹלֶלֶת קָמִים בִּגְבוּרָה · קִנְאַת מִלְחֶמֶת מְעִירָה · רַהַב מַחֲצֶבֶת בְּעֶבְרָה · שׁוֹלֶפֶת חֶרֶב מִתְעָרָה · תַּמָּתוֹ לְהוֹשִׁיעַ מִצָּרָה :

מִצָּרָה נוֹצְלוּ עַם אֵל · וְהִגִּידוּ צִדְקָתוֹ כְּהַרְרֵי אֵל ·

חזן אָז יָשִׁיר מֹשֶׁה וּבְנֵי יִשְׂרָאֵל :

שֶׁבַח וְהוֹדָאָה מְעֻלָּה · מַלְכוּת שְׂרָרָה וּמֶמְשָׁלָה · עוֹז וְתַעֲצוּמוֹת לְאֵיָלָה · וְרוֹמְמוֹת לְמַעְלָה לְמָעְלָה · נֶצַח גְּבוּרָה וּגְדֻלָּה · בְּרָכָה וְשִׁירָה מְהֻלָּלָה · רִנָּה וְזִמְרָה וְצָהֳלָה · יִחוּד קְדֻשָּׁה וּתְהִלָּה · צְפִירָה וְתִפְאֶרֶת לְסַלְסְלָה · חָסִיד לִמְאוֹד נַעֲלָה · קוֹל תּוֹדָה לְצַלְצְלָה · נֵזֶר וַעֲטָרָה לִכְלוּלָה :

made a way in the sea, and a path in the mighty waters. He led the Egyptians with a bridle to deceive them ; and drove them heavily into the raging waves ; and they sunk as lead into the depths of the sea. They (Israel) who went through the paths of the deep waters, praised, and gave thanks to the God of heaven, who fought for them against the Egyptians. From thence-forward it was appointed to all generations, ever to declare his power, and mighty works: and in songs to make mention of the going forth from Egypt.

ובכן Thus the Lord saved Israel on that day.

אילי A renowned and virtuous people; sons reared like plants ; scions of glorious stems ; strict adherents to the law ; a well-disposed and obedient people; worthies selected from seventy nations ; whose posterity is famous among the nations; amiable and beneficent; their goodness is known throughout all countries; they are intelligent, renowned, and beloved ; they are fixed as a seal on the arm of the Almighty, accustomed to miracles, and saved by them.

נושעים They were saved from the feeble-handed for thou didst give them fame and power. And Israel beheld the power.

מחוללת That wounded the dragon (Pharoah) with rebuke ; that made a path in the sea: that drove back the waves with a tempest, and formed a direct highway ; with wonders terrific and glorious, sunk those that rose up against them ; was stirred up with zeal to war, and cleft the Egyptians in wrath ; drawing the sword from the sheath, to save his people from peril.

מצרה Thus were the people of God delivered from trouble, they declared his righteousness, which is eminent as the mighty mountains. Then Moses and the children of Israel sang.

שבח An excellent song of praise and thanksgiving, regality, supremacy, and dominion, triumph and invincible power exaltation, eternity, strength and greatness, appertain unto thee ; blessing, and odes of praise ; psalmody and exultation ; resound thy holy praised Unity ; O most Righteous ! O most Exalted ! the voice of thanksgiving, the crown and diadem, appertain unto thee alone !

לְכַלָּה בְּרוֹן וְהוֹדָיָה · לְצוּר הָעוֹנָה בַּמֶּרְחַבְיָה ·
חזן עָזִּי וְזִמְרָת יָהּ :

הָמַךְ בְּמַעְגְּלוֹתָיו אֲשׁוּרַי · שִׁיחֵת בַּחֲמָתוֹ צוֹרְרַי · רָאֲתָה עֵינִי בְּשׁוּרַי · קָמֵי הוּכְרְעוּ וְשׁוֹרְרַי · צוּר עוֹלָמִים בְּעוֹזְרַי · פִּתַּח מִמַּסְגֵּר אֲסִירַי · עוֹיְנַי וּמַפְרִיכַי וְצוֹרְרַי · סֻגְּרוּ הֱיוֹתָם בְּעוֹכְרַי · נֶצַח יְנַצְּחוּהוּ אַדִּירַי · מְלַמְּדַי וּמַשְׂכִּילַי וְסוֹפְרַי :

וְסוֹפְרֵי רוֹמְמוּ יְמִין רוֹמֵמָה · כִּי לַיְיָ הַמִּלְחָמָה ·
חזן יְיָ אִישׁ מִלְחָמָה :

לוֹבֵשׁ צְדָקָה כְּשִׁרְיָן · כֹּחַ וּגְבוּרָה מְזַיָּן · יוֹדֵעַ וָעֵד וְדַיָּן · מַכְּסִיסֵי מַלְכוּת מְצַיָּן · חָצָה וְדִלֵּג מִנְיָן · זְמַן שֶׁעִבּוּד תִּנְיָן · וּבִרְכוּשׁ מִקְנֶה וְקִנְיָן · הוֹצִיא צִבְאוֹתָיו בְּמִנְיָן · דֶּרֶךְ חוֹמוֹת בִּנְיָן · גְּזָרִים הִסְלִיל בְּעִנְיָן · בְּשׂוּמוֹ מַעֲמַקֵּי יָם · אוֹרַח וּמַסְלוּל מְסַיָּם :

מְסַיֵּם לְהַעֲבִיר כָּל חֵילוֹ · וַיְנַעֵר בְּאֹמֶץ גָּדְלוֹ ·
חזן מַרְכְּבוֹת פַּרְעֹה וְחֵילוֹ :

אִבַּד וְשִׁבַּר וְכִלָּם · בָּאֵשׁ וּבְמַהֲמוֹרוֹת הִפִּילָם · גַּלִּים כִּסּוּ קְהָלָם · דּוֹעֲכוּ כַּפִּשְׁתָּה כֻּלָּם · הֵסִיר אוֹפַנֵּי גַלְגַּלָּם · וְנִהֲגָם בִּכְבֵדוּת לְהַכְשִׁילָם · זוֹרְמוּ עָבוֹת לְמוּלָם · הֶצָּצִיךְ הֲלָכוּ לְשַׁכְּלָם · טָבְעוּ בְּבוֹץ רַגְלָם · יָשׁוּב בְּרֹאשָׁם עֲמָלָם · כָּרְעוּ קָרְסוּ בְּנָפְלָם · לְהָסִיר מֵעֲלֵיהֶם צִלָּם :

צִלָּם הוּסַר וְנִזְעָמוּ · וּבוֹשׁוּ וְגַם נִכְלָמוּ ·
חזן תְּהֹמֹת יְכַסְיֻמוּ :

מִשְׁבָּרִים נִתְחַטְּאוּ וְגַלִּים · נֶגֶד שָׂרֵי אֱוִילִים · סוֹעֲרִים הוֹמִים וּמִתְנַטְּלִים · עוֹזְרֵי רַהַב מַפִּילִים · פִּגְרֵיהֶם הוּצְעוּ חֲלָלִים · צָלְלוּ כַּעוֹפֶרֶת מִסְתּוֹלְלִים · קְנוּיִם עָבְרוּ גְאוּלִים · רוֹמְמוּת יְמִינְךָ מַגְדִּילִים · שָׁרִים מְתוֹפְפִים כַּחוֹלְלִים תִּשְׁבָּחוֹת וְשִׁירִים וְהִלּוּלִים :

לכללה Song and thanksgiving appertain unto him; *even* unto the Lord who answereth with enlargement. My strength and song is the Lord's.

תמך Who supported my steps in his paths; in his wrath he destroyed mine adversaries; mine eyes saw my desire on mine enemies; those who rose up against me were humbled; the world's Creator was in my help; he opened the prison-door for my imprisoned; my adversaries, who afflicted me, and made me serve with rigour, were delivered over to destruction, because they troubled me. O my mighty ones ever praise him; yea, my instructors, and intelligent scribes.

וסופרי My scribes also extol his exalted right hand; for the battle is the Lord's. The Lord is the invincible warrior.

לובש Who is clothed with righteousness as with armour; and is armed with might and power; he is Omniscient; both witness and judge; is adorned with the ensigns of royalty; he curtailed and divided the number of years of the time of bondage; with great spoil of cattle and substance, he brought forth his numerous hosts (Israel); he heaped the waters as walls, and caused them to pass through the divisions of the sea; he formed in the depths of the sea a commodious path and highway.

מסים In commodious paths did he cause all his hosts to pass, and in the greatness of his power he overthrew the chariots of Pharoah and his host.

אבד He destroyed, crushed, and annihilated them; he cast them into glowing fire, and deep pits; the waves overwhelmed their assembled parties, all of them blazed away as flax in fire; he removed the felloes of their wheels, and led them heavily, that they might stumble; clouds stormed against them, and lightning darted forth to consume them; their feet sunk in the mire; their mischief returned on their own head; they tottered, reeled, and fell; he caused their defence to depart from them.

צלם Their defence departed from them, and they were put to shame, and also confounded; the depths covered them.

משברים They were washed away by waves and breakers; against the foolish princes storms raged, and carried them off; the allies of the Egyptians were overthrown, their slain carcasses were cast about; they who exalted themselves sunk as lead; the select ones passed over free, extolling thy mighty right hand; timbrels and flutes accompanied the songs, praises, and thanksgiving.

וְהַהוֹלְלִים לְתוֹחַלְתִּי וְשִׂבְרִי · וְעַל מְשַׂנְאַי לְחַגְבִּירִי :

חזן יְמִינְךָ יְיָ נֶאְדָּרִי :

שַׁתַּתָּה עוֹלָם בְּבִנְיָנֶךָ · מָלְאָה הָאָרֶץ קִנְיָנֶךָ · עֶלְיוֹן שַׁמְתָּ מְעוֹנֶךָ · וְהוֹד וְהָדָר לְפָנֶיךָ · נְעִימוֹת נֶצַח בִּימִינֶךָ · בְּצֵאתְךָ לְיֵשַׁע בָּנֶיךָ · רָעֲשׁוּ הָרִים מִפָּנֶיךָ · יָחִילוּ מַיִם מֵחֲרוֹנֶךָ · צֶדֶק מָלְאָה יְמִינֶךָ · חַיִל וְיֵשַׁע לַהֲמוֹנֶיךָ ·

חזן קַנּוֹא וְנוֹקֵם לְשׂוֹטְנֶיךָ · כִּי תָמְכָה יְמִינֶךָ :

יְמִינְךָ הַגְּבָרָה שׂוֹנְאֶיךָ לַהֲרוֹס · וְאוֹתִי בֶּאֱמוּנָה לְאָרוֹס ·

חזן וּבְרֹב גְּאוֹנְךָ תַּהֲרֹס :

תַּלְמִיד לוֹמֵד וּמְלַמְּדוֹ · שׁוֹטֵר וּמוֹשֵׁל וּפְקִידוֹ · רַכָּב סוּסוֹ וּפִרְדּוֹ · קָרוֹב וְגוֹאֲלוֹ וְדוֹדוֹ · צָעִיר וְיָשִׁישׁ וּמְכַבְּדוֹ · פּוֹעֵל וְאִכָּר וְצִמְדּוֹ · עָשִׁיר וְרֵיעוֹ וִידִידוֹ · שָׂכִיר וְשׂוֹכֵר וּמְשַׁחֲדוֹ · נָדִיב וְנִינוֹ וְנֶכְדּוֹ · מְשָׁרֶתֶת אֲדוֹנוֹ וְעַבְדּוֹ · לַאֲבַדּוֹן הוּרַד כְּבוֹדוֹ · הַפְּרַע וְכָל הַבָּא בְּיָדוֹ :

בְּיָדוֹ כָּל חֵיל מִצְרַיִם : בָּאוּ בָאֵשׁ וּבַמַּיִם ·

חזן וּבְרוּחַ אַפֶּיךָ נֶעֶרְמוּ מַיִם :

לְכָדוּ פְּנֵי תְהוֹמוֹת · כָּאֶבֶן נִתְחַבְּאוּ מַיִמוֹת · יָשְׁרוּ מְסִילוֹת רָמוֹת · טִירוֹת גְּבוֹאוֹת כַּחוֹמוֹת · חָזוּ מַלְכֵי אֲדָמוֹת · זָעוּ וְנִתְפַּלָּצוּ בְּאֵימוֹת · וְנָתְנוּ לָאֵל רוֹמֵמוֹת · הַנּוֹתֵן עוֹז וְתַעֲצוּמוֹת · דִּקְדֵּק בְּצָרִים נְקָמוֹת · גָּבַר וְהִשְׁבִּית מִלְחָמוֹת · בְּאֶרֶץ שָׂם שַׁמּוֹת · אַדְּרוּהוּ שִׁירוֹת נְעִימוֹת :

נְעִימוֹת לְשַׁבֵּחַ וְלַעֲדוֹף · בְּחַפִּילוֹ צַר לִנְדּוֹף ·

חזן אָמַר אוֹיֵב אֶרְדֹּף :

אוֹיְבִים נֶחֱלָקוּ לְכִתּוֹת · בְּהַשָּׁאַת פֶּתֶן לְפַתּוֹת · גִּבּוֹר הַמַּפְלִיא אוֹתוֹת · דְּרָכָם וּבְעָטָם כַּגִּתּוֹת · הִכָּם בְּתַחֲלוּאֵי מִיתוֹת · וְכֻלָּם בְּנֶגֶף לְכַתּוֹת · זֵדִים עוֹרְכֵי חֲנִיתוֹת · חֲגוּרֵי

והלולים Thanksgiving to him, my trust and hope, who caused me to triumph over mine enemies. Thy right hand, O Eternal! is become glorious.

שתחת It founded the structure of the world; the earth is full of thy possessions; thou hast made thy abode on high; glory and majesty are in thy presence, and everlasting happiness at thy right hand. When thou didst go forth for the salvation of thy children, the mountains quaked at thy presence; the waters were terrified at thine anger; thy right hand was filled with righteousness, valour, and salvation, for thy people; thou wast jealous, and didst take vengeance on thine enemies; but thy right hand supported me

ימינך Thy right hand triumphed, it overthrew thine enemies; me didst thou betroth in faithfulness, and in the greatness of thy majesty didst thou overthrow.

תלמיד The tyro, the scholar, and instructor; the bailiff, officer, and magistrate; the rider, his horse, and mule; the relative, kinsman, and uncle; the youth, the aged, and him who respects age: the labourer, husbandman, and his yoke; the rich, with his companion, and favourite; the hired servant, his master and overseer; the prince, his grandson, and great grandson: the lord, his servant, and slave, his glory sent down to perdition; even Pharoah, and all that accompanied him.

בידו He (Pharoah) had with him all the host of Egypt, and all of them were destroyed by fire and water; by the breath of thy nostrils were the waters heaped.

לכדו The face of the deep became solid, the waters congealed and hard as stone they formed a straight causeway, high as the castles walls! which *when* the earthly kings beheld it, they were moved and terrified with fear; they greatly extolled the Omnipotent! the source of strength and might. He was minutely exact in the vengeance taken on the adversaries; he conquered, and put an end to their warfare; he made their land desolate; then they glorified him with sweet songs.

נעימות They exerted themselves in pleasant song and praise, when he cast down the enemy, and made him fall. The enemy said, I will pursue

אויבים The enemies were divided in bands, wheedled by the persuasive serpent (Pharoah); but the mighty One! the miraculous wonder-worker, trod them down as in a wine press: he struck them with mortal diseases; he bruised and consumed them with the plagues; *even* the presumptuous,

חֲרָבוֹת וּקְשָׁתוֹת · טוֹרְפוּ בְּמִכְמוֹרֵי רְשָׁתוֹת · יֵין הַחֵמָה לִשְׁתּוֹת · כְּזָכְרָךְ שְׁבוּעַת בְּרִיתוֹת · לְצָרָה נִשְׂגַּבְתָּ לְעִתּוֹת :

לְעִתּוֹת בַּצָּרָה נִמְצֵאתָ לָמוֹ · וּבְעַזִּים הִשְׁלַכְתָּ צָרֵימוֹ ·

חזן נָשַׁפְתָּ בְרוּחֲךָ כִּסָּמוֹ :

מֵי יַם סוּף הוּצְפוּ · נִבְכֵיהֶם לְרֹאשָׁם צָפוּ · סִלִּית צָרִים וְנִשְׁטְפוּ · עֶבְרָה וָזַעַם נֶאֱפְפוּ · פַּחִים לְרַגְלָם הוּקְפוּ · צָרִים אֲחוּזִים וְנֶהְדָּפוּ · קָלְעוּ נַפְשָׁם וְנִגָּפוּ · רָאוּ וּפְנֵיהֶם חָפוּ · שָׁבְרוּ עַצְמוֹתָם וְשֻׁפּוּ · תְּנוּפַת שָׁוְא הוּנָפוּ :

הוּנָפוּ וְהוּמְכוּ חֲלָלִים · וְקוֹל הִשְׁמִיעוּ גְּאוּלִים ·

חזן מִי כָמֹכָה בָּאֵלִם :

שַׁלִּיט חָסִין וְנוֹרָא · מְאוֹד סְבִיבָיו נִשְׂעָרָה · עֲלִיּוֹת בַּמַּיִם קֵרָה : וְשׁוֹמֵעַ וּמַאֲזִין עֲתִירָה · נַעֲרָץ בִּקְדוֹשֵׁי טַהֲרָה · בַּקֹּדֶשׁ נֶאְדָּר לְפָאֲרָה · רוֹפֵף עַמּוּדִים בִּגְעָרָה · יָרוּץ דְּבָרוֹ מְהֵרָה · צְבָאוֹתָיו אֵין לְשַׁעֲרָה · חָשִׁים בְּמִשְׁלַחְתּוֹ לְמַהֲרָה ·

חזן קַנּוֹא וְנוֹקֵם בְּעֶבְרָה · וּמֵחִישׁ עֶזְרָה בַּצָּרָה :

בַּצָּרָה גְּנַנְתָּם וַתְּפַלְּטֵמוֹ · וּבְפוֹרְכֵיהֶם רָאוּ עֵינֵימוֹ ·

חזן נָטִיתָ יְמִינְךָ תִּבְלָעֵמוֹ :

תְּהוֹם זְרָקָן לַיַּבֶּשֶׁת · שׁוּר זוּ בְּפִגְרֵי חֲשׁוּפֵי שֵׁת · רוֹעֶדֶת תֵּבֵל וּמַרְגֶּשֶׁת · קִבְרָם אֵינָהּ מְבַקֶּשֶׁת · צוֹוְחָה וּפָתְחָה בְּאַרֶשֶׁת · פַּחְדָּה מֵהַכְּלֵם בְּבוֹשֶׁת · עֵת לָדִין מִתְבַּקֶּשֶׁת · שִׂיחַ מָה רוֹחֶשֶׁת · נִזְכֶּרֶת הֶבֶל וְנִרְעֶשֶׁת · מִקֶּדֶם נֶאֱרֶרֶת וְנֶחֱלֶשֶׁת · בִּרְאוֹתָהּ יְמִינְךָ מְאַשֶּׁשֶׁת · אָז עָרְבָה לָגֶשֶׁת :

that were armed with spears, and girded with swords and bows, were caught in the nets and gins, and made to drink the wine mixed with the wrath of God, when thou didst remember the oath of the covenant; in times of trouble wast thou Israel's refuge.

לעתות In times of trouble thou didst succour them, and their oppressors didst thou cast into the mighty waters; thou didst cause the wind to blow, *and the sea* covered them.

מי The waters of the Red Sea overflowed, the waves overtopt their heads; thou didst tread down the enemy, and they were drowned; they were encompassed with anger and wrath; snares were spread for their feet; seized by pangs they were cast to and fro; their soul was smitten, and cast out; they beheld their end, shame covered their countenance; their bones were broken and bruised, with the fan of perdition were they winnowed.

הוכפו They were tossed about by the waves, and were slain; and the redeemed caused their voice to be heard: saying, who is like unto thee, O Lord! among the mighty?

שליט He is a mighty Ruler, Omnipotent! even they who are about him, tremble! his habitation is above yon high and tremendous waters; he hearkeneth and is attentive to prayer; he is reverenced among the pure angels, and extolled and glorified in holiness: the pillars *of heaven* totter at *his* rebuke; his command pervadeth quickly; his host cannot be estimated; they hasten to expedite his mission; he is jealous, and taketh vengeance in wrath and hasteneth help in *time of* trouble.

בצרה In *time of* trouble, didst thou shield and deliver them; and on those that made them serve with rigour, their eyes saw their desire; thou didst stretch forth thy right hand, they were swallowed up.

תהום The abyss cast them on shore; thy people beheld the carcasses of the shameless Egyptians scattered about; the earth quaked, and was in tumult, refusing the burial of their dead; she cried aloud, and said, she was afraid of being put to shame, at the time that she should be sought for in judgment, when she would have nothing to say in her defence; trembling, she remembered Abel, when she was aforetime cursed and weakened, but when she saw thy mighty right hand, she then willingly drew nigh.

לְנַשֵּׁת לְבָלוֹעַ אוֹם חֲלָזוּ · וִידִידִים עָבְרוּ וְנָזוּ ·
חזן נָחִיתָ בְחַסְדְּךָ עַם זוּ :

לֹא כְמַעֲשֵׂה יְדֵיהֶם · כִּי אִם בְּחַסְדְּךָ עֲלֵיהֶם · יָדַעְתָּ לְכָל אוֹיְבֵיהֶם · טוּבְךָ וְחַסְדְּךָ עֲלֵיהֶם · חוֹק שְׁבוּעַת אֲבוֹתֵיהֶם · זָכַרְתָּ לִפְדוּתָם מִמְּעַנֵּיהֶם · וּבְעַמּוּד עָנָן לִפְנֵיהֶם · הוֹלַכְתָּ וְנֵהַלְתָּ שִׁבְטֵיהֶם · דַּרְכְּךָ הוֹדַעְתָּ לָהֶם · גְּבוּרוֹת פָּעַלְתָּ לִמְעַנֵּיהֶם · בַּעֲשׂוֹתְךָ נוֹרָאוֹת לְעֵינֵיהֶם · אָפְפוּ חִתַּת כָּל שׁוֹמְעֵיהֶם :

שׁוֹמְעֵיהֶם מִשְּׁמָמָם יִרְזוּן · וּבְעָתָה וּפַלָּצוּת יֹאחֵזוּן ·
חזן שָׁמְעוּ עַמִּים יִרְגָּזוּן :

אוֹתוֹת וּמוֹפְתִים וְנִסִּים · בְּהוֹצִיאֲךָ מִפֶּרֶךְ אֲנוּסִים · גָּאַלְתָּ בִּזְרוֹעַ חוּסִים · דְּרוֹר קָרָאתָ לַעֲמוּסִים · הוֹצֵאתָם בִּרְכוּשׁ שָׂשִׂים · וַיְנַצְּלוּ אֶת אֶרֶץ חֲנֵסִים · זֵדוֹנִים וְשָׂרֵי מִסִּים · חֵילָם בְּרַגְלָם רְמוּסִים · טָבְעוּ וְצָלְלוּ פַּתְרוּסִים · יַמִּים עֲלֵיהֶם מְכַסִּים · כִּקְדוֹחַ אֵשׁ הֲמָסִים לְבָשׁוּ חֲרָדוֹת מַכְעִיסִים :

מַכְעִיסִים יָשְׁבוּ בָּדָד לַדּוּם · כִּי נִכְרְתוּ צָרִים מֵהֲדוֹם ·
חזן אָז נִבְהֲלוּ אַלּוּפֵי אֱדוֹם :

אַלּוּפֵי אֲדוּמִים וּמוֹאָבִים · בִּרְעָדָה וּבִדְאָגָה כּוֹאֲבִים · גָּרֵי כְנַעַן הַיּוֹשְׁבִים · דּוֹמוּ בְּמַפּוֹלֶת לְהָבִים · הַגּוֹי הָעַז הַחֲשׁוּבִים · וּמַמְלְכוֹת אֶשְׁכָּרִים מְשִׁיבִים · זְעוּכִים רְמוּסִים וְנִסְחָבִים · חֲשׁוּכִים וְכַפִּשְׁתָּה כָבִים · טְבוּעִים בְּגַלֵּי רְהָבִים · יִמְתְּקוּ לָמוֹ רְגָבִים · כְּמוֹ כֵן גַּם הֵם נֶחֱרָבִים · לְיוֹם תּוֹכֵחָה קְרוֹבִים :

קְרוֹבִים וּרְחוֹקִים אֲחָזוּ בְעָתָה · וְצוּר עִתְּדָם לִמְחִתָּה ·
חזן תִּפֹּל עֲלֵיהֶם אֵימָתָה :

לנשת She approached to swallow up this people; while the beloved passed through the sea swiftly. In thy mercy hast thou led forth his people.

לא Not according to the work of their hands, but according to thy mercy towards them didst thou make known to all their enemies, thy goodness, and tender kindness towards them; the oath of the covenant made with their ancestors didst thou remember, to redeem them from their oppressors; and with the pillar of the cloud, didst thou go before them, and didst lead their tribes; thy law didst thou make known unto them; mighty deeds didst thou perform for their sake, and tremendous miracles in their sight; terror encompassed all those who heard of them.

שומעיהם Those that heard of them were dismayed, for dread and horror seized them; nations heard it and trembled.

אותות Prodigies, wonders, and miracles *didst thou perform,* when thou didst bring out the oppressed from bondage; those that trusted in thee didst thou redeem by thy power; freedom didst thou proclaim to thy favourites: thou didst bring them forth joyful with much substance; they spoiled the land of Egypt; the host of the presumptuous, and the task-masters, were trodden under foot; the Egyptians were drowned, and sunk; the waters covered them quick; as fire surrounds the dry stubble, so did terror encompass all those who provoked God.

מכעיסים Those that provoked him, sat solitary and silent, the oppressors were cut off from the earth. Then were the dukes of Edom troubled.

אלופי The dukes of Edom and Moab smarted from terror and sorrow; the inhabitants of Canaan sat silently brooding over the fall of the Egyptians; lo, the powerful and highly esteemed nation, to whom kingdoms were tributary, now lies trodden down, lacerated, and consumed; disfigured like quenched flax, sunk beneath the raging waves, and made to satiate with clods of earth; thus also they are destined to destruction, when the day of rebuke draweth near.

קרובים They that were far and near, were seized with terror; for the Omnipotent had fixed a time for their destruction; dread fell upon them

מְרוֹמְמוֹתֶיךָ נָדְדוּ עַמִּים · גּוֹאֲלוּ שָׂרִים וַחֲכָמִים · שָׁמוּ יָד לְפֶה וְנֶאֱלָמִים · עֲגוּמִים כִּפְנִים נְזֻעָמִים · פֶּן יִקְרָאֵם כְּעֲנָמִים · צִירִים אֲחוּזִים מִמִּתְקוֹמְמִים · קְרוּאִים וּלְקוּחִים מֵעֲמָמִים · רָצוּ וְנִמְשְׁכוּ מוּשְׁלָמִים · חזן שַׁדַּי הוֹלִיכָם שְׁלֵמִים תִּרְגְּלָם נְשָׂאָם לְבֵית עוֹלָמִים :

עוֹלָמִים הִנְחַלְתָּ לִסְגֻלָּתֶךָ · וְכַנֶּשֶׁר נְשָׂאתָם בְּאֶבְרָתֶךָ ·
חזן תְּבִיאֵמוֹ וְתִטָּעֵמוֹ בְּהַר נַחֲלָתֶךָ :

אַרְבָּעָה נִקְרְאוּ נַחֲלָה · בְּחֵפֶץ וּבְאַהֲבָה כְּלוּלָה · גְּבוּל אֶרֶץ הַמְּעֻלָּה · דִּירַת בִּנְיָן זְבוּלָה · הַנְּתוּנָה מִיָּמִין הַגְּדוֹלָה · וּמְקַבְּלֶיהָ בְּרֶטֶת וְחִילָה · זֶה הַיּוֹם נָגִילָה · חֵרוּת הַמְּצִיא לִסְגֻלָּה · טְרוּדִים עַתָּה בְּגוֹלָה · יוֹזְמֵנוּ לְיוֹם גְּאֻלָּה · כַּאֲשֶׁר שָׁמַע לְעֶגְלָה · לְאוֹיְבָיו יַעֲשֶׂה כָלָה :

כָּלָה וְנֶחֱרָצָה לְהָרְעִד · בְּיוֹם כִּי אֶקַּח מוֹעֵד ·
חזן יְיָ יִמְלֹךְ לְעֹלָם וָעֶד :

מְלוּכָה וּגְבוּרָה שֶׁלוֹ · נִשְׁתַּחֲוֶה לַהֲדוֹם רַגְלוֹ · שִׂמְחַת עוֹלָם בְּהַגְדִּילוֹ · עֲלֵי בְאַהַב בְּהַדְגִּילוֹ · פְּנוֹת אוֹיֵב וּלְהַשְׁפִּילוֹ · צֹאנוֹ לִרְאוֹת בְּצִלּוֹ · קַרְנוֹת רְשָׁעִים בְּהַפִּילוֹ · רוֹמְמוֹתָיו לְהַגִּיד וְחֵילוֹ · שְׁכֶם אֶחָד לַעֲבוֹד לוֹ · תֵּבֵל וּמְלוֹאָהּ לְהַלְלוֹ :

לְהַלְלוֹ יְחוּדוֹ לְהַעֲרִץ · יְיָ מֶלֶךְ תֵּבֵל הָאָרֶץ ·
חזן וְהָיָה יְיָ לְמֶלֶךְ עַל כָּל הָאָרֶץ :

שֵׁם יִקְרָא כִּכְתִיבָתוֹ · מֵחֲצִיו תִּתְמַלֵּא תֵּיבָתוֹ · עוֹד תִּתְנַשֵּׂא מַלְכוּתוֹ · וְכִסְאוֹ יִכּוֹן בִּמְלֵאָתוֹ · נִגְדֵּי שְׂעִיר בְּהַכּוֹתוֹ · בְּאוֹיְבָיו יִתֵּן נִקְמָתוֹ · רִבּוֹת מוֹפְתֵי גְבוּרָתוֹ · יִתְקַע בַּשּׁוֹפָר בְּסַעֲרָתוֹ : חזן צִיּוֹן יְקַנֵּא בְּקִנְאָתוֹ · חַיַּת קָנֶה בְּגַעֲרָתוֹ · קִרְיַת

מרוממותיך Thy exaltation made nations tremble; the princes and wise men were confused; they put their hand to their mouth, and were dumb; they were grieved, their countenance exhibited grief and dismay, lest it should chance to them as to the Egyptians; they were seized with pangs of terror; whilst the people, chosen and selected from among the nations, ran forward in safety; the Almighty led them perfectly, and carried them to his everlasting habitation.

עולמים Worlds didst thou give for an inheritance to thy peculiar people, and as an eagle didst thou bear them on thy wing: thou didst bring them and plant them in the mountain of thine inheritance.

ארבעה Four things are nominated inheritance, as selected by divine love; the excellent holy land, the temple erected for his habitation, the law given by his mighty right hand, and they who trembling received it (Israel); this is the day on which we will rejoice; thou didst bestow freedom on thy peculiar people, who, however, are at present troubled in captivity; thou wilt again redeem them, at the time by thee appointed; and as was proclaimed of the Egyptians, so will his enemies hereafter be doomed to destruction.

כלה With a determined consummation will he terrify them; on the day of the appointed time. The Lord will reign for ever and ever!

מלוכה Dominion and power are his; we shall again bow down at his footstool; everlasting joy will he extend to us, and rejoice over us in love; he will clear away the enemy, and humble him, and feed his flock under his shadow; when he shall cast down the power of the wicked; that they may declare his power and exaltation; then will all in unanimity worship him alone; even the earth, and the fulness thereof, will praise him.

להללו Praise and reverence his Unity! the Lord reigns! the earth rejoiceth! the Lord will be acknowledged King over the whole earth!

שם Then will his name be pronounced as it is written; *when* the other half will complete the word; his dominion will also be greatly exalted, and his throne be completely established; when he shall smite the descendants of Esau, and take vengeance on his enemies; he will multiply the wonders of his power: he will blow the trumpet in his whirlwind; in his zeal will he take vengeance for Zion;

מֶלֶךְ בִּבְנוּתוֹ · הֱבִיוֹן עֻזּוֹ וְתִפְאַרְתּוֹ · זְרוּיִם בְּקַצְוֵי אַדְמָתוֹ · קְבוּצִים בְּבֵית תִּפְאַרְתּוֹ · וְשָׁם נְשׁוֹרֵר תְּהִלָּתוֹ · אוֹמֵץ חַסְדּוֹ וְצִדְקָתוֹ · מוֹרֵה צֶדֶק לַעֲדָתוֹ · בְּתוֹכָם יַצִּיב שְׁכִינָתוֹ :

שְׁכִינָתוֹ עִמָּנוּ לְהִתְאַחֵד · וְאוֹתָנוּ יַעֲשֶׂה לְגוֹי אֶחָד · חזן בַּיּוֹם הַהוּא יִהְיֶה יְיָ אֶחָד · וּשְׁמוֹ אֶחָד :

וּבְכֵן וּלְךָ תַעֲלֶה קְדֻשָּׁה כִּי אַתָּה קְדוֹשׁ יִשְׂרָאֵל וּמוֹשִׁיעַ :

חַסְדֵי יְיָ אַזְכִּיר תְּהִלּוֹת יְיָ · כְּעַל כֹּל אֲשֶׁר גְּמָלָנוּ יְיָ · וְרַב טוּב לְבֵית אֵיתָנֵי · אֲשֶׁר גְּמָלָנוּ כְּרַחֲמָיו וּכְרוֹב חֲסָדָיו לְעֵינֵי · וַיֹּאמֶר אַךְ עַמִּי הֵמָּה וּבְנֵי · בָּנִים לֹא יְשַׁקְּרוּ נֶאֱמָנֵי · בְּנֵי אֱמוּנַי בְּנֵי בְחוּנַי · וַיְהִי לָהֶם לְמוֹשִׁיעַ מְגִינֵּי · בְּכָל צָרָתָם לוֹ צָר בְּעִנְיָנַי · וּמַלְאַךְ פָּנָיו הוֹשִׁיעַ הֲמוֹנַי · בְּאַהֲבָתוֹ וּבְחֶמְלָתוֹ גְּאָלָם מִמְּעַנַּי · וַיְנַטְּלֵם וַיְנַשְּׂאֵם עַד הֵנָּה עֲזָרָנוּ יְיָ · וְלֹא הֵסִיר חַסְדּוֹ מֵהֶם בְּכָל מְקוֹם גָּלוּתָם · וְלֹא מְאָסָם וְלֹא גְעָלָם לְכַלּוֹתָם · גָּלוּ תְּחִלָּה לְמִצְרַיִם בְּשִׁבְעִים נַפְשׁוֹתָם · וַיִּפְרוּ וַיַּעַצְמוּ בִּמְאֹד מְאֹד לְהַרְבּוֹתָם · וַיִּתְחַכְּמוּ עֲלֵיהֶם פּוֹתִים לְהַשְׁחִיתָם · הָפַךְ לִבָּם לִשְׂנֹאתָם · וּלְהִתְנַכֵּל בְּסִבְלוֹתָם : וַיַּעֲבִידוּם בְּפֶרֶךְ בְּכָל עֲבוֹדָתָם · וַיָּשִׂימוּ עֲלֵיהֶם שָׂרֵי מִסִּים לְעַנּוֹתָם · וַיִּצְעֲקוּ אֶל יְיָ בַּצַּר לָהֶם מִמְּצוּקוֹתָם · וְלִמְעוֹן קָדְשׁוֹ הַשָּׁמַיְמָה עָלְתָה שַׁוְעָתָם · וַיָּקֶם לָהֶם מוֹשִׁיעִים לְהוֹשִׁיעָם מִצָּרָתָם · שָׁלַח מֹשֶׁה וְאַהֲרֹן אֲשֶׁר בָּחַר בָּהֶם וּבִשְׁלִיחוּתָם · וְשָׂם בְּמִצְרַיִם אוֹתוֹתָיו וּמוֹפְתָיו לְהַרְאוֹתָם · וַיַּהֲפוֹךְ לְדָם יְאֹרֵיהֶם וְכָל נַהֲרוֹתָם · הָפַךְ אֶת מֵימֵיהֶם לְדָם וַיָּמֶת אֶת דְּגָתָם · אָמַר וַיָּבֹא עָרֹב וְכִנִּים בְּכָל עַפְרוֹתָם · וַיְשַׁלַּח בָּם עָרֹב וַיֹּאכְלֵם וּצְפַרְדֵּעַ וַתַּשְׁחִיתֵם · וַיִּתֵּן לֶחָסִיל

rebuke the opposing spearman, and rebuild the royal city, (Jerusalem) the seat of his power and glory; those who are scattered in the remotest corners of the earth, will he assemble in the house of his glory; and there we will sing his praise; the greatness of his righteousness and mercy; he will instruct his congregation in righteousness, and place his divine presence among them.

שכינתו He will unite his divine presence with, and will make us one people. In that day, the Lord alone shall be acknowledged a unity, and his name be a unity.

ובכן And thus will we ascribe holiness unto thee, for thou art the Sanctifier and Saviour of Israel.

חסדי I will make mention of the mercies of the Lord, even the praise of the Lord, according to all the good which he hath bestowed on us; and the abundant goodness to the house of our ancestors; as also those that he hath bestowed upon us, in our sight, according to his mercy, and abundant kindness: for he said, surely they are my people and my children: children without deceit, faithful: they are the children of my faithful ones, sons of my tried ones: he helped them in all their afflictions; his protecting angel saved them; in his love and compassion he redeemed them from those that afflicted them; and he took them and bare them: and hitherto the Lord hath saved us; neither did he withdraw his tender mercy from them in any place of their captivity! nor did he reject them, nor abhor them, to annihilate; for first, they were carried captive to Egypt, seventy persons only; there they were fruitful, increased abundantly, and waxed exceeding mighty; when the פוטים (Egyptians) dealt craftily with them, to destroy them; for their heart was turned to hate them; and they conspired against them to keep them in bondage; and in all their labour, they made them serve with rigour; they set task-masters over them, to afflict them: they cried unto the Lord in their trouble, out of their distress; their prayer ascended to his holy habitation, to heaven; and he appointed saviours for them, to save them from their oppression. He sent Moses and Aaron, whom he made choice of for messengers; and wrought his signs and wonders in Egypt; turned all their rivers and pools to blood; all their waters were changed into blood, and their fish died: he commanded a mixture of noxious beasts and vermin to swarm in all their land; he sent the mixture of noxious beasts to consume them,

יְבוּלָם וּלְאַרְבֶּה תְּבוּאָתָם · וַיֹּאכַל כָּל עֵשֶׂב בְּאַרְצָם וְכָל פְּרִי
אַדְמָתָם · וַיַּהֲרוֹג בַּבָּרָד גַּפְנָם וּבַחֲנָמַל שִׁקְמָתָם · וַיַּסְגֵּר
לַבָּרָד בְּעִירָם וְלָרְשָׁפִים חַיָּתָם · וַיְשַׁלַּח בָּם חֲרוֹן אַפּוֹ עֶבְרָה
וָזַעַם וְצָרָה לְהַבְעִיתָם · וּמַלְאֲכֵי רָעִים הָיוּ בְּמִשְׁלַחְתָּם ·
וְלֹא חָשַׂךְ מִמָּוֶת נַפְשָׁם וְחַיָּתָם · וַיַּךְ כָּל בְּכוֹר בְּמִצְרַיִם
וְאוֹנֵי רֵאשִׁיתָם · וַיּוֹצִיאֵם בְּכֶסֶף וְזָהָב וְאֵין כּוֹשֵׁל בְּמַחֲנוֹתָם ·
נָפַל פַּחְדָּם עַל מִצְרַיִם וְשָׂמְחוּ בְּצֵאתָם · פָּרַשׂ עָנָן לְמָסָךְ
וְאֵשׁ לְהָאִיר אֲפֵלָתָם · וַיּוֹצֵא עַמּוֹ בְּשָׂשׂוֹן בְּחִירָיו בְּרִנָּתָם ·
וַיִּסְעוּ מֵרַעְמְסֵס לְסֻכּוֹת וּמִסֻּכּוֹת לְאֵתָם · וּמֵאֵתָם לִפְנֵי פִּי
הַחִירוֹת הָיְתָה חֲנִיָּתָם · בֵּין מִגְדֹּל וּבֵין הַיָּם בְּאֶמְצָעִיתָם ·
לִפְנֵי בַּעַל צְפוֹן הַנִּשְׁאָר מִכָּל אֱלִילֵי פַחֲזוּתָם · וְלָמָּה נִשְׁאָר
הוּא כְּדֵי לְהַשִּׂיאָם וּלְהַטְעוּתָם · שֶׁיֹּאמְרוּ קָשָׁה יִרְאָתָם
שֶׁלֹּא לָקְתָה כְּמוֹתָם · שָׁם חָנוּ בַּיּוֹם הַשְּׁלִישִׁי לִנְסִיעָתָם ·
וּבָרְבִיעִי מְתַקְּנִים כְּלֵיהֶם וּמַצִּיעִין בְּהֶמְתָּם · וְאָמְרוּ לָהֶם
הָאוּקְטוּרִין בְּמִלָּתָם · הִגִּיעָה תְּחוּם אֲשֶׁר קָבְעוּ לָכֶם
צוֹעֲנִים בְּטוֹבוֹתָם · אֲשֶׁר אֲמַרְתֶּם דֶּרֶךְ שְׁלֹשֶׁת יָמִים נֵלֵךְ
וְנָשׁוּב לַעֲבוֹדוֹתָם · וּגְאוּלִים הֱשִׁיבוּ לֹא יָצָאנוּ בִּרְשׁוּתָם ·
כִּי אִם בְּיָד רָמָה בַּעַל כָּרְחָם שֶׁלֹּא בְּטוֹבוֹתָם · וְהֵם עָנוּ
רוֹצִים וְלֹא רוֹצִים אִישׁ כְּפִי שִׂיחָתָם · סוֹפְכֶם לְקַיֵּם דְּבַר
מַלְכוּת וְלֹא לַעֲבוֹר עַל דַּעְתָּם · וְעָמְדוּ עֲלֵיהֶם וְהִכּוּם וּפְצָעוּם
וְהָרְגוּ מִקְצָתָם · וְהֵם הָלְכוּ וְהִגִּידוּ לְפַרְעֹה כָּל קוֹרוֹתָם ·
וַיֵּהָפֵךְ לִבּוֹ וּלְבַב עַמּוֹ לִרְדּוֹף אוֹתָם · וַיֹּאמֶר מַה זֹּאת
עָשִׂינוּ וַיָּשִׂימוּ עַל עֵקֶב בָּשְׁתָּם · וְאָמְרוּ נְבֻכִים הֵם וְעָבְטוּ
אָרְחוֹתָם · נִרְדְּפָה אַחֲרֵיהֶם וְנִרְאֶה בְּרָעָתָם · וַיֶּאְסֹר אֶת
רִכְבּוֹ בְּעַצְמוֹ כְּדֵי לְזָרְזָם וּלְפַתּוֹתָם · וְאֶת עַמּוֹ לָקַח עִמּוֹ
בִּדְבָרִים לְרַמּוֹתָם · דֶּרֶךְ מְלָכִים לְהִתְנַהֵג אַחֲרֵי חֵילוֹתָם ·

and frogs to destroy them ; he gave their increase to the caterpillar, and their fruit to the locusts : they devoured every herb in their country, and all the fruit of their land : he drstroyed their vines with hail, and their fig-trees with frost ; he gave up their cattle to the hail, and their flocks to the hot thunder-bolts : he sent his fierce anger against them, wrath, indignation, and trouble, to terrify them ; also, by sending evil angels among them ; neither did he withhold their life and soul from death ; but slew all the first-born in Egypt, the first of their juvenile power ; brought his people out with gold and silver, and there was no feebleness in their camp : their dread fell upon the Egyptians, so that they rejoiced at their going out. He spread his cloud over them for a covering, and with a pillar of fire did he give them light by night : thus he brought forth his people with joy, his chosen with shouting. They journeyed from Rameses to Succoth, and from Succoth to Etham ; and from Etham to before Pi-hahiroth was their encampment, between Migdol and the sea, over against Baal-Zephon, that remained of all their frivolous idols. In order to beguile and deceive them ; that they might say, " their God was powerful, for he was smitten like them." There they encamped on the third day of their journey ; and on the fourth, they prepared their vessels, and drew out their cattle *to proceed on their journey;* when their conductors said unto them, ye have reached the bounds that the Egyptians in their goodness allowed you, when ye said, that ye will go a journey of three days, and return to their service ; but the redeemed answered them, we did not come out by their leave, but with a high hand, against their will, not owing to their kindness ; but they answered, will ye, or will ye not? Let every man declare his mind ; however, ye will at last be obliged to perform the king's command, and not infringe it ; they then rose up against them, smote them, and wounded them, and slew some of them ; when they went and told Pharoah all that had happened to them ; then was his heart, and the heart of his people, turned *against them,* to pursue them ; and he said, what is this that we have done? and they were astonished at their shameful past conduct, and said, they are entangled, and their path is perverted ; let us pursue them, and see their calamity ; and he himself made ready his chariot, in order to urge and entice them ; thus he persuaded his people with his deceitful discourse ; *saying,* it is the custom of other kings to

יוצר ליום שביעי של פסח:

וַאֲנִי אַקְדִּים רִאשׁוֹן לְהִלָּחֵם בְּמִלְחַמְתָּם · דֶּרֶךְ מְלָכִים לִטּוֹל חֵלֶק רֵאשִׁית בְּוָתָם · וַאֲנִי אֲשַׁוֶּה עִמָּכֶם בִּשְׁלַל צִבְעֵי רִקְמָתָם · וְעוֹד אֶפְתַּח אוֹצְרוֹתַי וּקְחוּ כָּל שְׂכִיּוֹת הֶחָמְדָתָם · מִיָּד יָצְאוּ כֻלָּם בְּלֵב שָׁלֵם וְעָרְכוּ מַעַרְכוֹתָם · וַיִּקַּח שֵׁשׁ מֵאוֹת רֶכֶב בָּחוּר עִם כָּל כְּלֵי מַשְׁחִיתָם · וְכָל רֶכֶב מִצְרַיִם עִמָּהֶם בְּעֶזְרָתָם · וַיַּשִּׂיגוּ אוֹתָם חוֹנִים עַל הַיָּם בְּמַקְהֵלוֹתָם · וְנָשְׂאוּ עֵינֵיהֶם וְרָאוּ צָרֵיהֶם בְּקִרְבָתָם · חִיל וְרַעַד שָׁם אֲחָזָתַם · וַיִּזְעֲקוּ בִּתְפִלָּה וְתָפְשׂוּ אֱמוּנוֹת אֲבוֹתָם · וְגוֹאֲלָם חָזָק וְנוֹקֵם נִקְמָתָם · וַיֵּרָא בַּצַּר לָהֶם בְּשָׁמְעוֹ אֶת רִנָּתָם · וַיּוֹשִׁיעֵם לְמַעַן שְׁמוֹ וַיִּגְאָלֵם מִצָּרָתָם · מְנוּגָה נֶגְדּוֹ עָבְיוֹ עָבְרוּ בָרָד וְאֵשׁ גַּחַלְתָּם · וַיִּשְׁלַח הִצָּיו וַיְפִיצֵם וּבְרָקִים רָב לְהֻמּוֹתָם · וַיִּגְעַר בְּיַם סוּף וַיֶּחֱרָב וַיּוֹלִיכֵם בַּתְּהוֹמוֹת בִּמְסִלָּתָם · וְשִׁבַּתִּי זֶה עָמְדוּ עַל הַיָּם לֵירֵד בִּירִידָתָם · וְשָׁם בִּנְיָמִין צָעִיר רוֹדֵם וְשָׂרֵי יְהוּדָה רִגְמָתָם · וְכֻלָּם עָבְרוּ בַיַּבָּשָׁה בְּמַיִם עַזִּים נְתִיבָתָם · וְהַמַּיִם לָהֶם חוֹמָה מִימִינָם וּמִשְּׂמֹאלָם בְּהֲלִיכָתָם · וְרֶסֶן מַתְעֶה עַל לְחָיֵי עֲנָמִים לַהֲבִיאָם בַּמַּיִם לְכַלּוֹתָם · וְנִהֲגָם בִּכְבֵדוּת וַיָּסַר אֵת אוֹפַנֵּי מַרְכְּבוֹתָם · וַיָּשֻׁבוּ הַמַּיִם וַיְכַסּוּ אֶת הָרֶכֶב וְאֵת הַפָּרָשִׁים בִּשְׁטִיפָתָם · וְנָגַּעַר פַּרְעֹה וְחֵילוֹ בְּיַם סוּף וְכָל צִבְאוֹתָם · וַיְכַסּוּ מַיִם צָרֵיהֶם אֶחָד מֵהֶם לֹא נוֹתַר בִּשְׁאֵרִיתָם · וִידִידִים עָבְרוּ וְגָזוּ וְרָאוּ פִגְרֵי שׂוֹנְאֵיהֶם בְּמַפַּלְתָּם · וַיַּאֲמִינוּ בִדְבָרוֹ וַיָּשִׁירוּ תְּהִלָּתוֹ בִּישׁוּעָתָם: וְאִלּוּ כָּל הַיַּמִּים דְּיוֹ וַאֲגַמִּים קֻלְמוּסִים · וּבְנֵי אָדָם לַבְלָרִים וִירִיעוֹת אֲרָצוֹת פְּרוּסִים · וְכָל שַׂעֲרוֹת אָדָם פִּיּוֹת וּלְשׁוֹנוֹת מְקַלְּסִין · אֵינָן מַסְפִּיקִין לַחֲקֹר פְּלָאוֹת וְנִסִּים · אַחַת מֵאֶלֶף אַלְפֵי אֲלָפִים וְרִבֵּי רְבָבוֹת הַנַּעֲשִׂים · אֲשֶׁר פָּעַל אָדוֹן לְעַם מִבֶּטֶן עֲמוּסִים · כִּי מִי גוֹי גָּדוֹל אֲשֶׁר בְּנִסִּים מִתְנוֹסְסִים ·

proceed after their armies, but I will be at the head of your battles; it is the custom of other kings to choose the best of the spoil, but I will share equal with you, in the spoil of their costly embroidered garments; moreover, I will open my treasures, that ye may take every precious and desirable thing. Immediately they all went forth with one consent, and arranged their rank; and he took six hundred chosen chariots, with all their destructive weapons; and all the chariots of Egypt with them to assist them; and they overtook them, their whole congregation encamped by the sea; when they lifted up their eyes, and saw their adversaries draw nigh, fear and dread seized them there, and they cried aloud in prayer, after the manner of their ancestors; and their mighty Redeemer took vengeance for their sake; for he saw their trouble, and heard their cry, and he saved them for the sake of his name, and redeemed them from their trouble; from the brightness opposite him, his thick clouds passed with hail-stones, and flashes of lightning; he also sent forth his arrows, and scattered them; he shot forth lightnings, and discomfited them; he rebuked the Red Rea, and it became dry; and he led them through the depths as on a beaten path; then the tribes of the Lord stood by the sea to enter therein; Benjamin, the youngest, entered the sea first; the princes of Judah, attired in purple vestures; they all went through the mighty waters, as in a path on dry land: and the waters were a wall unto them, on the right hand and on the left, as they went; a bridle did the Lord put on the cheeks of the Egyptians, to lead them astray into the water, to destroy them: he led them heavily, for he took off their chariot wheels; and the waters returned, and covered the chariots, and the horsemen, and overflowed them; thus he overthrew Pharoah and all his host in the Red Sea; the waters covered their oppressors, so that not one of them escaped; but the beloved passed quickly through, and saw the plunging carcasses of their enemies; and they believed in the word of God. and sang praise unto him for their deliverance. If all the seas were ink, all the reeds pens, the sons of men scribes, and the surface of the earth paper, and all the hairs of man praising tongues, they would be incapable to inscribe one of the innumerable prodigies and wonders that have been done; which the Lord wrought for the people that were borne from the womb. For, where is there a nation that hath thus been exalted by miracles? Or, hath

אוֹ הֲנִסָּה אֱלֹהִים לָבוֹא לָקַחַת לוֹ גוֹי מִקֶּרֶב שׁוֹסִים ·
בְּמַסּוֹת בְּאוֹתוֹת וּבְמוֹפְתִים וּבְמִלְחָמָה נֶהֱרָסִים · כְּכֹל אֲשֶׁר
עָשָׂה לָנוּ אֲדוֹן כָּל הַמַּעֲשִׂים:

חַסְדֵי יְיָ כִּי לֹא תָמְנוּ · וְלֹא כָלוּ רַחֲמָיו מִמֶּנּוּ · יוֹם יוֹם
יַעֲמוֹס לָנוּ · הָאֵל יְשׁוּעָתֵנוּ · בְּמִצְרַיִם נִגְלָה עֲבוּר לְגָאֳלֵנוּ ·
וּבְכָל צָרָה עִמָּנוּ לְהוֹשִׁיעֵנוּ · לֹא מְאָסָנוּ וְלֹא גְעָלָנוּ
לְכַלּוֹתֵנוּ · וְלֹא עָשָׂה עִמָּנוּ כָּלָה כְּחַטֹּאתֵינוּ · וּבְכָל עֵת
יָדוֹ נְטוּיָה עָלֵינוּ: בְּגָלוּת שִׁנְעָר שִׁלַּח לְמַעֲנֵנוּ · וּבְעֵילָם
שָׂם כִּסְאוֹ לְרַחֲמֵנוּ · וּבַעַבְדוּתֵינוּ לֹא עֲזָבָנוּ אֱלֹהֵינוּ ·
וַיֵּט עָלֵינוּ חֶסֶד לִפְנֵי שׁוֹבֵינוּ · לָתֵת לָנוּ מִחְיָה וּלְרוֹמֵם
בֵּית מְאוֹיֵינוּ · גַּרְנוּ מֶשֶׁךְ עִם קֵדָר לִשְׁכֵנֵינוּ · וְלֹא עָשָׂה כָלָה
עִם שְׁאֵרִיתֵנוּ · וּבְאֶרֶץ נָכְרִיָּה כִּמְעַט שָׁכְנָה דוּמָה נַפְשֵׁנוּ ·
לוּלֵי יְיָ שֶׁהָיָה בְּעֶזְרָתֵנוּ · כִּי בְּכָל פֶּה אֲכָלוּנוּ לְהַדִּיחֵנוּ ·
וְעֻלָּם הַכָּבֵד הִכְבִּידוּ עָלֵינוּ · עַד יֵעָרֶה מִמָּרוֹם רוּחַ לְנַחֲמֵנוּ ·
כִּי יְיָ שׁוֹפְטֵנוּ יְיָ מְחוֹקְקֵנוּ · יְיָ מַלְכֵּנוּ הוּא יוֹשִׁיעֵנוּ · קוֹל
גְּאוּלָה יִשָּׁמַע בְּאַרְצֵנוּ · יְיָ חָנֵּנוּ לְךָ קִוִּינוּ · הֱיֵה זְרוֹעָם
לַבְּקָרִים אַף יְשׁוּעָתֵינוּ · וְלֹא נָסוֹג אָחוֹר מִמֶּךָּ וּתְחַיֵּינוּ ·
תְּמַהֵר לִשְׁכּוֹן כָּבוֹד בְּאַרְצֵנוּ · וְיָבֹא מְבַשֵּׂר שָׁלוֹם לְבַשְּׂרֵנוּ ·
וְיִשְׂאוּ קוֹל לְרַנֵּן כָּל צוֹפֵינוּ · בַּבֹּקֶר חַסְדְּךָ שַׂבְּעֵנוּ ·
וּנְרַנְּנָה וְנִשְׂמְחָה כָּל יָמֵינוּ וְכִימוֹת עִנִּיתָנוּ שַׂמְּחֵנוּ · וּמַעֲשֵׂה
יָדֵינוּ כּוֹנְנָה עָלֵינוּ · הוֹשִׁיעָה יְמִינְךָ וַעֲנֵנוּ · וּמִתְּהוֹמוֹת
הָאָרֶץ תָּשׁוּב תַּעֲלֵנוּ · יְשׁוּעָתְךָ אֱלֹהִים תְּשַׂגְּבֵנוּ · וּנְהַלְלָה
שִׁמְךָ בְּשִׁיר וּנְגַדְּלֶנּוּ: כִּי אֱלֹהִים יוֹשִׁיעַ צִיּוֹן בְּיָמֵינוּ · וְיִבְנֶה

ever a deity assayed to go to take to him a nation from the midst of their spoilers, by proofs, signs, and wonders, and destructive war, as the Lord of all works hath done for us?

חסדי The tender kindnesses of the Lord will never cease; nor will he withhold his merey from us; daily he loadeth us *with benefits;* he is the God of our salvation. In Egypt, he revealed himself to redeem us, and in every affliction was he with us, to save us; he did not reject us, nor abhor us, to exterminate us; nor did he punish us according to our sins; but at all times, his hand was stretched out over us. In our captivity, in Shinar, he hastened to relieve us: and in Elam he placed his throne to compassionate us. In our bondage, our God did not forsake us; he caused even they who led us into captivity, to favour us; to give us sustenance; they again erected the house of our delight (the temple); and when we sojourned with Meshech, and were neighbours with Keder, he did not destroy our remnant. Had not the Lord been our help when we were in those strange countries, we would have been among the silent dead, for every jaw yawned to swallow us up; they laid their heavy yoke upon us, until the spirit from on high was roused to comfort us; for the Lord is our Judge; the Lord is our Law-giver; the Lord is our King; he shall save us: the voice of redemption shall be heard in our land. O Lord, be gracious unto us; in thee alone, we put our trust; be thou our strength every morning, also our salvation. We will never turn back from thee: O revive us again, and hasten to cause thy glory to rest in our land; and may the messenger of peace bring us the good tidings; then all that see us will lift up their voice in song. O satisfy us early with thy mercy, that we may rejoice and be glad all our days; and according to the days wherein thou hast afflicted us, make us rejoice; and establish thou the work of our hands. O save us with thy right hand, and gratify us; and again bring us up from the depths of the earth. Exalt us with thy salvation, O God! and we will praise and magnify thy name; for God will save Zion in our days;

עָרֵי יְהוּדָה וּבָהֶם יוֹשִׁיבֵנוּ · וְזֶרַע עֲבָדָיו וְאוֹהֲבֵי שְׁמוֹ בָּהֶם
יִשְׁכְּנוּ · וּמִבָּשָׁן וּמִמְּצוּלוֹת יָם עֵת תַּעֲלֵנוּ · עֻזָּה אֱלֹהִים זוּ
פָּעַלְתָּ לָנוּ · הַשָּׂם בַּחַיִּים נַפְשֵׁנוּ · וְלֹא נָתַן לַמּוֹט רַגְלֵנוּ ·
כִּי בְחַנְתָּנוּ כִּכְסֹף לְצָרְפֵנוּ · הֲבֵאתָנוּ בַמְּצוּדָה שַׂמְתָּ מוּעָקָה
בְמָתְנֵינוּ · הִרְכַּבְתָּ אֱנוֹשׁ לְרֹאשֵׁנוּ · בָּאנוּ בָאֵשׁ וּבַמַּיִם
לָרְוָיָה תוֹצִיאֵנוּ · תְּחָנֵּנוּ וּתְבָרְכֵנוּ וְתָאִיר פָּנֶיךָ אֵלֵינוּ · תָּאִיר
גֵּרֵינוּ וְתַגִּיהַּ חָשְׁכֵנוּ · חֲזֵה צִיּוֹן קִרְיַת מוֹעֲדֵנוּ : חיז כִּי אִם
שָׁם אַדִּיר יְיָ אֲרוֹגֵנוּ · חָרְבוֹת יְרוּשָׁלַיִם יִפְצְחוּ רְנוּנֵנוּ ·
כִּי נִחַם יְיָ צִיּוֹן בֵּית מִקְדָּשֵׁנוּ · חָשַׂף זְרוֹעַ קָדְשׁוֹ לִנְקוֹם
נִקְמָתֵינוּ · וְרָאוּ כָל אַפְסֵי אָרֶץ אֵת יְשׁוּעַת אֱלֹהֵינוּ · בְּשׁוּבוֹ
עִמָּנוּ מִגָּלוּתֵינוּ · וְיִצְמַח צֶמַח צַדִּיק לַעֲדָתֵינוּ · וְזֶה שְּׁמוֹ אֲשֶׁר
יִקְרְאוֹ יְיָ צִדְקֵנוּ : וְאָז תִּתְגַּדַּל וְתִתְקַדַּשׁ · אֵלִי מַלְכִּי בַקּוֹדֶשׁ ·
נוֹרָא אֱלֹהִים מִמִּקְדָּשׁ קֹדֶשׁ · אֱלֹהִים דַּרְכֶּךָ בַּקּוֹדֶשׁ · מִי
כָמוֹךָ נֶאְדָּר בַּקּוֹדֶשׁ · הַנַּעֲרָץ בְּאֶרְאֶלֵּי קוֹדֶשׁ · וִיהַלְלוּךָ
בְּהַדְרַת קוֹדֶשׁ · וְיִשְׁתַּחֲווּ בְּהַר הַקּוֹדֶשׁ · כְּאֶרְאֶלִּים וְחַשְׁמַלֵּי
קוֹדֶשׁ · יַקְדִּישׁוּ וְיַעֲרִיצוּ בַּקּוֹדֶשׁ · וְקוֹל כַּנְפֵי חַיּוֹת הַקּוֹדֶשׁ ·
כְּקוֹל מַיִם רַבִּים בַּקּוֹדֶשׁ · וְקוֹל אוֹפַנֵּי הַקּוֹדֶשׁ · לְעֻמָּתָם
מִנַּשְּׂאִים בַּקּוֹדֶשׁ · קוֹל רַעַשׁ גָּדוֹל בַּקּוֹדֶשׁ · וְקוֹל דְּמָמָה
דַקָּה בַּקּוֹדֶשׁ · קוֹרְאִים זֶה לָזֶה · וְשׁוֹאֲלִים זֶה לָזֶה · וְנִרְשָׁים
זֶה מִזֶּה · וְזֶה לְעֻמַּת זֶה · וְזֶה כְּנֶגֶד זֶה · וְזֶה מוּל זֶה ·
מִזֶּה וּמִזֶּה · מְשַׁלְּשִׁים בְּשִׁלּוּשׁ קָדוֹשׁ :

Then say על יד בכתוב &c. page 57, after which say half הלל page 61, and whole קדיש.

and rebuild the cities of Judah, and place us therein, that the offspring of his servants, and those that love his name, may dwell in them; at the time that thou wilt bring us again from Bashan and the depths of the sea; then shall we say, the power of God hath wrought this for us; he hath appointed our soul to life, and hath not suffered our feet to slip; for thou didst prove and refine us as silver; thou didst bring us into the net, and didst lay affliction upon our loins; thou didst cause men to ride over our heads; we went through the dangers of fire and water, but thou didst bring us out to enjoy plenty. O be gracious unto us, and cause thy countenance to shine towards us; light up our lamps, and enlighten our darkness. O behold Zion, the city of our festivals; for there only the Omnipotent! the Eternal, our God! is glorified; the waste places of Jerusalem shall then burst forth in song; for the Lord will console Zion, and our holy house. He will make bare his holy arm to avenge our wrongs; all the ends of the earth will behold the salvation of our God, when he will bring us back from captivity; he will cause a righteous branch to spring forth in our congregation; and they will call his name יי צדקנו; and then shall my God, and my King, be magnified, and sanctified in holiness; God is tremendous in holiness; thy way, O God! is in holiness. Who is like unto thee, glorious in holiness? who art reverenced by the holy אראלים (angels); and they shall also praise thee in holy attire, and worship thee in the holy mountain, as the holy angels sanctify and reverence thee in holiness; and the voice of the wings of the holy חיות (angels) is like the voice of many waters? and the voice of the holy ophanim, that raise themselves opposite to them in holiness; *sometimes* with a great impetuous rush, *and sometimes* with a soft holy whisper; alternately they call one to another, and inquire one of another, and ask leave of each other; the one opposite the other, in front of each other, here choirs of angels, and there choirs of angels, all of them proclaiming the threefold sanctification.

## יוצר ליום שביעי של פסח:

Two Manuscripts of the Pentateuch are taken out of the Ark, in the First, the following Portion is read to Five Persons; but if it is Sabbath to Seven.

וַיְהִי בְּשַׁלַּח פַּרְעֹה אֶת־הָעָם וְלֹא־נָחָם אֱלֹהִים דֶּרֶךְ אֶרֶץ פְּלִשְׁתִּים כִּי קָרוֹב הוּא כִּי ׀ אָמַר אֱלֹהִים פֶּן־יִנָּחֵם הָעָם בִּרְאֹתָם מִלְחָמָה וְשָׁבוּ מִצְרָיְמָה: וַיַּסֵּב אֱלֹהִים ׀ אֶת־הָעָם דֶּרֶךְ הַמִּדְבָּר יַם־סוּף וַחֲמֻשִׁים עָלוּ בְנֵי־יִשְׂרָאֵל מֵאֶרֶץ מִצְרָיִם: וַיִּקַּח מֹשֶׁה אֶת־עַצְמוֹת יוֹסֵף עִמּוֹ כִּי הַשְׁבֵּעַ הִשְׁבִּיעַ אֶת־בְּנֵי יִשְׂרָאֵל לֵאמֹר פָּקֹד יִפְקֹד אֱלֹהִים אֶתְכֶם וְהַעֲלִיתֶם אֶת־עַצְמֹתַי מִזֶּה אִתְּכֶם: (בשבת לוי) וַיִּסְעוּ מִסֻּכֹּת וַיַּחֲנוּ בְאֵתָם בִּקְצֵה הַמִּדְבָּר: וַיהֹוָה הֹלֵךְ לִפְנֵיהֶם יוֹמָם בְּעַמּוּד עָנָן לַנְחֹתָם הַדֶּרֶךְ וְלַיְלָה בְּעַמּוּד אֵשׁ לְהָאִיר לָהֶם לָלֶכֶת יוֹמָם וָלָיְלָה: לֹא־יָמִישׁ עַמּוּד הֶעָנָן יוֹמָם וְעַמּוּד הָאֵשׁ לָיְלָה לִפְנֵי הָעָם: פ לוי (בשבת ג) וַיְדַבֵּר יְהֹוָה אֶל־מֹשֶׁה לֵּאמֹר: דַּבֵּר אֶל־בְּנֵי יִשְׂרָאֵל וְיָשֻׁבוּ וְיַחֲנוּ לִפְנֵי פִּי הַחִירֹת בֵּין מִגְדֹּל וּבֵין הַיָּם לִפְנֵי בַּעַל צְפֹן נִכְחוֹ תַחֲנוּ עַל־הַיָּם: וְאָמַר פַּרְעֹה לִבְנֵי יִשְׂרָאֵל נְבֻכִים הֵם בָּאָרֶץ סָגַר עֲלֵיהֶם הַמִּדְבָּר: וְחִזַּקְתִּי אֶת־לֵב־פַּרְעֹה וְרָדַף אַחֲרֵיהֶם וְאִכָּבְדָה בְּפַרְעֹה וּבְכָל־חֵילוֹ וְיָדְעוּ מִצְרַיִם כִּי־אֲנִי יְהֹוָה וַיַּעֲשׂוּ־כֵן: (בשבת ד) וַיֻּגַּד לְמֶלֶךְ מִצְרַיִם כִּי בָרַח הָעָם וַיֵּהָפֵךְ לְבַב פַּרְעֹה וַעֲבָדָיו אֶל־הָעָם וַיֹּאמְרוּ מַה־זֹּאת עָשִׂינוּ כִּי־שִׁלַּחְנוּ אֶת־יִשְׂרָאֵל מֵעָבְדֵנוּ: וַיֶּאְסֹר אֶת־רִכְבּוֹ וְאֶת־עַמּוֹ לָקַח עִמּוֹ: וַיִּקַּח שֵׁשׁ־מֵאוֹת רֶכֶב בָּחוּר וְכֹל רֶכֶב מִצְרָיִם וְשָׁלִשִׁם עַל־כֻּלּוֹ: וַיְחַזֵּק יְהֹוָה אֶת־לֵב פַּרְעֹה מֶלֶךְ מִצְרַיִם וַיִּרְדֹּף אַחֲרֵי בְּנֵי יִשְׂרָאֵל וּבְנֵי יִשְׂרָאֵל יֹצְאִים בְּיָד רָמָה: ג (בשבת ה) וַיִּרְדְּפוּ מִצְרַיִם אַחֲרֵיהֶם וַיַּשִּׂיגוּ אוֹתָם חֹנִים עַל־הַיָּם כָּל־סוּס רֶכֶב פַּרְעֹה וּפָרָשָׁיו וְחֵילוֹ עַל־פִּי הַחִירֹת לִפְנֵי בַּעַל צְפֹן: וּפַרְעֹה הִקְרִיב וַיִּשְׂאוּ בְנֵי־יִשְׂרָאֵל אֶת־עֵינֵיהֶם וְהִנֵּה מִצְרַיִם ׀ נֹסֵעַ אַחֲרֵיהֶם וַיִּירְאוּ מְאֹד וַיִּצְעֲקוּ בְנֵי־יִשְׂרָאֵל אֶל־יְהֹוָה: וַיֹּאמְרוּ אֶל־מֹשֶׁה הֲמִבְּלִי אֵין־קְבָרִים בְּמִצְרַיִם לְקַחְתָּנוּ לָמוּת בַּמִּדְבָּר מַה־זֹּאת עָשִׂיתָ לָּנוּ לְהוֹצִיאָנוּ מִמִּצְרָיִם: הֲלֹא־זֶה הַדָּבָר אֲשֶׁר דִּבַּרְנוּ אֵלֶיךָ

ויהי בשלח פרעה And it came to pass, when Pharoah had sent the people away, that God led them not the way of the land of the Philistines, although it was near: for God said, lest peradventure the people repent when they see war, and they return to Egypt. But God led the people about through the way of the wilderness of the Red Sea; and the children of Israel went up harnessed out of the land of Egypt. And Moses took the bones of Joseph with him; for he had straitly sworn the children of Israel, saying, God will surely visit you; and ye shall carry up my bones away hence with you. And they took their journey from Succoth, and encamped in Etham, in the edge of the wilderness. And the Lord went before them by day in a pillar of a cloud, to lead them the way; and by night in a pillar of fire, to give them light, to go by day and night. He took not away the pillar o the cloud by day, nor the pillar of fire by night, from before the people.

And the Lord spake unto Moses, saying, speak unto the children of Israel, that they turn and encamp before Pi-hahiroth, between Migdol, and the sea, over against Baal-zephon; before it shall ye encamp by the sea. For Pharoah will say of the children of Israel, they are entangled in the land, the wilderness hath shut them in. And I will harden Pharoah's heart, that he shall follow after them, and I will be honoured upon Pharoah, and upon all his host: that the Egyptians may know that I am the Lord. And they did so. And it was told the king of Egypt, that the people fled; and the heart of Pharoah, and of his servants was turned towards the people, and they said, what is this that we have done, that we have let Israel go from serving us? And he made ready his chariot, and took his people with him. And he took six hundred chosen chariots, and all the chariots of Egypt, and captains over every one of them. And the Lord hardened the heart of Pharoah, King of Egypt, and he pursued after the children of Israel; and the children of Israel went out with a high hand.

But the Egyptians pursued after them, all the horses and chariots of Pharoah, and his horsemen, and his army, and overtook them encamping by the sea, beside Pi-hahiroth, before Baal-zephon. And when Pharoah drew nigh, the children of Israel lifted up their eyes, and beheld, the Egyptians marching after them, and they were sore afraid: and the children of Israel cried unto the Lord. And they said unto Moses, is it because there are no graves in Egypt, that thou hast taken us away to die in the wilderness? Wherefore hast thou dealt thus with us, to bring us forth out of Egypt? Is not this the word that we did tell thee in Egypt, saying, let us alone,

בְמִצְרַיִם לֵאמֹר חֲדַל מִמֶּנּוּ וְנַעַבְדָה אֶת־מִצְרָיִם כִּי טוֹב לָנוּ עֲבֹד
אֶת־מִצְרַיִם מִמֻּתֵנוּ בַּמִּדְבָּר: וַיֹּאמֶר מֹשֶׁה אֶל־הָעָם אַל־תִּירָאוּ
הִתְיַצְּבוּ וּרְאוּ אֶת־יְשׁוּעַת יְהוָה אֲשֶׁר־יַעֲשֶׂה לָכֶם הַיּוֹם כִּי אֲשֶׁר
רְאִיתֶם אֶת־מִצְרַיִם הַיּוֹם לֹא תֹסִפוּ לִרְאֹתָם עוֹד עַד־עוֹלָם:
יְהוָה יִלָּחֵם לָכֶם וְאַתֶּם תַּחֲרִשׁוּן: פ ד (בשבת ו) וַיֹּאמֶר יְהוָה
אֶל־מֹשֶׁה מַה־תִּצְעַק אֵלָי דַּבֵּר אֶל־בְּנֵי־יִשְׂרָאֵל וְיִסָּעוּ: וְאַתָּה הָרֵם
אֶת־מַטְּךָ וּנְטֵה אֶת־יָדְךָ עַל־הַיָּם וּבְקָעֵהוּ וְיָבֹאוּ בְנֵי־יִשְׂרָאֵל בְּתוֹךְ
הַיָּם בַּיַּבָּשָׁה: וַאֲנִי הִנְנִי מְחַזֵּק אֶת־לֵב מִצְרַיִם וְיָבֹאוּ אַחֲרֵיהֶם
וְאִכָּבְדָה בְּפַרְעֹה וּבְכָל־חֵילוֹ בְּרִכְבּוֹ וּבְפָרָשָׁיו: וְיָדְעוּ מִצְרַיִם
כִּי־אֲנִי יְהוָה בְּהִכָּבְדִי בְּפַרְעֹה בְּרִכְבּוֹ וּבְפָרָשָׁיו: וַיִּסַּע מַלְאַךְ
הָאֱלֹהִים הַהֹלֵךְ לִפְנֵי מַחֲנֵה יִשְׂרָאֵל וַיֵּלֶךְ מֵאַחֲרֵיהֶם וַיִּסַּע עַמּוּד
הֶעָנָן מִפְּנֵיהֶם וַיַּעֲמֹד מֵאַחֲרֵיהֶם: וַיָּבֹא בֵּין ׀ מַחֲנֵה מִצְרַיִם וּבֵין
מַחֲנֵה יִשְׂרָאֵל וַיְהִי הֶעָנָן וְהַחֹשֶׁךְ וַיָּאֶר אֶת־הַלָּיְלָה וְלֹא־קָרַב
זֶה אֶל־זֶה כָּל־הַלָּיְלָה: וַיֵּט מֹשֶׁה אֶת־יָדוֹ עַל־הַיָּם וַיּוֹלֶךְ יְהוָה ׀
אֶת־הַיָּם בְּרוּחַ קָדִים עַזָּה כָּל־הַלַּיְלָה וַיָּשֶׂם אֶת־הַיָּם לֶחָרָבָה
וַיִּבָּקְעוּ הַמָּיִם: וַיָּבֹאוּ בְנֵי־יִשְׂרָאֵל בְּתוֹךְ הַיָּם בַּיַּבָּשָׁה וְהַמַּיִם
לָהֶם חוֹמָה מִימִינָם וּמִשְּׂמֹאלָם: וַיִּרְדְּפוּ מִצְרַיִם וַיָּבֹאוּ אַחֲרֵיהֶם
כֹּל סוּס פַּרְעֹה רִכְבּוֹ וּפָרָשָׁיו אֶל־תּוֹךְ הַיָּם: וַיְהִי בְּאַשְׁמֹרֶת
הַבֹּקֶר וַיַּשְׁקֵף יְהוָה אֶל־מַחֲנֵה מִצְרַיִם בְּעַמּוּד אֵשׁ וְעָנָן וַיָּהָם אֵת
מַחֲנֵה מִצְרָיִם: וַיָּסַר אֵת אֹפַן מַרְכְּבֹתָיו וַיְנַהֲגֵהוּ בִּכְבֵדֻת וַיֹּאמֶר
מִצְרַיִם אָנוּסָה מִפְּנֵי יִשְׂרָאֵל כִּי יְהוָה נִלְחָם לָהֶם בְּמִצְרָיִם:
חמישי (בשבת ז) פ וַיֹּאמֶר יְהוָה אֶל־מֹשֶׁה נְטֵה אֶת־יָדְךָ עַל־הַיָּם
וְיָשֻׁבוּ הַמַּיִם עַל־מִצְרַיִם עַל־רִכְבּוֹ וְעַל־פָּרָשָׁיו: וַיֵּט מֹשֶׁה אֶת־
יָדוֹ עַל־הַיָּם וַיָּשָׁב הַיָּם לִפְנוֹת בֹּקֶר לְאֵיתָנוֹ וּמִצְרַיִם נָסִים
לִקְרָאתוֹ וַיְנַעֵר יְהוָה אֶת־מִצְרַיִם בְּתוֹךְ הַיָּם: וַיָּשֻׁבוּ הַמַּיִם
וַיְכַסּוּ אֶת־הָרֶכֶב וְאֶת־הַפָּרָשִׁים לְכֹל חֵיל פַּרְעֹה הַבָּאִים אַחֲרֵיהֶם
בַּיָּם לֹא־נִשְׁאַר בָּהֶם עַד־אֶחָד: וּבְנֵי יִשְׂרָאֵל הָלְכוּ בַיַּבָּשָׁה

בְּתוֹךְ הַיָּם וְהַמַּיִם לָהֶם חֹמָה מִימִינָם וּמִשְּׂמֹאלָם

that we may serve the Egyptians? for it had been better for us to serve the Egyptians, than that we should die in the wilderness. And Moses said unto the people, fear ye not, stand still, and see the salvation of the Lord, which he will shew you to-day: for the Egyptians whom ye have seen to-day, ye shall see them again no more for ever. The Lord shall fight for you, and ye shall hold your peace.

And the Lord said unto Moses, wherefore criest thou unto me? speak unto the children of Israel, that they go forward. But lift thou up thy rod, and stretch out thine hand over the sea, and divide it; and the children of Israel shall go on dry ground through the midst of the sea. And I, behold I, will harden the hearts of the Egyptians, and they shall follow them; and I will get me honour upon Pharoah, and upon all his host, upon his chariots, and upon his horsemen. And the Egyptians shall know that I am the Lord, when I have gotten me honour upon Pharoah, and upon his chariots, and upon his horsemen. And the angel of God, which went before the camp of Israel, removed, and went behind them; and the pillar of the cloud went from before their face, and stood behind them. And it came between the camp of the Egyptians, and the camp of Israel; and it was a cloud and darkness to them; but it gave light by night to these; so that the one came not near the other all the night. And Moses stretched out his hand over the sea, and the Lord led the sea with a strong east-wind all that night, and made the sea dry land, and the waters were divided. And the children of Israel went into the midst of the sea upon the dry ground; and the waters were a wall unto them, on their right hand, and on their left. And the Egyptians pursued, and went in after them to the midst of the sea, even all Pharoah's horses, his chariots, and his horsemen. And it came to pass, that in the morning watch, the Lord looked unto the host of the Egyptians, through the pillar of fire, and of the cloud, and troubled the host of the Egyptians. And he took off their chariot-wheels, that they drove heavily; so that the Egyptians said, let us flee from the face of Israel, for the Lord fighteth for them against the Egyptians.

And the Lord said unto Moses, stretch out thine hand over the sea, that the waters may come again upon the Egyptians, upon their chariots, and upon their horsemen. And Moses stretched forth his hand over the sea, and the sea returned to his strength when the morning appeared and the Egyptians fled against it; and the Lord overthrew the Egyptians in the midst of the sea. And the waters returned and covered the chariots, and the horsemen, and all the host of Pharoah that came into the sea after them: there remained not so much as one of them. But the children of Israel walked upon dry land, in the midst of the sea; and the waters were a wall unto them on thei. right hand, and on their left.

## יוצר ליום שביעי של פסח:

וַיּוֹשַׁע יְהֹוָה בַּיּוֹם הַהוּא אֶת־יִשְׂרָאֵל מִיַּד מִצְרָיִם וַיַּרְא יִשְׂרָאֵל אֶת־מִצְרַיִם מֵת עַל־שְׂפַת הַיָּם: וַיַּרְא יִשְׂרָאֵל אֶת־הַיָּד הַגְּדֹלָה אֲשֶׁר עָשָׂה יְהֹוָה בְּמִצְרַיִם וַיִּירְאוּ הָעָם אֶת־יְהֹוָה וַיַּאֲמִינוּ בַּיהֹוָה וּבְמֹשֶׁה עַבְדּוֹ:

פ

אָז יָשִׁיר־מֹשֶׁה וּבְנֵי יִשְׂרָאֵל אֶת־הַשִּׁירָה הַזֹּאת לַיהֹוָה וַיֹּאמְרוּ לֵאמֹר אָשִׁירָה לַיהֹוָה כִּי־גָאֹה גָּאָה סוּס וְרֹכְבוֹ רָמָה בַיָּם: עָזִּי וְזִמְרָת יָהּ וַיְהִי־לִי לִישׁוּעָה זֶה אֵלִי וְאַנְוֵהוּ אֱלֹהֵי אָבִי וַאֲרֹמְמֶנְהוּ: יְהֹוָה אִישׁ מִלְחָמָה יְהֹוָה שְׁמוֹ: מַרְכְּבֹת פַּרְעֹה וְחֵילוֹ יָרָה בַיָּם וּמִבְחַר שָׁלִשָׁיו טֻבְּעוּ בְיַם־סוּף: תְּהֹמֹת יְכַסְיֻמוּ יָרְדוּ בִמְצוֹלֹת כְּמוֹ־אָבֶן: יְמִינְךָ יְהֹוָה נֶאְדָּרִי בַּכֹּחַ יְמִינְךָ יְהֹוָה תִּרְעַץ אוֹיֵב: וּבְרֹב גְּאוֹנְךָ תַּהֲרֹס קָמֶיךָ תְּשַׁלַּח חֲרֹנְךָ יֹאכְלֵמוֹ כַּקַּשׁ: וּבְרוּחַ אַפֶּיךָ נֶעֶרְמוּ מַיִם נִצְּבוּ כְמוֹ־נֵד נֹזְלִים קָפְאוּ תְהֹמֹת בְּלֶב־יָם: אָמַר אוֹיֵב אֶרְדֹּף אַשִּׂיג אֲחַלֵּק שָׁלָל תִּמְלָאֵמוֹ נַפְשִׁי אָרִיק חַרְבִּי תּוֹרִישֵׁמוֹ יָדִי: נָשַׁפְתָּ בְרוּחֲךָ כִּסָּמוֹ יָם צָלֲלוּ כַּעוֹפֶרֶת בְּמַיִם אַדִּירִים: מִי־כָמֹכָה בָּאֵלִם יְהֹוָה מִי כָּמֹכָה נֶאְדָּר בַּקֹּדֶשׁ נוֹרָא תְהִלֹּת עֹשֵׂה פֶלֶא: נָטִיתָ יְמִינְךָ תִּבְלָעֵמוֹ אָרֶץ: נָחִיתָ בְחַסְדְּךָ עַם־זוּ גָּאָלְתָּ נֵהַלְתָּ בְעָזְּךָ אֶל־נְוֵה קָדְשֶׁךָ: שָׁמְעוּ עַמִּים יִרְגָּזוּן חִיל אָחַז יֹשְׁבֵי פְלָשֶׁת: אָז נִבְהֲלוּ אַלּוּפֵי אֱדוֹם אֵילֵי

ויושע יהוה Thus the Lord saved Israel that day, out of the hand of the Egyptians: and Israel saw the Egyptians dead upon the shore of the sea. And Israel saw that great work which the Lord hath done upon the Egyptians: and the people feared the Lord, and believed in the Lord, and in Moses, his servant.

אז ישיר משה Then sang Moses and the children of Israel, this song unto the Lord, and thus did they say:—I will sing unto the Lord, for he hath triumphed gloriously; the horse and his rider hath he thrown into the sea. The Lord is my strength and song, and he is become my salvation; he is my God, and I will prepare a habitation for him, my father's God, and I will exalt him. The Lord is the invincible warrior; the Lord is his name. The chariots and hosts of Pharoah hath he cast into the sea: and his chosen captains are sunk in the Red Sea. The depths have covered them; they sunk down to the bottom as a stone. Thy right hand, O Lord! is become glorious in power; thy right hand, O Lord! hath crushed the enemy. And in the greatness of thy excellency hast thou overthrown those who rose up against thee: thou didst send forth thy wrath, it consumed them as stubble. And with the breath of thy nostrils the waters were heaped together, the floods stood upright as a wall, and the depths were congealed in the heart of the sea. The enemy said, I will pursue, I will overtake, I will divide the spoil: my soul shall be glutted with vengeance upon them; I will unsheath my sword, my hand shall destroy them. Thou didst blow with thy wind, and the sea covered them; they sunk as lead in the mighty waters. Who is like unto thee, O Lord! amongst the mighty? Who is like thee, glorious in holiness tremendous in praises, working miracles? Thou stretchedst out thy right hand, the earth swallowed them. In thy mercy hast thou led forth the people thou hast redeemed; with thy strength hast thou guided them unto thy holy habitation. The nations hear and tremble: sorrow seizes the inhabitants of Palestine. Then shall the dukes of Edom be troubled; trembling shall take

מוֹאָב יֹאחֲזֵמוֹ רָעַד נָמֹגוּ כֹּל

יֹשְׁבֵי כְנָעַן׃ תִּפֹּל עֲלֵיהֶם אֵימָתָה וָפַחַד

בִּגְדֹל זְרוֹעֲךָ יִדְּמוּ כָּאָבֶן עַד־

יַעֲבֹר עַמְּךָ יְהוָה עַד־יַעֲבֹר עַם־זוּ קָנִיתָ׃ תְּבִאֵמוֹ

וְתִטָּעֵמוֹ בְּהַר נַחֲלָתְךָ מָכוֹן

לְשִׁבְתְּךָ פָּעַלְתָּ יְהוָה מִקְּדָשׁ אֲדֹנָי כּוֹנְנוּ יָדֶיךָ׃

יְהוָה ׀ יִמְלֹךְ לְעֹלָם וָעֶד׃

כִּי בָא סוּס פַּרְעֹה בְּרִכְבּוֹ וּבְפָרָשָׁיו בַּיָּם וַיָּשֶׁב יְהוָה עֲלֵהֶם אֶת־מֵי

הַיָּם וּבְנֵי יִשְׂרָאֵל הָלְכוּ בַיַּבָּשָׁה בְּתוֹךְ הַיָּם׃ פ

וַתִּקַּח מִרְיָם הַנְּבִיאָה אֲחוֹת אַהֲרֹן אֶת־הַתֹּף בְּיָדָהּ וַתֵּצֶאןָ כָל־הַנָּשִׁים אַחֲרֶיהָ בְּתֻפִּים וּבִמְחֹלֹת׃ וַתַּעַן לָהֶם מִרְיָם שִׁירוּ לַיהוָה כִּי־גָאֹה גָּאָה סוּס וְרֹכְבוֹ רָמָה בַיָּם׃ ס וַיַּסַּע מֹשֶׁה אֶת־יִשְׂרָאֵל מִיַּם־סוּף וַיֵּצְאוּ אֶל־מִדְבַּר־שׁוּר וַיֵּלְכוּ שְׁלֹשֶׁת־יָמִים בַּמִּדְבָּר וְלֹא־מָצְאוּ מָיִם׃ וַיָּבֹאוּ מָרָתָה וְלֹא יָכְלוּ לִשְׁתֹּת מַיִם מִמָּרָה כִּי מָרִים הֵם עַל־כֵּן קָרָא־שְׁמָהּ מָרָה׃ וַיִּלֹּנוּ הָעָם עַל־מֹשֶׁה לֵּאמֹר מַה־נִּשְׁתֶּה׃ וַיִּצְעַק אֶל־יְהוָה וַיּוֹרֵהוּ יְהוָה עֵץ וַיַּשְׁלֵךְ אֶל־הַמַּיִם וַיִּמְתְּקוּ הַמָּיִם שָׁם שָׂם לוֹ חֹק וּמִשְׁפָּט וְשָׁם נִסָּהוּ׃ וַיֹּאמֶר אִם־שָׁמוֹעַ תִּשְׁמַע לְקוֹל ׀ יְהוָה ׀ אֱלֹהֶיךָ וְהַיָּשָׁר בְּעֵינָיו תַּעֲשֶׂה וְהַאֲזַנְתָּ לְמִצְוֹתָיו וְשָׁמַרְתָּ כָּל־חֻקָּיו כָּל־הַמַּחֲלָה אֲשֶׁר־שַׂמְתִּי בְמִצְרַיִם לֹא־אָשִׂים עָלֶיךָ כִּי אֲנִי יְהוָה רֹפְאֶךָ׃ ס

When the Law is elevated, the Congregation say,

וְזֹאת הַתּוֹרָה אֲשֶׁר שָׂם מֹשֶׁה לִפְנֵי בְּנֵי יִשְׂרָאֵל עַל פִּי יְיָ בְּיַד מֹשֶׁה׃ עֵץ חַיִּים הִיא לַמַּחֲזִיקִים בָּהּ וְתוֹמְכֶיהָ מְאֻשָּׁר׃ דְּרָכֶיהָ דַרְכֵי נֹעַם׃ וְכָל נְתִיבוֹתֶיהָ שָׁלוֹם׃ אֹרֶךְ יָמִים בִּימִינָהּ׃ בִּשְׂמֹאלָהּ עֹשֶׁר וְכָבוֹד׃ יְיָ חָפֵץ לְמַעַן צִדְקוֹ יַגְדִּיל תּוֹרָה וְיַאְדִּיר׃

hold of the mighty men of Moab: all the inhabitants of Canaan shall become faint-hearted. Fear and dread shall fall upon them; by the greatness of thy arm they shall be still as a stone; till thy people pass over, O Lord! till the people pass over, which thou hast purchased. Thou shalt bring them and plant them in the mount of thine inheritance; the place, O Lord! which thou hast made for thy residence; the sanctuary, O Lord! which thy hands have established. The Lord shall reign for ever and ever. For the horse of Pharoah went in with his chariots, and with his horsemen into the sea, and the Lord brought again the waters, of the sea upon them; but the children of Israel went on dry land in the midst of the sea,

And Miriam, the prophetess, the sister of Aaron, took a timbrel in her hand, and all the women went after her, with timbrels, and with dances. And Miriam answered them, sing ye to the Lord, for he hath triumphed gloriously; the horse and his rider hath he thrown into the sea

So Moses brought Israel from the Red Sea; and they went out into the wilderness of Shur; and they went three days in the wilderness, and found no water. And when they came to Marah, they could not drink of the waters of Marah, for they *were* bitter, therefore the name of it was called Marah. And the people murmured against Moses, saying, what shall we drink? And he cried unto the Lord, and the Lord shewed him a tree, which he cast into the waters, and the waters were made sweet; there he made for them a statute, and an ordinance, and there he proved them. And he said, if thou wilt diligently hearken to the voice of the Lord thy God, and wilt do that which is right in his sight, and wilt give ear to his commandments, and keep all his statutes, I will put none of these diseases upon thee, which I have brought upon the Egyptians · for I am the Lord who healeth thee.

וזאת התורה And this is the law which Moses set before the children of Israel, by the command of the Lord by the hand of Moses. It is a tree of life to those that lay hold on it; and the supporters thereof are happy. Its ways are ways of pleasantness, and all its paths are peace. Length of days is on its right-hand on its left are riches and honour. The Lord was pleased for his righteousness sake to magnify the law and adorn it.

In the Second, the following Portion is read to the Maphtir.

וְהִקְרַבְתֶּם אִשֶּׁה עֹלָה לַיהוָֹה פָּרִים בְּנֵי־בָקָר שְׁנַיִם וְאַיִל אֶחָד וְשִׁבְעָה כְבָשִׂים בְּנֵי שָׁנָה תְּמִימִם יִהְיוּ לָכֶם׃ וּמִנְחָתָם סֹלֶת בְּלוּלָה בַשָּׁמֶן שְׁלשָׁה עֶשְׂרֹנִים לַפָּר וּשְׁנֵי עֶשְׂרֹנִים לָאַיִל תַּעֲשׂוּ׃ עִשָּׂרוֹן עִשָּׂרוֹן תַּעֲשֶׂה לַכֶּבֶשׂ הָאֶחָד לְשִׁבְעַת הַכְּבָשִׂים׃ וּשְׂעִיר חַטָּאת אֶחָד לְכַפֵּר עֲלֵיכֶם׃ מִלְּבַד עֹלַת הַבֹּקֶר אֲשֶׁר לְעֹלַת הַתָּמִיד תַּעֲשׂוּ אֶת־אֵלֶּה׃ כָּאֵלֶּה תַּעֲשׂוּ לַיּוֹם שִׁבְעַת יָמִים לֶחֶם אִשֵּׁה רֵיחַ־נִיחֹחַ לַיהוָֹה עַל־עוֹלַת הַתָּמִיד יֵעָשֶׂה וְנִסְכּוֹ׃ וּבַיּוֹם הַשְּׁבִיעִי מִקְרָא־קֹדֶשׁ יִהְיֶה לָכֶם כָּל־מְלֶאכֶת עֲבֹדָה לֹא תַעֲשׂוּ׃

He that reads the Portion from the Prophets, says the following before he begins.

בָּרוּךְ אַתָּה יְיָ אֱלֹהֵינוּ מֶלֶךְ הָעוֹלָם · אֲשֶׁר בָּחַר בִּנְבִיאִים טוֹבִים · וְרָצָה בְדִבְרֵיהֶם הַנֶּאֱמָרִים בֶּאֱמֶת · בָּרוּךְ אַתָּה יְיָ · הַבּוֹחֵר בַּתּוֹרָה וּבְמשֶׁה עַבְדּוֹ וּבְיִשְׂרָאֵל עַמּוֹ · וּבִנְבִיאֵי הָאֱמֶת וָצֶדֶק׃

## הפטרה ליום שביעי של פסח׃

וַיְדַבֵּר דָּוִד לַיהוָֹה אֶת־דִּבְרֵי הַשִּׁירָה הַזֹּאת בְּיוֹם הִצִּיל יְהוָֹה אֹתוֹ מִכַּף כָּל־אֹיְבָיו וּמִכַּף שָׁאוּל׃ וַיֹּאמַר יְהוָֹה סַלְעִי וּמְצֻדָתִי וּמְפַלְטִי־לִי׃ אֱלֹהֵי צוּרִי אֶחֱסֶה־בּוֹ מָגִנִּי וְקֶרֶן יִשְׁעִי מִשְׂגַּבִּי וּמְנוּסִי מֹשִׁעִי מֵחָמָס תֹּשִׁעֵנִי׃ מְהֻלָּל אֶקְרָא יְהוָֹה וּמֵאֹיְבַי אִוָּשֵׁעַ׃ כִּי אֲפָפֻנִי מִשְׁבְּרֵי־מָוֶת נַחֲלֵי בְלִיַּעַל יְבַעֲתֻנִי׃ חֶבְלֵי שְׁאוֹל סַבֻּנִי קִדְּמֻנִי מֹקְשֵׁי־מָוֶת׃ בַּצַּר־לִי אֶקְרָא יְהוָֹה וְאֶל־אֱלֹהַי אֶקְרָא וַיִּשְׁמַע מֵהֵיכָלוֹ קוֹלִי וְשַׁוְעָתִי בְּאָזְנָיו׃ וַ°יִּתְגָּעַשׁ וַתִּרְעַשׁ הָאָרֶץ מוֹסְדוֹת הַשָּׁמַיִם יִרְגָּזוּ וַיִּתְגָּעֲשׁוּ כִּי־חָרָה לוֹ׃ עָלָה עָשָׁן בְּאַפּוֹ וְאֵשׁ מִפִּיו תֹּאכֵל גֶּחָלִים בָּעֲרוּ מִמֶּנּוּ׃ וַיֵּט שָׁמַיִם וַיֵּרַד וַעֲרָפֶל תַּחַת רַגְלָיו׃ וַיִּרְכַּב עַל־כְּרוּב וַיָּעֹף וַיֵּרָא עַל־כַּנְפֵי־רוּחַ׃ וַיָּשֶׁת חֹשֶׁךְ סְבִיבֹתָיו סֻכּוֹת חַשְׁרַת־מַיִם עָבֵי שְׁחָקִים׃ מִנֹּגַהּ נֶגְדּוֹ בָּעֲרוּ גַּחֲלֵי־אֵשׁ׃ יַרְעֵם מִן־שָׁמַיִם יְהוָֹה וְעֶלְיוֹן יִתֵּן קוֹלוֹ׃ וַיִּשְׁלַח חִצִּים וַיְפִיצֵם בָּרָק

° ויתגעש קרי׃

והקרבתם But ye shall offer a sacrifice made by fire for a burnt-offering unto the Lord; two young bulls, and one ram, and seven lambs of the first year; they shall be unto you without blemish. And their meat-offering shall be of flour mingled with oil; three tenth-deals shall ye offer for a bull, and two tenth-deals for a ram; a several tenth-deal shalt thou offer for every lamb, throughout the seven lambs; and one goat for a sin-offering, to make an atonement for you. Ye shall offer these beside the burnt-offering in the morning, which is for a continual burnt-offering. After this manner ye shall offer daily throughout the seven days, the meat of the sacrifice made by fire, of a sweet savour unto the Lord; it shall be offered beside the continual burnt-offering, and its drink-offering. And on the seventh day ye shall have an holy convocation; ye shall do no servile work.

ברוך אתה Blessed art thou, O Lord, our God; King of the universe; who hath chosen good prophets, and delighted in their words, which were delivered in truth. Blessed art thou, O Lord! who hath chosen the law, his servant Moses, his people Israel, and the true and righteous prophets.

### PORTION FROM THE PROPHETS FOR THE SEVENTH DAY OF THE FEAST OF PASSOVER.

וידבר דוד ליהוה And David spake unto the Lord the words of this song, in the day that the Lord had delivered him out of the hand of all his enemies, and out of the hand of Saul. And he said, the Lord is my rock and my fortress, and my deliverer; the God of my rock, in him will I trust; he is my Shield, and the horn of my salvation, my high tower, and my refuge, my Saviour, who saveth me from violence. I will call on the Lord, who is worthy to be praised; so shall I be saved from mine enemies. When the waves of death compassed me; the floods of ungodly men made me afraid. The sorrows of hell compassed me about; the snares of death prevented me. In my distress I called upon the Lord, and cried to my God, and he heard my voice from his temple, and my cry entered into his ears. Then the earth shook, and trembled; the foundations of heaven moved and shook, because he was wroth. There went up a smoke out of his nostrils, and fire out of his mouth, which devoured; coals were kindled by it. He bowed the heavens also, and came down; and thick darkness was under his feet. And he rode upon a cherub, and did fly; and he was seen upon the wings of the wind. And he made darkness, pavilions round about him, binding of waters, and thick clouds of the skies. Through the brightness before him were coals of fire kindled. The Lord thundered from heaven, and the Most High uttered his voice. And he sent out arrows, and scattered them; lightning, and

וַיְהֻמֵּם׃ וַיֵּרָאוּ אֲפִקֵי יָם יִגָּלוּ מֹסְדוֹת תֵּבֵל בְּגַעֲרַת יְהוָה מִנִּשְׁמַת
רוּחַ אַפּוֹ׃ יִשְׁלַח מִמָּרוֹם יִקָּחֵנִי יַמְשֵׁנִי מִמַּיִם רַבִּים׃ יַצִּילֵנִי מֵאֹיְבִי
עָז מִשֹּׂנְאַי כִּי אָמְצוּ מִמֶּנִּי׃ יְקַדְּמֻנִי בְּיוֹם אֵידִי וַיְהִי יְהוָה מִשְׁעָן לִי׃
וַיֹּצֵא לַמֶּרְחָב אֹתִי יְחַלְּצֵנִי כִּי־חָפֵץ בִּי׃ יִגְמְלֵנִי יְהוָה כְּצִדְקָתִי כְּבֹר
יָדַי יָשִׁיב לִי׃ כִּי שָׁמַרְתִּי דַּרְכֵי יְהוָה וְלֹא רָשַׁעְתִּי מֵאֱלֹהָי׃ כִּי
כָל־מִשְׁפָּטָו לְנֶגְדִּי וְחֻקֹּתָיו לֹא־אָסוּר מִמֶּנָּה׃ וָאֶהְיֶה תָמִים לוֹ
וָאֶשְׁתַּמְּרָה מֵעֲוֹנִי׃ וַיָּשֶׁב יְהוָה לִי כְּצִדְקָתִי כְּבֹרִי לְנֶגֶד עֵינָיו׃
עִם־חָסִיד תִּתְחַסָּד עִם־גִּבּוֹר תָּמִים תִּתַּמָּם׃ עִם־נָבָר תִּתָּבָר וְעִם־
עִקֵּשׁ תִּתַּפָּל׃ וְאֶת־עַם עָנִי תּוֹשִׁיעַ וְעֵינֶיךָ עַל־רָמִים תַּשְׁפִּיל׃ כִּי־
אַתָּה נֵירִי יְהוָה וַיהוָה יַגִּיהַּ חָשְׁכִּי׃ כִּי בְכָה אָרוּץ גְּדוּד בֵּאלֹהַי
אֲדַלֶּג־שׁוּר׃ הָאֵל תָּמִים דַּרְכּוֹ אִמְרַת יְהוָה צְרוּפָה מָגֵן הוּא לְכֹל
הַחֹסִים בּוֹ׃ כִּי מִי־אֵל מִבַּלְעֲדֵי יְהוָה וּמִי־צוּר מִבַּלְעֲדֵי אֱלֹהֵינוּ׃
הָאֵל מָעוּזִּי חָיִל וַיַּתֵּר תָּמִים דַּרְכּוֹ׃ מְשַׁוֶּה רַגְלָיו כָּאַיָּלוֹת וְעַל־
בָּמֹתַי יַעֲמִדֵנִי׃ מְלַמֵּד יָדַי לַמִּלְחָמָה וְנִחַת קֶשֶׁת־נְחוּשָׁה זְרֹעֹתָי׃
וַתִּתֶּן־לִי מָגֵן יִשְׁעֶךָ וַעֲנֹתְךָ תַּרְבֵּנִי׃ תַּרְחִיב צַעֲדִי תַּחְתֵּנִי וְלֹא
מָעֲדוּ קַרְסֻלָּי׃ אֶרְדְּפָה אֹיְבַי וָאַשְׁמִידֵם וְלֹא אָשׁוּב עַד־כַּלּוֹתָם׃
וָאֲכַלֵּם וָאֶמְחָצֵם וְלֹא יְקוּמוּן וַיִּפְּלוּ תַּחַת רַגְלָי׃ וַתַּזְרֵנִי חַיִל
לַמִּלְחָמָה תַּכְרִיעַ קָמַי תַּחְתֵּנִי׃ וְאֹיְבַי תַּתָּה לִּי עֹרֶף מְשַׂנְאַי
וָאַצְמִיתֵם׃ יִשְׁעוּ וְאֵין מֹשִׁיעַ אֶל־יְהוָה וְלֹא עָנָם׃ וְאֶשְׁחָקֵם כַּעֲפַר
אֶרֶץ כְּטִיט־חוּצוֹת אֲדִקֵּם אֶרְקָעֵם׃ וַתְּפַלְּטֵנִי מֵרִיבֵי עַמִּי תִּשְׁמְרֵנִי
לְרֹאשׁ גּוֹיִם עַם לֹא־יָדַעְתִּי יַעַבְדֻנִי׃ בְּנֵי נֵכָר יִתְכַּחֲשׁוּ־לִי לִשְׁמוֹעַ
אֹזֶן יִשָּׁמְעוּ לִי׃ בְּנֵי נֵכָר יִבֹּלוּ וְיַחְגְּרוּ מִמִּסְגְּרוֹתָם׃ חַי־יְהוָה
וּבָרוּךְ צוּרִי וְיָרֻם אֱלֹהֵי צוּר יִשְׁעִי׃ הָאֵל הַנֹּתֵן נְקָמֹת לִי וּמוֹרִיד
עַמִּים תַּחְתֵּנִי׃ וּמוֹצִיאִי מֵאֹיְבָי וּמִקָּמַי תְּרוֹמְמֵנִי מֵאִישׁ חֲמָסִים
תַּצִּילֵנִי׃ עַל־כֵּן אוֹדְךָ יְהוָה בַּגּוֹיִם וּלְשִׁמְךָ אֲזַמֵּר׃ מִגְדִּיל יְשׁוּעוֹת
מַלְכּוֹ וְעֹשֶׂה־חֶסֶד לִמְשִׁיחוֹ לְדָוִד וּלְזַרְעוֹ עַד־עוֹלָם׃

**Then say · אשרי · יהללו · תפלת מוסף · אין כאלהינו · עלינו as on the First Day.**

---

° ויהם קרי׃ ° משפטיו קרי׃ ° דרכי קרי׃ ° רגלי קרי׃
° מגדול קרי

discomfited them. And the channels of the sea appeared; the foundations of the world were discovered at the rebuke of the Lord, at the blast of the breath of his nostrils. He sent from above, he took me; he drew me out of many waters. He delivered me from my strong enemy, and from them that hated me; for they were too strong for me. They prevented me in the day of my calamity; but the Lord was my stay. He brought me forth also into a large place; he delivered me, because he delighted in me. The Lord rewarded me according to my righteousness; according to the purity of my hands hath he recompensed me. For I have kept the ways of the Lord, and have not wickedly departed from my God. For all his judgments were before me; and as for his statutes, I did not depart from them. I was also upright before him, and have kept myself from mine iniquity. The Lord therefore hath recompensed me according to my righteousness; according to my cleanness in his eye-sight. With the merciful thou wilt shew thyself merciful, and with the upright man thou wilt shew thyself upright. With the pure thou wilt shew thyself pure; and with the froward, thou wilt shew thyself unsavoury. And the afflicted people thou wilt save; but thine eyes are upon the haughty, that thou mayest bring them down. For thou art my lamp, O Lord! and the Lord will lighten my darkness. For by thee, I have run through a troop; by my God have I leaped over a wall. As for God, his way is perfect; the word of the Lord is tried, he is a buckler to all them that trust in him. For who is God, save the Lord? and who is a rock, save our God? God is my strength and power; and he maketh my way perfect. He maketh my feet equal to the hind's; setteth me upon my high places. He teacheth my hands to war; so that a bow of steel is broken by mine arms. Thou hast also given me the shield of thy salvation; and thy gentleness hath made me great. Thou hast enlarged my steps under me, so that my feet did not slip. I have pursued mine enemies, and destroyed them; and turned not again, until I had consumed them. And I have consumed them, and wounded them, that they could not rise; yea, they are fallen under my feet. For thou hast girded me with strength to battle; those who rose up against me, hast thou subdued under me. Thou hast also given me the necks of mine enemies, that I might destroy them that hate me. They looked, but there was none to save; even to the Lord, but he answered them not. Then did I beat them as small as the dust of the earth, I did stamp them as the mire of the streets, and did spread them abroad. Thou hast also delivered me from the strivings of my people, thou hast preserved me to be head of the heathen; people which I knew not shall serve me. Strangers shall submit themselves unto me; as soon as they hear, they shall be obedient unto me. Strangers shall fade away, and they shall be afraid out of their close places. The Lord liveth, and blessed be my rock; and exalted be the God of the rock of my salvation. It is God that avengeth me, and that subdueth the people under me; and that bringeth me forth from mine enemies; thou also hast lifted me up on high above them that rose up against me; thou hast delivered me from the violent man. Therefore I will give thanks unto thee, O Lord! among the heathen, and I will sing praises unto thy name. The tower of salvation is his king; and sheweth mercy to his anointed, unto David, and to his seed for evermore.

# מעריב ליל אחרון של פסח:

During the time the Reader says ברכו the Congregation say יתברך.

חזן בָּרְכוּ אֶת יְיָ הַמְבֹרָךְ:

קהל וחזן בָּרוּךְ יְיָ הַמְבֹרָךְ לְעוֹלָם וָעֶד:

בָּרוּךְ אַתָּה יְיָ אֱלֹהֵינוּ מֶלֶךְ הָעוֹלָם · אֲשֶׁר בִּדְבָרוֹ מַעֲרִיב עֲרָבִים בְּחָכְמָה פּוֹתֵחַ שְׁעָרִים וּבִתְבוּנָה מְשַׁנֶּה עִתִּים וּמַחֲלִיף אֶת הַזְּמַנִּים וּמְסַדֵּר אֶת הַכּוֹכָבִים · בְּמִשְׁמְרוֹתֵיהֶם בָּרָקִיעַ כִּרְצוֹנוֹ בּוֹרֵא יוֹם וָלָיְלָה גּוֹלֵל אוֹר מִפְּנֵי חֹשֶׁךְ וְחֹשֶׁךְ מִפְּנֵי אוֹר · וּמַעֲבִיר יוֹם וּמֵבִיא לָיְלָה · וּמַבְדִּיל בֵּין יוֹם וּבֵין לָיְלָה יְיָ צְבָאוֹת שְׁמוֹ: אֵל חַי וְקַיָּם תָּמִיד יִמְלוֹךְ עָלֵינוּ לְעוֹלָם וָעֶד:

יִתְבָּרַךְ וְיִשְׁתַּבַּח וְיִתְפָּאַר וְיִתְרוֹמַם וְיִתְנַשֵּׂא שְׁמוֹ שֶׁל מֶלֶךְ מַלְכֵי הַמְּלָכִים הַקָּדוֹשׁ בָּרוּךְ הוּא שֶׁהוּא רִאשׁוֹן וְהוּא אַחֲרוֹן וּמִבַּלְעָדָיו אֵין אֱלֹהִים סֹלּוּ לָרֹכֵב בָּעֲרָבוֹת בְּיָהּ שְׁמוֹ וְעִלְזוּ לְפָנָיו וּשְׁמוֹ מְרוֹמָם עַל כָּל בְּרָכָה וּתְהִלָּה: בָּרוּךְ שֵׁם כְּבוֹד מַלְכוּתוֹ לְעוֹלָם וָעֶד: יְהִי שֵׁם יְיָ מְבֹרָךְ מֵעַתָּה וְעַד עוֹלָם:

וַיּוֹשַׁע אוֹמֶן אֶשְׁכֹּלוֹת פֶּרַח קֹדֶשׁ תְּהִלָּה · וַיַּרְא בְּעָנְיִי וְקוֹשִׁי נוֹרָא עֲלִילָה · אָז גָּדְלָתוֹ הִפְלִיא וְהֵאִיר אֲפֵלָה ◦ אֱלוֹהַּ עֹשִׂי נֹתֵן זְמִרוֹת בַּלָּיְלָה: בָּרוּךְ אַתָּה יְיָ · הַמַּעֲרִיב עֲרָבִים:

# EVENING SERVICE

### FOR THE LAST NIGHT OF THE

# FEAST OF PASSOVER.

*Reader.* Bless ye the Lord, who is ever blessed.

*Congregation answer.*

ברוך Blessed be the Lord, who is blessed for ever and evermore.

ברוך אתה Blessed art thou, O Eternal, our God! King of the universe, who with thy word causeth the twilight of the evening, with wisdom openeth the gates of the heavens, and with understanding altereth the seasons, changeth the times, regulateth the stars, and placeth them in their circular motion in the firmament, according to thy will. Thus hast thou created day and night; thou rollest the light apart, because of the darkness; and the darkness because of the light: and passeth away the day and bringest night; and maketh a division between day and night. Eternal! Lord of Hosts! is thy name. O Omnipotent, living, and ever-existing God! reign over us, continually, and for evermore.

יתברך Blessed, praised, glorified, extolled, and exalted, shall be the holy name, of the Supreme King of Kings! blessed is he; for he is the first and the last, and besides him there is no God. Extol him who causeth the uppermost sphere to move by his name JAH! Rejoice before him; for his name is exalted above all blessing and praise. Blessed be the name of the glory of his kingdom for ever and ever. Blessed be the name of the Lord from henceforth and for evermore.

ויושע The Eternal saved the holy vine (Israel), that which he reared for his praise; he who is tremendous in works, saw their severe affliction; then he shewed himself great and wonderful, and provided them with light in darkness; unto the Omnipotent, my maker! they chaunt songs in the night. Blessed art thou, O Lord! who causeth the twilight of the evening.

אַהֲבַת עוֹלָם בֵּית יִשְׂרָאֵל עַמְּךָ אָהָבְתָּ · תּוֹרָה וּמִצְוֹת חֻקִּים וּמִשְׁפָּטִים · אוֹתָנוּ לִמַּדְתָּ · עַל כֵּן יְיָ אֱלֹהֵינוּ בְּשָׁכְבֵנוּ וּבְקוּמֵנוּ נָשִׂיחַ בְּחֻקֶּיךָ · וְנִשְׂמַח בְּדִבְרֵי תוֹרָתֶךָ וּבְמִצְוֹתֶיךָ לְעוֹלָם וָעֶד · כִּי הֵם חַיֵּינוּ וְאוֹרֶךְ יָמֵינוּ וּבָהֶם נֶהְגֶּה יוֹמָם וָלָיְלָה · וְאַהֲבָתְךָ אַל תָּסִיר מִמֶּנּוּ לְעוֹלָמִים :

עֻזִּי הָרִים דִּלֵּג כְּזָכַר בְּרִית אָבוֹת וָחֶסֶד · וּגְבָעוֹת קִפֵּץ טָהוֹר כֹּל יָסַד · זֶרַע אַהֲבַת חוֹלַת שְׁמַע לְהִוָּסֵד · וְאַהֲבַת עוֹלָם אֲהַבְתִּיךָ עַל כֵּן מְשַׁכְתִּיךָ חָסֶד · בָּרוּךְ אַתָּה יְיָ אוֹהֵב עַמּוֹ יִשְׂרָאֵל :

Then say, שמע ישראל page 3.

אֱמֶת וֶאֱמוּנָה כָּל־זֹאת וְקַיָּם עָלֵינוּ כִּי הוּא יְיָ אֱלֹהֵינוּ וְאֵין זוּלָתוֹ וַאֲנַחְנוּ יִשְׂרָאֵל עַמּוֹ הַפּוֹדֵנוּ מִיַּד־מְלָכִים מַלְכֵּנוּ הַגּוֹאֲלֵנוּ מִכַּף כָּל־הֶעָרִיצִים הָאֵל הַנִּפְרָע לָנוּ מִצָּרֵינוּ וְהַמְשַׁלֵּם גְּמוּל לְכָל־אוֹיְבֵי נַפְשֵׁנוּ הָעֹשֶׂה גְדֹלוֹת עַד־אֵין חֵקֶר נִסִּים וְנִפְלָאוֹת עַד־אֵין מִסְפָּר : הַשָּׂם נַפְשֵׁנוּ בַּחַיִּים וְלֹא־נָתַן לַמּוֹט רַגְלֵנוּ הַמַּדְרִיכֵנוּ עַל־בָּמוֹת אוֹיְבֵינוּ וַיָּרֶם קַרְנֵנוּ עַל־כָּל־שׂוֹנְאֵינוּ : הָעֹשֶׂה־לָּנוּ נִסִּים וּנְקָמָה בְּפַרְעֹה אוֹתוֹת וּמוֹפְתִים בְּאַדְמַת בְּנֵי־חָם : הַמַּכֶּה בְעֶבְרָתוֹ כָּל בְּכוֹרֵי מִצְרָיִם וַיּוֹצֵא אֶת־עַמּוֹ יִשְׂרָאֵל מִתּוֹכָם לְחֵרוּת עוֹלָם : הַמַּעֲבִיר בָּנָיו בֵּין גִּזְרֵי יַם־סוּף אֶת־רוֹדְפֵיהֶם וְאֶת־שׂוֹנְאֵיהֶם בִּתְהוֹמוֹת טִבַּע : וְרָאוּ בָנָיו גְּבוּרָתוֹ שִׁבְּחוּ וְהוֹדוּ לִשְׁמוֹ וּמַלְכוּתוֹ בְּרָצוֹן קִבְּלוּ עֲלֵיהֶם · מֹשֶׁה וּבְנֵי יִשְׂרָאֵל לְךָ עָנוּ שִׁירָה :

פֶּסַח אָשְׁרוּ בְּאוֹר הַחַיִּים לָאוֹר · וּלְכָל בְּנֵי יִשְׂרָאֵל הָיָה אוֹר · פֶּסַח מִצְרַיִם :

אהבת עולם With eternal love hast thou loved the house of Israel thy people: thou hast taught us laws and commandments, statutes, and judgments; therefore, O Lord, our God! when we lie down, and when we rise up, we will discourse of thy statutes, and we will rejoice in the words of thy law, and in thy commandments, for ever and ever; for they are our life, and the prolongation of our days, and in them we will meditate day and night. Therefore, we beseech thee, withdraw not thy love from us for ever..

עזי He who is my strength leaped over the mountains when in his mercy he remembered the covenant *made* with my ancestors; *he who is* pure, and created all, hastened over the hills to found the welfare of his love-sick people (Israel). I have ever loved thee, therefore I have extended kindness unto thee. Blessed art thou, O Lord! thou lovest thy people Israel.

אמת ואמונה All this is truth and certainty, and irrefutable; that the Eternal is our God, and besides him there is none; we [Israel] are his people, whom he hath redeemed from the hands of kings; he is our King, who hath delivered us from the power of tyrants; he is the Almighty, who hath avenged us on our adversaries, and who gave a just reward unto all our enemies; who doeth great things, which cannot be investigated; yea, wonders and miracles without number; who did keep us alive, and suffered not our feet to slip: he caused us to tread on the high places of our enemies, and exalted our horn over all our adversaries. For our sake, he performed miracles, and was revenged on Pharoah; he performed prodigies and tokens in the land of the children of Ham. Who in his wrath smote all the first born of Egypt, and brought out his people Israel from amongst them unto perpetual liberty, and conducted his children between the divisions of the Red Sea. Their pursuers, and their enemies, he caused to sink in the deep; his children did see his mighty power; they praised his name, and with pleasure and cheerfulness they acknowledged him their Sovereign. Moses and the children of Israel, sang unto thee.

פסח On the passover, they were favoured, and enlightened with the everlasting light; as is said, "but all the children of Israel had light." *This was on* the passover of Egypt.

פֶּסַח בְּאוֹת זֶה עוֹד לְהִתְבָּרֵךְ · קוּמִי אוֹרִי כִּי בָא אוֹרֵךְ ·
פֶּסַח לֶעָתִיד :

פֶּסַח גְּאוּלִים אָז הִלְלוּהוּ · וַיּוֹשַׁע יְיָ בַּיּוֹם הַהוּא ·
פֶּסַח מִצְרַיִם :

פֶּסַח דֶּגֶל יָחִישׁ יְשַׁעֵנוּ · יְיָ מַלְכֵּנוּ הוּא יוֹשִׁיעֵנוּ ·
פֶּסַח לֶעָתִיד :

פֶּסַח הוּמְרְרוּ בְּקוֹשִׁי וְנִלְאוּ · מִמָּחֳרַת הַפֶּסַח יָצְאוּ ·
פֶּסַח מִצְרַיִם :

פֶּסַח וְיוֹם נָקָם תִּרְאוּ · כִּי בְשִׂמְחָה תֵצֵאוּ · פֶּסַח לֶעָתִיד :

פֶּסַח זַכִּים אֵימוּ לְעָצְמָה · וְהַמַּיִם לָהֶם חוֹמָה · פֶּסַח מִצְרַיִם :

פֶּסַח חוֹכָיו טוּבוֹ לְהַנְחִילָם · וְעַל מַבּוּעֵי מַיִם יְנַהֲלֵם ·
פֶּסַח לֶעָתִיד :

פֶּסַח טָהוֹר עֲנָוְתוֹ הִרְבָּה עֲלֵיהֶם · וַיְיָ הוֹלֵךְ לִפְנֵיהֶם ·
פֶּסַח מִצְרַיִם :

פֶּסַח יָעִיר נְאֻם חֶזְיוֹנַי · כִּי הוֹלֵךְ לִפְנֵיהֶם יְיָ · פֶּסַח לֶעָתִיד :

פֶּסַח כְּרָאוּי עָנְתָה נְבִיאָה · שִׁירוּ לַיְיָ כִּי גָאֹה גָּאָה ·
פֶּסַח מִצְרַיִם :

פֶּסַח לוֹחֲצֵנוּ יִהְיוּ לִמְשִׁסָּה · זַמְּרוּ יְיָ כִּי גֵאוּת עָשָׂה ·
פֶּסַח לֶעָתִיד :

פֶּסַח מְנַעֵם שִׁיר הוֹדָיָה · עָזִּי וְזִמְרָת יָהּ · פֶּסַח מִצְרַיִם :

פֶּסַח נִגֵּן שִׁיר הֲמוֹנַי · כִּי עָזִּי וְזִמְרָת יָהּ יְיָ · פֶּסַח לֶעָתִיד :

פֶּסַח סְגוּלִים לָשׁוּב לִמְאֵנִים · הָלְכוּ בַיַּבָּשָׁה בְּתוֹךְ הַיָּם ·
פֶּסַח מִצְרַיִם :

פֶּסַח עָתִיד לְהָשִׁיב שְׁבִיִּם · מֵחֲמַת וּמֵאִיֵּי הַיָּם · פֶּסַח לֶעָתִיד :

On the passover, will they again be blessed with this sign; as is said, " arise, shine, for thy light is come." *This will be on the future passover.*

On the passover, the redeemed praised him; for he, the Eternal! saved them on that day: *on the passover of Egypt.*

On the passover, he, the Most Exalted! will hasten our salvation; for the Lord is our King, he will help us: *on the future passover.*

On the passover, their lives were embittered; they were wearied with hard labour, and on the morrow of the passover, they went forth: *on the passover of Egypt.*

On the passover, ye shall also see the day of vengeance; for ye shall go forth in joy: *on the future passover.*

On the passover, the pure ones were afraid to encounter *their enemies;* but the waters were a wall to them: *on the passover of Egypt.*

On the passover, he will make those that hope in him to inherit his goodness; and will lead them by the flowing springs of water: *on the future passover.*

On the passover, he who is most pure, increased his condescension towards them; for he, the Eternal! went before them: *on the passover of Egypt.*

On the passover, will he fulfil the promise of the prophets; for the Lord will go before you; *on the future passover.*

On the passover, the prophetess מרים proclaimed properly; saying, sing ye to the Lord, for he hath triumphed gloriously: *on the passover of Egypt.*

On the passover, our oppressors will become a spoil; then will they say, praise ye the Lord, for he hath triumphed; *on the future passover.*

On the passover, they sweetly sang praise: saying, the Lord is my strength and song; *on the passover of Egypt.*

On the passover, my multitude will tune the song; saying, the Lord God is my strength and song; *on the future passover.*

On the passover, the peculiarly beloved people, when they went to the delightful place (the temple), they walked upon dry *land* in the midst of the sea; *on the passover of Egypt.*

On the passover, will he hereafter bring back their captives; from חמת and the isles of the sea: *on the future passover.*

פֶּסַח פּוֹרְכִים נָסוּ לִפְנֵיהֶם · כִּי יְיָ נִלְחָם לָהֶם · פֶּסַח מִצְרַיִם:
פֶּסַח צוֹרְרֵיהֶם בְּשֶׁקֶט נִיחָם · וְיָצָא יְיָ וְנִלְחַם · פֶּסַח לֶעָתִיד:
פֶּסַח קֶרֶץ נָאוּר הֲרָעָם · וַתֶּחֱזַק מִצְרַיִם עַל הָעָם ·
פֶּסַח מִצְרַיִם:
פֶּסַח רוּחַ עָרִיצִים לְהַנְשִׁים · יַחֲזִיק עֲשָׂרָה אֲנָשִׁים ·
פֶּסַח לֶעָתִיד:
פֶּסַח שְׁאָרָם נָמַק וְנִכְחַד · לֹא נִשְׁאַר בָּהֶם עַד אֶחָד ·
פֶּסַח מִצְרַיִם:
פֶּסַח תִּתֵּן יְשׁוּעוֹת חוֹסָיו · וְלֹא יִהְיֶה שָׂרִיד לְבֵית עֵשָׂו ·
פֶּסַח לֶעָתִיד:
פֶּסַח תּוֹפְפוּ יוֹנְקִים לְיַהֲדֵרוּהוּ · זֶה אֵלִי וְאַנְוֵהוּ · פֶּסַח מִצְרַיִם:
פֶּסַח יְקָרִים יֹאמְרוּ כָּזֶה · הִנֵּה אֱלֹהֵינוּ זֶה · פֶּסַח לֶעָתִיד:
פֶּסַח קְדוֹשָׁה נִקְבָה בַּעֲלִיזוּת · אֶת הַשִּׁירָה הַזֹּאת ·
פֶּסַח מִצְרַיִם:
פֶּסַח וְגֶבֶר יְסוֹבֵב וִיוֹקְדָשׁ · שִׁירוּ לַיְיָ שִׁיר חָדָשׁ ·
פֶּסַח לֶעָתִיד:
פֶּסַח תְּבִיעַת עֲנִוֵּי קְפַצְתָּ · וּמְבִית כֶּלֶא עַם זוּ קָנִיתָ ·
פֶּסַח מִצְרַיִם:
פֶּסַח יַחֲשׂוֹף זְרוֹעוֹ וְתַעֲצוּמוֹ · לִקְנוֹת אֶת שְׁאָר עַמּוֹ ·
פֶּסַח לֶעָתִיד:
פֶּסַח אוֹהֲבָיו הוֹצִיא צָהֳרַיִם · וַיָּהָם אֶת מַחֲנֵה מִצְרַיִם ·
פֶּסַח מִצְרַיִם:
פֶּסַח לְהָשִׁיב לָהֶם גְּמוּלֵיהֶם · מְהוּמַת יְיָ רַבָּה בָּהֶם ·
פֶּסַח לֶעָתִיד:
פֶּסַח בִּרְאוֹתָם נָמוּ לְסַלְסְלָה · אֶת הַיָּד הַגְּדוֹלָה ·
פֶּסַח מִצְרַיִם:

On the passover, they that made them *labour with rigour*, fled before them; for the Lord fought for them; *on the passover of Egypt.*

On the passover, the Lord will go forth and fight against the adversaries of those whom he had led gently; *on the future passover.*

On the passover, he who is Omniscient, made the Egyptians roar with excision; and the Egyptians were urgent upon the people; *on the passover of Egypt.*

On the passover, he will cut off the spirit of the powerful; and ten men will lay hold: *on the future passover.*

On the passover, their flesh was consumed and destroyed; there remained not so much as one of them; *on the passover of Egypt.*

On the passover, will he grant salvation to those that take refuge in him; and there shall not be *any* remaining of the house of Esau; *on the future passover.*

On the passover, even the sucklings beat the timbrel, to proclaim his Unity; *saying*, this *is* my God, and I will glorify him: *on the passover of Egypt.*

On the passover, the honourable shall say thus; behold, this is our God: *on the future passover.*

On the passover, they sang the holy song, and gave it the feminine name שירה: *on the passover of Egypt.*

On the passover, will they also sing a holy song, but that will be expressed in the masculine (שיר): saying, sing ye unto the Lord a new (שיר) song; *on the future passover.*

On the passover, didst thou hasten to deliver from prison and affliction, this people whom thou hast purchased: *on the passover of Egypt.*

On the passover, will he make bare his mighty arm, again to purchase the remnant of his people, *on the future passover.*

On the passover, he brought forth his beloved at noon-day; and discomfited the host of the Egyptians; *on the passover of Egypt.*

On the passover, will he render a reward to them; *when* the tumult from the Lord *will be* great among them; *on the future passover.*

On the passover, when they saw that great work, they uttered praises unto him: *on the passover of Egypt.*

קצג מעריב ליל אחרון של פסח :

פָּסַח רָזוּת בְּזִיו כְּבוֹדוֹ · יוֹסִיף אֲדֹנָי שֵׁנִית יָדוֹ · פֶּסַח לֶעָתִיד :

פֶּסַח חִזָּיוֹן שִׁירָה קִדְּמוּ לְנֶעְלָם · יְיָ יִמְלֹךְ לְעוֹלָם ·
פֶּסַח מִצְרָיִם :

פֶּסַח בְּצִיּוֹן יְשׁוֹרְרוּ לְגֹאֲלָם · יִמְלֹךְ יְיָ לְעוֹלָם פֶּסַח לֶעָתִיד :

פֶּסַח טַכְסִיסֵי הוֹד מְאֻשֶּׁרֶת לְהִגָּאֵל · יְדִידֶיךָ הוֹשַׁעְתָּ שַׁעֲשַׁעְתָּ יִשְׁרֵי אֵל · כּוֹשֶׁר לְקוֹחֶיךָ חָזוּ מִפְּעֲלוֹת אֵל · אָז יָשִׁיר מֹשֶׁה וּבְנֵי יִשְׂרָאֵל : בְּגִילָה בְּרִנָּה בְּשִׂמְחָה רַבָּה וְאָמְרוּ כֻלָּם :

מִי כָמֹכָה בָּאֵלִים יְיָ · מִי כָּמֹכָה נֶאְדָּר בַּקֹּדֶשׁ · נוֹרָא תְהִלֹּת עֹשֵׂה פֶלֶא : מַלְכוּתְךָ רָאוּ בָנֶיךָ · בּוֹקֵעַ יָם לִבְנֵי מֹשֶׁה :

מִי מְלַל נוֹי כֹּחַ סִפּוּר מְלַאכְתּוֹ · סַלְסוּל תִּפְאַרְתּוֹ בְּעֻזִּים הִדְרִיךְ הֲלִיכָתוֹ · עוֹלְלִים וְיוֹנְקִים שִׁבְּחוּהוּ וְצָפוּ מְסִלָּתוֹ · גְּבוּרוֹתָיו וּכְבוֹד הֲדַר מַלְכוּתוֹ : זֶה צוּר יִשְׁעֵנוּ פָּצוּ פֶה וְאָמְרוּ :

יְיָ יִמְלֹךְ לְעוֹלָם וָעֶד : וְנֶאֱמַר כִּי פָדָה יְיָ אֶת יַעֲקֹב · וּגְאָלוֹ מִיַּד חָזָק מִמֶּנּוּ :

נָחִיתָ פְנִינֶיךָ בְּעֻזְּךָ עַמְּךָ לְהִתְנָאוֹת · צוֹרְרֵיהֶם תָּמַכְתָּ בְּמַכּוֹת לְהַלְאוֹת · קְדוֹשׁ יִשְׂרָאֵל מְיַחֲדִים מִסֵּבֶל וּתְלָאוֹת · גּוֹאֲלָם שְׁמוֹ יְיָ צְבָאוֹת : בָּרוּךְ אַתָּה יְיָ · מֶלֶךְ צוּר יִשְׂרָאֵל וְגוֹאֲלוֹ : (נ"א גָּאַל יִשְׂרָאֵל :

On the passover, *we shall be* satiated with the splendour of his glory ; when the Lord shews his power again the second time ; *on the future passover.*

On the passover, they approached *to sing* the prophetic song to him who is concealed *from all ; saying*, the Lord shall reign for ever ; *on the passover of Egypt.*

On the passover, will they again sing in Zion to their Redeemer ; the Lord reigneth for ever : *on the future passover.*

פסח On the passover, *the Lord* came in glorious order, to redeem the beloved ? thou didst save thy beloved, and wast delighted with those that were perfect *with* God ; thy upright chosen ones saw the works of God ; then sang Moses, and the children of Israel ; and with gladness, song, and abundant joy they unanimously proclaimed.

מי כמכה Who is like unto thee, O Lord ! among the mighty ? Who is like unto thee ? glorious in holiness, tremendous in praises, working miracles ?

מלכותך Thy kingdom thy children beheld, when thou didst divide the sea before Moses.

מי Who can declare the account of the beauty of his mighty work ? his glorious exaltation, when he trod the mighty *waters with* his steps ? The young children and sucklings praised him, and beheld his path ; *even* his mighty works, and the glorious honour of his kingdom. This is the Rock of our salvation ; thus they (Israel), proclaimed and said.

יי The Lord will reign for ever and ever.

ונאמר And it is written, for the Lord hath redeemed Jacob, and delivered him from a hand too strong for him.

נחית thou didst lead thy choice people, and with thy triumph didst thou ornament *them ;* their adversaries didst thou discomfit with tumultuous plagues ; in all their trouble and weariness, they proclaim the Unity of the holy one of Israel, their Redeemer, whose name is the Lord of Hosts ! Blessed art thou, O Lord ! *who art* the King, Rock, and Redeemer of Israel, *( Some read,* who hath redeemed Israel.)

הַשְׁכִּיבֵנוּ יְיָ אֱלֹהֵינוּ לְשָׁלוֹם · וְהַעֲמִידֵנוּ מַלְכֵּנוּ לְחַיִּים · וּפְרוֹס עָלֵינוּ סֻכַּת שְׁלוֹמֶךָ · וְתַקְּנֵנוּ בְּעֵצָה טוֹבָה מִלְּפָנֶיךָ · וְהוֹשִׁיעֵנוּ לְמַעַן שְׁמֶךָ : וְהָגֵן בַּעֲדֵנוּ · וְהָסֵר מֵעָלֵינוּ אוֹיֵב דֶּבֶר וְחֶרֶב וְרָעָב וְיָגוֹן · וְהָסֵר שָׂטָן מִלְּפָנֵינוּ וּמֵאַחֲרֵינוּ · וּבְצֵל כְּנָפֶיךָ תַּסְתִּירֵנוּ : כִּי אֵל שׁוֹמְרֵנוּ וּמַצִּילֵנוּ אָתָּה · כִּי אֵל מֶלֶךְ חַנּוּן וְרַחוּם אָתָּה · וּשְׁמוֹר צֵאתֵנוּ וּבוֹאֵנוּ לְחַיִּים וּלְשָׁלוֹם מֵעַתָּה וְעַד עוֹלָם : וּפְרוֹס עָלֵינוּ סֻכַּת שְׁלוֹמֶךָ :

בְּחַסְדְּךָ רוֹמֵמְתָּ קֶרֶן עַמְּךָ יָצְאוּ מְרֻוָּחִים · שֶׁבַח וּרְנָנוֹת לְשִׁמְךָ מְסַלְּדִים וּמְשַׁבְּחִים · תְּבִיאֵמוֹ וְתִטָּעֵמוֹ · עִיר מְנוּחִים בְּנֵה שָׁלוֹם וּבְמִשְׁכְּנוֹת מִבְטַחִים : בָּרוּךְ אַתָּה יְיָ · הַפּוֹרֵשׂ סֻכַּת שָׁלוֹם עָלֵינוּ וְעַל כָּל עַמּוֹ יִשְׂרָאֵל וְעַל יְרוּשָׁלָיִם :

(On the Sabbath say, from ושמרו to וינפש.)

[וְשָׁמְרוּ בְנֵי־יִשְׂרָאֵל אֶת־הַשַּׁבָּת לַעֲשׂוֹת אֶת־הַשַּׁבָּת לְדֹרֹתָם בְּרִית עוֹלָם : בֵּינִי וּבֵין בְּנֵי יִשְׂרָאֵל אוֹת הִוא לְעֹלָם · כִּי־שֵׁשֶׁת יָמִים עָשָׂה יְיָ אֶת־הַשָּׁמַיִם וְאֶת־הָאָרֶץ וּבַיּוֹם הַשְּׁבִיעִי שָׁבַת וַיִּנָּפַשׁ :]

וַיְדַבֵּר מֹשֶׁה אֶת מֹעֲדֵי יְיָ אֶל בְּנֵי יִשְׂרָאֵל :

Then say חצי קדיש and שמונה עשרה, (page 6.) after which, say קידוש · עלינו · ברכת העומר · &c.

---

## סדר ברכות עומר :

בָּרוּךְ אַתָּה יְיָ אֱלֹהֵינוּ מֶלֶךְ הָעוֹלָם · אֲשֶׁר קִדְּשָׁנוּ בְּמִצְוֹתָיו · וְצִוָּנוּ עַל סְפִירַת הָעוֹמֶר :

הַיּוֹם שִׁבְעָה יָמִים שֶׁהֵם שָׁבוּעַ אֶחָד לָעוֹמֶר :

יְהִי רָצוֹן לְפָנֶיךָ יְיָ אֱלֹהֵינוּ וֵאלֹהֵי אֲבוֹתֵינוּ שֶׁיִּבָּנֶה בֵּית הַמִּקְדָּשׁ בִּמְהֵרָה בְיָמֵינוּ וְתֵן חֶלְקֵנוּ בְּתוֹרָתֶךָ :

למנצח בנגינות וכ"ו :

השכיבנו O Lord, our God! cause us to lie down in peace, and raise us up, O our King! in perfect health. O spread thy pavilion of peace over us, uphold us with thy good counsel, and help us for thy name sake. Protect us, and remove far from us, foes, pestilence, war, famine, and grief; and remove the enticer (satan) from being about us; and conceal us under the shadow of thy wings; for thou, O God! art our guardian and deliverer; thou, O Omnipotent! art a merciful and gracious King! Preserve our going forth and coming in, to life and peace, now and for evermore.

ופרוס O spread over us, the tabernacle of thy peace.

בחסדך In thy tender mercy didst thou exalt the horn of thy people, when they went forth to enlargement; and with joyful songs did they praise and extol thy name; thou didst bring them and plant them in the city of rest, in the peaceable habitation and secure dwelling. Blessed art thou, O Lord! who spreadeth the tabernacle of peace over us, and over all his people Israel, and over Jerusalem.

[ושמרו And the children of Israel shall keep the sabbath, observing the sabbath throughout their generations, for a perpetual covenant. It is a sign between me and the children of Israel for ever; for in six days the Lord made heaven and earth, and on the seventh day he rested and was refreshed.]

וידבר And Moses declared the solemn feasts of the Lord, unto the children of Israel.

---

## THE FORM OF THE BLESSING FOR THE עומר:

ברוך Blessed art thou, O Eternal, our God! King of the universe! who hath sanctified us with his commandments, and commanded us to count the days of the עומר.

היום This is the seventh day from the עומר.

יהי רצון Let it be acceptable before thee, O Lord, our God! and the God of our fathers, that thy holy temple may speedily be rebuilt in our days; and let our portion be in thy law.

# יוצר ליום אחרון של פסח:

For the Morning Service before האל (see page 14.)

## הָאֵל

בְּתַעֲצֻמוֹת עֻזֶּךָ · הַגָּדוֹל בִּכְבוֹד שְׁמֶךָ · הַגִּבּוֹר לָנֶצַח וְהַנּוֹרָא בְּנוֹרְאוֹתֶיךָ: הַמֶּלֶךְ הַיּוֹשֵׁב עַל כִּסֵּא רָם וְנִשָּׂא:

שׁוֹכֵן עַד מָרוֹם וְקָדוֹשׁ שְׁמוֹ · וְכָתוּב רַנְּנוּ צַדִּיקִים בַּיָי לַיְשָׁרִים נָאוָה תְהִלָּה: בְּפִי

| | | | | |
|---|---|---|---|---|
| י | שָׁרִים | תִּתְ | הַלַּל: | וּבְדִבְרֵי |
| צַ | דִּיקִים | תִּתְ | בָּרַךְ: | וּבִלְשׁוֹן |
| חֲ | סִידִים | תִּתְ | רוֹמָם: | וּבְקֶרֶב |
| קְ | דוֹשִׁים | תִּתְ | קַדָּשׁ: | |

וּבְמַקְהֲלוֹת רִבְבוֹת עַמְּךָ בֵּית־יִשְׂרָאֵל בְּרִנָּה יִתְפָּאַר שִׁמְךָ מַלְכֵּנוּ בְּכָל־דּוֹר וָדוֹר שֶׁכֵּן חוֹבַת כָּל־הַיְצוּרִים לְפָנֶיךָ יְיָ אֱלֹהֵינוּ וֵאלֹהֵי אֲבוֹתֵינוּ · לְהוֹדוֹת לְהַלֵּל לְשַׁבֵּחַ לְפָאֵר לְרוֹמֵם לְהַדֵּר לְבָרֵךְ לְעַלֵּה וּלְקַלֵּס עַל־כָּל־דִּבְרֵי שִׁירוֹת וְתִשְׁבְּחוֹת דָּוִד בֶּן־יִשַׁי עַבְדְּךָ מְשִׁיחֶךָ:

יִשְׁתַּבַּח שִׁמְךָ לָעַד מַלְכֵּנוּ הָאֵל הַמֶּלֶךְ הַגָּדוֹל וְהַקָּדוֹשׁ בַּשָּׁמַיִם וּבָאָרֶץ כִּי־לְךָ נָאֶה יְיָ אֱלֹהֵינוּ וֵאלֹהֵי אֲבוֹתֵינוּ שִׁיר וּשְׁבָחָה הַלֵּל וְזִמְרָה עֹז וּמֶמְשָׁלָה נֶצַח גְּדֻלָּה וּגְבוּרָה תְּהִלָּה

# MORNING SERVICE

### FOR THE LAST DAY OF THE

# FEAST OF PASSOVER.

## O GOD!

Who art mighty in thy strength! who art great by thy glorious name! mighty for ever, tremendous by thy fearful acts. The King! who sitteth on the high and exalted throne, inhabiting eternity, most exalted, and holy is his name; and it is written, rejoice in the Lord, O ye righteous, for to the just praise is comely. With the mouth of the upright shalt thou be praised! blessed with the lips of the righteous: extolled with the tongue of the pious; by a choir of saints shalt thou be sanctified.

ובמקהלות And in the congregation of many thousands of thy people, the house of Israel, shall thy name, O our King! be glorified in song, throughout all generations! for such is the duty of every created being, towards thee, O Lord, our God! and the God of our fathers, to render thanks, to praise, extol, glorify, exalt, ascribe glory, bless, magnify, and adore thee, with all the songs and praises of thy servant David, the son of Jesse thine anointed.

ישתבח Thy name shall be praised for ever, Almighty, great, and holy King, in heaven and earth: for unto thee, O Lord, our God! and the God of our fathers, appertaineth song and praise; hymn and psalm; strength and dominion; victory, power and greatness; adoration and glory; holiness

קצו יוצר ליום אחרון של פסח :

וְתִפְאֶרֶת קְדֻשָּׁה וּמַלְכוּת בְּרָכוֹת וְהוֹדָאוֹת מֵעַתָּה וְעַד־עוֹלָם : בָּרוּךְ אַתָּה יְיָ אֵל מֶלֶךְ גָּדוֹל בַּתִּשְׁבָּחוֹת אֵל הַהוֹדָאוֹת אֲדוֹן הַנִּפְלָאוֹת הַבּוֹחֵר בְּשִׁירֵי זִמְרָה מֶלֶךְ אֵל חַי הָעוֹלָמִים :

וְעַתָּה יִגְדַּל נָא כֹּחַ אֲדֹנָי כַּאֲשֶׁר דִּבַּרְתָּ לֵאמֹר · זְכֹר רַחֲמֶיךָ יְיָ וַחֲסָדֶיךָ כִּי מֵעוֹלָם הֵמָּה :

יִתְגַּדַּל וְיִתְקַדַּשׁ שְׁמֵהּ רַבָּא · בְּעָלְמָא דִּי־בְרָא כִרְעוּתֵהּ וְיַמְלִיךְ מַלְכוּתֵהּ · בְּחַיֵּיכוֹן וּבְיוֹמֵיכוֹן וּבְחַיֵּי דְכָל בֵּית יִשְׂרָאֵל · בַּעֲגָלָא וּבִזְמַן קָרִיב וְאִמְרוּ אָמֵן :

קהל אָמֵן יְהֵא שְׁמֵהּ רַבָּא מְבָרַךְ לְעָלַם וּלְעָלְמֵי עָלְמַיָּא : יִתְבָּרַךְ שְׁמוֹ וְיִתְעַלֶּה זִכְרוֹ לָעַד וּלְנֵצַח נְצָחִים :

יִתְבָּרַךְ וְיִשְׁתַּבַּח וְיִתְפָּאַר וְיִתְרוֹמַם וְיִתְנַשֵּׂא וְיִתְהַדָּר וְיִתְעַלֶּה וְיִתְהַלָּל שְׁמֵהּ דְּקוּדְשָׁא בְּרִיךְ הוּא · לְעֵילָּא מִן כָּל בִּרְכָתָא וְשִׁירָתָא · תֻּשְׁבְּחָתָא וְנֶחֱמָתָא · דַּאֲמִירָן בְּעָלְמָא וְאִמְרוּ אָמֵן :

During the time the Reader chaunts ברכו the Congregation say יתברך.

חזן בָּרְכוּ אֶת יְיָ הַמְבֹרָךְ :

קהל וחזן בָּרוּךְ יְיָ הַמְבֹרָךְ לְעוֹלָם וָעֶד :

בָּרוּךְ אַתָּה יְיָ אֱלֹהֵינוּ מֶלֶךְ הָעוֹלָם · יוֹצֵר אוֹר וּבוֹרֵא חֹשֶׁךְ עֹשֶׂה שָׁלוֹם וּבוֹרֵא אֶת הַכֹּל : אוֹר עוֹלָם בְּאוֹצַר חַיִּים אוֹרוֹת מֵאֹפֶל אָמַר וַיֶּהִי :

יִתְבָּרַךְ וְיִשְׁתַּבַּח וְיִתְפָּאַר וְיִתְרוֹמַם וְיִתְנַשֵּׂא שְׁמוֹ שֶׁל מֶלֶךְ מַלְכֵי הַמְּלָכִים הַקָּדוֹשׁ בָּרוּךְ הוּא שֶׁהוּא רִאשׁוֹן וְהוּא אַחֲרוֹן וּמִבַּלְעָדָיו אֵין אֱלֹהִים סֹלּוּ לָרֹכֵב בָּעֲרָבוֹת בְּיָהּ שְׁמוֹ וְעִלְזוּ לְפָנָיו וּשְׁמוֹ מְרוֹמָם עַל כָּל בְּרָכָה וּתְהִלָּה : בָּרוּךְ שֵׁם כְּבוֹד מַלְכוּתוֹ לְעוֹלָם וָעֶד : יְהִי שֵׁם יְיָ מְבוֹרָךְ מֵעַתָּה וְעַד עוֹלָם :

and majesty; blessing and thanksgivings from now and for evermore. Blessed art thou, O Lord, Almighty King! glorified with praises; most worthy of thanksgivings, Lord of miracles, who delighted in the songs of psalmody; King! Almighty and Eternal.

ועתה O may the mighty power of the Lord be now magnified, as thou hast declared, saying, O Lord! remember thy tender mercies, and thy loving kindness, for they have been of old.

יתגדל May his great name be exalted, and sanctified throughout the world, which he hath created according to his will. May he establish his kingdom in our life-time, and in our days, and in the life-time of the whole house of Israel; speedily, and in a short time; and say ye, Amen.

אמן Amen. May his great name be praised, and glorified for ever and ever. Be his name and his memorial blessed always, and for ever.

יתברך May his hallowed name be praised, glorified, exalted, magnified, honoured, and most excellently adored: blessed is he, far exceeding all blessings, hymns, praises and beatitudes, that are repeated throughout the world; and say ye, Amen.

*Reader.* Bless ye the Lord, who is ever blessed.

*Congregation answers.*

ברוך Blessed be the Lord, who is blessed for ever and evermore.

ברוך אתה Blessed art thou, O Eternal, our God! King of the universe! who formeth the light, and createth darkness; preserveth all in concord, and createth all things; even the eternal light in the treasure of everlasting life; he commanded light from darkness, and it was.

יתברך Blessed, praised, glorified, extolled, and exalted, shall be the holy name, of the Supreme King of Kings! blessed is he; for he is the first and the last, and besides him there is no God. Extol him who causeth the uppermost sphere to move by his name JAH! Rejoice before him; for his name is exalted above all blessing and praise. Blessed be the name of the glory of his kingdom for ever and ever. Blessed be the name of the Lord from henceforth and for evermore.

יוצר ליום אחרון של פסח:

אַתָּה הָאָרֶצְתָּ יוֹמָם וָלַיְלָה לִפְנֵי מַחֲנִי · אַחֲרֵי רָדְפוּ מַרְכְּבוֹת מְעַנִּי · אֲבֵידַת גּוּפָם עַל שְׂפַת יָם רָאוּ עֵינִי · אֱמוּנִים שׁוֹרְרוּ בַּיּוֹם הַהוּא · וַיּוֹשַׁע יְיָ: בְּרִית בְּתָרִים הַזָּהִיר דַּיָּן וְגוֹאֵל · בִּנְטוֹתוֹ זְרוֹעַ וּגְדֻלַּת יָד גָּאַל · בְּכֵן עַם יְרֵאָיו הֶאֱמִינוּ בוֹ כִּי הוּא אֵל · בְּלוּעִים גֵּיא יָם סוּף · וַיַּרְא יִשְׂרָאֵל: גְּאוּלִים כְּיָצְאוּ מִכּוּר לְחֵירוּת חֲפוּשָׁה · גָּשׁוּ לְיָם סוּף וְלַמָּוֶת אֲנוּשָׁה · גֵּאִים רָדְפוּ וְאָבְדוּ בְּגַלֵּי יָם חֲלוּשָׁה · גָּאֹה גָּאָה שִׁיר יְשׁוּעָה · אָז יָשִׁיר מֹשֶׁה: דָּפַק פִּתְחֵי יְשֵׁנָה בְּנֶפֶשׁ בְּזוּיָה · דְּרוֹר נַחַת מֵעַבְדוּת לְחֵירוּת עֲטוּיָה · דּוֹדָהּ הוֹצִיאָהּ בִּזְרוֹעַ נְטוּיָה · דּוֹבְבוּ יוֹנְקִים זֶה אֵלִי · עָזִּי וְזִמְרָת יָהּ: הָלְכוּ בְּתוֹךְ הַיָּם וְהַמַּיִם לָהֶם חוֹמָה · הוֹלִיכָם בַּתְּהוֹמוֹת כַּבִּבְקְעָה אָדָם וּבְהֵמָה · הַבָּאִים אַחֲרֵיהֶם זוֹעֲמוּ בְּאַף וּבְחֵמָה · הֲדוּרִים שִׁבְּחוּ לִשְׁמוֹ וְנָמוּ · יְיָ אִישׁ מִלְחָמָה: וַיֶּחֱזַק לִבּוֹ לִרְדֹּף עִם כָּל צָבָא קְהָלוֹ · וְשֵׁשׁ מֵאוֹת רֶכֶב בָּחוּר לָקַח לוֹ · וַיּוֹרִדֵם בְּחָצִי אֵשׁ וְהָמָם וְהִבְהִילוֹ · וְטֻבְּעוּ בְיָם סוּף מַרְכְּבוֹת פַּרְעֹה וְחֵילוֹ: זָמְמוּ פֶּן יִרְבֶּה יוֹעֲצֵי תוֹלֵלִימוֹ · נָדוּ בְּפֶרֶךְ וְהִכְבִּידוּ עֻלָּמוֹ · זְדוֹן מַחֲשְׁבוֹתָם נֶהְפַּךְ עֲלֵימוֹ · זוֹרְקֵי יְלוּד בַּמַּיִם · תְּהֹמֹת יְכַסְיֻמוּ: חָתַם עַל הָרֵי בָתָר נִקְמַת דִּינִי · חֶבֶל נוֹגְשַׂי וְדָן דִּינִי · חִלְּקוּ בְּגַלֵּי יָם פִּגְרֵי מָרְדָּנַי · חִזַּקְתַּנִי בְּכֹחַ נֶאְדָּרִי · יְמִינְךָ יְיָ: טָמְנוּ בְּנֶגֶף בְּכוֹרֵי שׂוֹטְנָךְ · טוֹרְדוּ פְעָמֵי רוֹדְפֵי הֲמוֹנָךְ · טָבְעוּ בְלִבּוֹתֵי יָם צוֹרְרֵי אֱמוּנָךְ · טָאטֵאוּ קָמֶיךָ בַּחֲרוֹנָךְ · וּבְרֹב גְּאוֹנְךָ · יָרִיתָ בָּאֵשׁ וְעָנָן

אותה Day and night didst thou cause *the light* to shine before my camp, when the chariots of those that afflicted me pursued me; on the sea-shore mine eyes beheld the destruction of their bodies; the faithful sung on that day, the Eternal saved them. At the covenant of the pieces, he affirmed that he would be a Judge and Redeemer; now he hath stretched out his mighty arm and hath shewn the power of his omnipotent hand; therefore his people believed in him, that he was God, when Israel saw them (the Egyptians) swallowed up in the Red sea. When the Redeemed went out from bondage to perfect freedom, and approached the Red sea, they were weakened to death; but the proud ones that pursued them, were weakened and lost in the waves of the sea; then sang Moses, *and Israel*, the song of salvation to him who had triumphed gloriously. He knocked at the doors of the sleeping despised soul: gently led her, arrayed in freedom, from bondage; her beloved brought her forth with an out-stretched arm; even the sucklings lisped, this is my God; the Lord is my triumph and song. They walked through the sea, and the waters were a wall to them; he led them in the depths as in a valley, both man and beast; they that pursue them, were abhorred with anger and wrath; the amiable ones praised his name, and said, the Lord is the invincible warrior. He (Pharoah) hardened his heart, to pursue them with all his assembled host, for he took six hundred chosen chariots with him; but he (the Lord) shot fiery darts at them, discomfited and confounded them; so that Pharoah and all his host, were drowned in the Red sea. His haughty counsellors took counsel, lest they (Israel) should multiply, and *therefore* presumed to make their yoke heavy; but their presumptuous thought was turned upon them: they threw the children into the water; therefore the depths covered them. It was determined on the mountains of Bether, to take vengeance for my cause; he destroyed my task-masters, and judged my cause. The carcasses of those that contended with me, were allotted to the waves of the sea; thou didst strengthen me with thy right hand, that is become glorious in power, O Eternal! The first-born of thine adversaries were buried in the plague; the steps of those that pursued thy multitude were wearied: they that oppressed thy faithful ones, were sunk in the midst of the sea: and in the greatness of thine excellency didst thou sweep away thine enemies in thy wrath. Through

קצח יוצר ליום אחרון של פסח :

הֵצִי רְשָׁפֶיךָ · יָרְדוּ עַל מַחֲנוֹת צְבָא מְחָרְפֶיךָ · יַעַן כִּי רָדְפוּ אַחַר עַם מְצַפֶּיךָ · יְקִפְאַת תְּהוֹם כְּקֶרַח · וּבְרוּחַ אַפֶּךָ : כְּגָם כָּל עַמּוֹ יָהִיר חֲסַר לֵב · כְּעֵסוֹ הָעִיר לִרְדּוֹף כְּדוֹב אוֹרֵב · כְּחָפַר בּוֹר לִנְפּוֹל בּוֹ חוֹיֵב · כָּלָה לְהוֹרִישׁ שׁוֹר וָשֶׂה · אָמַר אוֹיֵב : לִשְׁפּוֹט זֵדִים לַמַּבּוּל יָשַׁבְתָּ · לְאַדִּירֵי מַיִם כְּדָגִים לָרֶשֶׁת אָסַפְתָּ · לְלוֹחֲצֵי עַמְּךָ מַכּוֹת עַל מַכּוֹת הוֹסַפְתָּ · לְכַסּוֹתָם מֵי יַם סוּף · בְּרוּחֲךָ נָשַׁפְתָּ : מוֹשִׁיעֵי יַם סוּף בְּשִׁירָה קִדְּמוּךָ · מְסַפְּרִים מַעֲשֶׂיךָ וְרֶנֶן הִנְעִימוּךָ · מְנַשְּׂאִים כְּבוֹדְךָ בְּהִלּוּל רוֹמְמוּךָ · מְשַׁבְּחִים לְשִׁמְךָ וְנָמוּ יְיָ מִי כָּמֹכָה : גָּאֶנְחוּ מֵעֲבֹדוֹת וְאוֹזֶן הִטִּיתָ · נְקָמָה לְבַשְׁתָּ וְקִנְאָה עָטִיתָ · נוֹגְשֵׂימוֹ גָעַרְתָּ וְכֻלָּם טֵאטֵאתָ · נִבְלָתָם לִבְלוֹעַ גַּיְא · יְמִינְךָ נָטִיתָ : סוֹבְלֵי עוֹל כָּבֵד לוֹחֲצָם רָאִיתָ · סְגוּרֵי כּוּר בַּרְזֶל מִתּוֹכָם הוֹצֵאתָ · סוֹטְנֵימוֹ גָעַרְתָּ וְלַתְּהוֹם דְּחִיתָ · סְמוּכִים עַל שֵׁם קָדְשֶׁךָ · בְּחַסְדְּךָ נָחִיתָ : עוֹרֵר סְעָרָה בְּשַׁאֲגַת רְעָמִים · עוֹכֵר זֵדִים בְּמִשְׁבְּרֵי יַמִּים · עָרִיץ גֵּאִים וְהִשְׁפִּיל רָמִים · עֲלִילוֹת נִסֵּי נוֹרְאוֹתֶיךָ · שָׁמְעוּ עַמִּים : פְּדוּיִם כְּיָצְאוּ לַחֵרוּת לְגוֹאֲלָם הִלֵּלוּ · פְּזוּרֵי כְנַעַן רָגְזוּ וְחָלוּ · פַּאֲתֵי מוֹאָב רָעֲדוּ וְהִלְחַלוּ · פַּחֲתֵי אַלּוּפֵי אֱדוֹם · אָז נִבְהֲלוּ : צִיר תְּחַנֵּן לְהָנִיא עוֹבְדֵי פְּסִילֵיהֶם · צְוָחוֹת פִּימוֹ לִירוֹם כְּאַבְנֵי אֱלִילֵיהֶם · צֹאנְךָ לְהַעֲבִיר עַד גְּבוּלֵיהֶם · צוֹקַת אֵימָתָה וָפַחַד · תִּפֹּל עֲלֵיהֶם : קְהִלּוֹת אִישׁ תָּם בִּרְכַּת אָב תַּשְׂבִּיעֵמוֹ · קָמֵיהֶם תַּפִּיל וּמִיָּדָם תּוֹשִׁיעֵמוֹ · קַבֵּץ פְּזוּרִים וּבְמִרְעֶה טוֹב תַּרְעֵמוֹ · קִרְיַת הַר נַחֲלָתְךָ · תְּבִאֵמוֹ וְתִטָּעֵמוֹ : רַחֲבַת יָדַיִם גֹּעַר וְהִרְעַד · רְפוּת יָדַיִם לְהַעֲבִיר בָּהּ צוּר

the fire and clouds didst thou shoot thy **burning arrows**; they alighted upon the camps of the host of those that blasphemed thee; because they pursued after the people that hoped in thee; and with the breath of thy nostrils didst thou cause the abyss to be congealed as ice. The proud fool, (Pharoah) gathered all his people; he stirred up his wrath to pursue them, as a bear lying in wait: he dug a pit, but was doomed to fall in it: the enemy said, I will wholly destroy them, even ox and lamb. Thou, who didst sit to judge the presumptuous at the flood; as fish into the net didst thou gather them into the mighty waters; on those that oppressed thy people, didst thou add plague to plague: thou didst blow with thy wind, to cause the water of the Red sea to cover them. They (Israel) who were saved at the Red sea, approached thee with song, and shouting, proclaimed, thy amiable works: they extolled thy glory, and exalted thee with praise: they praised thy name, and said, who is like unto thee, O Eternal! they sighed from bondage, and thou didst incline thine ear: thou didst clothe thyself with vengeance, and didst cover thyself with zeal: his oppressors didst thou overthrow, and didst sweep them all away: thou didst stretch out thy right hand; the earth swallowed up their dead bodies. Thou didst see the oppression of those that bore the heavy yoke. They that were imprisoned in Egypt, didst thou bring out from thence: their adversaries didst thou toss and cast into the abyss; but they that depended upon thy holy name, didst thou lead in thy tender mercy. He raised a tempest with roaring thunder; he humbled the tyrants in the waves of the seas; he broke the proud, and cast down those that were on high: nations heard the work of thy tremendous wonders. Whilst the redeemed went forth and praised their Redeemer for their liberty, the inhabitants of Canaan were disquieted and afraid; the chiefs of Moab trembled, and were affrighted: the princes and dukes of Edom then were troubled. The messenger, (Moses) besought him, that he might overcome those that worshipped images; and that they should be dumbfounded as their gods of stone. Thou didst cause thy sheep to pass over to their border: anguish, fear, and dread, fell upon them. Satiate the congregations of the perfect man, (Jacob) with the blessing of the patriarch (Abraham); cause their enemies to fall, and save them from their hands; gather the scattered sheep, and feed them in a good pasture: to the city of the mount of thine inheritance

וַיֵּעַד · רָז הַמְּלוּכָה יְשׁוּרוּן לְהָעֵד · רֶנֶן וְשִׁירָה שׁוֹרְרוּ · יְיָ יִמְלֹךְ לְעֹלָם וָעֶד: שָׁאַג אֵל כְּאַרְיֵה וְחָשַׂף זְרוֹעוֹ · שִׁפְעַת יַם סוּף חָרַב וְהִבְקִיעוֹ · שְׁדָפוּ בְּרוּחַ קָדִים וְהִכְרִיעוֹ · שָׁב וַיְכַס רִכְבּוֹ וְחֵילוֹ · כִּי בָא סוּס פַּרְעֹה: חזן תּוֹקֶף בֵּירַת יַעֲקֹב אַדֶּרֶת עַמִּים · תִּפְאֶרֶת בְּרֹאשָׁם וַעֲטֶרֶת עֲדָיִם · תּוֹפְפוּ בִּמְחוֹלוֹת כְּיָצְאוּ מִן הַיָּם · תְּעוּדָה שִׁירָה נָמָה וַתִּקַּח מִרְיָם:

If the Festival happens on the Week Days, say המאיר לארץ to סלה. But if on the Week Day say, הכול יודוך (page 46,) till מלא כל הארץ כבודו.

מְחוֹלֶלֶת מְהֻלֶּלֶת · נֶאְדָּרִי עַל מוּקְדָם: שַׁלְהֶבֶת · מְהַבְהֶבֶת · מְחַצֶּבֶת כְּמוֹ נֶאֱדָם: הֲמוֹן עַמִּים · מִתְרוֹפְפִים · מִכֹּחָהּ בְּמַעֲמָדָם: רוּם טִפְחָה · וְאַף בְּשִׂיחָה · נוֹטֶיהָ וְתַפְקִידָם: תִּמְצָא שְׁנוּא · טִבְעָהּ נוּא · בְּעֵת רָפְתָה יָדָם: וּבְאֵימָה · צְבָא רוּמָה · מְשַׁלְּשִׁים קְדֻשָּׁה בְּמַעֲמָדָם: יוֹדוּ לַייָ חַסְדּוֹ · וְנִפְלְאוֹתָיו לִבְנֵי אָדָם: וּמִתְחַדְּשִׁים וּמִתְאַשְּׁשִׁים · שׁוֹרְפִים כֹּל בְּלַפִּידָם: בִּרְעָדוֹת · וּבִקְדוֹת · מִשְׁתַּחֲוִים לְצוּר הוֹדָם: רוֹמְמוּת אֵל · יִשְׂרָאֵל · מַעֲרִיבִים בְּסִילּוּדָם: יוֹם שִׁירָה · וְלֵיל זִמְרָה · בְּגִילָה וּבְכָל מְאוֹדָם: יודו לײ צְבָאוֹת הֲדוֹם · לְצַח וְאָדוֹם · יַעֲלִיצוּ נִפְלָאִים: חֵקֶר אֵין · סְאוֹן סוֹאֵן · וְגַם מַעֲשָׂיו נוֹרָאִים: קָרוֹב הוּא · לְקוֹרְאָהוּ · וּמוֹשִׁיעַ לְנִדְכָּאִים: תּוֹעֵי הֲמוֹן · בִּישִׁימוֹן · עִיר מוֹשָׁב לֹא מוֹצְאִים: יוֹם שִׁירָה · וְלֵיל זִמְרָה · בְּגִילָה וּבְכָל מְאֹדָם: יודו לײ יָמִין וּשְׂמֹאל לְהָלְאָה מוּל · צַד הוֹלְכִים וּבָאִים: לֹא יָדְעוּ · מָה יָרְעוּ · וּרְעֵבִים וְגַם צְמֵאִים · וּבְחָזְקָה מִמְּצוּקָה · קָרְאוּ לְשׁוֹנֵא גֵּאִים: וּבִמְהֵרָה הָעֲתִירָה · נִתְקַבְּלָה פְּרוּס דָּאִים:

shalt thou bring them and plant them. Rebuke the mighty city (צור) and cause it to quake; weaken its power, for thou hast appointed the kingdom for ישורון [Israel]; for in joyful strains they sang, the Lord shall reign for ever and ever. God roared as a lion, and made bare his mighty arm; the extended sea he divided and dried up: he smote it with the east wind, and subdued it; it returned, and covered his chariots and his host: for the horse of Pharoah went in. He who is the strength of the house of Jacob, their glorious garment, the glory of their head, and their ornamented crown, they praised with the timbrel in the dance, when they went out from the sea; they bare testimony of the song, when Miriam took the timbrel.

מחוללת *She, for whose sake every thing* was formed, praiseth the Lord, who is glorified by their burnt-offering, which kindleth a flame, as hewn from the red fire. The tumultuous noise of the flying angels, that are weakened in their stations. He spanned the heavens, and also by his word he extended them and their host. נוא was hated *and its inhabitants* sunk, when their hand was weakened. In reverence the heavenly host offer the threefold sanctification in their station; *saying,* O that *men* would give thanks unto the Lord *for* his mercy, and proclaim his wonderful works to the children of men. And they (the angels) are renewed, and strengthen themselves; so as to burn with all their flame; trembling, they bow and prostrate themselves to their glorious Creator; the exalted praise of the God of Israel, they sweetly sing; with song by day, and praise by night: with gladness, and all their might; *saying,* O that men, &c. The host of the earth, the footstool of him who is pure and ruddy, rejoice wonderfully. There is no search to the measure of his power; his works also are wonderful. He is near to those that call upon him, and saveth those that are bruised. The multitude that wandered in the desert, who could find no track to an inhabited city, sang song by day, and praise by night, with gladness, and all their might; *saying,* O that men, &c. They wandered to the right and left, this way and that way, and on every side, yet knew not were to feed; hungry and thirsty, and in great distress, they called on him who hated the proud; and quickly their prayer was accepted, *and they were* rewarded

ר יוצר ליום אחרון של פסח:

הַשְׁבִּיעָם · כָּל יְגֵעָם · חֵלֶף יְסַפְּרוּ בְּעוֹדָם: יוֹדוּ לַיְיָ חַסְדּוֹ וְנִפְלְאוֹתָיו לִבְנֵי אָדָם:

לְבַעַל הַתִּפְאֶרֶת · מְתַקֵּן רוּם בְּזֶרֶת · מֵעֲצִימִים אַדֶּרֶת · מַלְאֲכֵי הַשָּׁרֵת · נוֹחִים לוֹ לְתִשְׁחוֹרֶת · כַּהֲלָכָה וּמָסוֹרֶת · וַאֲנִי שְׁחַרְחוֹרֶת · תְּהִלָּה בְּפִי סוֹדֶרֶת: לְנִקְרָא רִאשׁוֹן וְאַחֲרוֹן · מֶלֶךְ אַדִּירִירוֹן · מַבִּיעִים סֶלֶד וָרוֹן · בְּיוֹשֶׁר וְכִשְׁרוֹן · וְאִתָּם מְטַטְרוֹן · פִּסְקוֹן אִטְמוֹן סִגְרוֹן · וַאֲנִי חֲבַצֶּלֶת הַשָּׁרוֹן · מִשְׁתַּחֲוָה פְּנֵי אָרוֹן: לְיָהּ חוֹצֵב לֶהָבָה · נַעֲרָץ בְּסוֹד קְדוֹשִׁים רַבָּה · וִיעוּדֵי מֶרְכָּבָה · וְקַדִּישֵׁי שַׁלְהֶבָה · מִתְגַּבְּרִים לְהַקְשִׁיבָה · קְדֻשָּׁה כְּאַחַת חֲטִיבָה · וַאֲנִי חוֹלַת אַהֲבָה · בְּבַקָּשָׁה עֲרֵבָה: לְמַפְלִיא גְּדוֹלוֹת · אֲדוֹן כָּל הַנִּפְלָאוֹת · כִּיתָם וַחֲיָלוֹת · בְּחַדְרֵי הֵיכָלוֹת · רוֹעֲשִׁים בְּקוֹלוֹת · נוֹעָדִים בְּמַקְהֵלוֹת · וַאֲנִי חוֹמָה וְשָׁדַי כְּמִגְדָּלוֹת · תִּשְׁבָּחוֹת וּתְהִלּוֹת: לְנֶאֱמָן בִּבְרִיתוֹ · וְקַיָּם בִּשְׁבוּעָתוֹ · חַשְׁמַלֵּי שֵׁירוּתוֹ מִתְבַּהֲלִים מִשְּׂאֵתוֹ · מִתְנַטְּלִים · מֵאֵימָתוֹ · וּמַגִּידִים אֱלָהוּתוֹ · וַאֲנִי לְדוֹדִי וְעָלַי תְּשׁוּקָתוֹ · בָּרוּךְ שֵׁם כְּבוֹד מַלְכוּתוֹ:

**Then say from והחיות (page 49,) to אין אלהים זולתך (page 52,) after which say, שמונה עשרה (page 56 till 60.)**

---

## חזרת תפלה לשליח צבור:

בָּרוּךְ אַתָּה יְיָ אֱלֹהֵינוּ וֵאלֹהֵי אֲבוֹתֵינוּ אֱלֹהֵי אַבְרָהָם אֱלֹהֵי יִצְחָק וֵאלֹהֵי יַעֲקֹב הָאֵל הַגָּדוֹל הַגִּבּוֹר וְהַנּוֹרָא אֵל עֶלְיוֹן · גּוֹמֵל חֲסָדִים טוֹבִים · וְקוֹנֵה הַכֹּל וְזוֹכֵר חַסְדֵי אָבוֹת וּמֵבִיא גוֹאֵל לִבְנֵי בְנֵיהֶם לְמַעַן שְׁמוֹ בְּאַהֲבָה: מֶלֶךְ עוֹזֵר וּמוֹשִׁיעַ וּמָגֵן ·

מִסּוֹד חֲכָמִים וּנְבוֹנִים · וּמִלֶּמֶד דַּעַת מְבִינִים · אֶפְתְּחָה פִּי בְּשִׁיר וּרְנָנִים · לְהוֹדוֹת וּלְהַלֵּל פְּנֵי שׁוֹכֵן מְעוֹנִים:

with *the quails* that fly. He satisfied them, but it was not pleasant to them: they declare his praise while they live: they, *therefore* shall give thanks unto the Lord for his mercy, and proclaim his wonderful works to the children of men.

לבעל To the Lord of glory, who meted out the heavens by *his* span, they offer mighty praise; the ministering angels, who are subservient to his power, as is fit and proper; but I *who* am black, his praise is arranged in my mouth. To him who is called the first and the last, they offer praise and song in its due season; and with them is מטטרון, who interpreteth, closeth, and shutteth out *the wrath of God from them*; but I who am compared to the rose of the valley, do prostrate myself before the ark. To the Lord who heweth the flame, and is greatly reverenced in the assembly of the holy angels, those who attend the celestial throne, and are composed of pure flame, strengthen themselves at once to offer an holy *praise*, but I who am sick of love, offer a pleasant praise, to him who performeth great wonders, and is the Lord of wonders; the hosts and bands in the chambers of his palace, with their sounding voice, assemble in troops; but I *who am* a wall, and my breasts like towers, *offer* songs and praise to him who is faithful in his covenant, and performeth his oath. His ministering angels are troubled at his exalted presence, and raise themselves, in dread of him, and proclaim his divinity; but I am my beloved's, and his desire is towards me: blessed be the name of the glory of his kingdom.

---

## THE READER'S REPETITION.

ברוך אתה יי Blessed art thou, O Lord, our God! and the God of our ancestors, the God of Abraham, the God of Isaac, and the God of Jacob; the great, mighty and tremendous, God, the most High God, who bestowest gracious favours. Possessor of all things, who rememberest the piety of the patriarchs, and wilt in love send a Redeemer to their posterity, for the sake of his name. O King, thou art our Supporter, our Saviour, and our Shield.

מסוד חכמים According to the institution of the wise and intelligent, and their instructive knowledge, will I open my mouth with song and laud, to give thanks, and sing praise in presence of him who dwelleth in the highest heavens.

קהל אֵימַת נוֹרְאוֹתֶיךָ בִּשְׂדֵה צוֹעַן כְּהִשְׁלַחְתָּ · בְּעֵר כְּסִלְּוָן בְּצִיר אֲשֶׁר שָׁלַחְתָּ · גּוֹי מִקֶּרֶב גּוֹי בְּמַסּוֹת לָקַחְתָּ · דְּבָרֶיךָ לְהָקִים כְּמוֹ לְאָב הִבְטַחְתָּ : הֵעִיז יָהִיר וְנָאַץ מוּל שְׁלוּחֶךָ · וְגַם מִי יְיָ אֲשֶׁר שְׁלָחֶךָ · זַעַם וְעֶבְרָה בּוֹ בְּאַף בְּשַׁלְּחֶךָ חָזַר בְּעַל כָּרְחוֹ עֲשׂוֹת מִשְׁלָחֶךָ : טָפַשׁ לִבּוֹ וְנִבְעַר אַחֲרֵי זֹאת · יָעַץ רְדוֹף אַחֲרֵימוֹ לָבוֹז בַּזּוֹת · כְּלֵי קֶרֶב נָשָׂא וְהַרְבּוֹת שְׁחוּזוֹת · לְהָשִׁיב לַעֲבֹדוֹת אוֹם נָאוָה בַּחֲרוּזוֹת : מוֹעֵד שְׁלֹשֶׁת יָמִים חִכָּה לַחֲזוֹר · נֶהְפַּךְ לִבּוֹ בְּלֹא אָבוֹ חֲזוֹר · סְפוּנֵי גְנָזָיו פִּנָּה לַחֲיָלוֹתָיו לִבְזוֹר · עֲבוּר בְּכָל לֵב אוֹתוֹ לַעֲזוֹר · פָּרָשַׁת דְּרָכִים כְּנֶגַע עַם מְשֻׁלָּח · צִדְּדָם מֵאוֹרַח פְּלֶשֶׁת טוֹב וְסַלָּח : חזן קַלְגַּסִּים מֵרְאוֹת · עַצְמוּת זֶבַד וְשׁוּתֶלַח · רִחֲקָם מִדֶּרֶךְ אוֹתָם צַר בְּשַׁלַּח :

קהל עֲבָדוֹ שָׁלַח לְהוֹצִיא עַמּוֹ בְּשָׂשׂוֹן · שׁוֹדְדֵיהֶם שָׁת בָּם מַכּוֹת אָסוֹן · חזן תָּמִים זָכַר מְנַסֶּה וְנִמְצָא חָסוֹן · תּוֹלְדוֹתָיו לְהָגֵן נַחֲלַת אָב לַחֲסוֹן : בָּרוּךְ אַתָּה יְיָ מָגֵן אַבְרָהָם :

אַתָּה גִּבּוֹר לְעוֹלָם אֲדֹנָי · מְחַיֵּה מֵתִים אַתָּה רַב לְהוֹשִׁיעַ · מְכַלְכֵּל חַיִּים בְּחֶסֶד · מְחַיֵּה מֵתִים בְּרַחֲמִים רַבִּים · סוֹמֵךְ נוֹפְלִים · וְרוֹפֵא חוֹלִים · וּמַתִּיר אֲסוּרִים · וּמְקַיֵּם אֱמוּנָתוֹ לִישֵׁנֵי עָפָר · מִי כָמוֹךָ בַּעַל גְּבוּרוֹת · וּמִי דּוֹמֶה לָּךְ · מֶלֶךְ מֵמִית וּמְחַיֶּה וּמַצְמִיחַ יְשׁוּעָה · וְנֶאֱמָן אַתָּה לְהַחֲיוֹת מֵתִים :

אימת Thy fearful and tremendous wonders didst thou send to the fields of צוען (Egypt), when the fool (Pharoah) mocked the messenger which thou hadst sent: with prodigies didst thou take a nation, from the midst of a nation, to accomplish the promise which thou didst make to the patriarch (Abraham.) The haughty (Pharoah) impudently vexed thy messenger, and said, who is the Lord that sent you? But when, in thine anger, thou didst send wrath and indignation, *against him*, then was he forced to comply with thy message. After this, his heart became brutish and foolish, and he took counsel to pursue them, to spoil them; he took the weapons of war, and the whetted swords, to cause to return to bondage, a people beautifully ornamented with chains *of gold*. The appointed time of three days he waited for their return; when his heart was turned, because they refused to return; then he brought forth his hidden treasures, and freely distributed them to his army, that they should faithfully assist him. When the people that were sent *free* reached where the road divided, he who is all goodness, and pardoneth, led them aside from the path that led to the land of פלשתים, that the shouting army might not view the skeletons of their slain brethren משותלח and זבד: he led them far from that path, when the enemy had let them depart.

עבדו He sent his servant (Moses) to bring out his people with joy: those that wished to spoil them, he smote *with* mortal plagues; God remembered him (Abraham), that was proved, and found strong *in faith;* he therefore shielded his descendants, *to give* them the treasured inheritance of their ancestor. Blessed art thou, O Lord! the shield of Abraham.

אתה גבור Thou, O Lord! art mighty for ever; it is thou who revivest the dead, and art mighty to save. Who sustainest the living with beneficence, and with great mercy quickenest the dead; supportest the fallen, and healest the sick; thou settest at liberty those who are bound, and wilt accomplish thy faith unto those who sleep in the dust. Who is like unto thee, O Lord! of mighty acts? Or who can be compared unto thee, O King! who killest and restorest to life, and causest salvation to flourish! Thou art also faithful to revive the dead.

תַּחְבּוּלוֹת עָשׁ רַב עֵצָה וּגְבוּרָה · שׁוֹכְנֵי חֶלֶד לְלַמֵּד חָכְמָה מִגְּבוּרָה · רֶסֶן הָרֶסֶן מַתְעֶה שַׂר הַבִּירָה · קְהָלָיו לְהַקְהִיל לִרְדּוֹף יָפָה וּבָרָה : צָלוּל כְּחָבוּ מַשְׁלִיכֵי יְאוֹר זְכָרִים · פּוֹרֵעַ פְּלֶשֶׁם סוֹף הֱיוֹת סְכוּרִים · עֲצוֹת מֵרָחוֹק אֹמֶן לְעַם נָכְרִים · שִׂיחַ אֲשֶׁר שָׂח לְשׁוֹרֶשׁ בִּכּוּרִים : נוֹאָלוּ שָׂרֵי צוֹעַן עֵצָה נִבְעָרָה · מִצְעֲדֵי זֹאת שֶׁגֶת לַהֲפִיצָהּ בִּסְעָרָה · לוּלֵי אֵל שֶׁהוֹצִיא חַרְבּוֹ מִתַּעְרָהּ · כָּרְתוּ יַעְרָהּ · וּבָעֲרוּ בָהּ הַבְעָרָה : יוֹשֵׁב בַּשָּׁמַיִם שָׂחַק וְהִלְעִיג לָמוֹ · טַכְסִיס גְּיָסָיו כְּגְיָסוּ לָצֵאת עֲלֵימוֹ · חָז כִּי בָא יוֹם גְּמוּלֵימוֹ · זֹאת תַּחַת זֹאת נִקְמַת עוֹלָלֵימוֹ : וְלַעֲשׂוֹת בָּהֶם מִשְׁפָּט הַכָּתוּב בְּחִסּוּף · הֵשַׁב גְּמוּלָם כְּזָדוּ בְּעַם הַכָּסוּף · חיא דֶּרֶךְ הֵיסֵב לִגְאוּלֵי בִּזְרוֹעַ חָשׂוּף · גִּלְגְּלָם הַמִּדְבָּרָה דֶּרֶךְ יַם סוּף :

קהל מַעֲלָלָיו בִּקְהַל עַם תָּמִיד אֲרַנֵּן · בַּבּוֹקֶר לְהַגִּיד חַסְדּוֹ וֶאֱמוּנָתוֹ בְּהִתְלוֹנֵן · חזן אוֹרוֹת טַלְלֵי תְחִי מֶנּוּ אֶתְחוֹנֵן · אֲטוּמִים לְהַחֲיוֹת קָם בְּצִלּוֹ מִתְלוֹנֵן : בָּרוּךְ אַתָּה יְיָ מְחַיֵּה הַמֵּתִים :

אָיוֹם וְנוֹרָא מִי לֹא יְרָאֶךָ · תּוֹעֵי לֵב לֹא הִכִּירוּ מוֹרָאֶךָ · בַּחוּרֵי אָוֶן וּפִיבֶסֶת דִּין בְּהַרְאֶךָ · שׁוֹמְעֵי שִׁמְעֲךָ רָגְזוּ וְחָלוּ מִמּוֹרָאֶךָ : גּוֹדֶל נוֹרְאוֹתֶיךָ מִי יוּכַל לְסַפֵּר · רַבּוּ עַד לִמְאוֹד וְעָצְמוּ מִסַּפֵּר · דְּיוֹ הַיָּם וְכָל יְצִיר סוֹפֵר · קְצַת נוֹרְאוֹתָיו לֹא יוּכְלוּ לָחוּק בַּסֵּפֶר : הָלוֹךְ חֲמֵשׁ מֵאוֹת קְפִיצַת מִמְּעוֹנֶךָ · צוֹרֶרְךָ הִצְמַתָּ כְּהֵרִיעוּ בְּטַלְאֵי עָנֶךָ · וּבְמַחֲמַדֵּי בִטְנָם לֹא חָסָה עֵינֶךָ · פִּטְרֵי רֶחֶם וְרָאשֵׁי אוֹן בְּעָנְךָ : זַעֲכָם בְּעֶשֶׂר

תחבולות He who is mighty in counsel and strength, formed prudent counsels to teach the inhabitants of the world, that wisdom is better than strength. *As with* a bridle he led the prince to wander from the metropolis, to assemble his hosts, to pursue *the people that is* fair and pure. They were obnoxious, and were drowned, for they threw the male children into the river; he rewarded them according to measure, by consigning them to the Red Sea. He faithfully accomplished what he had determined, for his acknowledged people, according to the words which he spoke to the ancient patriarch. The princes of צוען (Egypt) became foolish, and were deprived of counsel, when they thought to overtake the nation, and to scatter her as with a tempest; if God had not drawn his sword from its scabbard, they would have cut down the forest (Israel), and set it on fire; but he who abideth in heaven laughed at them, and held them in derision, when he (Pharoah) was equipping his hosts, to go forth against them, for he saw that the day of their recompense was come; this vengeance was taken because they drowned their babes; and to execute upon them the clear written judgment, he required them with their recompense for what they did presumptuously to the desirable people; those that were redeemed with his uncovered arm, he led about the way; he led them about the way of the wilderness towards the Red Sea.

מעלליו I will continually sing of his works in the assembly of the people, to declare his loving-kindness in the morning, and his faithfulness in the night: I will supplicate him for rain, for the reviving dew, to reanimate those that are hidden in the bowels of the earth, even the people that lodge in his shadow. Blessed art thou, O Lord! who reviveth the dead.

איום O thou who art awful and tremendous, who will not revere thee? They that were obdurate did not acknowledge thy awfulness, till thou didst shew thy judgment on the youths of the Egyptians; then they who heard thy fame, shook and trembled in fear of thee. Who can declare the greatness of thy tremendous works: they are exceedingly abundant, and are too numerous to be numbered: if all the ocean was ink, and all creatures scribes, they could not note even a part of thy tremendous works. From thy *heavenly* abode didst thou hasten to the earth; thine enemies didst thou cut off, because they ill-treated the lambs of thy flock; thine eyes, *therefore,* did not pity the tender fruit of their womb, when thou didst

בְּחוֹמֶשׁ יַד הַגְּדוֹלָה · עוֹלוֹת אַחַת לְחָמֵשׁ בְּעָבוֹת גְּדֹלָה · חֲסָפוּ זְרוֹעַ אֲשֶׁר מְאוֹד גָּדְלָה · סִיעֲפָם עַל אַחַת חָמֵשׁ בִּגְדוֹלָה : טְבוּעִים בְּיָוֵן מְצוּל בְּתָלוּל הַגְּשִׁיר · נֶגֶף אֶבֶן הֵסַר וְעָקוֹב הַיְשִׁיר · חזן יֶשַׁע מִצִּיּוֹן שְׁלַח וְחָדָשׁ נָשִׁיר · כֶּתֶר לְךָ לָתֵת כְּאָז יָשִׁיר :

קהל חֲרָשׁוּ יוֹשְׁבֵי חֲרוֹשֶׁת לְאַבֵּד יָפָה וּבָרָה · נָתוֹשׁ וְאַבֵּד שֵׁם וּשְׁאָר בִּגְבוּרָה · חזן נַחַל קִישׁוֹן גְּרָפָם וּזְרוֹעָם נִשְׁבָּרָה · אָז לָבְשָׁה רוּחַ וְשָׁרָה דְבוֹרָה :

קהל קָם עַל רַבּוּ קָמָיו לְלָזוּת · לְהַמְתָּ לוֹחֲמָיו וְהִכְנַעְתָּ אוֹתָם לְהִבָּזוֹת · חזן נוֹעַם זְמִירוֹת בִּיטָה לְךָ לְהַזּוֹת · פָּתַח וְשָׁר אֶת הַשִּׁירָה הַזֹּאת :

קהל מִכְלַל יוֹפִי עַל מִשְׁפָּטוֹ יְחֻדַּשׁ · וְעוֹד נָגַהּ בּוֹ כְּקֶדֶם יִתְחַדֵּשׁ · חזן שִׂיאוֹ לְמַעְלָה לְמַעְלָה יָרוּם וְיִוּקְדַּשׁ · סֶלָה בְּתוֹכוֹ נָשִׁיר שִׁיר חָדָשׁ :

יִמְלוֹךְ יְיָ לְעוֹלָם אֱלֹהַיִךְ צִיּוֹן לְדֹר וָדֹר הַלְלוּיָהּ :

וְאַתָּה קָדוֹשׁ יוֹשֵׁב תְּהִלּוֹת יִשְׂרָאֵל אֵל נָא :

קהל אֲדֹנָי חֶלֶד עַד לֹא טֻבָּעוּ · וְטֶרֶם תִּלּוּלֵי רוּם לְאוֹהֶל קְבוּעִים · מֵאָז הֶעֱלָה בְּמַחְשֶׁבֶת דִּגְלֵי רְבוּעִים · הֱיוֹת לוֹ מִכֹּל אוֹם תְּבוּעִים · וּבְהִמָּלֵךְ לִבְרֹאת יְצִיר רֹאשׁ טְבָעִים · בְּעַדָם חָלוּ מֶלֶךְ וּמְשָׁרְתָיו מַצְבִּיעִים · וּמֵאָז בְּחֶלְקוֹ עָלוּ מֵחֲלָשִׁים שִׁבְעִים · וְסֻגָּלָם לוֹ לְחֶבֶל נַחֲלָה מוּקְבָּעִים · וּכְחָבוּ גֵּרוּת וְעִנּוּי וְקִבְעוּם קוֹבְעִים · נִתְגַּלְגְּלוּ רַחֲמָיו לְסוֹף שְׁלֹשִׁים שָׁבוּעִים · וַיֵּט חֶסֶד עַל בְּנֵי רִבֵּעִים · וְהִטָּה אוֹזֶן וְסָכַת שִׂיחַ

afflict even they that opened the womb, the first of their strength. He cut them off with ten *plagues, which were inflicted* with the fifth part of his mighty hand; every plague was five-fold: but now he made bare his omnipotent arm, and smote them with his whole mighty hand, each plague was five-fold. *As* thou didst form a bridge in the water for those that were sunk in the mire, so remove thou the stumbling stone, and make the crooked path straight: send us salvation from Zion, that we may sing a new song, and ascribe sovereignty unto thee, as when Moses sang.

חרשו The inhabitants of חרושת thought to destroy the fair and pure nation: and with their power to root out and destroy their name and remainder; but the brook קישון swept them away, and their power was broken: then was דבורה inspired and sang.

קם He (David) who was raised on high, had abundant enemies that despised him; but thou didst fight his battles, and didst subdue them to shame; *for this*, the sweet psalmist offered praises to thee, and began to sing this song unto thee.

מכלל May the perfection of beauty (Jerusalem) be restored to its former state, and may thy dwelling be yet renewed therein as aforetime; then shall its splendour be extolled and exalted exceedingly high, and we will then sing there, a new song.

ימלוך The Lord reigneth for ever; thy God, O Zion! unto all generations. Hallelujah!

ואתה Thou, Most Holy! who abidest among the praises of Israel: we supplicate thee, O Omnipotent!

אדני חלד Before the sockets of the earth were sunk, and the high heavens were fixed as a tent; it was then in his mind, *to create those that rested under* the four banners (Israel), to be required of him above all people; and when he took counsel to create the principal of all creatures, the heavenly King, and his ministering angels, pointed out Israel from among the seventy *nations,* and they became his peculiar heritage; and when they became subject to bondage and affliction, his mercy was moved towards them at the end of thirty sabbatical *years,* and extended his tender mercy to the children of the fourth generation; he also inclined his ear, and hearkened to the prayer of those that besought him; for

רד יוצר ליום אחרון של פסח :

מְשֻׁוּעִים · וַיִּקַץ כְּיָשֵׁן וַיַּךְ צָרָיו בְּגוֹעִים · הִכָּה וּפְצוֹעַ בְּכָל מַכָּה וַאֲבַעְבּוּעִים · וְאַחֲרֵי כֵן שִׁלְּחָם בִּרְכוּשׁ גָּדוֹל שְׂבֵעִים · בְּפָז וּבְכֶסֶף וּבְזָהָב וְכָל מִינֵי צִבְעִים · וְעוֹד מָסַךְ בְּקִרְבָּם רוּחַ עִוְעִים · וַיְסִיתֵם רְדוֹף אַחֲרֵימוֹ בְּשִׁרְיוֹנוֹת וְכוֹבָעִים · וְאָז עָלְתָה חֲמָתוֹ וַיָּשֶׁב עֲלֵיהֶם אוֹנָם וְשִׁקְּעָם בִּטְבוּעִים · וְנָפְלוּ וְנִשְׁבְּרוּ כְּשֶׁבֶר נֶבֶל לְמַבּוּעִים :

קהל וחזן בִּגְזֵירַת חַי וְקַיָּם נוֹרָא וּמָרוֹם וְקָדוֹשׁ :

חזן וקהל חֲכַם לֵבָב וְאַמִּיץ כֹּחַ · מִי יוּכַל אֵלָיו לְנַכּוֹחַ · אֲשֶׁר בְּיָדוֹ הַגְּבוּרָה וְהַכֹּחַ · קָדוֹשׁ :

מַה מּוֹעִיל רָשָׁע בְּעָלָיו · וּמַה יָּעוֹז זֵד בְּמַעֲלָלָיו · פְּנֵי מְשַׁלֵּם לְאִישׁ כְּמִפְעָלָיו : מֶרֶד הֲיוּכַל לַעֲרוֹךְ יְצִיר חוֹמֶר · נוֹכַח יוֹצֵר כֹּל בְּאוֹמֶר · רוּחוֹ וְנִשְׁמָתוֹ בְּיָדוֹ שׁוֹמֵר : שִׁבְנוֹ שַׁת בְּרוּם עוֹלָם · מֶמְשַׁלְתּוֹ עַל כָּל הָעוֹלָם · מִי הִקְשָׁה אֵלָיו וַיִּשְׁלָם :

שְׁלִישִׁים פְּתָחוּ רִאשׁוֹן לְקַלְקֵל · אָצוּ סָלוּל אוֹרַח לְעַקֵּל · שֵׁם אֵל בֶּאֱלִיל לְהָקֵל : הַעַל אֵלֶּה פָּרְצוּ גֶּדֶר עוֹלָם · פָּרַץ מֵי הַיָּם בִּגְבוּלָם · וּשְׁטָפָם וְאִבְּדָם מִן הָעוֹלָם : הֶרְאָה בָם דִּין לְדוֹרוֹת · לְבִלְתִּי פָּלוֹחַ לְכָל יְצִירוֹת · כִּי אִם לְקוֹרֵא הַדּוֹרוֹת :

בַּעֲלֵי זְרוֹעַ הֵחֵלּוּ לָרוֹב · וַיֹּאמְרוּ לָאֵל סוּר מִקָּרוֹב · כִּמְלֹא בָתֵּיהֶם טוֹבוֹת רוֹב : בָּטְחוּ בְּאֵד עוֹלֶה מִן הָאָרֶץ · וְנָאֲצוּ לְמַמְטִיר עַל הָאָרֶץ · מַה לָּנוּ לְמִטְרוֹת עָרֶץ : רָם מָתַח דִּין בָּהֶם · וּמִטְרוֹת עוֹז שָׁפַךְ עֲלֵיהֶם · וַיִּמַח אֶת כָּל יְקוּמֵיהֶם :

he awoke as one from sleep, and smote his enemies with death; smiting and wounding them with all manner of disease and blains; after which, he sent them away satiated with great spoil, with fine gold and silver and all manner of coloured garments; afterwards he mingled in the midst of them a spirit of giddiness, and enticed them to pursue after them, *armed* with coats of mail and helmets; when his wrath was stirred up, and rewarded them for their labour, and sunk them in the depths, where they fell, and were broken, as the bottle is broken at the fountain.

בגזירת By the decree of him who liveth and existeth eternally; he who is tremendous, exalted, and holy.

חכם He is Omniscient, and mighty in power; who can plead with him? for in his hand is power and might. He, the Most Holy.

מה מועיל Of what avail is wickedness to its owner, or how can the presumptuous strengthen themselves by their works, in the presence of him who rewardeth every man according to his works? How can *man*, formed of matter, deliberately rebel against him who formed all things by his word, and in whose hand his spirit and soul is kept? He placed his habitation in yon height; his rule extendeth over the whole world; who hath hardened *himself* against him, and hath prospered?

שלישים The mighty ones began first to hasten to pervert the pure path; and lightly changed the name of God for idols; and because they broke down the fence of the world, he made a breach in the waters in their border, overflowed them, and cut them off from the world; by inflicting judgment upon them, he shewed the future generations, that they should not worship any creature, but only him who called the several generations into existence.

בעלי When the powerful men began to multiply, they said to God, turn aside from the midst of us, when their houses were filled with abundant good; they contemned the mist that ascended from the earth, and provoked him who causeth it to rain upon the earth; saying, what need have we for the mighty rain? The Most High passed judgment on them, and poured down the mighty waters upon them, and destroyed every living substance of them.

רָמַח רוּחַ יוֹשְׁבֵי שִׁנְעָר · וְלַעֲלוֹת לַשַּׁחַק לִבָּם נִבְעַר · וֶהֱפִיצָם בְּרוּחַ סוֹעָה וָסַעַר : בַּד בְּבַד פֶּרַע שְׁאוֹנָם · וְנֶפֶץ מוּל נֶפֶץ דָּנָם · וּבָטְלָה עֲצָתָם כְּפֶלֶג לְשׁוֹנָם : בַּאֲשֶׁר הֵם בְּשָׂפָה נָדוּ · וּבַאֲגוּדָה אַחַת כֻּלָּם נוֹעָדוּ · בָּלַל לְשׁוֹנָם וּמִשָּׁם נִפְרָדוּ :

יָקְשׁוּ צָרֵי עַיִן בְּבֶצַע · וּמֵאֲנוּ פְרוֹסָה לְרָעֵב לִבְצֹעַ · וְהֶאֱרִיכוּ וְקִצְּרוּ אֶת הַמַּצָּע : יַד קָפְצוּ מֵעָנִי וָדַל : וְעוֹזֵב אוֹרַח מֵעֲלֵיהֶם חָדַל · וְכָבֵד חֵטְא וְעָוֹן גָּדַל : קִלְקְלוּ צַעֲדֵי יוֹשֶׁר לְסַלֵּף · וְאוֹצָרוֹ הַטּוֹב עֲלֵיהֶם הֶחֱלִף · וְהַפָּכָם מְשׁוֹרֵשׁ דּוֹרוֹת לָאָלֶף :

קַחַת מוּסָר מֵאֲנוּ צוֹעֲנִים · וְלֹא לָמְדוּ דַעַת מִקַּדְמוֹנִים · הֵרֵעוּ מִכֹּל אֲשֶׁר לְפָנִים : לָחֲצוּ בְּמֶרֶד זֶרַע חֲסִדָיו · וְגָזְרוּ גְּזֵרוֹת לִבְנֵי יְדִידָיו · וַיַּרְא יְיָ וַיְעוֹרֵר חֲסָדָיו : לְמַלְאוֹת דְּבָרוֹ וּלְהָחִישׁ עֶזְרָה · אָחוֹר הֵשִׁיב חֶשְׁבּוֹן גְּזֵרָה · וְעַל תַּנִּין שָׁפַךְ עֶבְרָה :

וְלֹא בְּכֹחַ לְפִי הַגְּדֻלָּה · הֵחֵל בְּבַעֲלֵי זְרוֹעַ תְּחִלָּה · כִּי אִם בַּעֲנָוָה גְדוֹלָה : וְאוֹת וּמוֹפֵת שָׁלַח לְהֵרָאוֹת · וְהִקְשָׁה עוֹרֶף וְהִכְבִּיד תְּלָאוֹת · אָז הִכָּהוּ מַכּוֹת גְּדוֹלוֹת וְנוֹרָאוֹת : נָאוֹר אַף לְפִי חֲמָתוֹ · לֹא עִכֵּר דִּין אֲמִתּוֹ · כִּי אִם בְּיוֹשֶׁר מִדָּתוֹ :

נֶגַע אֲשֶׁר בְּסוֹף הִבְעִיתוֹ · בּוֹ הִקְדִּים תְּחִלָּה לְהַתְרוֹתוֹ · וּמִקֵּץ לְקֵץ הֶאֱרִיךְ עֶבְרָתוֹ : יָהּ מַכָּה לֹא הִכָּהוּ · עַד שֶׁלֹּא קָדַם וְהִתְרָהוּ · וְאַחֲרֵי כֵן שָׁלַח וְהִלְקָהוּ : יֶרַח הוּקְצַב לְכָל מַכָּה · וּשְׁלֹשֶׁת חֲלָקִים הֵעִיד וְהִכָּה · וּרְבִיעִית הַחוֹדֶשׁ שִׁמְּשָׁה הַמַּכָּה :

רמה The inhabitants of שנער became presumptuous, and their heart was inflamed with the desire of building a tower to reach up to heaven; but he scattered them with a storm and whirlwind; he rewarded them in measure, and therefore judged them to dispersion; their counsel also was frustrated, when he divided their language: for they sinned with their speech, and wished to be all assembled together in one land: but he confounded their language, and scattered them from thence.

יקשו They (the inhabitants of סדום stumbled because of their avariciousness; they even refused bread to the hungry, and a bed to the wanderer: they shut their hand to the poor and needy: so that the wayfaring man ceased to come near them: thus their sin was grievous, and their iniquity was great. They perverted and destroyed the path of rectitude: he therefore changed his good treasure on them, and overthrew their cities from their foundation; thereby to instruct future generations

קחת Yet, the Egyptians refused to take warning, and would not learn instruction from their predecessors, but did evil above all that were before them: they bitterly oppressed the offspring of his pious servants; and decreed evil decrees against his beloved; the Lord saw it, and was moved to compassion, to fulfil his promise, and hasten their help; he put back the number of the decree, and poured forth his wrath upon the dragon (Pharoah).

ולא Yet he did not begin to shew his might according to his great power, but with great meekness he shewed him signs and wonders; but he was stiff-necked, and laid heavier burdens on them; he then smote him with great and terrible plagues; yet did not the tremendous God in his wrath exceed strict justice, but punished them according to his attribute of rectitude.

נגע The last plague (מכות בכורות) which so much terrified him (Pharoah), was that with which he began to admonish him, and from time to time he deferred his wrath; the Lord did not smite him with a plague, until he had first admonished him, after which he sent and struck him; a month was allotted to each plague; three parts of which he admonished, and waited for his amendment, and one fourth part of the month the plague continued.

מָחַץ בּוֹ מְחָצוֹת תֵּשַׁע · וְלֹא נִכְנַע וְלֹא שָׁע · וּבָעֲשִׂירִית נִשְׁבַּר מַטֵּה הָרֶשַׁע : מֵעֶרֶשׂ יְצוּעוֹ קָם לַיְלָה · וּבְאֶרֶץ פַּתְרוֹס צְוָחָה גְדוֹלָה · כִּי אֵין בַּיִת בְּלֹא יְלָלָה : וּפֶה שֶׁאָמַר לֹא אֲשַׁלֵּחַ · הוּא הַפֶּה חִנֵּן לְשַׁלֵּחַ · (עָנָה כְּנֶאֱלַח) קוּמוּ צְאוּ כְּדַבֶּרְכֶם לִפְלוֹחַ :

וְלָמָה זֶה לַחֲשׁוּבֵי כְּאַיִן · לִקְנוֹת חָכְמָה וְלֵב אַיִן · מוּתָרִים כְּנוֹגֵעַ בְּבָבַת עַיִן : שֶׂכֶל זֹאת לֹא יָבִינוּ · פּוּטִים אֲשֶׁר בְּתֶחֶל הִתְקִינוּ · כְּעָקְלוֹ בְּסוֹף כַּף נִדּוֹנוּ : חזן שְׂעִיר וּטְפוּלָיו אֲשֶׁר לְחָרְבָּה · נִתְכַּוְּנוּ מֵרֹאשׁ וְעַד קִצְבָּה · מַה יַּעֲשׂוּ בְּלַהַט הַיּוֹם הַבָּא :

חזן ויקהל בְּעָטוּתוֹ קִנְאָה בְּלוּבְשׁוֹ נָקָם · לְהָרִיעַ וּלְהַצְרִיחַ מְקָמָיו לְהִתְנַקֵּם · שִׁבְעָתַיִם יָשִׁיב אֵל הֵיקָם · קָדוֹשׁ :

חזן וּבְכֵן וַיּוֹשַׁע יְיָ בַּיּוֹם הַהוּא :

אֲצוּלִים מִפֶּרֶךְ סוֹנִים · בְּחוֹזֶק יָד וְנִסְיוֹנִים · גּוֹי שׁוֹמֵר אֱמוּנִים · דֵּעָה וְחָכְמָה חֲנוּנִים · הַהוֹגִים בִּיקָרָה מִפְּנִינִים · וּמִצְוֹתֶיהָ וְהוֹרָיוֹתֶיהָ מְבִינִים · זְמִירוֹת לָאֵל נוֹתְנִים · חֶבֶל נַחֲלָתוֹ מְכוּוָנִים · טְפוּלִים בּוֹ וְעָלָיו נִשְׁעָנִים · יוֹדְעִים מַה פֹּעַל דַּר מְעוֹנִים · כְּאֵזוֹר בְּמָתְנַיִם נְתוּנִים · לוֹ דְבֵקִים וּבְצִלּוֹ לָנִים :

לָנִים מִסְתּוֹפְפִים בְּצֵל אֵל · מְשׁוּכִים אַחֲרֵי אֵל · וּבְצוֹרְבֵיהֶם כִּלָּהֵם הָאֵל ·

חזן וַיַּרְא יִשְׂרָאֵל :

מוֹתַחַת גָּבְהֵי מְרוֹמִים · נוֹטַעַת אַדְנֵי הֲדוֹמִים · סוֹעֶרֶת שְׁאוֹן יַמִּים · עוֹרֶפֶת הֲמוֹן קָמִים · פּוֹרַעַת דִּין עֲגוּמִים ·

מחץ He wounded him with nine wounds, yet was he not humbled, nor did he regard it; but at the tenth, the sceptre of wickedness was broken: he rose up from his bed in the night, and there was a great cry in the land of Egypt, for there was not a house in which there was not howling; and the mouth that said, I will not let them depart, was the very mouth that supplicated them to depart: saying, arise, go forth to worship your God, as ye have said.

ולמה And wherefore was this? to shew *the nations* that are accounted as nought, not to fail to attain wisdom, and to be admonished, for *whoever toucheth them, is* as if he touched the apple of his eye; *but* this wisdom the Egyptians did not understand; they first treated *them well; therefore,* according to their perverseness, were they punished in the end. As to Seir, and his companions, who from the beginning to the end intended to destroy *them*, what will they do on the flaming day that cometh?

בעטותו *Read and Cong.* When he shall cover himself with zeal, and clothe himself with vengeance; to cry aloud, and shout amain, to take vengeance of his enemies, and requite sevenfold unto them: he, the Most Holy!

ובכן Thus, the Lord saved Israel on that day.

אצולים He delivered from the rigorous bondage of the Egyptians, by his mighty hand, with wonders, a people that preserveth its faith; that is endowed with knowledge and wisdom; who meditate in the law, that is more precious than pearls, and understand its precepts and instructions: they sing praise to the Omnipotent; are surnamed the lot of his heritage; they are allied to him, and depend on him; they know what he who dwelleth in heaven hath wrought for them: they adhere to him as the girdle doth to the loins, and seek shelter in his shadow.

לנים In the shadow of the Almighty they found protection; they, who followed the Almighty: he, the Omnipotent, fought against their enemies. And Israel saw *the hand.*

מותחת That extended the high heavens, and planted the sockets of the earth; that stormed the roaring seas, broke the neck of the multitude of his enemies, inflicted judgment on

צוֹדָה מְחַבְּלִים כְּרָמִים · קוֹלַעַת עַד צִית רָמִים · רוֹטֶשֶׁת עַד חוּג תְּהוֹמִים · שׁוֹפֶטֶת דִּין יְתוֹמִים · תְּהִלָּתוֹ תָּמִיד הֱיוֹת נוֹאֲמִים :

נוֹאֲמִים שְׁלוֹל חֵילָם בְּלֵב מוֹקֶשֶׁת · כְּסַבְּרוֹ בְּיַד אֲדוֹנִים קָשֶׁה ·

חזן אָז יָשִׁיר מֹשֶׁה :

תּוֹדָה וְקוֹל זִמְרָה · שֶׁבַח וְהַלֵּל וּצְפִירָה · רוֹן וָעוֹז וְתִפְאָרָה · קוֹל אוֹמְרִים אָשִׁירָה · צִלְצוּל לְדָר בְּנָהוֹרָא · פּוֹדֶה וּמֵחִישׁ עֶזְרָה · עוֹנֶה בְּעֵת צָרָה · סוֹכֵת מֵעִמּוֹ עֲתִירָה · נוֹתֵן תְּשׁוּעָה לְעַם נִבְרָא · מַצְלִיל קָמֵיהֶם בְּעֶבְרָה :

בְּעֶבְרָה הֵשַׁח יְפֵה פִיָּה · וְדַלְנִי מִשְּׁאוֹל תַּחְתִּיָּה ·

חזן עָזִּי וְזִמְרָת יָהּ :

לוֹ חִכְּתָה נַפְשִׁי · כְּבוֹדִי וּמֵרִים רֹאשִׁי · יוֹדֵעַ בְּצַר נַפְשִׁי · טָס עַל עָב קַל לְהַנְפִּישִׁי · חָמַל עָלַי וְשָׁע רַחֲשִׁי · זָכַר חַסְדּוֹ וֶאֱמוּנָתוֹ לְהַחֲפִישִׁי · וַיַּעֲלֵנִי מִטִּיט רִפְשִׁי · הַמּוֹצִיאִי מִמַּסְגֵּר לַחָפְשִׁי · דִּעֵךְ וְצִמֵּת מְבָאִישִׁי · גִּלָּה כְּבוֹדוֹ עָלַי לְדָרְשִׁי · בַּצַּר לִי קְרָאתִיו וְלֹא נְטָשִׁי · אֵילִי וְחֵילִי וְלֹא בָזָה לַחֲשִׁי :

לַחֲשִׁי בֵּן וַיֵּצֵא בְחֵמָה · מוּל צָר לְהִלָּחֵמָה ·

חזן יְיָ אִישׁ מִלְחָמָה :

אֵזֶר עוֹז וָעֵט קִנְאָה · בְּשִׁרְיוֹן וְכוֹבַע נִרְאָה · גֵּאוּת לָבֵשׁ וְנִתְגָּאָה · דָּרַךְ קַשְׁתּוֹ וּבְרַק חֲנִית הֶרְאָה · הִרְעִים רַעַשׁ וְקוֹל תְּשׁוּאָה · וַתִּתְגָּעַשׁ וַתִּרְעַשׁ אֶרֶץ וּמְלוֹאָהּ · זִלְעֵף פּוּט וְלוּד בִּמְשׁוֹאָה · חָרוֹב וְהֶחֱרִיב בְּלִי רְפוּאָה · טָרַף זְרוֹעַ וְקָדְקוֹד וּפֵאָה · יַחַד שׁוֹעַ וְקוֹעַ וְשַׂר מֵאָה · כֻּלָּם נֵעַר בְּכַלְאָה · לְבַעֲבוּר אוֹם הַנֶּהֱלָאָה :

הַנֶּהֱלָאָה רִחַף בְּצִלּוֹ · וְצַר בְּתוֹךְ יָם תִּצְלִילוֹ :

חזן מַרְכְּבוֹת פַּרְעֹה וְחֵילוֹ :

the Egyptians, they who craftily sought to destroy the vineyard (Israel), and cast them as high as heaven, and dashed them down to the abyss; it judgeth the cause of the fatherless; thus do they (Israel) continually declare his praise.

נואמים They (the Egyptians) with a perverse heart, said they would spoil them of their substance, but they were delivered into the power of mighty lords. Then sang Moses.

תודה Thanksgiving, and the voice of psalmody, commendation, and beautiful praise, and glorious shouting: with a voice saying, I will sing to him who inhabiteth the light; the Redeemer, who is ready to help, answereth in time of trouble; hearkeneth to the prayer of his people; granteth salvation to his created people, and sunk their enemies in wrath.

בעברה In wrath he cast down the Egyptians, and exalted me from the nethermost pit. My strength and song is the Lord's

לו To him my soul hopeth; *he is* my glory, and the exaltation of my head; he knoweth the trouble of my soul; he flew on the light cloud to refresh me; he compassionated me, and accepted my prayer; he remembered his mercy and truth to free me, and brought me up from the miry clay; he brought me out of the prison to freedom! he cut off and quenched *the light* of those that abhored me; he revealed his glory over me, to seek me; in my trouble I called upon him, and he did not forsake me; he granted me strength and power, and hath not despised my silent prayer.

לחשי He perceived my prayer, and went forth in wrath to fight against the enemy. The Lord is the invincible warrior.

אזר Girt with strength, and covered with zeal, he appeared with a helmet and a coat of mail; arrayed in majestic attire; he bent his bow, and shewed his flaming spear; he stormed with the voice of the loud tempest, when the earth, and all contained therein, was forcibly shaken, and quaked; he terrified the Egyptians with desolation; he utterly destroyed without cure; he tore *their* arm with the neck and crown of the head: *even* the opulent princes, and officers of hundreds, together he cast them into the destructive sea, for the deliverance of the wearied people.

הנחלאה With his shadow, he moved over the wearied people, and sunk *their* enemy in the midst of the sea; *even* the chariots of Pharoah and his host.

מַחֲנֵה צַר וְכָל שְׁאוֹנוֹ · נָגִיד וְנוֹשֵׂא כְּלֵי זֵינוֹ · שַׂר כָּל פֶּלֶךְ וּפֶלֶךְ וּלְגִיוֹנוֹ · עָטוּר כּוֹבַע וְלָבוּשׁ שִׁרְיוֹנוֹ · פָּרָשׁ וְרַכָּב מְצֻמֶּדֶת עַל מָתְנוֹ · צוֹעֵד בְּרֶגֶל וְקוֹלֵעַ בְּאַבְנוֹ · קָצִין וְנִקְלֶה וְעַבְדּוֹ וַאֲדוֹנוֹ · רוֹבֶה קַשָּׁת (נ״א רוֹמֵי קֶשֶׁת) וְאִטֵּר יַד יְמִינוֹ · שָׁם פַּרְעֹה וְכָל הֲמוֹנוֹ · תַּמּוּ נִכְרְתוּ וְהוּרַד שְׁאוֹל גְּאוֹנוֹ :

גְּאוֹנוֹ בֻּלַּע וּשְׁאוֹנוֹ נֶחֱרָמוּ · וַיַּחַד כֻּלָּם נֶהֱמָמוּ ·
חזן תְּהֹמֹת יְכַסְיֻמוּ :

תְּהוֹם אֶל תְּהוֹם קָרָא · שְׁאוֹן סוּף לְעֻמָּם נִתְגָּרָה · רַעַם וָרַעַשׁ וְקוֹל עֶבְרָה · קָדִים וְסוּפָה וּסְעָרָה · צִנּוֹרוֹת מִפֹּה וּמִפֹּה מְקַלְּחִין בִּגְבוּרָה · פְּלָגִים יִבְלֵי נְהָרָה · עֶבְרָה וָזַעַם וְצָרָה · סָבִיב בַּעֲתוּהוּ צַר עִם כָּל שְׁיָרָה · נִשְׁקְעוּ כֻּלָּם יַחַד כַּאֲבָרָה · מִבְּלִי הוֹתִיר מוֹלִיךְ בְּשׂוֹרָה :

בְּשׂוֹרָה יָצְאָה וְחָלוּ כָּל בַּעֲלֵי מְדָנַי · וְאַדִּירוּהוּ יַחַד צִיר וְכָל הֲמוֹנַי ·
חזן יְמִינְךָ יְיָ :

לְמַעַן סַפֵּר בְּכָל גֵּיא שִׁמְךָ · כֹּחַךָ הֶרְאֵיתָ בְּמִתְקוֹמְמֶיךָ · יָצָאתָ לְיֵשַׁע עַמֶּךָ · טִבְחָה לָשִׁיתָ בְּקָמֶיךָ · חָשַׂפְתָּ יְמִין תַּעֲצוּמֶיךָ · זְרוֹת כַּמּוֹץ לוֹחֲמֶיךָ · וַתְּנֵהוֹם בְּשַׁאֲגַת רַעְמֶיךָ · הֲמוֹן הוֹמִים לְעַמֶּךָ · דִּין גָּמוּר דַּנְתָּ כִּנְאֻמֶךָ · גּוֹי הַמַּעֲבִיר רְחוּמֶיךָ · בְּכָל גּוֹיִם נִשְׁמַע נִקְמֶךָ · אֲשֶׁר עָשִׂיתָ לְעַמֶּךָ :

לְעַמְּךָ קוֹלָם הִסְכַּתָּ מִמְּעוֹנְךָ · וְרֹדְפֵיהֶם הִכְנַעְתָּ בַּחֲרוֹנְךָ ·
חזן וּבְרֹב גְּאוֹנְךָ :

אַדֶּר גֵּאוּת לָבַשְׁתָּ · בְּעֻזְּךָ יָם כִּפּוֹרַרְתָּ · גֵּאוּת עָרִיצִים הִשְׁפַּלְתָּ · דִּכְאוּת דַּלִּים רוֹמַמְתָּ · הֲלֹא מֵי יַם סוּף הוֹבַשְׁתָּ ·

מחנה The host of the enemy, and all his multitude; the prince and his armour-bearer; the governor of every district and his legions; all that were clothed and armed with a helmet and a coat of mail; the charioteer, and horseman, with the sword girt to his loins; the foot soldier, and the slinger of stones, the rich and the poor, the servant and his master, the archer and he that was left-handed; there Pharoah and all his host were wholly cut off, and their grandeur cast down to the grave.

גאונו Their grandeur was swallowed up, and their pride destroyed; and they altogether were discomposed. The depths covered them.

תהום Floods rushed against floods, billows against billows, when the raging sea contended with them, the thunder storm and tempest, and the voice of wrath; tempestuous east wind and the stormy whirlwind, *with* the mighty water-spouts flowing, on every side: the floods and *water* streams; wrath, indignation, and trouble, surrounded and terrified the enemy, and all his host; they all sunk together as lead; not one remained to carry the tidings.

בשורה The tidings spread of itself, and terrified all those that contended with me; but the messenger (Moses) and all the multitude together, extolled thy right hand, O Eternal!

למען That thy name might be made known in all the world. thou didst shew thy power against those that rose up against thee; thou didst go forth to the salvation of thy people, and didst make a dreadful slaughter among thine enemies: thou didst make bare thy mighty arm, to scatter as chaff those that warred against thee, and didst discomfit, with thy roaring thunder, those that raged against thee; thou didst, according to thy promise, inflict due judgment on a merciless people; the vengeance which thou didst take for thy people, was heard in all nations.

לעמך From thy heavenly abode didst thou hear the voice of thy people, and didst humble their pursuers in thy wrath; and in the greatness of thy majesty.

אדר Thou didst clothe thyself with a majestic robe when thou dividedst the sea with thy strength; *then* didst thou bring down the pride of the tyrants: the dejected poor didst thou exalt; verily, the waters of the Red Sea didst thou dry up,

וּבְמַעֲמַקֵּי יָם דֶּרֶךְ שַׂמְתָּ · זַכִּים בּוֹ הֶעֱבַרְתָּ · חֲנֵפִים בְּתוֹכוֹ שִׁקַּעְתָּ · טִבְעֲךָ בְּעוֹלָם הוֹדַעְתָּ · יִרְאָתְךָ עַל פְּנֵי כָל הָעַמִּים תַּתָּה · כִּסְלָחִים עֵת הִכְנַעְתָּ · לְבַדְּךָ עַל כָּל אֱלוֹהַּ נִתְגַּדַּלְתָּ :

נִתְגַּדַּלְתָּ (וְנִתְקַדַּשְׁתָּ) לִשְׁבּוֹר רָאשֵׁי תַנִּינִים בְּתָקְפֶּךָ · וְהִסְעַרְתָּ לֵב יָם בְּזַעְפֶּךָ :

חזן וּבְרוּחַ אַפֶּךָ :

מַפָּה וּמַפָּה עֲרֵמוֹת · נוֹזְלִים צָגוּ כְּחוֹמוֹת · סוֹעֲרוּ וְקָפְאוּ תְהוֹמוֹת · עָמְדוּ צְרוּרִים כְּחֵמוֹת · פָּנוּ כָאן וְכָאן שָׁלִישׁ רוּם מִימוֹת · צָעוּ הַנּוֹתָרִים לְמִדְרַס פְּעָמוֹת · קוֹרְעוּ אֶת שֶׁבִּנְהָרִים וַאֲגַמּוֹת · רִבָּה בּוֹר וְשִׁיחַ וְנִקְרַת אֲדָמוֹת · שְׁאוּבִים אַף שֶׁהָיוּ בְּכָל מְקוֹמוֹת · תְּוֹכוּ יַחַד בִּגְזֵרַת לוֹבֵשׁ נְקָמוֹת :

נְקָמוֹת וְקִנְאָה יָעַט שׂוֹנְאָיו לַהֲדוֹף · כְּמוֹ לְשֶׁעָבַר עָט לִנְדּוֹף ·

חזן אָמַר אוֹיֵב אֶרְדֹּף :

תַּעֲלוּלֵי צַר וְרוֹעַ מַעֲלָלֵהוּ · שָׁקֵט וְשָׁלֵיו לֹא הִנִּיחוּהוּ · רוּחַ עָרִיצִים הִתְעָהוּ · קִיאוּ לָשׁוּב וּלְבַלְּעָהוּ · צוּר עָבוּר לְגַבּוֹת שֹׁטֵר נִשְׁיֵהוּ · פִּלֵּג לִבּוֹ וְהִשְׁגָּהוּ · עָם הַנִּתַּק מִמְּתַלְּעוֹת פִּיהוּ · שָׂח אֶרְדֹּף אַשִּׂיג וַאֲכַלֵּהוּ · נִפְרַע סְאָה בִסְאָה בְּרִשְׁעֵהוּ · מָדַד לוֹ כְּנֶגֶד מִדּוֹתֵיהוּ :

מִדּוֹתֵיהוּ נִאֵץ מִי יְיָ מוּל שְׁלוּחֶךָ · גְּבַרְתּוֹ בְּמֵי יָם לְהוֹדִיעוֹ כֹּחֶךָ ·

חזן נָשַׁפְתָּ בְרוּחֲךָ :

לְהָשִׁיב יָם לְאֵיתָנוֹ · כִּפְנוֹת בּוֹקֶר לְעֵינֵינוּ · יָם הַגָּדוֹל פֶּרֶץ מֵאוֹגְנוֹ · טָרַף זֶה בָּזֶה לְהַגְבִּיר שְׁאוֹנוֹ · חַי כָּל אֶחָד וְאֶחָד בְּעוֹד יֶשְׁנוֹ · זִלְעֵף רוּחוֹ בְּתוֹךְ נְדָנוֹ · וַיְּעַלֵּם עַד רוּם מְעוֹנוֹ · הוֹרִידָם לְמַטָּה בְּדַרְכְּיוֹת עֲשׂוֹנוֹ · דִּבֵּק סוּס בְּרֶכֶב

and didst form a way in the depths of the sea; the pure ones didst thou cause to pass through it, the flatterers didst thou sink therein; *by which* thou didst make known thy fame in all the world: didst spread thy fear over all nations; when thou didst subdue the Egyptians, then wast thou alone exalted above every god.

נתגדלת Thou wast exalted and sanctified when thou didst break the heads of the dragons, and didst stir up the sea in thy wrath; and with the breath of thy nostrils.

מפה The floods were heaped, and stood upright as walls on each side; the depths were congealed; they stood as it enclosed in bottles: two thirds of the highest waters turned on each side, and the remainder was spread out for *them* to walk over; the waters of the rivers and pools were divided, *as also those contained in* the pits, wells, and marshes, together with those that were collected in all places, at the decree of him who was clothed with vengeance.

נקמות He will again cover himself with zeal and vengeance to thrust down his enemies, as he covered himself aforetime to drive *his enemies into the sea, when* the enemy said, I will pursue.

תעלולי The hardiness and malignity of the enemy did not suffer him to rest in quiet; *his* violent spirit enticed him to return to his disgraceful design, that the Creator might punish him according to his crimes; he therefore changed his mind, and caused him to err; *so that* he said, *concerning* the people that was rescued out of his jaws, I will pursue, I will overtake, and exterminate them; but the Almighty punished him according to his wickedness, and remunerated to him according to his mischievous disposition.

מדותידהו He provoked the messenger (Moses) *by saying*, who is the Lord that sent thee? *therefore* didst thou drag him into the sea, that he might know thy power. Thou didst blow with thy wind.

להשיב To cause the sea to return to its strength, as the morning drew nigh: the great sea made a breach in its shore, and beat one against the other, to strengthen its mighty rage; so that every one of them, while his soul was yet alive in him, was thrown up to the height of heaven, and cast down to the vapours of the sea; he caused the horse to adhere to the

וְהִשְׁמִיט אוֹפַנּוֹ · גּוֹרְרָם בְּכוֹבֶד בְּמֶתֶג רִסְנוֹ · בְּלֶב יָם
הֱבִיאָם בְּעֹצֶם אוֹנוֹ · אֲכָלוֹ כְּקַשׁ יָבֵשׁ בַּחֲרוֹנוֹ :
בַּחֲרוֹנוֹ יָרְדָה בַיָּם אֱוִילִים · וְשׁוֹרְרוּ לוֹ בְּנֵי אֵלִים :
חזן מִי כָמֹכָה בָּאֵלִם :

אֱלוֹהַּ עַל כָּל אֱלֹהִים · בּוֹרֵא עוֹמֶק וְרוּם גְּבוֹהִים ·
גּוֹזֵר יָם גַּלָּיו לְבַל יֶהוּ זוֹחִים · דּוֹק וְחֶלֶד מֵאֵימָתוֹ נִרְהִים ·
הָאוֹמֵר לַחֶרֶס וְזוֹהֲרוֹ כֵּהִים · וְחוֹתֵם בְּעַד הַלִּים וְלֹא מַגִּיהִים ·
זִיקִים וּבְרָקִים מִמֶּנּוּ נִשְׁלָחִים · חָשִׁים בִּשְׁלִיחוּתוֹ וְלֹא שׁוֹהִים ·
טֵכֵס גַּלְגַּל קָבוּעַ וּמַזָּלוֹת צוֹמְחִים · יַחַד כְּסִיל וְכִימָה עִמָּם
זוֹרְחִים · כּוֹנֵן עָשׁ בַּצָּפוֹן וְעַקְרָב בַּדָּרוֹם מוּנָחִים · לְיִחוּד שְׁמוֹ
כֻּלָּם מוֹכִיחִים :
מוֹכִיחִים מַעֲשֶׂיךָ אַהֲבַת אֱמוּנֶיךָ · לִבְלוֹעַ לוֹחֲצֵי הֲמוֹנֶיךָ ·
חזן נָטִיתָ יְמִינְךָ :

מוּמָתִים וְלֹא מֵתִים בְּעוֹדָם · נַפְשׁוֹתָם עֲדַיִן צְרוּרוֹת
בְּחֶלְדָּם · סַעַר סוּף לְיַבֶּשֶׁת לְיָדָם · עִיפָתָה אַף הִיא קִלְעָתָם
לְבֵית מְצוּדָם · פְּצוּעִים וְנִפְצָעִים וּמִפְלַח כְּבֵדָם · צְנוּפִים
כַּדּוּר עִם מַרְכְּבוֹת כְּבוּדָם · קָרוּעַ וְרָקוּעַ נֶחֱרִים בַּעֲדָם ·
רִיב וּמַצָּה נִתְגָּרוּ עַל יָדָם · חזן שַׁדַּי הַמְשַׁלֵּם לְשׂוֹנְאָיו
לְהַאֲבִידָם · שָׁת יְמִינוֹ לָאָרֶץ לִגְמוֹל לָהֶם חַסְדָּם · תְּפַתֶּה
פָּעֲרָה פִּיהָ וּבָלְעָה הוֹדָם · תּוֹחַתְּתוּ יַחַד וְעִמָּם רֶכֶב וָסוּס
נִרְדָּם :
נִרְדָּם וְאָבַד שְׁאוֹן בּוֹגְדֶיךָ · וּבְנֵי זֶרַע חֲסִידֶיךָ ·
חזן נָחִיתָ בְחַסְדְּךָ :

אוֹרַח עוֹלָם עֲלֵיהֶם בְּאַהַב שַׁתָּ · בְּנֵי עֲבָדֶיךָ כְּדַרְכְּךָ
אֲדוֹנִים הִנְחִיתָ · גְּעגוּעִים כְּאָב לְבָנִים כָּמוֹ עָשִׂיתָ · דְּבַשׁ
מִסֶּלַע אוֹתָם הֵינַקְתָּ · הִרְחַצְתָּ וְהִלְבַּשְׁתָּ וְהִנְעַלְתָּ וְסַכְתָּ ·

chariots, and took off its wheels, laid hold of the bridle, and led them heavily; in his mighty strength, he brought them into the midst of the sea, *and* consumed them as stubble in his wrath.

בחרונו In his wrath. he cast the foolish ones into the sea; and the children of the mighty sang, who is like unto thee, O Lord? among the mighty?

אלוה God above all gods, Creator of the depths of the earth, and the heights of heaven; he humbleth the proud billows of the sea; heaven and earth are terrified at his awful appearance; he speaketh to the sun, and its radiance vanishes; and sealeth the brightness of the stars, they sparkle no more; thunder and lightning are sent from him, they hasten in *the performance of* his message, and delay not: he hath ordained the fixed orb and the moving planets; Orion and Pleiades together shine with them; he hath established Arcturus in the north, and Scorpion in the south; they all proclaim the unity of his name.

מוכיחים Thy works shew thy love towards thy faithful ones; to those that oppressed thy multitude, didst thou stretch out thy right hand.

מומתים When they were stricken with death, though not quite dead, while their souls clave yet to their bodies, the raging sea cast them out on the dry *land;* but the *earth* flung them back into the whirlpool; thus were they smitten and wounded, and their liver was split; as a ball were they tossed about with the chariots of their glory; *while* the sea and the earth were in strife, contending about them; but the Almighty, who requiteth his enemies to destroy them, stretched out his right hand to the earth, to bestow mercy on them, when she (the earth) opened her jaw, and swallowed up the haughty; they went down and expired; chariot and horse went down with them.

נרדם *Thus* expired and were lost the treacherous multitude; but the offering of thy pious servants didst thou lead with thy tender mercy.

אורח In thy love towards them, didst thou alter the course of the world; *for* the children of thy servants didst thou lead in the way, *as if they were* lords; and providedst delicacies for them, as a father for *his* children; thou didst cause them to suck honey from the rock; didst wash, anoint, shoe and clothe them, and didst abundantly supply them with fine

וּבְסוֹלֶת וּדְבַשׁ וְשֶׁמֶן אוֹתָם הִרְכַּבְתָּ : זֶה בְּעַמּוּד עָנָן הִנְחִיתָ · חֹשֶׁךְ בְּעַמּוּד אֵשׁ כְּמַנְהִיר נַעֲשֵׂיתָ · טַל מִתַּחַת וְלֶחֶם מִמַּעַל לָמוֹ הֶחֱרַשְׁתָּ · יְאוֹרִים לִצְמָאָם מִצּוּר הוֹצֵאתָ · כְּנַסְתָּם לְהַר חֹמֶר וּמִצְוֹת וְחֻקִּים הוֹרֵיתָ · לְמַעַנְךָ כְּגֹדֶל חַסְדְּךָ לִנְוֵה קָדְשֶׁךָ נָחִיתָ :

נָחִיתָ סְגוּלֶּיךָ יָם כְּבָזוֹן · וְצוֹרְרֵיהֶם צִירִים כַּיּוֹלֵדָה אֲחָזוּן ·
חזן שָׁמְעוּ עַמִּים יִרְגָּזוּן :

מִקּוֹל מַפּוֹלֶת שְׁאוֹן פּוֹרְכִים · נִרְעֲשׁוּ אִיִּים וְיוֹשְׁבֵי כְרַכִּים · סִלְעֲמוּ סוֹד נִמְלָכִים · עִלְּפוּ וְנָסוֹגוּ אָחוֹר נְסִיכִים · פַּחוֹת וּסְגָנִים נִמְרָכִים · צוֹר וְצִידוֹן וְכָל גְּלִילֵי פְלֶשֶׁת נְבֻכִים · קָצִין וָרָשׁ וְאִישׁ תְּכָכִים · רֶטֶט הֶחֱזִיקוּ וְכַמַּיִם נִשְׁפָּכִים · שָׁמֲמוּ עֲלֵיהֶם הוֹלְכֵי דְרָכִים · תִּמָּהוֹן קָמוּ מִכִּסְאוֹתָם מְלָכִים :

מְלָכִים הוֹלָלוּ וְהִתְרַעֲלוּ · וְשֵׂעִיר וְזִימִי וְאַרְנָדִי חָלְחָלוּ ·
חזן אָז נִבְהֲלוּ :

תֵּימָן וְיוֹשְׁבָיו נְפוּגִים · שִׁבְרוֹן לֵב וְרִפְיוֹן יָדַיִם מַשִּׂיגִים · רַבֵּי מוֹאָב מִתְמוֹגְגִים · קִינִים וּנְהִי בְּפִיהֶם הוֹגִים · צָעִיר חָם וְכָל אֵלָיו זְווּגִים · פָּחֲדוּ וְרָעֲדוּ וְכַדּוֹנַג נְמוֹגִים · עַרְקֵי וְסִינֵי כַּשִּׁכּוֹר הוֹגִים · סוֹעָה וְסַעַר בָּם מַנְהִיגִים · נִבְעֲרוּ כֻלָּם וְנַעֲשׂוּ שׁוֹגִים · מְדַמְמִים לָאָרֶץ יָשְׁבוּ נוּגִים :

גּוֹנְנִים קְטַנִּים וּגְדוֹלִים כְּאֶחָד · וּכְאָז כֵּן עַתָּה כָּל צוֹרְרֶיךָ יַחַד ·
חזן תִּפּוֹל עֲלֵיהֶם אֵימָתָה וָפַחַד :

לְמַעַן לָמוֹג לְבָבֵיהֶם · כּוֹס חֲמָתְךָ מְסוֹךְ בְּגֵיהֶם · יִרְאָה וָרַעַד יָבֹא בָהֶם · טֵרוּף דַּעַת בִּלְבָבֵיהֶם · חַלְחָלָה וּמַעַד עַל מָתְנֵיהֶם · זִיעַ וְרֶתֶת בְּכָל אֵבָרֵיהֶם · וְכָשְׁלוּ מֵהֶם וּבָהֶם הֹוָה עַל הֹוָה תָּבֹא עֲלֵיהֶם · דּוּמָם יֵשְׁבוּ תַחְתֵּיהֶם · גַּעַר

flour, oil, and honey; with a pillar of the cloud didst thou lead them in the way; and when dark, thou didst light them with a pillar of fire; thou didst prepare the dew beneath, and bread above it for them; rivers to quench their thirst, didst thou draw forth from the rock; thou didst assemble them to the desirable mountain (סיני), and didst instruct them in thy commandments and statutes; *and* according to the greatness of thy mercy didst thou lead them to thine holy habitation.

נחית Thou didst lead thy beloved through the sea, and their oppressors were seized with pangs as a travailing woman; nations heard it, and trembled.

מקול From the sound of the raging fall of the Egyptians, the inhabitants of the isles and cities trembled; the senators seized with madness, the princes were faint and staggered; their counts and nobles became feeble; the inhabitants of צור and צידון and the whole circle of פלשת were confounded; rich and poor, and every class were seized with horror; and the heart was poured out as water; those that passed by the way were astonished at them; amazed! the kings rose from their thrones.

מלכים The kings became foolish, and trembled, זימי שעיר and ארודי were terrified. Then were they troubled.

תימן The inhabitants of תימן were faint-hearted; their hands were weak, and their heart was broken; the princes of Moab despaired; lamentation and woe was uttered by them; the younger branches of חם and their adherents feared and trembled, and melted as wax; ערקי and סיני reeled as a drunkard, hurled by the storm and whirlwind; they were deprived *of their senses*, and became foolish; they were dumb-founded, and sat on the ground sorrowful.

נוגים Great and small were sorrowful together; and as it was then, so do now to all thine enemies together; fear and dread shall fall upon them.

למען That their heart may melt, pour forth the cup of thy wrath among them; let fear and trembling enter into them, palpitation in their hearts, terror and shaking in their loins; anguish and trembling in all their limbs, that they may

מְלֵאִים וְאֵין מַרְפֵּא לָהֶם · בָּנֶיךָ עַד יַעַבְרוּ לִגְבוּלֵיהֶם · אֶל הָאָרֶץ אֲשֶׁר נִשְׁבַּעְתָּ לַאֲבוֹתֵיהֶם :

לַאֲבוֹתֵיהֶם טוֹב פַּצְתָּ מַלֵּא לְבָנֵימוֹ · וְאֶל הַר מְרוֹם מְאַוֵּימוֹ · חזן תְּבִאֵמוֹ וְתִטָּעֵמוֹ :

אֶרֶץ מִכָּל אֲרָצוֹת עִשּׂוּר מְפוֹרָשָׁה · בְּעֶשֶׂר קְדֻשּׁוֹת מְקֻדָּשָׁה · גַּם עוֹד מִמֶּנָּה מַעֲשֵׂר מִן הַמַּעֲשֵׂר מְנַת גָּבוֹהַּ הַפְרָשָׁה · דִּירַת יְבוּסִי הִיא הָעִיר הַקְּדוֹשָׁה · הוּעֲלָה מֵאָז בְּמַחֲשֶׁבֶת עַד לֹא קְרוֹת יַבָּשָׁה · וְתָמִיד עֵינֵי אֱלֹהִים בָּהּ לִדְרָשָׁהּ · זִמְּנָהּ לוֹ לָכֶם שֶׁבֶת וּלְיִשְׂרָאֵל יְרוּשָׁה · חֲנוֹת בְּתוֹכָהּ סֻכּוֹת מֵהֶם לְחִישָׁה · טַלְלָם בְּצֵל מֵחוֹרֶב מְצֹא נְפִישָׁה · יַחַד לַחֲשֹׂכָם מִזֶּרֶם וְרוּחַ קָשָׁה · כָּל נֶגַע וְכָל מַכָּה אֲנוּשָׁה · לְהָסִיר מֵאוּם מְשֻׁלָּשָׁה :

מְשֻׁלָּשָׁה נִבְטְחָה בְּרוּחַ לְהָרֵעַד · וּבִלְשׁוֹן עָתִיד פְּתִחָה וְסִיְּמָה לְהָעֵד ·
חזן יְיָ יִמְלֹךְ לְעֹלָם וָעֶד :

מַלְכוּת עַד לֹא קֶדֶם קְדוּמָה · נֵצַח נְצָחִים מְקוּיָּמָה · סוֹף וָקֶדֶם וְתָוֶךְ עֲצוּמָה · עַד עוֹלְמֵי עַד מְסֻיָּמָה · פּוֹטִים כְּבֻלָּה בִּמְהוּמָה · צָנִיף מְלוּכָה הִמְלִיכוּהוּ דִּגְלֵי אֲיוּמָה · קוּמוּ לָעַד דּוּמָה לְהוּמֶמָה · רוֹם וְתַחַת יַמְלִיכוּהוּ בְּאֵימָה · שָׁמַיִם יִפְצְחוּ רֶנֶן נְעִימָה · תְּהִלָּתוֹ יְתַנּוּ כָּל מַלְכֵי אֲדָמָה · חזן אָז יַהֲפוֹךְ אֶל עַמִּים שָׂפָה בְרוּרָה יַחַד · לִקְרֹא כֻלָּם בְּשֵׁם הַמְיוּחָד · וְיִמְאָסוּן אִישׁ אֱלִילֵי כַסְפּוֹ וְאִישׁ אֱלִילֵי זְהָבוֹ בְּכַחַד · וְיַטּוּ שְׁכֶם אֶחָד לְעָבְדוֹ בְּפַחַד :

בְּפַחַד וּבְרַעַד יַמְלִיכוּהוּ גּוֹי אֶחָד · וְאוֹתָנוּ יַעֲשֶׂה לְגוֹי אֶחָד :
חזן בַּיּוֹם הַהוּא יִהְיֶה יְיָ אֶחָד וּשְׁמוֹ אֶחָד :

stumble by them ; may misfortunes be heaped upon them ; let them sit down in silence, filled with reproach, without any relief, till thy children pass over to their border, to the land which thou didst swear to their ancestors.

לאבותיהם The good which thou didst promise to their ancestors, O accomplish it in favour of their children, and to the exalted mountain of their desire, shalt thou bring them and plant them.

ארץ A land, set apart as the tithe of all countries, sanctified with ten sanctifications ; moreover from it, is also set apart for the service of the Most High, the tithe of tithes ; the place where יבוסי dwelt, the holy city (Jerusalem) ; it was in his mind before the earth was created ; the eyes of the Lord are continually upon it to regard it ; he appointed it for his throne, and for an inheritance for Israel ; to reside therein, and to hearken to their prayer ; to shade them from parching heat, that they may be refreshed ; to shield them from the furious rain and storm ; to remove every plague and sickly disease from the threefold people.

משלשה The threefold *people* spoke with the holy spirit, as a testimony, and began and ended the song in the future tense, to testify, that the Lord will reign for ever and ever. .

מלכות A kingdom that existed before the world was created, its strength is eternal, and will exist to all eternity ; when he discomforted and destroyed the Egyptians, then a formidable people, with flying banners, acknowledged his sovereignty when he shall rise up to discomfit דומה then will they acknowledge his kingdom, both in heaven and on earth ; the heaven shall burst forth in pleasant song, and all the kings of the earth shall declare his praise ; then will he change the lips of the nations to a pure language, that they may all together call on his peculiar name ; and every man shall despise his idols of silver, and his idols of gold, and they will unanimously serve him alone in reverence.

בפחד With reverence and dread, an only people will homage him ; he will make us his only people ; on that day the Lord alone shall be acknowledged a Unity, and his name be Unity

וּבְכֵן וּלְךָ תַעֲלֶה קְדֻשָּׁה כִּי אַתָּה קְדוֹשׁ יִשְׂרָאֵל וּמוֹשִׁיעַ :

קהל אוֹמֶץ גְּבוּרוֹתֶיךָ מִי יְמַלֵּל · וּמִי יַעֲצוֹר כֹּחַ שִׁבְחֲךָ לְמַלֵּל · אִלּוּ פִינוּ מָלֵא כַּיָּם שִׁירָה וְהַלֵּל · וְכָל שַׂעֲרוֹת רֹאשֵׁנוּ לְשׁוֹנוֹת לְהִתְפַּלֵּל · וּבָם אָנוּ עֲסוּקִים יוֹמָם וָלֵיל · לֹא נוּכַל לְהַסְפִּיק מֶלֶל · עַל אַחַת מֵרִבֵּי רְבָבוֹת שִׁמְךָ לְהַלֵּל · אֲשֶׁר הִפְלֵאתָ וְחָשַׁבְתָּ לְהִתְעוֹלֵל · עַל עַם אֲשֶׁר לְךָ מִתְחוֹלֵל · בְּטֶרֶם הָרִים יֻלָּדוּ וָאֶרֶץ תְּחוֹלֵל · חֲשַׁקְתָּם לְשִׁמְךָ בְּאַהַב לְכַלֵּל · הֱיוֹת לְךָ לְבָנִים וְאַתָּה לָמוֹ מְחוֹלֵל · בְּצֵל יָדְךָ אוֹתָם לְטַלֵּל · עַל כָּל עַם וְלָשׁוֹן רֹאשָׁם לְהִתַּלֵּל · בְּאוֹרַח חַיִּים אוֹתָם לְהַסְלֵל · בְּלִי לְהַחֲלִיפָם בְּאֻמָּה אַחֶרֶת אוֹתָם לְחַלֵּל · לְהִתְפָּאֵר בָּם וְהֵם בְּךָ לְהִתְהַלֵּל : כִּי מִי אֱלוֹהַּ זוּלָתְךָ בָּעֶלְיוֹנִים · וּמִי כְעַמְּךָ יִשְׂרָאֵל גּוֹי אֶחָד בַּתַּחְתּוֹנִים · אֲשֶׁר הָלְכוּ אֱלֹהִים לִפְדּוֹתָם מִמְּעַנִּים · בְּמַסּוֹת בְּאוֹתוֹת וּבְמוֹפְתִים מְשֻׁנִּים · כַּאֲשֶׁר עָשִׂיתָ אֲדוֹנֵי הָאֲדוֹנִים · לִבְנֵי שְׁלֹשֶׁת אֵיתָנִים · אֲשֶׁר בִּשְׁבִילָם טַסְתָּ מִמְּעוֹנִים · בִּרְכוּב כְּרוּב וְרוּחַ וַעֲנָנִים · וְנִגְלֵיתָ בִּכְבוֹדְךָ בְּאַדְמַת צוֹעֲנִים · וְנָעוּ מִלְּפָנֶיךָ אֲשֵׁרִים וְחַמָּנִים · וְלֵב מִצְרַיִם הֵמֵסְתָּ בְּדִבְיוֹנִים · בְּמַכֹּת גְּדֹלֹת וָחֳלָיִם רָעִים וְנֶאֱמָנִים · וַתּוֹצֵא אֶת עַמְּךָ יִשְׂרָאֵל מִקֶּרֶב מוֹנִים · כְּעֻבָּר הַנִּשְׁמָט מֵרֶחֶם בְּתוֹךְ זְמַנִּים · בְּלֹא פְּגַם וְנֶזֶק וְצַעַר בָּנִים · וְשֶׁלֹּא לִתֵּן פִּתְחוֹן פֶּה לַמִּינִים · לוֹמַר כְּעֶבֶד שֶׁבָּרַח מֵאֲדוֹנָיו כֵּן בָּרְחוּ אֱמוּנִים · וְלֹא הוֹצֵאתָם בְּשָׁעָה שֶׁבְּנֵי אָדָם יְשֵׁנִים · כִּי אִם לְאוֹר הַבֹּקֶר לְעֵין כָּל הֲמוֹנִים · כְּתוֹעֲפוֹת רְאֵם רָמִים וְעֶלְיוֹנִים · וְעַל כַּנְפֵי נֶשֶׁר נִטְעָנִים · שִׁיר וָשֶׁבַח וְהַלֵּל רוֹנְנִים · בְּתוֹף וְכִנּוֹר וְעֻגָּב וּמִנִּים · וּלְקַיֵּם דְּבָרְךָ אֲשֶׁר עֲצַתָּ לְרֹאשׁ מַאֲמִינִים · לֹא הוֹצֵאתָם בְּפַחֵי נֶפֶשׁ רֵיקָנִים · כִּי אִם מְלֵאִים כָּל טוּב כְּרִמּוֹנִים :

ובכן And thus will we ascribe holiness to thee, for thou art the Sanctifier and Saviour of Israel.

אומץ Who can declare thy mighty powerful works? and who is able to express thy praise? though our mouths were filled with song and praise, as waters filled the ocean, and all the hairs of our head were tongues to pray, and we were employed day and night, we should not be able to find words to praise thy name, for one of the innumerable wonderful works which thou didst perform for the people that hope in thee. Before the mountains were brought forth, or ever thou hadst formed the earth, didst thou in love delight in them, to crown them with thy name: that they should be to thee as children, and thou shouldst be a father to them: to cover them with the shadow of thy hands, to exalt them above every people and language, to lead them in the path of *everlasting* life, not to change them for any other people to profane them; *but* to glorify thyself with them, and that they should praise themselves with thee. For who is God besides thee among the celestial beings? and who is like thy people Israel, an only people among the terrestrial beings? for whom a God interested himself, to redeem from affliction, by different miracles, signs and wonders, as thou didst, O Lord of lords! to the children of the three patriarchs, for whose sake thou didst descend from thy heavenly abode, and didst ride on the cherub, wind, and clouds, and didst reveal thyself in the land of the Egyptians, when all the idols were moved at thy presence, and thou didst melt the heart of the Egyptians in sorrow, *even* with great plagues, and many sore diseases; and didst bring forth thy people Israel from the midst of their oppressors, as the infant that slippeth from the womb in due time, without hurt, injury, or pain of child-birth. And not to give cause to the heretics to say, that as a slave runneth away from his master, so did the faithful run away; therefore didst thou not bring them out at the hour when men are asleep, but at the morning light in the sight of all the multitude, with the lofty, power of ראם; on eagles' wings didst thou bare them, while they sang joyful songs and praise, with the timbrel and harp, the organ and stringed instruments. And to fulfil thy word which thou didst promise to the principal of the true believers, (Abraham) thou didst not bring them out in want and sorrow; but filled with every good, with vessels of silver, and vessels of gold, precious stones, and princely garments, embroidered with many colours,

כְּלֵי כֶסֶף וּכְלֵי זָהָב וְטוֹבוֹת אֲבָנִים · וּבִגְדֵי חוֹפֶשׁ וְרִקְמַת צִבְעוֹנִים · כְּדֵי לְשַׁלֵּם שְׂכַר שִׁעְבּוּד חוֹמֶר וּלְבֵנִים · חוֹפַפְתָּם בְּטִלּוּל שִׁבְעַת עֲנָנִים · מַעְלָה וּמַטָּה וּמֵאַרְבַּע רוּחוֹת גְּנוּנִים · לְחַשְּׁכֵם מִזֹּרֶם וְחוֹרֶב וְצִנִּים · וּמִפְּנֵי הַחַיּוֹת וּנְשִׁיכַת צִפְעוֹנִים · וְעַיִן בְּעַיִן כְּבוֹדְךָ מְהַלֵּךְ לְפָנִים · בֶּעָנָן יוֹמָם לַנְחוֹתָם נְתִיבוֹת מְתֻקָּנִים · וּבָאֵשׁ לַיְלָה בְּלִי לְהִכָּשֵׁל בָּאִישׁוֹנִים · מִנָּוֶה טוֹב לְנָוֶה טוֹב נוֹסְעִים וְחוֹנִים · לֹא צְמֵאִים וְלֹא מוּכְפָּנִים · כִּי מְרַחֲמָם יְנַהֲגֵם עַל מַבּוּעֵי שְׁמָנִים · וְהוּא יְנַהֲלֵם עַל מַבּוּעֵי עֲיָנִים · וְשַׂר נוֹא יוֹשֵׁב עַל מִפְתַּן אַרְמוֹנִים מְצַפֶּה יַד דֶּרֶךְ לְיָמִים הַנִּתָּנִים · וְהִנֵּה כְּתָב אֵלָיו מֵאֶרֶץ תֵּימָנִים · וְשׁוֹמְרִים שֶׁהִפְקִיד עֲלֵיהֶם מְמוּנִים · הִתְחִילוּ כָּזֹאת אֵלָיו מְתַנִּים · וְהֶרְאוּהוּ פְּצָעִים שֶׁפְּצָעוּם פִּרְחֵי נֶאֱמָנִים · וְצָוַח וַי וַי וְכָל אַחֲרָיו עוֹנִים · וְנָמוּ מַה זֹּאת עָשִׂינוּ כִּסְכָלוֹנִים · כִּי שִׁלַּחְנוּ עֲבָדִים שֶׁתַּחַת יָדֵינוּ מְכֻדָּנִים · מִי יִרְמוֹס לָנוּ חוֹמֶר וּמִי יַחֲזִיק לָנוּ מַלְבֵּנִים · מִי יִבְנֶה לָנוּ חוֹמוֹת וּבִנְיָנִים · הָעֵת יַגְדִּילוּ עָלֵינוּ שְׁכֵנִים · וְגַם הַמְּלָכִים שֶׁמַּס לָנוּ נוֹתְנִים · שׁוּב לֹא יִהְיוּ אֵלֵינוּ פּוֹנִים · כִּי יֹאמְרוּ הִנֵּה עֲבָדִים שֶׁתַּחַת יְדֵיהֶם נְתוּנִים · הֵם פָּשְׁעוּ בָם וּבָהֶם לֹא סוֹפְנִים · אַף כִּי אֲנַחְנוּ חוֹרֵי הָאָרֶץ וּקְצִינִים · וּבְכֵן שָׁלַח וְקִבֵּץ אֶת כָּל חַרְטֻמֵּי מִצְרַיִם וְאִצְטַגְנִינִים · וְגַם אֶת הָאוֹבוֹת וְאֶת הַיִּדְּעוֹנִים · וַיִּוָּעֵץ בָּם וּבִזְקֵנִים · וַיֵּצְאוּ כֻלָּם בְּעֵצָה אַחַת מְכֻוָּנִים · לִרְדּוֹף אַחֲרֵיהֶם וּלְבַלְּעָם כְּתַנִּינִים · וַיָּצוּ וַיַּעֲבִירוּ קוֹל בְּאֶרֶץ סְוֵנִים · כָּל שׁוֹלֵף חֶרֶב הֱיוֹת מוּכָנִים · וַיֵּאָסְפוּ כֻלָּם כְּאִישׁ אֶחָד הֶעֱלָה אַלְנוֹת טְעוּנִים · וּבְתוֹךְ תְּהוֹמוֹת הִמְתִּיק לָמוֹ מַעְיָנִים ·

that they might be paid their hire for *their* servitude in bricks and mortar. Thou didst cover and protect them with seven clouds; above and beneath, and on the four sides were they shielded, to prevent their being injured by the rain, heat, or cold; and one cloud went before them, to preserve them from the wild beasts, or the bite of the venomous serpents. And visibly did thy glory go before them, with a cloud by day to lead them in the right path, and with *a pillar of* fire by night, that they might not stumble in the dark; they journeyed from one good place to another, and rested peacefully; they did not suffer hunger or thirst; for their beloved God led them and guided them to streams of oil, and to fountains of water; *while* the prince of the Egyptians sat at the threshold of his palace, looking the way they went *for the return* at the appointed time; when he received a message from the land of the south, which was followed by the officers appointed to guide them; who then began to tell him, by shewing him the wounds they had received from them; when he cried, alas! alas! as did all his attendants; they said, what is this that we have done? we have acted like simpletons, that we have sent away the slaves that were under our jurisdiction? Who shall tread our lime, and who frame our tiles? who build our walls, and other buildings? Now will our neighbours rise up against us; and those kings that used to pay us tribute, will not any more be obedient to us; for they will say, the very slaves that were in their power, transgressed, against them with impunity; and we, the nobles and princes of the land? He then sent, and assembled all the hieroglyphics and astrologers, of Egypt, also the necromancers and chiromancers, and took counsel of them, and of the elders; when they all agreed in one opinion, to pursue after them, and as dragons swallow them up: he then commanded, and proclaimed it in the land of Egypt, that every one able to draw a sword should be ready: they then were assembled unanimously; the princes, counts, and officers, with all the troops well armed. When he opened all his hidden treasures, which he, and the kings, his ancestors, had laid up; and brought forth rich vessels, and drachms, and distributed to

מְזֻמָּנִים · וְהָאֲחַשְׁדַּרְפְּנִים וְהַפַּחוֹת וְהַסְּגָנִים · וְאַנְשֵׁי הַצָּבָא
אִישׁ וְאִישׁ בִּכְלֵי זְיָנִים · אָז פָּתַח אוֹצְרוֹת גִּנְזֵי מַטְמוֹנִים ·
אֲשֶׁר גָּנַז הוּא וּמְלָכִים קַדְמוֹנִים · וְהוֹצִיא כְּלֵי יְקָר
וְדַרְכְּמוֹנִים · וְחִלֵּק לְכָל אֶחָד וְאֶחָד כְּפִי הֲגוּנִים · וְשִׁדְּלָם
בִּדְבָרִים וְהִסְבִּיר לָמוֹ פָּנִים · וְכֹה אָמַר לָהֶם בְּשִׂיחַ מַעֲנִים ·
מִשְׁפַּט הַמֶּלֶךְ כָּל הָעָם בּוֹזְזִים וּלְפָנָיו נוֹתְנִים · וַאֲנִי כְּאֶחָד
מִכֶּם אֶטּוֹל מָנִים · מִשְׁפַּט הַמֶּלֶךְ עֲבָדָיו יוֹצְאִים רִאשׁוֹנִים ·
וַאֲנִי אֵצֵא רִאשׁוֹן וְאַתֶּם צְאוּ אַחֲרוֹנִים · מִשְׁפַּט הַמֶּלֶךְ עֲבָדָיו
אוֹסְרִים מֶרְכַּבְתּוֹ וּמְתַקְּנִים · וַאֲנִי בְּעַצְמִי אֶאֱסוֹר רִכְבִּי וְאָשִׂים
רְסָנִים · וְנִתְרַצּוּ יַחַד גְּדוֹלִים וּקְטַנִּים · וַיָּשִׂימוּ כּוֹבַע עַל
רָאשֵׁיהֶם וְלָבְשׁוּ שִׁרְיוֹנִים · וַיַּחְגְּרוּ אִישׁ חַרְבּוֹ וְנָטְלוּ כִּידוֹנִים ·
וַיִּקְחוּ אִישׁ רוֹמַח בְּיָדוֹ וַיַּחֲזִיקוּ מָגִנִּים · וְנָשְׂאוּ קֶשֶׁת וּמָלְאוּ
שִׁלְטֵיהֶם חִצִּים שְׁנוּנִים · וְהַקַּלָּעִים אִישׁ קַלְעוֹ בְּיָדוֹ לְקַלַּע
בָּאֲבָנִים · וַיֵּצְאוּ יַחַד בְּלֵב שָׁלֵם וּבִצְבְיוֹנִים · וְלֹא נִכְשַׁל אֶחָד
מֵהֶם וְלֹא אִרְעוּהוּ סִימָנִים · לְבִלְתִּי לְנַחֵשׁ לָשׁוּב לִמְלוֹנִים ·
כִּי חֻקּוֹת הָעַמִּים מְנַחֲשִׁים וּמְעוֹנְנִים · וְאִישׁ יִשְׂרָאֵל עַל שְׂפַת
יָם חוֹנִים · וַיִּשְׂאוּ עֵינֵיהֶם · וְהִנֵּה מִצְרַיִם נוֹסְעִים כַּעֲנָנִים ·
וְאֵין מָקוֹם לָנוּס לֹא לְאָחוֹר וְלֹא לְפָנִים · וְאַף לֹא מִדְּפָנוֹת
מִפְּנֵי חַיּוֹת וּפְתָנִים · וַיִּצְעֲקוּ אֶל יְיָ וְהִפִּילוּ לְפָנָיו תַּחֲנוּנִים ·
וַיִּמְצָא לָהֶם הַמָּצוּי בְּכָל עִדָּנִים · וַיִּגְעַר בְּיַם סוּף וְהֶחֱרִבוּ
זֵדוֹנִים · וַיֵּלְכוּ בִּתְהוֹמוֹת כְּעַל דְּרָכִים מְפֻנִּים · מִזֶּה וּמִזֶּה
וְעָשָׁן לִפְנֵיהֶם קְטוֹרֶת סַמָּנִים · וַיַּנְחֵם אֶל מְחוֹז חֶפְצָם
שַׁאֲנַנִּים · וְכַעֲלוֹת לְצַד זֶה עַל שְׂפַת יָם כֵּנִים · בָּאוּ מִצַּד
זֶה בְּתוֹךְ יָם סוֹנִים · תְּחִלָּה בְּרָצוֹן וְסוֹף בְּרֶסֶן מְרוּסָנִים ·
כִּי סִדְרֵי בְרֵאשִׁית עֲלֵיהֶם מִשְׁתַּנִּים · דֶּרֶךְ אֶרֶץ סוּסִים
מוֹשְׁכִים אוֹפַנִּים · וְנֶהְפַּךְ בָּם וְנִמְשְׁכוּ סוּסִים אַחַר הַסַּדָּנִים ·

every one, according to their rank; and, in a condescending manner, allured them with speeeh; for thus did he address them with flattering words. It is the right of kings, to dispose of the spoil of the people; but I will share equally with you; it is the custom of kings that their troops lead the van, but I will go first, and ye shall bring up the rear; it is the custom of kings that their servants make ready their chariots, but I myself will get ready my chariot; thus were they all willing, both young and old, and they put helmets on their heads, and clothed themselves with coats of mail; every man girded on his sword, and took a targate; each man also took *his* spear, and laid hold of his shield; they took their bows and filled their quivers with sharp arrows; and every slinger had his sling in his hand to sling stones; and they went forth with a perfect heart, and good will; not one of them stumbled, nor did any unlucky omen befal them, that they might not divine to return home; for it was a law among the heathens to divine and observe times. Now Israel were encamped by the sea-shore; they lifted up their eyes, and saw the Egyptians marching *after them*, and no place to flee to, before or behind, nor yet on either side, on account of the wild beasts, and venomous serpents; they then cried unto the Eternal, and made supplication to him; and he that is found at all times, answered them; he also rebuked the Red Sea, and dried the presumptuous waters; and they went through the deep as through a beaten path; he caused trees loaded *with fruit*, to spring up on each side, and in the midst of the depths he caused fountains of sweet water to spring forth for them, and perfumed *the air* with the spices of incense: thus he led them tranquil to their desired haven. And as the faithful (Israel) went up from the sea on one side, the Egyptians entered into the midst of the sea on the other side; at first willingly, and afterwards perforce; for the order of the creation was reversed on them; for it is usual for the horses to draw the wheels, but this was reversed on them, for the horses were drawn after the wheels; it is usual for the horses to turn where the charioteer guides them, but here the charioteer was drawn by force after

## יוצר ליום אחרון של פסח:

דֶּרֶךְ אֶרֶץ מָקוֹם שֶׁרָכַב מַנְהִיג שָׁם מוֹשְׁכִים וּפוֹנִים ۰ וְכָאן
מַנְהִיג וּמוֹשֵׁךְ בְּעַל כָּרְחָם נִפְנִים ۰ וּבָאוּ לְתוֹךְ יָם בְּאֶמְצַע
שָׁאוֹנִים ۰ וְהִנֵּה כְבוֹד יְיָ אֱלֹהֵי יִשְׂרָאֵל בָּא בְּרוֹב לְגְיוֹנִים ۰
וַיִּרְכַּב עַל כְּרוּב וַיֵּרָא מוּל בַּעֲלֵי מְדָנִים ۰ וְעִמּוֹ שַׂרְפֵי הַקּוֹדֶשׁ
וְחַיּוֹת וְאוֹפַנִּים ۰ וְאֶלֶף אַלְפִין וְרִבּוֹ רִבְּבָן גְּדוּדֵי שְׁנַאֲנִים ۰
וְרֶכֶב אֵשׁ וְסוּסֵי אֵשׁ וְכָל דְּמְיוֹנִים ۰ כַּמַּרְאֶה אֲשֶׁר רָאָה
צִיר בְּחֶזְיוֹנִים ۰ סוּסִים אֲדֻמִּים וְסוּסִים שְׁחוֹרִים שְׂרוּקִים
וּלְבָנִים ۰ וַיַּחֲנוּ אֵלֶּה נוֹכַח אֵלֶּה אֲפוּנִים ۰ מַחֲנֵה אֵשׁ מוּל
מַחֲנֵה קַשׁ פָּנִים בְּפָנִים ۰ וּלְפִי שָׁעָה הִרְגִּישׁוּ כָּל צִבְאָה
מְעוֹנִים ۰ בִּזְרוֹעַ עֹז נִלְחַם רַב אוֹנִים ۰ לֹא בְעוֹצֶם יַד הֵל
שׂוֹטְנִים ۰ הֲלֹא הַנְּפִילִים וְאַנְשֵׁי הַשֵּׁם מְבַנִּים ۰ מֵרוּחַ אַפּוֹ
כָּלוּ וְהִנָּם טְמוּנִים ۰ וְאַף כִּי מְשׁוּלִים לְמִשְׁעֶנֶת קָנִים ۰ אֲשֶׁר
הֶבֶל וָרִיק לְעֶזְרָה מְתַקְּנִים ۰ כִּי אִם לְהוֹדִיעַ חִבַּת אָב לְבָנִים ۰
וַיִּרְעֵם בְּקוֹל גְּאוֹנוֹ עַל גְּאוֹנִים ۰ וַיֵּרֶד לִקְרָאתָם בְּמָגֵן וְצִנִּים ۰
וַיִּדְרְכֵם בְּאַפּוֹ וַיִּרְמְסֵם בַּחֲמָתוֹ כְּחוֹמֶר טִינִים ۰ וְהִדִּישָׁם
כְּהִדּוּשׁ מַתְבֵּן בְּמוֹ מַדְמֵנִים ۰ וְאָז שַׂר יָם עִם שַׂר חָם יַחַד
נְדוֹנִים ۰ זֶה לְעֻמַּת זֶה נֶאֱבְקוּ בִּמְעוֹנִים ۰ וַיֶּחֱזַק רַהַב עַל
שַׂר אֱוִינִים ۰ וַיַּשְׁלִיכֵהוּ אַרְצָה בְּעֶזְרַת דַּר אוֹפַנִּים ۰ וְעַם
זוּ בְּשׁוּרָם בְּאֵלֶּה דִינִים ۰ עוֹזֵר וְעוֹזוּר בְּקוֹ נְדוֹנִים ۰ פָּתְחוּ
פִּיהֶם בְּשִׁיר וּבְרְנָנִים ۰ עָנִי וְזִמְרָת יָהּ פָּצְחוּ בְּרַנּוּנִים ۰ לְרָם
עַל רָמִים וּמִתְגָּאֶה עַל גֵּיוְתָנִים ۰ לִשְׁמוֹעַ אֶנְקַת אֶבְיוֹנִים ۰
לְמַשְׁפִּיל רָמִים וְמָרִים מִסְכֵּנִים ۰ וְקִדְּמוּ שָׂרִים אַחַר נוֹגְנִים ۰
וּבְתוֹךְ עֲלָמוֹת תּוֹפְפוּ נְגוּנִים ۰ וְאַחַר כָּךְ הוֹרִשׁוּ שְׁנַאֲנִים :

Then say על יד ככתוב &c. page 57, after which say half הלל page 61, and whole קדיש.

Two Manuscripts of the Pentateuch are then taken out; in the First, the Portion from כל הבכור is read to Five Persons, but if it is Sabbath, to Seven.

them; so that they came into the sea in the midst of the waves. When lo, the glorious Lord God of Israel came with a multitude of legions, and he rode on a cherub, and flew towards those with whom he contended, and with him were the holy חיות שרפים and אופנים, and thousand myriads, hosts of שנאנים with the likeness of chariots of fire, and horses of fire, according to the appearance which the prophet saw in the vision; red horses, red and black horses, dun, and white *horses*; and they turned, and pitched against each other; a camp of fire against a camp compared to stubble; and at that hour, all the heavenly hosts were assembled, *for* he fought with his mighty powerful arm; not on account of the mighty strength of the host of the adversary; for were not the giants, and men of renown, lost and consumed by the breath of his nostrils? how much more those that are compared to reeds, whose preparation for help was vanity and emptiness; but only to shew a fatherly love to his children. He therefore thundered with his mighty voice against the proud, and ran against them with shield and buckler; he beat them down in his anger, trampled them in his wrath, as the mire of the streets, and trod them down, as straw is trodden amongst clay. Then the guardian angel of the sea, and the guardian angel of חם (the Egyptians) were judged together, as they were wrestling in heaven against each other; when רהב prevailed against the guardian angel of the Egyptians, and cast him down to the earth, by the help of him who dwelleth above the ophanim; and when this people (Israel) saw these judgments, that the defender and the defended were equally punished, they opened their mouth with song and praise; they shouted, the Lord is my strength and song; to him who is exalted above the highest, and triumpheth over the proud; who hearkeneth to the cry of the poor, casteth down those that are high, and lifteth up the humble: the singers went first, and the players on instruments *followed* after; and in the midst *of them* were the damsels playing with timbrels; after which followed the holy שנאנים (angels).

עַשֵּׂר תְּעַשֵּׂר אֵת כָּל־תְּבוּאַת זַרְעֶךָ הַיֹּצֵא הַשָּׂדֶה שָׁנָה שָׁנָה׃
וְאָכַלְתָּ לִפְנֵי ׀ יְהוָה אֱלֹהֶיךָ בַּמָּקוֹם אֲשֶׁר־יִבְחַר לְשַׁכֵּן שְׁמוֹ שָׁם
מַעְשַׂר דְּגָנְךָ תִּירֹשְׁךָ וְיִצְהָרֶךָ וּבְכֹרֹת בְּקָרְךָ וְצֹאנֶךָ לְמַעַן תִּלְמַד
לְיִרְאָה אֶת־יְהוָה אֱלֹהֶיךָ כָּל־הַיָּמִים׃ וְכִי־יִרְבֶּה מִמְּךָ הַדֶּרֶךְ כִּי לֹא
תוּכַל שְׂאֵתוֹ כִּי־יִרְחַק מִמְּךָ הַמָּקוֹם אֲשֶׁר יִבְחַר יְהוָה אֱלֹהֶיךָ לָשׂוּם
שְׁמוֹ שָׁם כִּי יְבָרֶכְךָ יְהוָה אֱלֹהֶיךָ׃ וְנָתַתָּה בַּכָּסֶף וְצַרְתָּ הַכֶּסֶף בְּיָדְךָ
וְהָלַכְתָּ אֶל־הַמָּקוֹם אֲשֶׁר יִבְחַר יְהוָה אֱלֹהֶיךָ בּוֹ׃ וְנָתַתָּה הַכֶּסֶף
בְּכֹל אֲשֶׁר־תְּאַוֶּה נַפְשְׁךָ בַּבָּקָר וּבַצֹּאן וּבַיַּיִן וּבַשֵּׁכָר וּבְכֹל אֲשֶׁר תִּשְׁאָלְךָ
נַפְשֶׁךָ וְאָכַלְתָּ שָּׁם לִפְנֵי יְהוָה אֱלֹהֶיךָ וְשָׂמַחְתָּ אַתָּה וּבֵיתֶךָ׃ וְהַלֵּוִי
אֲשֶׁר־בִּשְׁעָרֶיךָ לֹא תַעַזְבֶנּוּ כִּי אֵין לוֹ חֵלֶק וְנַחֲלָה עִמָּךְ׃ מִקְצֵה ׀ שָׁלֹשׁ
שָׁנִים תּוֹצִיא אֶת־כָּל־מַעְשַׂר תְּבוּאָתְךָ בַּשָּׁנָה הַהִוא וְהִנַּחְתָּ בִּשְׁעָרֶיךָ׃
וּבָא הַלֵּוִי כִּי אֵין־לוֹ חֵלֶק וְנַחֲלָה עִמָּךְ וְהַגֵּר וְהַיָּתוֹם וְהָאַלְמָנָה אֲשֶׁר
בִּשְׁעָרֶיךָ וְאָכְלוּ וְשָׂבֵעוּ לְמַעַן יְבָרֶכְךָ יְהוָה אֱלֹהֶיךָ בְּכָל־מַעֲשֵׂה יָדְךָ
אֲשֶׁר תַּעֲשֶׂה׃ לוי ס מִקֵּץ שֶׁבַע־שָׁנִים תַּעֲשֶׂה שְׁמִטָּה׃ וְזֶה דְּבַר
הַשְּׁמִטָּה שָׁמוֹט כָּל־בַּעַל מַשֵּׁה יָדוֹ אֲשֶׁר יַשֶּׁה בְּרֵעֵהוּ לֹא־יִגֹּשׂ אֶת־
רֵעֵהוּ וְאֶת־אָחִיו כִּי־קָרָא שְׁמִטָּה לַיהוָה׃ אֶת־הַנָּכְרִי תִּגֹּשׂ וַאֲשֶׁר
יִהְיֶה לְךָ אֶת־אָחִיךָ תַּשְׁמֵט יָדֶךָ׃ אֶפֶס כִּי לֹא יִהְיֶה־בְּךָ אֶבְיוֹן כִּי־בָרֵךְ
יְבָרֶכְךָ יְהוָה בָּאָרֶץ אֲשֶׁר יְהוָה אֱלֹהֶיךָ נֹתֵן־לְךָ נַחֲלָה לְרִשְׁתָּהּ׃ רַק
אִם־שָׁמוֹעַ תִּשְׁמַע בְּקוֹל יְהוָה אֱלֹהֶיךָ לִשְׁמֹר לַעֲשׂוֹת אֶת־כָּל־הַמִּצְוָה
הַזֹּאת אֲשֶׁר אָנֹכִי מְצַוְּךָ הַיּוֹם׃ כִּי־יְהוָה אֱלֹהֶיךָ בֵּרַכְךָ כַּאֲשֶׁר דִּבֶּר־
לָךְ וְהַעֲבַטְתָּ גּוֹיִם רַבִּים וְאַתָּה לֹא תַעֲבֹט וּמָשַׁלְתָּ בְּגוֹיִם רַבִּים וּבְךָ
לֹא יִמְשֹׁלוּ׃ ס כִּי יִהְיֶה בְךָ אֶבְיוֹן מֵאַחַד אַחֶיךָ בְּאַחַד שְׁעָרֶיךָ
בְּאַרְצְךָ אֲשֶׁר־יְהוָה אֱלֹהֶיךָ נֹתֵן לָךְ לֹא תְאַמֵּץ אֶת־לְבָבְךָ וְלֹא תִקְפֹּץ
אֶת־יָדְךָ מֵאָחִיךָ הָאֶבְיוֹן׃ כִּי־פָתֹחַ תִּפְתַּח אֶת־יָדְךָ לוֹ וְהַעֲבֵט
תַּעֲבִיטֶנּוּ דֵּי מַחְסֹרוֹ אֲשֶׁר יֶחְסַר לוֹ׃ הִשָּׁמֶר לְךָ פֶּן־יִהְיֶה דָבָר עִם־
לְבָבְךָ בְלִיַּעַל לֵאמֹר קָרְבָה שְׁנַת־הַשֶּׁבַע שְׁנַת הַשְּׁמִטָּה וְרָעָה עֵינְךָ
בְּאָחִיךָ הָאֶבְיוֹן וְלֹא תִתֵּן לוֹ וְקָרָא עָלֶיךָ אֶל־יְהוָה וְהָיָה בְךָ חֵטְא׃
נָתוֹן תִּתֵּן לוֹ וְלֹא־יֵרַע לְבָבְךָ בְּתִתְּךָ לוֹ כִּי בִּגְלַל ׀ הַדָּבָר הַזֶּה יְבָרֶכְךָ
יְהוָה אֱלֹהֶיךָ בְּכָל־מַעֲשֶׂךָ וּבְכֹל מִשְׁלַח יָדֶךָ׃ כִּי לֹא־יֶחְדַּל אֶבְיוֹן

עשר תעשר Thou shalt truly tithe all the increase of thy seed, that thy field bringeth forth year by year. And thou shalt eat before the Lord thy God, in the place which he shall choose to place his name there, the tithe of thy corn, of thy wine, and of thine oil, and the firstlings of thy herds, and of thy flocks; that thou mayest learn to fear the Lord thy God always. And if the way be too long for thee, so that thou art not able to carry it, because the place be too far from thee which the Lord thy God shall choose to set his name there, when the Lord thy God hath blessed thee; then shalt thou turn it into money, and bind up the money in thy hand, and shalt go unto the place which the Lord thy God shall choose. And thou shalt bestow that money for whatsoever thy soul lusteth after, for bulls, or for sheep, or for wine, or for strong drink, or for whatsoever thy soul desireth; and thou shalt eat there before the Lord thy God, and thou shalt rejoice, thou and thy household. And the levite that is within thy gates, thou shalt not forsake him; for he hath no part nor inheritance with thee. At the end of three years thou shalt bring forth all the tithe of thine increase the same year, and shalt lay it up within thy gates. And the levite, because he hath no part or inheritance with thee, and the stranger, and the fatherless, and the widow, which are within thy gates, shall come, and shall eat, and shall be satisfied; that the Lord thy God may bless thee in all the work of thy hand, which thou doest.

At the end of every seven years, thou shalt make a release. And this is the manner of the release; every creditor that lendeth ought unto his neighbour, shall release it; he shall not exact it of his neighbour, or of his brother, because it is called the Lord's release. Of a foreigner thou mayest exact it again; but that which is thine with thy brother, thy hand shall release; although there should be no poor among you; for the Lord shall greatly bless thee in the land which the Lord thy God giveth thee, for an inheritance to possess it; only, if thou carefully hearken unto the voice of the Lord thy God, to observe to do all these commandments which I command thee this day. For the Lord thy God blesseth thee, as he promised thee, and thou shalt lend unto many nations, but thou shalt not borrow; and thou shalt reign over many nations, but they shall not reign over thee.

If there be among you a poor man of one of thy brethren, within any of thy gates, in the land which the Lord thy God giveth thee, thou shalt not harden thine heart, nor shut thine hand from thy poor brother; but thou shalt open thine hand wide unto him, and shalt surely lend him sufficient for his need, in that which he wanteth. Beware that there be not a thought in thy wicked heart, saying, the seventh year, the year of release is at hand; and thine eye be evil against thy poor brother, and thou givest him nought, and he cry unto the Lord against thee, and it be sin unto thee. Thou shalt surely give him, and thine heart shall not be grieved when thou givest unto him; because that for this thing the Lord thy God shall bless thee in all thy works, and in all that thou puttest thine hand unto. For the poor shall never cease out of

## יוצר ליום אחרון של פסח׃

מִקֶּרֶב הָאָרֶץ עַל־כֵּן אָנֹכִי מְצַוְּךָ לֵאמֹר פָּתֹחַ תִּפְתַּח אֶת־יָדְךָ לְאָחִיךָ לַעֲנִיֶּךָ וּלְאֶבְיֹנְךָ בְּאַרְצֶךָ׃ ס כִּי־יִמָּכֵר לְךָ אָחִיךָ הָעִבְרִי אוֹ הָעִבְרִיָּה וַעֲבָדְךָ שֵׁשׁ שָׁנִים וּבַשָּׁנָה הַשְּׁבִיעִת תְּשַׁלְּחֶנּוּ חָפְשִׁי מֵעִמָּךְ׃ וְכִי־תְשַׁלְּחֶנּוּ חָפְשִׁי מֵעִמָּךְ לֹא תְשַׁלְּחֶנּוּ רֵיקָם׃ הַעֲנֵיק תַּעֲנִיק לוֹ מִצֹּאנְךָ וּמִגָּרְנְךָ וּמִיִּקְבֶךָ אֲשֶׁר בֵּרַכְךָ יְהֹוָה אֱלֹהֶיךָ תִּתֶּן־לוֹ׃ וְזָכַרְתָּ כִּי עֶבֶד הָיִיתָ בְּאֶרֶץ מִצְרַיִם וַיִּפְדְּךָ יְהֹוָה אֱלֹהֶיךָ עַל־כֵּן אָנֹכִי מְצַוְּךָ אֶת־הַדָּבָר הַזֶּה הַיּוֹם׃ וְהָיָה כִּי־יֹאמַר אֵלֶיךָ לֹא אֵצֵא מֵעִמָּךְ כִּי אֲהֵבְךָ וְאֶת־בֵּיתֶךָ כִּי־טוֹב לוֹ עִמָּךְ׃ וְלָקַחְתָּ אֶת־הַמַּרְצֵעַ וְנָתַתָּה בְאָזְנוֹ וּבַדֶּלֶת וְהָיָה לְךָ עֶבֶד עוֹלָם וְאַף לַאֲמָתְךָ תַּעֲשֶׂה־כֵּן׃ לֹא־יִקְשֶׁה בְעֵינֶךָ בְּשַׁלֵּחֲךָ אֹתוֹ חָפְשִׁי מֵעִמָּךְ כִּי מִשְׁנֶה שְׂכַר שָׂכִיר עֲבָדְךָ שֵׁשׁ שָׁנִים וּבֵרַכְךָ יְהֹוָה אֱלֹהֶיךָ בְּכֹל אֲשֶׁר תַּעֲשֶׂה׃ ישראל פ

### On the Week Days begin here.

כָּל־הַבְּכוֹר אֲשֶׁר יִוָּלֵד בִּבְקָרְךָ וּבְצֹאנְךָ הַזָּכָר תַּקְדִּישׁ לַיהֹוָה אֱלֹהֶיךָ לֹא תַעֲבֹד בִּבְכֹר שׁוֹרֶךָ וְלֹא תָגֹז בְּכוֹר צֹאנֶךָ׃ לִפְנֵי יְהֹוָה אֱלֹהֶיךָ תֹאכְלֶנּוּ שָׁנָה בְשָׁנָה בַּמָּקוֹם אֲשֶׁר־יִבְחַר יְהֹוָה אַתָּה וּבֵיתֶךָ׃ וְכִי־יִהְיֶה בוֹ מוּם פִּסֵּחַ אוֹ עִוֵּר כֹּל מוּם רָע לֹא תִזְבָּחֶנּוּ לַיהֹוָה אֱלֹהֶיךָ׃ בִּשְׁעָרֶיךָ תֹּאכְלֶנּוּ הַטָּמֵא וְהַטָּהוֹר יַחְדָּו כַּצְּבִי וְכָאַיָּל׃ רַק אֶת־דָּמוֹ לֹא תֹאכֵל עַל־הָאָרֶץ תִּשְׁפְּכֶנּוּ כַּמָּיִם׃ לוי בשבת ד

שָׁמוֹר אֶת־חֹדֶשׁ הָאָבִיב וְעָשִׂיתָ פֶּסַח לַיהֹוָה אֱלֹהֶיךָ כִּי בְּחֹדֶשׁ הָאָבִיב הוֹצִיאֲךָ יְהֹוָה אֱלֹהֶיךָ מִמִּצְרַיִם לָיְלָה׃ וְזָבַחְתָּ פֶּסַח לַיהֹוָה אֱלֹהֶיךָ צֹאן וּבָקָר בַּמָּקוֹם אֲשֶׁר־יִבְחַר יְהֹוָה לְשַׁכֵּן שְׁמוֹ שָׁם׃ לֹא־תֹאכַל עָלָיו חָמֵץ שִׁבְעַת יָמִים תֹּאכַל־עָלָיו מַצּוֹת לֶחֶם עֹנִי כִּי בְחִפָּזוֹן יָצָאתָ מֵאֶרֶץ מִצְרַיִם לְמַעַן תִּזְכֹּר אֶת־יוֹם צֵאתְךָ מֵאֶרֶץ מִצְרַיִם כֹּל יְמֵי חַיֶּיךָ׃ שלישי בשבת ה וְלֹא־יֵרָאֶה לְךָ שְׂאֹר בְּכָל־גְּבֻלְךָ שִׁבְעַת יָמִים וְלֹא־יָלִין מִן־הַבָּשָׂר אֲשֶׁר תִּזְבַּח בָּעֶרֶב בַּיּוֹם הָרִאשׁוֹן לַבֹּקֶר׃ לֹא תוּכַל לִזְבֹּחַ אֶת־הַפָּסַח בְּאַחַד שְׁעָרֶיךָ אֲשֶׁר־יְהֹוָה אֱלֹהֶיךָ נֹתֵן לָךְ׃ כִּי אִם־אֶל־הַמָּקוֹם אֲשֶׁר־יִבְחַר יְהֹוָה אֱלֹהֶיךָ לְשַׁכֵּן שְׁמוֹ שָׁם תִּזְבַּח אֶת־הַפֶּסַח בָּעָרֶב כְּבוֹא הַשֶּׁמֶשׁ מוֹעֵד צֵאתְךָ מִמִּצְרָיִם׃ וּבִשַּׁלְתָּ וְאָכַלְתָּ בַּמָּקוֹם אֲשֶׁר יִבְחַר יְהֹוָה אֱלֹהֶיךָ בּוֹ וּפָנִיתָ בַבֹּקֶר

the land; therefore I command thee, saying, thou shalt open thine hand wide unto thy brother, to thy poor and to the needy in thy land.

If thy brother, an Hebrew man, or an Hebrew woman, be sold unto thee, and serve thee six years; then in the seventh year thou shalt let him go free from thee. And when thou sendest him out free from thee, thou shalt not let him go away empty. Thou shalt furnish him liberally out of thy flock, and out of thy floor, and out of thy wine press; of that wherewith the Lord thy God hath blessed thee, thou shalt give unto him. And thou shalt remember that thou wast a bond-man in the land of Egypt, and the Lord thy God redeemed thee; therefore I command thee this thing to-day. And it shall be if he say unto thee, I will not go away from thee, because he loveth thee and thine house, because he is well with thee; then thou shalt take an awl, and thrust it through his ear into the door, and he shall be thy servant for ever; and also unto thy maid-servant thou shalt do likewise. It shall not seem hard unto thee when thou send him away free from thee; for he has been worth a double hired servant to thee, in serving thee six years; and the Lord thy God shall bless thee in all that thou doest.

All the firstling males that come of thy herd, and of thy flock, thou shalt sanctify unto the Lord thy God; thou shalt do no work with the firstling of thy bulls, nor shear the firstling of thy sheep. Thou shalt eat it before the Lord thy God year by year, in the place which the Lord shall choose, thou and thy household. And if there be any blemish therein, as if it be lame, or blind, or have any ill blemish, thou shall not sacrifice it unto the Lord thy God; thou shalt eat it within thy gates; the unclean and the clean person shall eat it alike, as the roe-buck, and as the hart. Only thou shalt not eat the blood thereof; thou shalt pour it upon the ground as water.

Observe the month of Abib. and keep the passover unto the Lord thy God; for in the month of Abib, the Lord thy God brought thee forth out of Egypt by night. Thou shalt therefore sacrifice the passover unto the Lord thy God, of the flock and the herd, in the place which the Lord shall choose to place his name there. Thou shalt eat no leavened bread with it; seven days shalt thou eat unleavened bread therewith, even the bread of affliction; for thou camest forth out of the land of Egypt in haste; that thou mayest remember the day when thou camest forth out of the land of Egypt all the days of thy life.

And there shall be no leavened bread seen with thee in all thy coasts seven days; neither shall there any thing of the flesh which thou sacrificedst the first day at even, remain all night until the morning. Thou mayest not sacrifice the passover within any of thy gates, which the Lord thy God giveth thee. But at the place which the Lord thy God shall choose to place his name in, there thou shalt sacrifice the passover at even, at the going down of the sun, at the season that thou camest forth out of Egypt. And thou shalt roast and eat it in the place which the Lord thy God shall choose; and thou shalt turn in the

וְהָלַכְתָּ לְאֹהָלֶיךָ׃ שֵׁשֶׁת יָמִים תֹּאכַל מַצּוֹת וּבַיּוֹם הַשְּׁבִיעִי עֲצֶרֶת
לַיהוָה אֱלֹהֶיךָ לֹא תַעֲשֶׂה מְלָאכָה׃ רביעי בשבת ו שִׁבְעָה שָׁבֻעֹת
תִּסְפָּר־לָךְ מֵהָחֵל חֶרְמֵשׁ בַּקָּמָה תָּחֵל לִסְפֹּר שִׁבְעָה שָׁבֻעוֹת׃ וְעָשִׂיתָ
חַג שָׁבֻעוֹת לַיהוָה אֱלֹהֶיךָ מִסַּת נִדְבַת יָדְךָ אֲשֶׁר תִּתֵּן כַּאֲשֶׁר יְבָרֶכְךָ
יְהוָה אֱלֹהֶיךָ׃ וְשָׂמַחְתָּ לִפְנֵי ׀ יְהוָה אֱלֹהֶיךָ אַתָּה וּבִנְךָ וּבִתֶּךָ וְעַבְדְּךָ
וַאֲמָתֶךָ וְהַלֵּוִי אֲשֶׁר בִּשְׁעָרֶיךָ וְהַגֵּר וְהַיָּתוֹם וְהָאַלְמָנָה אֲשֶׁר בְּקִרְבֶּךָ
בַּמָּקוֹם אֲשֶׁר יִבְחַר יְהוָה אֱלֹהֶיךָ לְשַׁכֵּן שְׁמוֹ שָׁם׃ וְזָכַרְתָּ כִּי־עֶבֶד הָיִיתָ
בְּמִצְרָיִם וְשָׁמַרְתָּ וְעָשִׂיתָ אֶת־הַחֻקִּים הָאֵלֶּה׃ פ

חמישי בשבת ז חַג הַסֻּכֹּת תַּעֲשֶׂה לְךָ שִׁבְעַת יָמִים בְּאָסְפְּךָ מִגָּרְנְךָ
וּמִיִּקְבֶךָ׃ וְשָׂמַחְתָּ בְּחַגֶּךָ אַתָּה וּבִנְךָ וּבִתֶּךָ וְעַבְדְּךָ וַאֲמָתֶךָ וְהַלֵּוִי
וְהַגֵּר וְהַיָּתוֹם וְהָאַלְמָנָה אֲשֶׁר בִּשְׁעָרֶיךָ׃ שִׁבְעַת יָמִים תָּחֹג לַיהוָה
אֱלֹהֶיךָ בַּמָּקוֹם אֲשֶׁר־יִבְחַר יְהוָה כִּי יְבָרֶכְךָ יְהוָה אֱלֹהֶיךָ בְּכֹל תְּבוּאָתְךָ
וּבְכֹל מַעֲשֵׂה יָדֶיךָ וְהָיִיתָ אַךְ שָׂמֵחַ׃ שָׁלוֹשׁ פְּעָמִים ׀ בַּשָּׁנָה יֵרָאֶה כָל־
זְכוּרְךָ אֶת־פְּנֵי ׀ יְהוָה אֱלֹהֶיךָ בַּמָּקוֹם אֲשֶׁר יִבְחָר בְּחַג הַמַּצּוֹת וּבְחַג
הַשָּׁבֻעוֹת וּבְחַג הַסֻּכּוֹת וְלֹא יֵרָאֶה אֶת־פְּנֵי יְהוָה רֵיקָם׃ אִישׁ כְּמַתְּנַת
יָדוֹ כְּבִרְכַּת יְהוָה אֱלֹהֶיךָ אֲשֶׁר נָתַן־לָךְ׃

For וזאת התורה (see page 186,) and מפטיר (page 187.)

## הפטרה ליום אחרון של פסח׃

**He that reads the Portion from the Prophets, says the following before he begins.**

בָּרוּךְ אַתָּה יְיָ אֱלֹהֵינוּ מֶלֶךְ הָעוֹלָם · אֲשֶׁר בָּחַר בִּנְבִיאִים
טוֹבִים · וְרָצָה בְדִבְרֵיהֶם הַנֶּאֱמָרִים בֶּאֱמֶת · בָּרוּךְ אַתָּה יְיָ ·
הַבּוֹחֵר בַּתּוֹרָה וּבְמשֶׁה עַבְדּוֹ וּבְיִשְׂרָאֵל עַמּוֹ · וּבִנְבִיאֵי
הָאֱמֶת וָצֶדֶק׃

עוֹד הַיּוֹם בְּנֹב לַעֲמֹד יְנֹפֵף יָדוֹ הַר בֵּית־צִיּוֹן גִּבְעַת יְרוּשָׁלִָם׃
הִנֵּה הָאָדוֹן יְהוָה צְבָאוֹת מְסָעֵף פֻּארָה בְּמַעֲרָצָה וְרָמֵי הַקּוֹמָה
גְּדֻעִים וְהַגְּבֹהִים יִשְׁפָּלוּ׃ וְנִקַּף סִבְכֵי הַיַּעַר בַּבַּרְזֶל וְהַלְּבָנוֹן בְּאַדִּיר

ס בת קרי׃

morning, and go unto thy tents. Six days thou shalt eat unleavened bread, and on the seventh day shall be a solemn assembly to the Lord thy God; thou shalt do no work therein.

Seven weeks shalt thou number unto thee; begin to number the seven weeks, from such time as thou beginnest to put the sickle to the corn. And thou shalt keep the feast of weeks unto the Lord thy God, with a tribute of a free-will-offering of thine hand, which thou shalt give unto the Lord thy God according as the Lord thy God hath blessed thee. And thou shalt rejoice, before the Lord thy God, thou, and thy son, and thy daughter, and thy man-servant, and thy maid-servant, and the Levite that is within thy gates, and the stranger, and the fatherless, and the widow, that are among you, in the place which the Lord thy God hath chosen to place his name there. And thou shalt remember that thou wast a bond-man in Egypt; and thou shalt observe and do these statutes.

Thou shalt observe the feast of tabernacles seven days, after that thou hast gathered in thy corn, and thy wine. And thou shalt rejoice in thy feast, thou, and thy son, and thy daughter, and thy man-servant, and thy maid-servant, and the Levite, and the stranger, and the fatherless, and the widow, that are within thy gates. Seven days shalt thou keep a solemn feast unto the Lord thy God, in the place which the Lord shall choose; because the Lord thy God shall bless thee in thine increase, and in all the works of thine hands, therefore thou shalt surely rejoice. Three times in a year shall all thy males appear before the Lord thy God, in the place which he shall choose: in the feast of unleavened bread, and in the feast of weeks, and in the feast of tabernacles; and they shall not appear before the Lord empty. Every man shall give as he is able, according to the blessing of the Lord thy God, which he hath given thee.

### PORTION FROM THE PROPHETS FOR THE LAST DAY OF THE FEAST OF PASSOVER.

ברוך אתה Blessed art thou, O Lord, our God! King of the universe; who hath chosen good prophets, and delighted in their words, which were delivered in truth. Blessed art thou, O Lord! who hath chosen the law, his servant Moses, his people Israel, and the true and righteous prophets.

עוד היום בנב Yet shall he remain at Nob that day; he shall shake his hand against the mount of the daughter of Zion, the hill of Jerusalem. Behold the Lord, the Lord of hosts, shall lop the bough with terror; and the high of stature shall be hewn down, and the haughty shall be humbled. And he shall cut down the thickets of the forest with iron, and Lebanon shall fall

## יוצר ליום אחרון של פסח

יִפּוֹל: וְיָצָא חֹטֶר מִגֵּזַע יִשָׁי וְנֵצֶר מִשָּׁרָשָׁיו יִפְרֶה: וְנָחָה עָלָיו רוּחַ יְהֹוָה רוּחַ חָכְמָה וּבִינָה רוּחַ עֵצָה וּגְבוּרָה רוּחַ הַדַּעַת וְיִרְאַת יְהֹוָה: וַהֲרִיחוֹ בְּיִרְאַת יְהֹוָה וְלֹא־לְמַרְאֵה עֵינָיו יִשְׁפּוֹט וְלֹא־לְמִשְׁמַע אָזְנָיו יוֹכִיחַ: וְשָׁפַט בְּצֶדֶק דַּלִּים וְהוֹכִיחַ בְּמִישׁוֹר לְעַנְוֵי־אָרֶץ וְהִכָּה־אֶרֶץ בְּשֵׁבֶט פִּיו וּבְרוּחַ שְׂפָתָיו יָמִית רָשָׁע: וְהָיָה צֶדֶק אֵזוֹר מָתְנָיו וְהָאֱמוּנָה אֵזוֹר חֲלָצָיו: וְגָר זְאֵב עִם־כֶּבֶשׂ וְנָמֵר עִם־גְּדִי יִרְבָּץ וְעֵגֶל וּכְפִיר וּמְרִיא יַחְדָּו וְנַעַר קָטֹן נֹהֵג בָּם: וּפָרָה וָדֹב תִּרְעֶינָה יַחְדָּו יִרְבְּצוּ יַלְדֵיהֶן וְאַרְיֵה כַּבָּקָר יֹאכַל־תֶּבֶן: וְשִׁעֲשַׁע יוֹנֵק עַל־חֻר פָּתֶן וְעַל מְאוּרַת צִפְעוֹנִי גָּמוּל יָדוֹ הָדָה: לֹא־יָרֵעוּ וְלֹא־יַשְׁחִיתוּ בְּכָל־הַר קָדְשִׁי כִּי־מָלְאָה הָאָרֶץ דֵּעָה אֶת־יְהֹוָה כַּמַּיִם לַיָּם מְכַסִּים: וְהָיָה בַּיּוֹם הַהוּא שֹׁרֶשׁ יִשַׁי אֲשֶׁר עֹמֵד לְנֵס עַמִּים אֵלָיו גּוֹיִם יִדְרֹשׁוּ וְהָיְתָה מְנֻחָתוֹ כָּבוֹד: וְהָיָה ׀ בַּיּוֹם הַהוּא יוֹסִיף אֲדֹנָי ׀ שֵׁנִית יָדוֹ לִקְנוֹת אֶת־שְׁאָר עַמּוֹ אֲשֶׁר יִשָּׁאֵר מֵאַשּׁוּר וּמִמִּצְרַיִם וּמִפַּתְרוֹס וּמִכּוּשׁ וּמֵעֵילָם וּמִשִּׁנְעָר וּמֵחֲמָת וּמֵאִיֵּי הַיָּם: וְנָשָׂא נֵס לַגּוֹיִם וְאָסַף נִדְחֵי יִשְׂרָאֵל וּנְפֻצוֹת יְהוּדָה יְקַבֵּץ מֵאַרְבַּע כַּנְפוֹת הָאָרֶץ: וְסָרָה קִנְאַת אֶפְרַיִם וְצֹרְרֵי יְהוּדָה יִכָּרֵתוּ אֶפְרַיִם לֹא־יְקַנֵּא אֶת־יְהוּדָה וִיהוּדָה לֹא־יָצֹר אֶת־אֶפְרָיִם: וְעָפוּ בְכָתֵף פְּלִשְׁתִּים יָמָּה יַחְדָּו יָבֹזּוּ אֶת־בְּנֵי־קֶדֶם אֱדוֹם וּמוֹאָב מִשְׁלוֹחַ יָדָם וּבְנֵי עַמּוֹן מִשְׁמַעְתָּם: וְהֶחֱרִים יְהֹוָה אֵת לְשׁוֹן יָם־מִצְרַיִם וְהֵנִיף יָדוֹ עַל־הַנָּהָר בַּעְיָם רוּחוֹ וְהִכָּהוּ לְשִׁבְעָה נְחָלִים וְהִדְרִיךְ בַּנְּעָלִים: וְהָיְתָה מְסִלָּה לִשְׁאָר עַמּוֹ אֲשֶׁר יִשָּׁאֵר מֵאַשּׁוּר כַּאֲשֶׁר הָיְתָה לְיִשְׂרָאֵל בְּיוֹם עֲלֹתוֹ מֵאֶרֶץ מִצְרָיִם: וְאָמַרְתָּ בַּיּוֹם הַהוּא אוֹדְךָ יְהֹוָה כִּי אָנַפְתָּ בִּי יָשֹׁב אַפְּךָ וּתְנַחֲמֵנִי: הִנֵּה אֵל יְשׁוּעָתִי אֶבְטַח וְלֹא אֶפְחָד כִּי עָזִּי וְזִמְרָת יָהּ יְהֹוָה וַיְהִי־לִי לִישׁוּעָה: וּשְׁאַבְתֶּם־מַיִם בְּשָׂשׂוֹן מִמַּעַיְנֵי הַיְשׁוּעָה: וַאֲמַרְתֶּם בַּיּוֹם הַהוּא הוֹדוּ לַיהֹוָה קִרְאוּ בִשְׁמוֹ הוֹדִיעוּ בָעַמִּים עֲלִילֹתָיו הַזְכִּירוּ כִּי נִשְׂגָּב שְׁמוֹ: זַמְּרוּ יְהֹוָה כִּי גֵאוּת עָשָׂה מוּדַעַת זֹאת בְּכָל־הָאָרֶץ: צַהֲלִי וָרֹנִּי יוֹשֶׁבֶת צִיּוֹן כִּי־גָדוֹל בְּקִרְבֵּךְ קְדוֹשׁ יִשְׂרָאֵל:

○ מוּדַעַת קְרִי:

The מפטיר, says the Blessings, (page 71,) if the Eighth Day of the Festival happens on the Sabbath-day, say יקום פורקן &c., (see page 72,) then say, אשרי · יהללו · תפלת מוסף · אין כאלהינו · עלינו · as on the First Day.

by a mighty one. And there shall come forth a rod out of the stem of Jesse and a scion from his roots shall become fruitful. And the spirit of the Lord shall rest upon him, the spirit of wisdom and understanding, the spirit of counsel and might, the spirit of knowledge, and of the fear of the Lord; and shall make him of quick understanding in the fear of the Lord; and he shall not judge after the sight of his eyes, neither reprove according to the hearing of his ears. But with righteousness shall he judge the poor, and reprove with equity, for the meek of the earth; and he shall smite the earth with the rod of his mouth, and with the breath of his lips shall he slay the wicked. And righteousness shall be the girdle of his loins, and faithfulness the cincture of his reins. The wolf also shall dwell with the lamb, and the lepoard shall lie down with the kid; and the calf, and the young lion, and the fatling, and all together, and a little child shall lead them. And the cow and the bear shall feed, their young ones shall lie down together; and the lion shall eat straw like the ox. And the suckling shall play on the hole of the asp, and the weaned child shall put his hand on the cockatrice den. They shall not hurt nor destroy in all my holy mountain; for the earth shall be full of the knowledge of the Lord, as the waters cover the sea. And in that day there shall be a root of Jesse, which shall stand for an ensign of the people; to him shall the gentiles seek, and his rest shall be glorious. And it shall come to pass in that day, the Lord shall put forth his hand again the second time, to recover the remnant of his people, which shall remain, from Assyria, and from Egypt, and from Pathros, and from Cush, and from Elam, and from Shinar, and from Hamoth, and from the islands of the sea. And he shall set up an ensign for the nations, and shall gather the outcast of Israel, and collect the dispersed of Judah, from the four corners of the earth. The envy also of Ephraim shall depart, and the adversaries of Judah shall not vex Ephraim. But they shall fly upon the shoulders of the Philistines toward the west; together shall they spoil the children of the east; they shall lay their hand upon Edom and Moab, and the children of Ammon shall obey them. And the Lord shall utterly destroy the tongue of the Egyptian sea; and with his mighty wind shall he shake his hand over the river, and shall strike it into seven streams, and make them pass over dry shod. And there shall be a highway for the remnant of his people, which shall remain from Assyria like as it was to Israel in the day that he came up from the land of Egypt. And in that day thou shalt say I will praise thee, O Lord! though thou hast been angry with me, thine anger is turned away, and thou hast comforted me, Behold! God is my salvation; I will trust, and not be afraid; for the Lord Jah is my strength and my song; he also is become my salvation. Therefore, with joy shall ye draw water out of the wells of salvation. And in that day shall ye say praise the Lord, call upon his name, declare his mighty deeds among the people; record ye, how highly his name is exalted. Sing unto the Lord, for he hath wrought a stupendous work; this is made manifest in all the earth. Cry aloud, and shout, thou inhabitants of Zion: for great is the Holy one of Israel in the midst of thee.

## THE MEMORIAL OF DEPARTED SOULS.

It is customary to make mention of the Souls of departed Parents, &c. On the day of Atonement, and the ultimate Days of the Three Festivals.

יִזְכּוֹר אֱלֹהִים נִשְׁמַת אַבָּא מוֹרִי (פ׳ב׳פ) שֶׁהָלַךְ לְעוֹלָמוֹ בַּעֲבוּר שֶׁאֲנִי נוֹדֵר צְדָקָה בַּעֲדוֹ בִּשְׂכַר זֶה תְּהֵא נַפְשׁוֹ צְרוּרָה בִּצְרוֹר הַחַיִּים עִם נִשְׁמַת אַבְרָהָם יִצְחָק וְיַעֲקֹב שָׂרָה רִבְקָה רָחֵל וְלֵאָה וְעִם שְׁאָר צַדִּיקִים וְצִדְקָנִיּוֹת שֶׁבְּגַן עֵדֶן וְנֹאמַר אָמֵן :

יִזְכּוֹר אֱלֹהִים נִשְׁמַת אִמִּי מוֹרָתִי (פ׳ב׳פ) שֶׁהָלְכָה לְעוֹלָמָהּ בַּעֲבוּר שֶׁאֲנִי נוֹדֵר צְדָקָה בַּעֲדָהּ וּבִשְׂכַר זֶה תְּהֵא נַפְשָׁהּ צְרוּרָה בִּצְרוֹר הַחַיִּים עִם נִשְׁמַת אַבְרָהָם יִצְחָק וְיַעֲקֹב שָׂרָה רִבְקָה רָחֵל וְלֵאָה וְעִם שְׁאָר צַדִּיקִים וְצִדְקָנִיּוֹת שֶׁבְּגַן עֵדֶן וְנֹאמַר אָמֵן :

יִזְכּוֹר אֱלֹהִים נִשְׁמַת אָבִי וְאִמִּי זְקֵנַי וּזְקֵנוֹתַי דּוֹדַי וְדוֹדוֹתַי אַחַי וְאַחְיוֹתַי בֵּין מִצַּד אָבִי בֵּין מִצַּד אִמִּי שֶׁהָלְכוּ לְעוֹלָמָם בַּעֲבוּר שֶׁאֲנִי נוֹדֵר צְדָקָה בַּעֲדָם וּבִשְׂכַר זֶה תִּהְיֶינָה נַפְשׁוֹתָם צְרוּרוֹת בִּצְרוֹר הַחַיִּים עִם נִשְׁמַת אַבְרָהָם יִצְחָק וְיַעֲקֹב שָׂרָה רִבְקָה רָחֵל וְלֵאָה וְעִם שְׁאָר צַדִּיקִים וְצִדְקָנִיּוֹת שֶׁבְּגַן עֵדֶן וְנֹאמַר אָמֵן :

יִזְכּוֹר אֱלֹהִים נִשְׁמַת (פ׳ב׳פ) וְנִשְׁמַת כָּל קְרוֹבַי וּקְרוֹבוֹתַי הֵן מִצַּד אָבִי הֵן מִצַּד אִמִּי שֶׁהוּמְתוּ הֵן שֶׁנֶּהֶרְגוּ הֵן שֶׁנִּשְׁחֲטוּ וְשֶׁנִּשְׂרְפוּ וְשֶׁנִּטְבְּעוּ וְשֶׁנֶּחֶנְקוּ עַל קִדּוּשׁ הַשֵּׁם בַּעֲבוּר שֶׁאֶתֵּן צְדָקָה בְּעַד הַזְכָּרַת נִשְׁמוֹתֵיהֶם וּבִשְׂכַר זֶה תִּהְיֶינָה נַפְשׁוֹתֵיהֶם צְרוּרוֹת בִּצְרוֹר הַחַיִּים עִם נִשְׁמוֹתֵיהֶם שֶׁל אַבְרָהָם יִצְחָק וְיַעֲקֹב שָׂרָה רִבְקָה רָחֵל וְלֵאָה וְעִם שְׁאָר צַדִּיקִים וְצִדְקָנִיּוֹת שֶׁבְּגַן עֵדֶן וְנֹאמַר אָמֵן :

# THE MEMORIAL OF DEPARTED SOULS.

*It is customary to make mention of the Souls of departed Parents, &c. On the day of Atonement, and the ultimate Days of the Three Festivals.*

יזכור May God remember the soul of our honoured father (A. B.) who is gone to his repose; for that, I now solemnly offer charity for his sake; in reward of this, may his soul enjoy eternal life, with the souls of Abraham, Isaac, and Jacob; Sarah, Rebecca, Rachel, and Leah, and the rest of the righteous males and females that are in Paradise; and let us say, Amen.

יזכור May God remember the soul of my honoured mother (C. D.) who is gone to her repose; for that I now solemnly offer charity for her sake; in reward of this, may her soul enjoy eternal life, with the souls of Abraham, Isaac, and Jacob; Sarah, Rebecca, Rachel, and Leah, and the rest of the righteous males and females that are in paradise; and let us say, Amen.

יזכור May God remember the souls of my father and mother, my grandfathers and grandmothers, my uncles and aunts, my brothers and sisters, whether paternal or maternal, who are gone to their repose; for that I now solemnly offer charity for their sake; in reward of this, may their souls enjoy eternal life, with the souls of Abraham, Isaac, and Jacob; Sarah, Rebecca, Rachel, and Leah, and the rest of the righteous males and females that are in paradise; and let us say, Amen.

יזכור May God remember the soul of (A. B.) and the souls of all my relatives, both male and female, whether paternal or maternal; whether they have been killed, slain, and slaughtered, burnt, drowned, or strangled, for the sanctification of thy holy name; for that I offer charity for the memorial of their souls, in reward of this, may their souls enjoy eternal life, with the souls of Abraham, Isaac, and Jacob; Sarah, Rebecca, Rachel, and Leah, and the rest of the righteous males and females, that are in paradise; and let us say, Amen.

אַב הָרַחֲמִים · שׁוֹכֵן מְרוֹמִים בְּרַחֲמָיו הָעֲצוּמִים · הוּא יִפְקוֹד בְּרַחֲמִים · הַחֲסִידִים וְהַיְשָׁרִים וְהַתְּמִימִים · קְהִלּוֹת הַקּוֹדֶשׁ · שֶׁמָּסְרוּ נַפְשָׁם עַל קְדֻשַּׁת הַשֵּׁם · הַנֶּאֱהָבִים וְהַנְּעִימִים בְּחַיֵּיהֶם · וּבְמוֹתָם לֹא נִפְרָדוּ : מִנְּשָׁרִים קַלּוּ וּמֵאֲרָיוֹת גָּבֵרוּ · לַעֲשׂוֹת רְצוֹן קוֹנָם · וְחֵפֶץ צוּרָם · יִזְכְּרֵם אֱלֹהֵינוּ לְטוֹבָה עִם שְׁאָר צַדִּיקֵי עוֹלָם · וְיִנְקוֹם בְּיָמֵינוּ לְעֵינֵינוּ נִקְמַת דַּם עֲבָדָיו הַשָּׁפוּךְ : כַּכָּתוּב בְּתוֹרַת מֹשֶׁה אִישׁ הָאֱלֹהִים · הַרְנִינוּ גוֹיִם עַמּוֹ כִּי דַם־עֲבָדָיו יִקּוֹם וְנָקָם יָשִׁיב לְצָרָיו וְכִפֶּר אַדְמָתוֹ עַמּוֹ : וְעַל־יְדֵי עֲבָדֶיךָ הַנְּבִיאִים כָּתוּב לֵאמֹר · וְנִקֵּיתִי דָּמָם לֹא נִקֵּיתִי וַיָי שׁוֹכֵן בְּצִיּוֹן · וּבְכִתְבֵי הַקֹּדֶשׁ נֶאֱמַר · לָמָּה יֹאמְרוּ הַגּוֹיִם אַיֵּה אֱלֹהֵיהֶם יִוָּדַע בַּגּוֹיִם לְעֵינֵינוּ נִקְמַת דַּם־עֲבָדֶיךָ הַשָּׁפוּךְ · וְאוֹמֵר כִּי־דוֹרֵשׁ דָּמִים אוֹתָם זָכָר לֹא שָׁכַח צַעֲקַת עֲנָוִים : וְאוֹמֵר יָדִין בַּגּוֹיִם מָלֵא גְוִיּוֹת מָחַץ רֹאשׁ עַל־אֶרֶץ רַבָּה : מִנַּחַל בַּדֶּרֶךְ יִשְׁתֶּה עַל־כֵּן יָרִים רֹאשׁ :

**Then say אשרי and יהללו. The Manuscripts of the Pentateuch are returned to the Ark. Then say מוסף as on the First Day, (page 79.) after which, say אין כאלהינו and עלינו &c.**

אב הרחמים O may the most merciful Father, who dwelleth on high, in his mighty mercy, visit the pious, upright, and perfect, in every holy congregation, who willingly offered their souls for the sanctification of his holy name; they who were lovely and amiable in their life time and were not separated (from their faith) at their death; they were swifter than eagles and stronger than lions, to perform the will of their Creator and the desire of their Maker; may God remember them for good among the rest of the righteous of the world. May he in our day, *and* in our sight, avenge the blood of his servants, that hath been shed: as it is written in the law of Moses, the man of God. Cause his people to rejoice, O ye nations; for he will avenge the blood of his servants, and will render vengeance to his adversaries; and he will be reconciled to *his* land *and to* his people. And by the hands of thy servants, the prophets, it is written saying, I will avenge the blood which I have not yet avenged. I, the Eternal! who dwelleth in Zion. And in the holy writings, it is said, wherefore should the heathens say, where is their God? Make known among the heathens, in our sight that thou avengest the blood of thy servants that hath been shed. And it is said, the avenger of blood will remember them, and not forget the cry of the humble. And it is said, he will judge the nations, he will fill their places with dead bodies; he woundeth the chief of רבה. He shall drink of the brook in the way, because he proudly exalted himself.

# INDEX.

PAGE.

Evening Service for the First Night........................ 2

Morning Service, for all Festival Days פסוקי דזמרה........................ 14

Ditto for the First Day from האל till after הלל........................ 40

קריאת התורה for ditto........................ 68

Additional Service for ditto מוסף........................ 75

Ditto for Dew תפלת טל........................ 81

ברכת הכנים or, דוכנן........................ 94

Afternoon Service, for all Festival Days, מנחה........................ 101

Evening Service for the Second Night........................ 104

Morning Service for the Second Day........................ 118

קריאת התורה for Ditto........................ 130

Sabbath Morning Service for the Middle Days שבת חול המועד........................ 134

Song of Songs שיר השירים........................ 146

קריאת התורה for Sabbath, for the Middle Days שחה״ם........................ 151

Evening Service for the Seventh Night........................ 154

Sanctification for the last two Nights קידוש........................ 158

Morning Service for the Seventh Day........................ 160

קריאת התורה for Ditto........................ 183

Evening Service for the Last Night........................ 189

Morning Ditto for the Last Day........................ 195

קריאת התורה for Ditto........................ 217

The Memorial of Departed Souls הזכרת נשמות........................ 221

END OF VOL. V.

www.ingramcontent.com/pod-product-compliance
Lightning Source LLC
Chambersburg PA
CBHW022141300426
44115CB00006B/298
* 9 7 8 3 3 3 7 1 3 5 7 4 4 *